Klostermann's Berggesetz.

Das

Allgemeine Berggesetz

für die

Preußischen Staaten

vom 24. Juni 1865,

nebst Einleitung und Kommentar

mit vergleichender Berücksichtigung der übrigen deutschen Berggesetze

von

Dr. R. Klostermann,
Oberbergrath und Professor der Rechte.

Dritte Auflage.

Berlin.
Verlag von J. Guttentag (D. Collin.)
1874.

Herrn

Dr. Hermann Brassert,

Königlichem Berghauptmann und Oberbergamts-Direktor,

dem Verfasser des Allgemeinen Berggesetzes

zugeeignet.

Vorwort
zur dritten Auflage.

Seit dem Erscheinen der zweiten Auflage dieses Kommentars hat die Reception des preußischen Berggesetzes im übrigen Deutschland erhebliche Fortschritte gemacht. Sowie früher in Braunschweig sind seit 1868 in Bayern, Elsaß-Lothringen und in mehreren thüringischen Staaten Berggesetze nach dem Muster des preußischen erlassen, welche das letztere im Inhalte und in der Fassung möglichst unverändert wiedergeben. Auch in Würtemberg ist ein solches Berggesetz in der letzten Sitzungsperiode des Landtags zur Annahme gekommen. Die Publication ist wegen der für die Ausführung zu treffenden Vorbereitungen noch ausgesetzt, jedoch binnen Kurzem zu erwarten*). Das preußische Bergrecht hat daher bereits für den bei weitem größten Theil Deutschlands die Geltung als gemeines Bergrecht erlangt und die zwischen den einzelnen Berggesetzen dieser Staaten bestehenden Abweichungen sind kaum von größerem Belange als die innerhalb des preußischen Staates für einzelne Provinzen in Geltung gebliebenen provinzialrechtlichen Ausnahmen und Besonderheiten.

Der Plan des Werkes konnte deshalb in der vorliegenden neuen Auflage erweitert und auf die neueren deutschen Berggesetze, welche mit dem preußischen gleiche Grundlage haben, ausgedehnt werden, damit die während der neunjährigen

*) Durch die Güte des Herrn Ministerialdirectors von Zeller zu Stuttgart wurde der Verfasser in den Stand gesetzt, die bei den Kammerberathungen gefaßten Beschlüsse, welche den Text des zu erwartenden Gesetzes enthalten, zu benutzen.

Geltung des preußischen Berggesetzes gewonnenen wissenschaftlichen und praktischen Resultate auch für die Anwendung und Auslegung jener Gesetze verwendbar gemacht werden.

Die materiellen Abweichungen jener Berggesetze von dem preußischen Gesetze sind in den Anmerkungen zu den Paragraphen des letzteren überall angezeigt. Dagegen erschien es nicht zweckmäßig, alle einzelnen Verschiedenheiten in der Fassung aufzuführen, da dieses Buch nicht die Textausgaben der einzelnen Berggesetze ersetzen, sondern soviel möglich, die Ergebnisse der auf dem Boden des preußischen Gesetzes entwickelten Praxis und Literatur für den Gebrauch der verwandten Berggesetze zugänglich machen soll. Es ist deshalb am Schlusse des Kommentars eine tabellarische Uebersicht angehängt, in welcher den Paragraphen des preußischen Gesetzes die entsprechenden Paragraphen und Artikel der Berggesetze für Bayern, Würtemberg, Elsaß-Lothringen, Braunschweig, Sachsen-Gotha und Sachsen-Meiningen gegenüber gestellt sind.

Nach einer anderen Richtung hin ist der Stoff des Werkes durch die fortschreitende neuere Gesetzgebung erweitert worden. Abgesehen von vereinzelten Novellen zum Berggesetze ist namentlich das ganze Gebiet der Gewerbegesetzgebung durch neuere Reichsgesetze umgestaltet worden und diese neuen Bestimmungen über gewerbliche Anlagen, Dampfkessel, Verhältnisse der Arbeiter, Beschlagnahme des Lohnes, Trucksystem, Haftpflicht zc. waren an Stelle der bisher geltenden Gesetze als Ergänzungen zu den betreffenden Abschnitten des Berggesetzes einzuschalten und zu erläutern. Dasselbe gilt von den preußischen Grundbuchgesetzen, soweit ihre Bestimmungen sich auf die Bergwerke beziehen, und den betreffenden Bestimmungen der Subhastationsordnung und des Handelskammergesetzes.

Auch die bergrechtliche Literatur der letzten sechs Jahre hat einen reichen Zuwachs zu dem zu verarbeitenden Stoffe gebracht, für dessen Aufnahme dadurch Raum gewonnen ist, daß einzelne Erörterungen von mehr transitorischem Charakter, mit denen in den ersten Auflagen das neu ins Leben tretende Berggesetz begleitet wurde, als nunmehr entbehrlich beseitigt worden sind.

Die Hauptquelle für die neueren Ergebnisse der bergrechtlichen Praxis und Literatur bildeten wie bisher die Jahrgänge von Brassert's Zeitschrift für Bergrecht, deren reicher Inhalt in der Hand jedes mit dem Bergrechte irgendwie befaßten Juristen sein sollte. Auf dem ganzen Gebiete des Bergrechtes herrscht, wie die in rascher Folge seit 1870 erschienenen Lehrbücher und Kommentare von Achenbach, Koch, Oppenhoff und dem Verfasser beweisen, die regste Entwickelung. Leider ist die Vollendung des großen Werkes von Achenbach über das gemeine deutsche Bergrecht in Verbindung mit dem preußischen Berggesetze in Folge der Berufung des Herrn Verfassers zum Minister für Handel, Gewerbe und öffentliche Arbeiten muthmaßlich in weite Ferne gerückt. Dagegen darf als eine bereits gewonnene Frucht dieses Werkes der innige Zusammenhang begrüßt werden, welcher zwischen dem gemeinrechtlichen durch Jahrhunderte entwickelten Bergrechte und unserer heutigen bergrechtlichen Forschung befestigt worden ist, ein Zusammenhang, welcher zum Gedeihen unserer Rechtsentwickelung stets fester geknüpft werden möge.

Bonn, im August 1874.

Inhaltsverzeichniß.

Dritter Titel.

Vierter Titel.

Fünfter Titel.

Sechster Titel.

Siebenter Titel.

Achter Titel.

Seite

Neunter Titel.

Zehnter Titel.

Elfter Titel.

Zwölfter Titel.

Einleitung.

§. I.

Das Bergrecht und seine Stellung im Rechtssysteme.

Das Recht ist eine Schranke für unsre Einwirkung auf die Außenwelt. Es beherrscht unsre Beziehungen zu den außer uns befindlichen Personen und Sachen — nicht durch das physische Gesetz der Kräfte, nicht durch das Vernunftgesetz der Moral, sondern durch eine selbstständige von beiden verschiedene Regel, welche unsern Willen nur beschränkt, insofern er sich in Handlungen äußert und unsre Handlungen nur beherrscht, insofern sie Aeußerungen unsres Willens sind. Diese Regel entspringt aus dem Zusammenleben der Menschen, welches eine gegenseitige Beschränkung der Einzelthätigkeit zur nothwendigen Voraussetzung hat. Sie äußert sich in dem aus dem Bewußtsein von dieser Nothwendigkeit erzeugten Gesammtwillen, welcher jedem Einzelnen eine begrenzte Sphäre der Willensherrschaft anweist und seiner Willensäußerung außerhalb dieser Sphäre Schranken setzt.

Das Recht ist daher eine gemeinsame Ueberzeugung der in Gemeinschaft lebenden Menschen (Puchta). Und diese Gemeinschaft muß so beschaffen sein, daß in ihr eine gemeinsame rechtliche Ueberzeugung sich sowohl bilden, als Geltung verschaffen kann. Die Grundlage des Rechts ist also das organisirte Gemeinwesen, der Staat. Der Staat, d. h. der Inbegriff der Formen, in welchen der rechtliche Wille der Gesammtheit sich äußert, ist aber selbst ein Rechtsverhältniß, ein Product jenes Gesammtwillens, der sich selbst Inhalt und Form gibt.

Hieraus entspringt die Haupteintheilung des Rechtsbegriffs in das öffentliche und in das Privatrecht. Zu den natürlichen Beziehungen der Personen und Sachen, welche kraft der Anerkennung des Gesammtwillens die Eigenschaft von Rechtsverhältnissen annehmen, tritt eine Gruppe von Rechtsverhältnissen, welche keine natürtiche Grundlage haben, sondern lediglich auf die Formen der rechtlichen Gemeinschaft sich beziehen. Es sind dies die Rechtsverhältnisse, in denen der Mensch nicht als Einzelner, sondern als Glied der staatlichen Gemeinschaft steht. Sie bilden das öffentliche Recht im Gegensatze zu dem Privatrechte, d. h. zu der

Summe der rechtlichen Beziehung der einzelnen Menschen. Beide Rechtsgebiete erleiden eine fernere Eintheilung nach dem Inhalte der von ihnen beherrschten Rechtsverhältnisse. Auf dem Gebiete des Privatrechtes unterscheiden wir die rechtlichen Beziehungen des Einzelnen zu den leblosen Dingen der Natur und zu den Gliedern seiner Familie: das Vermögensrecht und das Familienrecht. Die Vermögensrechte enthalten wieder theils eine unmittelbare Herrschaft über die Sachen, theils eine durch Handlungen anderer Personen vermittelte Beziehung. Sie zerfallen daher in Rechte an Sachen und in Rechte an Handlungen oder Forderungsrechte. Ebenso unterscheidet man verschiedene Zweige des öffentlichen Rechtes, von denen das Staatsrecht die allgemeinen Formen der rechtlichen Gemeinschaft, das Prozeßrecht die Verfolgung der Privatrechte, das Strafrecht den Rechtsschutz gegen Störungen der öffentlichen Rechtsordnung begreift.

Untersucht man die Stellung, welche in dem so gegliederten Rechtssysteme das Bergrecht einnimmt, so ergibt sich, daß das Bergrecht als der Inbegriff der auf den Bergbau bezüglichen Rechtsnormen sowohl Gegenstände des öffentlichen Rechtes, als des Privatrechtes, sowohl Rechte an Sachen als Forderungsrechte umfaßt daß es nicht bloß materielle Rechtsgrundsätze, sondern auch Prozeßregeln und selbst Strafvorschriften enthält. Das Bergrecht ist also keiner der Abtheilungen des allgemeinen Rechtssystems untergeordnet, sondern allen diesen Zweigen als ein selbstständiges Spezialrecht coordinirt.

Der Begriff der Spezialrechte beruht auf einem andern als dem vorhin angenommenen Eintheilungsgrunde, nämlich auf einer Unterscheidung der Gegenstände der Rechsverhältnisse. Für die oben erwähnte Eintheilung des Rechtsbegriffes waren nicht die verschiedenen Objecte der Rechte maßgebend, sondern theils die verschiedene Stellung des Subjectes als private oder öffentliche Person, theils der verschiedene Inhalt der rechtlichen Beziehung. Das Recht nimmt auch im Allgemeinen auf die Verschiedenheit der Objecte keine Rücksicht. Die natürlichen Eigenschaften der Sachen sind nur insofern auch für das Recht wichtig, als sie auf den Inhalt der rechtlichen Beziehungen Einfluß haben. Man unterscheidet daher zwischen beweglichen und unbeweglichen, verbrauchbaren und dauernden Sachen, zwischen bloßen Stoffmengen oder Quantitäten und selbstständigen Sachindividuen. Diese Unterscheidungen sind juristisch erheblich, weil das Recht an einer beweglichen Sache seinem Inhalte nach verschieden ist von dem gleichen Rechte an einer unbeweglichen Sache, weil die Forderung einer bloßen Stoffmenge (Geld, Getreide) einen andern Inhalt hat, als die Forderung eines individuell bestimmten Stückes. Dennoch können auch die juristisch relevanten Verschiedenheiten der Sachen keinen allgemeinen Eintheilungsgrund für das Rechtssystem abgeben, weil diese Unterschiede nur einzelne Abweichungen in den Wirkungen der Rechtsverhältnisse und in den Bedingungen ihrer Entstehung oder ihres Unterganges bewirken, ohne das Wesen der Rechtsverhältnisse selbst zu verändern. Das Eigenthum, der Nießbrauch, selbst das Pfandrecht ist an beweglichen und unbeweglichen, an verbrauchbaren und dauernden Sachen zwar verschieden gestaltet, doch dem Wesen nach gleichartig. Wollte man also ein Recht der Grundstücke und ein Recht der Mobilien, der verbrauchbaren Sachen oder der Quantitäten unterscheiden, so würde man in jeder Abtheilung das ganze Sachenrecht mit wenigen Besonderheiten wiederholen.'

Anders verhält es sich mit gewissen Klassen von Gegenständen, welche die Objecte eines besonders gearteten Verkehrs sind, wie dies bei der Schifffahrt, beim Handel und vor Allem beim Bergbau der Fall ist. Die Eigenthümlichkeit dieser Verkehrszweige und die besondere Beschaffenheit ihrer Objecte hat die Entstehung eigenthümlicher Rechtsverhältnisse zur Folge, welche von denjenigen des gewöhnlichen bürgerlichen Verkehrs nicht bloß in einzelnen Voraussetzungen und Wirkungen, sondern ihrem ganzen Inhalte nach verschieden sind. Es ist daher möglich, diese Rechtsverhältnisse in ein System zu bringen, welches dem Systeme des allgemeinen bürgerlichen Rechtes als ein selbstständiger Zweig gegenübersteht und in diesem Sinne unterscheidet man eine beschränkte Zahl von Spezialrechten, wie das Seerecht, das Handelsrecht mit dem Wechselrechte und das Bergrecht von dem allgemeinen bürgerlichen oder dem Civilrechte. Der unbeschränkte Gebrauch dieses Eintheilungsgrundes erscheint indeß bedenklich. Man kann nicht, oder doch nur in einem beschränkten Sinne von einem Forstrechte, einem Gewerbe- oder Landwirthschaftsrechte sprechen. Die Berechtigung zur Aufstellung eines solchen Spezialrechtes wird nicht durch eine Anzahl rechtlicher Besonderheiten, sondern allein durch die durchgreifende Eigenthümlichkeit der Rechtsverhältnisse, durch die Selbstständigkeit der Rechtsbildung gegeben, welche das Product als ein geschlossenes, von dem Civilrechte unabhängiges Ganzes erscheinen läßt.

Keines der erwähnten Spezialrechte besitzt diese Eigenthümlichkeit und Geschlossenheit in demselben Grade, wie das Bergrecht. Der Bergbau ist das einzige Gewerbe, welches nicht an der Oberfläche haftet, sondern seine Thätigkeit in das Innere der Erdrinde erstreckt. Die zufälligen Grenzen, welche die Configuration der Oberfläche und der Verkehr dem Grundeigenthume gegeben haben, können nicht wohl die Grenzen für die Ausdehnung des unterirdischen Bergbaues abgeben. An einem Punkte in das Innere eingedrungen, findet er seine Schranke nur in der Erstreckung der unterirdischen Lagerstätten. Der Bergbau hat sich daher schon in vorhistorischer Zeit als ein selbstständiges Gewerbe von den übrigen Bodennutzungen abgesondert. Er wird weder in denselben Grenzen, noch von denselben Personen betrieben wie der Ackerbau. Unter dem Einflusse dieser Sonderung haben sich in Deutschland schon in früher Zeit, wahrscheinlich mit den Anfängen eines kunstgerechten Bergbaues eigenthümliche Rechtsverhältnisse entwickelt, welche unabhängig von den Besitzverhältnissen des Grundeigenthums die unterirdischen Lagerstätten zum Gegenstande haben. Es wurde zuerst in der Gestalt einer localen Gewohnheit, der wir indeß in übereinstimmender Form an allen den ältesten Pflanzstätten des deutschen Bergbaues begegnen, der Grundsatz der Bergbaufreiheit herrschend, welcher die Aufsuchung der bergmännisch nutzbaren Mineralien Jedem gestattete und dem Finder einer solchen Lagerstätte das Eigenthum an derselben innerhalb fester Grenzen verlieh.

Dieser Grundsatz der Bergbaufreiheit wanderte mit den deutschen Bergleuten an alle die Orte, nach welchen die zunehmende Ausdehnung des Bergbaues ihren

Kunstfleiß berief. So wurde die ursprünglich locale Gewohnheit zum herrschenden Rechte. Die Lagerstätten, welche Gegenstand des Bergbaues sind, schieden aus dem Rechte des Grundeigenthümers aus und wurden zum Gegenstande eines Bergwerkseigenthumes von selbstständigem Inhalte und mit selbstständiger Begrenzung erhoben.

In dieser Existenz eines von dem Grundbesitze unabhängigen Bergwerkseigenthumes liegt der unterscheidende Charakter des deutschen Bergrechtes. Und da die dinglichen Rechtsverhältnisse und vor Allem das Eigenthum die Grundlage bilden, auf welcher das ganze System der Vermögensrechte sich aufbaut, so folgt aus der Eigenthümlichkeit der dinglichen Rechtsverhältnisse beim Bergbau zugleich der besondere Charakter des gesammten Bergrechtes, welcher noch schärfer dadurch ausgeprägt wird, daß auch die übrigen Rechts- und Lebensverhältnisse beim Bergbau, insbesondere die Bergwerksgesellschaft eine eigenthümliche, von den entsprechenden Formen des Civilrechts abweichende Gestalt angenommen haben. Das Bergrecht ist daher ein Spezialrecht im eminenten Sinne. Es enthält nicht etwa eine bloße Uebertragung der Grundsätze des allgemeinen bürgerlichen Rechtes auf die Bergwerke. Es lehrt nicht bloß die Anwendung der Kategorien des Civilrechtes auf die dem gewöhnlichen Leben fremden Gegenstände und Verkehrsbeziehungen des Bergbaues. Seine Regeln und Lehrsätze sind vielmehr die selbstständige Schöpfung einer eigenthümlichen Rechtsbildung, die dem Civilrechte nicht untergeordnet, sondern coordinirt und nur insofern von dem letztern abhängig ist, als sie die allgemeinen Kategorien des Rechtes und die Regeln der auch in dem Bergrechte in Betracht kommenden allgemeinen Lebensverhältnisse dem Civilrechte entlehnt.

Das Unterscheidende, wodurch das Bergrecht als ein Spezialrecht von dem Gebiete des allgemeinen Civilrechts abgesondert wird, liegt in der Eigenthümlichkeit der dinglichen Rechtsverhältnisse, in der Unabhängigkeit des Rechtes zum Bergbau von dem Rechte des Grundeigenthümers. Wo diese **Bergbaufreiheit** nicht besteht, wo der Grundeigenthümer wie in England das ausschließliche Recht zur Gewinnung der in seinem Grund und Boden enthaltenen Mineralien besitzt, da kann von einem Bergrecht als Spezialrecht nicht die Rede sein. Und auch für unser einheimisches Recht scheiden alle Rechtsverhältnisse aus dem Gebiete des Bergrechtes aus, welche bloß von dem Rechte des Grundeigenthümers abgeleitet sind, nicht auf einem selbstständigen Bergbaurechte beruhen.

Der Eisenerzbergbau in Schlesien, obgleich vom technischen Standpunkte völlig gleichartig den übrigen Zweigen des Bergbaues, ist vom Standpunkte des Bergrechtes betrachtet, wesentlich davon verschieden, weil er von dem Grundeigenthümer als solchem oder von demjenigen betrieben wird, welchem der Grundeigenthümer das Recht zum Bergbau eingerämt hat, weil er nicht auf Grund eines selbstständigen Bergbaurechtes betrieben wird. Dasselbe gilt von allen übrigen Mineralien welche der Benutzung des Grundeigenthümers überlassen sind, mag ihre Gewinnung durch einen technisch sogenannten Bergbau erfolgen oder nicht. Das Bergrecht bezieht sich also nur auf die Gewinnung derjenigen Mineralien, welche der

Benutzung des Grundeigenthümers entzogen und der Bergbaufreiheit unterworfen sind. Die Bergbaufreiheit ist daher das wesentlich charakteristische Rechtsinstitut unsres Bergrechtes, welches sowohl die Grundlage für seine Existenz als selbstständiges Spezialrecht bildet, als auch die Grenze abgiebt, bis zu der sich seine Geltung erstreckt.

---

§. II.

Die Bergbaufreiheit und das Recht des Grundeigenthümers.

Man hat vielfach versucht, den Grundsatz der Bergbaufreiheit von allen historischen Voraussetzungen abgelöst, lediglich vom Standpunkte des sogenannten Naturrechtes zu begründen und dieser Versuch hat auf der andern Seite das Bestreben hervorgerufen, die Trennung des Bergbaues von den übrigen Bodennutzungen als dem Naturrechte zuwiderlaufend mit rechtsphilosophischen Gründen zu bekämpfen. Man hat auf der einen Seite behauptet, daß die Unabhängigkeit des Bergbaues von dem Grundeigenthume in dem Naturrechte begründet sei, von der andern, daß sie eine unzulässige Beschränkung der Rechte des Grundeigenthümers enthalte. Dieser Streit ist zuerst in der französischen constituirenden Nationalversammlung bei der Berathung des Bergwerksgesetzes vom 28. Juli 1791 zwischen den Vertheidigern der Bergbaufreiheit und des Grundeigenthums geführt worden und die Beredtsamkeit Mirabeau's hat diesem ersten Versuche einer rechtsphilosophischen, gewissermaßen aprioristischen Begründung des Grundsatzes der Bergbaufreiheit einen bestechenden Glanz verliehen.

Die Vertheidiger der Bergbaufreiheit sowohl als ihre Gegner nahmen in diesem Streite die Autorität Turgots für sich in Anspruch, welcher schon im Jahre 1769 in einem Aufsatze über den Bergbau (Mémoire sur l'exploitation des mines) den Versuch einer rechtsphilophischen Definition des Bergbaurechtes gemacht hatte. Turgot gelangte zu dem Resultate, daß die Mineralien zwar nicht dem Grundeigenthümer, sondern dem ersten Occupanten gehören, daß aber nur der Grundeigenthümer befugt sei, die Lagerstätten von seiner Oberfläche aus aufzusuchen. Dem Grundbesitzer oder Demjenigen, welcher mit dessen Erlaubniß eine Lagerstätte aufgeschlossen hat, stehe dann frei, diese Lagerstätte bis an ihre natürlichen Grenzen zu verfolgen und die Mineralien auch unter fremdem Grund und Boden als erster Occupant zu gewinnen.

Der Ausschuß der Nationalversammlung, welcher den Entwurf des Bergwerksgesetzes vom 28. Juli 1791 vorlegte, verfolgte den Grundsatz von der ursprünglichen Herrenlosigkeit der Mineralien mit größerer theoretischer und praktischer Consequenz, indem er dem Grundeigenthümer die Gewinnung derselben ganz untersagte und dem Staate, oder wie man damals zu sagen liebte, der Nation die Verfügung über dieselben zu Gunsten Desjenigen vorbehielt, welcher das Bergwerkseigenthum durch die Concession des Staates erlangte. Zur Vertheidigung dieses

Vorschlages bemerkte der Berichterstatter Regnauld d'Epercy in der Sitzung vom 20. März 1791 [1]):

„Glauben Sie nicht, meine Herren, daß Ihre Ausschüsse diesen Grundsatz auf den Glauben an unsere ältere Gesetzgebung und an die der übrigen Völker angenommen haben. Wie wichtig auch die Stimme aller Nationen sein mag, so hielten es doch Ihre Ausschüsse für möglich, daß der Irrthum allgemein für Wahrheit gegolten haben könnte, sie haben deshalb die Grundsätze des Natur- und Staatsrechtes dabei zu Rathe gezogen. Sie sind bis zur Quelle allen Eigenthums hinauf gestiegen; sie haben es im Principe hervorgehen sehen aus einer Theilung oder einer Arbeit, welche von dem ersten Occupanten ununterbrochen auf einen Gegenstand ohne allen Widerspruch gerichtet war.

Dieses so erworbene Eigenthum konnte nur durch die Bürgschaft der Gesellschaft an Andere überlassen werden; Privatpersonen besitzen also nichts ohne durch das Gesetz, und da alle ihre Rechte die Wirkung dieses Schutzes sind, so können sie dieselben nur auf eine Art genießen, welche dem Staate zuträglich ist.

Wenn bei dem Ursprunge der bürgerlichen Gesellschaft das Eigenthum nur durch Theilung oder Arbeit gegründet werden konnte, so steht fest, daß nur die Oberfläche der Erde, deren Anbau den Individuen und ihren Heerden Nahrung verhieß, ein Gegenstand desselben sein konnte. Es konnte sich nicht bis auf die Fossilien erstrecken, welche die Erde in ihrem Schooße verbarg und welche noch lange nach der Gründung der bürgerlichen Gesellschaft unbekannt blieben, weil das Bedürfniß ihre Ausbeutung noch nicht verlangt hatte.

Wenn das so erworbene Eigenthum sich nicht auf die Fossilien erstreckte, deren Dasein der Mensch nicht kannte, so sind dieselben nicht mit getheilt worden; und blieben sie ungetheilt, auf welches Resultat führt dies? — Sehen Sie nicht, meine Herren, daß dieselben keinen besonderen Eigenthümer erhalten haben, daß sie daher im Ganzen ein Eigenthum jedes Staates geblieben sind, und daß ein jeder Staat also das Recht hat, darüber, meine Herren, zu verfügen? Da es ferner anerkannt ist, daß die Fossilien im Schooße der Erde der Art gelagert sind, daß ihre Gewinnung im Ganzen geschehen muß und sie nur durch eine solche Ausbeutung Werth erlangen, und da ferner ihre ganze Lagerung niemals oder doch sehr selten einem einzelnen Grundstücke entspricht, so können sie kein Accessorium des Eigenthums eines Einzelnen sein, sie sind vielmehr ein Eigenthum Aller, sie stehen zur Verfügung der Gesellschaft, weil es gewiß ist, daß dasjenige, was keinen besonderen Eigenthümer hat, der Nation verbleibt.

Nach diesen Principien kann sich Niemand Eigenthümer eines Bergwerkes nennen, es kann Niemand ein anderes Recht auf ein Bergwerk haben, als ein solches, welches eine von der Nation ertheilte Concession gibt.

Der Gesetzentwurf des Ausschusses wurde von verschiedenen Seiten bekämpft und rief mehrere Gegenvorschläge hervor, welche dem Grundeigenthümer das ausschließliche Recht zum Bergbau unter seiner Oberfläche vindizirten. Vor Allem war es Heurtault-Lamerville, welcher in der Sitzung vom 21. März 1791 die Vorschläge der Kommission auf demselben rechtsphilosophischen Boden angriff, von welchem aus der Berichterstatter den Gesetzentwurf vertheidigt hatte. Er verwarf die Berufung auf die bisherige französische Berggesetzgebung, weil dieselbe aus despotischen Grundsätzen und aus feudalen Gesichtspunkten hervorgegangen sei und fuhr fort [2]):

---

[1]) Nach der Uebersetzung von Dr. Achenbach, Zeitschrift für Bergrecht Bd 1 S. 604 ff.
[2]) a. a. O. S. 611 ff.

„Das Gesetz, welches Sie in Ansehung der Bergwerke geben, sei ein solches, welches mit der Constitution am meisten übereinstimmt und sich mit Ihren Principien vereinigt, um jene zu befestigen.

Zur Erlangung unseres Zweckes müssen wir, glaube ich, drei Fragen aufwerfen.

Verträgt es sich mit der Freiheit und dem Privat-Eigenthume, wenn die Nation sich für die Eigenthümerin der Bergwerke erklärt?

Ist das Souveränetätsrecht der Nation allein zur Ausbeutung der Bergwerke hinreichend?

Gibt es eine Vermittelung zwischen dem Eigenthume der Nation und dem Privat-Eigenthume an den Bergwerken? —

Wie kann man die Fossilien von der Oberfläche, von dem Grundeigenthume absondern? können diese in den Zwischenräumen der Erde verbreiteten und von der Natur damit gemengten festen Theile ein besonderes Eigenthum abgeben? Wird die Nation sich für die Eigenthümerin der Fossilien ausgeben können, ohne alle Augenblicke Eingriffe in das Eigenthum und in die Freiheit der Einzelnen vorzunehmen, ohne sie in ihrer Ruhe unaufhörlich zu stören?

Wenn die Nation sich für die Eigenthümerin der Fossilien erklärte, so würde sie nicht nur den Grundeigenthümer vertreiben, sondern auch unaufhörlich beunruhigen und ohne dies zu wollen verfolgen.

Die Nation würde ein willkürlicher Sachwalter werden, statt ein unparteiischer Souverän zu sein. Es ist eine andere Sache, dem Wohl des Staates ein ganzes Eigenthum zu unterwerfen, und ein anderes Ding, das Eigenthum unbewohnbar und zum Opfer des allgemeinen Besten zu machen. Die Nation nehme mein ganzes Eigenthum gegen Zahlung an sich, wenn es ihr nützlich ist; allein sie werfe sich nicht auf eine für uns beide gefahrvolle Weise zum Miteigenthümer in ein und demselben Raume auf, wo sie die Fossilien wählt, mir die Oberfläche überläßt. Fern müssen von uns die exaltirten Ideen eines Lykurg und die Träume eines Plato bleiben. Es kann niemals im öffentlichen Interesse liegen, das Privat-Eigenthum zu vermengen und zu einer Gemeinheit zu machen. Nur Licht, Wasser und Luft, diese flüchtigen Elemente und unerschöpflichen Reichthümer können es sein, und sind, uns zum Trotz, ein allgemeines Eigenthum.

In der That, jedes Gesammt-Eigenthum schränkt die Freiheit des Einzelnen ein, schadet dem allgemeinen Vortheil und ist eine Quelle der Zwietracht.

Wer sollte bei der Gewinnung der Fossilien im Namen der Nation für ihren Eigenthümer gehalten werden? Sehen Sie, meine Herren, alle Bedrückungen und Feindseligkeiten vorher, welche daraus entspringen würden? Kennen Sie alle Verbrechen gegen den Ackerbau, ja, selbst gegen die Person des Landmannes, deren sich die Unternehmer oder ihre Untergebenen oft erlaubt haben? Von vorn herein handelt der Unternehmer mit Mißachtung gegen den Grundeigenthümer oder Pächter, zumal wenn diese arm sind. Hat er sich auf dem Grundeigenthume festgesetzt, so bedient er sich desselben fast als seines persönlichen Eigenthumes: gibt er dasselbe auf, so hinterläßt er es in dem traurigsten Zustande der Verwüstung, und oft hat er dem Grundeigenthümer oder Pächter nicht die mindeste Entschädigung von Anfang des Baues an gegeben.

Das einzige Mittel, meine Herren, das Interesse der Nation mit dem der Grundeigenthümer zu versöhnen (ich sage nicht mit dem der Concessionäre oder Unternehmer, da diese hier nur in zweiter Reihe in Betracht kommen), besteht in der Vereinigung und dem Zusammenschmelzen dieser Interessen, indem bestimmt erklärt wird, daß die Fossilien zu dem Grundeigenthume gehören, daß das allgemeine Beste ihre Benutzung unter der unmittelbaren Ueberwachung der Staatsverwaltung erfordert, daß der Grundeigenthümer verpflichtet ist, die Fossilien zu gewinnen oder die Anwendung des Gesetzes zu erleiden, welches ihn im Interesse Aller entsetzt, vorbehaltlich jedoch einer vorausgehenden Entschädigung.

Jetzt sind wir zur letzten Frage gelangt: gibt es eine Vermittelung zwischen dem Privat- und Nationaleigenthume? Turgot hat die gefährliche Meinung angenommen, daß die Fossilien dem ersten Finder gehörten. Ich frage aber, ob es in einer den Gesetzen unterworfenen Gesellschaft möglich und zuträglich sei, daß ein solches Recht existirt, und ob es existiren könne, ohne das Eigenthumsrecht sich selbst zu entfremden.

Die Gesellschaft hat nur ein einziges Mal das Vorrecht des ersten Occupanten anerkannt, nämlich bei ihrer Entstehung; seitdem muß für immer das Recht aus dem gesetzlich gerechtfertigten Besitze fließen. Dazu kommt, daß der Zusammenstoß von zwei Bergleuten, welche sich um ein und dieselbe Lagerstätte streiten, Schwierigkeiten und Kämpfe erzeugen würde. Es ist schon genug, die Geißel der Kriege auf der Oberfläche der Erde verbreitet zu wissen; es bedarf der noch schrecklicheren Geißel eines immerwährenden unterirdischen Krieges nicht, zu dessen Schlichtung das Schwert der Gesetze wenig Mittel in Händen hat. Sie würden durch das Recht des ersten Finders den Armen kein Eigenthum schaffen; es würde einen Streit unter den Reichen veranlassen und der Chicane ein Feld eingeräumt werden."

Die vorstehenden Auszüge aus den Berathungen über das französische Bergwerksgesetz vom 28. Juli 1791 gewähren das charakteristische Bild einer gesetzgebenden Versammlung, welche eine Frage von tief einschneidender praktischer Bedeutung, die Entscheidung über Eigenthums- und Nutzungsrechte von dem größten Umfange nicht an der Hand des bestehenden Rechtszustandes, nicht aus dem Gesichtspunkte der durch die Erfahrung als nützlich oder nothwendig erkannten Abänderung dieses Zustandes, sondern vornehmlich vom Standpunkte der rechtsphilosophischen Erörterung zu lösen bemüht war. Und in der That, wenn irgend ein Umstand der Annahme der Vorschläge des Ausschusses Gefahr drohte, so war es der, daß sein Gesetzentwurf dem bestehenden, durch schwere Mißbräuche der Verwaltung nur zu drückend gewordenen Rechtszustande am nächsten kam. Es bedurfte zu ihrer schließlichen Annahme der Autorität und der Vermittelung Mirabeau's, welcher in seiner denkwürdigen Rede vom 21. März für die principielle Trennung des Bergbaurechtes vom Grundeigenthume eintrat, zugleich jedoch den Interessen des Grundbesitzes durch seine in sieben Artikeln formulirten Abänderungsvorschläge erhebliche Zugeständnisse machte. Zur Vertheidigung des Princips der Unabhängigkeit des Bergbaues von dem Eigenthume der Oberfläche bemerkt Mirabeau[1]):

„Will man prüfen, ob die Fossilien wesentlich ein von der sie bedeckenden Oberfläche abhängiges Privateigenthum sind, so sage ich, daß die Gesellschaft den Boden nur unter der Bedingung des Anbaues eigenthümlich weggegeben hat und in dieser Rücksicht verstehet man unter dem Boden nur die Oberfläche. Ich sage, daß man bei Gründung der bürgerlichen Gesellschaft nur das als Gegenstand des Eigenthums ansehen konnte, dessen Erhaltung der Staat damals zu garantiren vermochte. Oder wie würde man es verhütet haben, daß nicht 1200 Fuß unter dem Rasen eines Ackerbesitzers Jemand hätte Bergbau auf eine Lagerstätte treiben können, welche der Eigenthümer des Bodens für sich in Anspruch nahm. Ich sage, daß, wenn das allgemeine Beste und die Gerechtigkeit die beiden Grundpfeiler des Eigenthumes sind, weder das öffentliche Wohl noch die Billigkeit fordern, daß die Fossilien ein Accessorium der Oberfläche bilden. Ich sage, daß der innere Erdboden keiner Theilung fähig ist; daß die Fossilien es durch ihre unregel-

---

[1]) a. a. O. S. 623 ff.

mäßige Lagerung noch weniger sind, daß das Beste des Staates in Ansehung der Oberfläche ein getheiltes Eigenthum, in Ansehung des Innern der Erde dagegen eine Vereinigung desselben fordert.

Wir wollen inzwischen untersuchen, ob das System, nach welchem man die Fossilien für ein vom Grunde und Boden abhängiges Eigenthum erklären wollte, nicht den gänzlichen Verfall des Bergbaues nach sich ziehen würde und dieses wird nützlicher für die Gesetzgebung sein, als eine bloß metaphysische Theorie.

Man kann nicht leugnen, daß die Fossilien ihrer ganzen Ausdehnung nach abgebauet werden müssen, aber dazu würde man durch die Erklärung derselben für Privateigenthum allein nichts beitragen, denn es wäre fast immer nöthig, daß alle Eigenthümer eines sehr ausgedehnten Feldes mit daran Theil nehmen wollten, weil außerdem das Eigenthum eines Jeden in der That Niemandem eigentlich zuständig wäre. Was auch unsere Gesetze über diese Materie enthalten mögen, so werden wir doch nie durch sie die Natur umschaffen können. Aber ist es nicht einleuchtend, daß man sich bei jedem Schritte, welcher zur näheren Untersuchung einer Lagerstätte geschieht, genöthigt siehet, die gewöhnlichen Vorschriften des Eigenthumes zu verlassen? Mit einer einzigen Oeffnung ist ein Bergwerk nicht auszubeuten. Ich teufe einen Schacht auf meiner Besitzung ab; kaum habe ich einen Strahl von Hoffnung, so befinde ich mich unter dem Boden eines Anderen. Erlaubt mir dieser nicht eine zweite Oeffnung zu veranstalten, so muß ich auf meine Arbeit Verzicht thun; ist er genöthigt sie mir zuzugestehen, so ist es denn wahr, daß dies Recht des Eigenthumes dem allgemeinen Besten weichen mußte.

Wie kann man aber nur glauben, daß, selbst dieser ersten Schwierigkeit nicht zu gedenken, ein Grundeigenthümer die zu dieser Unternehmung erforderlichen großen Kosten daran wagen werde. Kann man dies von einzelnen Eigenthümern erwarten? Der größte Theil hat nicht einmal Vermögen genug, um die Oberfläche des Bodens anzubauen, wie sollten sie daher so viel besitzen, um es bei so gefährlichen Unternehmungen wagen zu können? Will man, daß sie die Oberfläche verkaufen sollen, um sich Mittel zu verschaffen, das Innere untersuchen zu können?

Wird man sagen, daß die Eigenthümer eine Societät bilden werden? Werden sie aber zu gleicher Zeit ihren Boden und ihr Vermögen vereinigen? Ihren Boden, so müßte man oft, um ein Bergwerk von 2 Meilen im Umkreis in Betrieb zu setzen, 2000 Eigenthümer vereinigen; und wie sollte das Verhältniß ihrer Antheile bestimmt werden? Wie würde eine so große Zahl von Theilnehmern einstimmig handeln? Ihr Vermögen, aber dies würde wohl fast immer unzureichend sein; denn man hat Bergwerke, deren Betriebskosten zehnmal größer sind als der Werth des Bodens, der sie bedeckt.

Würde man sagen, daß die Bergwerks-Gesellschaften alle Ländereien, welche sie abbauen wollten, kaufen, und so Grundeigenthümer werden könnten, so frage ich, ob die Vereinigung einer so großen Menge von Grundstücken leicht und nach den Grundsätzen unserer neuen Constitution nützlich sein würde? Kann man hoffen, daß eine Gesellschaft, die so große Vorschüsse zu machen hat, ehe sie das entdeckt, was vielleicht gar nicht da ist, zu allen den Widerwärtigkeiten, welche sie zu bekämpfen hat, noch einen Ankauf von Grundstücken hinzufügen wird, der eine Quelle zu neuem Verluste sein würde?

Sollte man einwenden, daß an Stelle von beträchtlicheren Unternehmungen dann eine größere Menge von kleinen Gewinnungen entstehen würden? Aber es ist schon bemerkt, daß man ein Bergwerk nicht wie den Anbau eines Ackers eintheilen kann. Geringer sind die Kosten bei großen Unternehmungen und das gewonnene Fossil kann um einen niederen Preis verkauft werden. Verwendet man große Summen, so verfolgt man die Lagerstätte bis wo sie aufhört; die Menge des geförderten Fossils ist daher viel größer, und auch in dieser Hinsicht ist der Preis geringer. 2000 Eigenthümer werden 2000 Schächte behufs einer Ausbeutung vorrichten, für welche bei einer einzigen Gesellschaft 4 hinreichend waren. Die ersteren werden bei ihren Arbeiten nur Menschenkräfte anwenden; die letztere wird dieselben durch Maschinen ergänzen."

Der Streit der Meinungen, welcher in den angeführten Verhandlungen der constituirenden Nationalversammlung zwischen den Vertheidigern der Bergbaufreiheit und den Anhängern des Grundbesitzes geführt und durch das Bergswerksgesetz vom 28. Juli 1791 in der Hauptsache zu Gunsten der Bergbaufreiheit ausgetragen wurde, ist seitdem in wissenschaftlichen Erörterungen, namentlich unter den deutschen Bergrechtslehrern, bis in die neueste Zeit fortgesetzt worden. Die Theorie von der ursprünglichen Bergbaufreiheit wird insbesondere vertheidigt in Rottecks und Welckers Staatslexikon s. v. Bergbau, in den Bemerkungen über die neuesten Berggesetzentwürfe von Dr. Martins S. 14 und in dem Bergwerksfreund Band XX S. 243 ff. Für das ursprüngliche Recht des Grundeigenthümers an den bergmännisch zu gewinnenden Mineralien erklären sich dagegen Dr. Schomburg in den Betrachtungen über die neuere deutsche Berggesetzgebung S. 71 ff. und Dr. Achenbach in der Zeitschrift für Bergrecht Bd. I S. 162. Die Gründe, welche von der einen und von der andern Seite für die streitenden Meinungen vorgeführt werden, fügen den oben mitgetheilten Ausführungen Regnauld d'Epercy's und Mirabeau's und der Gegenausführung Heurtault Lamerville's nichts wesentlich Neues hinzu. Es ist den Anhängern der einen wie der andern Meinung trotz des lange und eifrig geführten Streites nicht gelungen, weder ihre Gegner zu sich hinüber zu ziehen, noch einen Einfluß auf die praktische Gestaltung des Bergrechtes, auf die Gesetzgebung und auf die Rechtspflege zu gewinnen.

Beide Meinungen müssen auch bei richtiger Auffassung der Aufgabe der Rechtsphilosophie gleichmäßig verworfen werden. Das Naturrecht, wenn es ein solches gibt, entscheidet weder für die Nothwendigkeit der Trennung des Bergbaues von dem Grundeigenthume, noch auch für die Nothwendigkeit ihrer Verbindung. Das Recht ist ein durchaus positives Product des nationalen Lebens, dessen Gestalt durch die concreten Bedürfnisse und durch die Geschichte jedes Volkes bedingt wird. Allerdings ist die Rechtsbildung wie jedes Product des menschlichen Geistes den allgemeinen Vernunftgesetzen unterworfen und hieraus folgt die Berechtigung der Rechtsphilosophie, wenn es auch der richtigen Meinung nach durchaus unzuläßig ist, aus diesen Vernunftgesetzen ein von allen concreten Voraussetzungen unabhängiges sogenanntes Naturrecht abzuleiten. Die Rechtsphilosophie aber muß der concreten Rechtsbildung und dem positiven Rechte alle die Freiheit und all den Spielraum gestatten, welchen die Mannigfaltigkeit der natürlichen Verhältnisse nothwendig erheischt. Die Rechtsphilosophie ist daher zwar wohl befugt, Einrichtungen des positiven Rechtes zu verurtheilen, wenn sie den Gesetzen der Vernunft und insbesondere der Moral zuwiderlaufen, allein mit dieser Maßgabe ist sie gehalten das Wirkliche auch als vernünftig gelten zu lassen und nicht berechtigt, den Werth des aus dem Leben und der Geschichte des Volkes erzeugten positiven Rechtes nach dem Maße bloßer Abstractionen zu messen.

Tritt man von diesem Gesichtspunkte aus in die Erörterung der oben dargestellten Meinungsverschiedenheit ein, so ergibt sich die Ansicht derjenigen, welche die

Bergbaufreiheit als ein Postulat aus dem Naturrechte ableiten wollen, von vorn herein als unhaltbar. Es ist unzulässig die Wirkung der Occupation des Grund und Bodens von dem speziellen Zwecke der ersten Besitzergreifung abhängig zu machen. Der unmittelbare Gebrauch, welchen der erste Besitznehmer von der Sache zu machen beabsichtigte, gibt nicht das Maß der Befugnisse, welche ihm und seinen Rechtsnachfolgern an dem occupirten Eigenthume zustehen. Die Grenze dieser Befugnisse ist vielmehr allein in der Rechtsregel zu finden, welche den Inhalt des Eigenthums bestimmt. Ebenso unzutreffend ist es aber, daß das Eigenthum nothwendig alle an der Sache erdenklichen Gebrauchsarten umfassen müsse. Dies trifft als Regel allerdings zu. Die Regel erleidet indeß nach allen positiven Rechten Ausnahmen in Bezug auf solche Sachen, welche ihrer Natur nach verschiedene Nutzungsarten zulassen, die von den verschiedenen Berechtigten nebeneinander ausgeübt werden können, ohne daß die eine Benutzung die andere ausschließt. So unterscheiden die neueren Gesetzgebungen übereinstimmend bei den Werken der Literatur und der Kunst das Recht der Vervielfältigung oder das geistige Eigenthum von den übrigen an der Sache denkbaren Befugnissen, welche in dem körperlichen Eigenthume enthalten sind. Dieselbe Unterscheidung wird von der großen Mehrzahl der modernen Gesetzgebungen in Bezug auf den Bergbau und die übrigen Bodennutzungen gemacht. Ja! diese Unterscheidung ist noch in der jüngsten Eroberung der Civilisation und des Bergbaues in Kalifornien ohne die Intervention eines Gesetzgebers, allein durch die zwingende Macht der Verhältnisse und durch die Gewohnheit durchgedrungen und gegen das Recht der Vereinigten Staaten, welchem die Trennung des Bergbaues von dem Grundeigenthume fremd war, zum geltenden Rechte geworden. Es ist ebenso unzulässig, eine solche aus dem Leben des Volkes entsprungene und noch heute unter unsern Augen aus demselben hervorgehende Unterscheidung als den Regeln des Naturrechtes zuwiderlaufend zu bezeichnen, als es unstatthaft ist, diese Unterscheidung, weil sie bei uns und zur Zeit geltenden Rechtens ist, als ein Postulat des Vernunftrechtes aufzustellen.

Die Gesetzgebung hat sich daher auch seit den Tagen der constituirenden Nationalversammlung um diesen Streit der Meinungen nicht gekümmert. Auch die Verfasser des Allgemeinen Preußischen Berggesetzes haben die Frage, ob der Bergbau an den Grundbesitzer zurückzugeben, oder aber die Bergbaufreiheit, da wo sie bisher nicht zu Recht bestand, einzuführen sei, von vorn herein von der Hand gewiesen und den einfachen Grundsatz aufgestellt (Motive S. 24), daß die Bergbaufreiheit in Bezug auf diejenigen Mineralien, welche bisher dem Bergregal unterworfen gewesen, bis auf einzelne geringfügige Ausnahmen beizubehalten, jede Ausdehnung der Bergbaufreiheit aber abzulehnen sei. Sie haben das bisherige Gebiet der Bergbaufreiheit mit allen seinen Einschränkungen und Ausnahmen unverändert als ein abgeschlossenes Product der bisherigen Rechtsbildung übernommen und das mit vollem Rechte. Wenn die Bergbaufreiheit ursprünglich aus der erkannten Nothwendigkeit hervorging, den Bergbau aus den Händen des Grundbesitzers zu nehmen und ihn in andere unternehmendere Hände zu legen, ihm zweckmäßigere Grenzen anzuweisen, unabhängig von der willkürlichen Begrenzung des Eigenthums an der Oberfläche, so läßt sich bezweifeln, ob das Bedürfniß einer solchen Trennung noch jetzt in gleichem Maße vorhanden sei. Die Gründe, welche Mirabeau für die Nothwendigkeit dieser Trennung anführt, sind zum Theil nicht mehr vorhanden. Der Grundbesitz ist nicht mehr so verarmt, so belastet, so ungeschickt zu gewerblichen Unternehmungen und zur Association, wie beim Beginne der ersten französischen Revolution. Der Bergbau, welcher im Königreich Sachsen von den Grundeigenthümern oder deren Pächtern auf Steinkohlen geführt wird, steht keinem andern in Bezug auf Reichthum der Mittel, auf Intelligenz und Rührigkeit in der Betriebsleitung nach. Wenn also die Bergbaufreiheit, die ursprünglich nur den Erzbergbau zum Gegenstande hatte, im Laufe der Jahrhunderte auf neue wichtige Klassen von Mineralien ausgedehnt wurde, die neben den Erzen und allmälig vor ihnen ihren Platz in der Reihe der nationalökonomisch wichtigen Bergwerksproducte einnahmen, wie die Steinkohlen und die Braunkohlen, so ist eine solche Ausdehnung auf neu entdeckte Gegenstände der Bergwerksindustrie nach dem heutigen Stande der Volkswirthschaft nicht mehr geboten und nicht mehr zulässig. Die Gesetzgebung ist vielmehr auf dem Punkte angelangt, wo sie den Umfang der Bergbaufreiheit als abgeschlossen betrachten und es der künftigen Entwickelung der socialen Verhältnisse überlassen muß, ob in einer kommenden Zeit die rechtliche Absonderung des Bergbaues von den übrigen Bodennutzungen wiederum aufzugeben sei.

Wenn die Aufhebung der Bergbaufreiheit schon jetzt von einer Seite nicht sowohl im Namen des Grundbesitzes als vielmehr im Namen der nationalökonomischen Theorie verlangt wird[1]), so ist dagegen zu erinnern, daß die Bergbaufreiheit noch in den letzten Jahrzehnten unserem einheimischen Bergbau sehr bedeutende Kapitalien zugeführt hat, welche ihm die Mittel gewährt haben, seine Production von 1853 bis 1873 zu vervierfachen. Auch haben die Grundbesitzer kaum irgend wo von der doch ihnen zunächst gewährten factischen Möglichkeit Gebrauch gemacht, die unter ihrer Grundfläche aufsetzenden Lagerstätten aufzusuchen und das Bergwerkseigenthum an denselben zu erwerben. Sie haben diesen Theil der Bodennutzung freiwillig andern Unternehmern überlassen. Das Gesetz der Trennung des Bergbaues von den übrigen Bodennutzungen ist also innerhalb der hergebrachten Grenzen der Bergbaufreiheit noch heute nicht blos als ein juristisches sondern auch als ein wirthschaftliches Gesetz zu bezeichnen. Und die Aufhebung der Bergbaufreiheit muß so lange als verfrüht bezeichnet werden, so lange nicht der Grundbesitz das Verlangen und die Fähigkeit zur Uebernahme dieses Zweiges der Bodennutzung an den Tag legt.

---

1) Nationalzeitung 1865 Nr. 152.

§. III.

Der Ursprung der Bergbaufreiheit.

Das Rechtsinstitut der Bergbaufreiheit ist deutschen Ursprungs. Im griechischen und römischen Alterthume war das Recht zum Bergbau mit dem Grundeigenthume, da wo dieses zu vollen Rechten besessen wurde, verbunden. In den eroberten Ländern, wo der Staat kraft des Rechtes der Eroberung als der alleinige Grundeigenthümer galt, und den Privaten nur Besitzrechte am Grund und Boden zugeschrieben wurden, war die Nutzung des Bergbaus häufig dem Staate vorbehalten. Die Silbergruben von Laurion und die thracischen Goldbergwerke, welche eine reiche Finanzquelle des athieniensischen Staates bildeten, waren an Private gegen einen Antheil am Rohertrage ($^1/_{24}$) in Erbpacht gegeben[1]. Eine flüchtige Aehnlichkeit zwischen diesem Pachtverhältnisse und der mit dem Zehnten belasteten Bergwerksverleihung des deutschen Rechtes und die Erwähnung besonderer Gesetze und Behörden über Bergwerksangelegenheiten bei Demosthenes in der Rede wider Pantänetus hat zu der ganz unbegründeten Vermuthung Veranlassung gegeben, daß das deutsche Bergrecht aus einer wie immer vermittelten Aneignung des griechischen oder des thracischen Bergrechtes hervorgegangen sei.

Im römischen Rechte galt bis zum vierten Jahrhundert unsrer Zeitrechnung das unbeschränkte Recht des Grundeigenthümers in Bezug auf jede Art des Bergbaues, wie dies in den Pandekten an verschiedenen Stellen anerkannt wird[2]. Aus dem vierten Jahrhundert sind uns dagegen einige Kaisergesetze erhalten, welche eine gesetzliche Einschränkung des Grundeigenthums in Bezug auf den Bergbau und gewissermaßen den Keim der Bergbaufreiheit enthalten. Diese Gesetze finden sich im Codex Theodosianus oder in der vom Kaiser Theodosius dem Jüngeren im Jahre 438 veranstalteten Sammlung kaiserlicher Edicte und zwar im neunzehnten Titel des zehnten Buches, welcher von den Bergwerken und Bergleuten (de metallis et metallariis) handelt. Die erste dieser Verordnungen, ein Rescript Constantins an den Rentmeister der Provinz Afrika (320), gestattete allen Bergbaulustigen aus irgend welchen Bergwerken Erze zu gewinnen, sie zu verarbeiten und zu verkaufen[3]. Julian dehnte im Jahre 363 diese Verordnung auf den ganzen Orient aus[4]. Valens, Gratian und Valentinian nehmen in einer Verordnung vom Jahre 376 auf die für Macedonien und Illyrien früher ertheilte Erlaubniß zur Gewinnung von Erzen aus Privatgrundstücken Bezug[5].

Wenn diese Verordnungen in ihrer unbestimmten Fassung Zweifel darüber bestehen lassen, ob der Gesetzgeber eine gesetzliche Einschränkung des Privateigenthums zu Gunsten des freien Bergbaues beabsichtigte oder ob es sich um die Auf-

---

[1] Böckh, Staatshaushalt der Athener I 332. 420 ff.

[2] L. 7 §. 14 D. soluto matrimonio (24. 3) — L. 13 §§. 5. 6 D. de usufr. et quemadmodum (7. 1).

[3] L. 1 Cod. Theod. X. 19.

[4] L. 2 Cod. Theod. l. c.

[5] L. 8 Cod. Theod. l. c.

hebung eines unbekannten Verbotes des Privatbergbaues, oder endlich um die Freigebung kaiserlicher Bergwerke handelte, so entscheiden zwei weitere Verordnungen aus den Jahren 382 und 393 auf das Bestimmteste für die erste Annahme. Im Jahre 382 verordnen nämlich die Kaiser Gratian, Valentinian und Theodosius, daß Jeder, der auf fremdem Grund und Boden Erzgänge mit kunstgerechtem Bergbau verfolgt, den Zehnten an den Fiskus und an den Grundeigenthümer zahlen soll, während der übrige Ertrag seiner Verfügung anheimfällt[1]). Im Jahre 393 endlich erließen die Kaiser Theodosius, Arkadius und Honorius ein Verbot gegen den Mißbrauch des Rechtes zum Schürfen auf fremdem Grund und Boden, welches beweist, daß ein solches Recht in fast unbeschränktem Umfange geübt wurde.

„Es ist zu unser Kenntniß gekommen," sagt die Verordnung, daß Leute unter dem Vorgeben, es seien Erze in der Erde verborgen, tiefe Schächte abteufen, um dadurch die Fundamente fremder Gebäude zu Bruche zu bauen. Deßhalb soll, so oft angegeben wird, daß solche Erze unter Gebäuden anstehen, die Erlaubniß zum Aufsuchen verweigert werden, damit dieselbe nicht dazu mißbraucht wird, um den angeblichen Mehrwerth der erlogenen Mineralschätze im Vergleich mit dem Werthe des Hauses als Preis für die Verschonung des letzteren zu erpressen, und statt auf die Förderung des öffentlichen Wohles auf die Beschädigung fremden Eigenthums zu speculiren[2])".

Es ist zu bemerken, daß in dem vorausgesetzten Falle die Erze unter dem bedrohten fremden Gebäude aufgesucht werden sollen (sub aedificiis latere dicantur), daß also nicht an Schürfarbeiten auf eigenem Grund und Boden, etwa in gefährlicher Nähe von benachbarten Gebäuden gedacht ist, daß ferner eine Schürferlaubniß (copia perquirendi) erwähnt wird, die versagt werden kann und als deren Zweck die Beförderung des Gemeinwohles (publicae rei studium) durch Aufsuchung der Erzlager bezeichnet wird. Es wird hier folglich ein Recht zum Schürfen auf fremdem Grund und Boden in derselben Ausdehnung anerkannt, wie solches nach deutschem Bergrechte stattfand und da die angeführte Verordnung noch in das Gesetzbuch des westgothischen Königs Alarich II. vom Jahre 506, das sogenannte Breviarium Alaricianum, aufgenommen ist[3]), so hat durch zwei Jahrhunderte hindurch in dem ganzen Gebiete des römischen Reiches von Macedonien und Afrika bis nach Frankreich hin eine gesetzliche Einschränkung des Grundeigenthums zu Gunsten des freien Schürfens bestanden.

---

[1]) L. 10 Cod. Theod. l. c.: Cuncti qui per privatorum loca saxorum venam laboriosis effossionibus persequuntur, decimas fisco, decimas autem domino repraesentent; caetero modo suis desideriis vindicando.

[2]) L. 14 Cod. Theod. l. c.: Quosdam operta humo saxa dicentes id agere cognovimus ut defossis in altum cuniculis alienarum aedium fundamenta labefactent. Qua de re si quando huiusmodi marmora sub aedificiis latere dicantur, perquirendi eadem copia denegetur, ne dum cautium ementita nobilitas cum aedificiorum qualitate taxatur et pretium, domus ne diruatur, offertur, non tam publicae rei studium, quam privati causa videatur dispendii.

[3]) L. 1 Breviar. Alaric. de metall. et metallar. (10. 11.)

Allein diese Rechtsentwickelung ist nicht bis zur ausgebildeten Bergbaufreiheit fortgeschritten. Sie hat sich nicht zu der Gestaltung eines selbstständigen und eigenthümlich begrenzten Bergwerkseigenthums erhoben. Die Schürffreiheit, welche die angeführten Kaisergesetze gewährten, bestand in einer bloßen gesetzlichen Einschränkung des Grundeigenthums, die jeder sich zu Nutzen machen konnte, ohne vorher ein Recht auf die Mineralgewinnung zu erwerben. Sie wurde an den einzelnen Grundstücken als Legalservitut ausgeübt, ohne daß ein Grubenfeld mit eigener Begrenzung als selbstständiges Rechtsobject bestanden hätte. Vielleicht war diese Schürffreiheit, wie Dr. Bluhme in der Zeitschrift für Bergrecht Bd. II S. 49 bemerkt, auf die Provinzialgrundstücke beschränkt, an welchen dem römischen Staate damals noch das Obereigenthum zustand. Die angeführten Gesetze enthalten freilich nichts davon, daß die zu vollem quiritarischen Eigenthum besessenen Grundstücke, zu denen doch auch außerhalb Italien die Gebiete der mit italischem Rechte beliehenen Provinzialstädte gehörten, von dieser Schürffreiheit ausgenommen seien. Allein es kann vielleicht auch stillschweigend unterstellt werden, daß der Gesetzgeber eine solche Beschränkung des Eigenthums nur dem unfreien Provinzialboden habe auferlegen wollen und auferlegen können. Daraus würde folgen, daß Justinian, indem er durch seine Verordnung vom Jahre 530 (L. 1 Cod. de nudo jure Quiritium tollendo, 7. 25) den Unterschied zwischen quiritarischem und bonitarischem Eigenthume aufhob und den Provinzialboden dem italischen Grund und Boden gleichstellte, stillschweigend auch die Schürffreiheit aufgehoben habe, welche nach den älteren kaiserlichen Constitutionen auf den Provinzialgrundstücken bestand. Jedenfalls ist diese Schürffreiheit untergegangen, bevor das römische Recht durch Justinian in derjenigen Gestalt codificirt wurde, in welcher dasselbe später in Deutschland Aufnahme gefunden hat. In dem Justinianeischen Codex finden sich nämlich in dem Titel de metallariis et metallis (lib. 11 tit. 6) nur Verordnungen über die Besteuerung der Goldwäschen und gegen das Auswandern der hörigen Bergleute. Von den oben angeführten Gesetzen des Theodosianischen Codex sind nur die beiden letzten Verordnungen aus den Jahren 382 und 393 wiedergegeben[1]), die letztere nur im Auszuge. Es sind also diejenigen Verordnungen weggelassen, welche die Erzgewinnung auf fremdem Grund und Boden gestatten, und nur diejenigen Gesetze aufgenommen, welche die Abgaben von dem Bergbau auf fremdem Grund und Boden und das polizeiliche Verbot der Unterfahrung fremder Gebäude betreffen — anscheinend mit Rücksicht auf die unter der früheren Gesetzgebung auf fremdem Grund und Boden eröffneten und noch in Betrieb befindlichen Bergwerke. Eine andere als diese transitorische Bedeutung kann den beiden angeführten Gesetzen in demjenigen Zusammenhange, in welchem sie in die Justinianeische Sammlung aufgenommen sind, namentlich mit Rücksicht auf die oben angeführten Pandektenstellen, nicht beigelegt werden und ist ihnen auch niemals beigelegt worden. Das Recht zum Schürfen auf fremdem Grund und Boden ist also der Justinianeischen Gesetzgebung fremd und nicht mit dieser nach Deutschland übertragen.

---

[1]) L. 4. L. 6 Cod. Justin. (11. 6.)

Die Anfänge der Bergbaufreiheit, denen wir in den letzten Jahrhunderten der römischen Kaiserzeit begegnen, sind spurlos und ohne Einwirkung auf die Entwickelung des deutschen Bergrechtes vorübergegangen.

In Deutschland läßt sich der Ursprung der Bergbaufreiheit bis zum Ausgange des zwölften Jahrhunderts zurück verfolgen. Vor diesem Zeitraume findet sich keine urkundliche Nachricht, welche Zeugniß gäbe von dem Bestehen eines selbstständigen Rechtes zum Bergbau unabhängig von dem Rechte und dem Willen des Grundeigenthümers. Allerdings sind schon aus dem elften und dem zwölften Jahrhundert Urkunden vorhanden, laut welchen die Kaiser das Recht zum Bergbau auf edle Metalle für sich in Anspruch nahmen und an ihre Vasallen, die Landesherren, verliehen. Abgesehen von diesem Anspruche wurden aber die Bergwerke als Zubehör der Grundstücke und des Grundbesitzes angesehen[1]). Und diese Zugehörigkeit des Bergbaues zum Grundbesitze wird noch im dreizehnten Jahrhundert und sogar in Bezug auf den Silberbergbau in einer der wichtigsten Aufzeichnungen des älteren deutschen Rechtes erwähnt, nämlich in dem Sachsenspiegel, welcher, im Jahre 1235 von dem Magdeburger Schöffen Eike von Repgow verfaßt, eine Aufzeichnung der damals geltenden gemeinen Sachsenrechte enthält. In diesem Rechtsbuche findet sich im Buch I. Art. 35 die folgende Stelle:

> „Al schat under der erde begraven deper den ein pfluch ga, die hort to der koningliken gewalt. Silver ne mut ok neman breken up enes anderen mannes gude ane des willen, des de stat is; gift he's aver orlof, de vagedie is sin dar over.“

In dieser Stelle wird im directen Gegensatze zu dem kaiserlichen Regale an dem vergrabenen Schatze (liber Feud. II. 56) das ausschließliche Recht des Grundeigenthümers an den Fossilien anerkannt. Letztere darf niemand gewinnen ohne den Willen des Grundbesitzers und dieser behält, auch wenn er einem Fremden die Erlaubniß zum Bergwerksbetriebe gibt, die Vogtei über das Bergwerk, d. h. er bleibt der alleinige rechtliche Vertreter der Gewere oder des Immobiliarbesitzes.

Allein um dieselbe Zeit, als ein rechtskundiger Mann, dessen Sachkenntniß und Glaubwürdigkeit keinem Zweifel unterliegt, die Tradition des gemeinen Rechtes in dieser Gestalt bezeugte, bestanden schon in großer Ausdehnung an den verschiedensten und zwar an den wichtigsten Punkten des deutschen Bergbaues lokale Gewohnheiten von ganz entgegengesetztem Inhalte. Wir finden schon in der Mitte des dreizehnten Jahrhunderts die Bergbaufreiheit als ein weit verbreitetes Recht in Meißen, Mähren und Niederungarn und es ist nicht zu zweifeln, daß dieses ursprünglich lokale Gewohnheitsrecht sich schon zu Ende desselben Jahrhunderts zum gemeinen deutschen Rechte erhoben hatte. Ein solcher Gang der Rechtsbildung steht nicht vereinzelt da. Fast um dieselbe Zeit verbreitete sich von den Städten der Hansa das lübische Recht mit seinem Rechte der Mobilien und des Erwerbes über ganz Norddeutschland und über die Ostseeländer; und die

[1]) Eichhorn, deutsche Staats- und Rechtsgeschichte. Fünfte Ausg. II. S. 412 Anmerk. 1.

ursprünglich ganz lokalen Willküren der Kaufleute verdrängten das alte deutsche Recht mit seinem ausschließlichen Immobilarrechte.

Die älteste Aufzeichnung bergrechtlicher Gewohnheiten ist der Bergwerksvertrag zwischen Bischof Albrecht von Trient und den Gewerken daselbst vom 24. März 1185[1]. In Trient wurde im zwölften Jahrhundert ein lebhafter Silberbergbau auf dem benachbarten Calesberge betrieben, von dessen Bedeutung die Umschrift des alten Stadtsiegels Zeugniß gibt. Sie lautet: „Montes argentum mihi dant, nomenque Tridentum“[2]. Dieser Bergbau wurde meist von eingewanderten Deutschen betrieben, deren Namen[3] in den Bergwerksverträgen von 1185 und 1208 neben denjenigen der einheimischen lombardischen Adelsgeschlechter figuriren und deren bergmännische Kunstausdrücke in den lateinischen Text der Urkunden verwebt sind[4]. Mit diesen Bergbautreibenden, welche argentarii oder silbrarii oder auch werchi d. h. Gewerken genannt werden, schloß Bischof Albrecht von Trient am 24. März 1185 einen Vertrag, durch welchen jeder Gewerke (werche), jeder Erzwäscher (wassar) und jeder Schmelzer (smelzer), sich zu einer Abgabe von zwei Talenten verpflichtete, wogegen ihnen der freie Bergbau gestattet wurde, mit der Maßgabe, daß, sobald eine Grube in Ausbeute komme, eine Abgabe von derselben nach besonderer Vereinigung mit dem Bischof errichtet werden solle. Den Bergleuten wurde Schutz und Freiheit von allen Auflagen zugesichert, wogegen sie versprachen, den Bischof in dringenden Verlegenheiten durch Vorschüsse zu unterstützen[5].

Unter Bischof Friedrich von Trient kam dann im Jahre 1208 die erste Aufzeichnung der Bergwerksgebräuche zu Stande, welche von den Gewerken und andern verständigen Männern nach gemeinem Rathschlage entworfen und von dem Bischofe bestätigt und als Gesetz verkündet wurden[6]. Diese Aufzeichnung führt den Titel: Carta Laudamentorum et postarum Episcopi facta in facto Arzenterie[7].

---

[1]) Sperges, Tyrolische Bergwerksgeschichte. Wien 1765. S. 263. d'Elvert, Zur Geschichte des Bergbaues und Hüttenwesens in Mähren und Oesterreichisch-Schlesien. Brünn 1866 S. 7—34.

[2]) Der Name Tridentum wird von den drei zackigen Bergen abgeleitet, an denen die Stadt gelegen ist. Sperges a. a. O. S. 38.

[3]) Hainricus Ersingar, Trentinus Snitersac, Anzius Crotenpach, Damianus Gottzcalcus u. a. m.

[4]) Xurfus Schurf, Garrowegum s. garoegum Karrenweg d. i. Grundsohle des Stollens, xengare senken, abteufen, Xenklochum Senkloch, Dorslacum Durchschlag, waso Rasen ꝛc.

[5]) Henricus Ersingar et Riprandus de Telve et Trentinus Govalat ab argentariis, qui solent appellari silbrarii electi nomine et vice ipsorum silbrariorum et una cum tota universitate vel majori parte silbrariorum promiserunt domino venerabili Alberto Tridentine sedis episcopo omni anno per duos terminos in electione episcopi, quod quilibet hominum dabit sibi duo talenta der Werche, duo talenta der Xaffar, duo talenta der Wassar, qui sibimet ipsi lavat, der Wassar, qui suo magistro lavat, unum talentum, quilibet Smelzer duo talenta, quilibet Kener tam carbonariorum quam aliorum qui in monte laboraverint decem solidos dare debeat: quibus solutis omnibus mons ipsis omnibus tam pauperi quam diviti communis esse debeat, excepto eo, quod si eorum aliquis foviam foderit et at lucrum devenerit ipse se cum Episcopo aut cum gastaldione ejus pacisci debeat melius quam potuerit.

[6]) Sperges a. a. O. S. 52.

[7]) Sperges a. a. O. S. 267.

Nach dieser Verordnung mußten alle Gewerken in der Stadt Trient wohnen und daselbst das Bürgerrecht gewinnen. Die Bergrichter (gastaldiones) sollten alle vorkommenden Streitfälle durch einige aus der Mitte der Gewerken erwählte geschworene Männer untersuchen und durch deren Ausspruch entscheiden lassen. Es ist noch ein derartiges bergrichterliches Urtheil aus dem Jahre 1213 von Sperges (Tyrolische Bergwerksgeschichte S. 272) überliefert, welches die Streitigkeiten zwischen den Besitzern eines Erbstollens (actufus) und der vorliegenden Gruben (laboreria) betrifft und die Pflichten des Stollens in Bezug auf den Fortbetrieb sowohl, als auch seine Rechte in Bezug auf den Stollenhieb im frem den Grubenfelde und in Bezug auf den Sicherheitspfeiler festsetzt[1]).

Wenn Gruben durchschlägig werden, so sollen beide Theile die Arbeit einstellen, bis der Streit von den Bergrichtern beigelegt ist. Wer fremde Grubengebäude zerstört, wird mit dem Verluste der Hand bestraft. Wer eine Grube durch funfzehn Tage ungebaut läßt, verliert sein Recht, und wer sich zuerst in den Besitz der Grube setzt und sie fortbetreibt, soll sie behalten und nicht im Besitze gestört werden. Wenn mehrere Antheil an einer Erzgrube haben und die Mehrheit der Mitbetheiligten will die Grube betreiben, so sind alle Betheiligten der Grube gehalten beizusteuern (bareitare), und wenn einer binnen 15 Tagen nicht beigesteuert hat, so verliert er sein Antheilrecht und sein Theil fällt an die andern Gewerken derselben Grube[2]).

Das Iglauer Bergrecht bildet einen Anhang zu dem Stadtrechte der Bergstadt Iglau in Mähren. Es ist in lateinischer Sprache verfaßt und mit einer Bestätigungsurkunde durch den König Wenzel I. von Böhmen und den Markgrafen Ottokar von Mähren versehen, deren Datum nach der sehr wahrscheinlichen Ver-

---

[1]) Illi de Actufo cum passata fuerit aqua, debeant recte procedere ante se cum garowego et deinde plus quam potuerint per voidum et per plenum et in majori altura quam potuerint, debeant eciam ire. Item laborerium Gandi et Odolrici et societatis sue non debeat laborare Fentam, que venit versus Actufum, vel dorslacum.

Item si domini de Actufo emerint unum Xurfum seu Xincarum a wasone zosum et venirent in laborerium alicujus in voido, illi de leborerio illo debeant concedere illis de actufo, quod possint venam suam et montem foras conducere et illi de actufo non debeant ibi aliquid de monte dimittere quod noceat illis, quorum erit illud laborerium et non debeant eos impedire cum monte neque cum alia aliqua re, ne ante per rectam viam ire debeant.

Item nullus homo nec debet xengare supra carowego nullum xurfum. Item nullus xurfus seu laborerium a quinque passibus per latum tam ab una quam alia vel ante non deceant xengare seu laborare supra carowegium.

[2]) Item omnes Werchi — debeant habitare in civitate et amodo cives Tridentini esse.

Item si aliquis partem habeat in monte arzenterie et major pars sociorum suorum voluerit ibi laborare precipimus, quod omnes socii illius laborerii teneantur bareitare, et si quis eorum per quindecim dies non bareitaverit, ipso jure cadat ille a sua parte laborerii illius et pars illa tota ad alios socios ipsius laborerii omnes deveniat.

Item si quis partem vel puteam ceperit et illam per unum passum vel minus duxerit, et postea illam per quindecim dies dimiserit, quod eam non laboret, exinde quicunque illam intromiserit et laboraverit, sua sit, sine placito et molestatione aliqua.

muthung des Grafen Caspar v. Sternberg (Umrisse der Geschichte des Bergbaues und der Berggesetzgebung in Böhmen, Prag 1838 Bd. II S. 14) in die Jahre 1249 bis 1251 zu setzen ist.

Der Inhalt des Iglauer Bergrechtes ist nach dieser ältesten Fassung der folgende[1]):

„Wir bestimmen, daß, was immer die Urburer[2]) mit Beirath der Geschwornen von Iglau auf dem Bergwerke oder in den Stollen verliehen und unter dem gemeinen (städtischen) Siegel oder jenem der Urburer ertheilt haben, soll ohne Widerrede anerkannt werden; und wo immer ein Bergwerk entdeckt, oder ein Stollen ausgebaut worden, soll ihm rechtlich gebühren im Hangenden drei und eine halbe Lane[3]) und im Liegenden eine Lane, Höhe und Tiefe in gleichem Maße. Wenn aber jemand ein neues Bergwerk entdeckt, so sollen ihm 7 Lanen zu beiden Seiten zugemessen werden, dem König eine Lane zu beiden Seiten, den Bürgern eine; die Finder des Bergwerks haben dem Vermesser 7 kleine Solidi zu bezahlen.

Wer an einem Gang an einem Stollen arbeitet und das Metall gefunden hat, dem sollen 7 Lanen von der Stelle, wo er das Metall entblößt, mit dem Rechte der anderen Bergwerke zugemessen werden. Wenn aber mit Vorwissen des Richters und desjenigen, der die Bergwerke verleiht, jemand in einem Stollen zu arbeiten anfängt und das Metall findet, so soll ihn niemand $3^1/_2$ Lanen vor und $3^1/_2$ Lanen nach jener Stelle, wo er das Metall entblößt hat, in der Arbeit stören.

Wenn ein Bergwerk oder Stollen, der gemessen nnd belegt war, verlassen gesehen wird, so soll er durch 6 Sonntage nach einander öffentlich ausgerufen werden, damit diejenigen, deren Eigenthum er ist, zur Arbeit zurückkehren. Wenn aber nach dem siebenten Sonntag niemand in der Arbeit gefunden wird, so sollen die Urburer und die Geschwornen sich dahin verfügen und wenn sie die proclamirten Bergbaue verlassen finden, so können die Urburer diese Zechen wem sie wollen verleihen.

Wenn eine Zeche durch eine andere wassernöthige Zeche zu arbeiten behindert wird, so ist es durch 3 Tage von dem Richter auszurufen; nach drei Tagen wird nach Gerechtigkeit die hindernde wassernöthige Zeche der andern überlassen.

Wenn jemand mit Einwilligung des Richters und der Bürger in einem Stollen arbeitet und zu einem gemessenen Berge, oder der Bürgerlane gelangt und dort Arbeiter trifft, so darf er ohne ihre Einwilligung nicht fortschreiten. Wenn sie es aber zugestehen, so darf er im Maß von einer Klafter hindurch gehen mit Vorbehalt seines Rechtes, soviel er nämlich im Durchgehen mit seinem Stollen über sich hauen wird, zu seinem Nutzen zu behalten. Wenn früher in dieser Lane gebaut worden, so kann er auch in der Mitte der Lane was er mit einem mittelmäßigen Eisen vom Liegenden zu erreichen vermag, zu seinem Nutzen verwenden. Wenn in der Folge die Bürger oder wer sonst einen Stollen nöthig haben sollten, sollen sie ihm den vierten Theil seiner Auslagen beisteuern.

Wenn bei einer Vermessung die Bürgerlane hindern sollte, daß $3^1/_2$ Lanen zu beiden Seiten zugemessen werden können, so soll das neue Maß an den Grenzen der

[1]) Nach der Uebersetzung von Graf v. Sternberg a. a. O. S. 17 ff.

[2]) Als königliche Bergbeamte werden in dem Iglauer Bergrechte und in den Const. jur. metall. erwähnt: 1) der Urburer, Steuererheber und Vorsitzer des Berggerichts; 2) die Bergrichter; 3) die Bergmeister, welche die Polizei in der Grube und über die Bergleute handhaben. Die Geschworenen sind die für jeden Fall besonders erwählten Gerichtsschöffen, deren mindestens zwei sein sollen.

[3]) Laneus = 7 Lachter. „Quivis autem laneus septem mensuras quae vulgo dicuntur Lachter in se continet.“ Const. jur. metall. de montium mensuratione (II. 2).

Bürgerlane anfangen, um so das vorgeschriebene Maß der 7 Lanen zu erlangen[1]. Dann sind 2 Lanen für den König und 2 Lanen für die Geschwornen zu vermessen. Wenn aber zwischen zwei vermessenen Zechen ein neues Maß gelegt werden soll und dieses das vorgeschriebene Maß aller Lanen erhalten kann, so ist es zu vermessen, und wenn über das gelegte Maß noch Raum erübrigt, nämlich von 2 Lanen, welche Ueberschaar genannt werden, so fallen diese den Bürgern anheim.

Wenn jemand, wie schon früher gesagt worden, mit Erlaubniß des Richters, der Bürger und desjenigen, der die Gänge verleihet, einen Stollenbau unternommen, ein Anderer aber vor ihm außerhalb der gebührenden Maß von $3^1/_2$ Lanen[2]) durch einen andern Stollen oder durch was immer für einen Schacht das Metall früher gefunden hätte, so sollen nach Aussage der Zeugen und genauer Untersuchung diesem die 7 Lanen auch früher ertheilt werden. Wir wollen auch, daß ein jeder erster Entdecker eines Bergwerkes, der das Metall und den Gang zuerst dem Richter oder Bergverleiher vorgezeigt haben wird, das Recht habe, daß an einer Strecke von einer Lane vor und hinter ihm niemand zu arbeiten sich unterfange[3]). Wer dagegen handelt, soll alles Gewinnes verlustig sein und der erste Finder in seinem Rechte und der Gerechtigkeit bleiben.

Was immer die Urburer mit Vorwissen der Iglauer Berggeschwornen über die Bergrechte bestimmen werden, soll für Recht erkannt werden."

In dieser Aufzeichnung bergrechtlicher Gewohnheiten begegnen wir zuerst einer bestimmten Anerkennung der Bergbaufreiheit und festen Regeln über die Begrenzung des Bergwerkseigenthums und über den Umfang des Finderrechts. Die Bestimmungen über die Freifahrung, den Stollenhieb und den vierten Pfennig, über Vermessung und Ueberschaar sind im Principe dieselben, wie sie sich in der späteren deutschen Berggesetzgebung bis auf unsere Zeit erhalten haben. Das Iglauer Bergrecht nimmt auch dadurch eine hervorragendere Stellung vor den älteren tridentinischen Bergwerksgebräuchen ein, daß seine Geltung nicht auf einen einzelnen Ort beschränkt war, daß es vielmehr trotz seines lokalen Ursprunges schon in der Mitte des 13. Jahrhunderts als geltendes Recht für ganz Böhmen und Mähren erscheint, da Wenzel I in der angeführten Bestätigungsurkunde diese Bergordnung für sämmtliche Bergwerke seiner Staaten (dilectis civibus nostris in Iglavia et montanis ubique in regno nostro constitutis singulis et universis) als Gesetz publicirt hat. Es geht auch aus andern urkundlichen Nachrichten hervor, daß der Iglauer Schöppenstuhl diejenige Autorität in Rechtssachen, welche ihm der Schlußsatz des Bergrechtes mit den Worten beilegt: „Was immer die Urburer mit Vorwissen der Iglauer Berggeschwornen über die Rechte bestimmen werden, soll für Recht erkannt werden," in der That in sehr großer Ausdehnung selbst bis über die Grenzen von Böhmen und Mähren hinaus besaß. Im Iglauer Stadtarchive befindet sich ein Verzeichniß unter dem Titel: „Index locorum qui

---

1) Was auf der einen Seite wegen mangelnden freien Feldes nicht eingebracht werden kann, soll auf der andern zugemessen werden.

2) Um $2^1/_3$ Lanen mußte der Andere von dem älteren Stollenbetrieb entfernt bleiben (s. oben).

3) Der Finder soll noch vor erfolgter Zumessung der 7 Lanen, die erst erfolgte, wenn der Gang maßwürdig befunden war, innerhalb eines Feldes von 2 Lanen, der späteren Fundgrube im Besitze geschützt werden.

ad Iglavienses vel provocare vel informationis causa mittere soliti sunt“, in welchem außer zahlreichen böhmischen und mährischen auch ungarische und schlesische Städte, wie Schneeberg, Kupferberg und Reichenstein, als solche aufgeführt werden, die bei dem Iglauer Schöppenstuhle in Bergwerksangelegenheiten Recht nahmen.

Die Iglauer Geschwornen machten auch von der ihnen beigelegten Befugniß, durch ihre Schöppensprüche über das Bergrecht zu bestimmen, Gebrauch. Sie vermehrten das von Wenzel I bestätigte Bergrecht noch durch eine Anzahl späterer Weisthümer, welche die Maßwürdigkeit, die Erbstollengerechtigkeit und die Vierung betreffen. Das so vermehrte Iglauer Bergrecht, welches bis in die neueste Zeit für die von Wenzel bestätigte Originalurkunde gehalten wurde, existirt in lateinischer Sprache[1]) und in einer deutschen Uebersetzung von Johann Geilnhausen aus dem vierzehnten Jahrhundert[2]), sowie ferner in einer deutschen freien Bearbeitung aus demselben Jahrhundert unter dem Titel: „Diß sind die recht, die von allererst, seint perchwerk funden wart in Beheim und merhern, von den purgern von der Igla unt von den eldisten Perchleuten bestetet und beschrieben sind“ 2c.[3]). Es hat namentlich in dieser letzteren Bearbeitung eine frühe Verbreitung gefunden und einen ausgedehnten Einfluß auf die Entwickelung des deutschen Bergrechtes ausgeübt.

Das Schemnitzer Bergrecht ist ebenfalls als ein Anhang zu dem Stadtrechte der deutschen Bergstadt Schemnitz in Niederungarn in deutscher Sprache unter dem Titel: „Gemaine Statt- und Perckrechtt der Erbern und löblichen Stat Schebnitz“ aufgezeichnet. Die erhaltene Urkunde ist aus dem vierzehnten Jahrhundert. Die Bezugnahme auf die Bestätigung der Stadt- und Bergrechte durch König Bela von Ungarn ergibt aber, daß dieses Bergrecht unter der Regierung Bela's IV (1235—1275) verfaßt ist. Es stimmt mit dem Iglauer Bergrechte von Satz zu Satz überein und ist wie dieses mit nachträglichen Erläuterungen durch Weisthümer des Schemnitzer Schöppenstuhles versehen[4]).

Das Freiberger Bergrecht ist nach einer alten Aufzeichnung aus dem dortigen Rathsarchive von Klotzsch (Ursprung der Bergwerke in Sachsen. Chemnitz 1764. S. 250) mitgetheilt worden. Die Zeit der Abfassung ist nicht bekannt, doch wurde schon im Jahre 1255 der Bergschöppenstuhl in Freiberg und das hergebrachte Bergrecht durch Markgraf Heinrich von Meißen bestätigt[5]) und es ist

---

[1]) Abgedruckt von Franz Anton Schmidt (Chronologisch-systematische Sammlung der Berggesetze von Böhmen, Mähren und Schlesien. Bd. I. Wien 1832. S. 1—5).

[2]) Friedr. Aug. Schmidt, Archiv für Bergwerksgeschichte und Bergrecht. II. Heft. Altenburg 1829. S 201—209.

[3]) Abgedruckt von Schmidt im Archiv für Bergwerksgeschichte II. S. 187 ff. und bei Klotzsch, Ursprung der Bergwerke in Sachsen. S. 204 ff.

[4]) Wenzel, Handbuch des österreichischen Bergrechtes. Wien 1855. S. 72 f.

[5]) Klotzsch a. a. O. Anhang S. 282. Notum facimus universis quod talia jura burgensibus nostris et montanis de Vriberc relinquere volumus omni parte, qualia habuerunt temporibus patris nostri. — Volumus praeterea ut si quid in Vriberc vel in montibus judicandum sit vel tractandum, quod hoc fiat coram Advocato et illis viginti quatuor burgensibus nostris de Vriberc.

möglich, daß dieser Bestätigung schon eine Aufzeichnung des Freiberger Bergrechts zu Grunde gelegen hat. Schon die Kulmische Handfeste vom Jahre 1232 verweist übrigens auf das jus fribergense[1]), wodurch sowohl das hohe Alter als auch die weite Verbreitung dieses Bergrechtes bezeugt wird.

Die Freiberger Bergwerke sollen in der Mitte des zwölften Jahrhunderts durch einwandernde Bergleute aus Goslar aufgenommen worden sein und der Silbererzbergbau am Rammelsberge bei Goslar blühte nach urkundlichen Nachrichten schon zur Zeit Otto's I. um das Jahr 968. Allein die Aufzeichnung der Harzischen Berggewohnheiten fällt, wie Wagner in der Einleitung zum Corpus iuris metallici S. XXX nachgewiesen hat, in eine weit spätere Zeit, wahrscheinlich in das 14. Jahrhundert. Wenn also, wie Manche vermuthen, eine Uebertragung des Bergrechtes aus dem Harze nach dem Erzgebirge stattgefunden hat, so ist diese Uebertragung wahrscheinlich nicht in der Gestalt einer schriftlichen Aufzeichnung, sondern in den im Gedächtnisse der einwandernden Bergleute lebenden Regeln, in der Form von Rechtssprichwörtern und Weisthümern erfolgt. Die Annahme einer solchen mündlichen Ueberlieferung, älter als jede Aufzeichnung der Bergrechte, ist am meisten geeignet die häufig überraschende Uebereinstimmung zwischen den ältesten Aufzeichnungen der deutschen Bergrechte in den entlegensten Gebieten unter einander zu erklären. So enthält das Freiberger Bergrecht neben einer Anzahl von Stellen, die ganz mit dem Iglauer und dem Schemnitzer Bergwerksvertrage übereinstimmen, andere, welche fast wörtlich aus dem Tridentiner Bergrecht von 1185 entlehnt scheinen. Während z. B. der letztere bestimmt, daß das Gebirge allen, dem Armen wie dem Reichen zu gleichen Rechten gehöre (mons ipsis omnibus, tam pauperi quam diviti communis esse debeat), heißt es in dem Freiberger Bergrechte: „Dy burgern von Friberg haben ouch daz recht, beide arm und riche uf allem Gebirge in myns herrn lande."

Eine weitere auffallende Bestätigung der frühzeitigen Uebertragung der deutschen Bergrechte und der Bergbaufreiheit durch auswandernde Bergleute in fremde Lande gibt das Bergrecht der Stadt Massa marittima in Toskana, welches in dem Archivio storico italiano (dispensa XLIII. 1853) und im Auszuge von L. Simonin in den Annales des mines. Partie administrative. Paris 1859. S. 1—16 mitgetheilt ist. Das Manuscript, welches in der Bibliothek der Uffizii in Florenz aufbewahrt wird, enthält ein Stadt- und Bergrecht der Stadt Massa (statuta et ordinamenta civitatis Massae) nebst Anhängen und späteren Zusätzen aus den Jahren 1273, 1289 und 1294 bis 1324. Die Zeit der ersten Abfassung kann also füglich in die Mitte des 13. Jahrhunderts gesetzt werden. Der Kupfererzbergbau von Massa, der bereits von den Etruskern betrieben wurde, war im 12. Jahrhundert durch deutsche Bergleute (angeblich von der Markgräfin Mathilde von Toskana † 1115 herbeigezogen) wieder aufgenommen und der deutsche Ursprung des dortigen Bergbaues und Bergrechtes ist in den deutschen Kunstausdrücken ausgeprägt, welche in die lateinisch abgefaßten Urkunden verwebt sind[2]).

---

[1]) Spangenberg, Beiträge zu den deutschen Rechten im Mittelalter. S. 210.

[2]) Annales des mines 1858 tome XIV. p. 66. Die Gewerken heißen guerchi.

Der Inhalt des Bergrechtes von Massa stimmt nach der Analyse von Simonin mit den deutschen Bergrechten desselben Zeitraumes in allen wesentlichen Grundzügen überein. Der Finder erwirbt das Berwerkseigenthum an der Lagerstätte. Ueber die Betriebsleitung entscheiden die Betheiligten durch Stimmenmehrheit, aber jeder einzelne Betheiligte ist berechtigt die Fortsetzung des Betriebes zu fordern. Der Podesta der Stadt und der Bergrichter entscheiden in allen Streitigkeiten der Bergbautreibenden. Sie dürfen keine Bergwerksantheile besitzen. Wenn Gruben mit einander durchschlägig werden, so sollen die Arbeiter jeden Streit vermeiden, und die Ankunft der Bergmeister erwarten, welche die Grenze der Grubenfelder über Tage ermitteln und nach unten übertragen sollen. Der Nichtbetrieb der Gruben während fünf Jahren und drei Tagen hat den Verlust des Eigenthums zur Folge. Der Mitgewerke, welcher seine Zubuße innerhalb 8 Tagen nach geschehener Aufforderung zu entrichten versäumt, verliert seinen Antheil zu Gunsten der übrigen Betheiligten.

Das Bergrecht von Massa erscheint in manchen Punkten ausgebildeter und weiter entwickelt, als die gleichzeitigen Bergordnungen von Iglau und Schemnitz. Der Einfluß der italienischen Jurisprudenz, welche seit dem Anfange des 12. Jahrhunderts in Bologna wieder aufblühte, auf die Abfassung desselben ist nicht zu verkennen. Auch auf das deutsche Bergrecht in Böhmen äußerte die italienische Rechtswissenschaft einen gewissen Einfluß. Um das Jahr 1300 ließ Wenzel II. von dem italienischen Juristen Getius von Orvieto ein Rechtsbuch nach dem Muster der Institutionen unter dem Titel Constitutiones juris metallici[1]) verfassen und als Gesetz für den Kuttenberger Bergbau publiciren[2]).

Diese Constitutionen enthalten eine gelehrte Bearbeitung des Iglauer Bergrechtes, welche in vielen Kapiteln verräth, daß der Verfasser in die Kenntniß des deutschen Bergrechtes nur oberflächlich eingedrungen ist. Sie haben auch weder eine ausgedehntere praktische Geltung, noch einen nennenswerthen Einfluß auf die weitere Entwickelung des deutschen Bergrechtes ausgeübt. Vielmehr blieb in Böhmen wie in Mähren das Iglauer Bergrecht in allgemeiner Geltung, ebenso wie sich in Meißen und Thüringen das Freiberger Recht durch drei Jahrhunderte behauptete, bis im 16. Jahrhundert sich mit dem Erlasse der sächsischen und der Joachimsthaler Bergordnungen die zweite Periode der Geschichte unsres Bergrechtes eröffnete und an die Stelle der von den Schöppenstühlen bewahrten Gewohnheitsrechte die kunstmäßige Gesetzgebung der Landesherren trat.

Die Frage, welches von den Bergrechten des dreizehnten Jahrhunderts als das älteste und als die Quelle der übrigen anzusehen sei, ist in dem verschiedensten Sinne beantwortet worden und es ist thatsächlich für jede der fünf Bergstädte, Trient, Iglau, Schemnitz, Freiberg, Goslar und selbst für Massa[3]) der Ruhm in

[1]) Sternberg, Urkundenbuch S. 149.

[2]) Die Wenzeslavischen Constitutionen sind zwar bestimmt gewesen, für alle böhmischen Bergwerke (montanis suis per regnum Bohemiae universis) als Gesetz zu gelten, aber nur in Kutterberg publicirt. Sternberg, Umrisse S. 71.

[3]) Simonin a. a. O. S. 04.

Anspruch genommen, daß aus ihr die älteste Bergordnung hervorgegangen sei. Für Iglau wird geltend gemacht, daß keines der andern Bergrechte nachweislich früher aufgezeichnet worden, als das Iglauer. Klotzsch (Ursprung der Bergwerke S. 64 ff.) versucht sogar auf Grund von allerhand unbeglaubigten Nachrichten die directe Uebertragung des Iglauer Bergrechtes nach Freiberg zu beweisen und dem böhmischen Bergbau ein fabelhaftes, bis ins 8. Jahrhundert zurückreichendes Alter beizulegen. Karsten (Ueber den Ursprung des Bergregales in Deutschland. Berlin 1844. S. 12) spricht die Ansicht aus, „daß der Bergstadt Schemnitz die Ehre gebührt, Deutschland seine Bergwerksgebräuche und die ersten gesetzlichen Bestimmungen gegeben zu haben." Es steht aber fest, daß Iglau und Schemnitz Colonien von deutschen Bergbautreibenden und Bergleuten waren. Schemnitz hatte wie Kremnitz seinen Namen von den gleichnamigen Orten an der Pleiße im sächsischen Erzgebirge [1]).

Das Iglauer Bergrecht enthält in seinem lateinischen Texte zahlreiche deutsche Kunstausdrücke (Hangendez, Liegendez, Wasserseige), ebenso wie dies von den Tridentiner Bergwerksgebräuchen und von dem Bergrechte von Massa oben bemerkt ist. Slavische Benennungen finden sich in dem Iglauer und in dem Schemnitzer Bergrechte, welches letztere in deutscher Sprache verfaßt ist, fast nur da, wo von den Verhältnissen der Arbeiter die Rede ist. Ihren Ursprung aus dem Lande Meißen würden auch weder die „Purger und Perchleute von der Igla", noch auch die Verfasser der „Gemainen Statt und Perckrechtt der Erbern und löblichen Stat Schebnitz" verleugnen können. Ebenso deuten die Namen Crotenpach, Gottzcalcus (Gottschalk), Snitersac (Schneidersack) u. a. in den Tridentiner Bergwerksverträgen deutlich auf einen sächsischen Ursprung. Daß aber diese sächsischen Auswanderer ihr Recht wie ihre Sprache aus der Heimath mitgenommen und nicht erst in den von ihnen aufgeschlossenen und colonisirten auswärtigen Bergwerksdistricten angenommen haben, bedarf für denjenigen, der mit den Gesetzen der Culturgeschichte nur einigermaßen vertraut ist, keines Beweises. Allerdings kann keine Aufzeichnung des sächsischen oder des harzischen Bergrechtes nachgewiesen werden, welche älter wäre, als das Iglauer Bergrecht. Allein alle Anzeichen weisen auf einen gemeinsamen Ursprung der Bergrechte des 13. Jahrhunderts aus einer deutschen Quelle zurück. Agricola, welcher jenem Zeitraum um drei Jahrhunderte näher stand, bezeugt sogar ausdrücklich nicht bloß das höhere Alter des erzgebirgischen Bergbaues vor dem böhmischen, sondern auch die Uebertragung der sächsischen Bergrechte nach Böhmen [2]).

Es würde sicher vergeblich sein nach einer ältesten deutschen Aufzeichnung des Bergrechtes zu forschen, in welcher die gemeinsame Quelle der Iglauer, Schemnitzer

---

[1]) Berg- und Hüttenmännisches Jahrbuch der Bergakademien zu Schemnitz und Leoben 1865 S. 1. Ueber die Uebertragung des Iglauer Bergrechtes nach Ungarn vergl.: Tomaschek, Deutsches Recht in Oesterreich. Wien 1859. S. 321

[2]) Agricola, Bermannus sive de re metallica dialogus. Basel 1530. cap. VIII p. 861: Sed et Igla Freibergum subsecuta est, quantum ex legibus potest colligi, quas ab illis se sumsisse aperte fatentur.

und Tridentiner Bergrechte nachgewiesen werden könnte, da gerade die Aufzeichnung dieser Gewohnheitsrechte höchst wahrscheinlich erst durch die Auswanderung der deutschen Bergleute, durch die Berührung mit fremdem Recht und Volksleben und durch die Trennung von der gemeinsamen Heimath veranlaßt worden ist, in welcher jene Rechte ungeschrieben im Gedächtnisse Aller lebten. In den Anfängen des staatlichen Lebens ist die gemeinsame Volksüberzeugung, auf welcher alles Recht beruht, noch eine unmittelbare. Die Rechtsregel ist jedem Mitgliede der Volksgemeinde bekannt und der Beweis ihrer Gültigkeit besteht nicht darin, daß sie in einem bestimmten Gesetzbuche geschrieben steht, sondern lediglich darin, daß sie in dem Gedächtnisse und in der Gewohnheit des Volkes lebt. Die Rechtssätze nehmen schon in diesem Stadium der Rechtsbildung häufig eine scharf ausgeprägte und bleibende Form des Ausdrucks an, indem sie dem Gedächtnisse in der Form von Sprichwörtern oder in der Gestalt von Weisthümern d. h. Aussprüchen der Schöffengerichte über einzelne streitig gewordene Fragen überliefert werden. Später, wenn die wachsende Mannigfaltigkeit der Verkehrsverhältnisse diese allgemeine Bekanntschaft mit dem geltenden Rechte nicht mehr gestattet, oder wenn die Continuität der Ueberlieferung durch andere Ereignisse wie die Auswanderung in ein fremdes Land gefährdet wird, werden die Rechtsvorschriften in dieser überlieferten Form aufgezeichnet und daraus erklärt sich, daß in weit entlegenen Districten und in verschiedenen Zeiträumen Aufzeichnungen gleichen Inhaltes und zum Theil von gleichem Wortlaute über das deutsche Bergrecht verfaßt werden konnten.

Das deutsche Bergrecht ist also nach dem Ergebnisse der vorstehenden historischen Untersuchung aus einer allgemeinen Gewohnheit entsprungen, die zu einer unbekannten Zeit an den Ursprungsstätten des deutschen Bergbaues entstand und sich mit dem deutschen Bergbau allmälig über das ganze Deutschland und über die Nachbarländer verbreitete. Es ist nicht zu verkennen, daß dieses Gewohnheitsrecht eine nahe Verwandschaft mit der ältesten Form des deutschen Grundbesitzes, der Markgenossenschaft zeigt. Die Mark war allen Mitgliedern der Gemeinde gemeinsam. Ein Sondereigenthum bestand nur an Haus, Hof und Acker; die uncultivirten Ländereien waren ungetheilt und jedem Gemeindegliede stand frei, sich innerhalb der Mark durch Occupation Bäume, Steine, ja sogar ganze gerodete Felder anzueignen. Zu den Gegenständen dieser gemeinen Nutzung gehörte auch die Gewinnung der Fossilien, also der Bergbau, welcher ja vorzugsweise und zuerst in den Bergen, also in den uncultivirten Landstrichen, wo die Erzgänge zu Tage ausgingen, betrieben wurde. Die Bergbaufreiheit war daher Anfangs auf das Gemeinland oder das Oedland beschränkt. Auf dem im Sondereigenthum befindlichen Acker fand sie nach der oben angeführten Stelle des Sachsenspiegels noch in der Mitte des 13. Jahrhunderts nicht Anwendung. Die Ausdehnung der Bergbaufreiheit auf das Privat-Grundeigenthum wurde durch die Einwirkung der landesherrlichen Gesetzgebung vermittelt, welche den Bergbau theils um des öffentlichen Nutzens willen, theils wegen des seit dem Ausgange des 12. Jahrhunderts von den Kaisern und den Landesherren beanspruchten Bergregals begünstigten[1]).

[1]) Vergl. Achenbach, Das gemeine deutsche Bergrecht. Bd. I. S. 68 ff.

§. IV.
Das Bergregal.

Schon die fränkischen Könige haben, wie früher die römischen Kaiser, Abgaben von dem Bergbau erhoben. König Dagobert errichtete im Jahre 635 eine Stiftung für die Mönche von St. Denis, von welcher es heißt: „Plumbum quod ei ex metallo censitum in secundo semper anno solvebatur, libros octo mille ad cooperiendam ecclesiam contulit.“ Karl der Große bestimmte in dem capitulare de villis, daß jeder Richter regelmäßig über die kaiserlichen Einkünfte von den Eisen- und Bleibergwerken berichten solle. Allein diese Besteuerung der Bergwerke beweist nicht für die Existenz eines Bergregals. Sie fließt aus der Steuerhoheit des Staates, kraft deren das Bergwerkseigenthum und der Bergbau wie jeder andere Besitz und jedes andere Gewerbe zu den Staatslasten contribuiren muß. Unter den Regalien versteht man gewisse Rechte des Staates, welche ihm nicht von Natur zukommen, sondern ihm vermöge einer positiven Erweiterung seiner natürlichen Rechtssphäre beigelegt sind. Dergleichen Rechte sind von Haus aus Privatrechte, welche nur durch ausdrückliche Bestimmung dem Staate vorbehalten sind, wie das z. B. beim Briefpostmonopol, bei der Salzregie und bei ähnlichen Einrichtungen der Fall ist. Von einem Bergregal kann demnach nur da die Rede sein, wo das Recht zum Bergbau entweder unbedingt dem Staate vorbehalten ist, oder doch in der Weise, daß niemand ohne besondere Erlaubniß des Staates Bergbau treiben darf. Von einem solchen Bergregal ist auch in den Bergrechten des 13. Jahrhunderts nirgend die Rede. Dem König wird eine Abgabe, die Urbure entrichtet und ihm als eine Art von Mitbaurecht bei jedem Felde die Königslane zugemessen. Allein die Erwerbung des Rechts zum Bergbau ist von der Verleihung oder der Erlaubniß des Staates ganz unabhängig. Das Bergwerkseigenthum wird von dem Finder kraft der bloßen Occupation erworben.

Man ist gegenwärtig darüber einverstanden, daß das Bergregal sich weder auf die bergrechtlichen Gewohnheiten von Iglau, Schemnitz und Freiberg, noch auf die Capitularien Karl des Großen zurückführen läßt, daß der erste Anspruch dieser Art von den hohenstaufischen Kaisern erhoben worden ist. Es wird in der Regel behauptet, daß dieser Anspruch durch den Beschluß des von Friedrich Barbarossa im Jahre 1158 auf den roncalischen Feldern abgehaltenen Reichstags über die Regalien zum Gesetz erhoben sei. Dieser Reichstagsbeschluß ist in den sogenannten liber Feudorum d. h. in die Sammlung des longobardischen Lehnrechts aufgenommen, welche der Mailändische Bürgermeister Jacobus ab Orto gegen Ende des zwölften Jahrhunderts verfaßt hat. Er bildet in dieser Sammlung den 56. Theil des zweiten Buches unter dem Titel Quae sint regaliae und lautet[1]):

Feud. II. Tit. 56. Regaliae: armandiae, viae publicae, flumina navigabilia et ex quibus fiunt navigabilia, portus, ripatica, vectigalia quae vulgo dicuntur

---

[1]) Der Text des Reichtagsbeschlusses selbst ist abgedruckt bei Pertz, Monum. German. historica Legum tom. II p. 111.

telonia, moneta, multarum poenarumque compendia, bona vacantia et quae ut ab indignis legibus auferuntur, nisi quae specialiter quibusdam conceduntur, bona contrahentium incestas nuptias, condemnatorum et proscriptorum secundum quod in novis Constitutionibus cavetur, angariarum, parangariarum et plaustorum et navium praestationes et extraordinaria collatio ad felicissimam regalis numinis expeditionem, potestas constituendorum magistratuum ad justitiam expediendam, argentariae et palatia in civitatibus consuetis, piscationum reditus et salinarum et bona committentium crimen majestatis et dimidium thesauri in loco Caesaris inventi, non data opera vel loco religioso, si data opera totum ad eum pertinet.

Diese Stelle wird von sämmtlichen Schriftstellern über das deutsche Bergrecht als das erste Reichsgesetz über das Bergregal citirt, sie pflegt jedoch in der Regel nicht abgedruckt zu werden und dieser Umstand ist ihrer Autorität unzweifelhaft sehr zu statten gekommen. Man kann nämlich zweifelhaft darüber sein, ob in diesem Beschlusse überhaupt von dem Bergregal die Rede ist. Allerdings sind unter den Regalien die reditus salinarum aufgeführt. Allein es leidet keinen Zweifel, daß das Salzregal sich in Deutschland schon frühzeitig und unabhängig von dem Bergregal ausgebildet hat, daß in Bezug auf das Salz schon in früher Zeit ein eigentliches Gewinnungsmonopol bestand, von dem nur einzelne auf Privilegien beruhende Ausnahmen vorkommen[1]). Die argentariae, welche in Verbindung mit den kaiserlichen Pfalzen in den gewohnten Residenzstädten genannt werden, bedeuten zwar Silberbergwerke, insofern als Substantivum fodinae ergänzt wird. Die unmittelbare Verbindung mit den kaiserlichen Pfalzen (argentariae et palatia) hat jedoch Zweifel über diese Auslegung hervorgerufen und es werden unter den argentariae von mehreren Erklärern die kaiserlichen Silberkammern in den Residenzen (argentariae sc. cellae) verstanden. Abgesehen von diesem Zweifel und von dem Umstande, daß außer den Salinen jedenfalls nur die Silberbergwerke namhaft gemacht sind, ist jedoch der roncalische Reichstagsbeschluß kein deutsches Reichsgesetz, sondern ein Gesetz des longobardischen Königreiches, welches nichts Anderes bezweckte, als die Rechte des Kaisers gegenüber den lombardischen Freistädten festzusetzen. Dieser Beschluß ist zwar in den liber Feudorum aufgenommen und mit letzterem als Bestandtheil des Corpus juris civilis in Deutschland recipirt worden. Allein die Reception der in dem Corpus juris vereinigten Rechtsbücher hat sich nur auf diejenigen Materien erstreckt, in welchen nicht die einheimische deutsche Rechtsbildung das Uebergewicht behauptet hat, wie dies unter andern bei dem Bergrechte unzweifelhaft der Fall ist. So wenig die Pandektenstellen, die dem Grundeigenthümer das Recht zum Gold- und Silbererzbergbau beilegen, bei uns recipirt sind und das deutsche Bergrecht verdrängt haben, ebensowenig ist dies mit der fraglichen Stelle des liber Feudorum über das Bergregal der Fall. Es fehlt also soviel wie alles zu der behaupteten Gültigkeit des roncalischen Reichstagsbeschlusses als deutsches Reichsgesetz über das Bergrecht. Es muß

---

[1]) Dr. Boehlau, De regalium notione et de salinarum jure regali. Halae 1856.

vielmehr behauptet werden, daß vor der goldenen Bulle kein solches Reichsgesetz zu finden ist.

Gleichwohl ist es eine geschichtlich beglaubigte Thatsache, daß Friedrich I. das Bergregal in Deutschland in Anspruch nahm. Dies wird zunächst bestätigt durch die Verleihung des Rechtes zum Bergbau an Bischof Conrad von Trient vom Jahre 1189. In Trient wurde nach dem oben (S. 19) angeführten Bergwerksvertrage von 1185 ein freier Bergbau auf Silber geführt, von welchem der Bischof gewisse Abgaben erhob. Friedrich I. nahm diesen Bergbau als ein kaiserliches Regal in Anspruch und zwang den Bischof, eine Verleihung darüber von ihm anzunehmen[1]). In den Rechten der Tridentiner Bergwerksunternehmer und in ihrem Verhältnisse zu dem Bischofe ist durch diese Verleihung offenbar nichts geändert worden, wie die oben angeführte Aufzeichnung der Bergwerksgebräuche (Carta laudamentorum et postarum etc.) von 1208 ergibt. Die kaiserliche Belehnung erscheint gewissermaßen als eine vorläufige Besitzergreifung, um ein künftiges Recht zu begründen[2]). Dieser ersten octroyirten Verleihnng folgten bald andere kaiserliche Verleihungen des Bergbaues an Reichsstände, namentlich an geistliche Fürsten, so an den Bischof von Brixen durch Friedrich II. vom Jahre 1214[3]). Auch Heinrich VI. nahm in einem Schreiben an die Bischöfe zu Minden, Paderborn und Osnabrück vom Jahre 1189 den Silbererzbergbau als kaiserliches Regal in Anspruch[4]).

Allein dieser Anspruch ist weder durch einen Act der Reichsgesetzgebung bestätigt, noch zur allgemeinen thatsächlichen Geltung gelangt. Aus dem Iglauer und den gleichzeitigen Bergrechten ergibt sich, daß die böhmischen und die sächsischen Bergleute zwar dem Landesherrn Steuer zahlten (die Urbure) und ihm die Königslane bei jeder Grube zumaßen. Aber ihr Bergwerkseigenthum nahmen sie von niemandem zu Lehen. Es wurde dem Finder kraft der Occupation zu Theil und von dem Urburer als Verwahrer der richterlichen Gewalt nur zugemessen. Dem Landesherrn wurden außer den Befugnissen, welche aus der Steuerhoheit, der richterlichen und polizeilichen Gewalt fließen, keine Rechte auf den Bergbau, namentlich kein Eigenthumsrecht an den noch im Freien liegenden Lagerstätten eingeräumt.

---

[1]) Sperges, Tyrolische Bergwerksgeschichte S. 265. Die bezügliche Stelle der Verleihungsurkunde lautet: Perseverante actione nostra de argentifodinis aput Episcopatum Tridentinum quas juri nostro tam ibi, quam in aliis imperii finibus repertas antique consuetudinis celebritas adjudicavit, Dei intuitu et respectu honestatis dilecti nostri Cunradi Tridentini Episcopi ad preces et laudabilem eius devocionem argentifodinas in Ducato Tridentino Episcopatuve, que nunc sunt vel in posterum argenti, cupri ferrive, omnisque metalli ibidem reperientur — Ecclesie Tridentine Imperiali largicione tradimus et presentis privilegii nostri auctoritate presenti Episcopo et suis successoribus perpetuo confirmamus.

[2]) Casp. v. Sternberg, Umrisse rc. Bd. II. S. 4.

[2]) Sperges a. a. O. S. 277.

[4]) Cum omnis argentifodina ad jura pertineat Imperii et inter Regalia nostra sit computata, nullum venit in dubium, quin ea, que nuper in episcopatu Mindensi dicitur inventa, ad nostram totaliter spectet distributionem.

Diese gehörten vielmehr „den Bürgern, so Armen als Reichen insgemein," d. h. sie waren herrenlos und der Occupation unterworfen.

Auch das bürgerliche Recht jener Tage, obgleich in ihm die Bergbaufreiheit nicht zur Anerkennung gelangt ist, ist doch weit entfernt, ein kaiserliches Regal auf den Bergbau zu statuiren. Die oben (S. 18) angeführte Stelle des Sachsenspiegels gedenkt im Eingange des kaiserlichen Regales an den vergrabenen Schätzen[1]) und diese Erwähnung ist anscheinend gerade aus dem oben (S. 28) angeführten roncalischen Reichstagsbeschlusse entnommen[2]), da wir eine andere Quelle dieses sowohl dem römischen als dem heutigen gemeinen Rechte ganz unbekannten Regales nicht kennen. Im unmittelbaren Gegensatze dazu wird dann aber das Recht, Silber zu brechen, von dem Willen des Grundbesitzers abhängig gemacht, ein kaiserliches Regal in Bezug auf den Silberbergbau also gewissermaßen ausdrücklich verneint. Auch Graf Caspar von Sternberg, der ausgezeichnete Geschichtsschreiber des böhmischen Bergbaues, bestätigt, daß sich vor dem 13. Jahrhundert in Böhmen von einem Kronrechte auf Metalle fremder Besitzungen nicht die geringste Spur findet, daß namentlich in keiner der zahlreichen Stiftungsurkunden von Klöstern, deren doch im 12. Jahrhundert so viele gestiftet und von den Königen, Herzogen und Dynasten reich mit Gütern beschenkt worden, von irgend einem Bergwerke, selbst nicht von unedlen Metallen Meldung geschehe[3]). Es geht auch aus den Verleihungsbriefen der hohenstaufischen Kaiser hervor, daß sie weder beabsichtigten, dem Grundbesitzer die bergmännischen Nutzungen, noch auch den Bergleuten den freien Bergbau streitig zu machen. Sie ließen in dieser Hinsicht das Recht bestehen, wie sie es vorfanden. Ihr Augenmerk war auf die von dem Bergbau seitens der Territorialherren erhobene Steuer gerichtet. Die Besteuerung des Bergbaues war es, welches sie als kaiserliches Regal dem Reiche vindicirten und den Reichsständen zu entwinden trachteten. Dies geht unter anderm aus Friedrichs II. Bestätigungsbrief der Bergwerksfreiheit für Bischof Conrad von Brixen von 1214[4]) hervor, in welchem es heißt: Concedimus ipsi Chunrado Episcopo et successoribus suis ut — in illis argentifodinis argentum fodi faciat et exquiri — — ita tamen ut nos in proventibus siqui inde proveniunt, secum ad medium debeamus participare.

Noch bestimmter ist dieser Anspruch ausgedrückt in dem Verleihungsbriefe Friedrich II. für Herzog Ludwig von Baiern, in welchem dem Herzog die Erhebung der Urbure nachgelassen wird mit dem Zusatze: „quam nos et imperium percipere deberemus." In einem Decret König Ludwigs I. von Ungarn von 1351 wird sogar der Ausdruck Jus regale und Urbura geradezu synonym gebraucht. (Jus regale seu urburas jure regio pertinentes recipere faciat.)

---

[1]) Al schat under der erde begraven deper den ein pfluch ga, die hort to der koningliken gewalt.

[2]) dimidium thesauri in loco Caesaris inventi non data opera, vel loco religioso, si data opera totum ad eum pertinet.

[3]) Umrisse Bd. II. S. 2.

[4]) Sperges a. a. O. S. 277

Auch Kaiser Albrecht I. verstand das kaiserliche Bergregal in diesem Sinne. Er verlangte im Jahre 1303 von Wenzel II. von Böhmen 80,000 Mark Silber als die angeblich dem Kaiser zustehende rückständige Urbure, oder die Verpfändung der Kuttenberger Bergwerke auf sechs Jahre. Die Verweigerung dieser Forderung gab die Veranlassung oder den Vorwand zu einem Kriege, der jedoch zum Nachtheil des Kaisers ausfiel[1]).

Ueberhaupt wußten sich die Territorialherren mit oder ohne kaiserliche Verleihung im Besitze der Einkünfte aus der Besteuerung der Bergwerke zu erhalten und sie waren einsichtig genug, die von den Kaisern gegen sie zur Anwendung gebrachte Theorie von der Regalität des Bergbaues zu ihrem eigenen Vortheil in Anwendung zu bringen.

Die Könige von Böhmen waren die Ersten, welche nach dem Vorgange der Hohenstaufen sich das Recht der Verfügung über den Bergbau auf fremdem Grund und Boden beilegten. Ottokar I. schenkte bereits durch die Urkunde von 1227[2]) dem Kastellan von Böttau, Erbauer der Stadt Jamnitz, den Nutzen und die Urbure von den Goldbergwerken in der Umgegend von Jamnitz und das Einkommen aller Bergwerke daselbst, die noch in Zukunft entdeckt werden würden, es sei Gold, Silber, Blei, Eisen oder was immer für Metalle. Zugleich wird dem Bergmeister in Iglau und allen Bergmeistern, Urburern und Geschwornen im Königreiche Böhmen und im Markgrafenthum Mähren aufgetragen, den Begabten gegen Jedermann in seinen Rechten zu schützen.

Während so die Landesherren in Böhmen und anderwärts bald durch Bestätigung der alten Bergrechte die Bergbaufreiheit anerkannten[3]), bald ein ihnen von den Kaisern verliehenes oder bestrittenes Bergregal ausübten, scheint gleichzeitig auch das Recht des Grundeigenthümers zum Bergbau noch in einem gewissen Grade, nämlich in Bezug auf die unedlen Metalle Anerkennung gefunden zu haben, wie dies aus verschiedenen Urkunden des 13. Jahrhunderts hervorgeht, in welchem Güter, Dörfer und Höfe mit Eisenerz- und andern Bergwerken verschenkt werden, die wie die Mühlsteinbrüche als Zubehör zum Grund und Boden behandelt werden[4]).

Das Bergrecht befand sich also im 13. Jahrhundert in einer Fermentation, indem die Bergbaufreiheit, das Regal und das Recht des Grundeigenthümers um die Herrschaft kämpften und nur so wird es erklärlich, wie gleichzeitig in dem Iglauer Bergrechte, im Sachsenspiegel und in den kaiserlichen Verleihungsbriefen geradezu entgegengesetzte Grundsätze als geltendes Recht für den Bergbau proclamirt werden.

---

[1]) Sternberg, Umrisse Bd. II. S. 139.

[2]) Sternberg, Urkundenbuch Nr. 4 S. 7.

[3]) Dies geschah nicht bloß durch die Bestätigung der Gewohnheitsrechte, sondern auch durch eigene Verordnungen, wie die Constitut. jur. metall. von Wenzel II., in welchen nicht die geringste Spur eines Bergregales zu entdecken ist.

[4]) Sternberg, Urkundenbuch Nr. 2. 3. 6. 7. 17.

Dieser Kampf entgegengesetzter Principien erhielt einen vorläufigen Abschluß durch das unter dem Namen der **Goldenen Bulle** bekannte Reichsgesetz Karls IV. vom 9. Januar 1356, welches auf dem Reichstag zu Nürnberg beschlossen wurde und die gegenseitigen Rechte des Kaisers und der Kurfürsten zu regeln bestimmt war. Im Cap. IX dieses Gesetzes heißt es nämlich: Declaramus, quod successores nostri Boemiae Reges nec non universi et singuli Principes Electores, Ecclesiastici et Seculares, qui perpetuo fuerint, universas auris et argenti fodinas atque mineras stanni, cupri, plumbi, ferri et alterius cujusque generis metalli ac etiam salis tam inventas quam inveniendas imposterum quibuscumque temporibus in regno praedicto aut terris et pertinenciis eidem Regno subjectis nec non supradicti Principes in Principatibus, terris, dominiis et pertinentiis suis tenere juste possint et legitime possidere, cum omnibus juribus, nullo prorsus excepto, prout possunt seu consueverunt talia possidere.

Durch dieses Gesetz leistete Kaiser Karl IV., der mehr die Stärkung seiner böhmischen Hausmacht, als die kaiserliche Machtvollkommenheit im Auge hatte, auf das Bergregal zu Gunsten der Kurfürsten Verzicht, und diese Verzichtleistung hatte zur thatsächlichen Folge, daß auch die übrigen Territorialherren zur Ausübung des Bergregales gelangten. Von den verschiedenen Prätendenten, welche im 13. Jahrhundert um das Recht zum Bergbau kämpften, schied also durch die goldene Bulle der eine, nämlich der Kaiser, aus. Aber noch ein zweiter Prätendent wurde durch dieses Gesetz ausgeschlossen, nämlich der Grundeigenthümer, denn die angeführte Stelle der goldenen Bulle stellt alle Metalle, auch die niederen, dem Golde und Silber gleich und unterwirft dieselben nebst dem Salze derselben gesetzlichen Regel, nämlich dem Rechte der Kurfürsten als Landesherren in denjenigen Grenzen, in welchen dieses Recht bisher bestanden hatte.

Es blieben also von den bisherigen streitenden Ansprüchen nur zwei bestehen, das jetzt zuerst reichsgesetzlich anerkannte Bergregal der Landesherren und die Bergbaufreiheit, welche auf einem von diesen Landesherren selbst bestätigten allgemeinen Gewohnheitsrechte beruhte. Ueber das Verhältniß dieser beiden Principien bestimmt die goldene Bulle nichts weiter, als das die Kurfürsten das Bergregal in dem Umfange besitzen sollen, als sie es ausüben können und bisher auszuüben pflegten. Es ward also auf der einen Seite der bisherige Rechtszustand aufrecht erhalten, andrerseits den Landesherren erlaubt, ihr Regal auszudehnen soweit sie können. Die Ausgleichung der streitenden Principien wurde also der Zukunft überlassen und diese Ausgleichung vollzog sich in der Art, daß im Allgemeinen die Bergbaufreiheit überwog. Die Landesherren erkannten das Recht des freien Schürfens, das Recht des ersten Finders auf das Bergwerkseigenthum an und behielten sich nur die hergebrachten Abgaben (die Urbure, an deren Stelle später der Zehnte trat) und die Rechte der Polizeihoheit und Gerichtsbarkeit über den Bergbau vor.

Es fehlt nicht an dem ausdrücklichen Anerkenntnisse, daß den Landesherren andere als die vorstehenden Befugnisse nicht zustehen, insbesondere nicht das Recht der willkürlichen Verfügung über die Bergwerke oder der Beschränkung der Bergbaufreiheit. So heißt es in einem Recesse zwischen Balthasar, Landgraf von

Thüringen, und Henrich, Grafen von Stolberg vom Jahre 1392: „daß wir uns geteidingt und vereint haben umb alle Bergwerk an goltgengen und erzsilbergengen die gelegen sind in der Herrschaft zu Stolberg — also was goltgenge und erzsilbergenge in denselbigen Herrschaften erbulbet wird, wer das bulbet, nymant ausgeschlossen — daß sie auch nymant weren sollen eine Grube — da sollen dieselbien grave Henrich von Stolberg und sine Erbin einen halben Zehnden ewiklichen an haben und uns und unsern Erbin soll der ander halbe Zehnde sein und blieben — und unser Bergmeister soll richten jeden, welcher die Bergwerk bulben uf Goltgenge oder erzsilbergenge in ören Herrschaften nach Bergwerksrechten, als wir zu Friborg Bergwerksrecht haben."

Allein ungeachtet die Bergbaufreiheit von dem Bergregale nicht verdrängt wurde, sondern als gesetzliche Regel bestehen blieb, so blieben doch auch neben dieser Regel die Ausnahmefälle einer willkürlichen Vergabung von Bergwerken ohne Finderrecht und auf ganze Districte, wie solche bereits im dreizehnten Jahrhundert stattgefunden hatten. Und solche ausnahmsweise Vergabungen bekamen jetzt auf der Grundlage des Bergregals ihren anerkannten Platz im Bergrechte unter dem Namen der Spezialverleihungen[1]).

Auch die Formen der Erwerbung des Bergwerkseigenthums veränderten sich unter dem Einflusse des Bergreales. Das Bergwerkseigenthum wurde nicht mehr durch die bloße Occupation von dem Finder erworben, sondern es mußte bei dem Regalinhaber oder der von ihm bestellten Bergbehörde gemuthet und von demselben verliehen werden. Dabei blieb die Regel bestehen: Der erste Finder ist der erste Muther. Aber der Schwerpunkt der Erwerbung des Bergwerkseigenthums wurde in die Muthung verlegt, so daß man muthen und Verleihung erhalten konnte, ohne selbst vorher gefunden und vorher Besitz ergriffen zu haben. Die Landesherren machten auch von dem Rechte der Gesetzgebung zur Verbesserung des Bergrechtes einen ausgedehnten Gebrauch, so daß an die Stelle der alten Gewohnheitsrechte, namentlich vom sechszehnten Jahrhundert ab, zahlreiche von den Landesherren erlassene Bergordnungen traten.

War hiernach der Einfluß, welchen das Aufkommen des Bergregales auf das praktische Bergrecht äußerte, ein sehr bedeutender, so gewann der Begriff des Bergregales eine noch weit umfassendere Geltung in der älteren Theorie des deutschen Bergrechtes. Die Schriftsteller der beiden vorigen Jahrhunderte stellten, gestützt auf die Ansprüche der hohenstaufischen Kaiser, den Satz auf, daß die Erze ursprünglich ein Eigenthum des Landesherrn seien und daß nur durch die von diesem ausgegangene sogenannte Freierklärung ein Recht für den Finder und den Muther auf die Erwerbung des Bergwerkseigenthums begründet werde. Diese Theorie leitete alle Rechte des Staates gegenüber dem Bergbau, sowohl die Besteuerung als die Verleihung, sowohl die Polizei als die Jurisdiction über die Bergwerke aus einem vermeintlichen Eigenthumsrechte an den unverliehenen Mineralien ab und daraus entwickelte sich die Folgerung, welche auch in unsere Berg-

[1]) Vergl. Achenbach, die Rechtsgültigkeit der Districtsverleihungen. Köln 1859.

gesetzgebung Aufnahme fand[1]), daß das Bergregal mit Inbegriff aller dem Staate in Bezug auf den Bergbau zustehenden Rechte auch von Privatpersonen besessen werden könne. Es entstand das dem älteren Rechte ganz fremde Institut des Privatregalbesitzes[2]).

Der Theorie von dem ursprünglichen Bergregale und der folgenden Freierklärung ist in unserem Jahrhundert auf Grund des geschichtlichen Herganges die Theorie von der ursprünglichen Bergbaufreiheit gegenüber gestellt worden, und es hat sich auf dem Felde der Literatur der Kampf erneuert, welcher im dreizehnten Jahrhundert im Gebiete der praktischen Rechtsentwickelung ausgekämpft wurde.

Unter den Schriften, welche diese Streitfrage behandeln, sind folgende namhaft zu machen:

Freiesleben, der Staat und der Bergbau. Leipzig 1839.

Dr. Karsten, über den Ursprung des Bergregals in Deutschland. Berlin 1844.

Dr. Weiske, der Bergbau und das Bergregal. Eisleben 1848.

Bauer, das Eigenthumsrecht an den unterirdischen Mineralschätzen. Freiberg 1849.

Wenzel, Handbuch des Oesterreichischen Bergrechts. Wien 1855. S. 176 ff.

Otto, Studien auf dem Gebiete des Bergrechtes. Freiberg 1856.

Schomburg, Betrachtungen über die neuere deutsche Berggesetzgebung. Leipzig 1857. S. 12—65.

Dr. Achenbach, die Rechtsgültigkeit der Districtsverleihungen. Köln 1859.

Derselbe, Bergregalität und Berghoheit. In der Zeitschrift für Berg-, Hütten- und Salinenwesen Bd. VIII S. 1. Berlin 1859.

Der Streit der beiden Meinungen, welcher auf beiden Seiten mit Scharfsinn und Gründlichkeit geführt ist, hat nicht zu einem Einverständnisse in Bezug auf den rechtshistorischen Theil der Streitfrage geführt. Während Otto (Studien S. 16) das Bergregal als eine leere Prätension der Landesherren bezeichnet, die niemals rechtliche Geltung erhalten habe, hält Dr. Achenbach (Zeitschrift für Berg-, Hütten und Salinenwesen a. a. O.) dafür, daß der ganze Kreis der staatlichen Befugnisse in Bezug auf den Bergbau nach deutschem Bergrechte auf der vermögensrechtlichen Grundlage der Regalität beruhe und daß es erst eines Actes der Gesetzgebung bedürfe, um das Recht der Verleihung, der Besteuerung u. s. w. von dieser Grundlage abzulösen und auf die natürlichen Hoheitsrechte des Staates zurückzuführen.

---

[1]) Allgem. Landrecht Th. II. Tit. 16 §§. 106. 107.

[2]) Allerdings bietet auch die ältere Geschichte des Bergrechtes Beispiele davon, daß Dynasten, welche nicht die Rechte der Landeshoheit besaßen, das Bergregal ausübten, wie die schlesischen Piasten und Stolbergischen Grafen. Allein diese Erscheinung steht im Zusammenhange damit, daß nach der deutschen Reichsverfassung eine beschränkte Territorialherrschaft stattfand, deren Inhaber gewisse Hoheitsrechte verwalteten, ohne die volle Landeshoheit zu besitzen, in der Verwaltung dieser Hoheitsrechte aber keineswegs als Privatpersonen galten.

Die Mehrzahl der Juristen unterscheidet in dem Begriffe des Bergregals nach gemeimem deutschen Bergrechte mit **Eichhorn** (Einleitung 4. Aufl. §. 274) zwei verschiedene Bestandtheile, nämlich einen Complex von Befugnissen, welche dem Privatrechte angehören, wie das Recht des Staates, selbst ohne Verleihung Bergbau zu treiben, das Vorkaufsrecht an den edlen Metallen; und die natürlichen Hoheitsrechte der Besteuerung, der Polizei und der Gerichtsbarkeit[1]. Als Ausfluß dieser natürlichen Hoheitsrechte wird auch das Recht der Verleihung bezeichnet, weil durch diesen Act der Staat nicht einen Bestandtheil seines Vermögens veräußert, sondern den kraft der rechtsgültigen Muthung erworbenen Anspruch auf das Bergwerkseigenthum nach den Regeln des Gesetzes verwirklicht.

Man ist ferner darüber einverstanden, daß die heutige Gesetzgebung keine Veranlassung hat, den Begriff des niederen Regals festzuhalten, da die rein vermögensrechtlichen Befugnisse in Bezug auf den Bergbau keinen Werth für den Staat haben und da der Staat unbedenklich sich in Bezug auf den Bergbau denselben Gesetzen unterwerfen kann, wie die Privaten. Alle übrigen staatlichen Rechte aber, namentlich das der Besteuerung und der Verleihung, lassen sich ohne Zuhülfenahme des Begriffes der Regalität aus den natürlichen Hoheitsrechten ableiten und finden in diesen Hoheitsrechten eine rationellere und angemessenere Grundlage.

Das allgemeine preußische Berggesetz hat deshalb den Begriff der Regalität ganz ausgeschlossen. Zur Rechtfertigung dieser Neuerung wird in den Motiven zu dem vorläufigen Entwurfe (Berlin 1862) S. 10 ff. Folgendes bemerkt:

„Nach der gegenwärtigen Berggesetzgebung in Preußen, und zwar übereinstimmend nach der links- wie der rechtsrheinischen sind gewisse Mineralien **der rechtlichen Disposition des Grundeigenthümers entzogen** und nur von Seiten des Staates kann über dieselben verfügt werden. Der **Rechtsgrund** für die Ausscheidung aus dem Dispositionsbereiche des Grundeigenthümers liegt rechtsrheinisch in dem Bergregale und der sogenannten Freierklärung des Bergbaues, linksrheinisch in den positiven Festsetzungen des Bergwerksgesetzes vom 21. April 1810. Diese Verschiedenartigkeit im **Rechtsgrunde** hebt der Entwurf unter Beseitigung der **Bergregalität** auf, hält dagegen an dem bestehenden gemeinsamen Grundsatze der **Trennung des Bergbaues von dem Grundeigenthume** fest. Der Entwurf steht in letzterer Beziehung auf dem Boden einer vollendeten, durch einen mehrhundertjährigen Bestand unumstößlich gewordenen **Thatsache** und ist deshalb auch der Aufgabe überhoben, in seinen Motiven die anderweitig schon oft dargelegten **volkswirthschaftlichen** Gründe für die Ausschließung der Grundeigenthumsrechte hinsichtlich gewisser Mineralschätze nochmals wiederholen zu müssen.

Ebenso unumstößlich, wie die **rechtliche Trennug** gewisser Mineralien von dem Grundeigenthume, erscheint auch das **zweite** Grundprincip des seitherigen rechts- und linksrheinischen Bergrechts, wonach diese Mineralien keiner monopolistischen Benutzung von Seiten des Staates unterliegen, sondern unter bestimmten gesetzlichen Voraussetzungen für den freien industriellen Verkehr bestimmt sind und die Grundlage eines auf den wirthschaftlichen Kräften des Volkes fußenden, großartigen Gewerbebetriebes bilden.

---

[1] Vergl. m. Uebersicht der bergrechtl. Entscheidungen des Obertribunals. Berlin 1861. S. 7 130 ff.

Diese allgemeine Bergbaufreiheit ist auf der rechten Rheinseite durch einzelne, aus dem Bergregal fließende Befugnisse des Regalinhabers oder Staates modificirt und auf der linken Rheinseite durch die Ausschließung des Rechtsanspruches auf die Verleihung abgeschwächt. Der vorliegende Entwurf will aber das Princip von den beiderseitigen Einschränkungen befreien und in seiner Reinheit hinstellen.

Daß der Staat als solcher bei der Aufsuchung und Gewinnung gewisser Mineralien insoweit einzugreifen hat, als es sich um Wahrung allgemein staatlicher Interessen und um Vermittelung des natürlichen Conflictes zwischen Bergbauunternehmung und Grundeigenthum handelt, und daß daher nur mit Genehmigung des Staates Bergbau betrieben werden darf, findet seine Begründung nicht nur in dem bisherigen Rechtszustande, sondern auch in denselben volkswirthschaftlichen Rücksichten, welche überhaupt die Emancipation des Bergbaues vom Grundeigenthume nothwendig gemacht haben. Die hier zu erörternde Frage ist daher nur die, wie jenes factische Verhältniß des Staates zum Bergbau in Zukunft rechtlich aufzufassen und festzustellen sei, nachdem die Beseitigung des Regalitätsprincips ausgesprochen worden ist. Denn daß die Bergregalität in dem zu erlassenden Berggesetze nicht beibehalten werden kann, bedarf keiner näheren Darlegung mehr, seitdem das neue Berg- und Staatsrecht die rechtliche wie praktische Unhaltbarkeit dieses Begriffes entschieden anerkannt hat. Von den seitherigen Entwürfen eines allgemeinen preußischen Berggesetzes hat zwar nur der vorletzte von 1848 das Regal vollständig aufgegeben, und selbst die neueren deutschen Berggesetze haben größtentheils wenigstens den Namen und zum Theil auch einzelne Ausflüsse der Bergregalität beibehalten. Gleichwohl erscheint für Preußen die Beseitigung der Regalität nicht allein nothwendig, sondern auch ohne irgend welche Schwierigkeiten ausführbar.

In ersterer Beziehung kommt schon der Umstand in Betracht, daß, nachdem das Bergregal mit allen seinen Consequenzen in den linksrheinischen Landestheilen seit länger als einem halben Jahrhundert beseitigt gewesen ist, dort nicht wieder zu veralteten Rechtsanschauungen zurückgekehrt werden kann. Weiter hat aber auch das Bergregal, welches bereits durch das Allgemeine Landrecht seinen ursprünglichen, mehr privatrechtlichen Charakter abgelegt und die Bedeutung eines Hoheitsrechtes angenommen hatte, eine noch entschiedenere Umgestaltung in dieser Richtung durch die Novellengesetzgebung der letzten zehn Jahre erfahren. Endlich würden aber auch die Befugnisse des Regalinhabers, wie solche früher aus dem Bergregal hergeleitet zu werden pflegten, in ihrem ganzen Umfange nicht mehr mit der jetzigen Staatsverfassung in Einklang zu bringen sein. Außerdem wird weder der Staat noch der Bergbau durch das Aufgeben des Bergregals mit Nachtheilen bedroht. Denn was in dieser Beziehung zunächst das Recht des Staates zur Reservation gewisser Districte für den eigenen Bergbau betrifft, so hat es keinerlei Bedenken, die unmittelbare Erwerbung von Bergwerken für Rechnung des Staates von denselben gesetzlichen Vorschriften abhängig zu machen, welche für den Privatbergbau maßgebend sind. Ferner wird das Recht des Staates zur ausnahmsweisen Verleihung sogenannter Districtsfelder seine sachgemäße Erledigung durch die über die Verleihung im Allgemeinen in das Gesetz aufzunehmenden Bestimmungen finden. Ebensowenig liegt ein Bedürfniß vor, das Recht des Staates zur Erhebung von Bergwerksabgaben noch fernerhin mit dem Bergregale in Verbindung zu bringen. Endlich geschieht dem Staats- und dem Bergbauinteresse auch dadurch keinerlei Abbruch, daß die Uebertragbarkeit der im Bergregal enthaltenen Rechte des Staates an Privatpersonen in Wegfall kommt. In Vorstehendem ist aber im Wesentlichen der Kreis der besonderen Ausflüsse des Bergregals, soweit dieselben für Preußen noch praktische Bedeutung haben, erschöpft.

Um der Einwirkung des Staates auf den Bergbau nach Beseitigung des Bergregals eine neue rechtliche Unterlage zu geben, bedarf es der Aufstellung eines dem preußischen Staatsrechte bis jetzt unbekannten besonderen Berghoheitsrechtes nicht, indem die gesetzlich bereits anerkannten Hoheitsrechte ausreichen, um die dem Staate bezüglich des

Bergbaues einzuräumenden Befugnisse unter dieselben zu ordnen. Sieht man nämlich von der Justizhoheit ab, welche auf den Bergbau ebenso nnd nicht anders Bezug hat, wie auf alle übrigen, dem rechtlichen Verkehre unterworfenen Gegenstände, so kommen noch die Polizeihoheit und die Finanzhoheit in Betracht.

Auf das in der Finanzhoheit liegende Recht des Staates, gewisse Dinge als directe Einnahmequelle selbst zu benutzen und das Vermögen des Volkes, die Gewerbe, Producte rc. mit Abgaben zu belegen, muß gegenwärtig auch das Recht zum Bergbaubetriebe für Rechnung des Staates und das Recht zur Besteuerung des Privatbergbaues zurückgeführt werden, ganz abgesehen davon, daß den Bergwerksabgaben schon gegenwärtig trotz der Regalität des Bergbaues die Bedeutung eigentlicher Staatssteuern nicht füglich abgesprochen werden kann.

Die außerdem dem Staate bezüglich des Bergbaues zustehenden Rechte lassen sich unter den Gesichtspunkt der Polizeihoheit bringen, da letztere nach preußischem Staatsrechte die Befugniß und Verpflichtung des Staates umfaßt, „die die Sicherheit und die Wohlfahrt des Ganzen und der Einzelnen bedrohenden Gefahren zu verhüten und zu beseitigen, nicht minder aber auch alle diejenigen Anstalten und Maßregeln zu verwirklichen, welche geeignet sind, die materielle und geistige Wohlfahrt der Staatsbürger zu fördern.“ Hiernach kann das Recht des Staates, den Privatbergbau im bergpolizeilichen und staatswirthschaftlichen Interesse zu beaufsichtigen, so wie die Berechtigung zum Bergbaubetriebe zu verleihen, unbedenklich aus der Polizeihoheit hergeleitet werden.

In den vorerwähnten Rechten des Staates sind zugleich die hoheitsrechtlichen Ausflüsse der Staatsgewalt, soweit es sich um den Bergbau handelt, erschöpft. Weiter gehende Befugnisse des Staates würden sich weder auf das Hoheitsrecht zurückführen, noch mit den Grundsätzen der neueren Gesetzgebung, namentlich des Gesetzes über die Beaufsichtigung des Bergbaues rc. vom 21. Mai 1860 in Einklang bringen lassen[1].“

Der Gesetzgeber wollte durch die Beseitigung des Regalitätsbegriffes die Zweifel und die Controversen beseitigen, welche sich in unserem bisherigen Bergrecht an diesen Begriff gehängt haben. Er hat indeß schon in den Stadien der legislativen Berathung des Gesetzes die Erfahrung machen müssen, daß sein Zweck nicht vollständig erreicht worden ist und daß es der Regalitätstheorie auch nach der förmlichen Beseitigung dieses Instituts nicht ganz an Vertheidigern fehlen wird. In dem Commissionsberichte des Herrenhauses wird nämlich gegen die vorstehende Motivirung der Regierungsvorlage bemerkt:

„In den Motiven des Entwurfs ist ausgeführt, daß das bisherige Bergregal nach dem vorliegenden Entwurf inhaltslos werde, daß in Zukunft die Rechte des Staates, welche ihm in Bezug auf den Bergbau vorbehalten bleiben, nicht von dem Standpunkt des bisherigen Regals aus, sondern von dem Standpunkt des allgemeinen Staatshoheitsrechts, insbesondere der Justiz-, Finanz- und Polizeihoheit zu beurtheilen sei.

Der Richtigkeit dieser Ansicht wurde aus dem Schooße der Commission widersprochen.

Man wies darauf hin, daß diejenigen Rechte, welche dem Staat in Bezug auf die Verleihung der Befugniß zur Gewinnung der in §. 1 gedachten Mineralien zustehen, aus dem allgemeinen Hoheitsrechte nicht zu rechtfertigen sein dürften.

Der Staat könne nicht für befugt erachtet werden, kraft seines Hoheitsrechts diese Mineralien von den Rechten des Grundeigenthümers auszuschließen. Nur in Folge des

---

[1]) Dieselbe Ausführung ist mit einigen Abkürzungen wiederholt in den Motiven der Regierungsvorlage von 1865 (S. 21 f.).

ihm bisher unzweifelhaft bestandenen Regals habe er dies Recht und dasselbe bleibe nach fernerhin ein Ausfluß der Regalität, wenn man auch für die Zukunft dieselbe in ihrem wesentlichen Inhalt als erloschen betrachten wolle.

Ursprünglich habe das Regal den Umfang gehabt, daß der Staat allein ein Recht auf die in Rede stehenden Mineralien hatte. Dieses Recht sei demnächst wesentlich durch die sogenannte im Landrechte durchgeführte Bergbaufreiheit verringert und der gegenwärtige Entwurf gehe noch einen Schritt weiter, indem er den Staat, der zur Zeit noch ein gewisses Vorrecht in der Ausnutzung des Regals habe, dem Privatmann gleichstelle.

Von einer Seite wurde behauptet, daß es wichtig sei, festzustellen, ob in Zukunft ein Bergwerksregal noch bestehe oder nicht, da die sich ergebenden Consequenzen des einen und des anderen Falles verschieden und von erheblichem Einfluß auf einzelne Bestimmungen des vorliegenden Entwurfes sein dürften.

Die Majorität der Commission war der Ansicht, daß die hervorgehobene Meinungsverschiedenheit nur eine theoretische Bedeutung habe. Nur die Motive des Entwurfs berührten diese Frage. Dieser selbst schlage den zweckmäßigen Weg ein, nur positive Bestimmungen zu geben. Man könne es der Jurisprudenz überlassen, aus welcher Theorie sie diese Bestimmungen herleiten wolle."

Der Urheber der fraglichen Erinnerung hat unterlassen, seine Ansicht darüber zu entwickeln, ob auch im Gebiete des französischen Bergrechtes gegen die erklärte Absicht der Verfasser der Bergwerksgesetze von 1791 und 1810 dem Staate ein Bergregal beizulegen sei, oder wie in diesem Rechtsgebiete die Gesetzgebung es vermocht habe, ohne die Annahme eines solchen Regales die Mineralien von den Rechten des Grundeigenthümers auszuschließen.

Gleichwohl läßt sich an die vorstehende Deduction der eine richtige Satz anschließen, daß der Gesetzgeber durch die Aufhebung der Bergregalität sich nicht von der historischen Grundlage des deutschen Bergrechtes abgelöst hat, daß die Trennung der bergmännischen Nutzungen von dem Eigenthume am Grund und Boden noch heute auf derselben Grundlage beruht, auf der sie vor sechs Jahrhunderten zu Stande kam. Und deßhalb ist es gerechtfertigt und nothwendig, auch bei der Interpretation des Berggesetzes vom 24. Juni 1865 auf diese Grundlage zurückzugehen und zu zeigen, wie dies im Vorigen versucht worden ist, daß die Bergbaufreiheit, weit entfernt ein Regal oder ein ursprüngliches Eigenthum des Staates an den Mineralien zur nothwendigen Voraussetzung zu haben, ursprünglich ohne jede solche Voraussetzung existirt hat, daß das Bergregal erst neben der fertig ausgebildeten Bergbaufreiheit Platz gefunden und nicht vermocht hat sie zu verdrängen und daß die Aufhebung der Bergregalität, weit entfernt der Bergbaufreiheit ihre Grundlage zu entziehen, sie vielmehr in ihrer ursprünglichen Uneingeschränktheit wieder hergestellt hat.

---

§. V.

Die deutsche Berggesetzgebung.

Bis zum Erlasse des allgemeinen Berggesetzes vom 24. Juni 1865 bestanden in Preußen in Bezug auf die Berggesetzgebung drei Rechtsgebiete, das Gebiet des preußischen, des gemeinen deutschen und des französischen Bergrechtes. Das preußische Bergrecht galt in dem Rechtsgebiete des Allgem. Landrechts, also in den östlichen Provinzen mit Ausnahme von Neu-Vorpommern und Rügen, in der Provinz Westfalen und in den Kreisen Rees, Essen und Duisburg der Rheinprovinz. Das gemeine deutsche Bergrecht galt in Neu-Vorpommern und Rügen, in dem rechtsrheinischen Theile der Rheinprovinz mit Ausnahme der Kreise Rees, Essen und Duisburg und in den hohenzollernschen Landen. Das französische Bergrecht endlich galt in dem linksrheinischen Theile der Rheinprovinz [1]). Sowohl im Gebiete des preußischen als des gemeinen deutschen Bergrechtes galten zahlreiche Provinzial-Bergordnungen neben dem Landrechte und dem gemeinen Rechte.

Das Allgemeine Berggesetz beseitigt diese Rechtsverschiedenheit gänzlich, es tritt an Stelle der bisherigen preußischen Berggesetzgebung sowohl, als des gemeinen deutschen Bergrechtes und der französischen Bergwerksgesetze, und beseitigt die sämmtlichen Provinzial-Bergordnungen (§. 244). Das Allgemeine Berggesetz schließt sich also an die drei bisher bestandenen Systeme der Berggesetzgebung als Fortsetzung jedes derselben an. Es hat aus jedem derselben Bestandtheile in sich aufgenommen und die Geschichte unsres heutigen Bergrechtes umfaßt daher die Geschichte der drei verschiedenen bisher bestandenen Rechtsgebiete.

Das gemeine deutsche Bergrecht enthält das allen deutschen Stämmen gemeinsame Recht. Sein Begriff beruht auf dem früheren Reichsverbande, unter welchem sich die deutschen Lande in einer Rechtsgemeinschaft befanden. Diese Rechtsgemeinschaft war indeß weniger eine formale, denn Deutschland hat auch vor der Auflösung des Reichsverbandes niemals eine allgemeine, für das ganze Reich gültige Bergordnung besessen. Es ist seit der goldenen Bulle überhaupt kein Reichsgesetz über den Bergbau zu Stande gekommen. Die deutsche Berggesetzgebung besteht vielmehr in lauter particularen Bergordnungen, deren Gültigkeit auf die einzelnen Reichslande beschränkt war, für welche sie erlassen waren. Allein in diesen Bergordnungen begegnet man überall denselben Rechtsgrundsätzen und Regeln. Sie enthalten gemeines, nicht particulares Recht (Brassert), welches in verschiedenen Bergordnungen nur einen verschiedenen bald vollständigeren bald unvollständigeren Ausdruck gefunden hat und hier und dort mit provinziellen Eigenthümlichkeiten versetzt worden ist. Diejenigen Rechtsgrundsätze und Regeln, welche nicht einen solchen eigenthümlichen Charakter tragen, sondern in allen deutschen Bergordnungen oder doch in der Mehrzahl derselben angenommen sind, werden als gemeinrechtliche bezeichnet. Das deutsche Bergrecht ist also ein Product der Wissenschaft und seine Aufgabe war, die Vorschriften der Landes- und Provinzialgesetze, da wo sie lückenhaft oder unbestimmt waren, zu ergänzen.

---

[1]) Die Grenzen der drei Rechtsgebiete waren dieselben, wie sie noch jetzt auf dem Gebiete der Civilgesetzgebung bestehen, nur daß das französische Bergrecht auf das linke Rheinufer beschränkt blieb, während in dem rechtsrheinischen Bezirke des Apellationsgerichtshofes zu Köln das gemeine deutsche Bergrecht neben dem französischen Civilrechte galt.

Die Geschichte des gemeinen deutschen Bergrechtes schließt mit der Auflösung des deutschen Reiches ab, nicht bloß weil mit derselben das formale Band der Rechtseinheit aufgelöst wurde, das bis dahin die deutschen Stämme verknüpfte, sondern noch mehr deshalb, weil die neuere Berggesetzgebung in den deutschen Staaten sich zum Theil sehr weit von den Grundlagen des deutschen Bergrechtes entfernt hat. Das österreichische Berggesetz von 1854, das königl. sächsische Berggesetz von 1868, und das großherzogl. sächsische Berggesetz von 1857 enthalten nicht wie die älteren Bergordnungen gemeines Recht, sondern jedes dieser Gesetze hat ein neues eigenthümliches Landesrecht geschaffen, und es ist nicht mehr möglich aus diesen Gesetzen ein den verschiedenen Staaten gemeinsames Recht abzuleiten. Dies gilt auch von dem Allgemeinen Berggesetze für die preußischen Staaten vom 24. Juni 1865, obgleich dasselbe strenger an den überlieferten Grundsätzen und Formen des deutschen Bergrechtes festhält, als seine oben genannten Vorgänger. Die Menge des neuen Rechtsstoffes, welche durch die materiellen Reformen geschaffen ist, die das Bergrecht im Laufe dieses Jahrhunderts erfahren hat und durch den Umschwung der Verhältnisse erfahren mußte, ist so groß, daß auch das Allgemeine Berggesetz nicht mehr in den seit dem vorigen Jahrhundert abgeschlossenen Rahmen des gemeinen deutschen Bergrechtes gebracht werden kann. Gleichwohl hält es in allen Stücken, in welchen eine Aenderung nicht nothwendig geworden ist, an dem überlieferten deutschen Bergrechte mit Vermeidung aller willkürlichen Neuerung fest und bildet deshalb den geeigneten Ausgangspunkt für die Wiederherstellung der deutschen Rechtseinheit auf dem Gebiete des Bergrechtes, möge dieselbe nun in der Gestalt eines allgemeinen deutschen Berggesetzes oder auch nur dadurch erreicht werden, daß die einzelnen deutschen Staaten bei der Erneuerung ihrer Berggesetze auf die thunlichste Uebereinstimmung mit den in dem preußischen Berggesetze angenommenen Grundsätzen Bedacht nehmen.

Anders als die gegenwärtige Berggesetzgebung verhielt sich das Bergrecht des Allgemeinen Landrechts zu dem gemeinen deutschen Bergrechte. Es war zwar bestimmt die Geltung des letztern auszuschließen und an seine Stelle als letztes Subsidiarrecht zu treten. Allein es erreichte diesen Zweck, indem es das deutsche Bergrecht in sich aufnahm, ohne etwas Anderes und Neues an dessen Stelle zu setzen. Das Bergrecht des Allgem. Landrechts ist nichts Anderes als eine Codification des gemeinen deutschen Bergrechts für die preußischen Staaten. Vom Standpunkte der Theorie des gemeinen Bergrechtes aus betrachtet, steht also das landesrechtliche Bergrecht auf gleicher Linie mit den älteren deutschen Bergordnungen. Es ist selbst eine Quelle des gemeinen Bergrechtes und zwar eine der vorzüglichsten und wird als solche von den neueren Schriftstellern des deutschen Bergrechtes vorzugsweise benutzt[1]). Die Gleichartigkeit beider Rechte wurde auch praktisch dadurch documentirt, daß beide als Subsidiarrecht für ein und dieselbe Provinzial-Bergordnung galten, so oft das Rechtsgebiet der letztern sich über das Gebiet des Allg. Landrechtes in den Bereich des gemeinen Rechtes erstreckte, wie

---

[1]) Vergl. Hake, Kommentar über das deutsche Bergrecht. Sulzbach 1834.

dies bei der kursächsischen und der jülich-bergischen Bergordnung der Fall war. Auch die wichtige und tief eingreifende Novellengesetzgebung unseres Jahrhunderts, insbesondere die Gesetze vom 1. Juli 1821 und vom 12. Mai 1851 erstreckten sich gleichmäßig über beide Rechtsgebiete, welche dadurch gleichsam zu einem einzigen verschmolzen wurden.

Wenn auf dem Gebiete der Wissenschaft das gemeine deutsche Bergrecht als das allgemeinere dem Bergrechte des Allg. Landrechtes gegenübersteht, so war das Verhältniß der praktischen Geltung beider Rechte im preußischen Staate das umgekehrte, da das gemeine Recht auf wenige Districte, von denen nur der rechtsrheinische für den Bergbau von Bedeutung ist, sich erstreckte. Da überdies die Gesetzgebung des Allg. Landrechts das gemeine Bergrecht vollständig in sich aufgenommen hat, so liegt es außerhalb der Grenzen dieser Einleitung, eine vollständige Geschichte der deutschen Berggesetzgebung, wie solche sich in den Bergordnungen der Bergbau treibenden deutschen Lande darstellt, zu geben. Die äußere Rechtsgeschichte des deutschen Bergrechtes ist überdies ebensowenig belangreich für die wissenschaftliche Darstellung unseres heutigen Rechtes, als sie bei der übergroßen Zahl der deutschen Bergordnungen, die sich in ein und demselben Lande oft in Zwischenräumen von wenigen Jahren oder Jahrzehnten folgen, von ermüdendem und unfruchtbarem Detail erfüllt ist. Wenn es also geboten war in die Geschichte der materiellen Entwickelung des deutschen Bergrechtes und seiner beiden Grundprincipien ausführlicher einzugehen, so muß die Aufzählung der geschichtlichen Daten der äußeren Rechtsgeschichte auf die allgemeinsten Umrisse beschränkt bleiben.

Den Constitutiones juris metallici, oder der sogenannten Kuttenberger Bergordnung Königs Wenzel II. von Böhmen folgten im Laufe des 14. und 15. Jahrhunderts sowohl Aufzeichnungen von Gewohnheitsrecht als auch landesherrliche Bergordnungen in verschiedenen anderen deutschen Ländern. In die erste Kategorie gehören: der Schladminger Bergbrief von 1307 (Steiermark), die Hüttenberger Bergordnung von 1494 (Kärnthen), die Schwatzer Bergordnung von 1490 (Tyrol), die Rammelsberger Bergordnungen von 1467 und 1494 (Harz). In die Kategorie der landesherrlichen Bergordnungen gehören: die Zeiringer Bergordnung von 1326 (Steiermark), die Rattenberger Bergordnung von 1463 (Tyrol), die sächsischen Bergordnungen für Schneeberg 1479 und Schenkenberg 1498, die sämmtlich für die Fortbildung des Bergrechtes von geringer Bedeutung sind.

Erst mit dem 16. Jahrhundert entfaltete die landesherrliche Berggesetzgebung eine Thätigkeit, welche nicht bloß das Gewohnheitsrecht verdrängte, sondern auch eine Epoche in der materillen Entwickelung des deutschen Bergrechts bezeichnet Die Annaberger Bergordnung Herzog Georgs von Sachsen (1509), die Joachimsthaler Bergordnungen von 1518, 1525 und 1548, von welchen die erste durch den Grafen Schlick erlassene eine Copie der Annaberger, die dritte von König Ferdinand I. von Böhmen promulgirte aber eine wesentliche Verbesserung derselben enthält, eröffneten die Reihe der zahlreichen Bergordnungen des 16. Jahrhunderts, und dienten den meisten derselben als zum Theil wörtlich wiedergegebenes Muster. Es folgten 1521 (revidirt 1548) die Kurpfälzische, 1528 die Tarnowitzer, 1532 die Gottesberger, 1533 die Schwarzburgische, 1536 die Silberberger, 1539 die Kupferberger und die Baireuther, 1542 die Kleve-bergische, 1544 die Goßlarische, 1554 die Zellerfelder, 1559 die Nassauische, Kurkölnische und neue Tarnowitzer, 1563 die Thüringische, 1564 die Kurtrierische, 1565 die Pfalz-zweibrückische, 1560 die Hennebergische, 1568 die Altenberger Zinnordnung, 1570 die Homburgische, 1589 die Kursächsische 1593 die Braunschweigische, 1597 die Würtemberger Bergordnung.

Von diesen Bergordnungen des 16. Jahrhunderts sind die Nassauische, die Kurtrierische, die Hennebergische, die Homburgische und die Kursächsische im preußischen Staate bis zum Erlasse des Berggesetzes vom 23. Juni 1865 als Provinzialgesetze in Geltung verblieben. Außerdem enthält die Jülich-bergische Bergordnung von 1719 eine fast wörtliche Wiederholung der Kleve-bergischen Bergordnung von 1542.

Im 17. Jahrhundert läßt die Thätigkeit der Gesetzgebung nach und nicht bloß die Zahl der Bergordnungen, sondern auch ihr Gehalt steht gegen das vorige Jahrhundert zurück. Neben den Oberpfälzischen Bergordnungen von 1604 und 1694, der Hessen-Kasseler von 1617, der Brandenburgischen (Baireuth) von 1619, ist vor allem die Kurkölnische Bergordnung von 1669 zu erwähnen, welche sich dadurch auszeichnet, daß sie nicht wie die meisten anderen die Bestimmungen der Joachimsthaler oder der Kursächsischen Bergordnung wörtlich wiedergibt, sondern auf einer selbstständigen Redaction beruht[1]).

Im 18. Jahrhundert sind endlich neben den revidirten Bergordnungen Friedrich des Großen, von denen bei der preußischen Gesetzgebung die Rede sein wird, die Anhalt-Bernburgische von 1706, die Jülich-bergische von 1719, die Vorderösterreichische von 1731, die Kursächsische Stollenordnung von 1749 zu nennen.

Von den literarischen Hülfsmitteln für das Studium des gemeinen deutschen Bergrechtes sind hier folgende zu erwähnen:

Th. Wagner, Corpus Juris metallici recentissimi et antiquioris. Leipzig 1791. (Eine reichhaltige Sammlung der deutschen Berggesetze mit vergleichenden Registern.)

H. Brassert, Bergordnungen der Preußischen Lande. Köln 1858: (Diese Sammlung enthält nur die in Preußen bisher gültigen Bergordnungen, jedoch in vortrefflicher kritischer Bearbeitung.)

Joseph von Sperges, Tyrolische Bergwerksgeschichte. Wien 1765.

Ursprung der Bergwerke in Sachsen von J. F. Klotzsch. Chemnitz 1764.

Fr. J. Fr. Meyer, Versuch einer Geschichte der Bergwerksverfassung und des Bergrechtes des Harzes im Mittelalter. Eisenach 1817.

Caspar Graf von Sternberg, Umrisse der Geschichte des Bergbaues und der Berggesetzgebung in Böhmen. Prag 1837. 1838.

Dr. Brassert und Dr. H. Achenbach, Zeitschrift für Bergrecht[2]). Jahrgang I—XV. Bonn 1860—1874.

---

[1]) Brassert, Bergordnungen der Preußischen Lande. Köln 1858. S. 522.

[2]) Seit 1873 von Brassert allein herausgegeben.

C. A. G. Hacke, Kommentar über das Bergrecht. Sulzbach 1834.
Dr. Karsten, Grundriß der deutschen Bergrechtslehre. Berlin 1828.
Freiherr von Hingenau, Handbuch der Bergrechtskunde. Wien 1855.
Dr. G. Wenzel, Handbuch des Oesterreich. Bergrechts. Wien 1855.
P. M. Kreßner, Systematischer Abriß der Bergrechte in Deutschland. Freiberg 1858.
Dr. H. Achenbach, Das gemeine deutsche Bergrecht in Verbindung mit dem preußischen Bergrechte unter Berücksichtigung der Bergrechte Baierns, Sachsens, Oesterreichs und anderer deutscher Ländern dargestellt. Th. I. Bonn 1871.

---

§. VI.

Die linksrheinische (französische) Berggesetzgebung.

Die linksrheinischen Landestheile des preußischen Staates waren bis gegen Ende des vorigen Jahrhunderts Bestandtheile des deutschen Reiches und zwar der Kurstaaten Köln, Trier und Pfalz, der Herzogthümer Kleve und Berg und einer Anzahl von kleineren Fürstenthümern. Es galt in denselben das gemeine deutsche Recht und als Bestandtheil desselben das deutsche Bergrecht mit den für die einzelnen Staaten erlassenen Bergordnungen: der kurkölnischen, kurtrierischen, klevemärkischen und jülich-bergischen, wie solche in den Ländern rechts des Rheines noch bis heute galten. Alle diese Landestheile wurden nach dem Lüneviller Frieden (1802) in Frankreich einverleibt und nahmen seitdem bis zum ersten und zweiten Pariser Frieden (1814—1815) an den Schicksalen und an der Gesetzgebung der französischen Republik und des Kaiserreiches Antheil. Das gemeine deutsche Recht wurde durch das französische Civilgesetzbuch, den Code Napoléon (1803—1804) verdrängt. Mit demselben wurde das schon vor der Incorporation erlassene französische Bergwerksgesetz vom 28. Juni 1791 in die eroberten Landestheile eingeführt. Schon im Jahre 1810 wurde indeß das Bergwerksgesetz von 1791 durch das umfassendere Gesetz über die Bergwerke, Gräbereien und Steinbrüche vom 21. April 1810 ersetzt, welches das ältere Gesetz von 1791 zwar nicht formell aufhob, aber in dem größten Theile seiner Bestimmungen dadurch außer Kraft setzte, daß es neue Vorschriften an deren Stelle gab. Nach dem Gesetze vom 21. April 1810 ergingen noch drei kaiserliche Decrete vom 18. November 1810 über die Organisation der Bergwerksverwaltung, vom 6. Mai 1811 über die Besteuerung der Bergwerke und vom 3. Januar 1813 über die Bergwerkspolizei, von welchen die zuerst genannten beiden dnrch die preußische Gesetzgebung, namentlich durch das Gesetz vom 10. Juni 1861 über die Competenz der Oberbergämter und durch das Gesetz vom 20. October 1862 über die Bergwerksabgaben, noch vor dem Erlaß des allgemeinen Berggesetzes vom 24. Juni 1865 außer Kraft gesetzt sind.

Durch die beiden Pariser Friedensschlüsse vom 30. Mai 1814 und vom 20. November 1815 wurde der größere Theil der von Frankreich abgetretenen Gebiete auf der linken Rheinseite mit Preußen vereinigt. Diese Abtretung ließ jedoch die während der französischen Zwischenherrschaft eingeführte Civilgesetzgebung und Bergwerksgesetzgebung unberührt. Die Gesetze vom 28. Juni 1791 und vom 21. April 1810 bildeten daher bis zum Erlaß des allgemeinen preußischen Berggesetzes die Quellen des linksrheinischen Bergrechtes. Sie bildeten auch bis in die neueste Zeit fast die einzigen Quellen des Bergrechtes für dieses Gebiet. Denn während in den übrigen Ländern des französischen Rechtes das Bergrecht eine vielseitige Umbildung und Fortbildung erfahren hat, ließ die preußische Gesetzgebung dieses Gebiet fast ganz unberührt und erst die Gesetze vom 10. April 1854 über die Knappschaftsvereine, vom 26. März 1856 über die unbefugte Mineralgewinnung, vom 10. Juni über die Competenz der Oberbergämter und vom 20. October 1862 über die Bergwerksabgaben, welche für den ganzen Umfang der Monarchie erlassen wurden, führten eine Ergänzung und eine Modification des linksrheinischen Bergrechtes in einigen Punkten herbei.

Die französische Berggesetzgebung beruht wie das deutsche Bergrecht auf der Grundlage der Bergbaufreiheit und des von dem Grundeigenthume getrennten und unabhängigen Bergwerkseigenthums. Sie unterscheidet sich von dem deutschen Bergrechte dadurch, daß sie die Erwerbung des Bergwerkseigenthums nicht von dem Rechte des ersten Finders und des ersten Muthers, sondern lediglich von der Concession der Staatsbehörde abhängig macht, in deren Ermessen gestellt ist, ob Bergwerkseigenthum verliehen und welchem Bewerber es zu Theil werden soll [1]).

Die so beschränkte Bergbaufreiheit beruht nach den beiden Gesetzen von 1791 und 1810 auf einer verschiedenen theoretischen Grundlage. Während jenes die Mineralschätze als herrenlose Sachen unmittelbar der Verfügung des Staates unterwarf, erkennt das neuere Gesetz theoretisch die Lagerstätten als Substanztheile des Grundeigenthumes an und statuirt nur eine Einschränkung der Rechte des Grundeigenthümers, welche allerdings so weit geht, daß sie diese Mineralschätze seiner Einwirkung ganz entzieht. Obgleich aber das Gesetz von 1810 die unverliehenen Lagerstätten theoretisch als im Eigenthume des Grund und Bodens begriffen ansieht, so constituirt es doch an den verliehenen Materialien ein wirkliches Bergwerkseigenthum, welches nicht ein aus dem Grundeigenthume abgeleitetes Recht, ein Recht an fremder Sache, sondern ein Recht von selbstständigem und neuem Inhalte ist. Zu diesem Zwecke legt es dem Concessionsacte und der durch diesen Act dem Grundbesitzer ausgesetzten Rente, dem sogenanten Grundrecht, die Wirkung einer Expropriation in Bezug auf die verliehenen Mineralien bei, welche nunmehr aus dem Eigenthume des Grundbesitzers ausscheiden und Objecte eines neuen Rechtes des Bergwerkseigenthums werden [2]).

Das französische Bergrecht hat also mit dem deutschen das charakteristische

---

[1]) Gesetz vom 21. April 1810 Art. 13—16.

[2]) Ebend. Art. 6. 7. 17.

Rechtsinstitut eines selbstständigen, in seiner Begrenzung und Dauer von dem Grundeigenthume unabhängigen Bergwerkseigenthumes gemein. Es unterscheidet jedoch neben den Gegenständen dieses Bergwerkseigenthumes und den der freien Benutzung des Grundbesitzers anheimfallenden Mineralien (carrières) noch eine Klasse nutzbarer Mineralien (minières, Gräbereien), welche zwar im Eigenthume des Grundbesitzers verbleiben, aber mit einer Einschränkung zu Gunsten desjenigen, der eine Permission zur Gewinnung oder Verhüttung solcher Mineralien (Raseneisenerz, Vitriol- und Alaunerze) von der Staatsbehörde erlangt[1]).

Die Grundsätze des französischen Bergrechtes in Bezug auf diese Eintheilung der Mineralien und in Bezug auf die Erwerbung des Bergwerkseigenthumes haben in dem Allgemeinen Preußischen Berggesetze keine Aufnahme gefunden. Dagegen sind die Bestimmungen des Gesetzes vom 21. April 1810 über das Verhältniß des Bergwerksbesitzers zum Grundeigenthümer und zum Staate, welche auf einer freisinnigeren Grundlage und auf richtigerer volkswirthschaftlicher Erkenntniß beruhen, als die entsprechenden Regeln des bisherigen preußischen und des gemeinen Bergrechtes, in vielen Punkten in das neue Berggesetz aufgenommen, nachdem schon durch die Novellengesetzgebung der beiden letzten Jahrzehnte die Grundsätze des französischen Bergrechtes in Bezug auf das Verhältniß des Bergbaues zum Staat und zur Aufsichtsbehörde auch in den übrigen Landestheilen praktische Geltung erlangt hatten.

An einer deutschen wissenschaftlichen Bearbeitung des französischen Bergrechtes fehlte es, bis vor Kurzem Dr. Achenbach eine solche in der Zeitschrift für Bergrecht (Bonn 1860—1867, Jahrgang I—VIII), unternommen hat[2]). Eine Sammlung der linksrheinischen Berggesetze in deutscher Uebersetzung ist unter dem Titel: Die in der Königlich Preußischen Rheinprovinz gültigen Französischen Bergwerksgesetze ꝛc. ꝛc. Koblenz 1836 von H. Martins veröffentlicht. Aus der Literatur des französischen und des belgischen Bergrechtes sind folgende Werke namhaft zu machen:

Locré, Législation sur les mines, et sur les expropriations pour cause d'utilité publique. 1 vol. Paris 1828.

Richard, Législation française sur les mines. Paris 1838. 2 voll.

Delebecque, Traité sur la législation des mines. Bruxelles et Liège 1836. 1838. 2 voll.

Chicora et Dupont, Nouveau Code des mines annoté. Bruxelles 1846. 1 vol. Supplement Bruxelles 1852. 1 vol.

Dupont, Traité pratique de la jurisprudence des mines. 2 voll. Bruxelles 1850.

Chicora, Jurisprudence du conseil des mines en Belgique. Bruxelles 1850. 1 vol.

---

1) Ebend. Art. 3. 57—80.

2) Besonders herausgegeben und erweitert unter dem Titel: Dr. H. Achenbach, Das französische Bergrecht und die Fortbildung desselben durch das preußische Allgemeine Berggesetz. Bonn 1869.

De Fooz, Points fondamentaux de la législation des mines. Paris et Tournay 1858. 1 vol.
Dufour, Lois de mines. Paris 1857. 1 vol.
Bury, Traité de la législation des mines. Bruxelles 1859. 2 voll.

---

§. VII.

Die preußische Berggesetzgebung.

Die Geschichte des preußischen Bergrechtes wird eröffnet durch die drei revidirten Bergordnungen, welche Friedrich der Große in den Jahren 1766 bis 1772 für Kleve und Mark, für Schlesien und für Magdeburg-Halberstadt erlassen hat. Zwar sind schon früher Verordnungen über bergrechtliche Verhältnisse für einzelne Theile der Monarchie ergangen, so für Kleve und Mark die renovirte Bergordnung Friedrich Wilhelm I. vom 18. Juli 1737 und für Magdeburg das Privilegium vom 12. December 1691 und die Interimsordonnanz vom 22. Mai 1696 von Kurfürst Friedrich III. Allein Friedrich der Große unternahm zuerst, die Berggesetzgebung in den verschiedenen Bergwerksdistricten nach einem gemeinschaftlichen Plane einzurichten und zwar durch drei in den meisten Stücken wörtlich übereinstimmende Provinzialbergordnungen.

Bis zu den schlesischen Kriegen konnte überhaupt eine selbstständige und gleichförmige Rechtsbildung für den Umfang der preußischen Monarchie sich in keinem Zweige des bürgerlichen Rechtes gestalten. Die Appellationen an die Reichsgerichte, welche in verschiedenen Landestheilen in verschieden begrenztem Umfange stattfanden, erhielten die Landesgerichte und mittelbar die Landesgesetzgebung in einer gewissenen Abhängigkeit von den Organen und von dem Entwickelungsgange des gemeinen Rechtes. Erst als nach dem Dresdener Frieden ein allgemeines privilegium de non appellando für alle Landestheile von Franz I. am 31. März 1746 ertheilt wurde, konnte ein gemeines Landesrecht für die preußische Monarchie, gegenüber den Provinzialrechten der einzelnen Landestheile und unabhängig von dem gemeinen deutschen Rechte entstehen. Friedrich der Große ordnete denn auch schon durch die Constitution vom 31. December 1746 die Abfassung eines allgemeinen Landrechtes an, „damit einmal ein gewisses Recht im Lande etablirt werden möge".

Das Project des Corporis juris Fridericiani, welches auf diese Anweisung von Cocceji verfaßt wurde (1749—1751), läßt das Bergrecht ganz unberücksichtigt. Allein weit früher, als jene Versuche einer Codification des bürgerliches Rechtes in dem Allgemeinen Preußischen Landrecht von 1794 zum Abschluß gelangten, wurde auf dem Gebiete des Bergrechtes die angekündigte Verbesserung der Gesetzgebung zur Ausführung gebracht, nach einem veränderten Plane allerdings, indem drei Provinzial-Bergordnungen statt eines allgemeinen Landesgesetzes publicirt wurden, aber in dem Geiste der durch die Constitution von 1746 proclamirten Rechtseinheit, indem nur die der ganzen Provinz angehörigen Besonderheiten aufrecht erhalten, das übrige Bergrecht aber durch gleichlautende Bestimmungen gleichförmig für alle drei Provinzen geregelt wurde.

Die erste der Revidirten Bergordnungen erging unter dem 29. April 1766 für die aus der Jülichschen Erbfolge erworbenen klevischen Lande, in denen schon am 19. April 1542 von Herzog Wilhelm IV. von Kleve eine Bergordnung publicirt worden war. An die Stelle dieser Bergordnung von 1542, welche Kurfürst Georg Wilhelm bei der Besitznahme der klevischen Lande im Jahre 1639 aufs Neue publiciren ließ, hatte dann Friedrich Wilhelm I. unter dem 18. Juli 1737 die „Renovirte Bergordnung für die Klevischen und angehörigen Lande, besonders die Grafschaft Mark" erlassen. Letztere wurde durch die Revidirte Bergordnung für das Herzogthum Kleve, Fürstenthum Meurs und für die Grafschaft Mark vom 29. April 1766 ersetzt, bei deren Abfassung außer der Renovirten Bergordnung vorzüglich die kursächsischen Berggesetze und die Joachimsthaler Bergordnung von 1548 als Quelle benutzt sind. Die Revidirte Bergordnung von 1766 enthält in 88 Kapiteln ausführliche Festsetzungen über alle bergrechtlichen Verhältnisse, welche auf dem Gebiete des Privatrechtes — abgesehen von wenigen provinziellen Besonderheiten — sich den Grundsätzen des gemeinen deutschen Bergrechtes auf das Engste anschließen. Auf dem Gebiete des öffentlichen Rechtes dagegen schlägt die Revidirte Bergordnung eine ganz neue den älteren Bergordnungen fremde Richtung ein, indem sie die Gewerkschaften der Verwaltung ihres Bergwerkseigenthums fast vollständig entsetzt und den Betrieb und den Haushalt der Gruben unter specieller Leitung des Bergamtes den von Letzterem angestellten und ihm allein verantwortlichen Schichtmeistern und Steigern überträgt, welche weder aus der Zahl der Gewerken, noch aus deren Söhnen, Knechten und Verwandten gewählt werden dürfen. (Cap. 43—47.) Diese Neuerung blieb auch für die spätere provinzielle und allgemeine Berggesetzgebung maßgebend, die sich auf das Engste an die kleve-märkische revidirte Bergordnung anschloß.

Zunächst wurde nach ihrem Muster die Revidirte Bergordnung für das souveräne Herzogthum Schlesien und für die Grafschaft Glatz vom 5. Juni 1769 ausgearbeitet, welche an die Stelle der Rudolfinischen Bergordnungen von 1577 und 1578 und der zahlreichen in den schlesischen Mediatherrschaften erlassenen und recipirten Special-Bergordnungen trat. Sie unterscheidet sich von der kleve-märkischen hauptsächlich nur in den Bestimmungen über die Gegenstände des Bergregals (Cap. 1, §. 1), das Mitbaurecht (Cap. 1, §. 3, und Declaration vom 1. Februar 1790), die Kuxeintheilung (Cap. 31), über die Quatember- und Receßgelder (Cap. 36, 37) und in der Benennung der Behörden, indem dem Bergamte das Oberbergamt substituirt wurde.

Die Revidirte Bergordnung für das Herzogthum Magdeburg, Fürstenthum Halberstadt, die Grafschaften Mansfeld, Hohenstein und Reinstein, auch incorporirte Herrschaften vom 7. Dezember 1772 endlich stimmt mit der schlesischen fast durchgehens wörtlich überein. Die einzig bemerkenswerthen

Abweichungen betreffen die Gegenstände des Bergregales (Cap. 1, §. 1) und die Feldesgröße (Cap. 3, §. 1).

Als durch die Kabinetsorder v. 14. April 1780 die Wiederaufnahme der seit dreißig Jahren ruhenden Arbeiten für die Codification des preußischen Rechtes angeordnet wurde, konnte man für die Bearbeitung des Bergrechtes die Revidirten Bergordnungen für Schlesien und Magdeburg unmittelbar zu Grunde legen. Man beschränkte sich in dem ersten Entwurfe darauf, „die Materien in eine dem Plane des Ganzen angemessenere Ordnung zu rangiren, sowie die dem gemeinen Leser nicht verständlichen Stellen und Ausdrücke gemeinfaßlicher einzurichten," ohne in den Dispositionen der Bergordnungen etwas Wesentliches zu ändern. (Brassert, das Bergrecht des Allgem. Preuß. Landrechts in seinen Materialien. Bonn 1861. S. 39, 98.) Die Mittheilung dieses Entwurfes an die Bergbehörden und demnächst die Veröffentlichung desselben in dem Entwurfe eines allgemeinen Gesetzbuches für die preußischen Staaten (1784—1788), in welchem das Bergrecht in zwei Abschnitten: Th. I, Abth. 3, Tit. 4, Abschn. 4: Vom Bergwerksregal, und Th. II, Abth. 3, Tit. 14, Abschn. 4: Von den Rechten und Pflichten der Bergwerksgesellschaften, abgehandelt wurde, rief jedoch eine große Anzahl von gutachtlichen Bemerkungen und Abänderungsvorschlägen hervor, aus deren eingehender Erörterung dann das Bergrecht des Allgemeinen Landrechts in derjenigen Gestalt hervorging, wie dasselbe in dem Th. II, Tit. 16, Abschn. 4 dieses Gesetzbuchs vorliegt.

Die Vorzüge dieses in dem Allgemeinen Landrechte enthaltenen Berggesetzes sind durch eine siebzigjährige Geltung glänzend bewährt worden, und es dürfen demselben nur wenige Bergordnungen der vorhergehenden oder der nachfolgenden Zeit an die Seite gestellt werden, soweit die formellen Vorzüge einer correcten Fassung und einer zweckmäßigen Anordnung der Vorschriften in Betracht kommen. Auch in materieller Hinsicht steht die Berggesetzgebung des Allgemeinen Landrechts ganz auf der Höhe der damaligen Rechtswissenschaft und der damals geltenden volkswirthschaftlichen Politik. Aber der Standpunkt dieser Volkswirthschaft war noch derselbe und ihr Horizont ebenso eng begrenzt wie zur Zeit der Abfassung der Revidirten Bergordnungen. Man fand auch in dem Allgemeinen Landrecht für gut, den Bergbau der Direction des Bergamtes zu unterwerfen (§. 82). Dem Bergamte war die Festsetzung der Preise der Bergwerksproducte (§. 315), die Bestimmung der zu zahlenden Zubuße oder der zu vertheilenden Ausbeute (§§. 274, 300), die Annahme der Arbeiter, der Schichtmeister und der Steiger (§§. 307 ff.) vorbehalten.

Dieses sogenannte Directionsprincip wurde schon bei der Redaction des Allgemeinen Landrechts von Grolmann und Eggers bekämpft (Brassert a. a. O. S. 75, 147) jedoch vergebens. Die Praxis der Bergbehörden war sogar viele Jahrzehnte hindurch auf die möglichste Ausdehnung des sogenannten Directionsprincipes und auf die vollständige Unterwerfung des Privatbergbaues unter die Leitung der Behörden gerichtet.

Die Instruction für das Kleve-Märkische Bergamt zu Wetter vom 24. Mai 1783 enthielt im §. 5, Nr. 2 die Bestimmung:

„Es sollen keine neuen Steinkohlenwerke in Betrieb gesetzt werden, bis daran sich ein Kohlenmangel ereignet.“

Nach dieser Vorschrift wurde der Betrieb eines verliehenen Steinkohlenbergwerks von einer besonderen Erlaubniß des Bergamtes abhängig gemacht, dessen Beurtheilung anheim gegeben war, ob ein Bedürfniß zur Eröffnung einer neuen Grube vorhanden sei oder nicht. Auf Grund dieser Vorschrift wurde unter andern der Gewerkschaft der Grube Schölerpad bei Essen zehn Jahre von 1816 bis 1826 die nachgesuchte Erlaubniß zur Eröffnung eines Tiefbaues verweigert, weil der Tiefbau der Grube Sälzer und Neuack zur Versorgung des dortigen Kohlenmarktes genüge und ein Bedürfniß zur Anlage eines zweiten Tiefbaues im Essener Reviere nicht vorhanden sei. „Die Verleihung der Grube Schölerpad gebe der Gewerkschaft nicht das Recht, die Erlaubniß zum Betriebe zu verlangen. Das Allgem. Landrecht Th. II. Tit. 16, §§. 188, 189 spreche zwar die Verpflichtung zum ununterbrochenen Betriebe aus, ohne indeß ein Recht auf den Betrieb des verliehenen Bergwerkes zu begründen. Die in den neuen Gewerbegesetzen ausgesprochene Gewerbefreiheit sei auf den Bergbau ausdrücklich nicht erstreckt worden. Die Schätze, welche die Natur in ihrem Schooße verberge, erzeugen sich, einmal verschwendet, nicht wieder und aller Betriebsvorschriften letzter Zweck müsse also eine nachhaltige, mithin eine ökonomische Benutzung jener Reichthümer sein. Diese Benutzung dürfe nicht über das Maß des Bedürfnisses hinaus gestattet werden, da der Bergbau nur alsdann solide Unternehmer finden werde, wenn dieselben des consequenten Schutzes von Seiten des Staates gewiß seien und von einer auf bloßer Speculation beruhenden Concurrenz nichts zu fürchten haben. Die Bewilligung des für die Grube Schölerpad beabsichtigten Tiefbaues würde aber den Untergang dieses Betriebes auf der Grube Sälzer & Neuack zur Folge haben, weil diese Grube eine halbe Stunde entfernter für den Debit ins Klevische liege, als Schölerpad. Die Gewerkschaft von Sälzer & Neuack würde also den größten Theil ihres Kohlenabsatzes und damit die Aussicht auf Verzinsung und Erstattung des auf ihren Tiefbau verwendeten bedeutenden Anlagekapitals verlieren. Das Publikum aber würde aus der Concurrenz zweier Tiefbau-Anlagen keinen Nutzen ziehen, namentlich auf keine Ermäßigung der Kohlenpreise rechnen dürfen. Vielmehr würde zu befürchten sein, daß die Preise nach und nach höher gestellt würden, um die Kosten der doppelten Tiefbauanlage zu decken[1].“

Der letztere Grund, auf welchen ausdrücklich als auf ein Hauptargument besonderes Gewicht gelegt wurde, beweist, zu welchen Folgewidrigkeiten ein System führen mußte, das nach Beseitigung der natürlichen Hebel des Verkehrs, den Bedarf des Kohlenmarktes und seine Versorgung von Amtswegen zu regeln unternahm, wie etwa den Etat eines Armenhauses. Wenn von der Vermehrung der

---

[1]) Vergl. die von Freiherr v. Hallberg herausgegebene Zeitschrift „Hermann“ 22. Stück. Hagen. 16. März 1819.

Betriebspunkte eine Erhöhung der Kohlenpreise befürchtet wurde, wenn dem Besitzer der eine halbe Stunde dem Absatzpunkte näher gelegenen Grube der Betrieb untersagt wurde, obgleich oder vielmehr weil er die Nachfrage billiger befriedigen konnte, als sein entfernter gelegener Concurrent, so sind das nur Beispiele der unrichtigen Voraussetzungen und der verkehrten Anordnungen, zu denen die Beseitigung der freien Concurrenz von Nachfrage und Angebot nothwendig führen mußte. War doch z. B. der Tarif der Ruhrschifffahrtsgefälle so regulirt, daß die der Mündung zunächst gelegenen Gruben höhere Abgaben für die Benutzung einer kurzen Stromstrecke zahlten, als die oberhalb gelegenen für die längere Fahrt, damit der Vortheil, welchen erstere durch ihre natürliche Lage in Bezug auf den Absatz der Kohlen behaupteten, zu Gunsten der Letzteren einigermaßen ausgeglichen werde. Nach demselben Grundsatze wurden auch bei den amtlichen Preisregulirungen den günstiger gelegenen Gruben höhere Preise, gewissermaßen Prohibitivpreise vorgeschrieben, um den Absatz ihrer ungünstiger gelegenen Nachbarn zu schützen.

Dieses System der vormundschaftlichen Verwaltung war berechnet auf den unentwickelten und hülflosen Zustand, in welchem die Gesetzgebung Friedrichs des Großen den Bergbau vorfand. Die Zersplitterung der Production unter eine große Zahl unbedeutender Gruben, unter einer ganz unzureichenden technischen und kaufmännischen Leitung, die Beschränkung des Absatzgebietes durch zahlreiche Binnenzölle, durch den Mangel fahrbarer und schiffbarer Straßen, die Belastung des Bergbaues mit Abgaben, die nach dem damaligen Stande der Preise auf 20% des Bruttowerthes der Production berechnet wurden[1]), bildeten vereinigt eine Schranke für die Entwickelung des Bergbaues, zu deren Uebersteigung dem Einzelnen die Mittel, dem Zeitalter der Unternehmungsgeist und der Gemeinsinn fehlten. Alle Anregung zu gemeinnützigen Unternehmungen wurde damals von der Regierung erwartet und ihr unbedenklich das Recht eingeräumt, zu diesen Zwecken die Einzelnen nach ihrem Ermessen polizeilich zu beschränken und zu besteuern. Als daher durch die Declaration zur Kleve-Märkischen Bergordnung vom 18. Mai 1786 die Steinkohlengruben revierweise unter die gemeinschaftliche Verwaltung von Oberschichtmeistern und Obersteigern gestellt wurden, als durch die Einrichtung der schlesischen Bergbau-Hülfskassen (Hofrescript vom 12. November 1779) die Steinkohlengruben zur Anlegung von Bergwerksstraßen u. dgl. besteuert wurden, entsprachen dergleichen Maßregeln sowohl dem Bedürfnisse als auch dem Geiste der Zeit.

Die Ursache, daß an diesen Einrichtungen auch dann noch festgehalten wurde, als die Bevormundung des Bergbaues seiner Entwickelung nicht mehr förderlich, sondern im hohem Grade schädlich geworden war, lag aber in der Finanzpolitik der Verwaltung. Die Abgaben, welche auf dem preußischen Bergbau lasteten, betrugen noch in den Jahren 1843—1847 zwölf Procent des rohen Ertrages. Sie erhoben sich in einzelnen Landestheilen bis auf 14,8% und 16,7% des Productionswerthes. (v. Carnall, die Bergwerke in Preußen und ihre Besteuerung. Berlin 1850. Tabelle XX.) Eine solche Besteuerung konnte nicht aufrecht erhalten

1) Nach einer Schätzung des Freiherrn von Stein, damals Bergamtsdirector in Wetter.

werden ohne solche Einrichtungen, die eine künstliche Steigerung des Preises der Bergwerksproducte zum Zwecke hatten.

Die Production der wichtigsten Bergwerksproducte, namentlich der Steinkohlen kann fast ohne alle Begrenzung gesteigert werden, so daß sie bei freier Concurrenz im Stande ist, jeder Nachfrage zu genügen. Bei freier Concurrenz kann daher nur unter vorübergehenden Conjuncturen ein Mißverhältniß zwischen Nachfrage und Angebot und eine dadurch bedingte Preissteigerung eintreten. In der Regel wird der Preis der Bergwerksproducte gegen die Erzeugungskosten nicht erheblich differiren, so daß, wie schon Adam Smith bemerkt, der Bergwerksbesitzer nur die landesüblichen Zinsen seines Anlagecapitals gewinnt. Soll ein solches Product eine Besteuerung von 12 % seines Bruttowerthes tragen, so muß der Staat dem Bergwerksbesitzer die Möglichkeit geben, diese Steuer als einen Theil der Selbstkosten zu dem Preise zu schlagen und auf den Consumenten überzuwälzen. Dies war nur möglich bei einer Monopolisirung der Production zu Gunsten einer beschränkten Anzahl von Unternehmern und bei einer amtlichen Festsetzung der Verkaufspreise, welche die Concurrenz zwischen diesen Unternehmern so gut wie ausschließt. Hätte der Staat die freie Concurrenz beim Steinkohlenbergbau zugelassen, so würde diese die Tendenz gehabt haben, den Verkaufspreis unter die durch den Steuerbetrag erhöhten Selbstkosten zu drücken; der Bergwerksbesitzer hätte die Steuer zum Theil aus dem eigenen Vermögen zulegen müssen, und der Staat würde auf die Dauer es nicht möglich gefunden haben, die Steuer auf der Höhe von 12 % zu behaupten.

Der Kampf um die Reform der Berggesetzgebung hatte also ein doppeltes, jedoch eng verbundenes Ziel, die Freigebung des Bergbaues und die Erleichterung der Steuern. Anträge auf eine Revision der Berggesetze nach diesen beiden Gesichtspunkten wurden im Jahre 1828 von den Rheinischen und den Schlesischen Provinzialständen gestellt. Schon im Jahre 1826 war indeß gleichzeitig mit der angeordneten allgemeinen Gesetzrevision auch eine neue Bearbeitung des Bergrechtes unternommen, welche zunächst eine Verbesserung des formellen Zustandes der Berggesetzgebung bezweckte.

Das Allg. Landrecht hatte nach Artikel III des Publikationspatentes vom 5. Februar 1794 nur subsidiarische Gültigkeit erlangt, so daß alle Rechtsangelegenheiten zunächst nach den Vorschriften der Provinzialgesetze und erst in deren Ermangelung nach denjenigen des Landrechts beurtheilt werden sollten. Die Revidirten Bergordnungen blieben also, obgleich ihr ganzer, nicht ausschließlich provinzialrechtlicher Inhalt in das Allg. Landrecht aufgenommen war, in Kraft und zwar nicht bloß in Bezug auf die darin enthaltenen provinziellen Besonderheiten, sondern auch in allen denjenigen Bestimmungen, welche gemeinen Rechtens waren und deren verbesserte Wiedergabe eben das Allg. Landrecht in seinem Abschnitte vom Bergwerksregale beabsichtigt hatte.

Die Umarbeitung der Provinzialgesetze, bei der nach Artikel IV—VI des Publikationspatents nur die wirklich erheblichen und begründeten Abweichungen aufrecht erhalten werden sollten, war nicht zu Stande gekommen. Man hatte daher statt eines unvollkommenen Gesetzbuches, wie man es früher in den Revidirten Bergordnungen besaß, nunmehr deren zwei für jeden District, eine weit größere Unvollkommenheit.

Das Staatsgebiet hatte seit dem Erlaß des Allg. Landrechts große und wechselnde Veränderungen erfahren. In die bei der zweiten Theilung Polens (1792) einverleibten Provinzen und in die durch den Reichsdeputationshauptschluß (1803) erworbenen sogenannten Entschädigungslande hatte man durch die Patente vom 7. April 1793, vom 5. April und vom 9. April 1803, die Revidirte Bergordnung des zunächst benachbarten Landestheiles als principales Berggesetz neben dem subsidiarisch geltenden Allgemeinen Landrecht eingeführt und so die äußere Gleichförmigeikt des Rechtszustandes gewahrt. Anders verhielt es sich mit den im Jahre 1814 neu erworbenen Landestheilen, in welchen nach den Publikationspatenten vom 15. November 1816 und vom 21. Juni 1825 nur das Allg. Landrecht als Subsidiarrecht eingeführt wurde, während die daselbst vorgefundenen Provinzialbergordnungen als Principalrecht in Kraft verblieben. Dazu kamen die Landestheile, in welchen das französische Civilrecht in Geltung verblieb und zwar auf der linken Rheinseite mit dem während der Fremdherrschaft dort eingeführten französischen Bergwerksgesetze vom 21. April 1810, auf der rechten Rheinseite mit den daselbst in Geltung verbliebenen deutschen Bergordnungen, endlich die Gebiete des Gemeinen deutschen Rechtes nebst den verschiedenen in demselben geltenden Provinzialbergordnungen.

In dem Gebiete des Allg. Landrechts und des Gemeinen Rechtes, welchen nur eine subsidiarische Geltung zukam, galten als Principalrechte folgende zwölf Provinzialbergordnungen [1]):

1. die Nassau-Catzenelnbogische vom 1. Mai 1559,
2. die Kurtriersche vom 22. Juli 1564,
3. die Hennebergische vom 18. December 1566,
4. die Homburgische vom 25. Januar 1570,
5. die Kursächsische vom 12. Juni 1589 nebst der Stollenordnung vom 12. Juni 1749 und dem Steinkohlenmandate vom 19. August 1743,
6. die Wildenburgische vom Jahre 1607,
7. die Kurkölnische vom 4. Januar 1669,
8. die Eisleben-Mansfeldische vom 28. October 1673,
9. die Jülich-Bergische vom 21. März 1719,
10. die Kleve-Märkische vom 29. April 1766,
11. die Schlesische vom 5. Juni 1769,
12. die Magdeburg-Halberstädtische vom 7. December 1772.

Allein die Anzahl der örtlichen Verschiedenheiten in der bisherigen preußischen Berggesetzgebung wurde durch die Anzahl der geltenden Bergordnungen keineswegs erschöpft, sondern durch die mannigfaltigsten Combinationen der verschiedenen Landesgesetzgebungen mit den einzelnen Particularrechten noch erheblich vervielfacht. So fällt z. B. die Grenze des gemeinen und des französischen Civilrechtes nicht

[1]) Sie sind gesammelt in Brassert's Bergordnungen der Preußischen Lande. Köln 1858.

mit der Grenze des deutschen und des französischen Bergrechtes zusammen. Es galt daher in einem Theile der Rheinprovinz das gemeine deutsche, in einem anderen das französische Berg- und Civilrecht, in einem dritten Theile aber das deutsche Bergrecht neben dem französischen Civilrechte. Ebenso galten manche Provinzialbergordnungen sowohl im Gebiete des gemeinen als des preußischen Rechtes, so die kurkölnische, kursächsische und die jülich-bergische Bergordnung, von denen also jede ein doppeltes Rechtsgebiet repräsentirte. So wie die Grenzen dieser Particularrechte die längst vergangenen politischen Eintheilungen verewigten, die zur Zeit ihrer Einführung bestanden, so hatten auch die späteren oft ganz ephemeren Staatenbildungen für das Gebiet des Bergrechtes dadurch Bedeutung behalten, daß durch Specialgesetze wichtige Neuerungen in den Bereich der älteren Bergordnungen, oder vielmehr in einzelne Theile ihres Rechtsgebietes eingeführt wurden. So hatte das Westphälische Decret vom 27. Januar 1809 die Magdeburg-Halberstädtische Bergordnung durch die Aufhebung des Mitbaurechtes, die kursächsische Bergordnung durch die Einführung des Steinkohlenregals modificirt, jedoch nur in den zu dem Königreich Westphalen abgetretenen Landestheilen, während in den übrigen Theilen ihres Rechtsgebietes die beiden Bergordnungen in unveränderter Geltung verblieben. So galt ferner die kursächsische Bergordnung in einigen Landestheilen mit dem sogenannten Steinkohlenmandate vom 19. August 1743, in anderen ohne dieses Specialgesetz, welches seinerseits wieder ohne die kursächsische Bergordnung in denjenigen Landestheilen Geltung erhalten hatte, welche wie die Ober- und Nieder-Lausitz erst nach dem sechzehnten Jahrhundert vorübergehend mit dem sächsischen Kurstaate verbunden wurden.

Es kann daher keineswegs befremden, wenn in manchen Landestheilen erhebliche Zweifel darüber bestanden, ob daselbst bei dem mannigfaltigen Wechsel der Gesetzgebung eine bestimmte Bergordnung Geltung erhalten hat, oder in Geltung verblieben ist, so in Posen wegen der schlesischen Bergordnung, in der Lausitz wegen der böhmischen Bergwerksvergleiche von 1534 und 1575, im Grunde Seel- und Burbach wegen der nassauischen Bergordnung.

Der bisherige Rechtszustand war hiernach schon in Bezug auf die örtliche Geltung der verschiedenen Berggesetze ein höchst verwickelter und zweifelhafter. Und diese Rechtsunsicherheit wurde noch in hohem Grade gesteigert durch die Beschaffenheit der Rechtsquellen, welche sämmtlich einer längst vergangenen Periode angehören und auf die Verhältnisse eines noch unentwickelten Bergbaues berechnet sind. Die häufig dunkeln und lückenhaften Vorschriften der älteren Bergordnungen bereiteten daher der Rechtsanwendung große Schwierigkeiten.

Das Ziel der im Jahre 1826 begonnenen Gesetzrevision war die Beseitigung aller jener principalen und subsidiarischen Gesetze und die Herstellung eines allgemeinen Berggesetzes für den ganzen Staat, in welches die beizubehaltenden provinziellen Besonderheiten als solche aufgenommen werden sollten. Der Entwurf eines solchen gemeinen preußischen Bergrechtes nebst einer Instruction zur Verwaltung des Bergregales wurde im Jahre 1833 als Pensum XI der Gesetzrevision gedruckt, jedoch nicht zum Gesetz erhoben, sondern einer nochmaligen Berathung in den Fachministerien unterworfen, aus welcher der wenig veränderte Entwurf von 1835 hervorging. Dieser Entwurf wurde jedoch im Jahre 1841 durch einen wesentlich veränderten Berggesetzentwurf ersetzt, welcher nach erfolgter Begutachtung durch die Provinzialstände im Jahre 1845 einer Commission zur weiteren Berathung überwiesen wurde, die unter dem Vorsitze des damaligen Gesetzgebungsministers von Savigny zusammentrat und im Jahre 1846 einen vierten Gesetzentwurf zur Begutachtung durch den Staatsrath vorlegte. Die Auflösung des Staatsraths im Jahre 1848 unterbrach die weitere Berathung dieses Entwurfes und der damalige Handelsminister Milde berief zur Ausarbeitung eines neuen Entwurfs eine aus Beamten und Bergwerksbesitzern zusammengesetzte Commission, welche ihre Arbeit im October 1848 beendigte. Allein statt des vorgelegten Entwurfs wurde im Handelsministerium ein neuer, der sechste Entwurf (1849) ausgearbeitet und aus ihm ging nach weiterer Berathung in den Ministerien die Gesetzvorlage hervor, welche in der Sitzungsperiode $18^{49}/_{50}$ den beiden Kammern als Entwurf eines Allgemeinen Berggesetzes gemacht, jedoch bis zum Schlusse der Session nicht erledigt wurde.

Der Grund, weshalb keiner dieser sieben Entwürfe die gesetzliche Sanction erlangt hat, ist nicht sowohl in äußeren Umständen, als vielmehr darin zu suchen, daß keiner dieser Entwürfe den Interessen des Bergbaues, den Bedürfnissen des Verkehrs und den Anforderungen der Wissenschaft Genüge leistete. Dieser Vorwurf trifft in geringerem Grade die beiden ersten Entwürfe von 1833 und 1835, welche den Plan verfolgten, das Bergrecht des Allg. Landrechts nach den Grundsätzen des freien Verkehrs umzugestalten und in dieser Beziehung mit den Principien des linksrheinischen Bergrechtes in Einklang zu setzen. Dennoch wurde nach beiden Entwürfen der Bergbautreibende der Aufsicht der Bergbehörden nicht bloß nach den Grundsätzen der Bergpolizei, sondern auch in Bezug auf die Beobachtung der Regeln der Bergbaukunde unterworfen. Die Annäherung an die Verwaltungsgrundsätze des linksrheinischen Rechtes erfolgte nur zaghaft und unter erheblichen Vorbehalten. Allein auch die beabsichtigten gelinden Einschränkungen des Directionsprincips erfuhren den lebhaftesten Widerspruch, nachdem inzwischen ein Wechsel in den leitenden Persönlichkeiten eingetreten war; und der dritte Entwurf von 1841 kehrte vollständig zu den Grundsätzen des Allgem. Landrechts zurück, indem er den Bergbehörden nicht bloß die Aufsicht, sondrrn die unmittelbare Leitung des Privatbergbaues übertrug. Dieser Entwurf, sowie auch der vierte von 1846, welcher dieselbe Richtung verfolgte, schloß deshalb die linksrheinischen Landestheile von der beabsichtigten Reform des Bergrechtes gänzlich aus. Beide Entwürfe hielten zugleich mit Vorliebe an der casuistischen Form des Allg. Landrechts und an der Erhaltung provinzieller Besonderheiten fest.

In geradem Gegensatze zu beiden Entwürfen verfolgten die drei letzten Entwürfe von 1848, 1849 und 1850 das Ziel, das französische Bergrecht in seinen Singularitäten, mit der Eintheilung der Mineralgewinnungen in Bergwerke, Gräbereien und Steinbrüche, mit seinem Concessionsverfahren u. dgl. auf den rechtsrheinischen Boden zu verpflanzen.

Die bewegenden Fragen, welche die juristische Praxis und Theorie während der letzten Jahrzehnte beschäftigt haben, die Fragen nach der Natur des von dem Muther erworbenen Rechtsanspruchs auf Verleihung, nach den Regeln über die Collision solcher Ansprüche, nach der zweckmäßigsten Gestalt der gewerkschaftlichen Verfassung, nach der rechtlichen Natur des gewerkschaftlichen Antheilrechtes, nach den Grundlagen des gewerkschaftlichen Realcredits fanden in keinem dieser Entwürfe eine genügende Lösung, und es war der Gesetzgebung anderer deutscher Staaten, von denen zunächst Sachsen und Oesterreich die in Preußen unterbrochene Reform der Berggesetzgebung aufnahmen, vorbehalten, nach diesen Richtungen hin neue legislatorische Gesichtspunkte zu eröffnen.

In Preußen beschritt man nach so vielen vergeblichen Versuchen einer neuen Codification des Bergrechtes mit Erfolg den Weg der Novellengesetzgebung. Schon im Jahre 1821 war durch das Gesetz vom 1. Juli über die Verleihung des Bergeigenthums auf Flötzen dem wichtigen Steinkohlenbergbau eine wesentliche Förderung zu Theil geworden, indem statt der bisherigen kleinen und unzweckmäßig begrenzten Geviertfelder, Felder von angemessener Ausdehnung mit der unbegrenzten Erstreckung in die ewige Teufe gewährt wurden.

Im Jahre 1851 endlich wurde eine durchgreifende Reform der bisherigen Gesetzgebung in Angriff genommen und durch die beiden Gesetze vom 12. Mai 1851 über die Besteuerung der Bergwerke und über die Verhältnisse der Miteigenthümer die Axt an die Wurzel des bisherigen Verwaltungssystems gelegt und der Bergbau von der vormundschaftlichen Direction der Behörden, sowie von einem Theile des übermäßigen Steuerdruckes befreit. Es folgten nunmehr in kurzen Zwischenräumen Verbesserungen der Gesetzgebung in verschiedenen Zweigen und neue Steuerermäßigungen.

So wurden seit der Publication des Allg. Landrechtes die folgenden 16 Novellen auf dem Gebiete der Berggesetzgebung erlassen:

1) die Declaration wegen Ueberlassung des Grund und Bodens an die Bergbau treibenden Gewerke zur Anlage der Abfuhrwege und Niederlagen vom 27. October 1804;
2) das Gesetz über die Verleihung des Bergeigenthums auf Flötzen, vom 1. Juli 1821;
3) über die Besteuerung der Bergwerke, vom 12. Mai 1851;
4) über die Verhältnisse der Mit-Eigenthümer eines Bergwerks, von demselben Tage;
5) über die Vereinigung der Berg-, Hütten- und Salinenarbeiter in Knappschaften, vom 10. April 1854;
6) über die Abtretung von Grund und Boden zu bergbaulichen Zwecken in dem außerlandrechtlichen Theile des vormaligen Bergamtsbezirks Essen, vom 26. Februar 1855;
7) über die Befugniß der Bergämter zur Führung der Berg-Hypothekenbücher, vom 18. April 1855;
8) über die Bestrafung unbefugter Aneignung von Mineralien, vom 23. März 1856;
9) über die Aufhebung der Bergamtssporteln, vom 21. Mai 1860;

10) über die Beaufsichtigung des Bergbaues durch die Bergbehörden und das Verhältniß der Berg- und Hüttenarbeiter, von demselben Tage;
11) über die Ermäßigung der Bergwerks-Abgaben, vom 22. März 1861;
12) über die Anlegung von Hypothekenfolien für Kohlenbaugerechtigkeiten in den vormals sächsischen Landestheilen, vom 1. Juni 1861;
13) über die Kompetenz der Ober-Bergämter, vom 10. Juni 1861;
14) über die Bergwerks-Abgaben vom 20. October 1862;
15) über die Verwaltung der Bergbau-Hülfskassen, vom 5. Juni 1863;
16) über die Abänderung des §. 13 des Gesetzes vom 12. Mai 1851, vom 17. Juni 1863.

Der Gesetzentwurf wegen der Verleihung der Grubenfelder und der Gesetzentwurf wegen Mobilisirung der Kuxe, welche in den Jahren 1860 und 1861 den beiden Häusern des Landtags vorgelegt wurden, gelangten nicht zur Erledigung, weil sich bei den legislatorischen Berathungen eine Meinungsverschiedenheit nicht sowohl in Bezug auf das Princip der angestrebten Reformen, als vielmehr in Bezug auf die Art ihrer Durchführung zeigte, welche ein Einverständniß nicht zu Stande kommen ließ.

Nachdem durch diese Thätigkeit der Novellengesetzgebung die wichtigsten materiellen Fragen, welche auf dem Gebiete der Berggesetzgebung einer Lösung bedurften, theils gelöst, theils für die endgültige Lösung vorbereitet waren, blieb noch die formale Aufgabe der angestrebten Reform, nämlich die Codification des Bergrechtes übrig, welche durch das vorliegende Allgemeine Berggesetz vom 24. Juni 1865 gelöst ist.

Der erste Entwurf dieses Gesetzes wurde im Auftrage des vormaligen Handelsministers von der Heydt von dem Oberbergrath, jetzigen Berghauptmann Dr. H. Brassert zu Bonn verfaßt und nach vorheriger Berathung in dem Handelsministerium unter dem Titel: Vorläufiger Entwurf eines Allgemeinen Berggesetzes für die Preußischen Staaten. Berlin 1863 veröffentlicht. Nachdem über diesen Entwurf zahlreiche Gutachten von den Behörden, Handelskammern, bergmännischen Vereinen, sowie von einzelnen Juristen abgegeben worden, erfolgte die Zusammenstellung der sämmtlichen Monita durch Dr. Brassert und unter Berücksichtigung derselben die nochmalige Berathung des Entwurfs durch eine aus Commissarien des Handelsministeriums und des Justizministeriums gebildete Commission unter dem Vorsitze des Handelsministers Grafen von Itzenplitz und des Oberberghauptmanns Krug von Nidda. Die aus diesen Berathungen hervorgegangene Gesetzesvorlage wurde in der Sitzungsperiode von 1865 den beiden Häusern des Landtages und zwar zunächst dem Herrenhause vorgelegt. Die Commission des Herrenhauses gestaltete die Regierungsvorlage durch zahlreiche Abänderungsvorschläge um, welche jedoch meist redactioneller Art waren und nur in wenigen Punkten eine materielle Aenderung des Entwurfes involvirten. Auf Grund des Commissionsberichtes vom 16. März 1865 nahm dann das Herrenhaus in seiner Sitzung vom 30. März den Gesetzentwurf mit den von der Commission vorgeschlagenen Abänderungen an und das Haus der Abgeordneten trat diesem Beschlusse auf den von seiner Commission am 8. Mai erstatteten Bericht in der Sitzung vom 31. Mai ebenfalls bei. Das Gesetz, welches den Zeitpunkt, in welchem es in Kraft tritt, in §. 243 auf den 1. October 1865 bestimmt, ist unter dem 24. Juni 1865 vom Könige vollzogen und durch das 30. Stück der Gesetzsammlung S. 705 ff. publicirt. Es enthält in 12 Titeln und 250 Paragraphen eine vollständige Codification des Bergrechtes mit Ausschluß der Besteuerung der Bergwerke, für welche die bisherigen Gesetze, insbesondere die oben unter 3 und 14 aufgeführten Gesetze von 1851 und 1862 ferner maßgebend blieben.

Das Allgemeine Berggesetz hat sich während der neunjährigen Dauer seiner Geltung als vorzüglich bewährt. Seine klaren und zweckmäßigen Bestimmungen haben auch für die Gesetzgebung in den übrigen deutschen Staaten als Muster gedient. Abänderungen sind bisher nur bei einer einzelnen transitorischen Bestimmung für nothwendig befunden. Dagegen hat das Gesetz durch äußere Schicksale, nämlich durch seine Einführung in neu erworbene Landestheile[1]) und durch gesetzliche Reformen auf naheliegenden Gebieten schon mancherlei Ergänzungen erfahren.

Unter diesen Reformen ist zuerst die Aufhebung des Salzmonopols zu erwähnen, welche in Folge der Uebereinkunft zwischen den Zollvereinsstaaten vom 8. Mai 1867 kraft des Gesetzes vom 9. August 1867 und der beiden Königl. Verordnungen von demselben Tage mit dem 1. Januar 1868 eingetreten ist.

Die Maß- und Gewichtsordnung für den Norddeutschen Bund vom 17. August 1868 beseitigte das den Bestimmungen des Allgem. Berggesetzes über die Feldesgröße ꝛc. zu Grunde liegende Lachtermaß, an dessen Stelle seit dem 1. Januar 1872 das Metermaß getreten ist.

Die Subhastationsordnung vom 15. März 1869 (G. S. S. 421) bewirkte eine Veränderung des im Allg. Berggesetz §. 247 für die Subhastation von Bergwerken vorgeschriebenen Verfahrens.

Die Gewerbeordnung für den Norddeutschen Bund vom 21. Juni 1869 (B. G. Bl. S. 245) erstreckte ihre Bestimmungen auf verschiedene mit dem Bergbau in Verbindung vorkommende Gewerbsanlagen (Koksöfen, Dampfkessel, Wassertriebwerke), auf das Gewerbe der Markscheider und auf die Verhältnisse der Bergarbeiter und änderte die bezüglichen Vorschriften des Allgemeinen Berggesetzes ab. Durch das Bundesgesetz über die Beschlagnahme des Arbeits- oder Dienstlohnes vom 21. Juni 1869 (B. G. Bl. S. 242) wurde eine bestrittene auch für den Bergbau höchst wichtige Frage entschieden.

Das Gesetz vom 24. Februar 1870 (G. S. S. 134) regelte die Theilnahme der Bergwerksbesitzer an den zur Wahrung der Gesammtinteressen des Handels und der Gewerbe bezirksweise eingerichteten Handelskammern.

Das Reichsgesetz vom 7. Juni 1871 (R. G. Bl. S. 207) stellte die Haftpflicht der Bergwerksbesitzer für die beim Betriebe durch Verschuldung eines Aufsehers herbeigeführten Tödtungen und Körperverletzungen. Das Gesetz über den Betrieb der Dampfkessel vom 3. Mai 1872 trat an die Stelle des beim Erlasse des Berggesetzes in Kraft befindlichen Gesetzes vom 7. Mai 1856.

[1]) Vergl. hierüber §. VIII.

Das Gesetz über den Eigenthumserwerb und die dingliche Belastung von Grundstücken, Bergwerken und selbstständigen Gerechtigkeiten vom 5. Mai 1872 (G. S. S. 433) und die Grundbuchordnung von demselben Tage (G. S. S. 446) bewirkten eine vollständige Umgestaltung des Immobiliarsachenrechtes in dem Rechtsgebiete des Allgem. Landrechtes. Durch die Einführungsgesetze vom 23. März, 26., 27., 28., 29., 30. u. 31. Mai 1873 (G. S. S. 107, S. 229—301) wurde diese wichtige Reform auf das ganze Staatsgebiet mit Ausnahme der Bezirke der Appellationsgerichte zu Cöln, Wiesbaden und Frankfurt und des Amtsgerichtes zu Vöhl erstreckt, so daß jetzt an Stelle der vielgestalteten Gesetzgebung über die Veräußerung und Verpfändung der Bergwerke und über die Einrichtung der Berghypothekenbücher, welche das Allg. Berggesetz in den §§. 52 und 53 vor Augen hatte, ein einheitliches Recht fast für das ganze Staatsgebiet getreten ist.

Durch das Gesetz vom 9. April 1873 (G. S. S. 181) wurde an die Stelle der transitorischen Bestimmung im §. 235 des Allgem. Berggesetzes eine Reihe von Bestimmungen gesetzt, welche die Umwandlung der alten Gewerkschaften in solche des neuen Rechtes erleichtern sollten.

Auf dem Gebiete des Provinzialrechtes erfolgte eine nicht unwichtige Ergänzung des Allgemeinen Berggesetzes durch das Gesetz vom 22. Februar 1869 (G. S. S. 401) über die Rechtsverhältnisse des Stein- und Braunkohlenbergbaues in den vormals sächsischen Landestheilen. Das Allgemeine Berggesetz, welches im Uebrigen die beibehaltenen provinziellen Rechtsnormen im Tit. 10 in sich aufgenommen hatten, verwies in den §. 212 und 213 bezüglich des sächsischen Kohlenbergbaues, welcher nicht Gegenstand der Bergwerksverleihung ist, sondern dem Verfügungsrechte des Grundeigenthümers unterliegt, auf die bisherigen Provinzialrechte, namentlich das kursächsische Mandat von 1743 und das Regulativ von 1843, deren Revision aus äußeren Gründen nicht rechtzeitig hatte bewirkt werden können, obgleich die Nothwendigkeit einer Abänderung dieser veralteten Gesetze außer Frage stand. Auch diese Aufgabe ist nunmehr durch das angeführte Gesetz gelöst, welches die Stein- und Braunkohlen in den erwähnten Landestheilen dem Verfügungsrechte der Grundeigenthümer beläßt, die Aufsicht der Bergbehörden auf die durch das Allgemeine Berggesetz begründeten Normen zurückführt und für die vertragsmäßige Trennung des Rechtes zum Kohlenbergbau von dem Grundeigenthume in den §§. 2 bis 8 Bestimmungen trifft. Außerdem wurde durch das Gesetz vom 4. August 1865 (G. S. S. 873) der §. 210 des Allg. Berggesetzes auf die früher zu Westpreußen gehörigen Theile der Provinz Pommern ausgedehnt. Der Vorschlag die im §. 211 von den Vorschriften des Allg. Berggesetzes ausgenommene Eisenerzgewinnung in Schlesien, Neuvorpommern und Hohenzollern der polizeilichen Aufsicht der Bergbehörden zu unterstellen und die Knappschaftseinrichtungen auf diesen Bergbau auszudehnen, ist gegenwärtig Gegenstand der Erörterung.

Aus der bisherigen Literatur des preußischen Bergrechtes sind folgende Kommentare namhaft zu machen:

Allgemeines Berggesetz für die Preußischen Staaten vom 24. Juni 1865. Nebst den vollständigen Materialien zur Erläuterung desselben. Herausgegeben von C. Hahn, königl. Tribunals-Rath. Berlin 1865.

Das Allgem. Berggesetz für die Preußischen Staaten vom 24. Juni 1865, mit dem wesentlichen Inhalte der Materialien zusammengestellt und erläutert von dem Kreisgerichts-Director und Mitgliede des Hauses der Abgeordneten von Beughem zu Neuwied. — Neuwied 1865.

Das Allgem. Berggesetz für die Preußischen Staaten, erläutert aus den Materialien, der Rechtswissenschaft und der bisherigen Praxis 2c. 2c. Von Paul Wachler, königl. Gerichts-Assessor. — Breslau 1865.

Kommentar zum Preußischen Allgem. Berggesetz nebst Ergänzungen und Verwaltungsvorschriften von Dr. A. Huyßen, Berghauptmann. Zweite Ausgabe. Essen 1867.

Allgem. Berggesetz für die Preußischen Staaten nebst den dazu erlassenen ergänzenden Bestimmungen mit Kommentar herausgegeben von Dr. C. F. Koch. Berlin 1870.

Als systematische Bearbeitungen sind zu erwähnen die oben S. 44 und S. 46 angeführten Schriften von Achenbach und:

R. Klostermann, Lehrbuch des preußischen Bergrechtes mit Berücksichtigung der übrigen deutschen Bergrechte. Berlin 1871.

---

§. VIII.

Die Reception des Allgemeinen Berggesetzes in Deutschland.

Das Allgemeine Berggesetz, welches ursprünglich für den im Jahre 1865 bestehenden Umfang des preußischen Staatsgebietes erlassen wurde, hat seitdem theils in Folge der Erweiterung dieses Staatsgebietes, theils durch die Annahme wesentlich gleichlautender Berggesetze in den meisten bergbautreibenden deutschen Staaten, auch in dem größten Theile des übrigen Deutschlands Eingang gefunden. Allerdings ist die Reception in den übrigen deutschen Staaten durch selbstständige Berggesetze erfolgt; diese weichen jedoch nur in denjenigen Abschnitten von dem preußischen Berggesetze ab, welche die Verfassung und die Wirksamkeit der Bergbehörden die transitorischen Bestimmungen und das Provinzialrecht betreffen. Das preußische Berggesetz ist daher schon gegenwärtig die Grundlage eines neuen gemeinen Bergrechtes für Deutschland geworden, dessen Geltung nur in wenigen bergbautreibenden Staaten (Sachsen, Baden und Hessen) ausgeschlossen ist.

Der denkwürdige Krieg des Jahres 1866, welcher gerade ein Jahr nach dem Erlasse des Allgemeinen Berggesetzes ausbrach, hatte die Vereinigung ausgedehnter norddeutscher Ländergebiete mit der preußischen Monarchie zur Folge. Hannover, Kurhessen, Nassau, Hessen-Homburg, Frankfurt, sowie die von Bayern und dem Großherzogthum Hessen (von der Provinz Oberhessen) abgetretenen Landestheile traten in den Verband des preußischen Staates ein. Die Einführung des Allgemeinen Berggesetzes erfolgte in sämmtlichen neuen Provinzen mit Ausnahme von

Schleswig-Holstein im Laufe des Jahres 1867 durch verschiedene königliche Verordnungen auf Grund der dem Könige für diese Landestheile durch die Gesetze vom 20. September und 24. December 1866 vorübergehend eingeräumten gesetzgebenden Gewalt. Der Eintritt der Gesetzeskraft wurde für Nassau, Hessen-Homburg und die abgetretenen Theile von Oberhessen durch die Verordnungen vom 22. Februar 1867 auf den 1. April, für Hannover durch die Verordnung vom 8. Mai 1867 auf den 1. Juli[1]) und für Kurhessen, Frankfurt und die bayerischen Gebietstheile durch die Verordnung vom 1. Juni 1867 auf den 1. Juli des Jahres 1867 bestimmt. In Schleswig-Holstein erfolgte die Einführung durch das Gesetz vom 12. März 1868 (G. S. S. 369) vom 1. April 1869 ab.

Um das System des Allgemeinen Berggesetzes an den früheren Rechtszustand der neuen Provinzen anzuschließen, war eine Reihe transitorischer Bestimmungen erforderlich.

Jedes der neu erworbenen Länder besaß nicht blos (mit Ausnahme der freien Stadt Frankfurt) seine eigene Berggesetzgebung, sondern es galten in jedem derselben verschiedene Bergrechte für die verschiedenen Territorien, aus welchen im Wiener Frieden die jetzt einverleibten Staaten zusammengestückt worden waren.

In Nassau[2]) galt für das ehemalige Nassau-Oranien die Nassau-Katzenelnbogische Bergordnung vom 1. September 1559, in den übrigen Landestheilen dagegen gemeines deutsches Bergrecht. Für das ganze Herzogthum erging am 4. October 1826 ein Edict über die Organisation der Bergverwaltung, welchem eine Anzahl von Specialgesetzen und Verordnungen folgten. Demnächst wurde am 18. Februar 1857 eine vollständige Bergordnung, jedoch ohne den erforderlichen ständischen Beirath erlassen, deren Vorschriften trotz dieses Mangels und obgleich die früheren Berggesetze keineswegs aufgehoben wurden, seitdem fast ausschließlich praktische Geltung erlangt haben. Die Bergordnung von 1857 entfernte sich von den freisinnigen Grundsätzen des Edictes von 1826 und führte die Aufsicht der Staatsbehörden über den wirthschaftlichen Betrieb des Bergbaues zu eben derselben Zeit wieder ein, als in Preußen mit den letzten Resten des sogenannten Directionsprincipes aufgeräumt wurde.

Die materiellen Abweichungen des Nassauischen Bergrechtes, welche durch die Einführungsverordnung vom 22. Februar 1867 aufrecht erhalten sind, betreffen die Verleihbarkeit des Dachschiefers (Art. II) und die bestehenden zu einem gemeinsamen Institute für das ganze Land vereinigten Knappschaftseinrichtungen (Art. V).

In Hannover[3]) bestanden sehr verschiedenartige particulare Rechtsbildungen

---

[1]) Durch das Gesetz vom 23. März 1873 ist das Jahdegebiet der Provinz Hannover einverleibt und den im Fürstenthum Ostfriesland geltenden Gesetzen unterworfen. Unter letzteren ist auch das Allgemeine Berggesetz begriffen, welches in Folge dessen seit dem 1. April für das ganze Gebiet des preußischen Staates ohne jede Ausnahme Geltung hat. (Vergl. Zeitschrift für Bergrecht Bd. XIV S. 324).

[2]) Vergl. Zeitschrift f. Bergrecht Bd. III. S. 291. Bd. VII. S. 448—508.

[3]) Vergl. Motive zur Verordnung vom 8. Mai 1867. Zeitschrift für Bergrecht Bd. VIII. S. 157—197.

und in einem großen Theile des Landes fehlte es an allen festen Normen des Bergrechtes, an deren Stelle bei der Erwerbung des Bergwerkseigenthumes, bei der Expropriation und bei der Besteuerung das subjective und schwankende Ermessen der Verwaltungsbehörden maßgebend wurde.

In dem hannoverschen Oberharze galten verschiedene Bergordnungen, welche im Laufe des 16. Jahrhunderts für drei damals selbstständige Territorien von den damaligen Landesherren erlassen waren, jedoch in ihren Vorschriften, da sie theils den Joachimsthalschen, theils den kursächsischen Bergordnungen entnommen waren, nahezu übereinstimmten.

In der Grafschaft Hohnstein wird von den verschiedenen Linien des gräflich Stolbergischen Hauses das Bergregal in verschiedenem Umfange auf Grund älterer Recesse in Anspruch genommen, ohne daß bisher eine Feststellung dieser Ansprüche stattgefunden hat.

In dem Amte Elbingerode galt die für den Eisenerzbergbau erlassene Bergordnung vom 21. März 1847, durch welche uralte Gewohnheitsrechte des dortigen Bergbaues codificirt wurden.

In den übrigen hannoverschen Territorien bestand keine Bergordnung. Man nahm seitens des Staates das Bergregal auf Grund des Gemeinen Rechtes in Anspruch ohne eine Freierklärung des Bergbaues anzuerkennen. Da man jedoch nicht gewillt war, den ganzen Bergbau für fiscalische Rechnung zu übernehmen, so bediente man sich der Formen des freierklärten Bergbaues (Schürfschein, Muthung, Verleihung), um das Recht zum Bergbau durch Privilegien auf Private zu übertragen.

Auf dieser äußerlich zerstückelten Grundlage der Berggesetzgebung erhoben sich eine Anzahl wichtiger materieller Rechtsverschiedenheiten und lokaler Rechtsbildungen, welche den Rechtszustand noch unsäglich verwickelter machten.

Der Bergbau auf Braun- und Steinkohlen galt im Fürstenthum Calenberg als ein Zubehör des Grund und Bodens, in Osnabrück, Hildesheim und Hohnstein als ein Regal. Die Salzquellen waren im Fürstenthum Lüneburg durch Privilegium von 1273 an eine Gewerkschaft vergeben, in den anderen Landestheilen dagegen als eine Nutzung des Grund und Bodens behandelt worden.

Im Amte Elbingerode war die Bergbaufreiheit durch das ausschließende Recht der hausbesitzenden Bürger von Elbingerode zur Muthung auf Eisenstein beschränkt. Der Bergbau im Oberharze, welcher vor dem dreißigjährigen Kriege unter der Theilnahme zahlreicher auswärtiger Gewerken zu außerordentlicher Blüthe gediehen war, gerieth in Folge der zerstörenden Wirkungen des Krieges zuerst unter die vormundschaftliche Verwaltung, dann endlich durch Caducirung und Ankauf in das ausschließliche Eigenthum des Fiskus. Der Bergbau am Unterharze endlich mit dem altberühmten Rammelsberger Bergwerke bildet in Folge der Erbrecesse von 1635, 1736 und 1788 einen gemeinschaftlichen Besitz des hannoverschen (jetzt des preußischen) und des braunschweigischen Staates mit getheilter Landeshoheit, welche

---

[1]) Zeitschrift f. Bergr. Bd. VIII. S. 66—74.

sich über die zu den gemeinschaftlichen Bergwerken gehörigen Grundstücke und Häuser mit circa 700 Einwohnern erstreckt[1]). Diese Gemeinschaft, welche seit zwei Jahrhunderten jeden legislatorischen Act in dem Gebiete der Communion verhindert hat, machte auch die Einführung des Allgemeinen Berggesetzes in dasselbe unmöglich. Die Einführungsverordnung vom 8. Mai 1767 hat also auf dieses Communiongebiet keinen Bezug. Die übrigen provinziellen Besonderheiten: das Recht des Grundeigenthümers auf Steinsalz und Soolquellen (Art. II), sowie im Fürstenthum Calenberg auf Stein- und Braunkohlen (Art. XII), das Vorrecht der Bürger von Elbingerode zum Muthen (Art. XV) und der fiskalische Bergwerksbesitz am Oberharze (XVI) sind ausdrücklich aufrecht erhalten worden.

In Kurhessen[1]) galten in den althessischen Landestheilen die Bergfreiheit und die Bergordnung von 1616, welche durch das Gesetz vom 6. April 1843 auf den Stein- und Braunkohlenbergbau im ganzen Kurstaate ausgedehnt wurden. Die Bergfreiheit von 1616 schließt die wichtigsten Mineralien: Eisenerz und Steinkohlen (worunter damals auch die Braunkohlen verstanden wurden) von der Freierklärung aus, und behält dieselben der ausschließlichen Nutzung des Staates vor. Es wurden jedoch auch auf diese Mineralien Verleihungen an Privatpersonen nach den Regeln des freierklärten Bergbaues von der Bergverwaltung ertheilt.

In den übrigen Territorien Kurhessens bestanden zum Theil eigene Bergordnungen, so in der Herrschaft Schmalkalden von 1726, in der Grafschaft Hanau von 1542, zum Theil kamen die Normen des Gemeinen Bergrechtes in Ermangelung eigener Bergordnungen zur Anwendung. In der Grafschaft Schaumburg bestand zufolge eines Recesses mit Schaumburg-Lippe vom 12. December 1647 ein Reservat des Steinkohlenbergbaues zu Gunsten beider Landesherrschaften. Dieses ausschließliche Recht ist im Art. XVI der Verordnung vom 1. Juni 1867 aufrecht erhalten, während im Uebrigen das Reservat der Bergfreiheit von 1616 und des Gesetzes von 1843 in Bezug auf Steinkohlen und Eisenerze beseitigt ist. Von den zahlreichen Mineralien, welche in Kurhessen neben den im §. 1 des Allg. Berggesetzes aufgezählten zu den Gegenständen des Bergregales gehörten, ist nur der Schwerspath für den Bereich der Herrschaft Schmalkalden hinzugezählt worden (Art. XV).

In den vormals bayerischen Gebietstheilen galt zum Theil (für Kaulsdorf) die Markgräfl. brandenburgische Bergordnung von 1619, zum Theil (für Hilders) die bayerische Bergordnung von 1784, zum Theil endlich (für Weihers und Orb) das gemeine Recht.

In der Landgrafschaft Hessen-Homburg galt für das Amt Homburg das gemeine, und für das Oberamt Meisenheim das französische Bergrecht.

In den abgetretenen Gebietstheilen der Provinz Oberhessen galten neben dem gemeinen Bergrechte einzelne großherzogl. hessische Specialgesetze über Expropriation und Arbeiterverhältnisse[2]).

---

[1]) Denkschrift zur Verordnung vom 1. Juni 1867. Zeitschrift f. Bergrecht. Bd. VIII. S. 205—226.

[2]) Motive zur Verordnung vom 22. Februar 1867 (Zeitschr. f. Bergrecht. S. 32 f.)

Im Gebiete der freien Stadt Frankfurt und ebenso in den Herzogthümern Schleswig und Holstein[1]) waren endlich bisher noch keinerlei berggesetzliche Normen zur Anwendung gebracht worden.

Nach erfolgter Einführung des Allgem. Berggesetzes in die neuen Provinzen wurde zur Organisation der Bergverwaltung in diesen Landestheilen geschritten, von welchen durch die Verordnungen vom 6. März und vom 24. Juni 1867 Nassau, Oberhessen, Hessen-Homburg und Frankfurt dem Oberbergamtsbezirk Bonn und das vormals bayerische Kaulsdorf dem Oberbergamtsbezirk Halle, die hannoverschen Landdrosteibezirke Osnabrück und Aurich durch die Verordnung vom 25. Mai 1867 dem Oberbergamtsbezirk Dortmund überwiesen wurden, während das übrige Hannover mit Kurhessen und den vormals bayerischen Gebietstheilen (außer Kaulsdorf) zu einem eigenen Oberbergamtsbezirke Clausthal durch die Verordnungen vom 25. Mai, vom 24. Juni und 9. November 1867 und vom 3. Februar 1868 vereinigt worden sind.

Letzterem wurde auch die Provinz Schleswig-Holstein durch die Verfügung des Handelsministers vom 18. März 1869 zugewiesen[2]).

Außerhalb Preußen wurde das Allgemeine Berggesetz unverändert in das Herzogthum Lauenburg durch das Gesetz vom 6. Mai 1868[3]) und in die Fürstenthümer Waldeck und Pyrmont durch das Gesetz vom 1. Januar 1869[4]) eingeführt. In beiden Ländern hatte bis dahin das gemeine deutsche Bergrecht gegolten. Sie sind der preußischen Bergverwaltung und zwar Lauenburg dem Oberbergamte zu Clausthal, Waldeck und Pyrmont dem Oberbergamte zu Bonn unterstellt.

In Braunschweig erging das Berggesetz vom 15. April 1867[5]), welches den Inhalt des preußischen Berggesetzes nur mit denjenigen Abänderungen wiedergibt welche durch lokale Verhältnisse geboten wurden. Dieses Gesetz trat an die Stelle der bis dahin im größten Theile des Landes geltenden Bergordnung Herzog Heinrich des Jüngern vom 21. März 1555 und der für Blankenburg und Walkenried bestandenen Specialgesetze von 1716, 1718 und 1751[6]). Mit dem neuen Berggesetze erging gleichzeitig ein Gesetz über die Bergwerksabgaben[7]), welches ebenfalls mit den in Preußen geltenden Gesetzen und Verwaltungsvorschriften über die Besteuerung der Bergwerke übereinstimmt.

In Sachsen-Meiningen ist durch das Berggesetz vom 17. April 1868[8]) ebenfalls der Inhalt des preußischen Berggesetzes mit geringen durch die Verhältnisse gebotenen Abänderungen recipirt und dadurch eine ganze Anzahl älterer

---

[1]) Vergl. Zeitschrift für Bergrecht. Bd. IX. S. 94. Bd. X. S. 139.

[2]) Zeitschr. f. Bergr. Bd. X. S. 142. Die nach §. 188 des Allg. Berggesetzes erforderliche königliche Verordnung fehlt noch.

[3]) Zeitschrift für Bergrecht Bd. IX. S. 289.

[4]) Das. Bd. X. S. 143.

[5]) Das. Bd. VIII. S. 275.

[6]) Das. S. 328.

[7]) Das. S. 338.

[8]) Das. Bd. IX. S. 318.

Berggesetze, welche in den verschiedenen Theilen des Landes gelten (u. A. die Hennebergische Bergordnung von 1566 und die Saalfelder Bergordnung von 1575) beseitigt. Auch das Gesetz über die Bergwerksabgaben vom 18. April 1868 beruht auf dem preußischen Systeme der Bruttobesteuerung zu 2 % [1]).

Das Herzogthum Sachsen-Gotha besitzt ein Gesetz vom 16. August 1868 [2]), welches in der Hauptsache mit dem preußischen Berggesetz übereinstimmt, jedoch grundsätzliche Verschiedenheiten in der Beseitigung der Gewerkschaft mit ihrer eigenthümlichen Verfassung und der Knappschaftsvereine zeigt. Die Vorschriften über die Bergwerksabgaben sind im Tit. VII des Gesetzes enthalten und beruhen auf dem Grundsatze der Bruttobesteuerung (3—5 %). Das Gesetz trat an die Stelle der Saalfelder Bergordnung von 1575.

In Bayern galten bis zum Erlaß des Berggesetzes vom 20. März 1869 [3]) verschiedene particulare Berggesetze: die kurbayerische Bergordnung vom 6. Mai 1784 für Ober- und Niederbayern, Oberpfalz, Schwaben, Bamberg und Eichstätt; die Brandenburg-Baireuther Bergordnung nebst Tit. 16 Th. II. des Allg. Preuß. Landrechtes für Anspach und Baireuth; das französische Bergwerksgesetz vom 21. April 1810 für die Rheinpfalz [4]). Nachdem schon im Jahre 1856 durch eine Ermäßigung der Bergwerksabgaben dem Bedürfnisse der materiellen Reform der Berggesetzgebung zum Theil Rechnung getragen worden war, schritt man im Jahre 1865 auf Grundlage des eben ergangenen preußischen Gesetzes zu einer Codification des Bergrechtes. Der ausgearbeitete Entwurf wurde am 18. Februar 1868 dem Landtage vorgelegt und ohne wesentliche Abänderungen — außer daß die Feldesgröße für Steinkohlenfelder auf 800 Hectaren erhöht wurde — angenommen.

Das Gesetz vom 20. März 1869 stimmt wesentlich mit dem preußischen Berggesetze überein; die Abweichungen bestehen in der Ausscheidung der auf specifisch preußische Verhältnisse bezüglichen Bestimmungen und in den Veränderungen, welche der Anschluß an die bayerische Landesgesetzgebung nothwendig machte. Erweitert sind die Vorschriften des fünften Titels über die Grundabtretung zu bergbaulichen Zwecken.

Die Besteuerung der Bergwerke ist durch das Gesetz vom 6. April 1869 [5]) auf wesentlich anderen Grundlagen geregelt als in Preußen, indem neben einer Grubenfelderabgabe nur die Einkommensteuer vom Reinertrage des Bergbaues erhoben wird.

In Elsaß-Lothringen ist am 16. December 1873 ein neues Berggesetz an Stelle der bis dahin geltenden französischen Berggesetze erlassen [6]), welches zu dem preußischen Berggesetze in demselben Verhältnisse steht, wie das bayerische und einzelne Modificationen des preußischen Gesetzes geradezu aus dem bayerischen Gesetze übernommen hat. Einer selbstständigen Regelung bedurfte das Verhältniß

1) Das. S. 334. S. 353.
2) Das. S. 436.
3) Das. Bd. X. S. 177.
4) C. Hahn in der Zeitschrift für Bergrecht. Bd. X. S. 324.
5) Zeitschrift für Bergrecht. Bd. X. S. 229.
6) Das. Bd. XV. S. 2.

des Bergwerkseigenthümers zum Grundbesitzer in Bezug auf die Gewinnung der Eisenerze, da der Tagebau auf Eisenerze nach den beibehaltenen Grundsätzen des französischen Bergrechtes dem Grundeigenthümer vorbehalten ist. Das Gesetz über die Besteuerung der Bergwerke vom 16. December 1873[1]) behält ebenfalls die verhältnißmäßige Steuer vom Reinertrage des französischen Rechtes bei, ermäßigt dieselbe aber auf 2% neben einer festen Feldessteuer von 10 Centimen auf den Hectar.

In Würtemberg war das Bedürfniß nach einer Reform der Berggesetzgebung nicht blos durch den formellen Zustand derselben bedingt, insofern die bisher geltende Bergordnung von 1598 nebst den Bergwerksprivilegien von 1663, 1710 und 1718 größtentheils veraltet waren, sondern auch durch erhebliche materielle Mängel, insofern die bisherige Gesetzgebung die freie Entwickelung des Bergbaues durch das Hüttenmonopol des Staates und durch das Verbot der Ausfuhr von Erzen aufs Aeußerste hemmte. Zur Beseitigung dieser Schranken und der staatlichen Bevormundung des Bergbaues beschloß die Regierung die Einführung des preußischen Berggesetzes und legte der Ständeversammlung im October 1873 den Entwurf eines Einführungsgesetzes vor, in welchem die durch den Anschluß an die allgemeine Landesgesetzgebung gebotenen Abänderungen formulirt waren. Die Kammer der Abgeordneten arbeitete jedoch die Vorlage zu einem eigenen würtembergischen Berggesetze um und behielt nur die Verweisung auf die entsprechenden Paragraphen des preußischen Berggesetzes bei, um so die Benutzung der an letzteres Gesetz angeschlossenen bergrechtlichen Literatur zu erleichtern. Der so umgearbeitete Entwurf wurde im Mai 1874 mit einigen Abänderungen von der Kammer der Standesherren genehmigt und wird wahrscheinlich noch vor Beendigung des Druckes dieser Auflage als Gesetz publicirt werden, worüber die Mittheilung am Schlusse des Werkes vorbehalten bleibt.

In den übrigen deutschen Staaten gilt theils noch das gemeine deutsche Bergrecht mit älteren particularen Bergordnungen, wie in Baden, Hessen, Schwarzburg-Rudolstadt und Anhalt-Bernburg, theils besitzen dieselben neuere Berggesetze, welche nicht mit dem preußischen übereinstimmen. Unter letzteren sind zu erwähnen die Berggesetze für das Königreich Sachsen vom 16. Juni 1868, für das Großherzogthum Sachsen vom 22. Juni 1857, für Anhalt-Dessau-Köthen vom 20. Juli 1856 und für Schwarzburg-Sondershausen vom 25. Februar 1860.

Die zuletzt erwähnten Gesetze bleiben bei der nachfolgenden Erläuterung des preußischen Berggesetzes unberücksichtigt, weil sie weder ihrem Inhalte noch ihrer äußeren Einrichtung nach mit demselben in Parallele gestellt werden können. Dagegen wird auf die Bestimmungen der Berggesetze für Bayern, Braunschweig, Elsaß-Lothringen, Gotha, Meiningen und des Entwurfes für Würtemberg, wo sie von dem preußischen Gesetze abweichen, überall Rücksicht genommen werden; auch ist zum Zwecke der Nachweisung der einander entsprechenden Paragraphen und Artikel eine Tabelle angehängt.

---

[1]) Zeitschrift für Bergrecht Bd. XV S. 40.

Allgemeines Berggesetz für die Preußischen Staaten

vom 24. Juni 1865

nebst

Kommentar in Anmerkungen.

Wir Wilhelm, von Gottes Gnaden König von Preußen 2c. verordnen, mit Zustimmung beider Häuser des Landtages für den ganzen Umfang der Monarchie, was folgt [1]):

---

[1]) Die Entstehungsgeschichte des Allgemeinen Berggesetzes ist in der Einleitung S. 57 ff. dargestellt worden. Das Gesetz ist in dem dreißigsten Stück der Gesetzsammlung Seite 705 publicirt und ist nach §. 243 mit dem 1. October 1865 in dem damaligen Umfange der Monarchie in Kraft getreten. In den neu erworbenen Provinzen hat dasselbe

a) für den Regierungsbezirk Wiesbaden außer Frankfurt und für Meisenheim am 1. April 1867,

b) für die Provinz Hannover, den Regierungsbezirk Kassel, für Frankfurt und Kaulsdorf am 1. Juli 1867,

c) für die Provinz Schleswig-Holstein am 1. April 1869

Gesetzeskraft erhalten.

Mit diesem Zeitpunkte sind nach §. 244 alle allgemeinen und besonderen Gesetze, Verordnungen und Gewohnheiten über Gegenstände, auf welche das gegenwärtige Gesetz sich bezieht, außer Kraft getreten. Von den bisherigen Berggesetzen sind nur diejenigen in Kraft geblieben, welche Gegenstände berühren, auf welche das Allgemeine Berggesetz sich nicht bezieht, nämlich:

I. Die Bergwerkssteuergesetze. (vergl. die Zusätze zu §. 245).

II. Das Gesetz über die Bestrafung unbefugter Gewinnung oder Aneignung von Mineralien, vom 26. März 1856 (G.S. S. 203). (vergl. den Zusatz zu §. 1).

III. Das Gesetz, betr. die Befugniß der Bergämter (jetzt der Berghypotheken-Commissionen) zur Führung des Berggegen- und Hypothekenbuchs und zur Aufnahme von Handlungen der freiwilligen Gerichtsbarkeit, vom 18. April 1855 (G. S. S. 221; vergl. den Zusatz zu §. 246).

IV. Das Gesetz wegen der Verwaltung der Bergbauhülfskassen vom 5. Juni 1863 (G. S. S. 365); (vergl. den Zusatz zu §. 245).

Neuere Gesetze, welche das Berggesetz abändern oder ergänzen, sind:

I. die Einführungsverordnungen:

a) für Nassau vom 22. Februar 1867,

b) für Oberhessen, Hessen-Homburg und Meisenheim vom 22. Februar 1867,

c) für Hannover vom 8. Mai 1867,

d) für Kurhessen, Frankfurt und die vormals bayerischen Landestheile vom 1. Juni 1867,

e) für Schleswig-Holstein vom 12. März 1869,

Vergl. die Zusätze zu §. 214.

II. Zu den einzelnen Bestimmungen

a) zu §. 2. Das Gesetz betreffend die Aufhebung des Salzmonopols und die Verordnung betreffend die Erhebung einer Abgabe von Salz vom 9. August 1867,

Erster Titel.

Allgemeine Bestimmungen[2]).

§. 1.

Die nachstehend bezeichneten Mineralien sind von dem Verfügungsrechte des

---

b) zu §. 53. Das Gesetz über den Eigenthumserwerb und die dingliche Belastung von Grundstücken, Bergwerken und selbstständigen Gerechtigkeiten vom 5. Mai 1872,
Die Grundbuchordnung von demselben Tage und die Einführungsgesetze vom 23. März, 26., 27., 28., 29., 30. und 31. Mai 1873,

c) zu §. 50—59 und 85—90. Die Gewerbeordnung für den Norddeutschen Bund vom 21. Juni 1869 und das Gesetz den Betrieb der Dampfkessel betreffend vom 3. Mai 1872,

d) zu §§. 187—195. Das Gesetz über die Handelskammern vom 24. Februar 1870,

e) zu §. 204—206. Das Reichsgesetz über die Verbindlichkeit zum Schadensersatz für die bei dem Betriebe von Eisenbahnen, Bergwerken ꝛc. herbeigeführten Tödtungen und Körperverletzungen vom 7. Juni 1871,

f) zu §. 210. Das Gesetz wegen Aufhebung des Preußischen Landrechtes von 1721 ꝛc. in den jetzt zur Provinz Pommern gehörigen, vormals Westpreußischen Landestheilen vom 4. August 1865,

g) zu §§. 212, 213. Das Gesetz betreffend die Rechtsverhältnisse des Stein- und Braunkohlenbergbaues in denjenigen Landestheilen, in welchen das Kurfürstlich Sächsische Mandat vom 9. August 1743 Gesetzeskraft hat, vom 27. Februar 1869,

h) zu §. 247. Das Subhastationsordnung vom 15. März 1869.

[2]) Die allgemeinen Bestimmungen des ersten Titels haben den doppelten Zweck, die Gegenstände der Bergbaufreiheit zu bestimmen und die Ausschließung dieser Gegenstände aus dem Rechte des Grundeigenthümers gesetzlich zu definiren. Der eine Theil dieser Aufgabe ist durch die Aufzählung der Mineralien, welche Gegenstand der Bergbaufreiheit sind, im §. 1 in sehr bestimmter Weise gelöst. Dagegen ist der Grundsatz der Bergbaufreiheit, kraft deren sie aus dem Eigenthume des Grundbesitzers ausscheiden und zu Gegenständen eines unabhängigen Bergwerkseigenthumes erhoben werden, in minder bestimmten Worten in den ersten beiden Sätzen des §. 1 ausgesprochen. Der Gesetzgeber hat nicht bloß und zwar absichtlich, wie aus den Motiven S. 23 hervorgeht, vermieden, sich mit Bestimmtheit auf den Boden einer der streitenden Theorien über die Natur der Bergbaufreiheit und den rechtlichen Inhalt des Bergwerkseigenthumes zu stellen, sondern er hat auch unterlassen, die Veränderungen, welche er in dem früheren Rechtszustande einführt, ausdrücklich auszusprechen. Diese Veränderungen bestehen in der Aufhebung des rechtsrheinischen Bergregales und linksrheinisch in der Aufhebung des Eigenthumes, welches nach Art. 552 Code Napoléon und nach Art. 6 des Bergwerksgesetzes vom 21. April 1810 dem Grundeigenthümer bis zur Ertheilung der Concession an den Mineralien zustand. Die Trennung der bergfreien Mineralien von dem Grundeigenthume bestand linksrheinisch vor der Concession nicht, der Grundbesitzer war Eigenthümer derselben und in der Verfügung über dieselben nur beschränkt. Erst der Concessionsact entzog ihm das Eigenthum gegen eine Entschädigung, das sogenannte Grundrecht. Rechtsrheinisch beruhte diese Trennung zwar auf der ursprünglichen Bergbaufreiheit, allein diese Bergbaufreiheit war verbunden mit dem Bergregale, kraft dessen dem Staate gewisse Vermögensrechte an den unverliehenen Mineralien beigelegt wurden.

Das Allgemeine Berggesetz hebt beide Institute, das rechtsrheinische Bergregal wie das linksrheinische Eigenthumsrecht des Grundbesitzers auf, wie dies in den Motiven S. 21 ausgesprochen ist: Die Bergbaufreiheit, welche bisher nur mit gewissen Beschränkungen in beiden Rechtsgebieten bestanden hat, soll nach dem Allgemeinen Berggesetze von allen diesen Einschränkungen befreit als die alleinige Grundlage der Trennung des Bergbaues von dem Grundeigen-

Grundeigenthümers ausgeschlossen[3]).

thume und der Erwerbung des Bergwerkseigenthumes bestehen. Dem Staate insbesondere soll künftig keine andere Einwirkung auf die Erwerbung und Benutzung des Bergwerkseigeuthumes zukommen, als durch den Inhalt seiner natürlichen Hoheitsrechte, insbesondere der Justiz-, Finanz- und Polizeihoheit bedingt wird. Man hat erinnert, daß diese Veränderungen des bestehenden Rechtszustandes, namentlich die Aufhebung des Bergregales, in dem Gesetze selbst ausgedrückt werden müssen. Allein es unterliegt keinem Zweifel, daß es dessen nicht bedurft hat, daß vielmehr sowohl das Bergregal des Staates als auch die dem Grundeigenthümer links des Rheines früher zugestandenen Rechte implicite dadurch aufgehoben sind, daß dieselben in dem Allgemeinen Berggesetze keine Erwähnung gefunden haben und daß statt ihrer in den §§. 1 und 2 der Grundsatz der allgemeinen Bergbaufreiheit Anerkennung gefunden hat. Die Behauptung, daß das Bergregal des Staates in Ermangelung einer ausdrücklichen Aufhebung noch fortbestehe, würde die Folgerung nach sich ziehen, daß auch auf der linken Rheinseite die unverliehenen Mineralien noch im Eigenthume des Grundbesitzers begriffen und nur seiner Verfügung entzogen seien. Es würde daraus die ganz unhaltbare Folgerung sich ergeben, daß der §. 1, welcher für den ganzen Staat gleichlautende Bestimmungen trifft, dennoch für die rechtsrheinischen Provinzen einen andern Rechtszustand begründe, als für die linksrheinischen Landestheile. Die Aufhebung des früheren Rechtszustandes ist in der allgemeinen Klausel des §. 244 ausgesprochen, welche die bezüglichen rechtsrheinischen und linksrheinischen Gesetze namentlich aufhebt und außerdem alle Gesetze und Gewohnheiten über Gegenstände, auf welche sich das Allgemeine Berggesetz bezieht, für aufgehoben erklärt.

Mit dem Bergregale sind auch dessen Ausflüsse beseitigt, namentlich jede Art der willkürlichen Verfügung über die Mineralien durch den Staat mit Ausschluß der Bergbaufreiheit, wie sie bisher in der Reservation von Feldern für den eigenen Bergbau des Staates geübt wurde (§. 2), das Recht zur Ertheilung sogenannter Specialverleihungen ohne die gesetzlichen Bedingungen der Erwerbung des Bergwerkseigenthums und ohne Beobachtung der vorgeschriebenen Feldesgröße, das Vorkaufsrecht an den edlen Metallen (A. L. R. II. 16 §. 95) und die Veräußerung des Bergregales selbst an Privatpersonen (a. a. O. §. 106).

[3]) Im bayerischen Berggesetze ist Abs. I. wie folgt gefaßt:

„Das Eigenthumsrecht am Grund und Boden erstreckt sich nicht auf die nachstehend bezeichneten Mineralien; deren Aufsuchung und Gewinnung ist unter Einhaltung der Vorschriften des gegenwärtigen Gesetzes einem Jeden gestattet."

Diese Fassung soll jeden Zweifel darüber beseitigen, daß die dem Berggesetze unterworfenen Mineralien nicht integrirende Bestandtheile des Grundeigenthums, sondern selbstständige und bis zur Verleihung herrenlose Sachen sind.

Nach preußischem Bergrecht ist diese Frage controvers.

Das Allg. Landrecht rechnete im Th. II. Tit. 16 das Bergwerksregal zu den Rechten des Staates auf herrenlose Güter und Sachen. Es bezeichnete die Gegenstände desselben im §. 6 a. a. O. als unterirdische Schätze der Natur, auf welche noch Niemandem ein besonderes Recht verliehen worden.

Das linksrheinische Bergrecht betrachtete zwar die unverliehenen Mineralien als im Eigenthumsrechte des Grundbesitzers begriffen. Das Bergwerksgesetz von 1810 bestimmt aber im Art. 19:

> Du moment où une mine sera concedée, cette propriété sera distinguée de celle de la surface et desormais considerée comme propriété nouvelle.

Im Gegensatze zu diesen Bestimmungen der bisherigen positiven Gesetzgebung machte sich eine Meinung geltend, welche den Mineralien oder den Lagerstätten die Eigenschaft von Sachen geradezu absprach und sie als integrirende und juristisch untrennbare Bestandtheile des Grund und Bodens bezeichnete. Diese Ansicht war insbesondere vertreten in den Motiven des vorläufigen Entwurfes von 1862 (S. 13). Diese Auffassung begegnete jedoch vielseitigem Widerspruch (Strohn, Bemerkungen S. 7 ff., Klostermann, Bemerkungen S. 16 ff). Das Allgemeine Berggesetz hat weder die Auffassung des vorläufigen Entwurfes beibehalten, noch auch die entgegengesetzte Mei-

Die Aufsuchung und Gewinnung derselben unterliegt den Vorschriften des

---

nung ausdrücklich adoptirt. Der §. 1 ist vielmehr absichtlich so gefaßt worden, daß er seinem Wortlaute nach sowohl als eine bloße gesetzliche Einschränkung des Grundeigenthums verstanden werden kann, welche dem Grundbesitzer nur die Verfügung über gewisse Bestandtheile seines Eigenthumes entzieht, als auch dahin, daß die bergfreien Mineralien aus der Rechtssphäre des Grundeigenthümers ganz ausgeschieden und bis zur Verleihung als herrenlose Sachen anzusehen sind. Die Motive S. 22 f. bemerken hierüber:

„Lediglich der wissenschaftlichen Thätigkeit muß überlassen bleiben, die den Vorschriften des Berggesetzes zu Grunde liegenden Theorieen zu entwickeln, die Begriffe und das System aus diesen Vorschriften zu construiren. Das Berggesetz selbst hat um so weniger Veranlassung, sich auf dieses Gebiet theoretischer Erörterungen zu begeben, als gerade hier die Meinungen sich noch nicht geeinigt haben, und namentlich darüber auseinander gehen, wie der Act der Erwerbung des Bergwerkseigenthumes und letzteres selbst rechtlich aufzufassen und ob davon auszugehen sei, daß die dem Berggesetze unterworfenen Mineralien als herrenlose Sachen oder, so lange sie sich noch ungewonnen auf ihren natürlichen Lagerstätten befinden, als Bestandtheile des Grund und Bodens angesehen werden müssen. Das Berggesetz als solches hat keine von den sich widerstreitenden wissenschaftlichen Ansichten zu vertreten; vom Standpunkte desselben genügt es vielmehr, daß die zu ertheilenden positiven Vorschriften einestheils ihre auf den rechtlichen und wirthschaftlichen Bedürfnissen des Bergbaues beruhende Berechtigung in sich tragen und anderntheils so abgefaßt sind, daß den theoretischen Erörterungen zwar freier Spielraum gelassen, jedoch hierdurch keine Rechtsunsicherheit und sonstige Nachtheile für das praktische Leben hervorgerufen werden. Für die Handhabung des Berggesetzes ist es das Wichtigste, daß darüber kein Zweifel bestehen bleibt, welche Befugnisse und Verpflichtungen sich für den Bergbautreibenden aus der vom Staate verliehenen Bergbauberechtigung ergeben und in welchem Umfange ferner die allgemeinen Grundsätze über das civilrechtliche und speciell das Grundeigenthum auf diese Bergbauberechtigung Anwendung erleiden sollen."

Gleichwohl ist die Frage, ob die Mineralien als herrenlose Sachen oder bis zu ihrer Gewinnung als in dem Eigenthumsrechte des Grundbesitzers begriffen anzusehen sind, auch für die Handhabung des Berggesetzes von Wichtigkeit, zumal in Verbindung mit der Frage über die rechtliche Natur des Bergwerkseigenthumes, deren Beantwortung (siehe unten zu §. 50) von der Lösung der vorliegenden Frage unmittelbar abhängt. Die Jurisprudenz darf also bei dem ungelösten Probleme der Motive nicht stehen bleiben. Sie muß das System entwickeln, welches den Vorschriften des Berggesetzes zu Grunde liegt. Selbst die Motive weisen ihr diese Aufgabe zu und erkennen an, daß den Vorschriften des Berggesetzes eine Theorie und ein System zu Grunde liegen muß, daß der Gedanke des Gesetzgebers nicht in dem ungelösten Zweifel ausgedrückt ist, bei welchem die Motive stehen bleiben. Da aber auch der Wortlaut des Gesetzes keinen bestimmten Aufschluß über die Absicht des Gesetzgebers gibt, da der Verfasser des Gesetzes absichtlich vermieden hat, durch eine bestimmtere Formulirung seines Gedankens den Widerspruch der entgegengesetzten Meinung hervorzurufen, so muß zunächst auf den früher bestandenen Rechtszustand zurückgegangen werden, welcher sowohl im Gebiete des deutschen und preußischen als des französischen Bergrechtes den Lagerstätten, die Gegenstand des Bergbaues sind, die Eigenschaft von Sachen im rechtlichen Sinne unzweifelhaft beilegt. Das linksrheinische Bergrecht zählt sie allerdings bis zur Concession zu den integrirenden Bestandtheilen des Grundeigenthumes, scheidet sie jedoch nach der Concession ebenso bestimmt von denselben aus und erkennt so in diesem Stadium ihre Eigenschaft als selbstständige, von dem Grund und Boden rechtlich unterschiedene Sachen (propriété nouvelle — distinguée de la surface) ausdrücklich an. Da nun das Allgemeine Berggesetz das Recht, welches dem Grundeigenthümer an den nicht verliehenen Mineralien nach linksrheinischem Rechte zustand, aufgehoben hat, so müssen die verleihbaren Mineralien nach dem Allgemeinen Berggesetze als *herrenlose Sachen* betrachtet werden.

Gegen diese Annahme könnte eingewendet werden, daß §. 1 dem Grundeigenthümer aus-

gegenwärtigen Gesetzes.

---

drücklich nur das Verfügungsrecht über diese Mineralien entzieht, allein das Verfügungsrecht wird in einer eingeschränkten Bedeutung nur im Gegensatze zu dem Nutzungsrechte gebraucht welches dem Grundeigenthümer an den im §. 1 benannten Mineralien durch den zweiten Satz dieses Paragraphen ebenmäßig entzogen ist. Es unterliegt daher keinem Zweifel, daß diese Mineralien der Rechtssphäre des Grundeigenthümers ganz entzogen, daß sie nicht Bestandtheile seines Eigenthumes sind.

Der zweite Einwurf beruht auf der Behauptung, daß die Lagerstätten wegen ihrer unzertrennlichen Verbindung mit dem Grund und Boden nicht Sachen im rechtlichen Sinne, sondern nur integrirende Bestandtheile des Grund und Bodens darstellen könnten. Diese Auffassung überträgt die Kategorien des römischen Rechtes auf einen wesentlich andern Rechtszustand. Es muß sogar behauptet werden, daß bei richtiger Anwendung dieser Kategorien sich aus der Bergbaufreiheit auch die Nothwendigkeit ergibt, die Lagerstätten als Sachen im rechtlichen Sinne zu betrachten.

Der Begriff der Sache wird übereinstimmend definirt als ein räumlich begrenztes Stück der körperlichen Welt. Diese Begrenzung kann durch die Natur oder durch die menschliche Willkür gegeben sein. Die willkürliche Begrenzung findet ihre Schranken in der Theilbarkeit der Sachen. Die rechtliche Theilbarkeit ist aber davon abhängig, daß die verbundenen Theile ohne eine wesentliche Veränderung ihrer Natur getrennt und daher während ihrer Verbindung als selbstständige Sachen behandelt werden können. (Puchta.) In Uebereinstimmung hiermit definirt das Allg. Landrecht im Th. I Tit. 2 §. 3 den Begriff der Sache als einen Gegenstand, welchem entweder von Natur oder durch die Uebereinkunft der Menschen eine Selbstständigkeit zukommt, vermöge deren er Object eines dauernden Rechtes sein kann. Wendet man diese Begriffsbestimmung auf die Lagerstätten an, so wird man denselben die Möglichkeit einer räumlichen Begrenzung nicht absprechen können, denn diese ist theils in den natürlichen Grenzen der Lagerstätten — dem Hangenden und Liegenden, dem Ausgehenden und der ewigen Teufe — gegeben, theils wird dieselbe durch die künstlichen Feldesgrenzen hergestellt. Werden diese auf der Lagerstätte selbst abgemessen, so ist ein allseitig begrenztes Stück des Erdkörpers unzweifelhaft vorhanden. Wird dagegen das Feld auf der Erdoberfläche bestimmt und durch die von den Grenzlinien nach dem Mittelpunkte der Erde gelegten Ebenen begrenzt, so bilden die von diesen Ebenen begrenzten Stücke der verschiedenen in dem Felde vorkommenden Lagerstätten ein Begriffsganzes, einen Inbegriff von körperlich getrennten, oder durch ihre gemeinsame Bestimmung verbundenen Sachen.

Aber auch die Selbstständigkeit, welche gestattet, die anstehenden Mineralien als Sachen im rechtlichen Sinne zu betrachten, fehlt den Mineralien nicht, wie Strohn in seinen Bemerkungen S. 8 treffend im Folgenden ausführt:

„Den noch im Schooße der Erde ruhenden Mineralien fehlt allerdings die äußere Selbstständigkeit, indem sie mit fremden Sachen körperlich zusammenhängen. Dieser Mangel steht aber dem Begriffe einer Sache im rechtlichen Sinne, welche Gegenstand des Eigenthums sein kann, nicht entgegen. Die äußere Selbstständigkeit in dem angegebenen Sinne fehlt jedem Bestandtheile der Erdoberfläche, weshalb, wenn sie Bedingung von Sache und Eigenthum wäre, auch an irgend einem Theile der Erdoberfläche Eigenthum nicht möglich sein würde, und somit von unbeweglichen Sachen und Eigenthum an ihnen gar nicht die Rede sein könnte. Nach §. 3 Th. I Tit. 2 A. L.R. ist Sache im engern Sinne des Wortes Alles, was entweder von Natur oder durch Uebereinkunft der Menschen eine Selbstständigkeit hat, vermöge deren es Gegenstand eines dauernden Rechtes sein kann. Diese von Puchta, Vorlesungen §. 144, im Gegensatze der erwähnten äußeren als innere Selbstständigkeit bezeichnete Bedingung einer Sache ist nun aber in Beziehung auf ein Grubenfeld davon nicht abhängig, daß dessen Begrenzung im Erdkörper selbst bezeichnet und sichtbar sei, wenn nur die Verleihungsurkunde die Grenzen dergestalt angibt, daß sie an Ort und Stelle ermittelt werden können. Diese Bestimmbarkeit der Begrenzung erzeugt die zum Wesen der Sache nöthige Selbstständigkeit, welche die Existenz eines dauernden Rechtes ermöglicht."

Diese Mineralien sind [4]):

Bei unbeweglichen Sachen beruht die zum Begriffe einer Sache erforderliche Selbstständigkeit nicht in der Möglichleit einer mechanischen Trennung, also einer Ortsveränderung, deren sie überhaupt nicht fähig sind, sondern in der getrennten Benutzung. Sowie also das Haus und der Baum nothwendig einen untrennbaren Bestandtheil des Grundeigenthumes bilden, weil das Haus nur mit der Sohlstätte benutzt und von dem Baume nur die Früchte des Bodens gezogen werden können, so muß andererseits die Lagerstätte als eine selbstständige Sache betrachtet werden, weil nach dem geltenden Rechte der Bergbau auf derselben von dem Nutzungsrechte an dem Grund und Boden getrennt ist.

[4]) Die Mineralien, welche der Bergbaufreiheit unterliegen, sind nach dem Vorgange des französischen Bergwerksgesetzes von 1810 (Art. 2) einzeln namhaft gemacht und die Gattungsbezeichnungen (Metalle, Inflammabilien, Salzarten), welche das Allgem. Landrecht Th. II Tit. 16 §§. 69 ff. zur Bestimmung der Gegenstände des Bergwerksregales gebrauchte, so viel wie möglich vermieden worden (vgl. unten Anm. 9). Diese Auffassung der einzelnen Mineralspecies beseitigt zahlreiche Zweifel, welche früher durch die Entdeckung neuer Metalle (Nickel, Aluminium) oder durch die ungewisse Bedeutung der Gattungsbezeichnungen: Inflammabilien und Salzarten hervorgerufen wurden. Die aufgeführten Mineralien waren schon nach dem bisher geltenden Rechte Gegenstände des freien Bergbaues in allen drei Rechtsgebieten. Einzelne provinzielle Ausnahmen, wie das Recht des Grundeigenthümers zum Eisenerzbergbau in Schlesien, Neuvorpommern und Hohenzollern, zur Gewinnung von Stein- und Braunkohlen in den vormals zum Königreich Sachsen gehörigen Landestheilen, endlich die gänzliche Ausschließung der Bergbaufreiheit in der Provinz Westpreußen, in welcher nur Steinsalz und Soolquellen den Bestimmungen des Berggesetzes unterliegen, sind in den §§. 210—212 aufrecht erhalten.

Dagegen sind eine Anzahl von Mineralien, welche früher theils nach allgemeinem, theils nach provinziellem Rechte zu den Gegenständen des Bergwerkseigenthumes zählten, der Benutzung durch den Grundeigenthümer zurückgegeben. Die Motive S. 24 ff. bemerken hierüber Folgendes:

„Zu denjenigen seither dem Bergregal unterworfenen Mineralien, welche nicht wieder in den Entwurf aufgenommen sind, gehören, abgesehen von einigen Metallen, wie Platin, Wolfram, Kadmium, Wismuth, Selen und Molybdän, die in den §§. 70 und 71 Th. II Tit. 16 A. L.R. erwähnten Edelsteine und andere Steinarten, desgleichen die in der Kurkölnischen resp. Kleve-Märkischen Bergordnung genannten Marmor-, Alabaster-, Dachschiefer-, Mühlstein- und Kalksteinbrüche und ebenso der nur in der Schlesischen und Magdeburg-Halberstädtischen Bergordnung aufgeführte Flußspath. Bei allen diesen Mineralien sind die oben angegebenen Voraussetzungen für die Unterordnung unter das Berggesetz nicht vorhanden.

Außerdem sind aber auch, abweichend von dem seitherigen Bergrechte der rechten Rheinseite, die Raseneisenerze der Disposition des Grundeigenthümers überlassen, weil dieselben auf dem linken Rheinufer schon jetzt nicht zu den Gegenständen der Bergwerke gehören, weil ferner die Gewinnung derselben wegen ihres Vorkommens an der Oberfläche keine bergmännischen Kenntnisse und Veranstaltungen, wohl aber einen unmittelbaren Eingriff in die Benutzung des Oberflächenterrains erforderlich macht; weil außerdem aber auch der Grundeigenthümer durch sein eigenes, selbst das landwirthschaftliche Interesse darauf hingewiesen ist, für die Beseitigung der Raseneisenerze aus dem Boden und deren Verwerthung zu sorgen, mithin die Ueberlassung an den Grundeigenthümer dem bergbaulichen Interesse nicht entgegensteht; weil endlich die Ausdehnung des Berggesetzes auf die Raseneisenerze weder durch bergpolizeiliche Gründe, noch durch das fiscalische Abgabeninteresse bedingt wird."

Das Erdpech, welches sowohl in dem Allgem. Landrechte als in dem linksrheinischen Bergwerksgesetze als Gegenstand des Bergwerkseigenthumes aufgeführt war, ist übergangen, weil es in Preußen nicht bergmännisch gewonnen wird.

Der Bernstein ist auch nach dem früheren Rechte niemals Gegenstand der Berggesetz-

Gold, Silber, Quecksilber, Eisen mit Ausnahme der Raseneisenerze, Blei, Kupfer,

---

gebung gewesen. (Vgl. Entscheidungen des Obertribunals Bd. 42 S. 59*). Seine Gewinnung ist ausschließlich durch provinzialrechtliche Bestimmungen geregelt. Sie steht in den Provinzen Pommern und Posen dem Grundeigenthümer zu. In der Provinz Preußen ist die Bernsteingewinnung dem Staate vorbehalten (Gesetz über die Bestrafung der unbefugten Aneignung von Bernstein vom 22. Februar 1867 (G. S. S. 272) und zwar als ein Ausfluß der Rechte des Staates an dem Meeresufer, wie die in beiden Provinzialgesetzen enthaltene Bezugnahme auf §. 80 Allgem. Landrecht Th. II Tit. 15 ergibt.

Erbstollen und Wassergefälle, welche bisher nach rechtsrheinischem Rechte einen Gegenstand der Verleihung bildeten, scheiden nach dem Allgem. Berggesetze aus. Ebenso alte Halden (Motive S. 26), welche nach deutschem Bergrechte als Gegenstand besonderer Muthung angesehen wurden (Karsten, Bergrechtslehre §. 61, Hake, Kommentar §. 146), nach den drei revidirten Bergordnungen aber der Knappschaftskasse gehörten. (Kleve-Märk. B.O. Cap. 56 §. 3. Schlesische B.O., Magdeb.-Halberstädt. B.O. Cap. 57 §. 3.) Solche alte Halden gehören jetzt im verliehenen Felde nach §. 54 dem Bergwerkseigenthümer, im unverliehenen Felde sind sie nach §. 1 herrenlose Sachen, deren Ausbeutung die vorherige Erwerbung des Bergwerkseigenthumes zur Voraussetzung hat. Da die alten Halden selbst nach §. 15 nicht Gegenstand der Muthung und Verleihung sein können, so bleiben sie im Freien liegen, bis das Material auf seiner natürlichen Ablagerung entdeckt und gemuthet wird. Daß der Staat befugt sei, die Ausbeutung solcher Halden im unverliehenen Felde zu gestatten, wie die Motive S. 26 annehmen, muß in Ermangelung einer gesetzlichen Bestimmung dieses Inhaltes bestritten werden, ebenso wie der zur Begründung angeführte Satz, daß der Staat nach den allgemeinen Grundsätzen des Berggesetzes auch ohne specielle gesetzliche Vorschrift über die vorkommenden Mineralien zu verfügen befugt sei. Wo die Knappschaftskasse, jetzt der Knappschaftsverein des Bezirkes einen Bergwerksbetrieb auf solche alte Halden bereits eröffnet hat, verbleibt ihm das auf Grund der oben angeführten Bestimmungen der revidirten Bergordnungen erworbene Bergwerkseigenthum.

Hüttenwerke und Aufbereitungsanstalten, insofern letztere nicht als Pertinenz eines Bergwerks zu betrachten, sind bereits durch das Gesetz vom 10. Juni 1861 §§. 6 und 12 der Berggesetzgebung entzogen und den Bestimmungen der Gewerbegesetze unterworfen.

Auflässige Bergwerke werden nach §§. 14 und 16 in derselben Weise gemuthet wie das noch unverliehene Mineralvorkommen. Sie bilden nicht mehr einen besonderen Gegenstand der Erwerbung des Bergwerkseigenthumes.

Die Bergwerke, welche vor dem Eintritt der Gesetzeskraft des Allgem. Berggesetzes auf solche Mineralien verliehen sind, die künftig nicht mehr Gegenstand des Bergwerkseigenthumes sind, werden von dieser Aufhebung nicht berührt. Ueber die Rechtsverhältnisse dieser Bergwerke und der vor dem 1. October 1865 auf solche Mineralien eingelegten und noch nicht zur Verleihung gelangten Muthungen vergl. die Anm. zu §. 222.

Das Einführungsgesetz für Waldeck vom 1. Januar 1869 fügt den im §. 1 aufgeführten Mineralien den Dachschiefer hinzu, nimmt dagegen die Soolquellen im Fürstenthum Pyrmont aus (Art. II). Das bayerische Berggesetz schließt den Graphit und das Waschgold aus, hat dagegen nicht die Ausnahme betreffend die Raseneisenerze (Art. 1). Das braunschweigische Gesetz nimmt die im Torf vorkommenden Vitriolerze aus. Das Berggesetz für Elsaß-Lothringen fügt Bitumen (Erdpech und Seinöl hinzu) (§. 1), enthält dagegen in Bezug auf die Eisenerze folgende Beschränkung:

§. 2. Der Tagebau auf Eisenerze steht dem Grundeigenthümer zu, vorausgesetzt, daß diese Gewinnung den unterirdischen Abbau der tiefer gelegenen Eisenerze aus bergtechnischen oder bergpolizeilichen Gründen nicht unmöglich macht (§. 189). Vergl. Anm. 620[a]).

In Sachsen-Meiningen sind Dach- und Tafelschiefer und Farbenerden hinzugefügt. In Sachsen-Gotha und Würtemberg besteht keine Abweichung.

Zinn, Zink, Kobalt, Nickel, Arsenik, Mangan[5]), Antimon und Schwefel, gediegen und als Erze[6]),

Alaun- und Vitriolerze,

---

[5]) Die Manganerze finden nur wegen ihres Sauerstoffgehaltes technische Verwendung. Zu den technisch nutzbaren und deshalb verleihungsfähigen Manganerzen gehören daher nur bestimmte durch ihren bedeutenden Sauerstoffgehalt und durch leicht erkennbare äußere Merkmale charakterisirte Mineralien. (Zeitscheift für Bergrecht Bd. VII S. 309 f.) Wenn das Gesetz statt des eigentlich nutzbaren Bestandtheiles dieser Erze das Metall, an welches der Sauerstoff gebunden ist, aufführt, so erklärt sich dies dadurch, daß der Sauerstoff als solcher oder in anderer Verbindung nicht zu den Gegenständen der Verleihung gehört. Die in der folgenden Anmerkung gegebene Definition der Erze muß indeß für die Manganerze dahin modificirt werden, daß ihre Verleihungsfähigkeit von der technischen Verwendung zur Sauerstoffentwickelung abhängt. Vergl. unten Anmerk. zu §. 211 Nr. 1.

[6]) Unter Erzen werden die natürlich vorkommenden Verbindungen der Metalle mit anderen Stoffen verstanden. Um indeß als ein Erz im Sinne des Berggesetzes und als ein Object der Bergbaufreiheit zu gelten, muß das Mineral nicht bloß eines der im §. 1 benannten Metalle als Bestandtheil enthalten, sondern es muß auch zur Darstellung dieses Metalles technisch verwendet werden können. Das Vorkommen einzelner Metalle, z. B. des Eisens, ist so verbreitet, daß es sich in der Mehrzahl der Mineralien, welche Gegenstand der ökonomischen Nutzung sind, als Bestandtheil vorfindet, ohne daß jedoch diese Mineralien zur Eisenproduction verwendet werden können. Solche Mineralien werden nicht zu den Erzen im technischen Sinne und im Sinne des Gesetzes gerechnet und bilden keinen Gegenstand des Bergwerkseigenthumes, sondern einen Bestandtheil des Grundeigenthumes.

Das Allg. Landrecht sprach diese Beschränkung im §. 69 cit. ausdrücklich aus, indem es alle Fossilien, woraus Metalle oder Halbmetalle gewonnen werden können, dem Bergwerksregale unterwarf. Dieselbe Einschränkung findet sich in dem Oesterreichischen Berggesetze (§. 3) und dem Sächsischen Berggesetze (§. 1) ausgesprochen, welche übereinstimmend die Mineralien, nur insofern sie wegen ihres Gehaltes an Metallen nutzbar sind, dem Berggesetze unterwerfen. Es bedarf indeß einer solchen Einschränkung nicht, da dieselbe schon in dem Begriffe der Erze, d. h. zur Metallproduction geeigneten Mineralien, nach dem gemeinen sowohl als dem gesetzlichen Sprachgebrauche gegeben ist. Eisenhaltige Mineralien, welche an sich zur Metallproduction ungeeignet sind, bilden auch dann keinen Gegenstand der Erwerbung des Bergwerkseigenthumes, wenn sie zufällig wegen ihres anderweitigen Gehaltes, z. B. an Kalk, als Zuschlag zur Beschickung des Hohofens verwendet werden sollen. (Vergl. Recursbescheid des Handelsministers vom 13. Januar 1862, Zeitschrift für Bergrecht Bd. III S. 264). Eisenocker ist ebenfalls kein Gegenstand der Verleihung, soweit er nur als Farbenerde, nicht zur Eisenerzeugung verwendet werden kann (Zeitschr. f. Bergr. Bd. VII S. 391).

Eine weitere Einschränkung der im §. 1 gegebenen Definition der Gegenstände des Bergwerkseigenthumes geht aus §§. 3, 15 und 24 hervor, nach welchen nur die Mineralien auf ihren natürlichen Ablagerungen Gegenstand des Schürfrechtes, des Finderrechtes und der Muthung, folglich auch des Bergwerkseigenthumes sind. Auf die von ihren natürlichen Lagerstätten losgelösten Mineralien finden also die Bestimmungen des Berggesetzees überhaupt keine Anwendung, und dies gilt sowohl von den durch bergmännische Arbeit gewonnenen, aber in der Erde zurückgelassenen Erzen, als von den durch Naturkräfte gelösten, z. B. von dem in dem Sande der Flüsse fortgeführten Waschgolde, welches in dem bayerischen Berggesetze ausdrücklich ausgenommen wird. Eine Ausnahme machen allein nach §. 54 die Halden eines früheren Bergwerks, insofern als deren Ausbeutung im verliehenen Felde dem Bergwerkseigenthümer zusteht. Ferner kann das Vorhandensein einer natürlichen Ablagerung da nicht geleugnet werden, wo in den jüngeren Erdschichten die Trümmer einer älteren durch die Erdrevolutionen zerstörten Formation au secundären Lagerstätten, in sogenannten Geschieben oder Seifenwerken abgelagert sind.

Steinkohle, Braunkohle[7]) und Graphit,
Steinsalz nebst den mit demselben auf der nämlichen Lagerstätte vorkommenden Salzen[8]) und die Soolquellen[9. 10]).

Gesetz über die Bestrafung unbefugter Gewinnung oder Aneignung von Mineralien, vom 26. März 1856 (G.S. S. 293)[10a]).

Wir Friedrich Wilhelm, von Gottes Gnaden König von Preußen rc. rc. verordnen mit Zustimmung beider Häuser des Landtages Unserer Monarchie, was folgt:

§. 1. Wer ohne Befugniß bergbauliche Anlagen zur Gewinnung von Mineralien macht, welche der Staat sich vorbehalten hat, oder zu deren Gewinnung es einer Verleihung, einer Concession, oder einer Erlaubniß der Behörde bedarf[11]), wird mit Geld-

---

[7]) Zu den Steinkohlen wird auch der Anthrazit als eine Species derselben gerechnet. (Motive S. 25). Der in den älteren Berggesetzen gebrauchte Ausdruck: Steinkohle bezieht sich mit auf die Braunkohle. (Zeitschrift für Bergrecht Bd. X S. 257).

[8]) Außer dem Steinsalze sind die mit dem Steinsalze auf der nämlichen Lagerstätte vorkommenden Salze für Gegenstände des Bergwerkseigenthums erklärt. Die Veranlassung zu dieser Bestimmung liegt in dem fiscalischen Steinsalzbergbau bei Staßfurth, mit welchem außer dem Steinsalze die über demselben abgelagerten Kali-, Magnesia- und Boraxsalze (Kieserit, Carnallit, Staßfurthit u. s. w.) gewonnen werden. Aehnliche Ueberlagerungen des Kochsalzes durch andere leichter lösliche Salze finden sich auch anderwärts. Es entspricht lediglich der Natur der Sache, daß diese Begleiter des Kochsalzes, weil sie nur mit demselben gemeinschaftlich gewonnen werden können, derselben gesetzlichen Regel unterworfen werden. Zu selbstständigen Objecten des Bergwerkseigenthumes sind sie dagegen nicht erhoben. Es war deshalb auch zulässig, diese begleitenden Salze, deren Auftreten ein wechselndes ist, ohne Benennung der einzelnen Species, bloß mit dem Gattungsnamen zu bezeichnen, da durch das Vorkommen mit dem Steinsalze auf derselben Lagerstätte die hierher gehörenden Mineralien genügend bestimmt sind.

[9]) Unter den Soolquellen werden die kochsalzhaltigen Quellen verstanden, aus denen durch Gradirung und Siedung das Siedesalz dargestellt wird. Die übrigen Mineralquellen fallen nicht unter die Bestimmungen des Berggesetzes. Dagegen wird der rechtliche Charakter der Soolquellen durch die Art ihrer Benutzung nicht verändert, so lange sie überhaupt wegen ihres Salzgehaltes nutzbar gemacht werden können. Der Beliehene ist daher eben so befugt, die Quelle zu Bädern oder zur Darstellung von Mutterlauge zu benutzen, als zur Production von Siedesalz.

[10]) Die provinzialrechtlichen Ausnahmen von den im §. 1 bezeichneten Gegenständen der Bergfreiheit und des Bergwerkseigenthumes finden sich in den §§. 210—212 und in den als Anhang zum zehnten Titel unten abgedruckten Einführungsgesetzen vom 22. Februar, 8. Mai und 1. Juni 1867 hinzugekommen. Sie enthalten meist Einschränkungen des Bereiches der Bergbaufreiheit. Eine Erweiterung desselben hat nur stattgefunden in dem vormaligen Herzogthum Nassau, wo der Dachschiefer, und in der Herrschaft Schmalkalden, wo der Schwerspath zu den Gegenständen des Berggesetzes hinzugefügt ist (Verordn. v. 22. Febr. 1867 Art. II, Verordn. v. 1. Juni 1867 Art. XV).

[10a]) Dieses Gesetz ist durch die als Anhang zu §. 214 abgedruckten Einführungsverordnungen vom 22. Februar, 8. Mai und 1. Juni 1867 und 12. März 1869 auch in die neu erworbenen Provinzen, ferner durch die Gesetze vom 6. Mai 1868 und 1. Januar 1869 in Lauenburg und Waldeck eingeführt worden. Die Berggesetze für Elsaß-Lothringen §§. 190, 191, Sachsen-Meiningen Art. 192, 193, und Würtemberg Art. 192, 193 enthalten entsprechende Strafbestimmungen.

[11]) Die Terminologie des Gesetzes vom 26. März 1856 schließt sich an das damals geltende Bergrecht an, indem der Gesetzgeber unter den Mineralien, welche der Staat sich vorbehalten hat, und zu deren Gewinnung es einer Verleihung bedarf, die Gegenstände des rechtsrheinischen Bergregales, unter den Mineralien, zu denen es einer Concession oder Erlaubniß der Behörde bedarf, die linksrheinischen Bergwerke und Gräbereien verstand. An die Stelle dieser Mineralien

buße bis zu zweihundert Thalern oder Gefängniß bis zu drei Monaten bestraft. Die Strafe ist Geldbuße bis zu fünfhundert Thalern oder Gefängniß bis zu sechs Monaten, wenn die mittelst der Anlagen gewonnenen Mineralien weggenommen sind.

§. 2. Wer ohne Befugniß, jedoch ohne Errichtung bergbaulicher Anlagen, anstehende Mineralien, welche der Staat sich vorbehalten hat, oder zu deren Gewinnung es einer Verleihung, einer Concession, oder einer Erlaubniß der Behörde bedarf, in der Absicht wegnimmt, dieselben sich zuzueignen[11a]), wird mit Geldbuße bis zu fünfzig Thalern oder mit Gefängniß bis zu sechs Wochen bestraft. Der Versuch, die Theilnahme, die Hehlerei und die Begünstigung wird mit gleicher Strafe bestraft.

§. 3. Wer bei Benutzung seines Bergeigenthums fahrlässigerweise die Grenzen seines Grubenfeldes überschreitet, hat Geldbuße bis zu fünfzig Thalern oder Gefängniß bis zu sechs Wochen verwirkt. Geschieht eine solche Ueberschreitung der Grenze vorsätzlich, so finden die in dem §. 1 angedrohten Strafen Anwendung.

§. 4. Die rechtswidrige Zueignung schon gewonnener Mineralien ist nach den Bestimmungen des Strafgesetzbuchs über Diebstahl und Unterschlagung zu bestrafen.

§. 2.

Der Erwerb und Betrieb von Bergwerken für Rechnung des Staates ist den Bestimmungen des gegenwärtigen Gesetzes ebenfalls unterworfen[12]).

---

treten die im §. 1 des Allgem. Berggesetzes bezeichneten. Auf die unbefugte Gewinnung der dem Grundeigenthümer gehörigen Mineralien findet das Gesetz nicht Anwendung, insbesondere in Folge des Gesetzes vom 22. Februar 1869 (Zusatz zu §. 213) nicht mehr auf die Gewinnung von Stein- und Braunkohlen in den vormals zum Königreich Sachsen gehörigen Landestheilen, da es nicht mehr wie unter der früheren Gesetzgebung einer Erlaubniß der Bergbehörde zur Kohlengewinnung bedarf.

Auch die unbefugte Gewinnung von Mineralien aus solchen Bergwerken, welche vor dem Erlasse des Berggesetzes auf Mineralien beliehen sind, die der §. 1 dieses Gesetzes nicht mehr aufführt, ist nicht strafbar. Obgleich diese Bergwerke gemäß §. 222 von dem Rechte des Grundeigenthümers ausgenommen bleiben, so sind doch die Mineralien nicht mehr solche, deren Gewinnung oder Verleihung sich der Staat vorbehalten hat. Die unbefugte Gewinnung erzeugt daher nur civilrechtliche Ansprüche.

[11a]) Auf das unbefugte Schürfen findet die Strafbestimmung des §. 2 nicht Anwendung, weil dabei die Absicht nicht auf die Aneignung, sondern nur auf die Aufsuchung der Mineralien gerichtet ist. v. Beughem, Kommentar S. 75.

[12]) Der Fiscus behauptete nach dem früher geltenden Rechte in den rechtsrheinischen Landestheilen das Privilegium, daß er zur Erwerbung des Bergwerkseigenthums nicht die gesetzlichen Bedingungen des Fundes und der Muthung zu erfüllen brauchte, sondern daß eine durch die Bergverwaltungsbehörden erklärte Reservation eines beliebig großen Feldes zum fiscalischen Bergwerksbetriebe genügte, um das Bergwerkseigenthum für den Fiscus zu erwerben. (Plenarbeschluß des Obertribunals vom 3. October 1849, Präjudiz 2144, Entscheid. Bd. XIX. S. 44. — Erkenntniß des Obertribunals vom 15. Mai 1865 III 483/65 ungedruckt.) Dieses Privilegium, welches auf der linken Rheinseite nicht bestand, ist durch §. 2 aufgehoben. Die Berggesetze für Braunschweig §§. 213, 214, Sachsen-Gotha §. 173, Sachsen-Meiningen Art. 196 und Würtemberg Art. 196 enthalten besondere Uebergangsbestimmungen bezüglich der vom Staate nach dem früheren Rechte erworbenen und der an Private veräußerten Bergwerke. Der Mangel solcher Uebergangsbestimmungen hat in Preußen zu unerquicklichen Prozessen Anlaß gegeben, in welchen das vom Fiscus nach dem früheren Rechte erworbene Bergwerkseigenthum jedoch überall vergebens angefochten wurde. (Zeitschrift für Bergrecht Bd. X S. 276. Bd. VII S. 193. Bd. IX S. 179. Bd. XIII S. 541.)

An den Rechten des Staates bezüglich des Salzhandels wird durch dieses Gesetz nichts geändert[13]).

Gesetz, betreffend die Aufhebung des Salzmonopols und Einführung einer Salzabgabe vom 9. August 1867 G.S. S. 1317.

Wir Wilhelm, von Gottes Gnaden König von Preußen ꝛc. ꝛc. verordnen mit Zustimmung beider Häuser des Landtags der Monarchie was folgt:

§. 1. Die Staatsregierung wird ermächtigt, das zur Zeit bestehende Recht des Staates, den Großhandel mit Salz allein zu betreiben (das Staats-Salzmonopol), aufzuheben, dagegen das zum inländischen Verbrauche bestimmte Salz einer, soweit solches im Inlande producirt wird, von den Producenten, soweit solches aus dem Auslande eingeführt wird, von den Einbringern zu entrichtenden Abgabe bis zum Betrage von höchstens zwei Thalern für den Centner Nettogewicht zu unterwerfen.

§. 3. Mit dem Tage der Aufhebung des Salzmonopols und der Einführung der Salzsteuer sind alle aus allgemeinen Gesetzen fließenden Bergwerksabgaben, welche von Steinsalz, sowie von den mit Steinsalz auf derselben Lagerstätte vorkommenden Salzen und von den Soolquellen erhoben werden, aufgehoben.

§. 4. Der Zeitpunkt, mit welchem bei Aufhebung des Salzmonopols die Erhebung der Abgabe beginnt, ist durch Königliche Verordnung festzusetzen. In dieser sind zugleich auf Grund der mit den Zollvereins-Regierungen inmittelst zu treffenden Vereinbarungen die zum Schutze der Abgabe erforderlichen Ausführungs- und Strafbestimmungen unter den nachfolgenden Maßgaben (§§ 5 bis 7) zu erlassen.

Verordnung, betreffend die Erhebung einer Abgabe von Salz. Vom 9. August 1867. G.S. S. 1320.

Wir Wilhelm, von Gottes Gnaden König von Preußen ꝛc. ꝛc. verordnen auf Grund des Gesetzes vom 9. August d. J., was folgt:

---

[13]) Nach dem bisherigen Rechte stand dem Staate außer dem Salzhandelsmonopole in einigen Landestheilen auch ein Salzgewinnungsmonopol zu, nämlich in den Rechtsgebieten der drei revidirten Bergordnungen, von welchen die Kleve-Märkische BO. in Cap. I §. 5, die Schlesische BO, und die Magdeburg-Halberstädtische BO. in Cap. I § 1 alles Steinsalz und alle Soolquellen dem Staate zur Nutzung vorbehalten. Soweit auf Grund dieser Gesetze der Fiscus Soolquellen erworben hatte, ist das fiscalische Eigenthum auch nach der Einführung des Allg. Berggesetzes bestehen geblieben. Recursbescheide vom 31. Januar und 21. November 1872 Zeitschrift für Bergrecht Bd. XIII. S. 132 S. 566. Auch das gemeine Bergrecht behält dem Staate das Monopol der Salzgewinnung vor (vergl. oben S. 29). Das Allgem. Landrecht zählt dagegen im Th. II Tit. 16 §. 71 das Steinsalz nebst den Salzquellen zu den Gegenständen des freierklärten Bergbaues. Deshalb wurden auch früher da, wo das Allgem. Landrecht als Principalrecht galt, von den Bergbehörden Schürfscheine auf Steinsalz und Salzquellen ertheilt, Muthungen angenommen und Verleihungen über Soolquellen ausgefertigt, wobei indeß die Salzgewinnung im Interesse des fiscalischen Handelsmonopoles von einer Erlaubniß der Salzdebitsverwaltung abhängig gemacht wurde.

Durch die Vorschriften der §§. 1. 2 wurde das Salzgewinnungsmonopol allgemein aufgehoben. Auch das Salzhandelsmonopol, welches im §. 2 aufrecht erhalten wurde, ist seitdem durch das Gesetz vom 9. August 1867 und die Königliche Verordnung von demselben Tage, deren betreffende Bestimmungen oben eingeschaltet sind, vom 1. Januar 1868 aufgehoben und dafür eine Abgabe von der Salzproduction eingeführt, welche zugleich nach §. 3 des Gesetzes an die Stelle der nach den früheren Gesetzen von der Salzproduction zu entrichtenden Bergwerksabgaben tritt. Für die neuen Landestheile ist eine besondere gleichlautende Verordnung von demselben Tage (G.S. S. 1327) ergangen. Die unten als Anhang zu §. 245 mitgetheilten Gesetze über die Besteuerung der Bergwerke finden daher auf die Steinsalzbergwerke und die Salinen nicht mehr Anwendung.

Aufhebung des Salzmonopols.

§. 1. Das ausschließliche Recht des Staates, den Handel mit Salz zu betreiben, soweit solches zur Zeit besteht, wird aufgehoben.

Einführung einer Salzabgabe.

§. 2. Das zum inländischen Verbrauche bestimmte Salz unterliegt einer Abgabe von zwei Thalern für den Centner Nettogewicht, welche, insoweit das Salz im Inlande gewonnen wird, von den Producenten oder Steinsalz-Bergwerksbesitzern, insoweit solches aus anderen als den zum Zollvereine gehörigen Ländern eingeführt wird, von den Einbringern zu entrichten ist.

§. 21. Unser Finanzminister wird mit der Ausführung dieser Verordnung, welche am 1. Januar 1868 in Wirksamkeit tritt, beauftragt, und hat die zu diesem Zwecke erforderlichen Anordnungen zu treffen.

Zweiter Titel.

Von der Erwerbung des Bergwerkseigenthums.

Erster Abschnitt.

Vom Schürfen [14]).

§. 3.

Die Aufsuchung der im §. 1 bezeichneten Mineralien auf ihren natürlichen Ablagerungen — das Schürfen — ist unter Befolgung der nachstehenden Vorschriften einem Jeden gestattet [15]) [15a]).

---

[14]) Die Bestimmungen des ersten Abschnittes stehen mit der Erwerbung des Bergwerkseigenthumes in keinem nothwendigen Zusammenhange. Sie betreffen das Recht zum Schürfen auf fremdem Grund und Boden und correspondiren mit dem ersten Abschnitte des fünften Titels, welcher von der Grundabtretung zu Zwecken des Bergbaues handelt. Die Erwerbung des Bergwerkseigenthums setzt aber nach §. 15 voraus, daß eine Lagerstätte entdeckt, also entweder zufällig entblößt oder erschürft ist. Der Finder, welcher die Lagerstätte erschürft hat, erhält ferner nach §. 24 den Vorzug vor anderen Muthern. Deshalb ist das Schürfen, wenn auch keine Erwerbshandlung, doch eine vorbereitende Handlung zur Erwerbung des Bergwerkseigenthums, und die Bestimmungen über das Recht zum Schürfen müssen daher, wie dies auch in den früheren Berggesetzen der Fall war, den Vorschriften über die Erwerbung des Bergwerkseigenthums durch Muthung und Verleihung vorausgehen.

[15]) Schürfen heißt das Aufsuchen der unterirdischen Lagerstätten zum Zwecke der Erlangung des Bergwerkseigenthums. Da das Schürfen im rechtlichen Sinne mit dem Funde der Lagerstätte abschließt, die Handlungen aber, durch welche die Erwerbung des Bergwerkseigenthums sich vollzieht, einen bereits gemachten Fund zur Voraussetzung haben, so würde das Schürfen an sich kein Gegenstand berggesetzlicher Bestimmungen sein. Das Recht zum Schürfen würde lediglich nach den Regeln des Civilrechts zu beurtheilen sein, zumal da das bloße Aufsuchen der unter die Bestimmung des Berggesetzes fallenden Lagerstätten keine Verfügung über dieselben enthält, also kein an diesen Lagerstätten erworbenes Recht zur Voraussetzung hat. Dennoch ist das Schürfen Gegenstand bergrechtlicher Normen geworden, welche das Schürfen auf fremdem Grund und Boden betreffen.

Das Schürfen auf fremdem Grund und Boden würde nach den Regeln des Civilrechts lediglich von der Bewilligung des Grundeigenthümers abhängig sein. Die unbeschränkte Befugniß

§. 4.

Auf öffentlichen Plätzen, Straßen und Eisenbahnen, sowie auf Friedhöfen ist das Schürfen unbedingt untersagt[15 b]).

---

des Grundeigenthümers, das Schürfen nach den verleihbaren Mineralien zu untersagen, würde aber eine mittelbare Beschränkung der Bergbaufreiheit enthalten, da der Grundeigenthümer in der Lage wäre, die Verleihung der nicht unmittelbar zu Tage ausgehenden Lagerstätten ganz zu verhindern. Das gemeine deutsche Bergrecht hebt diese Beschränkung dadurch auf, daß es kraft der allgemeinen Bergbaufreiheit Jedermann gestattet, auf fremdem Grund und Boden zu schürfen, ohne daß es der Einwilligung des Grundeigenthümers oder der Erwerbung eines besondern Schürfrechts bedarf.

Das preußische Bergrecht machte dagegen das Recht zum Schürfen von der Einholung eines Schürfscheines und von der Einwilligung des Grundeigenthümers abhängig, welche im Falle der Weigerung durch die Entscheidung des Bergamtes ersetzt wurde. (A. LR. II, 16 §§ 141, 145, 146.) Das linksrheinische Bergrecht endlich machte nur die Einwilligung des Grundeigenthümers zur Bedingung und ließ nur im Falle der Weigerung des letztern eine amtliche Schürfermächtigung eintreten. (Berggesetz vom 21. April 1810 Art. 10 f.)

Das Allgem. Berggesetz schließt sich in den §§. 3—11 eng an die Vorschriften des linksrheinischen Berggesetzes an. Es macht das Recht zum Schürfen nicht von dem Besitze eines Schürfscheines, sondern von der Einwilligung des Grundeigenthümers abhängig und fordert eine amtliche Schürfermächtigung nur für den Fall, daß der Grundeigenthümer diese Einwilligung versagt. Die Motive bemerken hierüber:

„In den Reformen, welche die Lehre vom Schürfen in der neueren Berggesetzgebung anderer Staaten erfahren hat, tritt eine gemeinsame Richtung hervor, welche sich darin kennzeichnet, daß zwar die Schürfunternehmungen von der Willkür des Grundeigenthümers unabhängig erhalten, jedoch die Interessen und natürlichen Rechte des letzteren mehr berücksichtigt, und daß ferner den Schürfern gewisse Vortheile zugestanden sind, um zu Schürfarbeiten aufzumuntern und die Aufwendung von Arbeit und Kapital auf solche Versuche zu belohnen, womit dann Modificationen des älteren Finderrechts zusammenhängen.

Für den Entwurf mußten diese allgemeinen Gesichtspunkte ebenfalls maßgebend sein. Andererseits kam es aber auch darauf an, die Schürfunternehmungen von jeder lästigen Ueberwachung durch die Bergbehörde zu befreien und deshalb nicht von einer besonderen Genehmigung der letzteren abhängig zu machen. Zwar sind mit einer solchen Genehmigung nach neueren, namentlich dem Sächsischen und Oesterreichischen Berggesetze, gewisse Vorzugsrechte auf die Verleihung verknüpft. Allein es konnte nicht unberücksichtigt gelassen werden, daß die volkswirthschaftlichen Gesichtspunkte, welche einer derartigen Bevorzugung rationeller Schürfunternehmungen an und für sich zur Seite stehen, doch erfahrungsmäßig durch die Uebelstände überwogen werden, welche regelmäßig mit einer fortgesetzten amtlichen Controle der Schürfunternehmungen verbunden sind.

Vollends entbehrlich ist der ältere Schürfschein, wie solcher seither nach den revidirten Bergordnungen und dem Allgemeinen Landrechte auf einseitigen Antrag jedes Schürflustigen und ohne Anhörung der Grundeigenthümer auf ausgedehnte Schürffelder ertheilt zu werden pflegte. Denn nach dem Begriffe der allgemeinen Bergbaufreiheit bedarf es im einzelnen Falle ebenso wenig einer besonderen amtlichen Autorisation zur Vornahme von Schürfarbeiten, wie einer amtlichen Legitimation gegenüber dem Grundeigenthümer. Noch weniger ist es gerechtfertigt, von dem Grundeigenthümer selbst die Lösung eines Schürfscheines zu verlangen.

Die allgemeine Bergbaufreiheit führt zu dem einfachen Rechtsgrundsatze, daß ein Jeder, er sei Grundeigenthümer oder nicht, Schürfarbeiten unternehmen darf, berechtigt aber andererseits nicht zu der Folgerung, daß der Schürfer eigenmächtig fremden Grund und Boden für seine Arbeiten in Besitz nehmen dürfe. Wie bei jeder anderen Benutzung eines fremden Grundstücks zu bergbaulichen Zwecken muß vielmehr auch hier der Grundbesitzer angegangen werden, die Benutzung seines Grundstücks zu gestatten, und erst im Falle ungesetzlicher Weigerung desselben ist

Auf anderen Grundstücken ist das Schürfen unstatthaft, wenn nach der Entscheidung der Bergbehörde überwiegende Gründe des öffentlichen Interesses entgegenstehen[16]).

---

eine Ermächtigung der Bergbehörde am Platze, durch welche die von dem Grundbesitzer verweigerte Erlaubniß auf Grund eines desfallsigen Verfahrens ersetzt wird."

[15a]) Nach den Einführungsverordnungen für Hannover vom 8. Mai 1867 Art. IV und für Kurhessen ꝛc. vom 1. Juni 1867 Art. III behalten die vor dem Juli 1867 auf bestimmte Zeit ertheilten Schürfberechtigungen für bestimmte Felder ihre Kraft. Die auf unbestimmte Zeit ertheilten Schürfscheine sind am 1. Juli 1868 erloschen.

[15b]) In Schleswig-Holstein ist nach Art. II des Einführungsgesetzes vom 12. März 1869 das Schürfen auf See- und Flußdeichen und in einer Entfernung von denselben bis zu 200 Lachtern (418,5 Meter) unbedingt untersagt. Durch Entscheidung der Bergbehörde kann das Schürfen auch in einer größeren Entfernung sowie auf Binnendeichen verboten werden, falls überwiegende Gründe des öffentlichen Interesses entgegen stehen. (Vgl. Zusatz zu §. 214.) Zum Schutze der Mineralquellen sind in Nassau sogenannte Brunnenfelder festgestellt, innerhalb deren das Schürfen zur Verhütung einer gemeinschädlichen Wasserentziehung polizeilich untersagt ist. Vergl. Brockhoff in der Zeitschrift für Bergrecht Bd. 13. S. 78. Der Erlaß eines Gesetzes zum Schutze der Mineralquellen gegen Abgrabung, nach dem Muster des französischen Gesetzes vom 19. Juli 1858 (das. Bd. IV S. 11) ist wiederholt in Antrag gebracht.

[16]) Das Recht zum Schürfen wird in §. 4 durch drei Bestimmungen von verschiedener Tragweite eingeschränkt, welche überdies von verschiedenen rechtlichen Gesichtspunkten ausgehen.

Der erste Satz enthält ein absolutes Polizeiverbot, welches sich gegen jeden Schürfer ohne Ausnahme richtet, auch wenn er von dem Grundeigenthümer, z. B. der Gemeinde, die Erlaubniß zur Vornahme von Schürfarbeiten erhalten haben sollte. Solche Polizeiverbote können auch außer den im Alinea 1 namhaft gemachten Fällen durch besondere Verordnung getroffen werden, z. B. zum Schutze der Deiche, der Mineralquellen, der Sicherheitspfeiler oder bei Grubenbränden zur Absperrung des Brandfeldes. Es wäre vielleicht auch entbehrlich gewesen, im §. 4 die Verkehrsanstalten und die Friedhöfe zu erwähnen, da es eigentlich Sache der zum Schutze des öffentlichen Verkehrs bestimmten Polizeigesetze ist, Arbeiten auf öffentlichen Straßen und Plätzen zu verbieten, die den Verkehr gefährden oder hemmen; denn hierin allein liegt der Grund des Verbotes, nicht darin, daß diese Arbeiten zur Aufsuchung von Mineralien bestimmte Schürfarbeiten sind.

Der zweite Satz enthält nicht, wie die Motive der Regierungsvorlage S. 29 annehmen, ebenfalls ein absolutes Verbot, welches auch den Besitzer des Grundstücks trifft, sondern er enthält, wie aus §§. 5 und 8 unzweifelhaft hervorgeht, nur eine Einschränkung des Rechtes zum Schürfen auf fremdem Grund und Boden. Er schränkt dieses Recht zwar ebenfalls im öffentlichen Interesse ein, aber nur insofern gegen den Willen des Grundbesitzers auf Grund einer amtlichen Schürfermächtigung geschürft werden soll. Will der Grundbesitzer selbst oder ein Anderer mit seiner Genehmigung schürfen, so findet eine Entscheidung der Bergbehörde nicht statt. Die Behörde ist auch nicht befugt, solche Schürfarbeiten von Amtswegen anders zu untersagen, als durch bergpolizeiliche Vorschriften, und aus den im §. 196 bestimmten Gründen, also nur im Interesse der öffentlichen Sicherheit, zur Vermeidung gemeinschädlicher Einwirkungen und zum Schutze fremden Eigenthumes. Wesentlich verschieden hiervon sind die Fälle, in denen der Grundeigenthümer nach §. 4 Al. 2 und §. 5 befugt ist, wegen der ihm zur Seite stehenden Gründe des öffentlichen Interesses die Erlaubniß zum Schürfen zu versagen und nach §. 8 die amtliche Schürfermächtigung von dem Oberbergamte aus denselben Gründen versagt werden muß. Es sind dies die Fälle, in welchen der Nachtheil, den der Grundbesitz durch die Schürfarbeit erleidet, nicht durch die Geldentschädigung für Minderwerth und entzogene Nutzung (§. 6) aufgewogen werden kann, wo vielmehr im öffentlichen Interesse daran gelegen ist, daß die Beschädigung des Grundeigenthumes durch die Schürfarbeit vermieden werde. Dies ist z. B. der Fall, wenn ein für die Landwirthschaft unentbehrlicher Brunnen oder Teich abgegraben werden soll, oder wenn eine Forstcultur, deren Erhaltung im öffentlichen Interesse liegt, zerstört werden soll. In diesen

Unter Gebäuden und in einem Umkreise um dieselben bis zu zweihundert Fuß[16a]), in Gärten und eingefriedigten Hofräumen darf nicht geschürft werden, es sei denn, daß der Grundbesitzer seine ausdrückliche Einwilligung hierzu ertheilt hat[17]).

§. 5.

Wer zur Ausführung von Schürfarbeiten fremden Grund und Boden benutzen will, hat hierzu die Erlaubniß des Grundbesitzers nachzusuchen.

Mit Ausnahme der im §. 4 bezeichneten Fälle muß der Grundbesitzer, er sei Eigenthümer oder Nutzungsberechtigter[18]), das Schürfen auf fremdem Grund und

---

Fällen geben die §§. 4 und 5 dem Grundeigenthümer einen Einspruch gegen die beantragte amtliche Schürfermächtigung, über welche die Bergbehörde nach §. 8 zu entscheiden hat, während sie keinesweges befugt sein würde, von Amtswegen dem Grundeigenthümer selbst derartige Schürfarbeiten zu untersagen, ebenso wenig als demselben irgend eine andere Devastation seines Grundbesitzes, falls dieselbe nicht gegen ein Polizeiverbot verstößt, aus Gründen des öffentlichen Interesses untersagt werden kann.

Das Alinea 2 des §. 4 enthält also kein absolutes Verbot, sondern es giebt dem Grundeigenthümer eine Einwendung gegen die Gestattung der Schürfarbeiten. Diese Einwendung correspondirt mit der im §. 136 dem Grundbesitzer beigelegten Befugniß, aus Gründen des öffentlichen Interesses die Abtretung seines Grundstücks zum Bergwerkbetriebe zu versagen. Natürlich ist es in beiden Fällen nicht der Grundbesitzer, welcher das öffentliche Interesse wahrzunehmen berufen ist. Seine Einwendungen bezwecken nur den Schutz seiner Privatrechte, aber sie finden bei der Entscheidung durch die Behörde nur insofern Berücksichtigung, als sie mit dem öffentlichen Interesse zusammenfallen.

Das dritte Alinea endlich betrifft die Fälle, in welchen der Grundbesitzer zum unbedingten Widerspruch gegen die Gestattung von Schürfarbeiten befugt ist und diesen Einspruch nicht bloß in dem Verfahren vor dem Oberbergamte (§. 8), sondern auch im Rechtswege geltend machen kann. (Vergl. Anm. 22.)

[16a]) Das sind 62,8 Meter. Die Berggesetze für Bayern, Elsaß-Lothringen und Würtemberg haben: bis zu 60 Meter.

[17]) Das Gesetz erfordert nur die Einwilligung des Grundbesitzers, nicht auch des Besitzers der Gebäude. Daher kann der Besitzer der Gebäude seinen Widerspruch gegen die in dem Umkreise von 200 Fuß unternommenen Schürfarbeiten nur soweit geltend machen, als sie auf seinem Grund und Boden vorgenommen werden sollen. Er ist nicht befugt, dem Nachbar das Schürfen innerhalb dieses Rayons zu untersagen, oder gegen die amtliche Schürfermächtigung auf einem Nachbargrundstücke innerhalb dieses Umkreises zu opponiren. Ebensowenig kann der Grundbesitzer der amtlichen Schürfermächtigung deshalb widersprechen, weil Gebäude des Nachbars in einem Umkreise von 200 Fuß belegen sind. Das Gesetz gibt ihm den Einspruch nur zum Schutze der eigenen Gebäude. Diese Sätze ergeben sich nicht bloß aus dem Wortlaute des §. 4, sondern sie entsprechen auch der Anwendung, welche Art. 11 des Französischen Bergwerkgesetzes vom 21. April 1810, aus welchem die fragliche Bestimmung entnommen ist, bisher bei der Mehrzahl der französischen Gerichtshöfe gefunden hat. Richard vol. I no. 121, Bury vol. I no. 583 ss.)

[18]) Der Commissionsbericht des Herrenhauses erörtert die Frage, ob in allen Fällen die Erlaubniß des Grundbesitzers zum Schürfen zu derjenigen des Nutzungsberechtigten hinzukommen müsse, oder ob und wann die letztere allein ausreiche? und gelangt zu dem gewiß richtigen Resultate, daß diese Frage nicht gleichförmig für alle Fälle beantwortet werden kann. Der Nutzungsberechtigte kann eben nur solche Schürfarbeiten gestatten, die er selbst kraft seines dinglichen oder contractlichen Rechtes vorzunehmen berechtigt ist. Zu solchen Arbeiten bedarf es einer Genehmigung des Eigenthümers alsdann nicht. Die Genehmigung des Nutzungsberechtigten ist ferner stets neben derjenigen des Eigenthümers erforderlich, sofern der Nutzungsberechtigte den juristischen Besitz des Grundstückes hat, oder ein dingliches Recht ausübt, welches mit der beabsichtigten Schürf-

Boden gestatten [19]).

§. 6.

Der Schürfer ist verpflichtet, dem Grundbesitzer für die entzogene Nutzung jährlich im Voraus vollständige Entschädigung zu leisten und das Grundstück nach beendigter Benutzung zurückzugeben, auch für den Fall, daß durch die Benutzung eine Werthverminderung des Grundstücks eintritt, bei der Rückgabe den Minderwerth zu ersetzen.

Für die Erfüllung dieser letzteren Verpflichtung kann der Grundbesitzer schon bei der Abtretung des Grundstücks die Bestellung einer angemessenen Caution von dem Schürfer verlangen [20]).

§. 7.

Die dem Grundeigenthümer im letzten Satze des §. 137 und in den §§. 138, 139 und 141 [20a]) eingeräumten Rechte stehen demselben auch gegen den Schürfer zu.

§. 8.

Kann der Schürfer sich mit dem Grundbesitzer über die Gestattung der Schürfarbeiten nicht gütlich einigen, so entscheidet das Oberbergamt durch einen Beschluß

---

arbeit collidirt. Die Anwendung dieser Regeln auf die einzelnen Fälle gestaltet sich verschieden, je nachdem das preußische, das französische oder das gemeine Civilrecht zur Anwendung kommt. So kann nach gemeinem Civilrechte der Nießbraucher jede Schürfarbeit gestatten, weil er selbst befugt ist, sowohl vorhandene unterirdische Mineralgewinnungen zu betreiben, als neue zu eröffnen. (L. 13 §§. 5, 6 Dig. de usufr. et quemadmod. [7. 1.]) Nach französischem Civilrechte dagegen (Code Nap. Art. 598) ist dem Nießbraucher die Eröffnung neuer unterirdischer Mineralgewinnungen untersagt, folglich auch die Ertheilung der Schürferlaubniß. Nach preußischem Rechte endlich (A. L.R. I, 21 §§. 30 ff.) ist der Nießbraucher zu beiden ermächtigt, falls die Schürfarbeit ohne eine bleibende Verringerung des Bodenwerthes ausgeführt werden kann.

[19]) Das Recht zum Schürfen auf fremdem Grund und Boden, mag es von dem Grundeigenthümer gestattet (§. 5), oder durch amtliche Schürfermächtigung eingeräumt sein (§. 8), gehört zu der Klasse der Personalservituten. Es kann als ein dingliches Recht auch dem Besitznachfolger des bestellenden Eigenthümers gegenüber geltend gemacht und im Wege der Cession veräußert werden. Der Eintragung in das Grundbuch bedarf das Schürfrecht nach §. 12 des Gesetzes über den Eigenthumserwerb vom 5. Mai 1872 nicht, sofern dasselbe nach §. 8 des Berggesetzes im Zwangsverfahren erworben werden kann. Es geht nach §. 47 desselben Gesetzes unter dergleichen Voraussetzung auch bei der Zwangsversteigerung des Grundstücks als Last auf den Ersteher über. Vergl. Zusatz zu §. 53.

Das Schürfrecht ist nur insoweit ausschließlich, als dem Schürfer eine bestimmteu Grundfläche zur Benutzung eingeräumt ist. Der Grundeigenthümer bleibt übrigens befugt, auf seinem Grund und Boden beliebig nach denselben Mineralien sowohl selbst zu schürfen, als durch Andere schürfen zu lassen. Diese Regeln, welche sich aus dem Inhalte des Rechtes zum Schürfen und aus der für die Freiheit des Eigenthumes sprechenden Vermuthung ergeben, können bei der freiwilligen Gestattung des Schürfens durch Vertrag beliebig modificirt werden. Ebenso versteht sich von selbst, daß die bloß von dem Nutzungsberechtigten ertheilte Erlaubniß zum Schürfen kein dingliches Recht begründet.

[20]) Die Gegenleistung des Schürfers ist nach denselben Regeln bestimmt, wie diejenige des Bergwerksbesitzers bei der Grundabtretung zum Bergwerksbetriebe. Es wird deshalb auf die Erläuterungen zu §§. 137 ff. und §. 144 Bezug genommen.

[20a]) Das im §. 141 dem Grundeigenthümer eingeräumte Vorkaufs- und Wiederkaufsrecht hat in den Berggesetzen für Bayern, Elsaß-Lothringen und Würtemberg nicht Aufnahme gefunden.

darüber, ob und unter welchen Bedingungen[21]) die Schürfarbeiten unternommen werden dürfen.

Das Oberbergamt darf die Ermächtigung nur in den Fällen des §. 4 versagen.

Dasselbe setzt beim Mangel einer Einigung unter den Betheiligten die Entschädigung und die Caution (§. 6) in Gelde fest. Gegen diese Festsetzung findet der Recurs nicht statt[22]).

Wegen der Kosten kommt der §. 147 zur Anwendung[23]).

§. 9.

Durch Beschreitung des Rechtsweges wird, wenn dieselbe nur wegen der Festsetzung der Entschädigung oder der Caution erfolgt, der Beginn der Schürfarbeiten nicht aufgehalten, vorausgesetzt, daß die Entschädigung an den Berechtigten gezahlt oder bei verweigerter Annahme gerichtlich deponirt, desgleichen die gerichtliche Deposition der Caution geschehen ist[24]).

§. 10.

In den Feldern fremder Bergwerke darf nach denjenigen Mineralien geschürft werden, auf welche der Bergwerkseigenthümer Rechte noch nicht erworben hat.

Bedrohen jedoch solche Schürfarbeiten die Sicherheit der Baue oder den ungestörten Betrieb des Bergwerks, so hat die Bergbehörde dieselben zu untersagen[25]).

Der Bergwerksbesitzer kann verlangen, daß der Schürfer ihm vor Beginn der

---

[21]) Unter den hier erwähnten Bedingungen sind nicht die Gegenleistungen des Schürfers zu verstehen — auf welche sich der dritte Satz bezieht, — sondern die Bestimmungen über die Zeit und den Ort der Schürfarbeit über die zum Schutze der Oberfläche zu treffenden Vorkehrungen und über die Modalitäten der Rückgewähr.

[22]) Gegen die Entscheidung des Oberbergamtes über die Gestattung der Schürfarbeiten findet theils der Recurs an den Handelsminister (§. 191 ff.), theils die Beschreitung des Rechtsweges statt. Im Wege des Recurses kann nur die Beschwerde über die Ertheilung und Versagung der Schürfermächtigung oder über die Bedingungen derselben in Bezug auf Zeit, Ort und Einrichtung der Arbeiten verfolgt werden. Ueber die Gegenleistung des Schürfers findet nur der Rechtsweg statt. Die gerichtliche Klage steht ferner dem Grundeigenthümer offen, wenn die Ermächtigung zum Schürfen auf einem der im §. 4 Alinea 3 bezeichneten Grundstücke ertheilt ist. Sie wird auch in diesem Falle gegen den Schürfer, nicht gegen das Oberbergamt gerichtet und der Antrag auf Untersagung des Rechtes zum Schürfen gestellt. Die Gründe des öffentlichen Interesses, wegen deren nach §. 4 Alinea 2 außerdem die Schürfererlaubniß versagt werden kann, unterliegen dagegen ausschließlich der Beurtheilung der Bergbehörde und begründen nicht die gerichtliche Klage.

[23]) Der §. 147, welcher von dem „Bergwerksbesitzer" redet, kann nur analog angewendet werden. Hiernach fallen die Kosten der ersten Instanz dem Schürfer, die der Recursinstanz dem unterliegenden Theil zur Last.

[24]) Daß im Bezirke des Apellationsgerichts zu Köln die gerichtliche Deposition bei der durch das Gesetz vom 24. Juni 1861 errichteten Depositalkasse zu erfolgen hat, ergibt sich schon aus dem in diesem Gesetze ausgesprochenen Zwecke der Depositalkasse und braucht deshalb im Berggesetze nicht besonders hervorgehoben zu werden. (Motive S. 31.)

[25]) Der Schürfer bedarf keiner Erlaubniß von Seiten des Bergwerkseigenthümers, in dessen Felde er schürft. Es ist Sache des Letzteren, die Untersagung der Schürfarbeit oder die sonstigen bergpolizeilichen Anordnungen zur Sicherheit seiner Baue bei der Bergbehörde in Antrag zu bringen.

Schürfarbeiten eine angemessene Caution für die etwa zu leistende Entschädigung bestellt.

Auf diese Caution finden die §§. 8 und 9 Anwendung[26]).

§. 11.

Der Schürfer ist befugt, über die bei seinen Schürfarbeiten geförderten Mineralien (§. 1) zu verfügen[27]), insofern nicht bereits Dritte Rechte auf dieselben erworben haben.

Hinsichtlich der Entrichtung der Bergwerksabgaben kommen die für die Bergwerke maßgebenden Vorschriften zur Anwendung.

Zweiter Abschnitt.

Vom Muthen[28]).

§. 12.

Das Gesuch um Verleihung des Bergwerkseigenthums in einem gewissen

---

[26]) Das Verfahren zur Regelung der für den Bergwerksbesitzer zu bestellenden Caution unterscheidet sich von dem Verfahren zur Ertheilung der amtlichen Schürfermächtigung (§. 8) dadurch, daß in dem vorliegenden Falle der Bergwerksbesitzer als Provocant auftritt, während dem Schürfer die Rolle des Provocaten zufällt. Zweifelhaft erscheint die Bezugnahme auf die Schlußbestimmung des §. 8, welche wegen der Kosten des Verfahrens auf §. 147 verweist. Nach §. 147 soll nämlich der „Bergwerksbesitzer" die Kosten der ersten Instanz tragen, während §. 8 auf diese Bestimmung nur in dem Sinne Bezug nimmt, daß der zur Cautionsbestellung und Entschädigung Verpflichtete, also der Schürfer, die Kosten trägt (vergl. Anm. 23). Hiernach wird man auch im vorliegenden Falle annehmen müssen, daß die Kosten des Verfahrens nicht dem Bergwerksbesitzer zur Last fallen, der ja die Stelle des Entschädigungsberechtigten, also die Rolle des Grundeigenthümers einnimmt, sondern dem Schürfer.

[27]) Er erwirbt das Eigenthum der Mineralien durch die Perception, also durch die Förderung. Die Bezugnahme auf §. 1 beschränkt diese Erwerbung auf die der Verfügung des Grundeigenthümers entzogenen Mineralien. Die übrigen bei der Schürfarbeit gewonnenen Mineralien werden in Folge der Lostrennung vom Grund und Boden Eigenthum des Grundeigenthümers.

[28]) Die auf die Erwerbung des Bergwerkseigenthums bezüglichen Vorschriften des zweiten Titels sind in zwei Abschnitte: Vom Muthen und: Vom Verleihen getheilt, von denen der eine die Bedingungen einer rechtsgültigen Muthung, der andere die Wirkungen derselben und das Verfahren bei der Feststellung des erworbenen Rechtes durch die Verleihung behandelt. Die Motive bemerken über diese Anordnung:

„Der gegenwärtige Abschnitt behandelt die Muthung, soweit dieselbe als *Gesuch* um Verleihung des Bergwerkseigenthums in einem gewissen Felde erscheint und zur Begründung dieses Gesuches gewisse formelle und materielle Erfordernisse gehören. Auf die *zweite* Seite der Muthung, nämlich den durch sie begründeten *Rechtsanspruch auf Verleihung* des Bergwerkseigenthums in einem gewissen Felde, beziehen sich dagegen die mit der Verleihung selbst zusammenhängenden Vorschriften des dritten Abschnitts. Mit Rücksicht auf die in diesem Rechtsanspruche beruhende charakteristische Eigenthümlichkeit des Verleihungsgesuchs ist für letztere die im Deutschen Bergrechte hergebrachte Bezeichnung „Muthung" beibehalten.

Im Allgemeinen waren in diesem und dem folgenden Abschnitte nur die *materiellen* Rechtsgrundsätze über die Muthung und Verleihung, Vorschriften über das *Verfahren* aber nur in so weit aufzustellen, als zur Sicherung der Rechte der Betheiligten und eines geordneten Rechtszustandes nothwendig erscheint.

Felde — die Muthung[29]) — muß bei dem Oberbergamte angebracht werden.

Im Uebrigen ist, um die Ertheilung der Verleihung zu beschleunigen und dadurch rechtlichen Verwickelungen und Streitigkeiten zwischen benachbarten Muthern zu begegnen, das Instructionsverfahren wesentlich abgekürzt. Dies war namentlich dadurch zu erreichen, daß von dem seither geforderten Nachweise der Bauwürdigkeit und der Verbreitung des gemutheten Mineralvorkommens abgesehen und in Folge dessen die Bewilligung ausdedehnter Aufschließungsfristen von der Verleihung in Wegfall gekommen ist."

[29]) Nach dem ältesten deutschen Bergrechte erfolgte die Erwerbung des Bergwerkseigenthums an den im Freien liegenden Lagerstätten, ebenso wie nach den Regeln des Civilrechts die Occupation herrenloser Sachen, durch das bloße Finden, d. h. durch die Besitzergreifung mit der Absicht der Aneignung (Einleitung S. 21). Die Feldesgrenzen waren durch das Gesetz absolut bestimmt und durften nur zugemessen werden. Die Erwerbung des Bergwerkseigenthumes war daher mit der Handlung des Findens vollendet. In der zweiten Periode des deutschen Bergrechtes trat nach den Bergordnungen des 16. Jahrhunderts eine neue Bedingung der Erwerbung hinzu: die Muthung, d. h. die förmliche Erklärung der Besitznahme vor der Bergbehörde, welche darüber eine Bestätigung oder Verleihung ertheilte. Diese Veränderung hatte zunächst darin ihren Grund, daß dem Finder neben dem ursprünglichen beschränkten Felde, der jetzt sogenannten Fundgrube, eine Anzahl Maaßen zugelegt wurden, deren Lage von seiner Wahl abhängig war. Es wurde deshalb zur Erwerbung des Bergwerkseigenthumes innerhalb bestimmter Grenzen neben der bloßen Besitzergreifung noch eine wörtliche Erklärung nothwendig. Hierzu kam die aus dem Begriffe des Bergregales fließende Annahme, daß dem Landesherrn an den im Freien liegenden Lagerstätten gewisse Rechte zukommen, deren Uebertragung behufs der Erwerbung des Bergwerkseigenthumes durch die Muthung nachgesucht und durch die Verleihung ertheilt werden müsse.

Das französische Bergrecht, obgleich es dem Staate keinerlei Rechte an den unverliehenen Mineralien vindicirte, verließ in seinen Vorschriften über die Erwerbung des Bergwerkseigenthumes ganz den Boden der Occupation und ließ dieselbe nach den Regeln der civilrechtlichen Adjudication erfolgen. Der Concessionssucher erlangte keinerlei Anspruch auf Erwerbung des Bergwerkseigenthumes und erst durch die Concession der Behörde, welche unter mehreren Bewerbern willkürlich auswählte, wurde das Bergwerkseigenthum erworben.

Das Allgemeine Berggesetz ist auf den Boden des deutschen Bergrechtes zurückgekehrt, der auch in der rechtsrheinischen Gesetzgebung durch das Gesetz vom 1. Juli 1821, welches die Begrenzung und die Ausdehnung des Feldes dem Ermessen der verleihenden Behörde überließ, zum Theil verlassen worden war. Es läßt die Erwerbung des Bergwerkseigenthumes lediglich nach Maßgabe der Muthung erfolgen. Wenn diese den gesetzlichen Erfordernissen entspricht (§. 22) und nicht mit den älteren oder besseren Rechten Dritter collidirt (§§. 30—32), so wird die Verleihung nach dem Antrage des Muthers ertheilt und auch die Begrenzung des Feldes erfolgt ausschließlich durch die Erklärung des Muthers, welche entweder in der Muthung selbst, oder in einem Nachtrage (§. 18) abgegeben wird. Das Verfahren, welches über die eingelegte Muthung eröffnet wird und mit der Ausfertigung der Verleihungsurkunde abschließt, hat nur den Zweck, das Vorhandensein der gesetzlichen Erfordernisse festzustellen und collidirende Ansprüche verschiedener Muther auf dem Wege der contradictorischen Verhandlung zur Entscheidung zu bringen. Der Muther kann das erworbene Recht, auch wenn ihm die Verleihung von dem Oberbergamte versagt ist, im Wege der gerichtlichen Klage gegen den beliehenen Bergwerkseigenthümer verfolgen (§§. 31, 35), und erst wenn er die Frist von drei Monaten nach der Zurückweisung seiner Muthung, oder falls diese nicht erfolgt ist, nach der Bekanntmachung der entgegenstehenden Verleihung verstreichen läßt, wird er des Rechtes aus der Muthung verlustig.

Die Muthung begründet daher ein dingliches Recht an dem gemutheten Bergwerke, welches auf Grund der bloßen Muthung gegen jeden Dritten verfolgt werden kann. Dieses Recht ist seinem Objecte nach von dem wirklichen Bergwerkseigenthume nicht verschieden. Es ist jedoch resolutiv bedingt durch die Verpflichtung, die Verleihung des Bergwerkseigenthumes in dem durch

Das Oberbergamt hat die Befugniß, für bestimmte Reviere die Annahme der Muthungen den Revierbeamten zu überweisen[29a]).

Dieser Auftrag muß durch das Regierungsamtsblatt und den Staatsanzeiger bekannt gemacht werden[30]).

§. 13.

Die Muthung ist schriftlich in zwei gleichlautenden Exemplaren[31]) einzulegen[32]).

Abschnitt 2 und 3 geordneten Verfahren von der Bergbehörde zu erlangen, und es erlischt durch die Zurückweisung des Anspruchs seitens der Bergbehörde, und durch den Ablauf der für die gerichtliche Verfolgung gestellten dreimonatlichen Frist. Bis zur erlangten Verleihung ist dem Muther auch die Disposition über das gemuthete Bergwerk untersagt. Das dingliche Recht des Muthers verhält sich also zu dem Bergwerkseigenthume, welches erst durch die Verleihung erworben wird, etwa wie das Recht des Erben an der angefallenen Erbschaft zu dem durch die Antretung der Erbschaft erworbenen Eigenthume.

Nach dem bisherigen rechtsrheinischen Bergrechte war es streitig, ob die Muthung ein dingliches Recht, oder nur ein Recht zur Sache, d. h. ein auf das gemuthete Bergwerk gerichtetes Forderungsrecht gegen den Staat begründe. (Vergl. meine Uebersicht S. 103 ff.) Die Annahme eines Forderungsrechtes mußte schon nach dem bisherigen Rechte als verwerflich bezeichnet werden, weil das Recht des Muthers unbestritten, wie jedes dingliche Recht, gegen jeden Dritten, dagegen nicht gegen den Staat, das Subject der angeblichen Obligation verfolgt werden konnte. Jetzt hat diese Meinung jeden Boden verloren, da von einem Rechte des Staates an den unverliehenen Mineralien, dessen Uebertragung durch die Muthung gefordert und durch die Verleihung bewirkt werden könnte, nicht mehr die Rede ist.

29a) In Elsaß-Lothringen ist die Annahme der Muthungen durch das Gesetz (§. 12 S. 165 den Revierbeamten überwiesen. In Bayern erfolgt die Annahme bei den Bezirksbergämtern. (Verordnung vom 16. Juli 1869. Zeitschrift für Bergrecht Bd. X S. 320). Um Uebrigen vergl. die Anmerkung zu §. 187.

30) Die Annahme der Muthungen ist 1) in den rechtsrheinischen Revieren des Oberbergamtsbezirks Bonn außer Hohenzollern — Bekanntmachungen vom 31. August 1865 und (für Nassau 2c.) vom 19. März und 1. Juli 1867, 2) in dem Oberbergamtsbezirk Clausthal — Bekanntmachungen vom 24. Juni 1867, 7. Juni 1867 und 20. März 1869, 3) in dem Oberbergamtsbezirk Dortmund — Bekanntmachungen vom 6. September 1867 und 30. October 1869, 4) in den Revieren des Oberbergamtes zu Halle — Bekanntmachung vom 20. Juli 1873, 5) in den Revieren des Oberbergamtes zu Breslau — Bekanntmachung vom 17. November 1873 — den Revierbeamten übertragen. Zeitschrift für Bergrecht Bd. VI S. 503. Bd. VIII S. 196. Bd. IX S. 42 bis 45. Bd. X S. 142. Bd. XIV S. 329. Staatsanzeiger 1873 Nr. 276.

In den linksrheinischen Revieren erfolgt die Annahme durch das Oberbergamt. In den Privatregalbezirken sind die Muthungen bei dem Regalinhaber oder bei der von ihm bestellten Bergbehörde anzubringen. Huyßen, Kommentar S. 15.

Unter dem früheren Bergrechte fehlte es an einer gleichmäßigen Vorschrift darüber, bei wem die Muthung einzulegen sei. Die ältere Bergordnung übertrug die Annahme der Muthungen dem Bergmeister (Bergvoigt). Das Allgem. Landrecht Th. II Tit. 16 §§. 155. 161 schrieb dagegen vor, daß die Muthung bei dem Bergamte niedergelegt werden solle und diese Bestimmung schloß die Anwendung der provinziellen Bergordnungen aus, weil die Bestimmungen über die Competenz der Behörden dem öffentlichen Rechte angehören und lediglich nach den Landesgesetzen zu beurtheilen sind. — Vergl. m. Uebersicht S. 61. — An die Stelle der Bergämter traten in Folge des Gesetzes vom 10. Juni 1861 die Oberbergämter. Außerhalb des Rechtsgebiets des Allg. Landrechts im Gebiete des Gemeinen Bergrechts blieben dagegen die Revierbeamten nach den Vorschriften der älteren Bergordnungen zur Annahme der Muthungen competent.

31) Die Einreichung des zweiten Exemplars ist nicht bei der Strafe der Nichtigkeit vorgeschrieben. Wenn das Duplum fehlt oder die Muthung zu Protokoll erklärt wird, so wird nach

Jedes Exemplar wird mit Tag und Stunde der Präsentation versehen und sodann ein Exemplar dem Muther zurückgegeben.

---

dem seitherigen Verfahren, auf welches die Motive S. 34 Bezug nehmen, die Abschrift auf Kosten des Muthers bei der Behörde angefertigt. Das Hauptexemplar der Muthung ist stempelfrei (Gesetz, betreffend die Aufhebung gewisser Stempelabgaben vom 26. März 1873 G. S. S. 131. — Min=Erlaß vom 3. Juni 1873 Zeitschrift für Bergrecht Bd. XIV S. 326). Der Präsentationsvermerk auf dem für den Muther bestimmten Nebenexemplare unterliegt dem Stempelsatze von 15 Sgr. für Atteste von Behörden.

32) Es fragt sich, ob die Muthung auch telegraphisch eingelegt werden kann, und diese Frage ist von einiger praktischer Wichtigkeit, da bei der großen Ausdehnung der Oberbergamtsdistricte die Benutzung des Telegraphen einen Vorsprung von mehr als einem Tage vor der Beförderung der Muthung durch die Post gewähren kann, mithin für die Wahrung des Finderrechtes (§. 24) und für die Priorität der Muthung (§. 25) von erheblichem Belange sein kann. Die Frage ist zu bejahen. Daß die telegraphische Correspondenz bei der Vertragschließung die schriftliche Form erfüllt, wenn die Aufgabe=Depeschen von den Contrahenten selbst unterschrieben sind, ist durch die Entscheidung des Obertribunals (IV. Senat) vom 2. Mai 1861 (Entscheidungen Bd. 45, S. 58) angenommen, und wie folgt motivirt.

„Die schriftliche Erklärung existirt. Der Erklärende hat von ihr, um sich durch sie zu verpflichten, gegen den, dem er sich verpflichten wollte, Gebrauch gemacht. Die Erklärung ist dem Letztern zwar nicht ausgehändigt, aber als für ihn amtlich niedergelegt anzusehen. Alle Erfordernisse einer verpflichtenden schriftlichen Willenserklärung sind hiernach in diesem Falle vorhanden."

Diese Deduction kann indeß auf die vorliegende Frage nicht angewendet werden. Denn für die Muthung ist es nach §. 12 wesentlich, daß sie bei dem Oberbergamte angebracht wird und es genügt nicht, daß sie für das Oberbergamt bei der Telegraphen=Station niedergelegt wird. Das Requisit der schriftlichen Form muß daher nicht bloß durch die Aufgabe=Depesche, sondern durch die an das Oberbergamt gelangende Ausfertigung des Telegramms erfüllt werden. Dieß ist indeß der Fall. Die Regel, daß zur schriftlichen Form einer Willenserklärung die eigenhändige Unterschrift des Erklärenden gehöre (Allgem. Landrecht Th. I. Tit. 5, §. 116) gilt nur für das Gebiet des Obligationenrechtes, also nur für Verträge und für solche einseitige Erklärungen, durch welche Verpflichtungen übernommen oder acceptirt werden sollen. Die im §. 13 vorgeschriebene Schriftlichkeit der Muthung ist dagegen nach dem gewöhnlichen Wortsinne dahin zu verstehen, daß der Muther sein Gesuch entweder in schriftlicher Fassung bei dem Oberbergamte einreichen, oder vor dieser Behörde zu Protokoll erklären muß. Die schriftliche Muthung kann aber unbeschadet ihrer Gültigleit auch von einem Andern für den Muther und in dessen Namen geschrieben und unterschrieben sein, wie dies bei dem Telegramm der Fall ist. Für diese Auslegung ist zur Unterstützung anzuführen das Präjudiz 1185 des Obertribunals (Entscheidungen Bd. 19, S. 435), welches sich mit der Auslegung des §. 16 der Verordnung vom 21. Juli 1846 beschäftigt, der über die Anmeldung von Rechtsmitteln bestimmt:

„Für die Anmeldung genügt die Erklärung, daß der Anmeldende sich über das ergangene Erkenntniß beschwert. Sie ist an keine Form gebunden und kann demzufolge mündlich zu Protokoll oder schriftlich ohne Zuziehung eines Justizcommissars erfolgen."

Die Form, welche hier für die Anmeldung von Rechtsmitteln vorgeschrieben wird, stimmt genau mit der im §. 13 für die Muthung vorgeschriebeneu Form überein. Darauf, daß in jenem Falle gesagt wird, die Anmerkung sei an keine Form gebunden, ist kein Gewicht zu legen. Es hat damit nur gesagt werden sollen, daß außer der bestimmt vorgeschriebenen schriftlichen oder protokollarischen Einlegung keine weitere Förmlichkeit, namentlich nicht die für andere Proceßvorschriften erforderte Unterschrift eines Rechtsanwaltes verlangt werde. Zu dieser Vorschrift nun bemerkt das angeführte Präjudiz 2165:

„Die Anmeldung eines Rechtsmittels braucht nicht don der Partei selbst, oder von einem

Es ist statthaft, die Muthung bei der zur Annahme derselben befugten Behörde zu Protokoll zu erklären[33]).

---

bei den Acten legitimirten Bevollmächtigten, sondern sie kann auch von einem Andern für die Partei und in deren Namen ge- und unterschrieben sein."

Dasselbe gilt unzweifelhaft auch von der Muthung, auch von der telegraphisch eingelegten, zumal da die Aechtheit des Inhalts oder die Thatsache, daß das Gesuch von dem Muther wirklich herrührt, hinlänglich durch das folgende Instructionsverfahren, insbesondere durch die nach §§. 15 und 17 von dem Muther abzugebenden nachträglichen Erklärungen constatirt wird. Vergl. den Recursbescheid vom 20. April 1866 (Zeitschr. für Bergr. Bd. VII S. 256).

[33]) Der Präsentationsvermerk muß den Namen und den Amtscharakter des eröffnenden Oberbergamtsdirectors oder Revierbeamten enthalten. Er stellt eine außergerichtliche öffentliche Urkunde dar, gegen welche nur der directe Gegenbeweis zulässig ist. (Allgem. Gerichtsordnung Th. I, Tit. 10, §§. 128—131, Code Napoléon Art. 1317.)

Ueber das Verfahren bei der Annahme der Muthungen hat der Herr Handelsminister eine allgemeine Verfügung vom 20. Juli 1866 erlassen, welche im Anschluß an das frühere Ministerialrescript vom 13. Januar 1851 folgende Regeln aufstellt:

1. Die Annahme und Präsentation der Muthungen, sowie die protokollarische Aufnahme derselben darf nur im Amtsgebäude und während der Dienststunden erfolgen.

2. Die Präsentation erfolgt durch den Director des Oberbergamtes oder dessen Stellvertreter. Für den Fall, daß keiner von beiden im Amtslokale anwesend ist, ist ein Bureaubeamter mit der Präsentation der offen eingehenden Muthungen zu beauftragen. Der Letztere hat in der Abwesenheit des Directors und seines Stellvertreters auch solche verschlossen eingehende Muthungen zu eröffnen und zu präsentiren, welche auf der Adresse als Muthungen bezeichnet sind. In denjenigen Revieren, für welche die Annahme der Muthungen dem Revierbeamten übertragen ist, darf die Präsentation sowie die protokollarische Aufnahme von Muthungen nur durch den Revierbeamten persönlich geschehen.

3. An Sonn- und Feiertagen sind keine Muthungen protocollarisch aufzunehmen. Dagegen sind auch an diesen Tagen die schriftlich eingehenden Muthungen während bestimmter Dienststunden zu präsentiren.

4. Die während der Dienststunden eingehenden Muthungen sind nach der Zeit ihres Einganges gesondert zu halten. Es sind daher keineswegs die in einer Stunde eingehenden Muthungen als von gleichem Alter zu behandeln, indem der in §. 13 des Allgem. Berggesetzes gebrauchte Ausdruck „Stunde der Präsentation" nicht als eine untheilbare, Zeiteinheit zu verstehen ist. Hiernach sind diejenigen Muthungen, welche in derselben Stunde aber innerhalb derselben zu verschiedener Zeit angebracht werden, so zu präsentiren, daß die Reihenfolge des Einganges ersichtlich wird, wobei es unbedenklich ist, die Zeit der Präsentation nach Minuten zu bestimmen.

5. Die mit derselben Post eingehenden Muthungen müssen als gleichzeitig eingegangen präsentirt werden. Es ist unzulässig, dieselben mit einem verschiedenen Präsentatum zu versehen, je nachdem die eine oder die andere Muthung früher oder später von dem präsentirenden Beamten erbrochen oder gelesen werden.

6. Die außerhalb der Dienststunden schriftlich eingegangenen Muthungen werden beim Beginne der Dienststunden präsentirt. Sind dieselben mit verschiedenen Posten eingegangen, so müssen dieselben nach Maßgabe der Zeit des Einganges gesondert gehalten werden. In zweifelhaften Fällen ist der Postausgabestempel zu beachten.

Das Muthungsregister, welches nach dem bisherigen Herkommen auch bei den Oberbergämtern über die bei ihnen eingelegten Muthungen geführt wird, dient als Repertorium für die Muthungsacten. Es kann unter Umständen als Beweismittel für eine verloren gegangene Muthung, oder gegen einen irrthümlichen Präsentationsvermerk dienen. (Zeitschr. f. Bergr. V. 134).

Entsprechende Vorschriften sind für Bayern in der Instruction vom 31. Juli 1869 (Zeitschrift für Bergrecht Bd. XI S. 3) gegeben.

§. 14.

Jede Muthung muß enthalten:

1) den Namen und Wohnort des Muthers[34]);
2) die Bezeichnung des Minerals, auf welches die Verleihung des Bergwerkseigenthums verlangt wird;
3) die Bezeichnung des Fundpunktes[34a]);
4) den dem Bergwerke beizulegenden Namen.

---

[34]) In Bezug auf die Muthung durch einen Bevollmächtigten sind durch den Recursbescheid vom 1. Mai 1866 (Zeitschrift für Bergrecht Bd. VII S. 258) folgende Grundsätze angenommen:

1. „Daß in dem Falle, wenn eine Muthung nicht durch den in derselben benannten Muther persönlich, sondern von einem angeblichen Bevollmächtigten eingelegt wird, zur Constatirung, ob der angegebene Muther das Muthungsrecht erwerben will, dessen Vollmacht oder nachträgliche Genehmigung beigebracht werden muß und, sofern dies nicht geschieht, die Angabe seines Namens wirkungslos und dem Falle gleichzuachten ist, wenn die Muthung den Namen eines Muthers gar nicht enthält."

2. „Daß aus diesem Grunde die Beibringung der Vollmacht, resp. Ratihabitions-Erklärung innerhalb derselben Frist und unter demselben Präjudize zu erfordern ist, wie die mangelnde Angabe des Namens oder Wohnortes des Muthers."

So unzweifelhaft der erste dieser Sätze ist, so steht doch der zweite Satz, insofern er die im §. 14 für die Ergänzung unvollständiger Muthungen bestimmte Frist auf die Führung der Legitimation des Bevollmächtigten anwendet, mit dem zu §. 13 mitgetheilten Recursbescheide vom 20. April 1866 nicht ganz in Einklang. Der Recursbescheid vom 1. Mai v. J. betrachtet die Legitimation des Bevollmächtigten als ein Essentiale der Muthung, welches in dieser enthalten sein muß, und wenn es fehlt, einen Mangel begründet, dem nach §. 14 innerhalb einer Woche auf die Aufforderung der Bergbehörde abgeholfen werden muß. Allein nach dem Bescheide vom 20. April v. J. genügt eine Muthung, auch wenn sie von dem Muther persönlich nicht unterschrieben ist, den gesetzlichen Anforderungen, wenn sie nur den Namen und Wohnort des Muthers enthält.

Ist daher die Muthung von einem angeblichen Bevollmächtigten unterschrieben, so gehört die Vollmacht oder die Ratihabition desjenigen, auf dessen Namen gemuthet ist, nicht zu den Angaben, die schon in der Muthung selbst enthalten sein müssen und deren Mangel gemäß §. 14 A. B.-G. innerhalb einer Woche abgeholfen werden muß. Die Vollmacht oder die nachträgliche Ratihabition muß allerdings beigebracht werden und wenn dies nicht geschieht, so ist nicht bloß die Angabe des Namens, sondern auch die ganze Erklärung wirkungslos und für nicht geschehen zu erachten. Es fehlt der Muthung dann nicht eine einzelne Angabe, sondern die für die Gültigkeit jedes Rechtsgeschäftes nothwendige Voraussetzung, daß die Willenserklärung von dem bezeichneten Subjecte wirklich ausgeht.

So lange daher die Vollmacht oder Ratihabition nicht beigebracht ist, fehlt der Nachweis für die Echtheit der in der Muthung abgegebenen Erklärung, und dieser Nachweis muß innerhalb derjenigen Frist, welche die Bergbehörde nach ihrem Ermessen bestimmt, beigebracht werden. Allein es ist nicht nothwendig, daß diese Frist nach §. 14 auf eine Woche bestimmt werde. Diese Frist wird vielmehr in manchen Fällen zu eng bemessen erscheinen, wie wenn z. B. der Verwalter eines abwesenden oder erkrankten Grundbesitzers oder der Vertriebsführer eines abwesenden Bergwerksbesitzers dessen Finderrecht gemäß §§. 24. A. B.-G. durch Einlegung der Muthung wahren will.

[34a]) Jede Muthung muß nach §. 15 auf einen selbstständigen Fund gegründet sein, welcher nach §. 27 in das zu verleihende Feld eingeschlossen werden muß. Es ist daher nicht zulässig, auf Grund eines Fundes mehrere Muthungen einzulegen. Das gemeine deutsche Bergrecht

Wird eine Muthung auf das Mineralvorkommen eines verlassenen Bergwerks eingelegt, so muß dieselbe statt des Erfordernisses unter 3) eine Angabe über die Lage dieses Bergwerks enthalten.

Fehlt der Muthung die eine oder andere dieser Angaben, so hat der Muther dem Mangel auf die Aufforderung der Bergbehörde innerhalb Einer Woche abzuhelfen. Geschieht dies nicht, so ist die Muthung von Anfang an ungültig[34b]).

---

betrachtete die ganze Lagerstätte als Gegenstand des Fundes, so daß an einem Gange nur ein Fund gemacht nud nur ein Finderrecht erworben werden konnte. Was von dem Gange außerhalb des dem Finder verliehenen Feldes im Freien liegen blieb, konnte ohne besonderen Fund durch sogenannte Maaßenmuthung erworben werden. Das Allgemeine Berggesetz hat den Begriff der Lagerstätte als einer individuell begrenzten Ablagerung aufgegeben. Es ist deshalb zulässig, auf demselben Gange oder Flötze in unmittelbarer Nähe verschiedene Aufschlüsse zu machen und jeden derselben als einen selbstständigen Fund zu muthen.

Dagegen ist es nicht zulässig, an den verschiedenen Stößen eines Fundschachtes, eines Stollens oder einer Strecke, oder gar an der Peripherie eines Fundbohrloches verschiedene Fundpunkte anzunehmen und so auf einen einzelnen Fund mehrere Muthungen einzulegen und mehrere an dem gemeinschaftlichen Fundpunkte zusammenstoßende Felder nach verschiedenen Richtungen zu strecken. Vielmehr muß, wie in dem Recursbescheide des Handelsministers vom 2. März 1868 (Zeitschrift füt Bergrecht Bd. IX S. 191) ausgeführt wird, die Aufschlußanlage, mit welcher das gemuthete Mineralvorkommen entdeckt worden ist, in ihrem ganzen querschnittlichen Umfange als Fundpunkt augesehen werden. Vergl. die Recursbescheide vom 24. Deeember 1870 und vom 14. October 1871. (Das. Bd. XII S. 134 und Bd. XIII S. 557.)

[34b]) Um den Muther bei seinem Rechte möglichst zu schützen, ist die absolute Ungültigkeit der Muthung wegen eines Mangels in den formellen Erfordernissen davon abhängig gemacht, daß der Muther zur Abstellung des Mangels aufgefordert, aber der Aufforderung binnen der präclusivischen Frist von einer Woche nicht nachgekommen ist. (Motive S. 34). Da indeß Zweifel darüber entstehen können, ob in einem vorliegenden Falle überhaupt eine Muthung eingelegt ist, so müssen auch die wesentlichen Erfordernisse einer Muthung bestimmt werden und als solche sind in Uebereinstimmung mit der bisherigen rechtsrheinischen Jurisprudenz die Bezeichnung des Fundes nach der Mineralgattung und nach der Oertlichkeit, der Name des Muthers und der Antrag auf Verleihung zu bezeichnen, welcher übrigens in der Bezeichnung: muthen oder Muthung hinlänglich ausgedrückt ist. Fehlt eine dieser drei Angaben (§. 14, Nr. 1, 2, 3) gänzlich, so liegt offenbar keine rechtsgültige Muthung vor, welche geeignet wäre ein Recht auf Verleihung zu begründen, während bloße Ungenauigkeiten in der Bezeichnung des Fundes nach Ort und Gattung (2, 3), die Angabe des Wohnortes (1) oder der Name des Bergwerks (4) unbeschadet des Alters der Muthung nachträglich ergänzt werden können. Eine Muthung, in welcher eins der wesentlichen Erfordernisse, entweder der Name des Muthers oder das gemuthete Mineral oder die Angabe des Fundortes gänzlich fehlt, kann auch bei nachträglicher Ergänzung kein Vorrecht vor einer den gesetzlichen Erfordernissen entsprechenden Muthung begründen, die in der Zwischenzeit zwischen der unvollständigen Muthung und deren Ergänzung eingelegt ist, weil die unvollständige Muthung entweder das Object oder das Subject des Anspruches ganz unbestimmt läßt. Der Versuch, die heilbaren und unheilbaren Nichtigkeiten des Muthungsgesuches dadurch gleich zu stellen, daß sie sämmtlich für heilbar erklärt werden, führt also nicht zum Ziele. Wie sollte auch die Bergbehörde im Stande sein die Ergänzung der unter Nr. 1 aufgeführten Angabe zu verlangen, wenn in der Muthung der Name oder auch nur Wohnort des Muthers nicht angegeben ist? Solche Muthungen müssen nach wie vor als von vorn herein nichtig zu den Acten geschrieben werden und die etwaige Ergänzung muß lediglich als neue Muthung behandelt werden.

Das bayerische Berggesetz bestimmt deshalb ausdrücklich im Art. 14 Abs. 3:

„Fehlt der Muthung eine der Angaben Ziffer 1, 2, 3 gänzlich, so ist die Muthung ungültig. Fehlt die Angabe Ziffer 4 oder sind die Angaben Ziffer 1, 2, 3, 4 ungenau, und wird dem

§. 15.

Die Gültigkeit einer Muthung ist dadurch bedingt, daß das in derselben bezeichnete Mineral an dem angegebenen Fundpunkte[34c]) (§. 14) auf seiner natürlichen Ablagerung[34d]) vor Einlegung der Muthung entdeckt worden ist[35]) und bei der

---

Mangel auf die Aufforderung der Bergbehörde nicht innerhalb 4 Wochen abgeholfen, so ist die Muthung von Anfang an ungültig.

[34c]) Zur Gültigkeit der Muthung genügt es nicht, wenn das Mineral an einem andern Orte als an dem angegebenen Fundpunkte nachgewiesen wird. Recursbescheid vom 4. März 1872 Zeitschrift für Bergrecht Bd. XIII S. 286.

[34d]) Der geforderte Nachweis des Minerals auf seiner Ablagerung ist nicht als geführt anzusehen, wenn bloße Spuren des Minerals am Fundpunkte nachgewiesen sind. Beispiele geben die Recursbescheide in der Zeitschrift für Bergrecht Bd. VI S. 581. Bd. VII S. 259. Bd. IX S. 193, 194. Bd. X S. 255. Bd. XI S. 130. S. 350 f. Bd. XIV S. 410. — Vergl. die Zusammenstellung das. Bd. XIV S. 499.

Durch Menschenhand gewonnene Halden können nicht als natürliche Ablagerung gelten, auch wenn sie demnächst in die Thäler abgeschwemmt sind. Zeitschrift f. Bergrecht Bd. X S. 256.

[35]) Das Requisit der Fündigkeit ist aus dem bisherigen rechtsrheinischen Bergrechte entnommen. Der Grund dieses Erfordernisses liegt darin, daß die förmliche Handlung der Muthung bei der Erwerbung des Bergwerkseigenthumes die Stelle der körperlichen Besitzergreifung vertritt, durch welche sich die Occupation herrenloser Sachen nach dem Civilrechte vollzieht. Die Lagerstätte muß also in dem Augenblicke der Muthung der Besitznahme zugänglich sein und die Fündigkeit besteht eben in der gegenwärtigen Möglichkeit der Besitznahme.

Die Möglichkeit des Besitzes ist bedingt durch die Entblößung der Lagerstätte, ohne die eine physische Einwirkung auf dieselbe nicht stattfindet. Es genügt also nicht, daß die Lagerstätte einmal entblößt gewesen ist, sondern sie muß gegenwärtig zugänglich sein. Ihr Dasein muß nicht aus den Acten, sondern aus dem offenen Schürfe ersichtlich sein. Es genügt nicht, daß der Fund auf der Karte gezeigt werden kann, man muß ihn mit der Hand oder mit dem Bohrgestänge berühren und unmittelbar physisch auf ihn einwirken können.

Die bloße Gewißheit, daß an einem Punkte vor Jahren ein Steinkohlenflötz erbohrt worden ist, gewährt nicht die Möglichkeit der Apprehension. Ein Besitz kann an einem solchen nicht mehr anfgeschlossenen Lager nicht bestehen. Eine solche historische Nachricht begründet daher auch nicht die Fündigkeit. Sollte nach der Absicht des Gesetzes die bloße Gewißheit der Existenz der Lagerstätte zur Gültigkeit der Muthung ausreichen, so ist nicht ersichtlich, weshalb nicht der Nachweis dieser Existenz auch nachträglich geführt werden sollte. Es müßte dann auch zulässig sein, die zwischen zwei bekannten Aufschlußpunkten mit Sicherheit projectirte Fortsetzung eines Flötzes zu muthen, ohne daß es dazu eines Fundes bedurfte, weil die auf Schlußfolgerungen beruhende Gewißheit oft mindestens denselben Werth hat als die historische. Allein das Bergrecht verlangt nicht die bloße Gewißheit der Existenz, sondern die der Muthung vorhergehende Entdeckung der Lagerstätte als Bedingung einer rechtsgültigen Muthung. (Vergl. m. Uebersicht 1860—1863 S. 27 ff. und die daselbst mitgetheilten Erkenntnisse.)

Eine andere Auffassung liegt den Erkenntnissen des Obertribunals vom 7. September 1869 und vom 22. Januar 1872 (Zeitschrift für Bergrecht Bd. XI S. 281. Bd. XIII S. 125) zu Grunde. Uebrigens würde der zuerst beurtheilte Fall — der Fund war 1853 gemuthet und amtlich besichtigt; die Muthung wurde seitdem wiederholt, zuletzt 1865 erneuert, dann aber der Fundschacht verbrochen gefunden — auch nach der hier entwickelten Ansicht nicht anders zu beurtheilen sein, da die Muthung nur die Erneuerung einer älteren Muthung desselben Finders war, bei deren Einlegung die Möglichkeit der Apprehension allerdings vorgelegen hatte. Es besteht auch kein Widerspruch zwischen der hier vorgetragenen Ansicht und dem Inhalte der beiden folgenden Anmerkungen. Wenn auch die Einlegung der Muthung durch die Möglichkeit der Besitznahme bedingt ist, so kann doch die Muthung auf Grund des einmal erlangten Besitzes erneuert werden und der Beweis der Fündigkeit geführt werden, auch wenn der Fund nicht mehr zugänglich ist.

amtlichen Untersuchung[36]) nachgewiesen wird[37]), und daß außerdem nicht bessere Rechte Dritter auf den Fund entgegenstehen[38]).

§. 16.

Wird eine Muthung auf das Mineralvorkommen eines verlassenen Bergwerks eingelegt (§. 14), so bedarf es zur Gültigkeit derselben keiner vorherigen neuen Aufschlüsse.

War jedoch das Material erwiesenermaßen bereits bei dem Verlassen des Bergwerks gänzlich abgebaut, so ist eine solche Muthung von Anfang an ungültig[39]).

---

[36]) Ob die frühere Besichtigung eines von Neuem gemutheten Fundes ausreichend sei, um den Nachweis der Fündigkeit zu führen, hängt von der Beurtheilung der verleihenden Behörde ab. Das Oberbergamt ist nicht an das Votum des Beamten gebunden, welcher den Fund aus Anlaß einer früheren Muthung besichtigt hat, sondern befugt, nach freiem Ermessen die nochmalige örtliche Untersuchung anzuordnen. (Recursbescheide vom 31. December 1866 und vom 4. März 1867. (Vergl. Zeitschr. f. Bergrecht Bd. VIII S. 115.)

[37]) Das Gesetz sieht von den Beweisregeln ab, welche die früheren Bergrechte für den Nachweis der Fündigkeit aufstellten. (Vorzeigen in vollem frischen Anbruche — Entblößen zwischen rechtem Hangenden und Liegenden u. s. w.) Maßgebend ist die Ueberzeugung der untersuchenden Behörde, von deren Ermessen abhängig ist, durch welche Beweismittel der Nachweis geführt werden soll. Unter diesen Beweismitteln nimmt wie bisher der Augenschein die erste Stelle ein und nur in denjenigen Fällen, wo der Fund nicht unmittelbar ersichtlich gemacht werden kann, wie bei Bohrfunden, wird sowie bisher eine indirecte Beweisführung durch Zeugen, Bohrtabellen, Bohrpropfen u. dgl. zugelassen werden müssen. (Recursbescheid vom 12. März 1866. Zeitschr. f. Bergr. Bd. VII S. 392.)

[38]) Ergibt sich, daß der Fundpunkt im verliehenen Felde liegt, so ist die Muthung zurückzuweisen und dem Antrage des Muthers, deßungeachtet die Fundesconstatirung zu bewirken, keine Folge zu geben. (Recursbescheid vom 15. Februar 1866. Zeitschrift für Bergrecht Bd. VII S. 391.)

Diese wichtige Entscheidung enthält eine Consequenz des in den §§. 15, 19. 31, 35 und 221 A. B.-G. in verschiedenen Anwendungen ausgesprochenen Grundsatzes, daß die angenommene Muthung und die ertheilte Verleihung nur auf Grund einer älteren Muthung und innerhalb der gesetzlich bestimmten Fristen als ungültig angefochten werden kann, daß dagegen, allen später eingelegten Muthungen gegenüber, das verliehene Feld sowie das Feld einer angenommenen Muthung für die Dauer ihrer Gültigkeit geschlossen sind.

Dieser Grundsatz enthält eine wichtige Abänderung des früheren Rechtes. Es ist nicht mehr gestattet, auf Grund eines wirklichen oder vermeintlichen Mangels in dem Rechtstitel der Verleihung Muthung auf ein bereits verliehenes Feld einzulegen. Das verliehene Feld ist vielmehr allen Denjenigen gegenüber, welche nicht bereits auf Grund einer älteren Muthung Ansprüche auf dasselbe erworben haben, ein unantastbares Eigenthum.

Nach Ablauf der in den §§. 31, 35 und 221 bestimmten Fristen endlich wird die Verleihung auch den älteren Muthungen gegenüber unanfechtbar, so daß das Bergwerkseigenthum nunmehr, soweit nicht die Unsicherheit der Vermessungsgrenzen bei den Längenfeldern fortdauert, jedem andern Eigenthume in Bezug anf die Sicherheit des Besitzstandes gleichgestellt ist.

[39]) Die Fündigleit beruht bei der Muthung eines schon früher gebauten Bergwerks in der Notorietät. Ein neuer Mineralfund braucht daher nur in dem Falle nachgewiesen zu werden wo das früher gebaute Mineralvorkommen notorisch abgebaut ist. Dagegen muß feststehen, daß der frühere Betrieb auf Grund einer Verleihung stattgefunden hat. Recursbescheid vom 2. April 1868. Zeitschrift für Bergrecht Bd. IX S. 195. — Ein und derselbe Aufschluß eines verlassenen Bergwerks kann nicht in Theile zerlegt und zum Gegenstande verschiedener Muthungen gemacht werden. Recursbescheid vom 4. September 1869 das. Bd. XI S. 131.

§. 17.

Der Muther hat die Lage und Größe des begehrten Feldes (§. 27), letztere nach Quadratlachtern[39a]), anzugeben und einen von einem concessionirten Markscheider oder Feldmesser angefertigten Situationsriß[39b]), in zwei Exemplaren einzureichen[40]), auf welchem der Fundpunkt[41]), die Feldesgrenzen, die zur Orientirung erforderlichen Tagesgegenstände und der Meridian angegeben sein müssen[42]).

[39a]) Das Lachtermaß ist durch die Maß- und Gewichtsordnung vom 10. März 1869 aufgehoben. Die Praxis verlangt jetzt die Angabe in Quadratmetern. Da jedoch eine gesetzliche Vorschrift hierüber nicht besteht, so genügt auch die Größenangabe in Aren oder in Hectaren.

[39b]) Für zwei oder mehrere Muthungen kann ein gemeinschaftlicher Situationsriß eingereicht werden. — Bescheid des O.B.A. zu. Bonn vom 16. Januar 1866. Zeitschrift für Bergrecht Bd. XIV S. 502. Ueber die Concessionirung der Markscheider vergl. Zusatz zu §. 190. Markscheider und Feldmesser können die Risse für ihre eigenen Muthungen selbst anfertigen. (Daselbst Bd. XIII S. 160.)

[40]) Die Feldesstreckung kann bereits in der Muthung enthalten sein. Da jedoch die zweckmäßige Bestimmung des Feldes in der Regel eine genauere Untersuchung des Verhaltens der gemutheten Lagerstätte voraussetzt, während die Muthung zur Erhaltung des Vorzugsrechtes unverzüglich oder im Falle des §. 24 doch binnen 8 Tagen eingelegt werden muß, so ist dem Muther nach §§. 17, 18 gestattet, die Feldesstreckung in einer besonderen Erklärung nachzuholen, welche innerhalb 6 Wochen nach der Präsentation der Muthung eingereicht werden muß. Die Feldesstreckung muß in Form einer schriftlichen Angabe des Flächeninhaltes und einer bildlichen Darstellung des begehrten Feldes eingereicht werden.

Eine besondere schriftliche Erklärung über die Feldesstreckung wird, sofern nur der Flächeninhalt angegeben ist, neben der Einreichung des Situationsrisses nach der Praxis des Oberbergamtes zu Bonn nicht erfordert. Wie diese Behörde in einem Erlasse vom 16. April 1866 an die standesherrliche Berg- und Hüttenverwaltung zu Friesenhagen ausführt, genügt die rißliche Darstellung der Lage und der Grenzen des Feldes auf dem Situationsrisse den Anforderungen des §. 17 cit., ohne daß es einer schriftlichen Erläuterung bedarf. Nur der Flächeninhalt des begehrten Feldes muß in Quadratlachtern und in Zahlen entweder in der Muthung oder auf dem Situationsrisse oder endlich in einer besondern Erklärung angegeben werden. Es genügt nicht, daß der Zeichnung ein Maßstab beigegeben ist, mittelst dessen der Flächeninhalt der Figur berechnet werden kann.

[41]) Die Einreichung des Situationsrisses in zwei Exemplaren hat den Zweck, dem Muther mit der Verleihungsurkunde ein Beweisexemplar zurückzugeben (cfr. §. 33).

[42]) Der Fundpunkt muß auf dem Situationsrisse so bezeichnet sein, daß die Lage desselben gegen einen benachbarten Festpunkt, oder gegen eine durch zwei Festpunkte gelegte Abscissenaxe auf Grund einer markscheiderischen oder geometrischen Messung auf dem Risse angegeben ist. Dies folgt aus der Vorschrift des §. 17, welche außer der Angabe des Fundpunktes auch die Angabe der zur Orientirung erforderlichen Tagesgegenstände verlangt. Ueber die Art und Weise der Festlegung des Fundpunktes enthalten die von den Oberbergämtern erlassenen Instructionen für die concessionirten Markscheider nähere Bestimmungen.

Für die Feldmesser sind diese Instructionen nicht unmittelbar verbindlich. Die Oberbergämter sind jedoch berechtigt, von den Muthern zu verlangen, daß sie ihre Risse in derjenigen Gestalt einrichten, wie solche in Ausführung des §. 17 cit. für ihren Geschäftsbereich vorgeschrieben ist.

Entspricht die Angabe des Fundpunktes diesen Anforderungen nicht, so wird dadurch allein nicht die Ungültigkeit der Muthung bedingt. Für die nothwendige Ergänzung dieses Mangels ist daher auch nicht die im §. 18 A. B.-G. für die Einreichung des Situationsrisses vorgeschriebene sechswöchentliche Frist, vom Tage der Präsentation der Muthung berechnet, maßgebend. Das

Der bei Anfertigung dieses Situationsrisses anzuwendende Maßstab wird durch das Oberbergamt festgesetzt und durch die Regierungsamtsblätter bekannt gemacht[43]).

§. 18.

Die Angabe der Lage und Größe des Feldes, sowie die Einreichung des Situationsrisses (§. 17) müssen binnen sechs Wochen[43a]) nach Präsentation der Muthung bei der zur Annahme der letzteren befugten Bergbehörde erfolgen[44]).

Oberbergamt hat vielmehr hierzu dem Muther eine besondere Frist zu stellen und eventuell die Ergänzung auf seine Kosten gemäß §. 33 A. B.-G. anzuordnen. (Recursbescheid vom 17. December 1865.) Fehlt dagegen die Angabe des Fundpunktes ganz oder ist er unrichtig (nicht blos ungenau) angegeben, so ist die Muthung ungültig. Recursbescheid vom 11. Febr. 1867. Das. Bd. VIII S. 117.

[43]) Der Maßstab für den von dem Muther einzureichenden Situationsriß ist von den Oberbergämtern wie folgt festgestellt:

1. durch die Bekanntmachung des Oberbergamtes zu Bonn vom 31. August 1865. Zeitschrift für Bergrecht Bd. VI S. 503.
   a) für die Kreise Siegen, Olpe, Altenkirchen und Neuwied auf 1 : 2000 der wirklichen Länge;
   b) für den übrigen rechtsrheinischen Theil des Bezirkes, einschließlich der Hohenzollernschen Lande, sowie für die ganze linke Rheinseite auf 1 : 10000 der wirklichen Länge;
2. durch die Bekanntmachung des Oberbergamts zu Halle vom 11. September 1865. Zeitschrift für Bergrecht Bd. VII S. 130 auf 1 : 6400 der natürlichen Länge.
3. durch die Bekanntmachung des Oberbergamts zu Dortmund vom 16. September 1865. Das. Bd. VII S. 131 auf 1 : 3200 der natürlichen Länge;
4. durch die Bekanntmachung des Oberbergamtes zu Breslau vom 20. September 1865. das. S. 131 auf 1: 4000 der natürlichen Größe;
5. für die mit dem Oberbergamtsbezirk Bonn neu vereinigten Landestheile auf 1: 10,000 durch die Bekanntmachungen vom 19. März und 1. Juli 1867. das. Bd. IX S. 42 S. 44;
6. für den Bezirk des Oberbergamtes zu Clausthal auf 1: 6250 ausgenommen die innerhalb der Aemter Zellerfeld und Elbingerode sowie bei Osterode und Lautersberg eingelegten Eisenerzmuthungen, für welche ein Maßstab von 1 : 3125 angeordnet ist. — Bekanntmachungen vom 7. und 24. Juni 1867 (das. Bd. IX S. 45 S. 298);
7) für das Revier Osnabrück des Oberbergamtsbezirk Dortmund auf 1: 6400 durch die Bekanntmachung vom 6. September 1867 (das. Bd. IX S. 47).

[43a]) Der Muther, welcher die Feldesstreckung nicht in der Muthung selbst, sondern erst nachfolgend gemäß §. 18 bewirkt, ist berechtigt, das inzwischen seit der Präsentation der Muthung bergfrei gewordene Feld in Anspruch zu nehmen, auch wenn ein Theil desselben bei Einlegung der Muthung rechtsgültig durch eine andere Muthung in Anspruch genommen war. — Recursbescheid vom 1. Januar 1868. Zeitschrift für Bergrecht Bd. IX S. 196. Erkenntniß des Obertribunals vom 25. Februar 1870. Das. Bd. XI S. 290.

[44]) Die Feldesstreckung und der Situationsriß muß wie die Muthung bei dem Oberbergamte und in den zu §. 12 Anm. 30 aufgeführten Landestheilen bei dem Revierbeamten eingereicht werden. Eine Aufforderuug dazu findet nicht statt, vielmehr läuft die im §. 18 bestimmte Präclusivfrist unmittelbar von dem Tage der Präsentation der Muthung. Sie wird auch nicht unterbrochen, wenn das Oberbergamt, ohne die Feldesstreckung zu erwarten, die Muthung wegen mangelnder Fündigkeit oder Feldesfreiheit (§. 15) zurückweist. Auch der zurückgewiesene Muther, wenn er seine Rechte im Wege des Recurses an den Handelsminister (§. 191) verfolgen will, muß den Situationsriß innerhalb der im §. 18 bezeichneten Frist einreichen. Die Verlängerung der Frist ist unstatthaft. (Recursbescheid vom 4. April 1870. Zeitschrift für Bergrecht. Bd. XI. S. 354.)

Situationsrisse, die nicht in dem vorgeschriebenen Maßstabe oder nicht von einem concessionirten Markscheider oder Feldmesser angefertigt sind, werden zurückgegeben, ohne daß zur Ein-

Geschieht dies nicht, so ist die Muthung von Anfang an ungültig[45]).

Unterläßt der Muther die Einreichung eines zweiten Exemplars des Situationsrisses, so kann die Bergbehörde dasselbe auf Kosten des Muthers anfertigen lassen[46]).

§. 19.

Die Lage und Größe des begehrten Feldes können nur innerhalb der auf dem Situationsrisse (§. 17) angegebenen Grenzen abgeändert werden[47]).

Gegen Muthungen Dritter ist das gesetzlich begehrte, auf dem Situationsrisse angegebene Feld einer Muthung für die Dauer ihrer Gültigkeit geschlossen[48]).

---

reichung des vorschriftsmäßig angefertigten Risses eine neue Frist gesetzt wird. Die Nachbringung kann vielmehr nur innerhalb der 6 Wochen vom Tage der Muthung erfolgen. Die Frist zur Einreichung des Risses ist nur dann gewahrt, wenn die Präsentation vor deren Ablauf thatsächlich stattgefunden hat. Die bloße Vollziehung des Postempfangscheins über den recommandirt abgesandten Riß genügt nicht. Recursbescheid vom 28. Juni 1866. Zeitschrift für Bergrecht Bd. VII S. 394. Statt der Einreichung neuer Risse kann auf den bei der zuständigen Behörde beruhenden Riß über ein bereits verliehenes Bergwerk verwiesen werden. Recursbescheid vom 22. November 1871. Daselbst Bd. XIII S. 132.

45) Das Präjudiz im zweiten Satze des §. 18 rechtfertigt sich dadurch, daß ohne die Erklärung des Muthers über Lage und Größe des begehrten Feldes und ohne den Situationsriß die Grundlage für die Entscheidung über die Verleihung und über etwaige Collisionen mit Dritten fehlt. (Motive S. 36.) Auch abgesehen von etwaigen Collisionen rechtfertigt sich das Präjudiz dadurch, daß die Muthung ohne Feldesstreckung überhaupt keine Rechte begründen kann. (Vergl. Anm. 49 a. E.)

46) Kommt der Muther seiner Verpflichtung zur Einreichung eines zweiten Rißexemplars nicht nach, so kann deshalb zwar nicht der Verlust der Muthung erfolgen, die Behörde muß aber die Befugniß haben, das Duplicat auf Kosten des Muthers anfertigen zu lassen. (Motive a. a. O.)

47) Im §. 19 werden den formellen Vorschriften dieses Abschnittes wichtige materielle Bestimmungen über das Recht des Muthers angeschlossen. Diese Bestimmungen betreffen die Wirkung der Muthung gegenüber andern collidirenden Muthungen und regeln diese nach dem bisherigen rechtsrheinischen Rechte bisher so verwickelte und controverse Frage in der zweckmäßigsten Weise durch die Vorschrift, daß 1) der Umfang des Rechtes aus der Muthung durch die Grenzen der ersten Feldesstreckung (§. 17) unabänderlich bestimmt ist; 2) der Zeitpunkt der Erwerbung dieses Rechtes auf die Präsentation der Muthnng zurückbezogen wird, auch wenn die Feldesstreckung erst später innerhalb der im §. 18 bestimmten sechswöchentlichen Frist erfolgt ist; 3) die Wirkung der Muthung eine unbedingt ausschließende ist, welche die collidirende Muthung nach §. 15 für immer ungültig macht.

Der erste dieser Grundsätze ist im Alinea 1 dahin ausgesprochen, daß die Lage und Größe des begehrten Feldes nur innerhalb der im Situationsrisse angegebenen Grenzen abgeändert werden kann, das heißt also, daß das gestreckte Feld nur durch Abschneidung einzelner Theile verkleinert, nicht aber auf das außerhalb seiner Grenzen belegene Feld ausgedehnt werden kann. Diese Vorschrift schließt sich an die frühere Bestimmung der Circularverfügung vom 31. März 1852 §. 40 und an das Präjudiz des Obertribunals vom 11. Juni 1852 (Striethorst's Archiv Bd. 5 S. 312) an, welche übereinstimmend die Veränderung der Feldesstreckung zum Nachtheil eines jüngeren Muthers für unzulässig erklärten. Das Allgem. Berggesetz geht einen Schritt weiter, indem es jede Veränderung, die bloße Verzichtleistung auf Theile des begehrten Feldes allein ausgenommen, im §. 19 untersagt. Die erste Feldesstreckung (§. 17) bildet daher, wie dies auch im französischen Bergrechte der Fall ist, die unabänderlichen Grenzen, in denen sich die Instruction des Muthungsgesuches bis zur Verleihung bewegt. Außerhalb dieser Grenzen kann nur durch eine neue Muthung Bergwerkseigenthum erworben werden.

48) Wie das Recht des Muthers durch die erste Feldesstreckung endgültig begrenzt wird, so

Diese Wirkung tritt mit dem Zeitpunkte der Präsentation der Muthung ein und wird auf diesen Zeitpunkt auch dann zurückbezogen, wenn der Situationsriß erst später innerhalb der im §. 18 vorgeschriebenen Frist eingereicht worden ist[49]).

daß nur innerhalb dieser Grenzen die Verleihung erfolgen kann, so soll auch das Recht des Muthers innerhalb dieser Grenzen als ein ausschließliches gelten. Es findet weder eine unbedingte Concurrenz statt, wie nach dem französischen Bergrechte, noch eine bedingte Concurrenz für den Fall, daß die ältere Muthung nicht zur Verleihung gelangen möchte. Der Muther erwirbt sofort ein dingliches Recht auf den ganzen Umfang des innerhalb der gesetzlich zulässigen Ausdehnung (§ 27) begehrten Feldes, und dieses dingliche Recht bleibt bestehen, bis die Verleihung durch den Beschluß des Oberbergamtes (§§. 30. 31) entweder ertheilt oder versagt wird. Im ersteren Falle tritt an die Stelle des dinglichen Rechtes aus der Muthung das verliehene Bergwerkseigenthum innerhalb der durch die Verleihungsurkunde bestimmten Grenzen. War die Muthung wegen mangelnden Fundes ungültig (blind), so ist das Feld gegen Muthungen Dritter nicht geschlossen. Letztere sind daher auf das Feld zulässig auch bevor die blinde Muthung endgültig zurückgewiesen ist. — Recursbescheide vom 13. Februar und 14. November 1867. Zeitschrift für Bergrecht Bd. VIII S. 114 S. 546. — Dagegen fragt es sich, welche Wirkung die Collision mit dem gesetzlich begehrten Felde einer an sich gültigen Muthung, welche nachträglich in Folge einer bloßen Versäumniß des Muthers von Anfang an ungültig wird auf die jüngere Muthung eines Dritten ausübt. Dies ist z. B. der Fall bei der Versäumniß des Termines zum Nachweise der Fündigkeit (§. 15) oder bei der versäumten Einreichung des Situationsrisses (§. 18). In diesen Fällen unterliegt es keinem Zweifel, daß das Feld gesetzlich begehrt war und daß die Muthung, obgleich sie nachträglich für von Anfang an ungültig erklärt wird, dennoch bis zu dieser Entscheidung hin gültig war. Das begehrte Feld war also vor jener Entscheidung ohne Zweifel gegen die Muthungen Dritter geschlossen, während nach erfolgter Vernichtung der älteren Muthung die jüngere nicht mehr wegen der Collision mit einer von Anfang an ungültigen Muthung für ungültig erklärt werden kann, auch wenn zur Zeit der Einlegung der jüngeren Muthung die Fristversäumniß noch nicht eingetreten war. Der Erfolg der Collision hängt also lediglich von dem Zeitpunkte der Entscheidung ab. Sie wirkt vernichtend, wenn über die Collision früher entschieden wird, als über die Ungültigkeit der älteren Muthung entschieden war. Sie bleibt wirkungslos, wenn die Vernichtung vor der Entscheidung über die Collision ausgesprochen war, einerlei, ob bei Einlegung der jüngeren Muthung die Versäumniß, welche die Vernichtung der älteren Muthung bedingt, bereits eingetreten war oder nicht. Daher lebt die auf einen bereits gemutheten Fund eingelegte Muthung, wenn sie vor Ablauf der im §. 18 bestimmten Frist zurückgewiesen war, nicht dadurch wieder auf, daß der ältere Muther nachträglich die Einreichung des Situationsrisses versäumt. Erfolgt dagegen die Entscheidung über die Gültigkeit der jüngeren Muthung erst nachdem bereits die ältere Muthung auf Grund des §. 18 als von Anfang an ungültig erklärt worden ist, so kann die Collision keine Wirkung mehr ausüben. Es ist selbstverständlich, daß der jüngere Muther, welcher wegen der Collision mit einer älteren Muthung durch oberbergamtlichen Beschluß zurückgewiesen ist, bei der nachträglichen Vernichtung der letztern im Wege des Recurses (§. 191—192) oder der gerichtlichen Klage (§. 31) die frühere Entscheidung wegen der nachträglich eingetretenen Ungültigkeit von Anfang an der collidirenden älteren Muthung anfechten kann, wenn die Fristen zur Einwendung dieser Rechtsmittel noch laufen. Wird jedoch der oberbergamtliche Beschluß nicht angefochten so hat die nachträgliche Vernichtung der älteren Muthung keine Wirkung in Bezug auf die ausgesprochene Ungültigkeit der jüngeren Muthung.

[49]) Die Zurückbeziehung der Feldesschließung auf den Zeitpunkt der Muthung wird in den Motiven S. 37 durch die Rücksicht theils auf das praktische Bedürfniß, theils auf die rechtliche Bedeutung der Muthung gerechtfertigt. Beide Gründe sind in gleichem Maße als zutreffend zu erkennen. Die Bestimmung des §. 19, Al. 3 beseitigt zunächst, vom praktischen Gesichtspunkte betrachtet, die früher bestandene fast unlösbare Controverse über die Wirkungen der vorübergehenden Ueberdeckung. Es ist dies der Fall, wenn zuerst A Muthung einlegt, dann

§. 20.

Das Feld einer jeden Muthung wird gleich nach Einreichung des Situationsrisses (§. 17) von der Bergbehörde auf die Muthungs-Uebersichtskarte aufgetragen[50]. Die Einsicht dieser Karte ist einem Jeden gestattet.

B einen benachbarten Fund im freien Felde muthet, dann aber durch die nun folgende Feldesstreckung des A überdeckt wird, während später A den Theil seines Feldes, in welchem der Fund des B belegen ist, wieder ins Freie fallen läßt. Die widersprechenden Entscheidungen, welche unter der früheren Gesetzgebung über diesen Rechtsfall ergangen sind, sind in meiner Uebersicht S. 109 ff. mitgetheilt. Nach der einen Ansicht blieb die Muthung des B für alle Zeiten ungültig, weil die Wirkung der Feldesstreckung auf den Zeitpunkt der Muthung zurückbezogen wurde, nach der andern lebte sie durch die Veränderung in der Feldesstreckung wieder auf, weil auch die spätere Feldesstreckung auf denselben Zeitpunkt der Einlegung der Muthung zurückzubeziehen sei. Beide Ansichten führten unter dem damaligen Stande der Berggesetzgebung zu einer erheblichen Unsicherheit des Besitzes. Da nämlich der Muther die Feldesstreckung meist willkürlich hinausschieben konnte, so war er nach der ersten Meinung in der Lage, benachbarte Funde, auf die große Kosten verwendet und große Hoffnungen gebaut waren, zuerst zu überdecken. dann durch die Verlegung des Feldes frei zu machen und für sich zu muthen. Die entgegengesetzte Praxis vermied diesen oft in gewissenloser Weise ausgebeuteten Uebelstand, allein sie stellte die Rechtsgültigkeit der Muthungen und der Verleihungen in weitem Umfange in Frage. Da nämlich nur zu häufig eine ganze Reihe von Muthungen in dem Verhältnisse stand, daß der Fund des B von der Feldesstreckung des älteren Muthers A überdeckt wurde, dann nach dieser Ueberdeckung C in dem von B begehrten Felde gefunden und gemuthet hatte und so weiter (vergl. den in meiner Uebersicht S. 114 ff. mitgetheilten Rechtsfall), so mußte jede Veränderung in den Rechten oder in der Feldesstreckung der älteren Muthung eine Reihe jüngerer Muthungen in ihrer Gültigkeit afficiren. Hatte nämlich der Untergang der Muthung A das Wiederaufleben der Muthung B zur Folge, so bewirkte dies nun die Ungültigkeit der überdeckten Muthung C, während eine von deren Felde überdeckte Muthung D wieder auflebte.

Wenn aber beide Auslegungen der früheren Gesetze über die Collision der Muthungen zu einem unbefriedigenden Resultate führten, so wurde die Rechtsunsicherheit noch dadurch wesentlich erhöht, daß die Praxis, selbst die des höchsten Gerichtshofes, zwischen beiden Meinungen schwankte. Eine Abhülfe war also vom praktischen Gesichtspunkte dringend geboten, und diese ist in den §§. 18. 19 in der zweckmäßigsten Weise erfolgt, indem für die Feldesstreckung eine kurze Frist bestimmt, zugleich aber ihre Wirkung auf den Zeitpunkt der Muthung zurückbezogen ist, so daß alle in der Zwischenzeit in dem begehrten Felde eingelegten Muthungen ungültig sind und ungültig bleiben, auch wenn später die Verleihung der überdeckenden Muthung nicht erfolgt oder der überdeckende Feldestheil wieder frei wird.

Daß diese Lösung auch der rechtlichen Bedeutung der Muthung entspricht, ist unzweifelhaft. Denn das Recht aus der Muthung ist ein dingliches Recht an dem gemutheten Bergwerke (Anm. 29), und ein solches Recht kann nur innerhalb bestimmter Grenzen existiren. Die Muthung ohne die folgende Feldesstreckung kann kein solches dingliches Recht begründen. Wenn also die Feldesstreckung zur Erwerbung des Mutherrechtes wesentlich gehört, so hatte der Gesetzgeber nur die Wahl, entweder diese Erwerbung erst mit dem Tage der Feldesstreckung eintreten zu lassen, oder — wenn er an dem alten Satze des deutschen Bergrechtes festhalten wollte, daß die Präsentation der Muthung über den Vorzug concurrirender Ansprüche entscheidet, — die Wirkung der Feldesstreckung auf den Tag der Muthung zurückzubeziehen, sofern sie binnen der gesetzlich bestimmten Frist erfolgt.

[50]) Die Uebersichtskarte wird von derjenigen Behörde geführt, welcher die Annahme der Muthungen obliegt, also in den Oberbergamtsbezirken Clausthal, Bonn (rechts des Rheines), Dortmund, Halle und Breslau von dem Revierbeamten. In den linksrheinischen Revieren wird die Uebersichtskarte bei dem Oberbergamt von dem Königlichen Markscheider geführt.

Als Maßstab der Uebersichtskarten dient in der Regel der gemäß §. 17 von dem Ober-

§. 21.

Versuchsarbeiten, welche der Muther etwa noch vor der Verleihung ausführt [51]), unterliegen denselben Vorschriften, wie die Arbeiten des Schürfers (§§. 3 bis 11).

Dritter Abschnitt.

Vom Verleihen [52]).

§. 22.

Die den gesetzlichen Erfordernissen entsprechende Muthung begründet einen

bergamte für die Situationsrisse vorgeschriebene Maßstab. In denjenigen Revieren, für welche eine Uebersichtskarte in diesem Maßstabe noch nicht vorhanden ist, muß die Reduction des Maßstabes bei der Uebertragung als ein nothwendiges Uebel hingenommen werden. Uebrigens würde eine Uebersichtskarte für den preußischen Staat in dem für den Breslauer District vorgeschriebenen Maßstabe (1 : 4000) etwa 1600 Morgen groß werden. Es darf daher nur für die eigentlichen Bergreviere auf die Ausführung von Uebersichtskarten in diesem Maßstabe gerechnet werden. Für andere Gegenden müssen die Generalstabs- oder die Grundsteuerkarten aushelfen.

[51]) Die Ausführung solcher Versuchsarbeiten ist dem Ermessen des Muthers überlassen. Die früheren Vorschriften, nach welchen vor der Verleihung der Nachweis der Bauwürdigkeit und der Verbreitung der Lagerstätte durch Aufschlußarbeiten zu führen war, sind aufgehoben. Die amtliche Untersuchung (§. 15) beschränkt sich auf den Nachweis, daß die Lagerstätte vor Einlegung der Muthung gefunden ist. Etwas Anderes wird demnach auch durch die Verleihungsurkunde nicht constatirt. Die Vertretung dafür, daß das gefundene Mineral in dem begehrten Felde in bauwürdiger Ablagerung verbreitet sei, bleibt dem Muther überlassen, und die amtliche Beglaubigung der Bauwürdigkeit und der Mineralverbreitung, über deren wesentlich formale Bedeutung früher häufig Irrthümer bestanden und selbst Täuschungen verbreitet wurden, fällt künftig fort.

Da der Muther nicht die Rechte des beliehenen Bergwerksbesitzers gegenüber dem Grundeigenthümer hat, so muß er dem Letzteren gegenüber ebenso wie der Schürfer behandelt werden.

[52]) „Dieser Abschnitt beruht auf folgenden Grundprincipien:

Die rechtsgültige Muthung begründet einen Rechtsanspruch auf Verleihung des Bergwerkseigenthums in einem den Vorschriften des Gesetzes entsprechenden Felde.

Klagbar ist dieser Anspruch nur gegen denjenigen, welcher dem Muther einen privatrechtlichen Anspruch entgegensetzt, nicht aber gegen die das Hoheitsrecht ausübende Staatsbehörde.

Collidirende Muther rangiren in der Weise, daß der jüngere Muther, wenn er im Sinne des Gesetzes Finder ist, auf Grund des Erstfinderrechts dem älteren Muther vorgeht, in allen übrigen Fällen aber die ältere Muthung das Vorrecht vor der jüngeren hat.

Form und Größe des Feldes sind gewissen gesetzlichen Regeln unterworfen, im Uebrigen aber lediglich von der Bestimmung des Muthers abhängig.

Die Entscheidung über die Verleihung und die Verleihung selbst erfolgen durch die Bergbehörde nach einem gesetzlich geregelten Verfahren.

Ueber Collisionen mit den Rechten dritter Muther oder Beliehener findet vor der Verleihung ein contradictorisches Verfahren vor der Bergbehörde statt. Diese entscheidet darüber durch einen Beschluß, gegen welchen dem abgewiesenen Theile der Rechtsweg binnen einer Präclusivfrist von drei Monaten offen steht.

Erst nach Beseitigung der Collisionen wird die Verleihungsurkunde ausgefertigt und publicirt. Die Publication hat für Muther (und in einem bestimmten Falle auch für bereits Beliehene), welche noch Vorzugsrechte auf das publicirte Feld zu haben glauben, ohne in dem Verleihungsverfahren hierüber gehört zu sein, die Wirkung, daß die vermeintlichen Vorzugsrechte bei Vermeidung des Verlustes derselben binnen drei Monaten gegen den Beliehenen gerichtlich verfolgt

Anspruch auf Verleihung des Bergwerkseigenthums in dem im §. 27 bestimmten Felde[53]) [53a]).

Verordnung, betreffend die Einführung des Allgemeinen Berggesetzes vom 24. Juni 1865 in das Gebiet des vormaligen Königreiches Hannover. Vom 8. Mai 1867. (G.S. S. 601).

Art. XV.

§. 4. Innerhalb des Amtes Elbingerode steht den nach §. 7 der Bergordnung $\frac{\text{21. März 1847}}{\text{8. Juni 1848}}$ für die Elbingeroder Eisensteingruben allein zum Muthen berechtigten Personen auch fernerhin die ausschließliche Befugniß zu, Muthungen auf Eisenstein einzulegen. Dagegen findet eine Beschränkung in der freien Befugniß, erworbene Muthungsrechte oder Bergwerke an Dritte zu veräußern, nicht statt.

Bergordnung für die Elbingeroder Eisensteingruben vom 21. März 1847.

(Hannover. Gesetz-Samml. 1847 S. 259.)

§. 7. Zur Muthung sind nur hausbesitzende Bürger von Elbingerode berechtigt, welche selbst Grubenarbeit treiben.

§. 23.

Dieser Anspruch kann jedoch auf dem Rechtswege nicht gegen die verleihende Bergbehörde, sondern nur gegen diejenigen Personen verfolgt werden, welche dem Muther die Behauptung eines besseren Rechts[53b]) entgegensetzen[54]).

---

werden müssen. Durch erfolglosen Ablauf der Frist wird das verliehene Bergwerkseigenthum von allen etwaigen An-. und Einsprüchen der vorbezeichneten Art frei.

Diese Grundsätze enthalten eine Reihe ebenso nothwendiger wie eingreifender Verbesserungen des seitherigen Bergrechts." (Motive S. 37.)

[53]) Im §. 22 wird der Fundamentalgrundsatz des deutschen Bergrechtes aufrecht erhalten, daß die Muthung ein Recht auf die Erwerbung des Bergwerkseigenthumes begründet, welchem sich in den §§. 24 und 25 die weitere Regel anschließt, daß unter mehreren Muthern der Finder, und wenn ein solcher nicht vorhanden ist, der ältere Muther vorgeht. Diese Regeln, welche dem bisherigen Gebiete des französischen Rechtes fremd sind, sind aus dem bisherigen deutschen und preußischen Bergrechte unverändert übernommen, eine Modification hat nur in Bezug auf die Erwerbung und Ausübung des Finderrechtes stattgefunden. (Anm. 55 u. 56.)

[53a]) Eisenbahngesellschaften können durch Muthung nur insofern Bergwerkseigenthum erwerben, als sie zum Bergwerksbetriebe durch ihr Statut berechtigt sind. Min.-Erlasse vom 19. September 1860 und vom 18. Juni 1869. — Zeitschrift für Bergrecht. Bd. I S. 640, Bd. XI S. 349.

Im Uebrigen können Muthungen auf einen Collectivnamen gültig eingelegt werden

a) für juristische Personen, deren Rechtssphäre nicht wie bei den Eisenbahngesellschaften auf den Betrieb eines bestimmten Gewerbes beschränkt ist,

b) für Actiengesellschaften und Handelsgesellschaften welche gesetzlich zur Erwerbung unbeweglichen Eigenthums auf ihren Collectivnamen befugt sind. (Vergl. die Anm. 65 erwähnte Zusammenstellung §. 7.) Ausländische juristische Personen sind in Bezug auf ihre Erwerbsfähigkeit lediglich nach dem Rechte ihrer Heimath zu beurtheilen. Die Beschränkungen des Gesetzes vom 4. Mai 1846 (G.S. S. 235) finden auf die Erwerbung des Bergwerkseigenthums nicht Anwendung. Wegen der Bergbeamten vergl. §. 195.

[53b]) Das würtembergische Berggesetz Art. 23 fügt hinzu, daß in den nicht streitigen Fällen die Beschwerde im Verwaltungswege bis zum Kgl. Geheimrath stattfindet.

[54]) Diese Bestimmung ist durch die von dem Gesetzgeber gebrauchte Terminologie nothwendig geworden. Faßt man den Inhalt der §§. 22, 23, 30—32 und 35 kurz zusammen, so läßt er sich in den folgenden Sätzen wiedergeben:

1. Die den gesetzlichen Erfordernissen entsprechende Muthung begründet ein Recht auf die Erwerbung des Bergwerkseigenthums.

§. 24.

Wer auf eigenem Grund und Boden oder in seinem eigenen Grubengebäude oder durch Schürfarbeiten, welche nach Vorschrift der §§. 3 bis 10 unternommen worden sind, ein Mineral (§. 1) auf seiner natürlichen Ablagerung entdeckt, hat als Finder das Vorrecht vor anderen, nach dem Zeitpunkte seines Fundes eingelegten Muthungen[55].

---

2. Das Bergwerkseigenthum wird von dem Oberbergamte verliehen, welches auf die eingelegte Muthung durch einen Beschluß über die Ertheilung oder Versagung der begehrten Verleihung entscheidet. Gegen diesen Beschluß findet der Recurs an den Handelsminister statt.

3. Der Muther, welchem die begehrte Verleihung durch den Beschluß des Oberbergamtes oder den Recursbescheid des Handelsministers versagt wird, ist gleichwohl berechtigt, sein Recht auf die Erwerbung des Bergwerkseigenthumes im Wege der gerichtlichen Klage gegen Jeden geltend zu machen, welcher dasselbe in Anspruch nimmt.

4. Die gerichtliche Klage muß jedoch

a) wenn der Anspruch des Muthers wegen eines entgegenstehenden besseren Rechtes durch den Beschluß des Oberbergamtes oder den Recursbescheid zurückgewiesen ist, innerhalb drei Monaten nach der Zustellung dieses Bescheides,

b) wenn die Verleihungen über das begehrte Feld einem Dritten ertheilt ist, ohne daß der Anspruch des Muthers ausdrücklich zurückgewiesen ist, innerhalb drei Monaten nach der Bekanntmachung der Verleihungsurkunde durch das Amtsblatt eingelegt werden.

5. Ist die Verleihung nicht wegen eines entgegenstehenden besseren Rechtes versagt worden und das begehrte Feld noch nicht anderweitig verliehen, so kann das Recht aus der Muthung innerhalb der gewöhnlichen Verjährungsfrist gegen Jeden verfolgt werden, der das begehrte Feld für sich in Anspruch nimmt.

6. Die rechtskräftige richterliche Entscheidung über das Vorzugsrecht zur Erwerbung des Bergwerkseigenthumes in einem bestimmten Felde ist für die Verleihung maßgebend. Die bereits von der Bergbehörde ertheilten Verleihungen müssen daher auf Grund eines solchen gegen den Beliehenen ergangenen Urtheiles von dem Oberbergamte abgeändert oder aufgehoben werden.

Dabei ist die Klage gegen das Oberbergamt auf Ertheilung der Verleihung von selbst ausgeschlossen. Da nämlich die Bergbehörde über den Anspruch des Muthers durch Ertheilung oder Versagung der Verleihung zu entscheiden berufen ist, so ist selbstverständlich, daß der Muther keinen privatrechtlichen Anspruch auf Ertheilung der Verleihung gegen die Bergbehörde besitzen und im Wege der Klage verfolgen kann. Das Allg. Berggesetz definirt aber im §. 22 das Recht aus der Muthung als einen Anspruch auf die Verleihung des Bergwerkseigenthumes und sieht sich deshalb genöthigt, im §. 23 gewissermaßen berichtigend hinzuzufügen, daß kein privatrechtlicher Anspruch auf Ertheilung der Verleihung gemeint sei.

Der §. 23 hat bei der Berathung des Allg. Berggesetzes zu vielen unerheblichen Bedenken Veranlassung gegeben. Es bedarf doch sicher nicht der Bemerkung, daß die Entscheidung der verleihenden Behörden in den Fällen, in welchen der Rechtsweg wegen Mangels eines Verklagten nicht stattfindet, ebenso an das Gesetz gebunden ist, wie sonst, und daß sie nicht durch §. 23 zu einer willkürlichen gestempelt wird. Ebenso versteht es sich von selbst, daß der §. 23 die Regreßklage gegen die Beamten der verleihenden Behörde nicht ausschließt, nur daß zur Begründung derselben nicht die Behauptung ausreicht, die Verleihung sei zu Unrecht — also irrthümlich verweigert worden, vielmehr bewiesen werden muß, daß die Verleihung in rechtswidriger Absicht versagt worden sei.

[55]) Die Motive (S. 37) bemerken zu §. 24:

„Das Finderrecht — Recht des ersten Finders —, welches ebenso wie der Rechtsanspruch des Muthers auf den ältesten Grundanschauungen des deutschen Bergrechts beruht, besteht darin, daß der Finder als solcher mit seiner Muthung denjenigen Muthungen vorgeht, welche in der Zeit zwischen seinem Funde und der Einlegung seiner Muthung zur Präsentation gelangen.

Der Finder muß jedoch innerhalb Einer Woche nach Ablauf des Tages der

---

Zur Begründung des Finderrechtes erfordert der §. 24 zunächst einen bergrechtlichen Fund, also die Entdeckung eines unter das Berggesetz fallenden Minerals auf seiner natürlichen, bis dahin unbekannten Ablagerung.

Das Berggesetz hat indeß nicht jeden Finder, welcher den vorerwähnten Erfordernissen nachkommt, als bergrechtlich bevorzugten Finder anzuerkennen, sondern dieses Vorrecht nur gewissen Findern zuzusprechen und namentlich den zufälligen Fund nur in bestimmten Fällen dem beabsichtigten Funde gleichzustellen. Da nämlich das Finderrecht zur Belebung und Förderung von Aufsuchungsarbeiten dienen soll, so kann ein Anspruch auf dasselbe zunächst nur demjenigen zugesichert werden, welcher in der Absicht, ein Mineralvorkommen zu entdecken, rationelle, den Vorschriften des Gesetzes nicht zuwiderlaufende Schürfarbeiten unternimmt. Dagegen trifft dieser Gesichtspunkt bei dem zufälligen Finder nicht zu, vielmehr muß das Finderrecht bei diesem durch anderweitige besondere Gründe motivirt werden.

Hiernach sind im §. 24 als bevorrechtete Finder behandelt:

1. Wer durch Schürfarbeiten, welche nach Vorschrift des Gesetzes unternommen sind, ein Mineral auf seiner natürlichen Ablagerung entdeckt. Ausgeschlossen ist hierdurch derjenige, welcher gegen die Vorschrift des Gesetzes, also namentlich an Orten, wo nicht geschürft werden darf, oder auf fremdem Grund und Boden wider Wissen und Willen des Grundbesitzers und ohne Ermächtigung der Behörde Schürfarbeiten ausgeführt und auf diese Weise einen Fund gemacht hat. Denn es erscheint unangemessen, die Erfolge solcher gesetzwidriger Handlungen mit einem Vorzugsrechte zu belohnen. Ein solcher Finder würde nur wie jeder andere Muther als solcher aus einer gültigen Muthung Rechte erwerben können.

2. Wer auf eigenem Grund und Boden findet, ohne Rücksicht darauf, ob sein Fund sich auf vorgängige Schürfarbeiten gründet oder ein zufälliger ist. Denn der Grundeigenthümer bewegt sich in jedem Falle in den Grenzen seines Rechtes, und überdies würde hier die Scheidung zwischen beabsichtigtem und zufälligem Funde schon deshalb unthunlich sein, weil die Absicht, in welcher der Grundeigenthümer Arbeiten auf oder unter seinem Grundstücke unternommen hat, häufig gar nicht nachzuweisen ist.

3. Wer in seinem eigenen Grubengebäude findet, also namentlich eine Minerallagerstätte mit seinem Grubenbau anfährt, auf welche noch kein Bergwerkseigenthum erworben ist. Das Finderrecht des Bergwerkseigenthümers beruht auf denselben Erwägungen, welche für dasjenige des Grundeigenthümers sprechen, sowie darauf, daß durch dieses Finderrecht der Schutz des Bergwerkseigenthümers bei dem Betriebe seines Bergwerks erhöht wird. Das Finderrecht tritt hier an die Stelle des nach der rechtsrheinischen Gesetzgebung mit dem „Ueberfahren" verbundenen Vorzugsrechts, welches zwar auch auf dem Finderrechte beruht, zu dessen Ausübung aber der Ueberfahrende erst auf ein desfallsiges „Angebot" verpflichtet ist. Dieses Angebot beizubehalten, erscheint nicht nothwendig, da das Finderrecht auch für diesen Fall ausreichenden Schutz gewährt. (Ueber das Vorzugsrecht der bereits bestehenden Erbstöllen vgl. unten zu §. 223.)

Anderen zufälligen Findern als denjenigen, welche unter den Fällen 2 und 3 mit begriffen sind, räumt der Entwurf das Finderrecht nicht ein, weil nach dem Obigen ein innerer Grund hierzu nicht vorliegt, zumal der zufällige Finder sobald er muthet, jedenfalls den Rechtsanspruch als Muther ungeschmälert behält. Außerdem fallen die Fälle, in welchen der Beweis des Fundes mit Schwierigkeiten verknüpft zu sein pflegt und zu Streitigkeiten Anlaß giebt, im Wesentlichen weg, sobald das Finderrecht auf die vorbezeichneten zufälligen Funde beschränkt wird."

Die Voraussetzungen, an welche §. 24 die Erwerbung des Finderrechtes knüpft, sind in diesen Sätzen sehr treffend erläutert. Wenn dagegen der Grund des dem Finder beigelegten Vorzugsrechtes zur Muthung in einer Aufmunterung zur Aufsuchung der Mineralien und in einer Belohnung rationell unternommener Schürfarbeiten gesucht wird, so muß dieser Auffassung entgegengetreten werden, weil sie historisch unrichtig ist und praktisch zu falschen Schlußfolgerungen führt. Das Finderrecht ist ebensowenig eine aufmunternde Prämie für den Fleiß des Schürfers,

Entdeckung[55a]) Muthung einlegen, widrigenfalls sein Vorrecht erlischt[56]).

§. 25.

In allen übrigen Fällen geht die ältere Muthung der jüngeren vor. Das

---

als das geistige Eigenthumsrecht eingeführt ist, um den Fleiß des Schriftstellers anzuspornen und die Production unserer einheimischen Literatur zu steigern. Das eine und das andere Recht ist eingeführt, weil sich die rechtliche Ueberzeugung Bahn gebrochen hat, daß dem Finder das Eigenthum an seinem Funde, dem Schriftsteller an seinem Werke gebühre. Das Finderrecht ist so wenig ein Product vorsorgend planvoller Gesetzgebung, daß es vielmehr mit der Bergbaufreiheit zugleich entstanden ist. Die Unabhängigkeit des Bergbaues vom Grundeigenthum findet sich zuerst in dem Satze ausgesprochen, daß dem ersten Finder der Bau auf der Lagerstätte zusteht (oben S. 21 ff.). Im ältesten Bergrechte genügte das Finden allein, um das Eigenthum an der Lagerstätte innerhalb der gesetzlichen Grenzen der Fundgrube zu erwerben. Später trat die Bedingung der Muthung, d. h. der förmlichen und symbolischen Besitzergreifung hinzu. Allein auch für die Muthung blieb das Requisit der Fündigkeit, d. h. der Möglichkeit einer körperlichen Besitzergreifung bestehen (oben Anm. 35). Das Finden, d. h. die wirkliche körperliche Besitzergreifung an der Lagerstätte, begründete fortan nicht mehr Bergwerkseigenthum, sondern bloßen Besitz. Allein dieser Besitz schloß die Möglichkeit einer Besitzergreifung durch Andere, folglich auch die Muthung durch Andere aus. Daher war nach deutschem Bergrechte der erste Finder der erste Muther, d. h. niemand konnte ihm in der Ausübung seines Rechtes zur Muthung zuvorkommen, so lange er sein Finderrecht besaß.

Das Finderrecht ist in den verschiedenen Berggesetzgebungen an verschiedene Bedingungen geknüpft worden. Man hat statt der bloßen körperlichen Besitzergreifung mit der Absicht der Aneignung noch den Besitz eines Schürfscheines, also statt des bloßen vollständigen Besitzes einen titulirten Besitz verlangt. Allein immer ist das Finden der Lagerstätte dasjenige geblieben, was sein Name besagt, nämlich die Besitzergreifung an einer herrenlosen Sache. Und von dieser Begriffsbestimmung, die auch für §. 24 maßgebend bleibt, lassen sich allein die Regeln für die Erwerbung des Finderrechtes ableiten, die schon unter der früheren rechtsrheinischen Gesetzgebung mehrfach Gegenstand der juristischen Erörterung geworden sind. (Vergl. m. Uebersicht 1860—1863 S. 36 f.) Zur Erwerbung des Finderrechtes gehört außer dem im §. 24 ausgedrückten Voraussetzungen ein vollständiger Besitz, es ist also objectiv die gänzliche Entblößung der Lagerstätte und subjectiv die Absicht der Aneignung nothwendig. Der Besitz muß redlicher Weise erworben sein. Das Finderrecht kann also weder durch eine unerlaubte Handlung noch durch Verletzung eines entgegenstehenden fremden Rechtes erworben werden. Endlich gelten auch für die Erwerbung des Besitzes durch Stellvertreter (z. B. Arbeiter) dieselben Regeln wie für den civilrechtlichen Besitz.

55a) In Bayern: binnen acht Tagen (Berggesetz Art. 24).

56) Auch der Verlust des Finderrechtes wurde nach gemeinem deutschen Bergrechte lediglich nach den Regeln vom Verluste des Besitzes beurtheilt, da die Bergordnungen keine Frist für die Ausübung des Finderrechtes durch Einlegung der Muthungen bestimmten. Das Finderrecht dauerte also so lange fort, als die Möglichkeit der physischen Einwirkung und die Absicht der Aneignung. Es ging verloren, wenn der Schürf verbrach, ohne daß der Finder nach erhaltener Kenntniß Anstalt machte, ihn wieder aufzuwältigen, wenn er oder seine Arbeiter von fremden Schürfern verdrängt wurden oder wenn der Finder den Schürf verließ, in der Absicht, sein Recht nicht weiter zu verfolgen. So lange der Besitz des Finders dauerte, so lange konnte er das Recht des ersten Finders gegen jeden Muther geltend machen, indem er selbst Muthung auf seinen Fund einlegte. Das Allg. Landrecht band dagegen das Vorzugsrecht des Muthers an eine Frist von vier Wochen, innerhalb deren die Muthung eingelegt werden mußte (Th. II, Tit. 16. §. 155). Das Allg. Berggesetz hat sich dieser Norm angeschlossen, jedoch die Frist zur Ausübung des Finderrechtes auf eine Woche bestimmt.

Alter wird durch das Präsentatum der zur Annahme befugten Bergbehörde (§. 12) bestimmt[57]).

§. 26.

Das Bergwerkseigenthum wird für Felder verliehen, welche, soweit die Oertlichkeit es gestattet, von geraden Linien an der Oberfläche und von senkrechten Ebenen in die ewige Teufe begrenzt werden.

Der Flächeninhalt der Felder ist nach der horizontalen Projection[58]) in Quadratlachtern festzustellen[58a]).

---

[57]) Zwei zu gleicher Zeit präsentirte Muthungen begründen gleiche Rechte. Sind dieselben auf denselben Fund gerichtet, so kann nur ein Feld begehrt werden, und die beiden Muther welche zu gleichen ideellen Theilen an dem zu verleihenden Bergwerkseigenthume participiren, sind gehalten, sich über eine gemeinschaftliche Feldesstreckung zu vereinigen. Sind verschiedene Funde gemuthet und fallen die von beiden Muthern begehrten Felder ganz oder theilweise zusammen, so werden die Muther, falls sie sich nicht über eine reelle Vertheilung einigen, Miteigenthümer je zur Hälfte an dem von beiden begehrten Felde. Gleichzeitige Funde begründen gleiche Finderrechte, also auch gleiche Rechte aus der Muthung, wenn beide Finder innerhalb der folgenden Woche Muthung einlegen. Auf die Priorität der Muthung kann es hier nicht ankommen, weil die rechtzeitig eingelegte Muthung des Finders das Alter des Fundes hat. Es gelten also hier dieselben Regeln wie für gleichzeitig eingelegte Muthungen.

[58]) Schon der Gesetzentwurf vom 16. December 1856, betreffend „die Bergeigenthumsverleihung und Bestimmung der Grubenfelder", verfolgte den Zweck, die Vermessungsweise nach gestrecktem oder Längenfelde wegen der hiermit verknüpften vielfachen Uebelstände für die Zukunft ganz zu beseitigen, dagegen die gevierte Vermessung mit senkrechten Ebenen in die ewige Teufe als allgemeine Regel beizubehalten, zugleich aber das zulässige Feldesmaß wesentlich zu erweitern, die Feldesgröße nicht mehr nach Fundgrube und Maaßen, sondern nur nach Quadratlachtern zu bestimmen und die allmähliche Umwandlung der bestehenden Längenfelder in gevierte Felder herbeizuführen.

Im §. 26 sind diese Principien, welche mit den im französischen Bergrechte angenommenen Regeln der Vermessung übereinstimmen, beibehalten. Die einfachste und sicherste Art Grubenfelder zu bestimmen ist nämlich, wie die Motive S. 41 bemerken, die, daß das Feld auf der Oberfläche durch feste Grenzen bezeichnet wird, und daß der prismatische Raum, welcher senkrecht unter diesem Terrain liegt und nach der Tiefe hin nicht beschränkt ist (ewige Teufe), das Grubenfeld bildet. Da die Technik des Bergbaues im Allgemeinen gradlinige Grenzen erfordert, so muß die Begrenzung der Felder durch gerade Linien an der Oberfläche die Regel bilden. Von dieser Regel darf nur abgewichen werden, wo die Oertlichkeit — Landesgrenzen, Flüsse, schon bestehende Grubenfelder 2c. — Berücksichtigung erheischt, damit z. B. die Ausschließung von Feldestheilen, welche für sich nicht zu benutzen sein würden, vermieden oder der Anschluß an benachbarte Felder erreicht wird.

Die Feststellung des Flächeninhalts kann nur nach der horizontalen Projection geschehen, so daß der Querschnitt des Grubenfeldes in jeder Tiefe denselben Flächeninhalt besitzt.

[58a]) Nach den übereinstimmenden Bekanntmachungen der Oberbergämter vom Mai und Juni 1872 (Zeitschrift für Bergrecht Bd. XII S. 159) sind die im §. 27 enthaltenen Größenangaben auf das durch die Maß- und Gewichtsordnung vom 17. August 1868 (B.G.Bl. S. 473) eingeführte Metermaß wie folgt zu reduciren:

25000 Quadratlachter	=	109450 Quadratmeter,
500000 Quadratlachter	=	2189000 Quadratmeter,
500 Lachter	=	$1046,_2$ Meter,
2000 Lachter	=	$4184,_8$ Meter.

§. 27.

Der Muther hat das Recht[59]),

1) in den Kreisen Siegen und Olpe des Regierungsbezirks Arnsberg und in den Kreisen Altenkirchen und Neuwied des Regierungsbezirks Coblenz ein Feld bis zu 25,000 Quadratlachtern[60]),

---

[59]) Während das ältere deutsche Bergrecht den Umfang des dem Muther zu verleihenden Feldes fest bestimmte, überließ das französische Bergrecht die Bestimmung über den Umfang des Concessionsfeldes dem Ermessen der Bergbehörde. Das Gesetz vom 1. Juli 1821 näherte sich in seinen Bestimmungen dem französischen Gesetze, indem es beim Längenfelde eine Vierung einführte, „welche nach dem Ermessen der verleihenden Behörde bestimmt werden soll, jedoch nicht über 500 Lachter hinausgehen darf." Ebenso wurden beim Geviertfelde „soviel Maaßen zugestanden, als zu einem zusammenhängenden Bau erforderlich ist, jedoch nicht über 1200 Maaßen hinaus." Diese Vorschriften, welche die Feldesgröße von dem „unliebsamen Ermessen" der Behörde abhängig machten, wurden indeß nicht recht praktisch. Die verleihende Bergbehörde gewährte überall, wo so viel freies Feld im Zusammenhange vorhanden war, das volle Feldesmaximum. Die Gerichte erkannten sogar den obsiegenden Muthern das Vorzugsrecht zur Verleihung für das Feldesmaximum von einer Fundgrube und 1200 Maaßen unbedingt zu. Als nun in dem oben erwähnten Gesetzentwurfe vom 16. December 1856 und in dem vorläufigen Entwurfe zum Allgem. Berggesetze §§. 31, 32 der Versuch gemacht wurde ein Minimalfeld festzusetzen, auf welches dem Muther ein Rechtsanspruch eingeräumt werden sollte, und daneben ein Maximalfeld einzuführen, welches nach dem Ermessen der Bergbehörde gewährt und versagt und ohne stricte Rücksicht auf die Priorität der Muthung zugetheilt werden konnte, erhob sich gegen diese dem deutschen Bergrechte fremde und mit dem Grundsatze der Bergbaufreiheit unverträgliche Neuerung die allgemeine Stimme. Das Allg. Berggesetz ging daher im §. 27 von der Unterscheidung des Minimalfeldes und Maximalfeldes gänglich ab und bestimmte statt dessen nur ein Feldesmaximum, welches dem Muther bei Erfüllung der gesetzlichen Bedingungen gewährt werden muß. Dadurch ist eine wünschenswerthe Vereinfachung des Muthungswesens ermöglicht, indem von den zeitraubenden und kostspieligen Versuchs- und Aufschlußarbeiten abgesehen werden kann, durch welche die Bergbehörde in den Stand gesetzt werden müßte, die Verbreitung und sonstige Beschaffenheit des Mineralvorkommens zu beurtheilen und hiernach die Legung und Ausdehnung des Feldes zu bestimmen. Besonders wichtig aber ist die Beseitigung einer Anzahl verwickelter und streitiger Rechtsfragen, welche damit zusammenhingen, daß früher der Muthung verschiedene Wirkungen beigelegt wurden, je nachdem das begehrte Feld als schon feststehend oder noch von dem Ermessen der Behörde abhängig betrachtet wurde. (Vergl. m. Uebersicht S. 92 ff. 18$^{60}/_{63}$ S. 43 ff.) Sobald aber nur ein *einziges* Feld und ein *Rechtsanspruch* des Muthers auf *dieses ganze* Feld besteht, ergeben sich einfache Grundsätze für die Rechte des Muthers und insbesondere für sein Verhältniß zu dritten, mit seinem Felde collidirenden Muthungen, indem es keinem Bedenken mehr unterliegt, die vorläufige Schließung des Feldes (§. 19) mit ihren rechtlichen Wirkungen für die ganze Ausdehnung des Feldes eintreten zu lassen.

[60]) Sowie das ältere deutsche und preußische Bergrecht verschiedene Vermessungsarten und Feldesgrößen für verschiedene Arten des Mineralvorkommens (Gänge und Flötze) oder auch für verschiedene Mineralien (z. B. Raseneisenerze) unterschied, so hielt auch der Gesetzentwurf von 1856 und der vorläufige Entwurf zum Allg. Berggesetze im §. 31 an der Unterscheidung von zwei Feldesgrößen fest. Man beschloß jedoch die Unterscheidung von Flötzen und Gängen wegen der Unsicherheit in der Anwendung zu verlassen und statt dessen nach den Mineralspecies zu unterscheiden. Der Entwurf von 1856 wollte nur für Steinkohlen und Braunkohlen das größere Feld gewähren. Auf vielfache Reclamationen fügte der vorläufige Entwurf im §. 31 noch den Kupferschiefer in der Zechsteinformation und die Eisenerze in der Braunkohlenformation hinzu. Allein die Zahl der Anträge auf Einreihung noch anderer Mineralvorkommen in die Klasse der

2) in allen übrigen Landestheilen ein Feld bis zu 500,000 Quadratlachtern[60a]) zu verlangen[61]).

größeren Felder mehrte sich so sehr, daß sich bald die Unmöglichkeit ergab, ohne eine ganz unverhältnißmäßige Kasuistik, welche die größten Schwierigkeiten für die Anwendung bot, an der beabsichtigten Unterscheidung festzuhalten. Man überzeugte sich auch, daß kein Bedenken obwaltete, das Feldesmaximum von 500,000 Quadratlachtern für alle Arten des Vorkommens zuzulassen und eventuell dem Muther zu überlassen, sich seinem Bedürfnisse gemäß zu beschränken.

Nur für die oben unter 1 bezeichneten Landestheile — die vier zum rechtsrheinischen Theile des Oberbergamtsbezirks Bonn gehörenden Kreise Siegen, Olpe, Altenkirchen und Neuwied ergab sich mit Rücksicht auf die bestehenden Besitz- und Rechtsverhältnisse und die weitere Entwickelung des dortigen Bergbaues die Nothwendigkeit, das Maximum der Feldesgröße auf das erheblich geringere Maß von 25,000 Quadratlachtern zu beschränken.

Zur Begründung dieser Ausnahmebestimmung wird in den Motiven S. 44 ausgeführt, daß das eigenthümliche Vorkommen der nutzbaren Mineralien in den gedachten vier Kreisen zur Folge habe, daß sehr ausgedehnte Geviertfelder dort nicht angebracht seien. Dieselben würden, weit entfernt einem wirklichen Bedürfnisse zu entsprechen, nur zum Nachtheile des vorhandenen Bergwerkseigenthums gereichen. Neue Funde von Bedeutung stehen dort nämlich kaum noch zu erwarten. Dagegen werde es stets leicht sein, in einem nach allen Richtungen hin von Gangtrümmern durchschwärmten Gebirge fündig zu werden. Voraussichtlich würden daher in Folge der Einführung ausgedehnter Geviertfelder die bereits vorhandenen Längenfelder sehr bald von Geviertfeldern umstrickt werden und zwar auf Grund von Funden, welche für die Entwickelung des Bergbaues völlig bedeutungslos sind. Für die bestehenden Bergwerke würden hieraus aber Besitzstörungen, Rechtsstreitigkeiten und Verminderung des Credits erwachsen.

Die vier Kreise Siegen, Olpe, Altenkirchen und Neuwied umfassen die Bergreviere Olpe, Müsen, Siegen II (Eisern), Siegen I (Gosenbach), Burbach, Daaden, Kirchen, Hamm und Neuwied und den südlichen schmalen Streifen des Bergreviers Unkel längs dem Rheine zwischen Honnef und Leutesdorf.

Nach Art. II resp. III und IV der Einführungsverordnungen vom 22. Februar, 8. Mai und 1. Juni 1867, 6. Mai 1868 und 12. März 1869 (Anhang zu Titel X) findet die unter Nr. 2 bestimmte Feldesgröße auch in den neu erworbenen Provinzen Anwendung mit der einzigen Ausnahme, welche durch den oben abgedruckten Art. XV der Verordnung vom 8. Mai 1867 für den Eisensteinbergbau im Bezirke des ehemaligen Berg- und Forstamtes zu Clausthal getroffen ist. Auch in den Fürstenthümern Waldeck und Pyrmont findet nach Art. III des Einführungsgesetzes vom 1. Januar 1869 die geringere Feldesgröße des §. 27 Nr. 1 Anwendung.

[60a]) In den Berggesetzen für Braunschweig (§. 28), Sachsen-Meiningen (§. 27) und Sachsen-Gotha (§. 27) ist dieselbe Feldesgröße angenommen, in Gotha außerdem für gangweise Mineralien ein Feld von 25,000, in Meiningen für Schiefer ein Feld von 25,000, für Farbenerden von 10,000 Quadratlachter.

Nach dem bayerischen Berggesetze (Art. 27) beträgt die Feldesgröße für Stein- und Braunkohlen 800 Hectaren, für die übrigen Mineralien 200 Hectaren; in Würtemberg (Art. 27) für Bohnerze 10 Hectaren, für andere Mineralien 200 Hectaren; in Elsaß-Lothringen (§. 27) für alle Mineralien ohne Unterschied 200 Hectaren.

[61]) Soll das Feld einer Muthung, deren Fund in den unter 2 bezeichneten Landestheilen liegt, über die Grenze der im §. 27 Nr. 1 bezeichneten Kreise hinausgestreckt werden, so ist dies zulässig. Der Muther darf auch das unter Nr. 2 bestimmte Maximalfeld in Anspruch nehmen, doch dürfen davon nur 25,000 Quadratlachter oder 109,450 Quadratmeter und eine Feldeslänge von nur 500 Lachter (1046 Meter) innerhalb der Grenzen der unter 1 bezeichneten Feldestheile liegen. Für eine Muthung, deren Fund in dem unter Nr. 1 bezeichneten Gebiete liegt, können dagegen nur 25,000 Quadratlachter (109,460 Quadratmeter) begehrt werden, auch wenn ein Theil des Feldes in das angrenzende unter Nr. 2 fallende Gebiet erstreckt wird. (Vergl. Berggeist 1865 Nr. 86 Beilage. Zeitschr. f. Bergr. Bd. VI S. 584)

In dieser Ausdehnung kann dem Felde jede beliebige, den Bedingungen des §. 26 entsprechende Form gegeben werden. Jedoch muß der Fundpunkt (§. 15), beziehungsweise der frühere Aufschluß des Mineralvorkommens eines verlassenen Bergwerks (§. 16) stets in dieses Feld eingeschlossen werden. Auch dürfen je zwei Punkte der Begrenzung[62]) bei 25,000 Quadratlachtern (Nr. 1) nicht über 500 Lachter, und bei 500,000 Quadratlachtern (Nr. 2) nicht über 2000 Lachter von einander entfernt liegen[62a]).

Verordnung, betreffend die Einführung des Allgemeinen Berggesetzes vom 24. Juni 1865 in das Gebiet des vormaligen Königreiches Hannover. Vom 8. Mai 1867. (G.S. S. 601).

Art. XIV. Rücksichtlich des Eisensteinbergbaues in dem im §. 42 des Communion-harz-Theilungsrecesses vom 4. October 1788 bezeichneten Bezirke behält es bei den Bestimmungen des letzteren sein Bewenden[63]).

Art. XV. Für den Eisensteinbergbau in den im Art. XIV nicht ausgenommenen Theilen des Bezirks des Berg- und Forstamtes zu Clausthal[64]) einschließlich des Amtes Elbingerode wird das Folgende bestimmt:

§. 1. In Betreff der Feldesgröße ist die Bestimmung unter 1. des §. 27 des Berggesetzes maßgebend.

---

[62]) Wenn das begehrte Feld die im §. 27 bestimmten Maxima der Größe und der Länge übersteigt, so wird dadurch die Muthung nicht ungültig (Erkenntniß des Obertribunals vom 29. Juni 1871. Zeitschrift für Bergrecht Bd. XI S. 334). Dagegen ist das Feld nicht nach §. 19 gegen Muthungen Dritter geschlossen, da kein Theil des zu großen Feldes bis zur erfolgten Einschränkung gesetzlich begehrt ist. Der Muther wird aufgefordert, im Schlußtermine (§. 28) das Feld auf das gesetzlich zulässige Maximum zu begrenzen. Kommt er dieser Aufforderung nicht nach, so muß die Muthung zurückgewiesen werden.

Den Besitzern der bisher nach gestrecktem oder nach geviertem Felde verliehenen Bergwerke ist im §. 215 die Möglichkeit gewährt, ihre Felder in gevierte Felder umzuwandeln und beziehungsweise auf das im §. 27 bestimmte Maximum zu erweitern.

[62a]) Dieser Bestimmung liegt die Absicht zu Grunde, eine willkürliche Ueberdeckung entfernter Fundpunkte Dritter und eine solche Feldeslegung zu verhindern, welche andere als bergbauliche Zwecke verfolgt. Das bayerische Berggesetz Art. 27 bestimmt statt dessen, daß das Grubenfeld nirgend eine geringere Breite haben darf, als $1/_{32}$ der Länge. Nach dem Berggesetz für Elsaß-Lothringen §. 27 darf kein Punkt der Begrenzung mehr als 2000 Meter vom Fundpunkte entfernt sein. Das Braunschweigische Berggesetz §. 28 dagegen schreibt vor, daß der Abstand der Grenzen von dem Fundpunkte mindestens 5 Lachter ($10,_5$ Meter) betragen muß.

[63]) Dieser Bezirk, in welchem der Eisenstein den beiden Landesherrschaften reservirt ist (vergl. Einleitung S. 62), wird im §. 42 des Theilungsrecesses vom 4. October 1788 wie folgt bestimmt:

§. 42. Was den künftigen Betrieb der in Gemeinschaft bleibenden Eisenhütte zu Gittelde betrifft, so ist dieserhalb die Uebereinkunft getroffen, daß die sämmtlichen bereits vorhandenen und künftig fündig werdenden Eisensteins-Gruben in den im Abrißbuche von 1680 bestimmten Grenzen des Iberges und Gegenthals und des Schweinsrückens dazu bestimmt bleiben sollen.

Auch soll nicht allein der Eisenstein, welcher innerhalb jener Grenzen bricht, sondern auch derjenige, welcher binnen den, in obgedachtem Abrißbuche bestimmten Grenzen des Schwarzenberges und des Kopfs über dem Gegenthal, wie auch des Berges über dem Gegenthal rege gemacht ist und noch rege gemacht werden sollte, behufs der gemeinschaftlichen Eisenhütte zu Gittelde, ohne solchen auf einseitigen Hütten zu verblasen, abgeliefert und verarbeitet werden.

[64]) Dieser Bezirk umfaßt die Aemter Zellerfeld und Elbingerode.

§. 28.

Ehe die Verleihung des Bergwerkseigenthums erfolgt, hat der Muther in einem vor der Bergbehörde anzusetzenden, ihm mindestens vierzehn Tage vorher bekannt zu machenden Termine seine Schlußerklärung über die Größe und Begrenzung des Feldes, sowie über etwaige Einsprüche und collidirende Ansprüche Dritter abzugeben.

Auf den Antrag des Muthers kann der Termin verlegt, auch kann zur Fortsetzung des Verfahrens ein fernerer Termin angesetzt werden[65].

Erscheint der Muther im Termine nicht, so wird angenommen, derselbe beharre bei seinem Anspruche auf Verleihung des Bergwerkseigenthums in dem auf dem Situationsrisse (§. 17) angegebenen Felde und erwarte die Entscheidung der Bergbehörde über seinen Anspruch, sowie über die etwaigen Einsprüche und Ansprüche Dritter[66].

§. 29.

Zu dem Termine (§. 28) werden

1) diejenigen Muther, deren Rechte vermöge der Lage ihrer Fundpunkte oder Felder mit dem begehrten Felde bereits collidiren oder doch in Collission gerathen können,

2) die Vertreter der durch das begehrte Feld ganz oder theilweise überdeckten und der benachbarten Bergwerke

zur Wahrnehmung ihrer Rechte mit dem Eröffnen vorgeladen[66a]), daß im Falle

---

[65]) Ueber das Verfahren bei der Instruction der Muthungen enthalten die Dienstinstructionen für die Revierbeamten (vergl. Anm. zu §. 189) specielle Anweisungen, laut welchen die Revierbeamten auch in denjenigen Revieren, in welchen ihnen nicht die Annahme der Muthungen übertragen ist (Anm. 30 zu §. 12) als ständige Commissarien des Oberbergamtes das durch §. 15 und §§. 28. 29 geregelte Verfahren bis zu der nach §§. 30. 31 von dem Oberbergamte zu treffenden Schlußentscheidung selbstständig leiten. — Für den Oberbergamtsbezirk Breslau ist eine ungedruckte Zusammenstellung der Grundsätze, nach welchen bei der Annahme und Verhandlung der Muthungen zu verfahren ist, als Instruction für die Revierbeamten verfaßt. Für Bayern ist die Behandlung der Muthungen durch die Instruction vom 31. Juli 1869 (Zeitschrift für Bergrecht Bd. XI S. 3) geregelt.

[66]) „Das für die Vorladung des Muthers im §. 28 vorgeschriebene Präjudiz rechtfertigt sich dadurch, daß der Muther bereits durch Einlegung der Muthung und Einreichung des Situationsrisses seinen Anspruch auf Verleihung in einem bestimmten Felde geltend gemacht hat und daher aus seinem Ausbleiben im Termine nicht eine Verzichtleistung auf diesen Anspruch, sondern nur die Annahme hergeleitet werden kann, der Muther erwarte die Entscheidung der Bergbehörde nach der Lage der Verhandlungen." (Motive S. 46.)

[66a]) Die Vorladungen zur Schlußverhandlung an die benachbarten Muther und Bergwerksbesitzer erfolgen nicht portofrei auf Kosten des Muthers, sondern portopflichtig, da jene Personen zur Wahrnehmung ihres eigenen Interesses vorgeladen werden. Dies schließt nicht aus, daß der Bergwerksbesitzer oder Muther, auf dessen Einspruch eine Muthung zurückgewiesen wird, die Erstattung dieser Kosten von dem Muther gemäß §. 31 verlangen kann, falls dieselben durch einen gesetzlich unbegründeten Anspruch entstanden sind. Die Bergbehörde ist in keinem Falle verpflichtet, das Porto vorzulegen und von dem Muther wieder einzuziehen. Sie muß vielmehr den Adressaten überlassen, die Erstattung des Portos und der Insinuationsgebühren von dem Muther nöthigenfalls im Rechtswege zu verlangen. (Min. Rescript vom 22. November 1867. Zeitschrift für Bergrecht Bd. IX S. 203.)

ihres Ausbleibens die Bergbehörde lediglich nach Lage der Verhandlungen entscheiden werde[67]).

§. 30.

Liegen Einsprüche und Collisionen mit den Rechten Dritter nicht vor und findet sich auch gegen die Anträge des Muthers gesetzlich nichts zu erinnern, so fertigt das Oberbergamt ohne Weiteres die Verleihungsurkunde aus[68]).

§. 31.

Liegen Einsprüche oder Collisionen mit den Rechten Dritter vor, oder kann aus anderen gesetzlichen Gründen den Anträgen des Muthers gar nicht oder nicht in ihrem ganzen Umfange entsprochen werden, so entscheidet das Oberbergamt[69])

Die Vorladungen können durch recommandirte Briefe erfolgen. — Min. Rescript vom 22. November 1867 V 7665. — Erkenntniß des Landgerichts zu Coblenz vom 21. Juni 1867 in Sachen Adams wieder Foß und v. Rößler.

[67]) „Auch die dritten Interessenten können nach §. 29 nur unter dem Präjudiz vorgeladen werden, daß im Falle ihres Ausbleibens die Bergbehörde lediglich nach Lage der Verhandlungen entscheiden werde. Denn es muß denselben unbenommen bleiben, ob sie sich auf eine Eröterung ihrer An- und Einsprüche vor der Verwaltungsbehörde einlassen oder nur deren Entscheidung abwarten wollen, um eventuell den Rechtsweg zu betreten.“ (Motive S. 46. Vergl. Anm. 73.)

[68]) In diesem Falle bedarf es eines vorherigen Beschlusses über die Ertheilung der Verleihung (§. 31) nicht.

[69]) Die Vorschriften über das Verleihungsverfahren sind, was die Beschlußfassung durch das Oberbergamt betrifft, ganz conform dem Gesetze vom 10. Juni 1861 §. 4, welches das contradictorische Verfahren vor dem Oberbergamte in Muthungssachen zuerst einführte. Es können daher die auf Grund jenes Gesetzes ergangenen Verwaltungsnormen auch zur Erläuterung des §. 31 herangezogen werden. (Vergl. Anm. 74.) Hierher gehört namentlich der Erlaß des Handelsministers an das Oberbergamt zu Bonn vom 15. Juni 1864. (Zeitschrift für das Berg-, Hütten- und Salinenwesen Bd. XII A. S. 200), welcher die Vernehmung von Zeugen durch Requisition der Gerichte für zulässig erklärt, wenn das Oberbergamt eine solche Beweisaufnahme zum Zwecke der Entscheidung für nothwendig hält. Der Minister führt aus:

„Nach §. 179, Titel 10 der Prozeßordnung ist in der Regel Jeder schuldig, in einer Sache, worin Zeugniß gefordert wird, dasselbe abzugeben. Diese Regel gilt nicht bloß für den gerichtlichen Prozeß, sondern in jedem andern durch die Gesetze geordneten Verfahren zur Entscheidung streitiger Rechtsangelegenheiten. Deshalb ist nicht bloß der ordentliche Prozeßrichter, sondern auch der Schiedsrichter und ebenso die Verwaltungsbehörde berechtigt, in den nach Vorschrift des Gesetzes zu ihrer Entscheidung gelangenden Sachen die Ablegung eines Zeugnisses zu verlangen. Letztere muß sich zu diesem Zwecke, falls ihr nicht wie in den Disciplinar-Untersuchungssachen, ausnahmsweise die Befugniß zur eidlichen Zeugenvernehmung beigelegt ist, der Vermittelung der Gerichte bedienen, welche nach §. 38 der Verordnung vom 2. Januar 1849 und nach §. 50 der Verordnung vom 26. December 1808 verpflichtet sind, dieser Requisition Folge zu leisten. Vergl. die Entscheidung des Obertribunals vom 12. Februar 1862. Oppenhoff, Rechtssprüche II, S. 250 und die Rescripte des Justizministers vom 20. Januar und 21. März 1834, vom 12. Februar und 24. April 1841. Jahrb. 43, S. 241, 45, S. 320. Jahrb. der Gerichtsverfassung 1851 S. 320. Da nun die Oberbergämter nach §. 4 des Gesetzes vom 10. Juni 1861 über die Muthungsgesuche und die erhobenen Einsprüche nach vorheriger Erörterung derselben unter den streitenden Theilen zu entscheiden haben und dieselbe Entscheidung dem Minister in der Recursinstanz zusteht, so folgt daraus auch die Befugniß, die eidliche Vernehmung von Zeugen durch Requisition der zuständigen Gerichte zu veranlassen, wenn dies zum Behufe der zu treffenden Entscheidung nothwendig erscheint. Dies ist auch durch die Praxis in den übrigen Oberbergamts-Districten in zahlreichen Fällen anerkannt.

über die Ertheilung oder Versagung der Verleihung durch einen Beschluß, welcher dem Muther und den betheiligten Dritten in Ausfertigung zugestellt wird[70]).

Einsprüche und Ansprüche, welche durch den Beschluß des Oberbergamts[71]) abgewiesen werden, müssen, insofern wegen derselben der Rechtsweg zulässig ist, binnen drei Monaten[72]), vom Ablaufe des Tages, an welchem der Beschluß beziehungsweise der Recursbescheid (§. 191) zugestellt ist, durch gerichtliche Klage verfolgt werden[72a]).

Wer von dieser Frist keinen Gebrauch macht, ist seines etwaigen Rechts verlustig[73]).

In der Regel ist es jedoch nicht Zweck des durch §. 4 cit. geregelten Verfahrens, die Behauptungen der streitenden Theile im Wege des gerichtlichen Beweises festzustellen, noch haben die Parteien das Recht, die Erhebung der von ihnen producirten Beweismittel zu verlangen. Es ist vielmehr ausschließlich dem Ermessen des Oberbergamtes überlassen, wie dasselbe sich die zur Entscheidung nothwendige Ueberzeugung verschaffen will und es liegt in der Natur der Sache, daß dies in der Regel nicht auf dem Wege der gerichtlichen Beweiserhebung geschehen wird, weil es sich nicht um eine Definitiv-Entscheidung handelt und der Behörde meistens einfachere Mittel zur Ermittelung des Sachverhältnisses zu Gebote stehen. Die Requisition der Gerichte und die eidliche Vernehmung eines Zeugen ist daher auf diejenigen Fälle zu beschränken, wo die außergerichtliche und unbeeidigte Aussage desselben vor dem Revierbeamten nicht ausreichend erscheint, um die zur Entscheidung nothwendige Ueberzeugung zu begründen."

70) Gegen diesen Beschluß steht dem unterliegenden Theile der Recurs an den Handelsminister (§. 191) zu, welcher binnen 4 Wochen nach der Zustellung bei dem Oberbergamte eingelegt werden muß. (§§. 192. 193.) Die Rechtfertigung muß mit der Einlegung verbunden werden. Die Recursschrift wird der Gegenpartei zur Beantwortung binnen einer vierwöchentlichen Frist mitgetheilt. Nach Ablauf dieser Frist werden die Acten zur Entscheidung an den Handelsminister eingereicht.

71) Die Worte: „oder durch den Recursbescheid des Handelsministers" sind zu ergänzen.

72) Ueber die Berechnung der dreimonatlichen Frist vergl. §. 242. Im Bayerischen Berggesetze sind die Fristen zu Art. 31 und 35 auf 90 Tage bestimmt.

72a) Der Gerichtsstand ist der dingliche. Vergl. m. Uebersicht der bergrechtlichen Entscheidungen S. 105. — Zeitschrift für Bergrecht Bd. 10 S. 411.

73) Der Verlust des Anspruchs trifft Jeden, welcher in dem Verleihungsverfahren mit seinem Anspruche oder Einspruche durch den Beschluß des Oberbergamtes oder des Handelsministers zurückgewiesen ist, also nicht bloß concurrirende Muther, sondern auch diejenigen Bergwerksbesitzer, welche gegen die beantragte Verleihung zum Schutze ihrer Rechte Einspruch erhoben haben und mit diesem Einspruche namentlich zurückgewiesen sind. Die Zurückweisung steht auch der neuen Muthung entgegen, die der Concurrent etwa zur Verfolgung seines zurückgewiesenen Antrags einlegen möchte (Zeitschrift für Bergrecht Bd XIV S. 391). Dagegen trifft die Präclusion der nicht namentlich zurückgewiesenen Ansprüche, welche nach §§. 35 uud 36 eintritt, wenn nicht wegen derselben innerhalb 3 Monaten nach der Publication der Verleihungsurkunde gerichtliche Klage gegen den Verleihungsbesitzer erhoben wird, nur die Muther (§. 35) und diejenigen Bergwerkseigenthümer, welche ein Vorzugsrecht auf ihnen nicht verliehene Mineralien auf Grund des §. 55 geltend machen wollen.

Zur Rechtfertigung des im §. 31 den Bergwerksbesitzern gestellten Präjudizes bemerkten bei den Berathungen der Commission des Hauses der Abgeordneten die Regierungscommissarien (Comm.-Bericht S. 23):

„Es habe sich im allgemeinen Interesse als unabweisbares Bedürfniß herausgestellt, dem Bergwerkseigenthümer eine größere Sicherheit zu schaffen, als das bestehende Recht gewähre. Gegenwärtig erfolge die Beleihung des Bergwerkseigenthums nur unter Vorbehalt der Rechte

Die in dem Verleihungsverfahren durch unbegründete Einsprüche entstehenden Kosten hat der Widersprechende zu tragen[74]).

Dritter. Dies führe zu den bedenklichsten wirthschaftlichen Nachtheilen. Der Bergwerkseigenthümer, dem auf vorgängige Untersuchung und Entscheidung der beleihenden Bergbehörde eine Beleihung ertheilt sei, bleibe noch während der gewöhnlichen Verjährungsfristen dreißig Jahre lang von den Prozessen der im Beleihungsverfahren abgewiesenen Muther und Bergwerksbesitzer bedroht. Diesem Uebelstande solle durch die Bestimmung in §. 31 dahin abgeholfen werden, daß der im Verleihungsverfahren unterliegende Theil seine vermeintlichen Rechte bei Vermeidung des Verlustes derselben, binnen drei Monaten durch gerichtliche Klage zu verfolgen habe, und wenn diese Bestimmungen auch auf die bei Eintritt der Gesetzeskraft des Berggesetzes bereits bestehenden Bergwerke und Muthungen Anwendung finde, so sei darin eine Verletzung der Rechte derselben keineswegs enthalten.

Es werde nur für die gerichtliche Geltendmachung eine kurze Frist bestimmt. Der hier in Betracht zn ziehende Fall sei wesentlich nur der, wo ein Muther mit einem Längenfelde in Conflict gerathe, und wo von dem Besitzer des letzteren ein Eingriff in seine Berechtsame behauptet werde. Die Zahl auch dieser Fälle werde sich erheblich reduciren durch die in den §§. 215 ff. den Längenfeldern gestattete und durch Vorzugsrechte begünstigte Umwandlung in Geviertfelder. In den noch übrig bleibenden Feldern sei der Besitzer eines Längenfeldes, welcher einen Eingriff in seine Rechte behaupte, in der Lage, binnen der dreimonatlichen Frist die gerichtliche Klage anstellen zu können. Die Bergbehörde werde auch bei ihren Entscheidungen darauf Bedacht nehmen, die Rechte eines solchen Längenfeldes sicher zu stellen, wenn der Besitzer seinen Anspruch nur einigermaßen wahrscheinlich mache. Schon gegenwärtig werde die Vorsicht beobachtet, die Rechte eines Längenfeldes, welches mit einem neu zu verleihenden Geviertfelde collidire, in der Verleihungsurkunde demselben ausdrücklich vorzubehalten. Dem stehe auch künftig der §. 31 nicht entgegen. Bringe der Besitzer eines solchen Längenfeldes in dem Verfahren wegen Verleihen eines neuen Feldes gar nichts zur Begründung seiner Gegenansprüche vor, so sei kein Billigkeitsgrund vorhanden, auf seine Rechte weiter Rücksicht zu nehmen. Ueberhaupt sei aber bei der kurzen Frist des §. 31 zu berücksichtigen, daß derselben schon ein gesetzlich geordnetes, contradictorisches Verfahren mit zwei Verwaltungsinstanzen voraufgehe."

Uebrigens ist zu bemerken, daß der Verlust des Anspruchs nach §. 31 nur denjenigen Bergwerksbesitzer trifft, dessen Einspruch durch den Beschluß des Oberbergamtes oder durch den Recursbescheid zurückgewiesen ist. Die Zurückweisung kann aber nur den Einspruch treffen, welcher ausdrücklich erhoben worden ist. Betheiligt sich daher der Bergwerksbesitzer bei dem Verfahren nicht, so kann ihn die Präclusion des §. 31 nicht treffen, auch wenn das Oberbergamt von Amts wegen die aus der früheren Verleihnng herzuleitenden Einwendungen in Betracht gezogen und verworfen hat. Die Bergwerksbesitzer, deren Felder von dem begehrten Felde überdeckt werden oder sonst mit demselben collidiren, handeln daher im Interesse der Wahrung ihrer Rechte, wenn sie der nach §. 29 an sie zu richtenden Vorladung nicht Folge leisten. Erheben sie nämlich zur Wahrung ihrer Rechte Einspruch gegen die beantragte Verleihung oder beanspruchen sie die Aufnahme eines Vorbehaltes zu Gunsten ihres überdeckten Bergwerkes, so laufen sie Gefahr für den Fall der möglichen Zurückweisung ihres Einspruches oder Anspruches die Rolle des Klägers übernehmen und ihre Klage binnen drei Monaten ausführen zu müssen. Schweigen sie dagegen und überlassen sie die Berücksichtigung ihrer Rechte der Bergbehörde, welche über dieselben unterrichtet ist und sie bei Ertheilung neuer Verleihungen von Amts wegen wahrzunehmen hat, so bleibt ihnen als Besitzern für alle Fälle die Rolle des Verklagten oder, wenn sie klagen wollen, die freie Wahl des Zeitpunktes der Klage. Nach dem Bayerischen Berggesetze Art. 31 trifft die Präclusion auch diejenigen Ansprüche, welche ohne angemeldet zu sein, von den Bergbehörden nicht anerkannt wurden. Allein auch diese Bestimmung steht den Bergwerksbesitzern, welche keinen Einspruch erhoben haben, nicht entgegen, da ihre Eigenthumsrechte nicht als Ansprüche qualificirt werden können.

[74]) Die Kosten, soweit sie bei den Verwaltungsbehörden entstehen, also die Stempel und Porto-

§. 32.

Sind die der Verleihung entgegenstehenden Hindernisse (§. 31) durch die Entscheidung der Bergbehörde oder durch Richterspruch beseitigt, so fertigt das Oberbergamt die Verleihungsurkunde aus [75]).

§. 33.

Bei Ausfertigung der Verleihungsurkunde werden die beiden Exemplare des Situationsrisses (§. 17) von dem Oberbergamte beglaubigt, erforderlichen Falls aber vorher berichtigt und vervollständigt [76]).

Das eine Exemplar des Risses erhält der Bergwerkseigenthümer, das andere wird bei der Behörde aufbewahrt.

§. 34.

Die Verleihungsurkunde muß enthalten:

1) den Namen, Stand und Wohnort des Berechtigten,
2) den Namen des Bergwerks,
3) den Flächeninhalt und die Begrenzung des Feldes unter Verweisung auf den Situationsriß (§. 33),
4) den Namen der Gemeinde, des Kreises, des Regierungs- und Oberbergamts-Bezirks, in welchen das Feld liegt [77]),

---

auslagen, werden im Wege der Verwaltungsexecution beigetrieben. (§. 194) Der Anspruch auf Erstattung der dem obsiegenden Theile entstandenen Kosten ist im Rechtswege gegen den unterliegenden Theil zu verfolgen, da die Verwaltungsbehörde zu einer Entscheidung über die Ersatzverbindlichkeit nicht berufen ist (Erlaß des Handelsministers vom 16. April 1862 an das O.-B.-A. zu Bonn).

[75]) Die Ausfertigung der Verleihungsurkunde bleibt hiernach in den streitigen Fällen bis drei Monate nach der Zustellung des Beschlusses resp. des Recursbescheides an den unterliegenden Theil ausgesetzt. (Dies ist neuerdings durch die Circularverfügung des Handelsministers an die Oberbergämter vom 7. Februar 1868 ausdrücklich bestimmt worden.) Geht innerhalb dieser Frist die Bescheinigung über die Einlegung der gerichtlichen Klage ein, deren Beibringung dem unterliegenden Theile überlassen bleibt, so wird die Ausfertigung bis nach rechtskräftiger Beendigung des Processes ausgesetzt. Im andern Falle erfolgt dieselbe nach Ablauf der dreimonatlichen Frist. Wird die Klage rechtskräftig in angebrachter Art abgewiesen, so tritt die Präclusion des Anspruches gemäß §. 31, Al. 3 ein, da eine neue Klage nach Ablauf der dreimonatlichen Frist nicht angestellt werden kann.

[76]) Die Beglaubigung der Situationsrisse hat die Bedeutung, daß die beiden Rißexemplare als diejenigen Urkunden beglaubigt werden, welche bei der Feldesstreckung (§. 17) von dem Muther eingereicht und bei der Verhandlung und Entscheidung über das Muthungsgesuch (§§. 28—31) zu zu Grunde gelegt sind. Für die Richtigkeit der Ortsangaben dagegen bürgt der Vermerk durch den anfertigenden Markscheider oder Feldmesser. Die Berichtigung und Vervollständigung bezieht sich auf den Fall, wo das begehrte Feld nicht in dem ganzen begehrten Umfange verliehen wird, oder wo der Situationsriß die nur zur Deutlichkeit erforderlichen Angaben (Tagesgegenstände, Grenzen benachbarter Bergwerke) nicht genügend enthält. Fehlt dagegen eine der im §. 17 bezeichneten Angaben ganz, so ist der Muther nicht berechtigt, die Ergänzung, z. B. die nachträgliche Auftragung des Fundpunktes von dem Oberbergamte zu verlangen. Die Muthung muß vielmehr zurückgewiesen werden. Recursbescheid vom 11. Februar 1867. (Zeitschrift für Bergrecht Bd. VIII S. 116.)

[77]) In Hannover wird statt des Regierungsbezirks der Landdrosteibezirk angegeben. Verordnung v. 8. Mai 1867 (G.S. S. 601.) Art. V. Die Kreiseintheilung ist durch die Verordnung vom 12. September 1867 (G.S. S. 1497) auch in die Provinz Hannover eingeführt worden.

5) die Benennung des Minerals oder der Mineralien, auf welche das Bergwerkseigenthum verliehen wird,
6) Datum der Urkunde,
7) Siegel und Unterschrift des verleihenden Oberbergamts.

§. 35.

Die Verleihungsurkunde ist binnen sechs Wochen nach der Ausfertigung durch das Amtsblatt der Regierung, in deren Bezirk das Bergwerk liegt, unter Verweisung auf diesen und den folgenden Paragraphen zur öffentlichen Kenntniß zu bringen.

Muther, welche auf das in der Bekanntmachung bezeichnete Feld oder auf Theile desselben ein Vorzugsrecht zu haben glauben, können dieses Recht, insofern über dasselbe nicht bereits in dem Verleihungsverfahren verhandelt und in dem Beschlusse des Oberbergamts (§. 31) entschieden worden ist, noch binnen drei Monaten vom Ablaufe des Tages, an welchem das die Bekanntmachung enthaltende Amtsblatt ausgegeben worden ist, durch gerichtliche Klage gegen den Bergwerkseigenthümer verfolgen[78]).

---

[78]) Die im § 35 bestimmte Präclusivfrist von drei Monaten trifft alle diejenigen Ansprüche auf das verliehene Feld, welche nicht durch den der Verleihung vorhergehenden Beschluß (§. 31) namentlich zurückgewiesen sind, jedoch nur die Ansprüche der Muther und die Ansprüche der Bergwerksbesitzer auf solche Mineralien, die ihnen noch nicht verliehen sind und auf welche sie ein Vorzugsrecht zur Muthung nach §. 55 behaupten. Im Uebrigen werden nach §. 36, Al. 2 die Rechte des verliehenen Bergwerkseigenthümers durch die Aufforderung und Präclusion des §. 35 nicht betroffen. Die Präclusion der älteren Muthungen wird in den Motiven S. 47 f. wie folgt gerechtfertigt:

„Nach der mit den deutschrechtlichen Grundsätzen übereinstimmenden Vorschrift im §. 352, Thl. II, Tit. 16 A. L.R. geschehen alle Bergwerksbelehnungen „älteren Rechten unbeschadet" und „die jüngeren müssen den älteren weichen". Hiermit stehen die zu vielen Verwickelungen führenden Grundsätze über das „Alter im Felde" im Zusammenhange, in Folge deren das Bergwerkseigenthum niemals ausreichend sicher gestellt ist, sondern der Beliehene trotz einer nach Erfüllung aller gesetzlichen Bedingungen ausgefertigten Verleihungsurkunde stets der Gefahr ausgesetzt bleibt, seine Rechte nachträglich an irgend einen dritten Muther oder Bergwerkseigenthümer zu verlieren, welcher innerhalb der gewöhnlichen Verjährungsfristen ein älteres Recht auf das Feld oder auf Theile desselben nachweist.

Die Nachtheile dieses Systems, das mit der seitherigen Längenvermessung und mit der Beschränkung der Verleihung auf eine bestimmte Lagerstätte zusammenhängt, springen in die Augen; mit einem unanfechtbaren Rechtstitel fehlt die wesentlichste Bedingung für ein gesichertes, creditfähiges Bergwerkseigenthum. Das Berggesetz hat daher die Aufgabe, die Lehre vom „Alter im Felde" in einer den Bedürfnissen des heutigen Bergbaues entsprechenden Weise umzugestalten.

Ein wichtiger Schritt zu diesem Ziele geschieht schon durch die Bestimmung des § 31, wonach alle im Instructionsverfahren zur Sprache gebrachten An- und Einsprüche Dritter binnen einer bestimmten Frist zur Erledigung gelangen. Allein diese Vorschrift führt nur theilweise zum Ziele, weil von derselben die unbekannten und überhaupt alle Muther unberührt bleiben, welche aus irgend einem Grunde nicht zum Instructionsverfahren zugezogen worden sind. Damit aber der Bergwerkseigenthümer den etwaigen Ansprüchen solcher Interessenten nicht während der Dauer der gewöhnlichen Verjährungsfristen ausgesetzt bleibt, ist die Anordnung eines Publicationsverfahrens und einer damit verknüpften kürzeren (dreimonatlichen) Verjährungsfrist erforderlich.

Wer von dieser Frist keinen Gebrauch macht, ist seines etwaigen Vorzugsrechtes verlustig [79]).

Wird das Vorzugsrecht des Widersprechenden durch Richterspruch anerkannt, so hat das Oberbergamt die Verleihungsurkunde je nach Lage des Falles gänzlich aufzuheben oder abzuändern [79a]).

§. 36.

Der §. 35 findet auch auf solche Bergwerkseigenthümer Anwendung, welche nach §. 55 ein Vorzugsrecht auf die in der publicirten Verleihungsurkunde bezeichneten Mineralien zu haben glauben, insofern dieses Recht nach §. 55 nicht schon erloschen, auch über dasselbe nicht bereits in dem Verleihungsverfahren verhandelt und in dem Beschlusse des Oberbergamts (§. 31) entschieden worden ist.

Im Uebrigen werden die Rechte des verliehenen Bergwerkseigenthums durch die Aufforderung und Präclusion des §. 35 nicht betroffen.

§. 37.

Während der dreimonatlichen Frist des §. 35 ist die Einsicht [80]) des Situationsrisses (§. 33) bei der Bergbehörde einem Jeden gestattet [81]).

Die Vorschriften des französischen Bergwerksgesetzes über die Publication der Concessionsgesuche können hierbei nicht zum Anhalte dienen, weil dieses Publicationsverfahren wesentlich andere Voraussetzungen und Zwecke hat. Ebenso wenig erscheint es zweckmäßig, das Publicationsverfahren schon in irgend ein der Verleihung vorhergehendes Stadium der Instruction zu verlegen. Hiermit würde ein unverhältnißmäßiger Arbeits- und Kostenaufwand und eine nachtheilige Verzögerung der Instruction verknüpft sein, der Schwierigkeiten nicht zu gedenken, an welchen ein solcher Versuch schon wegen der jährlich wiederkehrenden großen Zahl von Muthungen scheitern müßte.

Nach dem Vorschlage im §. 35 soll deshalb erst die ausgefertigte Verleihungsurkunde publicirt und dieser Publication die Wirkung beigelegt werden, daß dritte Muther, welche auf das publicirte Feld oder auf Theile desselben ein Vorzugsrecht zu haben glauben, über das nicht bereits in dem Instructionsverfahren verhandelt und entschieden ist, dieses Recht, bei Vermeidung des Verlustes desselben, noch binnen drei Monaten gerichtlich verfolgen können. Auf diese Gesetzesvorschrift soll das Publicum in jedem einzelnen Falle bei der Publication der Verleihungsurkunde zur Vermeidung von Rechtskränkungen noch ausdrücklich hingewiesen werden."

79) Die Uebergangsbestimmung des §. 221 führt eine gleiche Präclusion zu Gunsten der vor dem 1. October 1865 verliehenen Bergwerke ein, und verfügt, daß alle Ansprüche, welche aus vor dem 1. October eingelegten Muthungen auf solche Felder erhoben werden, bis zum 1. Octbr. 1866 durch gerichtliche Klage gegen den Bergwerkseigenthümer verfolgt werden müssen.

79a) Die Gerichtsbehörden erkennen nicht auf die Aufhebung der Beschlüsse der Bergbehörden, sondern sie entscheiden nur über das Vorzugsrecht. Die Aufhebung wird auf Grund dieser präjudiciellen Entscheidung durch das Oberbergamt ausgesprochen. — Erkenntniß des Apellationsgerichtes zu Naumburg vom 29. Juni 1870. Zeitschrift für Bergrecht Bd. XI S. 341.

80) Die Copirung fremder Situationsrisse ist dritten Personen, weder in dem nach §. 29 der Verleihung vorhergehenden Verfahren noch auch nach der Verleihung gestattet, auch sind ohne Einwilligung des Muthers seitens der Bergbehörde keine Copien zu ertheilen. — Min. Erlaß vom 1. October 1868.

81) Das Braunschweigische Berggesetz vom 15. April 1867 giebt die Vorschriften des zweiten und dritten Abschnittes mit folgenden Abweichungen wieder:

§. 38.

Die Kosten des Verleihungsverfahrens hat mit Ausschluß der durch unbegründete Einsprüche entstandenen (§. 31) der Muther zu tragen[82]).

Vierter Abschnitt.

Vom Vermessen[83]).

§. 39.

Der Bergwerkseigenthümer ist befugt, die amtliche Vermessung und Verloch-

---

1. Der Situationsriß kann von jedem Sachverständigen angefertigt werden. Der Maßstab kann von der Bergbehörde vorgeschrieben werden (§. 18).

2. Das begehrte Feld wird entweder auf der Uebersichtskarte aufgetragen oder in dem Muthungsregister vermerkt, dessen Einsicht ebenfalls Jedem gestattet ist (§. 21).

3. Die Ausnahmebestimmung des §. 27 Nr. 1 wegen der geringeren Feldesgröße ist weggeblieben (§. 28).

4. Der Fundpunkt muß mindestens 5 Lachter von den Feldesgrenzen abstehen (§. 28).

5. Der Schlußverhandlung geht eine schriftliche Schlußerklärung des Muthers voraus, über welche Folgendes bestimmt wird:

§. 29. Der Muther hat der Bergbehörde seine Schlußerklärung über die Größe und Begrenzung des Feldes, sowie über etwaige Einsprüche und collidirende Ansprüche Dritter abzugeben.

Zur Abgabe der Schlußerklärung bestimmt die Bergbehörde unter Verweisung auf diesen Paragraphen eine Frist auf mindestens 14 Tagen hinaus. Auf Antrag des Muthers kann jedoch die Frist verlängert werden.

Giebt der Muther die Schlußerklärung nicht binnen der ihm gesetzten Frist ab, so verliert er den Anspruch auf Verleihung des Bergwerkseigenthums in dem auf dem Situationsplane §. 18 angegebenen Felde und wird die Löschung der Muthung von der Bergbehörde verfügt.

§. 30. Ist die Schlußerklärung rechtzeitig erfolgt, so setzt die Bergbehörde zum weiteren Verfahren einen Termin an, der dem Muther mindestens 14 Tage vorher bekannt zu machen ist.

[82]) Die Verhandlungen in dem Verleihungsverfahren sind stempelpflichtig und unterliegen den im Stempeltarif vom 7. März 1822 verschriebenen Stempelsätzen. Nachdem durch das Gesetz vom 26. März 1873 (G.S. S. 131) die Stempelabgaben für Gesuche, Beschwerden, Protokolle und Bescheide aufgehoben worden, sind von den Verhandlungen in Verleihungssachen nur noch die Ausfertigungen der Beschlüsse (§. 31) und der Verleihungsurkunden (§. 30, §. 32) stempelpflichtig. Die Beitreibung der Kosten erfolgt nach §. 194 im Wege der Verwaltungsexecution. Kostenvorschüsse können zur Bestreitung der entstehenden baaren Auslagen gefordert werden. Dies geschieht nach den für die Revierbeamten der Oberbergamtsbezirke Bonn, Breslau, Dortmund und Halle erlassenen Dienstinstructionen (vergl. Anm. zu §. 189) unter dem Präjudize, daß die Instruction der Muthung bis nach erfolgter Einzahlung des Vorschusses ausgesetzt bleibt. Doch empfiehlt sich die Realisirung dieses Präjudizes nicht in allen Fällen. Häufig nöthigt die bestehende Collision mit jüngeren Muthungen, mit der Fundesbesichtigung dennoch vorzugehen. Hierzu ist dann mit Rücksicht auf die angeführten Bestimmungen der Dienstinstructionen die Anweisung des Oberbergamtes erforderlich.

[83]) Das Vermessen ist das Verfahren, durch welches die in der Verleihungsurkunde (§. 34) und in dem Situationsrisse (§. 33) beschriebenen und bezeichneten Feldesgrenzen nach den Regeln

steinung[84]) des durch die Verleihungsurkunde bestimmten Feldes zu verlangen.

---

der Markscheidekunst (Feldmeßkunst) auf die Erdoberfläche übertragen und daselbst durch Lochsteine bezeichnet werden. Nach dem deutschen Bergrechte hatte die Vermessung und Verlochsteinung einestheils den polizeilichen Zweck, die Auffindung der in der Verleihungsurkunde bestimmten Feldesgrenzen zu erleichtern. Andererseits war mit der Vermessung die Wirkung einer Grenzregulirung verknüpft, so daß nach geschehener Vermessung die aufgerichteten Lochsteine als einziger Beweis für die Lage der Feldesgrenzen galten. (Hake, Commentar, §. 259, Span, Bergurtheile, Nr. 278.) Die Vermessung erfolgte daher sowohl von Amts wegen, als auf Antrag des Bergwerksbesitzers oder der Feldesnachbarn (Allgem. Landrecht Th. II, Tit. 16, §§. 172 ff.). Das Allgem. Berggesetz hat die Vermessung von Amts wegen abgeschafft. Auch ist der Vermessung auf Antrag des Besitzers oder der Feldesnachbarn nicht die Wirkung einer Grenzregulirung beigelegt worden. Das Verfahren dient nur noch zur Information des Bergwerksbesitzers und der Feldesnachbarn über die Lage der Feldesgrenzen. Vergl. den Recursbescheid vom 30. Januar 1873 (Zeitschrift für Bergrecht Bd. XIV S. 261). Die Motive bemerken hierüber (S. 49):

„Bei dem seitherigen, von dem wechselnden Verhalten der Lagerstätte abhängigen Längenfelde hatte die Vermessung und Verlochsteinung auf der Oberfläche in der Regel keinen praktischen Werth. Das Geviertfeld wird dagegen vermöge seiner senkrechten Begrenzungsebenen durch die Vermessung und Absteinung in einer Weise erkennbar gemacht, daß der Bergwerkseigenthümer sich jederzeit sowohl auf der Oberfläche, als auch in der Grube mit Leichtigkeit die Ueberzeugung verschaffen kann, ob sein eigener Betrieb sich innerhalb der Feldesgrenzen bewegt und ob Grenzüberschreitungen seitens Dritter stattgefunden haben. Es ist deshalb zunächst Sache des Bergwerkseigenthümers, ob er zu seiner Sicherstellung die amtliche Vermessung seines Feldes vornehmen lassen will.

Indeß haben auch die Eigenthümer angrenzender Bergwerke in sofern ein wesentliches Interesse an der Vermessung, als sich bei derselben ergibt, ob etwa die Grenzen des neu verliehenen Feldes in ihr Feld hinübergreifen. Es scheint daher gerechtfertigt, auch den Eigenthümern angrenzender Bergwerke die Befugniß zu dem Antrage auf Vermessung beizulegen. Dieselben müssen jedoch die Kosten tragen, da sie Antragsteller sind und das Geschäft zunächst in ihrem Interesse vollzogen wird."

[84]) Bei den Feldern, welche gemäß §. 26 von geraden Linien an der Oberfläche und von senkrechten Ebenen in die ewige Teufe begrenzt werden, geschieht die Verlochsteinung so, daß nach vorheriger Uebertragung der Grenzlinien auf die Oberfläche an allen Eckpunkten des Feldes Lochsteine eingesenkt werden, welche mit dem Namen der Grube und mit fortlaufenden Zahlen bezeichnet werden. Damit der unveränderte Stand des Lochsteins controlirt werden kann, werden in gewissem Abstande von den vier Ecken vier sogenannte Testes (bezeichnete Steine) so tief eingesenkt, daß sie von der Pflugschaar nicht erreicht werden können. Kann ein Lochstein auf dem Eckpunkte des Feldes selbst wegen eines Terrainhindernisses nicht errichtet werden, so wird derselbe bis zu einer geeigneten Stelle in der zuletzt gemessenen Grenzlinie zurückverlegt und der Abstand von dem wirklichen Eckpunkte auf dem Situationsrisse und in dem Protokolle vermerkt. (Instruction für die Berggeschwornen im Districte des Oberbergamtes zu Breslau vom 6. Juli 1858 §. 11.) Die Vermessung und Verlochsteinung kann auch auf eine einzelne Grenzlinie beschränkt werden (Zeitschrift für Bergrecht Bd. VII S. 395). Dieselben Regeln der Vermessung gelten für alle gevierten Grubenfelder, insbesondere auch für die nach dem Gesetze vom 1. Juli 1821 (G.S. S. 106) verliehenen Felder, die ebenfalls von geraden Linien an der Oberfläche und senkrechten Ebenen begrenzt werden. Anders verhält es sich bei den Längenfeldern, welche nach dem früheren Rechte bei der Verleihung auf Gängen ausschließlich Anwendung fanden. Hier schließt sich das Feld dem Verhalten der Lagerstätte an und wird durch den Körper der letzteren gebildet. Die Begrenzung des Längenfeldes ist eine lineare, durch zwei Endpunkte gegebene, deren Entfernung von dem Fundpunkte in Längenmaaßen angegeben wird. Bei der Verlochsteinung der Längenfelder geht die Messung von dem Mittelpunkte des Fundschachtes aus;

Dieselbe Befugniß steht den Eigenthümern angrenzender Bergwerke zu.

Dieses Geschäft wird unter Leitung der Bergbehörde durch einen concessionirten Markscheider oder Feldmesser ausgeführt[85]).

Die Kosten hat der Antragsteller zu tragen.

§. 40.

Zu der Vermessung und Verlochsteinung werden außer dem Bergwerkseigenthümer die Vertreter der angrenzenden Bergwerke[86]) und die Besitzer derjenigen Grundstücke, auf welchen Lochsteine zu setzen sind, zugezogen.

Die Grundbesitzer sind verpflichtet, das Betreten ihrer Grundstücke und das Setzen der Lochsteine[87]) gegen vollständigen Ersatz des Schadens zu gestatten[88]).

---

es wird in der Streichungslinie des Ganges nach jeder Seite die halbe Länge der Fundgrube und sodann die Länge der auf jeder Seite der Fundgrube liegenden Maaßen abgemessen. Sowohl die Endpunkte der Fundgrube, als auch die Endpunkte des ganzen Feldes werden durch Lochsteine bezeichnet. Die Vierung wird an den Kopfenden rechtwinkelig auf das dortige Streichen vermessen, auch wenn das Fundflötz im Streichen eine Mulden- oder Sattelwendung macht. — Recursbescheid vom 4. Februar 1870 (Zeitschrift für Bergrecht Bd. XI S. 369).

[85]) Der Antrag wird nach §. 189 an den Revierbeamten gerichtet, Für das Verfahren ertheilen die Dienstinstructionen für die Revierbeamten (vergl. die Anm. zu §. 189) specielle Vorschriften.

[86]) Die Zuziehung der hier bezeichneten Personen zu dem Vermessungstermine rechtfertigt sich durch das Interesse derselben zur Sache. Ein Rechtsnachtheil kann indeß mit der Vorladung der Vertreter angrenzender Bergwerke nicht verbunden werden. Der Extrahent der Vermessung muß im Termine die Urkunden beibringen, nach welchen die Vermessung erfolgt, also die Verleihungsurkunde (§. 34) und den Situationsriß (§. 33). Geschieht die Vermessung auf Antrag eines Feldnachbarn, so muß derselbe die Uebersendung der bei den Acten des Oberbergamtes befindlichen Conceptverleihung und des bei der Bergbehörde aufbewahrten Rißexemplares an den Berggeschwornen behufs der Vermessung in Antrag bringen. Außer dem Extrahenten können auch die zugezogenen Feldesnachbarn und der Eigenthümer des zu vermessenden Bergwerks, wenn er nicht Extrahent ist, Anträge in Bezug auf die Lage der zu vermessenden Grenzen stellen. Die Lage der mit Lochsteinen zn bezeichnenden Grenzpunkte wird durch den Revierbeamten bestimmt, welcher die Vermessung leitet. Die Festsetzung des Revierbeamten entscheidet jedoch nur über die Setzung der Lochsteine, sie präjudicirt weder den Rechten des Eigenthümers noch der Feldesnachbarn in Bezug auf die Lage der streitigen Grenzen. Es kann daher auch zu jeder Zeit die Wiederholung und Rectification der vorgenommenen Vermessung gemäß §. 39 von jedem Theile in Antrag gebracht werden.

[87]) Die Wegnahme oder Verrückung von Lochsteinen zum Nachtheile eines Anderen wird nach §. 274, Nr. 2 des Strafgesetzbuches mit Gefängniß bestraft, neben welchem auch Geldstrafen bis zu 1000 Thalern erkannt werden kann.

[88]) Die Verpflichtung der Grundeigenthümer, das Betreten ihrer Grundstücke und das Setzen der Lochsteine zu gestatten, bedarf nicht der vorherigen Feststellung in dem für die Grundabtretung für Tit. V Abschn. 1 vorgeschriebenen Verfahren. Vielmehr hat der Revierbeamte, welcher die Vermessung leitet, ohne Weiteres die Aufstellung der Lochsteine an den ermittelten Grenzpunkten anzuordnen. Er wird allerdings die vorherige Regulirung des Entschädigungsanspruches zwischen dem Extrahenten der Vermessung und dem erschienenen Grundbesitzer verlangen. Wird indeß die Einigung durch offenbar übertriebene Anforderungen des Grundbesitzers vereitelt, so hat der Revierbeamte die Vermessung fortzusetzen und dem Grundbesitzer die Verfolgung seines

Fünfter Abschnitt.
Von der Consolidation[89]).

§. 41.

Die Vereinigung zweier oder mehrerer Bergwerke zu einem einheitlichen Ganzen — Consolidation — unterliegt der Bestätigung des Oberbergamts (§. 49)[90]).

Schadensanspruches im Rechtswege zu überlassen, da sonst jeder Grundbesitzer in der Lage wäre, die Vermessung willkürlich zu vereiteln.

[89]) Die Consolidation zweier Bergwerke zu einem Ganzen und die reale Theilung eines Bergwerkes, von der im folgenden Titel (§. 51) die Rede ist, sind dem Bergrechte eigenthümliche Rechtsgeschäfte, welche auf dem gemeinsamen Grunde der beschränkten Theilbarkeit des Bergwerkseigenthumes beruhen. Es ist im öffentlichen Interesse nothwendig, daß die Grenzen der Bergwerke nicht ohne Vorwissen der Bergbehörde verändert werden dürfen, da namentlich die sicherheitspolizeiliche Ueberwachung des Bergbaues von einer genauen Kenntniß der früheren Baugrenzen sowohl, als der gegenwärtigen bedingt ist. Deshalb ist jede Veränderung der Feldesgrenzen, sei es durch Zusammenlegung, sei es durch Theilung, von der Bestätigung durch das Oberbergamt abhängig gemacht (§. 41, §. 51). Es muß aber ferner dafür Sorge getragen werden, daß die von dem Eigenthümer mit der Genehmigung der Bergbehörde einmal vorgenommene Veränderung der Feldesgrenzen nicht durch die Ansprüche dritter Personen wieder rückgängig gemacht werden kann, weil sonst durch die Wiederherstellung der alten Feldesgrenzen die Sicherheit gefährdet, oder gar die Fortsetzung des Bergbaues unmöglich gemacht werden würde. Daher die Wirkungen, welche der Consolidation und dem Austausche von Feldestheilen in Bezug auf die Rechte der Hypothekengläubiger und der Realberechtigten beigelegt ist (§. 48, §, 51). Die Consolidation bewirkt den Uebergang der an den realen Theilen des neugebildeten Bergwerks früher bestandenen Hypotheken- und Realrechte auf ideelle Theile des neugebildeten Ganzen, und diese Wirkung ist nothwendig, weil sonst durch Ausübung der Hypotheken- und Realrechte die Consolidation wieder aufgehoben werden und dadurch der in den erweiterten Grenzen unternommene zusammenhängende Bau unmöglich gemacht werden würde. Ebenso zieht nach §. 51 der Austausch von Feldestheilen zwischen zwei Bergwerken den Uebergang der Hypotheken- und Realrechte auf das eingetauschte Feldesstück nach sich, während das ausgetauschte von denselben frei wird, weil sonst die Ausübung dieser Rechte die alten Feldesgrenzen wieder herstellen und den in den veränderten Grenzen unternommenen Bau unmöglich machen würde. Die Nothwendigkeit, daß jeder Bergbau in sich zusammenhängend und nach außen abgeschlossen betrieben werde, bedingt diese Einschränkungen der realen Theilbarkeit des Bergwerkseigenthumes und die davon abhängigen eigenthümlichen Wirkungen der Consolidation und des Feldesaustausches. Bergwerkseigenthum wird übrigens durch die Consolidation nicht erworben. Die Vorschriften des fünften Abschnittes gehören daher streng genommen in den dritten Titel zu den entsprechenden Bestimmungen über die Feldestheilung, mit welchen sie auch in den Berggesetzen für Bayern, Elsaß-Lothringen und Würtemberg verbunden sind.

[90]) „Die Consolidation kann nicht unbedingt von der freien Entschließung der Betheiligten abhängig gemacht werden. Derselben dürfen vielmehr Gründe des öffentlichen Interesses nicht entgegenstehen, und sie ist deshalb namentlich unstatthaft, wenn sie eine Feldessperre herbeiführen und dadurch wohlthätige Concurrenzunternehmungen verhindern würde. Ferner ist es erforderlich, daß die zu consolidirenden Felder aneinander grenzen und zwar muß diese Begrenzung bei Geviertfeldern auf der Oberfläche stattfinden, während bei Längenfeldern genügt, daß dieselben, wenn auch nicht in der Tagesprojection, so doch in einer tieferen Sohle mit einander in Berührung kommen. Es ergiebt sich dieses Erforderniß theils aus dem Zwecke der Consolidation, theils daraus, daß freies Feld ohne vorgängige Verleihung nicht mit in die Consolidation eingeschlossen werden kann.

§. 42.

Zur Consolidation ist erforderlich:

1) ein notariell oder gerichtlich beglaubigter Consolidationsact[91]) — je nach Beschaffenheit des Falles ein Vertrag oder Beschluß der Mitbetheiligten oder eine Erklärung des Alleineigenthümers[92]),
2) ein von einem concessionirten Markscheider oder Feldmesser in zwei Exemplaren angefertigter Situationsriß des ganzen Feldes[93]),
3) die Angabe des dem consolidirten Bergwerke beigelegten Namens.

§. 43.

Kann das durch die Consolidation entstehende (consolidirte) Werk nur als Ganzes mit Hypotheken und dinglichen Lasten beschwert werden[94]) (vergl. §. 98), so muß

Die Zulässigkeit der Consolidation von Längenfeldern mit Geviertfeldern muß im einzelnen Falle nach den vorstehenden Gesichtspunkten und den allgemeinen Grundsätzen des Berggesetzes beurtheilt werden.

Ein Gleiches gilt für solche Fälle, wo es sich um die Consolidation von Bergwerken handelt, welche nicht auf dieselben Mineralien berechtigt sind. Hier die Consolidation principiell auszuschließen, würden namentlich die Verhältnisse des Gangbergbaues nicht gestatten." (Motive S. 52.

[91]) Der Consolidationsact ist die Erklärung des oder der Bergwerkseigenthümer über die künftige Vereinigung der einzelnen Bergwerke zu einem Ganzen. Diese Erklärung steht entweder für sich allein da, wenn die zu vereinigenden Bergwerke sämmtlich einem Eigenthümer gehören, oder sie ist in einem gewerkschaftlichen Beschlusse ausgesprochen, wenn eine Gewerkschaft die Consolidation mehrerer ihr gehörigen Bergwerke beabsichtigt, wozu nach §. 114 eine Mehrheit von drei Vierteln sämmtlicher Kuxe erfordert wird, oder endlich, sie ist mit einem Gesellschaftsvertrage verbunden, den die verschiedenen Eigenthümer oder Gewerkschafter der zu consolidirenden Bergwerke über ihre künftige Vereinigung mit einander abschließen. Für alle diese Fälle schreibt §. 45, Nr. 1 gleichmäßig die gerichtliche oder notarielle Form der Erklärung vor.

[92]) Man hat unter dem früheren Rechte darüber gestritten, ob auch Muthungen consolidirt werden können. Dr. Achenbach in d. Zeitschr. für Berg-, Hütten- und Salinenwesen Bd. VI, B. S. 133 verneint diese Frage, theils weil die Muthung eine Forderung an den Staat auf Beleihung mit der Lagerstätte enthalte und solche Forderung nicht ohne Zuziehung und Genehmigung des Schuldners consolidirt, d. h. einer Novation unterzogen werden dürften, theils weil vor der Verleihung keine Muthung fixirte Feldesgrenzen besitzt. Wenn nun auch nach heutigem Rechte die Ansicht, welche die Muthung in das Obligationenrecht verweist, keinen Boden mehr findet, so bleibt gleichwohl der eigentlich entscheidende zweite Grund bestehen. Der Consolidationsact ist ein lediglich auf das Object des Bergwerkseigenthums gerichtetes Rechtsgeschäft, welches aus bisher getrennten Theilen ein ungetheiltes Ganzes machen, die einzelnen Bergwerke zu einem Bergwerke vereinigen soll. Dieses Rechtsgeschäft setzt die Existenz von Bergwerken voraus, welche bereits definitiv durch die Verleihung aus dem allgemeinen Begriffe der verleihbaren Mineralien (§. 1) ausgesondert und zu selbstständigen Rechtsobjecten erhoben sind. Vor der Verleihung können zwar Verträge über die künftige Consolidation gemutheter Bergwerke geschlossen werden. Der Consolidationsact hat aber die erfolgte Verleihung zur Voraussetzung.

[93]) Für diesen Situationsriß ist nicht der im §. 17 gedachte Maßstab vorgeschrieben. Das Oberbergamt zu Halle empfiehlt in seiner Bekanntmachung vom 11. September 1865 die Anwendung eines Maßstabes, welcher zu dem für die Muthungsrisse vorgeschriebenen in einem einfachen Verhältnisse ($^1/_1$, $^1/_2$, $^1/_4$ u. s. w.) steht.

[94]) In den §§. 43 und 44 bis 48 werden die Rechte der Hypothekengläubiger und Realberechtigten in Bezug auf den Consolidationsact bestimmt und zwar mit Unterscheidung des Falles, in welchem das consolidirte Bergwerk einer auf Grund der §§. 94 ff. gebildeten Gewerkschaft

für den Fall, daß auf den einzelnen Bergwerken[95]) Hypotheken oder andere Realrechte oder daß auf denselben Privilegien des Rheinischen Rechts haften, außer dem Consolidationsacte eine mit den Berechtigten vereinbarte Bestimmung darüber beigebracht werden, daß und in welcher Rangordnung die Rechte derselben auf das consolidirte Werk als Ganzes übergehen sollen[96]).

(einer Gewerkschaft im neueren Sinne) gehört (§. 43), mithin nur als Ganzes mit Hypotheken und dinglichen Lasten beschwert werden kann, von den übrigen Fällen, in denen das consolidirte Bergwerk einer Gewerkschaft des alten Rechtes oder einem einzigen Eigenthümer gehört, wo mithin die auf den einzelnen Bergwerken haftenden Hypotheken und Lasten auf Idealantheile des consolidirten Bergwerkes übertragen werden können (§§. 44 bis 48). Im ersteren Falle ist die Einwilligung der Hypothekengläubiger und Realberechtigten zur Ausführung der Consolidation insofern erforderlich, als eine Bestimmung darüber mit ihnen vereinbart werden muß, in welcher Rangordnung ihre Rechte an den Einzelwerken auf das consolidirte Werk als Ganzes übergehen sollen. In den übrigen Fällen ist den Realberechtigten nur ein Einspruch gegen den Consolidationsact gestattet (§. 46) und sie haben für den Fall, daß der Einspruch unterbleibt oder verworfen wird, den Uebergang ihrer Rechte auf die durch den Consolidationsact festgestellten Idealantheile des consolidirten Werkes zu erleiden.

„Die Behandlung des ersteren Falles beruht", wie die Motive S. 53 sagen, „darauf, daß bei der neuen Gewerkschaft des Entwurfes keine Idealantheile am Bergwerke selbst mehr bestehen, welche gleich den seitherigen immobilen Kuxen Gegenstand von Hypothekenrechten rc. sein könnten, daß vielmehr das Bergwerk nur noch als Ganzes mit Hypotheken und dinglichen Lasten beschwert werden kann (cf. §§. 101 und 98). Hier kann deshalb der Uebergang von Realrechten auf die entsprechenden Antheile an dem consolidirten Werke nicht mehr stattfinden, sondern nur noch auf das consolidirte Werk als Ganzes erfolgen. Wie dies aber geschehen soll, läßt sich bei der Verschiedenartigkeit der Fälle durch gesetzliche Vorschriften nicht regeln. Es ist daher eine Vereinbarung zwischen der Gewerkschaft und den Realberechtigten darüber erforderlich, daß und in welcher Rangordnung der Uebergang stattfinden soll. Ohne diese Zuziehung der Realberechtigten würde die Consolidation um so weniger zulässig sein, als das Object des Realrechts und die Sicherheit nothwendiger Weise wesentliche Veränderungen erleiden."

[95]) Haften nur auf einem der zu consolidirenden Bergwerke Hypotheken- oder Realrechte, so bedarf es der Vereinbarung mit den Berechtigten nicht, da durch den Uebergang ihrer Rechte auf das consolidirte Werk als Ganzes weder ihre Rangordnung verändert, noch von dem Objecte ihres Rechtes etwas weggenommen wird.

[96]) Es entsteht die Frage, ob bei einer Consolidation von Bergwerken, welche verschiedenen Gewerkschaften des alten Rechtes gehören, der §. 43 oder die §§. 44—48 Anwendung finden, mit anderen Worten: ob die Gewerkschaft, welche aus dem zwischen den Gewerkschaften der Einzelbergwerke abgeschlossenen Gesellschaftsvertrage hervorgeht, als eine neu gebildete Gewerkschaft nach den §§. 94 ff. oder wie die Einzelgewerkschaften nach den §§. 226 ff., also nach altem Rechte zu beurtheilen ist. Die letztere Alternative ist zu bejahen und die Anwendbarkeit des §. 43 zu verneinen. Die §§. 226 ff. schützen das beim Eintritt der Gesetzeskraft des Allgem. Berggesetzes bestehende Miteigenthum an Bergwerken nicht bloß in der Person des Besitzers, sondern auch für alle Veräußerungsfälle und für alle Rechtsnachfolger so lange, bis die Gewerkschaft gemäß §. 235 beschließt, sich den Bestimmungen der §§. 94 ff. zu unterwerfen. Der in dem Consolidationsacte enthaltene Gesellschaftsvertrag oder die Veräußerung eines Theiles der sämmtlichen Kuxe an die andere Gewerkschaft schließt also die Anwendbarkeit der §§. 226 ff. nicht aus. Ebensowenig bewirkt die Zusammenschlagung der Bergwerke die Entstehung einer neuen Gewerkschaft an Stelle der früheren Einzelgewerkschaften. Jede Gewerkschaft erwirbt vielmehr durch die Consolidation zu ihrem ursprünglichen Bergwerke die damit vereinigten Gruben und nimmt zugleich die Mitglieder der andern Gewerkschaften in ihren Verband auf. Die Gewerkschaft des

§. 44.

In allen übrigen Fällen[97]) muß in dem Consolidationsacte eine Bestimmung des Antheilsverhältnisses, nach welchem jedes einzelne Bergwerk in das consolidirte Werk eintreten soll, enthalten sein[98]). Auf diese Fälle finden alsdann die besonderen Vorschriften der §§. 45 bis 48 Anwendung.

§. 45.

Der wesentliche Inhalt des Consolidationsactes, insbesondere die Bestimmung des Antheilsverhältnisses (§. 44) wird durch das Oberbergamt den aus dem Hypothekenbuche ersichtlichen Hypothekengläubigern und anderen Realberechtigten, insofern deren ausdrückliches Einverständniß mit dem Antheilsverhältnisse nicht beigebracht ist, unter Verweisung auf diesen und die beiden folgenden Paragraphen bekannt gemacht.

Außerdem erfolgt diese Bekanntmachung durch das Amtsblatt der Regierung, in deren Bezirk das Bergwerk liegt.

§. 46.

Hypothekengläubiger und andere Realberechtigte, sowie privilegirte Gläubiger des Rheinischen Rechtes, welche durch die Bestimmung des Antheilsverhältnisses (§. 44)[99]) an ihren Rechten verkürzt zu sein glauben, sind befugt, gegen diese Bestimmung Einspruch zu erheben.

---

consolidirten Bergwerkes ist also Nachfolgerin jeder der früheren Einzelgewerkschaften. Sie bleibt mithin den §§. 226 ff. unterworfen und der §. 43, welcher die Anwendbarkeit der §§. 94 ff. voraussetzt, findet auf den Fall einer Consolidation zwischen mehreren Gewerkschaften des alten Rechtes nicht Anwendung. Dasselbe gilt, wenn eine Gewerkschaft des alten Rechtes ihr Bergwerk mit dem eines Alleineigenthümers consolidirt. Hier erwirbt die bereits bestehende Gewerkschaft ein neues Bergwerk und veräußert einen Theil der Kuxe an einen neuen Gewerken. Wollte man überdieß hier die §§. 43 und 94 ff. anwenden, so würde ihre Anwendung schon dadurch umgangen werden, daß der Consolidationsact erst nach der Ausführung des Tausch- resp. Gesellschaftsvertrages vorgenommen wird. Wenn indeß diese beiden Acte getrennt keine Veränderung in dem Charakter der Gewerkschaft bewirken, so hat auch der mit dem Gesellschaftsvertrage verbundene Consolidationsact diese Wirkung offenbar nicht. Die Anwendbarkeit des §. 43 beschränkt sich daher auf die Consolidation von Bergwerken, die verschiedenen Alleineigenthümern angehören, oder von denen eines oder mehrere einer Gewerkschaft des neuen Rechtes gehört.

[97]) Diese Fälle sind folgende:

1. Ein Bergwerksbesitzer consolidirt mehrere ihm gehörige Gruben.

2. Eine Gewerkschaft des alten Rechtes beschließt die Consolidation mehrerer ihr gehörigen Gruben.

3. Mehrere Gewerkschaften des alten Rechtes consolidiren ihre Bergwerke.

4. Ein Alleineigenthümer und eine Gewerkschaft des alten Rechtes consolidiren ihre Bergwerke.

Actiengesellschaften stehen dem Alleineigenthümer gleich. Die Commission des Herrenhauses war im Irrthum, wenn sie annahm, daß §. 43 und §. 98 auf die Bergwerke der Actiengesellschaften Anwendung finden. (Commissionsbericht S. 23.)

[98]) Das Gesetz verlangt diese Feststellung zur Regelung der Rechte der Hypothekengläubiger und Realberechtigten. Es fordert die Bestimmung des Antheilverhältnisses jedoch in allen Fällen, auch wenn eingetragene Hypotheken und Lasten nicht vorhanden sind und zwar mit Rücksicht auf die gesetzlichen Hypotheken: die sogenannten Vorzugsrechte des preußischen und die Privilegien des rheinischen Rechtes, und auf die Freikuxberechtigten. (Vergl. Zeitschr. f. Bergr. Bd. III S. 391.)

[99]) Nur gegen die Bestimmung des Antheilsverhältnisses findet der Einspruch statt. Wenn

Dieses Einspruchsrecht muß binnen drei Monaten nach Ablauf des Tages, an welchem die Bekanntmachung zugestellt, beziehungsweise das die Bekanntmachung enthaltende Amtsblatt ausgegeben worden ist (§. 45) durch gerichtliche Klage [100]) geltend gemacht werden.

Wer von dieser Frist keinen Gebrauch macht, ist seines Einspruchsrechtes verlustig.

§. 47.

Statt diese Klage zu erheben, können die vorbezeichneten Gläubiger und anderen Realberechtigten ihre Befriedigung vor der Verfallzeit verlangen [101]), soweit dies die Natur des versicherten Anspruchs gestattet.

Dieses Recht muß jedoch ebenfalls bei Vermeidung des Verlustes desselben

---

daher ein in Ausbeute befindliches Bergwerk mit einem andern noch unaufgeschlossenen Felde consolidirt wird, dessen Vorrichtung die aufkommende Ausbeute für viele Jahre verschlingen wird, so kann der Realberechtigte, welchem als Nießbraucher oder sonst der Bezug jener Ausbeute zustand, gegen dieser Verkürzug seiner Rechte keinen Einspruch erheben. Sein Recht geht künftig auf die Ausbeute von einem ideellen Theile des consolidirten Bergwerkes. Es erleidet mithin unter Umständen eine doppelte Verkürzung. In Bezug auf diesen nicht gerade seltenen Fall sind also die Härten der früheren Gesetzgebung, welche den Realberechtigten überhaupt keinen Einspruch gegen die Consolidation gestattete (Ges. v. 12. Mai 1851 §. 14), bestehen geblieben.

[100]) Die Klage muß gegen den Besitzer des belasteten Bergwerks und wenn das Recht nur auf einem Bergwerksantheile haftet, gegen die Gewerkschaft des belasteten Bergwerks gerichtet werden. Denn die Gewerkschaft, welche den Consolidationsact beschließt, nicht der Besitzer des belasteten Antheils verkürzt die Rechte des Realgläubigers. Vom praktischen Gesichtspunkte möchte es plausibel erscheinen, daß die Klage gegen den Besitzer oder die Gewerkschaft nicht des belasteten Bergwerks, sondern des oder der andern damit zu consolidirenden Bergwerke gerichtet würde. Wenn nämlich zwei belastete Gruben A und B sich unter einem Antheilsverhältnisse consolidiren, welches den beiderseitigen Hypothekargläubigern ungerecht erscheint und zur Klage Anlaß gibt, so würde nach der im Eingange gegebenen Regel der Besitzer der Grube A seinem Hypothekargläubiger gegenüber ausführen müssen, daß seine Grube A nicht mehr werth sei, als der ausgeworfene Idealantheil der vereinigten Gruben, während ebenso der Besitzer von B die Behauptung eines höheren Werthes in Bezug auf seine eigene Grube zu widerlegen hätte. Würde dagegen der Gläubiger der Grube A gegen den Besitzer der Grube B und der Gläubiger von B gegen den Besitzer von A klagen, so würde jeder der Verklagten den Minderwerth der andern Grube zu behaupten und zu vertheidigen haben, und das würde äußerlich betrachtet als eine zweckmäßigere Vertheilung der Parteirollen erscheinen. Allein der Gläubiger von A steht zu dem Besitzer von B in keiner rechtlichen Beziehung, da jeder der beiden Grubenbesitzer durch die verabredete Consolidation nur über sein eigenes Bergwerk disponirt. Da auch eine Gewerkschaft des consolidirten Bergwerks vor der Bestätigung des Consolidationsactes nicht existirt, so kann auch nicht gegen diese geklagt werden.

Der Klageantrag muß dahin gerichtet werden, den Consolidationsact dem Kläger gegenüber, wegen Verkürzung seines Realrechtes durch das festgesetzte Betheiligungsverhältniß, für unwirksam zu erklären.

[101]) Sie dürfen ihre Befriedigung aus dem Pfandobjecte vor der Verfallzeit verlangen. Dieser Anspruch muß im Wege der hypothekarischen Klage gegen den Besitzer des belasteten Bergwerksantheils verfolgt werden. Der persönliche Schuldner, wenn er nicht zugleich Besitzer des Pfandobjectes ist, wird von der über das Pfandobject getroffenen Disposition nicht berührt, also auch nicht zur Zahlung vor der Verfallzeit verpflichtet.

innerhalb der im §. 46 bestimmten Frist geltend gemacht werden[102]).

§. 48.

Mit der Bestätigung der Consolidation (§. 49) geht das Realrecht ohne Weiteres auf den entsprechenden, nach Maßgabe der vorstehenden Bestimmungen (§§. 44 bis 46) festgestellten Antheil an dem consolidirten Werke über.

§. 49.

Sind Hypothekengläubiger und andere Realberechtigte, sowie privilegirte Gläubiger des Rheinischen Rechtes nicht vorhanden[103]), oder ist in den Fällen des §. 43 die dort bezeichnete Vereinbarung beigebracht, oder sind, in den Fällen des §. 44 Einsprüche nicht erhoben oder die erhobenen Einsprüche (§§. 46, 47)[104]) erledigt, so entscheidet das Oberbergamt über die Bestätigung der Consolidation.

Die Bestätigung darf nur versagt werden, wenn die Felder der einzelnen Bergwerke nicht an einander grenzen, oder wenn Gründe des öffentlichen Interesses entgegenstehen.

Der Bestätigungsurkunde werden die Verleihungsurkunden der einzelnen Bergwerke beigefügt.

Hinsichtlich der Beglaubigung, Aushändigung und Aufbewahrung der Risse finden die Bestimmungen des §. 33 Anwendung[105]).

---

[102]) Die Anstellung der Klage auf Befriedigung vor der Verfallzeit suspendirt die Bestätigung der Consolidation, wie das Allegat des §. 47 im §. 49 ergibt.

[103]) Hierzu tritt der Fall, wenn dergleichen Realberechtigte nur bei einem der zu consolidirenden Bergwerke vorhanden sind und dieselben nach dem Consolidationsacte in unveränderter Rangordnung auf das consolidirte Bergwerk als Ganzes übergehen sollen. Hier bedarf es im Falle des §. 43 nicht der Zustimmung der Realberechtigten, wie oben (Anm. 95) gezeigt ist. Im Falle der §§. 44—46 kann die Bestätigung ebenfalls vor Ablauf der dreimonatlichen Frist erfolgen, weil durch diese Stipulation eine Verkürzung der Realberechtigten durch Bestimmung des Antheilsverhältnisses ganz ausgeschlossen wird.

[104]) Unter den Einsprüchen wird, wie das Allegat des §. 47 ergibt, auch die Klage auf Befriedigung vor der Verfallzeit verstanden (vergl. Anm. 102). Das Oberbergamt wird den Besitzern oder den Repräsentanten der zu consolidirenden Bergwerke aufgeben, nach Ablauf der im §. 46 bestimmten Frist Anzeige zu machen, ob von einem Realberechtigten auf Grund der §§. 46 und 47 gegen sie Klage erhoben ist, widrigenfalls die Entscheidung über die Consolidation auf ihre Gefahr und Kosten erfolgt. Doch bleibt es auch den klagenden Realberechtigten unbenommen, von der Erhebung der Klage zur Wahrung ihrer Rechte dem Oberbergamte Anzeige zu machen.

[105]) Die früher übliche Publication der Bestätigungsurkunde ist nach den Motiven S. 55 deshalb nicht vorgeschrieben, weil der Zweck derselben künftig schon durch das Instructionsverfahren erreicht werde. Dies ist indeß wohl nicht richtig, weil im Falle des §. 43 gar keine Publication im Instructionsverfahren stattfindet. In den Fällen der §§. 44 ff. ferner wird zwar der Consolidationsact gemäß §. 45 vor der Bestätigung publicirt. Ob indeß die Bestätigung erfolgt und die Consolidation zur Ausführung kommt, erfährt nur der im Hypothekenbuche eingetragene Realberechtigte, nicht der Freikuxberechtigte, der privilegirte Gläubiger des Rheinischen Rechtes und nicht der Grundbesitzer und das Publicum im Allgemeinen, welchem an der Kenntniß von den eintretenden Veränderungen in der Begrenzung und in den Namen der verliehenen Bergwerke gelegen ist.

Die Bergbehörden werden also den Wünschen und dem Bedürfnisse der Betheiligten entgegen kommen, wenn sie die erfolgte Bestätigung der Consolidation nachrichtlich durch das Amtsblatt bekannt machen.

Dritter Titel.
Von dem Bergwerkseigenthume.
Erster Abschnitt.
Von dem Bergwerkseigenthume im Allgemeinen.
§. 50.

Das durch die Verleihungsurkunde begründete Bergwerkseigenthum[106]) gehört zu den unbeweglichen Sachen.

---

[106]) Der vorläufige Entwurf zum Allgemeinen Berggesetze hatte an die Stelle des Bergwerkseigenthums ein Bergbaurecht gesetzt und diese Veränderung der im deutschen wie im französischen Bergrechte hergebrachten Terminologie wie folgt gerechtfertigt.

Es müsse die Annahme verlassen werden, als ob die im Schooße der Erde ruhenden Mineralien herrenlose Sachen seien, als ob das Eigenthum an den Mineralien durch das Finden erworben, oder als ob die Verleihung Eigenthumsrechte an dieselben gewähre. Zur rationellen Begründung eines den Bedürfnissen des heutigen Bergbaues entsprechenden Bergrechtes erscheine es unerläßlich, jene Anschauung aufzugeben und statt dessen anzuerkennen, daß die Mineralien in Wirklichkeit Bestandtheile des Grund und Bodens seien, daß sie bis zur Gewinnung nicht als Sachen im rechtlichen Sinne, mithin nicht als herrenlose Sachen betrachtet werden können. Hiernach könne von einem Eigenthume an den Mineralien, der Lagerstätte, dem Grubenfelde oder dem Bergwerke nicht mehr die Rede sein. Die Verleihung gewähre vielmehr ein bloßes Bergbaurecht, d. h. das ausschließliche und objectiv dingliche Recht zur Gewinnung und Benutzung der Mineralien in dem verliehenen Felde. Dieses Bergbaurecht sei eine Art der Gerechtigkeiten und zwar eine Gewerbeberechtigung. Zum Begriffe des Eigenthums fehle der Gegenstand, da das Bergbaurecht nicht die rechtliche Herrschaft über bestimmte Sachen zum Inhalte habe, sondern einen Inbegriff verschiedener Befugnisse, als welche namhaft gemacht werden: die Gewinnung der Mineralien, die Aufbereitung derselben, die Anlage von Hülfsbauen, der Mitgebrauch fremder Grubenbaue und das Recht zur Expropriation des zum Bergbau erforderlichen Grund und Bodens (Motive S. 13 ff.).

Diese Veränderung der Terminologie und die zu Grunde liegende Begriffsbestimmung fand vielfachen Widerspruch. (Vergl. Meine Bemerkungen S. 40 ff., Strohn, Bemerkungen S. 8 ff.). Das Allgem. Berggesetz ist auch im Titel 3 zu der bisherigen Terminologie zurückgekehrt. Die Motive bemerken hierüber (S. 19):

„Um sich nicht ohne dringende Veranlassung von dem seitherigen geläufigen Sprachgebrauche zu entfernen, behält der Entwurf zur Bezeichnung der Bergbauberechtigung den Ausdruck „Bergwerkseigenthum" bei, läßt aber im Uebrigen keinen Zweifel darüber zu, daß es sich bei dieser zu den unbeweglichen Sachen zählenden Bergbauberechtigung, wie auch gegenwärtig allgemein anerkannt wird, um einen Inbegriff sehr verschiedenartiger, zum Theil singulärer Rechte handelt, durch welche dieselbe sich von dem civilrechtlichen Eigenthume charakteristisch unterscheidet." —

Ein näheres Eingehen auf den Begriff des Bergwerkseigenthumes lehnen die Motive ab, weil die theoretische Erörterung des Begriffes nicht Aufgabe des Gesetzgebers, sondern der Rechtswissenschaft sei. Mit Rücksicht auf das oben Anm. 3 Gesagte wird auch hier ein näheres Eingehen auf die streitige Natur des Bergwerkseigenthums nicht umgangen werden können, da diese Streitfrage nicht bloß theoretisches Interesse, sondern große praktische Wichtigkeit besitzt und eine Anzahl für die Anwendung des Gesetzes wichtiger Folgerungen nach sich zieht. Sowohl das preußische als auch das gemeine und das französische Civilrecht stellt wesentlich verschiedene Regeln auf für den Besitz, die Erwerbung und die Veräußerung von Sachen und von Rechten. Auch die ab-

§. 51.

Die reale Theilung des Feldes eines Bergwerks in selbstständige Felder[107]),

---

geleiteten Rechte (jura in re), welche an dem Bergwerkseigenthume bestellt werden, haben einen andern Charakter, je nachdem sie als Rechte an fremder Sache betrachtet werden, oder als Realrechte an einer bloßen Gerechtigkeit angesehen werden. Mit der Aufhebung der Jagdgerechtigkeit und der Patrimonialgerichtsbarkeit gingen alle an solchen Gerechtigkeiten bestellten Pfandrechte und Realansprüche ohne Weiteres unter, während die gleichen Rechte an der körperlichen Sache bestellt nur mit der letzteren untergehen und einmal gültig erworben von dem Rechtstitel des Bestellers gänzlich unabhängig sind. Auch der Besitz wird nach andern Regeln an bloßen Rechten erworben und ausgeübt, als an Sachen. Alle diese wichtigen praktischen Unterschiede zwischen dem Sacheigenthum und einer bloßen Gerechtigkeit haben schon unter der früheren preußischen Gesetzgebung zu häufigen Controversen darüber Anlaß gegeben, ob in einem bestimmten Falle das Bergwerkseigenthum nach der einen oder der andern Regel zu beurtheilen sei. (Vergl. m. Uebersicht S. 35 ff.) Das französische Bergrecht hatte jeden Zweifel darüber abgeschnitten, daß das Bergwerkseigenthum als ein wirkliches Sacheigenthum an den concedirten Lagerstätten behandelt werden müsse, indem es in den Artikeln 7 und 19 das Eigenthum an dem Bergwerke ausdrücklich jedem andern Eigenthume gleichstellt. Im früheren preußischen und im deutschen Bergrechte verhielt es sich dagegen anders. Die Bergordnungen und das Allgem. Landrecht begrenzten das Grubenfeld nach dem unbekannten Streichen und Fallen des Ganges. Sie räumten bei einer Theilung des Ganges dem älter Beliehenen ein Wahlrecht zwischen den verschiedenen Trümmern ein. (A. L.R. II 16, §§. 177 ff. 187.) Das Bergwerkseigenthum des älteren Rechtes hatte also zum Gegenstande nicht ein in bestimmte körperliche Grenzen eingeschlossenes Feld, sondern ein nicht bloß von dem unbekannten Verhalten der Lagerstätte, sondern auch von künftigen Entschließungen des Besitzers in seinem räumlichen Umfange bedingtes Recht. Das ältere preußische und deutsche Bergrecht stellte auch darin das Bergwerkseigenthum auf eine von dem Sacheigenthum verschiedene Grundlage, daß es den Verlust des Bergwerkseigenthums durch den bloßen Nichtgebrauch oder in Folge unterlassener Zahlung der Receßgelder eintreten ließ (a. a. O. §. 105, §. 201). Da diese Bestimmungen mit der Annahme eines Sacheigenthums nicht verträglich waren, so mußte nach dem älteren Rechte das Bergwerkseigenthum wegen der Unbestimmtheit seiner Begrenzung und wegen der Ungewißheit seiner Dauer als eine bloße Gerechtigkeit bezeichnet werden, obgleich die Natur dieses Rechtes an und für sich, abgesehen von den angeführten Bestimmungen des positiven Rechtes, ebensowohl die Annahme eines Sacheigenthums zugelassen haben würde (M. Uebersicht S. 33).

Das Allgem. Berggesetz hat nun diese unbestimmte Begrenzung und die ungewisse Dauer des Bergwerkseigenthums beseitigt. Es hat das Grubenfeld in feste körperliche Grenzen eingeschlossen (§. 26) und seine Aufhebung nur in Folge einer ausdrücklichen oder einer vermutheten Verzichtleistung zugelassen (§§. 156 ff. §. 161): Es hat ferner den Realberechtigten die Befugniß eingeräumt, der Aufhebung des Bergwerkseigenthums durch die Ausübung ihres Realrechtes zuvor zu kommen (§. 159, §. 161). Hiernach sind die früher bestandenen Verschiedenheiten zwischen dem rechtsrheinischen und dem linksrheinischen Bergrechte im Sinne des von der französischen Gesetzgebung angenommenen Sacheigenthums an den Bergwerken erledigt. Es steht folglich dieser durch die Natur der Sache gerechtfertigten Auffassung in den Bestimmungen des positiven Rechtes ferner kein Bedenken entgegen und sie muß deßhalb als entscheidend für die auf der rechtlichen Natur des Bergwerkseigenthums beruhenden Folgerungen angenommen werden.

Wenn in den Motiven zum vorläufigen Entwurfe das Bergwerkseigenthum als eine Gewerbeberechtigung aufgefaßt wird, so wird dadurch sowohl dem Begriff des Bergwerkseigenthums als dem der Gewerbegerechtigkeit Zwang angethan. Die oben angeführte Definition würde auf eine Berechtigung zum Lachs- oder Drosselfang allerdings vollständig passen. Denn hier beruht die Aneignung der durchziehenden Fische oder Vögel nicht auf einem Eigenthum an diesen herrenlosen Thieren, sondern auf einem ausschließlichen Rechte der Occupation an denselben, welches dem

sowie der Austausch von Feldestheilen zwischen angrenzenden Bergwerken unterliegt der Bestätigung des Oberbergamts[108]).

Berechtigten innerhalb seines Bezirkes zusteht. Er erwirbt an den Objecten seines Rechtes nur in sofern Eigenthum, als er an denselben Besitz ergreift, und die Thiere hören auf Objecte seines Rechtes zu sein, wenn sie ungefangen seinen Vogelheerd oder seine Reusen passiren.

Seine Gewerbeberechtigung äußert sich nur in der Untersagung fremder Gewerbethätigkeit, in der Beschränkung der übrigen Bewohner des Bezirkes in ihrer persönlichen Freiheit. Ganz anders ist das Recht des Bergwerksbesitzers nach seinem gegebenen Inhalte gestaltet. Er schließt dritte Personen von dem Bergwerksbetriebe innerhalb seines Feldes nicht kraft einer Beschränkung ihrer persönlichen Freiheit, sondern lediglich durch den Umstand aus, daß ihm die ausschließliche Verfügung über die Gegenstände dieses Bergwerksbetriebes, über die unterirdischen Lagerstätten zusteht.

Die verliehenen Mineralien gehören nicht bloß ihm, in sofern sie aus seiner Grube gefördert werden, sondern schon deshalb weil sie in seinem Felde anstehen. Mit demselben Rechte, mit welchem man das Bergwerkseigenthum als die ausschließliche Gewerbeberechtigung zur Gewinnung und Aufbereitung der in einem Felde anstehenden Mineralien definirt, könnte man das Eigenthum an einem Acker als die Gewerbeberechtigung definiren, vorausgesetzt daß eine andere Kulturart durch die Natur der Sache oder durch gesetzliche oder vertragsmäßige Festsetzungen ausgeschlossen wäre.

Auch das Verhältniß des Bergwerksbesitzers zum Grundeigenthümer würde der Gefahr einer vollkommen irrigen Rechtsauffassung preisgegeben werden, wenn das Wesen seines Rechtes in die Vornahme bergmännischer Arbeiten unter und über Tage verlegt und seine unmittelbare rechtliche Herrschaft über die unterirdischen Mineralien ignorirt würde, aus welcher alle seine Befugnisse zu den Anlagen über und unter Tage sich ableiten.

In dieser rechtlichen Herrschaft ist also der Inhalt des Bergwerkseigenthums zu suchen und wenn nach der oben (Anm. 3) versuchten Ausführung die juristische Begriffseintheilung gestattet und der Grundgedanke des deutschen Bergrechtes: die Unabhängigkeit des Bergbaues vom Grundeigenthum folgerichtig dazu nöthigt, die Gegenstände dieser rechtlichen Herrschaft als selbstständige Sachen zu betrachten, so rechtfertigt es sich, das Bergwerkseigenthum als eine Art des körperlichen Eigenthums oder zwar als ein eigenthümliches Recht, jedoch dem Sacheigenthum unmittelbar verwandt zu bezeichnen. Es unterscheidet sich von dem Grundeigenthume nur noch dadurch, daß es unmittelbar nur durch Verleihung erworben werden kann und daß es in den Fällen der §§. 35 und 156 ff. mit allen daran bestehenden dinglichen Rechten rückwirkend aufgehoben werden kann. Auch das Gesetz über den Eigenthumserwerb vom 5. Mai 1872 erkennt diese unmittelbare Verwandtschaft des Bergwerkseigenthums mit dem Sacheigenthume an, indem es nach §. 68 die Bergwerke den Grundstücken völlig gleichstellt, während die Gerechtigkeiten in die Grundbucheinrichtung nur insoweit aufgenommen sind, als für dieselben unter dem früheren Rechte Grundbuchblätter angelegt waren.

107) Das Gesetz gestattet nur die Theilung des Feldes. Es ist daher nicht zulässig das mit dem Rechte der Gewinnung mehrerer Mineralien, verliehene Bergwerk in mehrere selbstständige Bergwerke, für jedes einzelne dieser Mineralien zu theilen. — Vergl. den Recursbericht vom 2. April 1867 (Zeitschrift für Bergrecht Bd. IX. S. 207).

108) „Für die reale Theilung des Feldes eines Bergwerks in zwei oder mehrere selbstständige Felder, sowie für den Austausch von Feldestheilen zwischen angrenzenden Bergwerken — zwei Fälle, welche nur selten einzutreten pflegen — ist, abweichend von den allgemeinen Rechtsgrundsätzen, sowohl nach dem Gesetze vom 12. Mai 1851 als auch nach dem französischen Bergwerksgesetze die Bestätigung der Bergbehörde erforderlich. Diese Beschränkung der Dispositionsbefugniß des Bergwerkseigenthümers muß beibehalten werden, weil Letzterer den auf der Verleihung beruhenden Rechtstitel seines Bergwerks nicht einseitig abändern darf, und weil außerdem öffentliche, namentlich bergpolizeiliche Interessen concurriren.“ (Motive S. 56.)

Dieselbe darf nur versagt werden, wenn überwiegende Gründe des öffentlichen Interesses entgegenstehen [109]).

Hypothekengläubiger und andere Realberechtigte, sowie privilegirte Gläubiger des Rheinischen Rechts, welche durch die Feldestheilung oder durch den Feldaustausch an ihren Rechten verkürzt zu sein glauben, können ihre Befriedigung vor der Verfallzeit verlangen, soweit dies die Natur des versicherten Anspruches gestattet. Dieses Recht muß bei Vermeidung des Verlustes desselben innerhalb der im §. 46 bestimmten Frist geltend gemacht werden. Die Bestätigung wird unter Beobachtung des Verfahrens ertheilt, welches sich aus der Anwendung der §§. 42, 45 und 49 auf die vorstehenden Fälle ergiebt [110]).

Bei dem Austausche von Feldestheilen geht das Recht der erwähnten Gläubiger und anderen Realberechtigten mit der Bestätigung der Bergbehörde ohne Weiteres auf den zu dem belasteten Bergwerke hinzutretenden Feldestheil über, wogegen der abgetretene Feldestheil von der dinglichen Belastung befreit wird [111]).

---

[109]) Dies ist der Fall, wenn durch die Veränderung der Feldesgrenzen entweder der Abbau eines Feldestheiles unmöglich gemacht wird, oder die Rücksichten der Sicherheitspolizei verletzt werden. Der erste Fall wird, da niemand zu seinem eigenen Nachtheile die Feldesgrenzen verändern wird, vorzugsweise da eintreten können, wo verschiedene Personen oder Gewerkschaften in demselben Felde auf verschiedene Mineralien beliehen sind. Fallen hier die Grenzen der Steinkohlengruben mit den Eisensteingruben — um ein Beispiel zu gebrauchen — zusammen, so würde ein Austausch zwischen Feldestheilen der Steinkohlengruben, auch wenn er an sich zweckmäßigere Grenzen für den Abbau der Flötze schaffte, doch das öffentliche Interesse verletzen können, falls nicht ein gleicher Feldesaustausch zwischen den congruenten Eisensteingruben stattfindet. Die Baugrenzen würden nämlich für die verschiedenen Mineralien verschiedene und dadurch der Abbau eines Feldestheiles vielleicht unmöglich gemacht werden. Der zweite Fall würde eintreten können, wenn nach erfolgtem Abbau über der Stollensohle oder über der ersten Tiefbausohle eine Veränderung der Feldesgrenzen für den Bau in den tieferen Sohlen vorgenommen werden soll; eben so wie es im gegebenen Falle gefährlich und deshalb unzulässig sein würde, die Zwischenwände des Erdgeschosses in einem Gebäude wegzunehmen und zu verlegen, nachdem bereits in den oberen Stockwerken die Zwischenwände über denjenigen des Erdgeschosses aufgeführt sind.

[110]) „Von einer Bestimmung des Antheilsverhältnisses, welches bei der Consolidation in Betracht kommt, kann bei der abweichenden Beschaffenheit der voliegenden Fälle keine Rede sein, weshalb auch über ein Einspruchsrecht der Realberechtigten nach Art des §. 46 hier nicht zu bestimmen ist. Dagegen muß auch in den vorliegenden Fällen den Realberechtigten ihre seitherige Befugniß erhalten bleiben, schon vor der Verfallzeit nach näherer Vorschrift des §. 47 Befriedigung zu verlangen. Damit von dieser Befugniß rechtzeitig Gebrauch gemacht werden kann, ist die im §. 45 vorgeschriebene Bekanntmachung auch hier am Platze. Außerdem werden die Realberechtigten durch die aus dem Gesetze vom 12. Mai 1851 übernommene Bestimmung im letzten Satze des §. 51 vor Verkürzung ihrer Rechte sicher gestellt.“ (Motive S. 56.)

Aus dem in der Anmerkung 102 Gesagten ergiebt sich, daß die Bestätigung, falls die Realberechtigten von der Befugniß des §. 51 Gebrauch gemacht haben, nicht ertheilt werden darf, bevor die Befriedigung des Realgläubigers erfolgt resp. der Subhastationsprozeß beendigt ist. Es bleibt indeß dem Realgläubiger überlassen, zur Wahrnehmung seiner Rechte dem Oberbergamte von der erfolgten Anstellung der Hypothekar-Klage Nachricht zu geben.

[111]) Es fragt sich, welche Wirkung die bloße Abtretung eines Feldestheiles ohne den Eintausch eines correspondirenden Stückes auf die hypothekarische Belastung hat. Angenommen, das Feld A markscheide mit dem Felde B und der Eigenthümer des ersten Feldes trete seinem Nach-

§. 52.

Auf das Bergwerkseigenthum finden hinsichtlich der Veräußerung, der Verpfändung und des Arrestes, sowie der Privilegien des Rheinischen Rechts die allgemeinen gesetzlichen Vorschriften Anwendung, welche in dieser Beziehung für das Grundeigenthum gelten [112]).

Wegen übermäßiger Verletzung, insbesondere wegen Verletzung über die Hälfte können Verträge über Veräußerung von Bergwerken oder Kuxen nicht angefochten werden [113]).

§. 53.

Die allgemeinen gesetzlichen Vorschriften über die Führung der Hypothekenbücher und Rheinischen Hypothekenregister, die Subhastation, den Concurs und die Rangordnung der Gläubiger sind auch für das Bergwerkseigenthum maßgebend, soweit nicht im gegenwärtigen Gesetze etwas Anderes bestimmt ist. (§§. 246 bis 249) [114]).

---

bar ein Grenzstück C ab, welches vortheilhafter von dem Felde B abgebaut werden kann. Er erhalte jedoch sein Aequivalent nicht in einem ausgetauschten Feldesstücke, sondern in einem Kaufpreise. Hier würde nach der Analogie der im §. 51 Al. 3 für den Fall des Austausches getroffenen Bestimmung der abgetretene Feldestheil C von der auf dem Felde A haftenden dinglichen Belastung frei werden müssen, während er künftig an der dinglichen Belastuug des Feldes B theilnähme, von welchem er forthin einem integrirenden Theil ausmacht. Es fehlt indessen an einer ausdrücklichen Bestimmung dieses Inhaltes. Eine solche Abtretung ist daher nur bei vertragsmäßiger Regulirung der Rechte der Hypothekargläubiger ausführbar.

[112]) Diese Vorschriften sind gegenwärtig für das Gebiet des preußischen und des gemeinen Rechtes in den beiden Gesetzen vom 5. Mai 1872 (Zusätze zu §. 53) enthalten. Nur für Nassau finden noch die besonderen Vorschriften der Bergordnung von 1857 (Zusatz zu §. 53) auf die Veräußerung und Verpfändung der Bergwerke Anwendung. Im Gebiete des rheinischen Rechtes gilt noch die französische Gesetzgebung. — Pertinenzien des Bergwerks sind solche Sachen, welche entweder äußerlich, oder ihrer Zweckbestimmung nach mit dem Bergwerke in dauernde Verbindung gebracht sind, ohne doch integrirende Bestandtheile des Berggebäudes zu sein, z. B. Gezähe, Instrumente, Grubenrisse, transportable Maschinen und dgl. (A.L.R. Th. I. Tit. 2, §§. 42 ff. Code Nap. Art. 524 f.) Wegen der unbeweglichen Pertinenzien vergl. §. 60 und Anm. 116. Das französische Bergwerksgesetz vom 21. April 1810 rechnet im Art. 8 zu den Pertinenzien der Grube auch die zur Arbeit unter Tage verwendeten Pferde. Diese Bestimmung ist nicht mehr maßgebend. Es hängt vielmehr von der Beurtheilung des einzelnen Falles ab, ob dieselben als bleibend für den Betrieb des Bergwerks bestimmt anzusehen sind oder nicht.

[113]) Die Ausschließung der laesio enormis rechtfertigt sich in Beziehung auf das Bergwerkseigenthum dadurch, daß der Kauf von Bergwerken und Bergwerksantheilen wegen des schwankenden Werths derselben stets mehr oder weniger ein gewagtes Geschäft ist, und daß deshalb schon der §. 322, Th. II. Tit. 16 A.L.R. die laesio enormis ausgeschlossen hat, ein Gleiches aber auch neuerlich durch Art. 286 des Handelsgesetzbuchs in Ansehung der Handelsgeschäfte erfolgt ist.

[114]) Die Subhastations- und die Concursordnungen des preußischen und des rheinischen Rechtes finden mit den näheren Bestimmungen der §§. 247—249 unverändert auf die Bergwerke Anwendung. Die besonderen Bestimmungen über die Einrichtung und Führung der Berghypothekenbücher, welche §. 246 aufrecht erhielt, sind durch die hier folgenden Gesetze vom 5. Mai 1872 für das ganze Gebiet des preußischen und des gemeinen Rechts, nur Nassau ausgenommen, aufgehoben worden.

Gesetz über den Eigenthumserwerb und die dingliche Belastung der Grundstücke, Bergwerke und selbstständigen Gerechtigkeiten vom 5. Mai 1872 (G.S. S. 433)[115].

Wir Wilhelm, von Gottes Gnaden König von Preußen rc. verordnen für die Landestheile in welchen das Allgemeine Landrecht und die Hypothekenordnung vom 20. December 1783 gilt, mit Ausschluß der Gebietstheile der Provinz Hannover[116]) unter Zustimmung der beiden Häuser des Landtags Unserer Monarchie was folgt:

Erster Abschnitt.

Von dem Erwerb des Eigenthums an Grundstücken.

§. 1. Im Fall einer freiwilligen Veräußerung wird das Eigenthum an einem Grundstück nur durch die auf Grund einer Auflassung erfolgte Eintragung des Eigenthumsüberganges im Grundbuch erworben[117]).

---

[115]) Die Gesetze vom 5. Mai 1872 sind gegenwärtig fast in dem ganzen Umfange der preußischen Monarchie für das Immobiliarsachenrecht maßgebend geworden. Auch auf die Bergwerke finden statt der im §. 246 des Berggesetzes noch aufrecht erhaltenen besonderen Bestimmungen über die Einrichtung und Führung der Berghypothekenbücher jetzt nur noch die Vorschriften der Gesetze vom 5. Mai 1872 Anwendung. Diese enthalten indeß eine Anzahl besonderer auf die Bergwerke bezüglicher Bestimmungen. Andere Vorschriften bedürfen in ihrer Anwendung auf das Bergwerkseigenthum einer besondern Erläuterung, welche im Folgenden gegeben werden soll.

[116]) Das Gebiet der Geltung der Gesetze vom 5. Mai 1872 ist seitdem wesentlich erweitert. Sie sind nämlich eingeführt

1. in dem Jahdegebiet durch das Gesetz über das Grundbuchwesen vom 23. März 1873 (G.S. S. 111);
2. in Neuvorpommern und Rügen durch das Gesetz über das Grundbuchwesen und die Verpfändung von Seeschiffen vom 26. Mai 1873 (G.S. S. 229);
3. in der Provinz Schleswig-Holstein dnrch das Gesetz über das Grundbuchwesen und die Verpfändung von Seeschiffen vom 27. Mai 1873 (G.S. S. 241);
4. in der Provinz Hannover durch das Gesetz über das Grundbuchwesen vom 28. Mai 1872;
5. im Bezirk des Appellationsgerichts zu Kassel mit Ausschluß des Amtsgerichtsbezirks von Vöhl durch das Gesetz über das Grundbuchwesen vom 29. Mai 1873 (G.S. S. 273);
6. im Bezirk des Justizsenats zu Ehrenbreitstein durch das Gesetz über das Grundbuchwesen vom 30. Mai 1873 (G.S. S. 287);
7. in den Hohenzollerschen Landen durch das Gesetz über das Grundbuchwesen vom 31. Mai 1873 (G.S.S. 301).

Das Gesetz ist in den Landestheilen des preußischen Rechts nach §. 72 am 1. October 1872 in Kraft getreten. Die Einführung ist in den Landestheilen zu 3. 4. 6. und 7. mit dem 1. October 1873, zu 1. u. 2. in demselben Jahre, zu 5 dagegen erst vom 1. Juli 1874 ab erfolgt. Das Einführungsgesetz für Hannover enthält in den §§. 25 bis 47 eingehende transitorische Bestimmungen über die erste Anlegung der Grundbuchblätter, welche nach §. 51 auch auf die bereits verliehenen Bergwerke Anwendung finden. Das Einführungsgesetz für den Bezirk des Justizsenats zu Ehrenbreitstein enthält in den §§. 21—31 besondere transitorische Bestimmungen über die Eintragung der Bergwerke. Vergl. Brockhoff, in der Zeitschrift für Bergrecht Bd. XIV S. 330 ff.

[117]) Die Vorschrift des §. 1 beseitigt eine alte Controverse ob bei Bergwerken und besonders bei Bergwerksantheilen, eine Naturaltradition möglich sei und ob die mittelbare Erwerbung des Bergwerkseigenthums durch die Tradition oder durch die Zuschreibung im Berggegenbuche erfolge. Vergl. den Plenarbeschluß des Obertribunals vom 7. Juli 1851 (Entscheidungen Bd. 21 S. 10). Wenn auch nach den durchaus zutreffenden Gründen des angeführten Plenarbeschlusses an den Bergwerken körperlicher Besitz besteht, folglich übertragen werden kann, so trat doch gerade bei den Bergwerken die Unsicherheit des Merkmals der Besitzübertragung für die Erwerbung des Eigenthums noch mehr hervor, als bei den Grundstücken. Es war deshalb in den älteren Berg-

§. 2. Die Auflassung erfolgt durch die mündlich und gleichzeitig vor dem zuständigen Grundbuchamt abzugebenden Erklärungen des eingetragenen Eigenthümers, daß er die Eintragung des neuen Erwerbers bewillige und des Letzteren, daß er diese Eintragung beantrage.

§. 3. Ein Erkenntniß, durch welches der eingetragene Eigenthümer eines Grundstücks zur Auflassung rechtskräftig verurtheilt ist, ersetzt die Auflassungserklärung desselben.

§. 4. Die Kenntniß des Erwerbers eines Grundstücks von einem ältern Rechtsgeschäft, welches für einen Andern ein Recht auf Auflassung dieses Grundstücks begründet, steht dem Eigenthumserwerb nicht entgegen.

§. 5. Außerhalb der Fälle einer freiwilligen Veräußerung wird Grundeigenthum nach dem bisher geltenden Rechte erworben[118]). Das Recht der Auflassung und Blastung des Grundstücks erlangt aber der Erwerber erst durch seine Eintragung im Grundbuch.

Miterben können jedoch ein ererbtes Grundstüs auflassen, auch wenn sie nicht als Eigenthümer desselben im Grundbuch eingetragen sind.

§. 6. Gegen die eingetragenen Eigenthümer findet der Erwerb des Eigenthums an dem Grundstück durch Ersitzung nicht statt.

§. 7. (Eigenthumsklagen.)

§. 8. (Vormerkung zur Eintragung.)

§. 9—10. (Anfechtung der Eintragung.)

§. 11. Beschränkungen des Eigenthumsrechtes an einem Grundstück erlangen Rechtswirkung gegen Dritte nur, wenn dieselben die Beschränkungen gekannt haben, oder letztere im Grundbuch eingetragen sind[119]).

---

ordnungen die Uebertragung des Bergwerkseigenthums meist an die Zugewährung im Berggegenbuche nach Analogie der gerichtlichen Auflassung geknüpft worden. (Vergl. m. Uebersicht S. 34 S. 240.) Zu dieser im neueren Bergrechte verlassenen Regel ist nun das Gesetz vom 5. Mai 1872 sowohl für die Grundstücke als für die Bergwerke zurückgekehrt.

[118]) Als Fälle in welchen außerhalb einer freiwilligen Veräußerung Eigenthum erworben wird, sind für das Civilrecht der Erbgang, die eheliche Gütergemeinschaft und die verschiedenen Fälle der Adjudication (Exproporation, Subhastation, Gemeinheitstheilung, Regulirung ꝛc.) zu nennen. Für das Bergrecht insbesondere kommen die unten im §. 68 Nr. 1 erwähnten Erwerbungsfälle in Betracht. Außerdem hätte eine besondere Erwähnung die **Bildung der Gewerkschaft** finden sollen. Nach §. 94 und §. 133 des Berggesetzes entsteht bei der freiwilligen Veräußerung eines ideellen Antheils an einem Bergwerke sofern nicht die Rechtsverhältnisse der Mitbetheiligten durch Vertrag anderweitig geregelt sind kraft des Gesetzes eine Gewerkschaft, auf deren Namen nach §. 97 das Bergwerk eingetragen wird. Wird also ein ideeller Theil eines Bergwerks aufgelassen, so haben die Betheiligten die Wahl entweder gemäß §. 133 a. a. O. und §. 2 des Gesetzes vom 5. Mai 1872 die Eintragung des Idealanțheils auf den Namen des neuen Mitbetheiligten zu beantragen oder zu verlangen, daß das ganze Bergwerk gemäß §. 94 und §. 97 des Berggesetzes auf den Namen der unter ihnen entstandenen Gewerkschaft eingetragen werde. In letzterem Falle läßt der bisherige Alleineigenthümer das Bergwerk als Ganzes jedoch auf Grnnd des über den Idealantheil geschlossenen Geschäftes (Grundbuchordnung §. 48) an die Gewerkschaft auf. Die Stempelabgabe wird durch den Werth oder Preis des veräußerten Antheils bestimmt.

[119]) Die Bestimmung des §. 11 enthält eine Ausnahme von dem Grundsatze, daß der öffentliche Glaube des Grundbuchs allein über die Erwerbung des Eigenthums und der dinglichen Rechte entscheidet. Diese Ausnahme ist durch einen Beschluß des Herrenhauses in das Gesetz hineingebracht und enthält eine offenbare Inconsequenz. Sie bezieht sich jedoch nur auf die Eigenthumsbeschränkungen, (fideicommissarische Substitutionen ꝛc.) nicht auch auf die im §. 15 des Gesetzes erwähnten dinglichen Rechte. Auch die eigentlichen Eigenthumsbeschränkungen sofern sie vor dem 1. October 1873 entstanden sind, verlieren nach §. 73 der Grundbuchordnung ihre Kraft sofern die Eintragung bis zum 1. October 1873 nicht bewirkt ist. — Vergl. Förster, Grundbuchrecht S. 49 f. — Für das Bergrecht insbesondere hat die Vorschrift des §. 11 in den Fällen der Aufhebung des Bergwerkseigenthums, wenn der amtlichen Aufforderung zur Inbetriebsetzung des Berg-

Zweiter Abschnitt.

Von den dinglichen Rechten an Grundstücken.

§. 12. Dingliche Rechte an Grundstücken, welche auf einem privatrechtlichen Titel beruhen, erlangen gegen Dritte nur durch Eintragung Wirksamkeit und verlieren dieselbe durch Löschung [120]).

Der Eintragung bedürfen jedoch nicht die gesetzlichen Verkaufsrechte, die Grundgerechtigkeiten, die Miethe und Pacht und diejenigen Gebrauchs- und Nutzungsrechte, welche nach §§. 8, 142 des Allgemeinen Berggesetzes vom 24. Juni 1865 im Wege des Zwangsverfahrens erworben werden können [121]).

(Al. 3. Renten der Rentenbanken.)

---

werks nicht Folge geleistet wird (§§. 156 ff. des Berggesetzes), Bedeutung. Ist das Verfahren gemäß §. 159 a. a. O. durch die öffentliche Bekanntmachung des Oberbergamtes eingeleitet, so kann der Bergwerkseigenthümer dasselbe durch eine freiwillige Veräußerung nicht mehr abwenden.

[120]) Die Frage ob Freikuxe, Zehntrechte der Privatregalbesitzer und Erbstollengerechtsame (Allgem. Berggesetz §§. 223, 224 und 250) der Eintragung bedürfen, wird in den Motiven verneint, weil §. 12 sich nicht auf bereits bestehende dingliche Rechte beziehe. Inzwischen ist in die Grundbuchordnung bei den Berathungen im Hause der Abgeordneten die Bestimmung im §. 73 eingeschoben, daß die vor dem 1. October 1872 begründeten dinglichen Rechte bis zum 1. October 1873 eingetragen werden müssen, widrigenfalls sie ihre dingliche Wirkung verlieren. Die Bemerkung in den Motiven der Regierungsvorlage trifft daher nicht mehr zu. (Vergl. Achilles, die Preuß. Gesetze über Grundeigenthum und Hypothekenrecht S. 91 Anm. 9.) Es muß daher untersucht werden ob die fraglichen Rechte auf einem privatrechtlichen Titel beruhen. Dies ist bei der Freikuxberechtigung des Grundbesitzers, der Kirche und der Schule (Anm. 585 zu §. 224) sicher nicht der Fall, da dieselbe lediglich auf dem Gesetze beruht. Bei den Zehntrechten der Privatregalbesitzer (§. 250) wird zu unterscheiden sein zwischen der Berechtigung der früher reichsunmittelbaren Standesherren, welche ebenfalls auf dem Gesetze beruht und dem auf Grund besonderer Rechtstitel erworbenen Bergregale, welches der Vorschrift des §. 12 unterliegt. Die Erbstollengerechtsame werden den einzelnen Bergwerken gegenüber durch besondere Rechtstitel erworben und beruhen ferner auf dem privatrechtlichen Titel der Verleihung. Sie bedürfen also ebenfalls nach §. 12 der Eintragung.

[121]) „Gebrauchs- und Nutzungsrechte werden nach den Vorschriften des Berggesetzes erworben einmal zum Zwecke des Schürfens (§ 5 ff.), sodann für den Betrieb des Bergbaus (§. 64 §§. 135 ff. §. 60 erster Absatz). Diese Rechte sind dinglicher Natur und haben eine innere Verwandtschaft mit den aus dem Pachtvertrage hervorgehenden Gebrauchs- und Nutzungsrechten; ja es wird vielfach nichts Anderes als ein Pachtverhältniß vorhanden sein, wenn die Gebrauchs- und Nutzungsrechte zu Gunsten von Schürfunternehmungen oder des Bergbaues im Wege gütlicher Einigung zwischen Grundeigenthümer und Unternehmer zu Stande gekommen sind.

Die Rechte der fraglichen Art erscheinen nach geschehener Besitzergreifung für jeden Dritten durchweg erkennbar und in die Augen fallend.

Kann schon aus diesen Gründen es nicht als erforderlich erachtet werden, im Widerspruch mit dem bestehenden Rechte und zur Erschwerung des Bergbaues die angegebenen Gebrauchs- und Nutzungsrechte der Nothwendigkeit der Eintragung zu unterwerfen, so dürfte letztere um so weniger angemessen sein, als einmal jeder Grundeigenthümer jene Rechte bei Vermeidung des Zwangsverfahrens gegen jährliche Entschädigung (§. 6 §. 137) den Bergbauunternehmern einräumen muß, andrerseits aber dieselben vielfach auch im Wege des Zwangsverfahrens (§§. 8 u. 142) wirklich erworben werden, so daß für den Erwerb dieser Rechte die Eintragung nicht erforderlich sein kann.

In denjenigen Fällen, in welchen zu Gunsteu von selbstständigen Kohlenabbaugerechtigkeiten in den vormals Königl. Sächsischen Landestheilen die Erwerbung von Gebrauchs- und Nutzungsrechten nach Maßgabe der §§. 135 ff. des Allg. Berggesetzes stattfindet, werden letztere zufolge der getroffenen Bestimmung der Eintragung ebenfalls nicht bedürfen." (Motive zu §. 12.)

§. 13. Zur Eintragung eines Rechtes in der zweiten Abtheilung des Grundbuchs genügt der Antrag des eingetragenen oder seine Eintragung gleichzeitig erlangenden Eigenthümers unter bestimmter Bezeichnung des Rechtes und des Berechtigten.

Auf Antrag des Berechtigten findet die Eintragung statt, wenn der eingetragene Eigenthümer ihm gegenüber in einer beglaubigten Urkunde die Eintragung bewilligt hat.

§. 14. Fehlt die Einwilligung des Eigenthümers, so kann die Eintragung, auch wenn das Recht auf einer letztwilligen Verfügung des Erblassers des Eigenthümers beruht, nur auf Grund eines rechtskräftigen Erkenntnisses auf Eintragung oder auf Ersuchen der zuständigen Behörde[122]) erfolgen.

§. 15. Der Erwerb des eingetragenen dinglichen Rechtes wird dadurch nicht gehindert, daß der Erwerber das ältere Recht eines Anderen auf Eintragung eines widerstreitenden dinglichen Rechts gekannt hat, oder daß sich Letzterer bereits in der Ausübung dieses Rechts befindet[123]).

§. 16. (Vormerkung zur Eintragung.)

§. 17. (Rangordnung.)

Dritter Abschnitt.

Von dem Rechte der Hypothek und der Grundschuld.

§§. 18—67.

Vierter Abschnitt.

Von dem Bergwerkseigenthum und den selbstständigen Gerechtigkeiten.

§. 68. Verliehene Bergwerke, unbewegliche Bergwerksantheile und die selbstständigen Kohlen-Abbaugerechtigkeiten in den vormals Königlich Sächsischen Landestheilen, unterliegen den Vorschriften dieses Gesetzes mit folgenden zusätzlichen Bestimmungen:

1. Das Bergwerkseigenthum wird durch die von dem Oberbergamte[124]) ertheilte Verleihung, bestätigte Consolidation, Theilung oder Vertauschung von Grubenfeldern und Feldestheilen erworben.

Der Erwerber ist in diesen Fällen von Amtswegen zur Eintragung seines Bergwerkseigenthums anzuhalten.

Zu diesem Zweck hat das Oberbergamt dem Grundbuchamt eine beglaubigte Abschrift der Verleihungsurkunde oder die Ausfertigung des bestätigten Consolidations-, Theilungs- oder Tauschactes zuzustellen[125]).

---

[122]) Die Bergbehörde entscheidet endgültig über die Abtretung von Grund und Boden zum Schürfen und zu Bergwerksanlagen, ferner nach §. 61 des Berggesetzes über die Gestattung von Hülfsbauen im fremden Felde. In beiden Fällen ist nach §. 12 Abs. 2 und nach §. 68 Nr. 3 die Eintragung in das Grundbuch nicht erforderlich. Es bleiben also nur die Gerechtsame der Erbstollen, welche in manchen Fällen (vergl. Zusätze zu §. 223) durch die Entscheidung der Bergbehörde festgesetzt werden und dann auch auf Requisition der Bergbehörde eingetragen werden können.

[123]) Der öffentliche Glaube des Hypothekenbuches schützt nicht den Erwerber eines dinglichen Rechtes an einem Bergwerke, wenn die Bergwerksverleihung gemäß §. 35 des Berggesetzes in Folge des durch Richterspruch anerkannten Vorzugsrechtes eines älterberechtigten Muthers aufgehoben wird. Vergl. m. Uebersicht S. 40 ff.

[124]) Oder von dem Privatregalbesitzer. Vergl. unten §. 250.

[125]) „Das Allg. Berggesetz hat bekanntlich das Bergregal beseitigt und mit einem eigentlichen Berghoheitsrechte vertauscht. Die Verleihung eines Bergwerkes, durch welche das Eigenthum an demselben begründet wird (§. 50 des Allg. Berggesetzes) ist daher kein Veräußerungsact, sondern charakterisirt sich als die Ausübung eines staatlichen Hoheitsrechtes. Dasselbe ist der Fall wenn nach §. 49 des Allg. Berggesetzes das Oberbergamt eine Consolidation bestätigt oder nach §. 51 die reale Theilung eines Feldes oder den Austausch von Feldestheilen genehmigt. Die rechtlichen Wirkungen dieser hoheitsrechtlichen Acte können nicht von der Eintragung in das Grund-

2. In Betreff der Befugniß des eingetragenen Bergwerkseigenthümers, das verliehene Feld zu theilen, Feldestheile auszutauschen, oder auf dieselben zu verzichten, kommen die Vorschriften des Allgemeinen Berggesetzes vom 24. Juni 1865 zur Anwendung [126]).

3. Hülfsbaue [127]), welche unter die Vorschriften der §§. 60 ff. des Allgemeinen Berggesetzes vom 24. Juni 1865 fallen, erlangen auch ohne Eintragung in das Grundbuch durch Uebergang des Besitzes die Eigenschaft dinglicher Rechte. Dieselben erlöschen nicht durch Ertheilung des Zuschlages in Folge gerichtlicher Zwangsversteigerung [128]).

---

buch abhängig gemacht werden, zumal dieselben nicht einen translativen sondern einen constitutiven Charakter haben. Die Verleihungsurkunde veräußert nicht das Bergwerkseigenthum, sondern schafft dasselbe. Durch die genehmigte Consolidation oder die reale Theilung eines Feldes wird gleichfalls ein neues Eigenthum geschaffen, wie denn auch bei der Berathung des Allgem. Berggesetzes auf dem Landtage anerkannt worden ist, daß die Bestätigung einer Consolidation ꝛc. in dieser Rücksicht gleich der Verleihung aufgefaßt werden müsse.

Abgesehen hiervon ist indeß auch zu erwägen, daß das Allg. Berggesetz in gleicher Weise im Gebiete des Preußischen, Römischen und Französischen Civilrechtes Anwendung findet. Das Gesetz hat dieserhalb eine Gestalt und einen Inhalt annehmen müssen, welche für das eine Rechtsgebiet nicht minder wie für das andere angemessen erscheinen. Die hierdurch mühsam und unter Ueberwindung großer Schwierigkeiten auf dem Gebiete des Bergrechts hingestellte Einheit darf dadurch nicht hinwiederum beseitigt werden, daß bei Umgestaltung des einen oder andern Civilrechts allgemein geltende Vorschriften des Berggesetzes beseitigt oder verändert werden. Dies würde aber geschehen wenn die Wirkungen der Verleihung der bestätigten Consolidation oder Feldestheilung in den verschiedenen Rechtsgebieten verschieden sein sollten. Es würde hierdurch offenbar eine Aenderung der §§. 50. 51 (am Schlusse) §. 48 des Allg. Berggesetzes herbeigeführt werden. Es erscheint daher dringend geboten von solchen Modificationen und zwar um so mehr abzusehen, als hierzu weder ein factisches noch ein rechtliches Bedürfniß auffordern kann.

Dagegen empfiehlt es sich, bei Begründung des Bergwerkseigenthums die Eintragung desselben in bisheriger Weise auf Grund amtlicher Veranlassung beizubehalten. Dies ist bei Consolidationen und bei dem Austausche von Feldestheilen schon deshalb nahezu nothwendig, als offenbar mit Rücksicht auf die Vorschriften der §§. 48 und 51 (am Schluß) des Allg. Berggesetzes das Grundbuch mit dem in Folge der Consolidation ꝛc. eingetretenen Rechtszustande sofort in Uebereinstimmung gebracht werden muß und andrerseits alle durch die Consolidation ꝛc. eingetretenen Veränderungen zusammen und in einem Male im Grundbuche vermerkt werden müssen, und daher nicht von den zu verschiedenen Zeiten möglicher Weise erhobenen Anträgen der Interessenten abhängig gemacht werden dürfen." (Motive zu §. 68.)

[126]) Beim Austausch von Feldestheilen (§. 51) schließen diese bergrechtlichen Vorschriften die Anwendung des §. 33 des obigen Gesetzes aus, nach welchem die Abschreibung des Trennstücks je nach der Verschiedenheit des Falles mit oder ohne die Uebertragung der eingetragenen Belastungen des bisherigen Haupt- oder Stammgutes erfolgt. Die Uebertragung geschieht stets lastenfrei, wogegen der Feldestheil in die Belastung des Bergwerks, zu welchem er geschlagen wird, eintritt.

[127]) Werden Hülfsbaue zu Gunsten von Kohlenabbaugerechtigkeiten nach §. 60 ff. des Allg. Berggesetzes im Felde eines andern Kohlenabbauberechtigten errichtet, so gilt auch bezüglich dieser die obige Bestimmung.

[128]) Die Vorschriften des §. 68 erschöpfen nicht die besonderen Regeln, welche sich für die Anwendung des Gesetzes auf das Bergwerkseigenthum ergeben. Von der Bildung der Gewerkschaft ist bereits oben (Anm. 118) die Rede gewesen. Dem Bergrecht eigenthümlich ist ferner die Aufhebung der Bergwerksverleihung in den Fällen der §§. 35 und 156—161 des Allgem. Berggesetzes, durch welche sowohl das Eigenthumsrecht des Eingetragenen als auch die durch Eintragung begründeten dinglichen Rechte aufgehoben werden. Das Gesetz vom 5. Mai 1872 er-

§. 69. Wenn für selbstständige Gerechtigkeiten Grundbuchblätter eingerichtet sind, so wird die Veräußerung und der Erwerb des Eigenthums an ihnen, ihre Belastung und Verpfändung, nach den Vorschriften dieses Gesetzes beurtheilt.

Fünfter Abschnitt.

Allgemeine Bestimmungen.

§§. 70—72.

Grundbuchordnung vom 5. Mai 1872. (G.S. S. 446.)

Erster Abschnitt.

Von der Form und Einrichtung der Grundbücher.

§. 1. Für jeden Gemeinde-, selbstständigen Guts- oder besonderen Grundsteuer-Erhebungsbezirk werden ein oder mehrere Grundbücher angelegt. In diese werden die selbstständigen in den Grundsteuerbüchern verzeichneten Grundstücke eingetragen. Die Eintragung erfolgt in fortlaufender Nummerreihe.

§. 2. Für Domainen und andere dem Staate gehörige Grundstücke, für Grundstücke der Kirchen, Klöster, Schulen und Gemeinden, für Eisenbahnen und öffentliche Landwege bedarf es der Anlegung eines Grundbuchblatts nur im Fall der Veräußerung und Belastung, oder wenn von dem Eigenthümer oder einem Berechtigten darauf angetragen wird.

Die Grundstücke der Eisenbahnen und die öffentlichen Landwege werden dann in dem Grundbuch eines jeden Bezirks (§. 1), in welchem sie liegen, eingetragen.

§. 3. Die für Grundstücke gegebenen Vorschriften dieses Gesetzes gelten auch für Bergwerke und Gerechtigkeiten, sofern nicht ein Anderes ausdrücklich bestimmt ist.

§. 4. (Beziehung der Grundbücher zu den Grund- und Gebäudesteuerbüchern.)

§. 5. Das Grundbuchblatt eines Grundstücks umfaßt dessen Bestandtheile, unbewegliche Zubehörstücke und Gerechtigkeiten.

Zubehörstücke erhalten nur dann ein besonderes Blatt im Grundbuch, wenn das Hauptgut im Auslande oder in dem Bezirke eines andern Grundbuchamtes liegt.

Im ersteren Fall ist das Zubehörstück, sofern nicht durch Staatsverträge ein Anderes bestimmt ist, als ein selbstständiges Grundstück zu behandeln.

Im letzteren Fall ist auf dem Titel des Zubehörstücks zu vermerken, zu welchem Hauptgut dasselbe gehört, demnächst das Blatt gegen weitere Eintragungen zu schließen und auf dem Titel des Hauptguts, auf das Grundbuchblatt des Zubehörstücks hinzuweisen.

Diese Vorschriften gelten auch für die Zubehörstücke der Bergwerke.

§. 6. Die Grundbücher werden, insoweit dieselben neu anzulegen oder umzuschreiben sind, nach den diesen Gesetzen beigelegten Formularen I oder II eingerichtet (Anlage A. B.).

Das Grundbuchamt hat zu ermessen, welches der beiden Formulare anzuwenden ist.

Für die Bergwerke, mit unbeweglichen Antheilen der Gewerken (Kuxe), wird das Formular III (Anlage C.) vorgeschrieben[120].

---

wähnt nur den Verzicht auf Feldestheile (§. 162 des Berggesetzes). Es unterliegt jedoch keinem Zweifel, daß auch die vorhin angeführten Bestimmungen, welche die vollständige Aufhebung des Bergwerkseigenthums betreffen, in Kraft verblieben sind.

[120]) „Das Bergrecht unterscheidet zwischen Bergwerken bei welchen die Gewerkschaft eine juristische Person bildet, und solchen, welchen ein Miteigenthum mit unbeweglichen Antheilen (Kuxen) zu Grunde liegt (§§. 94 bis 98, §§. 227 bis 231 des Berggesetzes). Die Bergwerke der ersteren Art können unbedenklich in das nach Formular I anzulegende Grundbuch eingetragen werden Anders verhält es sich bei Bergwerken, die nach unbeweglichen Kuxen eingetheilt sind, die sehr oft in großer Anzahl und in kleinen Bruchtheilen vorkommen. Hier muß dem Grundbuch eine solche

§§. 7—8. (Einrichtung des Grundbuchblattes)[129a]).

§. 9. Bei Bergwerken und den Kohlenabbaugerechtigkeiten in den vormals Sächsischen Landestheilen ist eine Beschreibung derselben in den Titel aufzunehmen, welche den wesentlichen Inhalt der Verleihungsurkunde oder des sonstigen Berechtigungstitels anzugeben hat. Für die Zubehörungen der Bergwerke und Kohlenabbaugerechtigkeiten an Grundstücken und Gebäuden, welche sich im Eigenthume des Bergwerksbesitzers befinden, sind die Bestimmungen des §. 8 Nr. 1—4 dieses Gesetzes maßgebend.

§§. 10—16. (Einrichtung der Grundbuchblätter nach Formular I und II.)

§. 17. In dem Grundbuchblatt nach Formular III ist die Anzahl der Kuxe, welche sich im Eigenthum eines jeden Gewerken befindet, anzugeben.

§. 18—19. (Grundacten — Oeffentlichkeit der Grundbücher und Grundacten.)

Zweiter Abschnitt.
Von den Grundbuchämtern.

§§. 20—29. Daraus:

§. 28. Rücksichtlich des Fortbestandes der Berg-Hypotheken-Commissionen und der Ressortverhältnisse derselben, bewendet es bei den Bestimmungen des §. 246 des Allgemeinen Berggesetzes vom 24. Juni 1865, der Gesetze vom 18. April 1855 und 10. Juni 1861 [130]).

Dritter Abschnitt.
Von dem Verfahren in Grundbuchsachen.

§§. 30—118. Daraus:

§. 73. Beschränkungen des Verfügungsrechtes des Eigenthümers sowie auf einem privatrechtlichen Titel beruhende dingliche Rechte, welche an dem Tage, wo dieses Gesetz in Kraft tritt, ohne Eintragung rechtsgültig bestehen, müssen bis zum 1. October 1873 eingetragen werden, widrigenfalls sie dritten Personen gegenüber nicht geltend gemacht werden können [131]).

Einrichtung gegeben werden, die es möglich macht, bei Veräußerungen und Verpfändungen von Kuxtheilen die nöthige Controle zu führen, damit nicht Antheile verpfändet und verkauft werden, die das Disponat nicht mehr besitzt. Die früheren Berghypotheken-Instructionen und Gesetze (Instruction für Bochum und Essen vom 21. September 1832 in v. Kamptz Jahrbüchern Bd. XL. S. 226. Berghypothekengesetz vom 28. Febr. 1845 und Instruction vom 31. März 1845 im Just. Min. Blatt S. 78) haben daher auch ein besonderes Formular vorgeschrieben, welches durch die beiden Colonnen „laufende Nummer" und „Primordial-Nummer" eine solche Controle gewährt. Das Formular III ist im Anschluß in die vorgedachten Instructionen, die sich bewährt haben, aufgestellt worden. (Motive zu §. 6 der Grundbuchordnung.)

[129a]) In dem Formular I erhält jedes Grundstück ein eigenes Grundbuchblatt; in dem Formular II jeder Eigenthümer einen Artikel, unter welchem sämmtliche ihm zugehörigen Grundstücke eingetragen werden. Für die Bergwerke, welche einem Alleineigenthümer oder einer Gewerkschaft des neuen Rechtes angehören, findet regelmäßig das Formular I Anwendung. Der Titel enthält die Bezeichnung des Bergwerkes, die Beschreibung (§. 9) und ein Verzeichniß der Zubehörstücke (§. 5); die erste Abtheilung den Namen des Eigenthümers. Das für Bergwerke mit unbeweglichen Kuxen vorgeschriebene Formular III unterscheidet sich von jenem nur durch die Einrichtung der ersten Abtheilung und durch die für Belastungen des ganzen Bergwerks bestimmte dritte Rubrik des Titelblattes.

[130]) Die Berghypotheken-Commissionen zu Siegen, Breslau und Halle sind bereits aufgelöst und deren Geschäfte an die ordentlichen Gerichte übergegangen (Vergl. Zeitschrift für Bergrecht Bd. VIII S. 379, IX S. 295, X 289). Es besteht daher nur noch die Berghypotheken-Commission zu Dortmund, deren Auflösung nach den Motiven zur Zeit noch nicht beabsichtigt wird.

[131]) Die Abschnitte IV bis VII (§§. 119 bis 142) betreffen die Bildung der Eintragungsurkunden, die Wiederherstellung zerstörter Grundbücher, die Kosten und die Aufhebung der Hypothekenordnung von 1783 nebst den ergänzenden Gesetzen. Ueber die Stempelabgaben von den beim Grundbuche anzubringenden Anträgen ist ein besonderes Gesetz vom 5. Mai 1872 (G.S. S. 509) ergangen.

Formular III.

(§. 17 der Grundbuchordnung.)

Grundbuch

der im Kreise N. N. in der Gemeinde N. N. gelegenen Eisensteingrube Glückauf.

I. Beschreibung des generellen Eigenthums.

Zufolge der von dem Königlichen Handelsministerium zu Berlin ertheilten Beleihungsurkunde vom 1. Januar 1861 ist die Gewerkschaft mit einer Fundgrube von 42 Lachtern Länge und zwei Maßen, jede zu 28 Lachtern Länge, mit der Vierung von 3½ Lachter ins Hangende und 3½ Lachter ins Liegende, auf einen in Stunde 7 streichenden nach Süden mit 60 Grad einfallenden Silber- und Bleierz führenden Gang, beliehen worden.

Eingetragen zufolge Verfügung vom 1. Februar 1871.

II. Zubehörstücke des Bergwerks.

Bezeichnung des Grundstücks.								Abschreibungen.							
Nr.	Bestandtheile.	Grundsteuer-mutterrolle.	Größe. Hektar.	Ar.	□ Met.	Reinertrag. Nutzungswerth. Thlr. Mark.	Cent.		Bezeichnung des Theilstücks.	Grundsteuer-mutterrolle.	Größe. Hectar.	Ar.	□ Met.	Reinertrag. Nutzungswerth. Thlr. Mark.	Cent.
1.	Ackerland, jetzt Niederlageplatz . .	4						1							

III. Dauernde Lasten, Beschränkungen des Eigenthums und dingliche Rechte, welche auf dem ganzen Bergwerke haften.

Nr.	Betrag. Thlr. Mark.	Sgr.	Pf.	Dauernde Lasten und Einschränkungen des Eigenthums.	Veränderungen. Eintragung.	Löschung.	Löschungen. Nr.	
1.	100	.	.	Einhundert Thaler jährliche Förder-steuer für die angrenzende Grube Gottesgabe.				
2.	1000	.	.	Ein Tausend Thaler unverzinsliches Darlehn für die Bergbau-Hilfs-kasse zu Bonn. Eingetragen auf Grund der Schuldurkunde vom . . . . am . . . . F. N.				

Erste Abtheilung.

Laufende Nr.	Primordial-Nr.	Eigenthümer.	Zeit und Grund des Erwerbes.	Anzahl der Kuxe.	Werth.	Thlr. Mark.	Sgr.	Pf.
1.	.	Kaufmann Wilhelm Kraft zu Siegen. Nr. 3. 4.	Auf Grund der Beleihungs-Urkunde vom 1. Jan. 1861 und des Constituirungs-Protokolls vom 15. Januar 1861. Eingetragen am . F. N.	64				
2.	.	Landwirth Peter Kamp zu Kirchen.	Aufgelassen und eingetragen am .... F. N.	64	Protokoll vom 15. Januar 1871.	100		
3.	1.	Bergmann Heinrich Hebeler zu Herford.	Aufgelassen und eingetragen am .... F. N.	30				
4.	1.	Kaufmann Wilhelm Kraft zu Siegen.	Uebertragen von Nr. 1 als Rest am .... F. N.	34				

Dritte

Laufende Nr. des Antheils.	Primordial-Nr.	Betrag. Thlr. Mark.	Sgr.	Pf.	1. Hypotheken und Grundschulden.	Nr.	Thlr. Mark.	Sgr.	Pf.
4	1. 2. 3. [131a])	100	.	.	Einhundert Mark Grundschuld, verzinslich zu 4 Procent vom 20. Januar 1871, zu jeder Zeit freistehender Kündigung, zahlbar für die Wittwe Heinrich Muller zu N. N. Eingetragen am .... F. N	4	50	.	.

[131a]) Wie die Vergleichung mit der ersten Abtheilung ergibt, ist die Primordialnummer: 1. Die Nummern 2 und 3 sind irrthümlich hinzugefügt.

Zweite Abtheilung.

Laufende Nr.	Primordial-Nr.	Betrag. Thlr. Mark.	Sgr.	Pf.	Dauernde Lasten und Einschränkungen des Eigenthums.	Veränderungen. Eintragung.	Löschung.	Löschungen. Nr.	
3	1	50	.	.	Fünfzig Thaler jährliche Alimentengelder auf die Lebenszeit für die Wittwe Peter Hebeler, Margarethe geb. Kraft zu Herdorf, aus dem Vertrage vom ...... Eingetragen am ..... F. . N.				

Abtheilung.

2. Veränderungen. Eintragungen.	Nr.	Löschungen.	3. Löschungen. Nr.	Thlr. Mark.	Sgr.	Pf.
Fünfzig Mark von den eingetragenen 100 Mark mit den Zinsen vom 20. Januar 1871 abgetreten an den &c. Eingetragen am ...... F. N.						

Verordnung betreffend die Einführung des Allgemeinen Berggesetzes vom 24. Juni 1865 in das Gebiet des vormaligen Herzogthums Nassau vom 22. Februar 1867.
(G.S. S. 237.)

Art. XII. An Stelle der im Berggesetze erwähnten Hypothekenbücher bleiben die Berggegenbücher bestehen und werden nach Maßgabe der Bestimmungen des im Art. IV angeführten Nassauischen Gesetzes vom 15. Mai 1851, der dazu gehörigen Vollzugsverordnung vom 31. Mai 1854 (Verordnungsblatt 1854 S. 71)[132]) und der §§. 66 bis 74 der Bergordnung vom 18. Februar 1857 fortgeführt; eine Mitwirkung der Bergbehörde bei der Führung und Beaufsichtigung der Berggegenbücher findet jedoch nicht mehr statt.

Bergordnung für das Herzogthum Nassau vom 18. Februar 1857[133]).

Von der Bestellung und von der Uebertragung dinglicher Rechte an Bergwerkseigenthum.

§. 66. Einträge in die Berggegenbücher, welche die Bestellung oder Uebertragung dinglicher Rechte an Bergwerkseigenthum zum Gegenstand haben, können nur auf den Grund öffentlicher, nach den bestehenden Gesetzen errichteter Urkunden über die betreffenden Rechtsgeschäfte gemacht werden.

Die Einträge hierüber, sowie die in den §§. 31 und 37 bezeichneten Einträge geschehen in den Col. 1, 2, 3, 4 und 5 des Berggegenbuches durch eine kurze Verweisung auf die Urkunden über die Rechtsgeschäfte, worauf sich jene Einträge beziehen, und zwar die in den §§. 31 und 37 bezeichneten Einträge in Col. 1, 2 und 3 und die Einträge über Bestellung und Uebertragung dinglicher Rechte in Col. 1 bis 5. Diejenigen Urkunden, auf welche in dieser Weise verwiesen wird, sind rücksichtlich ihres Inhaltes und der darunter befindlichen späteren Einträge so anzusehen, als wenn sie wirklich dem Berggegenbuch einverleibt seien.

Die Acten über Besitzveränderungen an Bergwerkseigenthum durch Erbschaft und Güterübergaben der Eltern an ihre Descendenten werden in der bisher vorgeschriebenen Weise geführt und verwahrt.

Von den Pfandverschreibungen sind künftig Concepte zurückzubehalten und diese sammt allen übrigen oben bezeichneten Urkunden jahrgangsweise zu Anlagebänden des Berggegenbuchs zu sammeln.

§. 67. Die Führung des Berggegenbuchs liegt dem Landoberschultheißen[133a]) als Berggegenschreiber ob, ein Duplicat desselben wird von der Herzoglichen Bergmeisterei für ihren ganzen Inspectionsbezirk geführt. Die richtige Führung des Berggegenbuchs wird unter Benutzung der Mitwirkung der Bergbehörden von den Aemtern und Hof- und Appellationsgerichten beaufsichtigt.

§. 68. Nur derjenige kann dingliche Rechte an Bergwerkseigenthum gültig bestellen oder übertragen, welcher als Inhaber dieser Rechte zur Zeit des über die Bestellung oder Uebertragung abgeschlossenen Vertrags in das Berggegenbuch eingetragen ist.

---

[132]) Das Gesetz vom 15. Mai 1851 bestimmt im §. 16:

Auf das Zecheneigenthum, hinsichtlich dessen es bei den bestehenden Gesetzen sein Bewenden behält, ist das gegenwärtige Gesetz nur insoweit anwendbar, als es sich um die Erwerbung oder Veräußerung von Grundeigenthum zu Tagebauten handelt.

[133]) Die Bestimmungen der §§. 67. 70. 72. und 74., welche von der Mitwirkung der Bergmeistereien handeln, sind durch Art. XII der Verordnung vom 22. Februar 1867 aufgehoben.

[133a]) Durch die Verordnung über die Gerichtsverfassung in dem vormaligen Herzogthum Nassau rc. vom 26. Juni 1867 (G.S. S. 1094) §§. 3. 5 sind die Landesoberschultheißereien aufgehoben und die Geschäfte derselben insbesondere auch die das Hypothekenwesen betreffenden auf die neu gebildeten Amtsgerichte übertragen, welche nach der Ausführungsverfügung vom 7. August 1867 (J. M. Bl. S. 218) mit dem 1. September 1867 in Wirksamkeit getreten sind.

§. 69. Verträge, welche die Bestellung oder Uebertragung dinglicher Rechte an Bergwerkseigenthum zum Gegenstande haben, gewähren, auch wenn die Uebertragung des Besitzes schon erfolgt wäre, nur dann einen gültigen Titel zur Erwerbung des dinglichen Rechtes, wenn in Folge derselben die Ueberschreibung in dem Berggegenbuche stattgefunden hat.

Ein solcher Vertrag begründet jedoch, ohne Rücksicht, ob die Uebergabe bereits erfolgt ist, oder nicht, bei Kauf- und Tauschcontracten, vorausgesetzt, daß die allgemeinen Bedingungen zur Gültigkeit des Vertrags vorliegen, für beide Theile die persönliche Verbindlichkeit, denselben nach gesetzlicher Vorschrift beurkunden zu lassen und die Ueberschreibung in dem Berggebenbuche zu erwirken. Der Klage auf Erfüllung dieser Verbindlichkeit steht in dem Falle, wenn sie erst nach drei Monaten von dem Tage des Vertragsabschlusses an gerechnet erhoben wird, die Einrede der Verjährung entgegen. Die Geltendmachung des Rückforderungsrechtes wegen bereits geschehener Leistungen ist an diese Verjährungsfrist nicht gebunden.

§. 70. Die durch den Tod der bisherigen Besitzer eintretenden Besitzveränderungen sind auf den Antrag der Rechtsnachfolger (Erben, Legatare, Fideicommissare) nachdem dieselben den erfolgten Tod des Erblassers und ihre Berechtigung durch öffentliche Urkunden, auch in dem Falle mehrerer Mitberechtigten die stattgehabte Abtheilung durch die mündlich oder in glaubhafter Form erklärte Zustimmung aller Interessenten dem betreffenden Landoberschultheißen nachgewiesen haben, von demselben ab- und zuzuschreiben. Der Landoberschultheiß hat über die erfolgte Legitimation ein Protokoll aufzunehmen, demselben die Legitimationsurkunden beizufügen und der Bergmeisterei behufs der gleichmäßigen Ueberschreibung in dem Duplicate des Berggegenbuches Mittheilung zu machen.

In dem Falle, wenn Erbtheilungen von dem Landoberschultheißen selbst nach den bestehenden Vorschriften vermittelt werden, genügt eine Verweisung auf die darüber entstandenen Acten.

In gleicher Weise kann auf die Anlagen zum Stockbuche verwiesen werden, wenn Bergwerkseigenthum mit anderem Immobiliarvermögen concurrirt.

§. 71. Das Ab- und Zuschreiben in den Berggegenbüchern hat in Beziehung auf die Bestellung, Uebertragung und das Erlöschen dinglicher Rechte an Bergwerkseigenthum auf den begründeten Antrag der Betheiligten oder auf richterliche Verfügung sofort zu geschehen. Der Antrag der Betheiligten ist besonders zu beurkunden, wenn derselbe nicht bereits in der Vertragsurkunde enthalten ist.

§. 72. Jeder, welcher als Berechtigter oder als Verpflichteter in das Berggegenbuch eingetragen ist, kann die Einsicht der betreffenden Stelle und einen Auszug aus demselben verlangen, jeder Dritte nur dann, wenn er wegen eines mit dem Berechtigten oder dem Verpflichteten einzugehenden Rechtsverhältnisses sein Interesse oder die Einwilligung des eingetragenen Berechtigten oder Verpflichteten wahrscheinlich macht.

In der Regel ist die Einsicht des Gegenbuchs und des Duplicats nur in dem Geschäftslocale der Landoberschultheißerei oder Bergmeisterei statthaft und eine Versendung derselben an andere Behörden unzulässig.

In einem anhängigen Rechtsstreite kann jedoch die Einsendung derselben in versiegelten Umschlägen zu dem bestimmten Termine und in Untersuchungssachen eine gleichmäßige Einsendung mit Bewilligung des vorgesetzten Gerichts auf eine bestimmte Zeit verlangt werden.

§. 73. Bei Rechtsgeschäften, welche den Uebergang des Eigenthumsrechts, die Bestellung eines Dienstbarkeitsrechts oder eines Pfandrechts an Bergwerkseigenthum zum Zwecke haben, hat der Landoberschultheiß auf Anstehen des Veräußernden oder auf Verfügung des Richters das betreffende Bergwerkseigenthum durch einen Auszug aus dem Berggegenbuche zu beschreiben und dabei zu bescheinigen:

1) daß der Auszug mit den betreffenden Einträgen in dem Berggegenbuche wörtlich

übereinstimme, und daß ihm nichts bekannt sei, was einen Zweifel an der Zuständigkeit der eingetragenen Berechtigungen begründe.

Er hat ferner anzugeben:

2) welche Pfandrechte und Eigenthumsvorbehalte auf das betreffende Bergwerkseigenthum nach dem Berggegenbuche und dessen Anlagen eingetragen sind,

3) ob an dem betreffenden Bergwerkseigenthum von einem Anderen der Nießbrauch ausgeübt werde,

4) ob der Veräußernde ledigen Standes, oder mit wem er verheirathet sei.

Er hat zu bescheinigen:

5) daß Beschränkungen in der Dispositionsbefugniß, welche in einem persönlichen Verhältnisse des Veräußernden ihren Grund haben, z. B. Minderjährigkeit, Interdiction wegen Verschwendung u. s. w., zu seiner Kenntniß nicht gelangt und daß ihm von einer vorliegenden Ueberschuldung nichts bekannt sei.

6) Ist über das Eigenthum ein Rechtsstreit erhoben und ein Veräußerungsverbot ergangen, oder ist dasselbe im Hülfsvollstreckungsverfahren für die Forderung eines Dritten bereits gepfändet, so hat der Landoberschultheiß dieses zu erwähnen.

Ueberall, wo es erforderlich ist, z. B. zu Auszügen aus dem Gegenbuch, welche zum Zwecke der Errichtung einer Hypothek gemacht werden, hat der Bergmeister eine pflichtmäßige Taxation mit Zugrundlegung eines kurzen Aufstandes anzufertigen.

Ueber die in Satz 3 bis 6 bezeichneten Verhältnisse ist zugleich eine Bescheinigung des Feldgerichts auf dem Auszuge beifügen zu lassen.

§. 74. Insoweit sich die Berggegenbücher nicht ihrer Form und ihrem Inhalte nach von den Stockbüchern unterscheiden, sind alle Urkunden über Bestellung und Uebertragung dinglicher Rechte an Bergwerkseigenthum nach den bezüglich anderer Immobilien bestehenden Vorschriften auszufertigen und die expedirten Urkunden an die Bergmeistereien behufs des Eintrags in die Duplicate der Berggegenbücher und der Zustellung an die Betheiligten einzusenden.

Die bestehende Bestimmung, wonach das Edict vom 15. Mai 1851, die behufs des Eintrags dinglicher Rechte an Immobilien zu führenden öffentlichen Bücher betreffend, auf das Zecheneigenthum insoweit anwendbar ist, als es sich um die Erwerbung oder Veräußerung von Grundeigenthum zu Tagebauten handelt, verbleibt ferner in Wirksamkeit.

§. 54.

Der Bergwerkseigenthümer hat die ausschließliche Befugniß, nach den Bestimmungen des gegenwärtigen Gesetzes das in der Verleihungsurkunde benannte Mineral in seinem Felde aufzusuchen und zu gewinnen[134]), sowie alle hierzu er-

---

[134]) Der vorläufige Entwurf, welcher dem Bergwerkseigenthume eine Gewerbeberechtigung, das sogenannte Bergbaurecht substituiren wollte, sah sich genöthigt, den Inhalt dieser neugeschaffenen ausschließlichen Gewerbegerechtigkeit zu definiren und führte als solchen in den §§. 56—57 folgende Rechte auf:

1) das Recht zur Ausbeutung des Mineralvorkommens in dem Felde;

2) das Recht zur Aufbereitung der gewonnenen Mineralien und zur Anlage der erforderlichen Anstalten;

3) das Recht zum Mitgebrauche fremder Grubenbaue und Bergwerksmaschinen (welches in das Allgem. Berggesetz keinen Eingang gefunden hat);

4) das Recht zur Anlage von Hülfsbauen im fremden Felde;

5) das Recht zur Benutzung fremden Grundeigenthums.

Dabei war übersehen, daß das Recht zur Aufbereitung der Mineralien ebenso wenig wie das Recht zur Gewinnung eine selbstständige Berechtigung ist, sondern lediglich aus dem Eigenthume an den gewonnenen Mineralien fließt, daß das Recht zur Aufbereituug der letzteren und zur Anlage der

erforderlichen Vorrichtungen unter und über Tage zu treffen[135]).

---

erforderlichen Aufbereitungsanstalten durchaus nicht auf das verliehene Feld beschränkt ist, daß ebenso wenig der Bergwerksbesitzer die Anlage gleicher Aufbereitungsanstalten untersagen kann, die von Andern zur Aufbereitung ihrer Mineralien in seinem Felde errichtet werden. Es war ferner übersehen, daß die unter Nr. 3—5 aufgeführten Rechte nicht in dem Bergwerkseigenthume als solchem enthalten sind, sondern dem Bergwerkseigenthümer nur durch besondere Entscheidung der Behörden in soweit beigelegt werden, als die Ausübung dieser Legalservituten zur Betreibung seines Bergwerkes nothwendig erforderlich ist. So sachgemäß es ist, daß die Vorschriften über die Legalservituten in dem vom Bergwerkseigenthume im Allgemeinen handelnden Abschnitte ihren Platz gefunden haben; ebenso irrig war es in diesen zufälligen Beschränkungen fremden Eigenthumes den wesentlichen Inhalt des Bergwerkseigenthumes zu suchen. Es zeigte sich so auch in den Consequenzen die Unhaltbarkeit der in dem vorläufigen Entwurfe angenommenen Definition des Bergbaurechtes und das Allgem. Berggesetz ist mit gutem Grunde im §. 54 wieder dahin zurückgekehrt, als Gegenstand dieses Rechtes die verliehenen Mineralien zu bezeichnen. Es läßt bei dieser Begriffsbestimmung die oben Anm. 2 und 106 berührte Controverse unentschieden, ob diese Mineralien als selbstständige Sachen und das Bergwerkseigenthum als ein Sacheigenthum an den Mineralien zu bezeichnen ist, oder ob die Mineralien integrirende Theile des Grund und Bodens und das Bergwerkseigenthum deshalb nur als eine Gerechtigkeit zur Gewinnung dieser Mineralien zu bezeichnen sei. Allein §. 58 läßt keinen Zweifel darüber bestehen, daß in jedem Falle der Gegenstand des Bergwerkseigenthums ein körperlicher ist: das in der Verleihungsurkunde benannte Mineral in seinem Felde. Man mag diesem Gegenstande die Eigenschaft selbstständiger Sachen versagen und das Bergwerkseigenthum zu den Gerechtigkeiten zählen, indem man annimmt, daß sein Object, die Lagerstätte, wegen ihres Zusammenhanges mit dem Grund und Boden nicht einer selbstständigen, sondern nur einer relativen Begrenzung fähig ist. In jedem Falle ist aber sein Inhalt von dem einer Gewerbeberechtigung weit verschieden. In jedem Falle bildet seinen Gegenstand nicht der Bergbau, sondern das Bergwerk.

Auch wenn das Bergwerkseigenthum als eine Gerechtigkeit betrachtet wird, steht dasselbe doch unter allen Gerechtigkeiten, selbst unter denen mit körperlichem Objecte, dem Sacheigenthume bei weitem am nächsten, denn der Gegenstand der rechtlichen Herrschaft des Bergwerkseigenthümers hat nicht, wie z. B, bei der Jagdgerechtigkeit, einen ganz unbestimmten täglich wechselnden Inhalt, sondern er besteht in den innerhalb des Feldes unveränderlich abgelagerten Mineralien, denen man das zum Begriffe der Sache erforderliche Merkmal der äußeren Unabhängigkeit versagen, keinesfalls aber die innere Selbstständigkeit absprechen kann.

Ist man dagegen berechtigt, wie in den Anm. 2 und 106 zu zeigen versucht ist, die Mineralien als körperliche Sachen und das Bergwerkseigenthum als ein Sacheigenthum an denselben zu behandeln, so gibt §. 54 den Inhalt dieses Eigenthumes in der schärfsten Weise dadurch wieder, daß er die einzig mögliche Ausübung desselben, nämlich die Gewinnung der Mineralien bezeichnet. Mit der Gewinnung der Mineralien wandelt sich das Bergwerkseigenthum in ein gewöhnliches Mobiliareigenthum an den losgelösten Erzen um und mit der vollständigen Gewinnung des verliehenen Minerals ist auch das Bergwerkseigenthum als solches consumirt.

[135]) Die Errichtung von Anlagen über Tage setzt, wenn der Bergwerkseigenthümer nicht zugleich Grundeigenthümer ist, die vorherige Grundabtretung nach den Vorschriften des fünften Titels (§§. 135 ff.) voraus. Zu Anlagen unter Tage ist dagegen der Bergwerkseigenthümer innerhalb seines Feldes ohne Weiteres ermächtigt, auch wenn er dabei über Bestandtheile des Grund und Bodens disponirt, die nicht in seinem Bergwerkseigenthume begriffen sind. Er bedarf, um die Grenzen der verliehenen Lagerstätten mit unterirdischen Anlagen zu überschreiten, keiner vorherigen Ermächtigung des Grundeigenthümers oder der Behörde. Er ist nur verpflichtet, in Bezug auf die gewonnenen unverliehenen Mineralien und in Bezug auf die etwa dem Grundeigenthümer entzogenen Nutzungen die in den §§. 57 und 158 ff. bezeichneten Forderungen des Grundbesitzers zu erfüllen.

Diese Befugniß erstreckt sich auch auf die innerhalb des Feldes befindlichen Halden eines früheren Bergbaues[136]).

§. 55.

Auf Mineralien, welche mit dem in der Verleihungsurkunde benannten Mineral innerhalb der Grenzen des Feldes in einem solchen Zusammenhange vorkommen[137]), daß dieselben nach der Entscheidung des Oberbergamts aus bergtechnischen oder bergpolizeilichen Gründen gemeinschaftlich gewonnen werden müssen, hat der Bergwerkseigenthümer[137a]) in seinem Felde vor jedem Dritten ein Vorrecht zum Muthen[138]).

---

[136]) Die Bestimmung bezieht sich auf die Halden, die von einem vor der Verleihung des Bergwerks betriebenen Bergbau herrühren und enthält eine positive Erweiterung des Bergwerkseigenthums, welches sich seinem Begriffe nach nur auf die Mineralien erstreckt, welche auf ihrer natürlichen Lagerstätte anstehen (§. 15.) Wegen der von den Knappschaftskassen nach der früheren Provinzialgesetzgebung an den alten Halden erworbenen Rechte vergl. Anm. 4.

[137]) „Aus bergtechnischen und bergpolizeilichen Gründen läßt sich das Gewinnungsrecht des Bergwerkseigenthümers nicht unbedingt auf das in der Verleihungsurkunde benannte Mineral beschränken. Mit Rücksicht auf das häufige Zusammenvorkommen der Mineralien stellt sich vielmehr die Nothwendigkeit heraus, unter gewissen Voraussetzungen das Recht des Bergwerkseigenthümers auch auf andere, in der Verleihungsurkunde nicht benannte Mineralien auszudehnen. Indem nämlich der eigentliche Zweck eines jeden rationellen Bergbauunternehmens auf die Ausbeutungeines oder auch wohl einiger bestimmter, in der Verleihungsurkunde benannter Mineralien gerichtet ist, bedarf der Bergwerkseigenthümer zur vollständigen Erreichung dieses Zweckes Schutz gegen Unternehmungen Dritter auf solche Mineralien, welche mit dem von ihm benutzten Mineral in einem derartigen Zusammenhange vorkommen, daß aus bergtechnischen und bergpolizeilichen Gründen nothwendigerweise eine gemeinschaftliche Gewinnung erfolgen muß. Wo diese Voraussetzungen vorhanden sind, legt deshalb der §. 55 dem Bergwerkseigenthümer ein Vorrecht zum Muthen bei, welches indeß dritten Muthern gegenüber binnen einer vierwöchentlichen Präclusivfrist ausgeübt werden muß. Auf diese Weise wird, ohne dem Bergwerkseigenthümer ein über den Zweck hinausgehendes Privilegium einzuräumen, doch der bestehende Bergbau in erster Linie berücksichtigt und die ungestörte, vollständige Ausübung des durch die Verleihungsurkunde gewährten Rechts ermöglicht.

Ob im concreten Falle die Mineralien in einem solchen Zusammenhange vorkommen, daß dieselben aus bergtechnischen oder bergpolizeilichen Gründen gemeinschaftlich gewonnen werden müssen, kann im Zweifelsfalle nur durch die Entscheidung der Bergbehörde festgestellt werden, welche allein zur Beurtheilung der maßgebenden Verhältnisse competent ist.

Im Gesetze selbst läßt sich hierüber eine für alle Fälle zutreffende Regel nicht aufstellen, und namentlich kann die Abgrenzung des Rechtes des Bergwerkseigenthümers nicht generell davon abhängig gemacht werden, ob die verschiedenen Mineralien auf der nämlichen Lagerstätte vorkommen oder nicht, zumal der Begriff der Lagerstätte ein sehr schwankender ist und in der Praxis zu bedenklichen Meinungsverschiedenheiten Anlaß gibt." (Motive S. 58.)

[137a]) Das Vorrecht zum Muthen steht nur dem Bergwerkseigenthümer, nicht dem Muther zu. Es kann auch nur solchen Muthungen gegenüber ausgeübt werden, welche nach geschehener Verleihung des Bergwerks im Felde desselben eingelegt werden, nicht auch solchen Muthungen gegenüber, welche schon vor der ertheilten Verleihung eingelegt sind. — Recursbescheide vom 31. December 1868, 12. Januar 1869 und 14. August 1872 (Zeitschrift für Bergrecht Bd. X S. 266. Bd. XI S. 359. Bd. XIV S. 412.)

[138]) Das Vorrecht steht dem Bergwerkseigenthümer vor jedem Dritten zu, es hat also auch gegenüber der Muthung des Finders und gegenüber den Umwandlungs- und Erweiterungs-

Legt ein Dritter auf solche Mineralien Muthung ein, so wird dieselbe dem Bergwerkseigenthümer mitgetheilt. Letzterer muß alsdann binnen vier Wochen[138]) nach Ablauf des Tages dieser Mittheilung Muthung einlegen[139]), widrigenfalls sein Vorrecht erlischt[139a]).

anträgen benachbarter Bergwerksbesitzer Geltung. Es besteht übrigens nur solchen Muthungen gegenüber, welche unter der Herrschaft des A. B. G. eingelegt sind, nicht aber älteren Muthungen gegenüber. Recursbescheide vom 28. Februar und 13. Juli 1867. — (Zeitschrift für Bergrecht Bd. VIII S. 119. Bd. IX S. 209 fg.) Sind in einem Felde zwei Bergwerke auf verschiedene Mineralien verliehen, so steht in Bezug auf ein drittes unverliehenes Mineral keinem der beiden Bergwerkseigenthümer gegenüber der Muthung des andern das Vorrecht zu. Gegenüber der Muthung eines Dritten concurriren sie zu gleichen Rechten, ohne Rücksicht auf das Alter der Verleihungen.

138a) Nach dem bayerischen Berggesetze Art. 43 innerhalb 30 Tagen.

139) Die Muthung muß, um rechtliche Wirksamkeit zu haben, den allgemeinen Voraussetzungen für die Gültigkeit einer Muthung (§§. 12—15) entsprechen. — Recursbescheid vom 22. November 1871 (Zeitschrift für Bergrecht Bd. XIII S. 132). — Ein besonderer Fund des Bergwerkseigenthümers ist zur Ausübung des Vorrechtes nicht erforderlich; die Muthung kann auf den Fund des concurrirenden Muthers eingelegt werden. — Recursbescheid vom 19. October 1868. Das. Bd. X S. 265, -- Zur Ausübung des Vorrechtes ist es erforderlich, daß die fraglichen Mineralien innerhalb der Grenzen des verliehenen Feldes in dem im §. 55 näher bezeichneten Umfange vorkommen. — Erkenntniß des Obertribunals vom 1. Juli 1873 (Zeitschrift für Bergrecht Bd. XV S. 123).

139a) Die vierwöchentliche Frist, in welcher das Vorrecht ausgeübt werden muß, beginnt erst vom Ablaufe des Tages, an welchem dem Bergwerkseigenthümer durch die Bergbehörde die Muthung des Dritten unter der Anzeige mitgetheilt ist, daß die thatsächliche Voraussetzung für das Vorzugsrecht durch das Oberbergamt als zutreffend anerkannt worden sei. — Recursbescheid vom 8. April 1869 (Zeitschrift für Bergrecht Bd. X S. 267). — Hat aber der Bergwerkseigenthümer diese Mittheilung nicht abgewartet, sondern nach anderweit erlangter Kenntniß von der Muthung des Dritten, eine Vormuthung auf Grund des §. 55 eingelegt, welche demnächst wegen eines Mangels an den gesetzlichen Voraussetzungen oder wegen einer Versäumniß als von Anfang an ungültig zurückgewiesen wird, so ist damit das Vorrecht des §. 55 consumirt und es findet nicht eine Aufforderung zur nochmaligen Ausübung desselben statt. — Beschluß des Oberbergamtes zu Bonn vom 15. April 1874.

Das Vorrecht des Bergwerkseigenthümers zur Muthung erstreckt sich nach §. 55 auf die „innerhalb der Grenzen seines Feldes" in dem erwähnten Zusammenhange vorkommenden Mineralien. Die auf Grund dieses Vorrechtes eingelegte Muthung hat daher nothwendig das bereits verliehene Feld zum Gegenstande. Das Vorrecht kann nicht über diese Feldesgrenzen hinaus ausgedehnt werden. Andererseits fragt sich, ob die Muthung aus §. 55 auf den ganzen Umfang des verliehenen Feldes ausgedehnt werden kann, auch wenn derselbe das im §. 27 bestimmte Feldesmaximum übersteigt. Dies ist u. a. angenommen durch den Recursbescheid vom 27. October 1865 in Sachen der Schwefelkiesmuthung Rudolf im Oberbergamtsbezirk Dortmund. Dagegen ist die obige Frage durch den neueren Recursbescheid vom 29. September 1866 (Zeitschrift für Bergrecht Bd. VIII S. 118 f.) verneint worden und zwar aus folgenden Gründen:

„daß nach dem Allg. Berggesetze vom 24. Juni 1865 §. 27 Nr. 1 im Kreise Altenkirchen das Maximalgrubenfeld 25,000 Quadratlachter umfaßt, daß dagegen das dem Muther zustehende oder doch von ihm vertretene Eisenerzbergwerk Nabor bei Racksen einen Flächeninhalt von 85,593 Quadratlachtern besitzt;

„daß die unter dem Namen Emilie gemutheten Kupfererze innerhalb des Feldes Nabor der Art mit den verliehenen Eisenerzen im Zusammenhange vorkommen, daß die Kupfererze mit den Eisenerzen gemeinschaftlich gewonnen werden müssen;

Auf andere Mineralien, welche nicht in dem vorbezeichneten Zusammenhange vorkommen, hat der Bergwerkseigenthümer kein Vorrecht[140]).

§. 56.

Steht das Recht zur Gewinnung verschiedener Mineralien innerhalb derselben Feldesgrenzen verschiedenen Bergwerkseigenthümern zu, so hat jeder Theil das Recht, bei einer planmäßigen Gewinnung seines Minerals auch dasjenige des anderen Theils insoweit mit zu gewinnen, als diese Mineralien nach der Entscheidung des Oberbergamts aus den im §. 55 angegebenen Gründen nicht getrennt gewonnen werden können[141]).

„daß, wenn unter einer solchen Voraussetzung der §. 55 des A. B.G. dem bereits mit dem einen Minerale Beliehenen in seinem Felde ein Vorrecht zum Muthen vor jedem Dritten bezüglich anderer Mineralien beilegt, hieraus nicht auf eine gesetzliche Vorschrift geschlossen werden kann, wonach dem bevorrechtigten Muther auch gestattet sei, für seine Muthung ein zwar mit dem ursprünglich verliehenen Felde übereinstimmendes, aber größeres Feld rechtlich zu beanspruchen, als das Berggesetz im §. 27 gestattet;

„daß im Gegentheile der §. 55 keinerlei Vorschrift über die Feldesgröße enthält, vielmehr die Anwendung des §. 27 auch für die auf Grund des §. 55 eingelegte Muthung voraussetzt und nur die Bestimmung trifft, daß innerhalb des ganzen, bereits verliehenen Feldes jedem dritten Muther gegenüber der ursprünglich Beliehene nach Maßgabe des Gesetzes bevorzugt sein soll (vergl. Zeitschrift für Bergrecht Bd. VI S. 590 u. 591);

„daß somit die Anträge des Recurrenten, insoweit dieselben über diese gesetzlichen Vorschriften hinausgehen, unbegründet sind."

Die neuere Ansicht verdient den Vorzug.

140) Das Vorrecht zum Muthen erstreckt sich jedoch, wenn es ausgeübt wird, auf alle Mineralien der bezeichneten Gattung, welche in dem verliehenen Felde vorkommen. Wenn also das neuentdeckte Mineral (z. B. Eisen) in verschiedenen Ablagerungen vorkommt, von denen einige mit dem früher verliehenen Minerale (z. B. Kohle) in einem solchen Zusammenhange stehen, daß sie nicht für sich allein gewonnen werden können, während auf andern daneben, darüber oder darunter befindlichen Ablagerungen ein selbstständiger Bau füglich unternommen werden kann, so liegt gleichwohl der Fall des §. 55 vor und das Vorrecht des beliehenen Steinkohlenbergwerksbesitzers erstreckt sich auf alle in seinem Felde vorkommenden Eisenerze.

141) Die Voraussetzung des §. 56 ist, daß von dem im §. 55 bestimmten Vorrechte zum Muthen kein Gebrauch gemacht worden ist, entweder weil das Oberbergamt die Aufforderung nicht erlassen hat, oder weil der ältere Bergwerkseigenthümer von seinem Vorrechte keinen Gebrauch gemacht hat, oder endlich weil beide Verleihungen vor dem Allgem. Berggesetze ertheilt worden sind. Hier gibt die Entscheidung des Oberbergamtes dem einen Bergwerkseigenthümer das Recht, die dem andern Beliehenen gehörigen Mineralien mit abzubauen. Es fragt sich, welchem von beiden Bergwerkseigenthümern dieses Recht zusteht, wenn beide dasselbe in Anspruch nehmen.

Nach §. 56 steht das bezeichnete Recht jedem Eigenthümer bei der planmäßigen Gewinnung seines Minerales zu. Es entscheidet daher der gemäß §. 67 eingereichte Betriebsplan und derjenige Bergwerksbesitzer ist zur Gewinnung der zusammenbrechenden Mineralien befugt, welcher zuerst den Betriebsplan für den Abbau der betreffenden Lagerstätte einreicht. Reichen beide Theile gleichzeitig den Betriebsplan ein und nehmen beide den Abbau der fraglichen gemischten Lagerstätten in Anspruch, so müssen sich beide über eine gemeinschaftliche Gewinnung vereinigen und, bis dies geschehen ist, bleibt der Abbau jedem Theile untersagt.

Ergibt sich bei der Prüfung des von dem einen Bergwerksbesitzer eingereichten Betriebs-

Die mitgewonnenen, dem anderen Theile zustehenden Mineralien müssen jedoch dem letzteren auf sein Verlangen gegen Erstattung der Gewinnungs- und Förderungskosten herausgegeben werden[142]).

planes (§. 67), daß bei der planmäßigen Mineralgewinnung auch die dem andern Bergwerksbesitzer gehörigen Mineralien mitgewonnen werden müssen, weil sie aus den in den §§. 55, 56 angegebenen Gründen nicht getrennt gewonnen werden können, so hat das Oberbergamt dieses bei der Prüfung des Betriebsplanes auszusprechen und beiden Theilen zu eröffnen. Es fragt sich, ob in diesem Falle der betreibende Bergwerksbesitzer verpflichtet ist, die Mineralien des anderen Theiles auf dessen Verlangen mitzugewinnen und gegen Erstattung der Gewinnungs- und Förderungskosten herauszugeben, oder ob er die Mitgewinnung ablehnen und sich auf den Abbau seines Minerales beschränken kann, obgleich dadurch die später getrennte Gewinnung des andern Minerals unmöglich gemacht werden würde. Der richtigen Meinung nach ist in diesem Falle der nicht betreibende Bergwerksbesitzer berechtigt zu verlangen, daß entweder seine Erze gegen Erstattung der Kosten mitgewonnen werden, oder daß ihm die Gewinnung beider Mineralien überlassen werde.

142) Die rechtlichen Beziehungen zwischen den Besitzern zweier Bergwerke, die in demselben Felde auf verschiedene Mineralien verliehen sind, werden durch die Vorschriften des §. 56 keineswegs erschöpft. So wird z. B. der betreibende Bergwerkseigenthümer unter Umständen in der Lage sein, auch das andere Mineral mitzugewinnen, ohne daß von einer gemeinschaftlichen Gewinnung im Sinne des §. 55 die Rede wäre, so z. B. wenn er mit seinen Schächten die Flötze des andern Bergwerksbesitzers durchsinkt. Auch in diesem Falle wird das letzte Alinea des §. 56 analoge Anwendung finden müssen.

Schwieriger sind die Fragen, welche entstehen, wenn durch sicherheitspolizeiliche Anordnungen der Betrieb des einen Bergwerks im Interesse des gegenwärtigen oder künftigen Betriebes des andern Bergwerks eingeschränkt wird. Und diese Schwierigkeiten steigern sich, wenn die auf verschiedenen Mineralien verliehenen Bergwerke mit ihren Feldesgrenzen nicht zusammenfallen, sondern sich durchschneiden, wie dies in manchen Gegenden des Oberbergamtsbezirks Dortmund häufig der Fall ist. Die Regeln, welche in solchen Collisionsfällen entscheiden, sind einerseits die polizeiliche Einschränkung, welcher der Bergbau nach §. 196 in Rücksicht auf die Sicherheit der eigenen und der fremden Baue unterliegt, andrerseits die Priorität des Betriebes. Daher unterliegt der später Bauende allen den Beschränkungen, welche der vorhandene alte Bau seinen Gewinnungsarbeiten auferlegt. Wollen beide gleichzeitig bauen, so kann die Bergbehörde die Aufstellung eines gemeinschaftlichen Betriebsplanes und unter Umständen auch einen gemeinschaftlichen Betrieb der für die Sicherheitspolizei wichtigsten Anlagen: der Wasserhaltung und der Wetterführung, verlangen.

In der ersten Ausgabe ist an dieser Stelle ausgeführt worden, daß die Bergbehörde bei der polizeilichen Ueberwachung des zuerst eröffneten Betriebes auch auf die Sicherheit des künftig in demselben Felde zu eröffnenden Betriebes auf das andere Mineral Rücksicht zu nehmen habe, daß sie also das Zubruchbauen des über einem Steinkohlenflötze abgelagerten Eisensteinflötzes im Interesse der künftigen Gewinnung untersagen müsse.

Gegen diese Ansicht ist von A. Achenbach (Zeitschrift f. Bergrecht Bd. VII S. 119 f.) geltend gemacht worden, daß das Berggesetz im §. 196 nur die Sicherung der schon vorhandenen Baue und die Verhütung gemeinschädlicher Einwirkungen als Gegenstand und Zweck der polizeilichen Aufsicht bezeichne. Polizeiliche Anordnungen zum Schutze eines künftigen Betriebes seien daher nur insofern zulässig, als es sich um die Verhinderung einer gemeinschädlichen Einwirkung auf den künftigen Bergwerksbetrieb handle.

Dieser Auffassung muß beigetreten werden. Die Grundsätze, welche aus derselben für die polizeiliche Ueberwachung des Betriebes im mehrfach verliehenen Felde folgen, sind in der a. a. O. mitgetheilten Verfügung des Oberbergamtes zu Dortmund vom 23. Januar 1866 wie folgt entwickelt:

§. 57.

Der Bergwerkseigenthümer ist befugt, die durch den Betrieb des Bergwerks

---

„Nach §. 196 A. B.G. erstreckt sich die polizeiliche Aufsicht der Bergbehörde unter anderm auf die Sicherheit der Baue und den Schutz gegen gemeinschädliche Einwirkungen des Bergbaues — beides Rücksichten, welche in Fällen, wie der vorliegende, nach Umständen ein wirksames Einschreiten der Bergbehörde gestatten. Beispielsweise würde die Bergbehörde ebenso befugt wie verpflichtet erscheinen, zur Sicherheit der Baue der Grube C. den beabsichtigten Betrieb des Steinkohlenflötzes D. durch Anordnung von Sicherheitspfeilern zu beschränken und erforderlichen Falls gänzlich zu untersagen. Selbstverständlich aber haben auf diesen Schutz nur die bereits vorhandenen Baue von C. Anspruch, während die zukünftigen Baue den polizeilichen Beschränkungen unterliegen, welche die etwa vorliegenden alten Baue von ver. W. erforderlich machen.

Ueberhaupt wird bei den sicherheitspolizeillchen Anorduungen immer zu berücksichtigen sein, daß das Gesetz jedem Bergwerkseigenthümer ohne Rücksicht auf das Alter der Verleihung und den volkswirthschaftlichen Werth des Minerals gleiche Rechte gewährt und die Aufsicht der Bergbehörde auf die im §. 196 angegebenen polizeilichen Gesichtspunkte beschränkt. Nicht das Alter der Verleihung, nicht der volkswirthschaftliche Werth des Minerals ist daher maßgebend, sondern lediglich die Priorität des Betriebes. Nur die Rücksicht auf den Schutz gegen gemeinschädliche Einwirkungen des Bergaaues bedingen eine Ausnahme von der Regel. Unter gemeinschädlichen Einwirkungen sind zunächst gemeingefährliche Tagebrüche, Verunreinigung fließender Gewässer, Gefährdung wichtiger Mineralquellen 2c. zu verstehen. Die gemeinschädlichen Einwirknngen können aber auch den Bergbau selbst betreffen. Bekanntlich hängt von der ungestörten Steinkohlenproduction die Existenz vieler Gewerbe und wichtiger Industriezweige wesentlich ab. Es erscheint daher unzweifelhaft, daß eine ernstliche Gefährdung der Steinkohlenproduction gemeinschädlich sein würde.

Zu den auf Erhaltung des Steinkohlenbergbaues gerichteten allgemeinen Vorschriften gehört, daß an den Markscheiden aller Steinkohlen-Tiefbaugruben Sicherheitspfeiler stehen bleiben müssen. Soll aber diese Vorschrift ihren Zweck erfüllen, so müssen auch die überdeckenden Eisenerzfelder die Sicherheitspfeiler an den Grenzen der Steinkohlengruben respectiren, gleichviel ob ihre Grenzen mit denen der Steinkohlenfelder zusammenfallen oder nicht, und ob die Priorität des Betriebes auf der einen oder anderen Seite ist. Hinwiederum ist es denkbar, daß der Steinkohlenbergbau gewissen Beschränkungen unterworfen wird, welche geeignet sind, den kaum minder wichtigen Eisenerzbergbau gegen eine gemeinschädliche Einwirkung des Steinkohlenbergbaues zu schützen. Eine solche Einwirkung würde z. B. vorliegen, wenn allgemein durch den im Felde vorstehenden Steinkohlenbergbau das Zubruchbauen der wichtigsten Eisenerzflötze zu befürchten stände. Ob dagegen stellenweise das eine oder andere Eisenerzflötz zu Bruch gebaut wird, ist im öffentlichen Interesse völlig gleichgültig."

Die Verordnung des Finanzministeriums vom 24. Februar 1839 (Achenbach, Bergpolizeivorschriften S. 82), auf welche die vorstehende Verfügung Bezug nimmt, bestimmt, daß:

> „wo und wenn die Markscheide zweier Steinkohlengruben die Flötze unterhalb der tiefsten Stollensohle durchschneidet, an dieser Markscheide unterhalb der tiefsten Stollensohle ein Sicherheitspfeiler von einer durch das Bergamt nach genauer Erwägung der Lokalverhältnisse sachkundig zu bestimmenden Stärke auf beiden mit einander grenzenden Gruben, gleichweit von der Markscheide entfernt, stehen und unangetastet bleiben soll."

Bei der Anwendung dieser Polizeivorschrift auf den oben angeführten Fall, wo in demselben Felde Steinkohlengruben und Eisengruben mit verschiedenen Markscheiden verliehen sind, ergibt sich nicht bloß aus dem Wortlaute, sondern auch aus dem sicherheitspolizeilichen Zwecke der angeführten Verordnung das Resultat, daß die Markscheiden der Steinkohlengruben und die an denselben stehen bleibenden Sicherheitspfeiler zugleich die Baugrenzen für die überdeckten Eisensteinfelder abgeben. Da nämlich die Verordnung vom 24. Februar 1839 die Erhaltung von Sicherheitspfeilern an den Markscheiden der Steinkohlengruben vorschreibt und als allgemeine sicherheits-

gewonnenen, nicht unter den §. 1 gehörigen Mineralien zu Zwecken seines Betriebes ohne Entschädigung des Grundeigenthümers zu verwenden[143]).

Soweit diese Verwendung nicht erfolgt, ist der Bergwerkseigenthümer verpflichtet, die bezeichneten Mineralien dem Grundeigenthümer auf sein Verlangen

---

polizeiliche Vorschrift nicht bloß die Kohlengrubenbesitzer, sondern auch die Betreiber der Eisenerzbergwerke verpflichtet, so müssen letztere die Markscheiden der Steinkohlengruben auch als die Grenzen ihres eigenen Bergbaues festhalten und wenn ihre eigenen Markscheiden davon durchschnitten werden, ihr Feld in getrennten Stücken abbauen.

Wollte man auch von dem Wortlaute der bestehenden Verordnung vom 24. Februar 1839 absehen und eine neue Lösung der gestellten Aufgabe, nämlich des sicherheitspolizeilichen Schutzes beim Abbau einander überdeckender Felder suchen, so würde diese immer nur so gefunden werden können, daß die bei der Verleihung eines Minerals gezogenen Feldesgrenzen durchgehends auch für den Bau des andern Minerals maßgebend bleiben müssen. Denn nur auf diesem Wege kann der Zweck der Verordnung, die Bildung eines zusammenhängenden Netzes von Sicherheitspfeilern und der wasserdichte Abschluß jedes einzelnen Tiefbaues überhaupt erreicht werden.

Wollte man nämlich das Alter der Verleihung oder die Priorität des Grubenbaues für maßgebend erklären, so würde es an einem zusammenhängenden Netze von Sicherheitspfeilern ganz fehlen und die Bestimmung der Baugrenzen ganz dem Zufalle anheim gegeben sein. Würde z. B. ein Steinkohlenfeld von zwei älteren und zwei jüngeren Eisenerzfeldern überdeckt, so würde in der einen Hälfte des Grubenfeldes die Begrenzung der Eisenerzfelder, in der andern die eigene Markscheide als Baugrenze festgehalten werden müssen und die Möglichkeit eines zusammenhängenden Baues würde ganz ausgeschlossen sein. Ebenso in dem andern Falle, wenn von den vier überdeckenden Eisenerzfeldern zwei vor und zwei nach dem Steinkohlenfelde in Betrieb gesetzt werden.

Eine befriedigende Lösung solcher Conflicte ist übrigens nur dadurch zu erreichen, daß die Besitzer solcher einander durchkreuzender Felder sich innerhalb größerer, eine Anzahl von Feldern umschließender Grenzen zu einer gemeinschaftlichen Wasserhaltung vereinigen. Es ist mehrfach angeregt worden, eine Zwangspflicht zu einer solchen Vereinigung durch das Gesetz auszusprechen. Dieser Vorschlag hat indeß in dem Allgem. Berggesetze keine Berücksichtigung gefunden.

[143]) „Um sein Ausbeutungsrecht ausüben zu können, muß der Bergwerkseigenthümer bei seinem Betriebe auch solche Mineralien mitgewinnen und zu den Betriebszwecken verwenden, welche nicht unter das Berggesetz gehören. Es ist dies ein nothwendiges Mittel zum Zwecke des Bergbauunternehmens. Das Bergrecht hat deshalb auch stets die Befugniß des Bergwerkseigenthümers hiezu anerkannt, ohne derselben einen Entschädigungsanspruch des Grundeigenthümers gegenüber zu stellen.

Streitig war aber beim Mangel gesetzlicher Vorschriften die Grenze dieser Befugniß. Der §. 57 stellt deshalb diese Grenze, der Natur der Sache und dem Zwecke gemäß, dahin fest, daß der Bergwerkseigenthümer vermöge des Rechts aus der Verleihung sich ohne Entschädigung des Grundeigenthümers diejenigen nicht unter den §. 1 gehörigen Mineralien aneignen darf, welche durch den Betrieb des Bergwerks gewonnen und zu den Zwecken des Betriebes verwandt werden.“ (Motive, S. 58.)

In der Commission des Hauses der Abgeordneten wurde die Fassung dieses Paragraphen bemängelt, weil sie es zweifelhaft lassen könne, ob diese Befugniß des Bergwerkseigenthümers sich auch auf unentgeltliche Gewinnung von Versatzmaterialien erstrecke. Ein Amendement wurde nicht für nöthig erachtet, weil die Commission annahm, daß durch den Wortlaut des Entwurfes an dem herkömmlichen Rechte des Bergwerkseigenthümers, bei den bergbaulichen Arbeiten unter Tage Versatzmaterialien ohne Entschädigung für den Grundeigenthümer zu gewinnen, nichts geändert werden solle. Die Vertreter der Staatsregierung bestätigen diese Annahme. (Commiss.-Bericht S. 34.)

gegen Erstattung der Gewinnungs- und Förderungskosten herauszugeben[144]).

§. 58.

Dem Bergwerkseigenthümer steht die Befugniß zu, die zur Aufbereitung seiner Bergwerkserzeugnisse erforderlichen Anstalten zu errichten und zu betreiben[145]).

§. 59.

Die zum Betriebe auf Bergwerken und Aufbereitungsanstalten (§. 58) dienenden Dampfkessel und Triebwerke unterliegen den Vorschriften der Gewerbegesetze.

---

[144]) Die Frage, ob der Bergwerkseigenthümer auf Grund des §. 57 berechtigt sei, die zur Gewinnung von Versatzmaterial erforderlichen Steinbrüche vom Grundeigenthümer zwangsweise zu erwerben, wird von dem Oberbergamte zu Bonn in dem Bescheide vom 28. Februar 1867 (Zeitschr. f. Bergr. Bd. VII S. 121) aus folgenden Gründen verneint:

„Das Recht des Bergwerkseigenthümers innerhalb seines Grubenfeldes ist auf die im §. 1 des Berggesetzes dem Verfügungsrechte des Grundeigenthümers entzogenen Mineralien beschränkt. Hiervon hat das Gesetz im §. 57 nur eine Ausnahme statuirt, wenn nämlich durch den Betrieb des Bergwerks andere Mineralien gewonnen und zu Zwecken des Betriebes verwendet werden. Durch diese Ausnahmebestimmung ist die Befugniß des Bergwerkseigenthümers zur Verwendung der nicht unter den §. 1 gehörigen Mineralien genau begrenzt, so daß, wo nicht die zweifache Voraussetzung hinsichtlich der Art der Gewinnung und Verwendung zutrifft, das Recht des Grundeigenthümers zur Anerkennung gelangt."

Uebrigens gehört die Frage wegen der Verwendung oder Herausgabe der mitgewonnenen Mineralien zur gerichtlicheu Entscheidung. Vergl. Zeitschr. f. Bergr. Bd. VII S. 126.

[145]) Die Anstalten zur weiteren Verarbeitung der Bergwerksproducte werden in Aufbereitungsanstalten und Hüttenwerke unterschieden, je nachdem sie die mechanische Zerkleinerung oder die chemische Umsetzung der gewonnenen Mineralien bezwecken. Nach den älteren Berggesetzen wurden beide unter den bergmännischen Nebenanlagen, folglich unter den Gegenständen der Berggesetzgebung begriffen. Es wurde namentlich auch zur Anlage von Hüttenwerken das Recht zur Expropriation ebenso wie für die eigentlichen Bergwerksanlagen und Aufbereitungsanstalten gegeben (A. L.R. Th. II. Tit. 16 §. 109).

Durch das Gesetz vom 10. Juni 1861 (Ges.-Samml. S. 425) §. 12 wurden jedoch die Hüttenwerke aus dem Bereiche der Berggesetzgebung ausgeschieden und den Gewerbegesetzen unterworfen, und diese Veränderung war eine bloße Folge der thatsächlichen Umgestaltung, welche in dem Hüttenbetriebe eingetreten ist. Der Letztere wird in der Mehrzahl der Fälle nicht mehr von dem Bergwerksbesitzer, sondern als ein eigenes Gewerbe von besonderen Unternehmern betrieben, und die Hüttenanlagen sind nicht mehr Zubehörungen der Bergwerke, sondern eigene, auf die Verarbeitung der Producte vieler Bergwerke eingerichtete Anlagen.

Auch das Allgemeine Berggesetz erstreckt deshalb in den §§. 58 und 59 seine Bestimmungen nur auf die Aufbereitungsanstalten und zwar auf die von dem Bergwerkseigenthümer zur Aufbereitung der eigenen Bergwerkserzeugnisse errichteten Anstalten. Die Gewerbeordnung vom 21. Juni 1869 nimmt ebenso die Aufbereitungsanstalten von den Gegenständen der Gewerbegesetzgebung aus, indem sie im §. 6 bestimmt:

> Das gegenwärtige Gesetz findet keine Anwendung auf das Bergwesen (vorbehaltlich der Bestimmungen der §§. 152, 153 und 154),

und diese Vorschrift in §. 54 dahin erläutert, daß darunter Bergwerke, Aufbereitungsanstalten und unterirdisch betriebene Brüche oder Gruben verstanden werden.

[146]) Diese Vorschrift findet nach der jetzigen Lage der Gesetzgebung nur noch auf die im §. 59 genannten Dampfkessel und Triebwerke Anwendung. Die vom Bergwerksbesitzer zur Aufbereitung der eigenen Producte betriebenen Anstalten sind nach §. 6 und §. 154 der Gewerbe-

Sofern zur Errichtung oder Veränderung solcher Anlagen[146]) nach den Vorschriften der Gewerbegesetze eine besondere polizeiliche Genehmigung erforderlich ist, tritt jedoch an die Stelle der Ortspolizeibehörde der Revierbeamte und an die Stelle der Regierung das Oberbergamt[146a]).

Ueber die Zulässigkeit der Wassertriebwerke entscheiden das Oberbergamt und die Regierung durch einen gemeinschaftlichen Beschluß[147]).

---

ordnung der besonderen Genehmigung auch in den Fällen nicht unterworfen, wo §. 16 für andere Anlagen, aus deren Betrieb Nachtheile für die benachbarten Grundstücke oder für das Publikum entstehen können, eine solche Genehmigung fordert. Hiermit fällt für die Aufbereitungsanstalten auch das Aufgebot (§. 17 der Gewerbeordnung) und die Befugniß der benachbarten Grundbesitzer fort, gegen die Errichtung der bezeichneten Anlagen Einwendung zu erheben. — Vergl. m. Lehrbuch des Bergrechts S. 390. — Dieselben Regeln gelten nach §. 16 der Gewerbeordnung für die Anstalten zur Darstellung von Koaks, Stein- oder Braunkohlentheer oder Erdöl, sofern sie am Gewinnungsorte des Materials errichtet werden, für die eigentlichen Aufbereitungsanstalten dagegen ohne diese Beschränkung.

Durch bergpolizeilichen Vorschriften sind für die Anlage von Aufbereitungsanstalten Vorkehrungen zum Schutze der benachbarten Grundstücke und der Wasserläufe (Klärvorrichtungen, Fangdämme u. dgl.) angeordnet, auch ist die Einreichung einer Beschreibung der Anstalt an die Bergbehörde vorgeschrieben. Vergl. die Bonner Bergpolizei-Verordnung vom 8. November 1867 §§. 52—54 nnd die Clausthaler Bergpolizei-Verordnung vom 5. Juni 1869. Zeitschr. f. Bergrecht Bd. VIII S. 443. Bd. X. S. 474; ferner für Koaksanstalten: die Dortmunder Verordnung vom 12. December 1866 a. a. O. Bd. VII S. 542.

[146a]) Nach dem bayerischen Berggesetze Art. 47 entscheidet die Districtspolizeibehörde nach eingeholtem Gutachten der Bergbehörde in allen Fällen, in welchen zu den Anlagen des Bergwerksbesitzers die gewerbepolizeiliche Genehmigung eingeholt werden muß. Ebenso nach dem würtembergischen Berggesetze Art. 49.

[147]) Nach der Gewerbeordnung vom 21. Juni 1869 §§. 16 und 23 bedürfen nicht mehr die Wassertriebwerke, sondern nur die dazu gehörigen Stauanlagen der polizeilichen Genehmigung. Dabei kommen die allgemeinen Vorschriften der §§. 17—22 der Gewerbeordnnng und die entsprechenden Ausführungsvorschriften, für Preußen die Anweisung vom 4. September 1869 Nr. 26—48 zur Anwendung.

Der Antrag des Unternehmers, welcher nach Nr. 28 und 30 der Anweisung an den Revierbeamten zu richter ist und von einer Zeichnung der Stauvorrichtungen, einem Nivellements- nnd einem Situationsplane begleitet sein muß, wird nach §. 17 der Gewerbeordnung durch einmalige Einrückung in das Amtsblatt zur öffentlichen Kenntniß gebracht, mit der Aufforderung, etwaige Einwendungen gegen die neue Anlage binnen vierzehn Tagen anzubringen. Die Frist nimmt ihren Anfang mit dem Ablauf des Tages, an welchem das die Bekanntmachung enthaltende Blatt ausgegeben worden und ist für alle Einwendungen, welche nicht auf privatrechtlichen Titeln beruhen, präclusivisch.

Werden keine Einwendungen angebracht, so hat die Behörde zu prüfen, ob der Anlage Bedenken im öffentlichen Interesse entgegenstehen, und auf Grund dieser Prüfung die Genehmigung entweder zu versagen oder unter Festsetzung der sich als nöthig ergebenden Bedingungen zu ertheilen. Der Bescheid wird schriftlich mit den Gründen ausgefertigt (§. 18).

Werden Einwendungen erhoben, so wird zur Verhandlung derselben von dem Revierbeamten ein Termin angesetzt und zu demselben der Unternehmer und die Widersprechenden gegen Behändigungsschein vorgeladen, unter der Verwarnung, daß im Falle des Ausbleibens gleichwohl mit der Erörterung der Einwendungen werde vorgegangen werden, und daß nach dem Abschluß der Erörterung neue thatsächliche Behauptungen nicht mehr zugelassen werden. Einwendungen, welche auf besonderen privatrechtlichen Titeln (wie Vertrag, Privilegium, letztwillige Verfügung) beruhen, werden ohne vorherige Erörterung zur richterlichen Entscheidung verwiesen und bei der

Gewerbeordnung für den Norddeutschen Bund vom 21. Juni 1869 (B. G. Bl. S. 245)[148]. **§. 24. §. 147.**

§. 24. Zur Anlegung von Dampfkesseln, dieselben mögen zum Maschinenbetriebe

---

Entscheidung über die Genehmigung der Anlage nicht berücksichtigt. Andere Einwendungen werden mit den Parteien vollständig erörtert und über streitige erhebliche Behauptungen Beweis erhoben. Gründen sich diese Einwendungen auf allgemeine privatrechtliche Titel (wie z. B. Eigenthum, Berechtigung zur Schifffahrt oder zur Stauung), so erfolgt die Erörterung unter dem Vorbehalte der Verfolgung derselben auf dem Rechtswege (§. 19).

Die abgeschlossenen Verhandlungen werden von dem Revierbeamten mit einer Aeußerung über die Zulässigkeit der Stauanlage und die etwa erhobenen Einwendungen dem Oberbergamte eingereicht, welches dieselben mit seiner Aeußerung an die Regierung befördert.

Sind keine Einwendungen erhoben und wird die Genehmigung nach dem Antrage des Unternehmers ohne Bedingungen oder Einschränkungen ertheilt, so fertigt die Regierung in Gemeinschaft mit dem Oberbergamte alsbald die Genehmigungsurkunde aus. Wird die Genehmigung versagt, oder nur unter Bedingungen oder Einschränkungen ertheilt, so ergeht ein gemeinschaftlicher Bescheid beider Behörden an den Unternehmer. Letzterer kann innerhalb vierzehn Tagen nach Empfang des Bescheides den Recurs einlegen oder auf mündliche Verhandlung bei der Regierung antragen.

Sind Einwendungen gegen die Stauanlagen erhoben, so wird nach Eingang der Verhandlungen bei der Regierung stets das mündliche Verfahren vor derselben eingeleitet. Der Unternehmer und die Widersprechenden werden gegen Behändigungsschein und mit der Verwarnung geladen, daß im Falle des Ausbleibens dennoch in der Sache werde verfahren werden. Sie können einen Beistand zuziehen oder sich auf Grund einer schriftlichen Vollmacht vertreten lassen

Das Collegium kann vor der Entscheidung die Aufnahme von Beweisen beschließen und diese entweder selbst oder durch einen Commissar oder durch eine Unterbehörde erheben. Die Gestellung der Zeugen und Sachverständigen bleibt Sache der Partei, welche die Vernehmung beantragt hat. Die Vereidung erfolgt nach den gerichtlichen Eidesformen.

Die Entscheidung wird den Betheiligten im Schlußtermine mündlich eröffnet und demnächst schriftlich abgesetzt. Im Tenor, welcher von den Gründen zu sondern ist, muß über den Antrag des Unternehmers und über die einzelnen Einwendungen, sowie über die Vertheilung der Kosten entschieden werden. Die Zustellung des ausgefertigten Bescheides erfolgt gegen Behändigungsschein. Von mehreren Widersprechenden, welche nicht einen gemeinschaftlichen Bevollmächtigten bestellt haben, erhält der Eine Ausfertigung, die Uebrigen Abschrift des Tenors der Entscheidung und zugleich Nachricht, wem die Ausfertigung übersandt ist (Anweisung Nr. 42—44).

Der Recurs gegen die Entscheidung kann binnen vierzehn Tagen nach der Zustellung bei der Regierung oder den Ministerien des Handels und der landwirthschaftlichen Angelegenheiten eingereicht werden. Die Recursschrift muß in zwei Exemplaren eingereicht werden, von denen das eine der Gegenpartei zur Beantwortung binnen einer vierzehntägigen Frist mitgetheilt wird. Neue Einwendungen oder neue thatsächliche Anführungen sind im Recursverfahren nicht zulässig. Der Recursbescheid, welcher mit Gründen versehen sein muß, wird von den zuständigen Ministerien der Regierung zugefertigt und von dieser in beglaubigter Abschrift dem Unternehmer und dem Gegner mitgetheilt (Anweisung Nr. 45—47).

Die Kosten des Verfahrens fallen, soweit sie durch ungegründete Einwendungen erwachsen, dem Widersprechenden und im Uebrigen dem Unternehmer zur Last (§. 22).

Die Ausfertigung der Genehmigungs-Urkunde erfolgt nach dem Abschluß des Verfahrens durch die Regierung und das Oberbergamt. Vor Ertheilung der Genehmigungs-Urkunde ist die Ausführung der Anlage nicht gestattet.

Die Genehmigung zu der Stauanlage bleibt nach §. 25 der Gewerbeordnung so lange in Kraft, als keine Aenderung in der Betriebsstätte vorgenommen wird, und die Anlage selbst unverändert bleibt.

bestimmt sein oder nicht, ist die Genehmigung der nach den Landesgesetzen zuständigen Behörde erforderlich. Dem Gesuche sind die zur Erläuterung erforderlichen Zeichnungen und Beschreibungen beizufügen.

Die Behörde hat die Zulässigkeit der Anlage nach den bestehenden bau-, feuer- und gesundheitspolizeilichen Vorschriften, sowie nach denjenigen allgemeinen polizeilichen Bestimmungen zu prüfen, welche von dem Bundesrathe über die Anlegung von Dampfkesseln erlassen werden. Sie hat nach dem Befunde die Genehmigung entweder zu versagen, oder unbedingt zu ertheilen, oder endlich bei Ertheilung derselben die erforderlichen Vorkehrungen und Einrichtungen vorzuschreiben.

Bis zum Erlaß allgemeiner Bestimmungen durch den Bundesrath[149]) kommen die in den einzelnen Bundesstaaten bestehenden Vorschriften zur Anwendung.

Bevor der Kessel in Betrieb genommen wird, ist zu untersuchen, ob die Ausführung den Bestimmungen der ertheilten Genehmigung entspricht. Wer vor dem Empfange der hierüber auszufertigenden Bescheinigung den Betrieb beginnt, hat die im §. 147 angedrohte Strafe verwirkt.

Die vorstehenden Bestimmungen gelten auch für bewegliche Dampfkessel[150]).

---

148) Die Gewerbeordnung hat für das ganze Deutsche Reich mit Ausnahme von Elsaß-Lothringen Geltung erlangt. Vergl. die Einführungsverordnung für Hessen südlich des Mains, Würtemberg und Baden, für Bayern und Elsaß-Lothringen. (Reichsgesetzblatt 1870 S. 649, 1871 S. 392, 1872 S. 170.)

149) Diese Bestimmungen sind durch die unten folgende Bekanntmachung vom 29. Mai 1871 erlassen worden. Die landesgesetzlichen Bestimmungen gelten daher nur noch für den Betrieb der Dampfkessel.

150) Die von dem Preußischen Handelsminister erlassene Anweisung zur Ausführung der Gewerbeordnung vom 4. September 1869 (Min. Bl. f. d. innere Verw. S. 200) enthält in Bezug auf die Genehmigung zur Anlage von Dampfkesseln folgende Bestimmungen:

6. Die Polizeibehörde ist befugt, vor dem Beginn des Betriebs einer jeden gewerblichen Anlage, die der Genehmigung bedarf, sich durch eine Untersuchung zu überzeugen, daß die Ausführung den Bedingungen der ertheilten Genehmigung entspricht.

Bei Dampfkessel-Anlagen ist eine solche vorgängige Untersuchung nothwendig. Sie hat sich auf die vorschriftsmäßige Construction des Dampfkessels und die gehörige Ausführung der sonstigen, für die Anlage maßgebenden allgemeinen und besonderen Bestimmungen, zu richten.

Die Untersuchung des Kessels in Betreff der vorschriftsmäßigen Construction muß vor dessen Aufstellung erfolgen und kann in der Fabrik wo derselbe verfertigt ist, oder an dem Orte geschehen, wo er aufgestellt werden soll. Zur Ausführung derselben ist jeder Königliche Baubeamte, Revierbeamte oder Eisenbahn-Maschinenmeister befugt. Soweit außer dieser Untersuchung noch eine besondere Prüfung des Dampfkessels mittelst Wasserdrucks vorgeschrieben ist, bleiben die darüber erlassenen Bestimmungen in Kraft. Die weitere Untersuchung, deren es bei Locomobilen nicht bedarf, wird nach der Aufstellung des Dampfkessels vorgenommen. Die Ausführung dieser Untersuchung liegt, soweit nicht besondere Beamte dazu berufen sind, dem für den Ort der Anlage zuständigen Baubeamten, bei Dampfkesseln, die der Genehmigung des Oberbergamtes bedürfen, dem zuständigen Revierbeamten ob. Die Untersuchung hat höchstens drei Tage nach Empfang der Anzeige zu erfolgen, daß die Dampfkesselanlage zur Untersuchung bereit gestellt sei. Ueber ihren Ausfall ist binnen drei Tagen eine schriftliche Bescheinigung zu ertheilen.

Für jede Untersuchung hat der Besitzer des Kessels dem Beamten eine Gebühr von drei Thalern und wenn die Untersuchung außerhalb des Wohnortes erfolgt, die demselben zukommenden Reisekosten zu entrichten,

49. Das Gesuch um Ertheilung der Genehmigung eines zum Betriebe auf Bergwerken und Aufbereitungsanstalten bestimmten Dampfkessels ist an den Revierbeamten zu richten.

Aus dem Gesuche muß der vollständige Name, der Stand und Wohnort des Unternehmers ersichtlich sein. Demselben sind:

Für den Recurs und das Verfahren über denselben gelten die Vorschriften der §§. 20 und 21 [151]).

---

eine Beschreibung und eine Zeichnung des Kessels in einfachen Linien
außerdem, wenn die Anlage eines stehenden Dampfkessels beabsichtigt wird
ein Situations- und ein Bauriß
in zwei Exemplaren beizufügen.

50. In der Beschreibung sind die Dimensionen des Kessels, die Stärke und Gattung des Materials, die Art der Zusammensetzung, die Dimensionen der Ventile und deren Belastung, die Einrichtung der Speisevorrichtung und der Feuerung, sowie die Kraft und Art der Dampfmaschine anzugeben.

Aus der Zeichnung muß die Größe der vom Feuer berührten Fläche zu berechnen, und die Höhe des niedrigsten zulässigen Wasserstandes über den Feuerzügen zu ersehen sein; auf die Einrichtung der Dampfmaschine braucht sie sich nicht zu erstrecken. Die Situationszeichnung hat die an den Ort der Aufstellung des Kessels stoßenden Grundstücke zu umfassen.

Aus dem Bauriß muß sich der Standpunkt der Maschine und des Kessels, der Standpunkt und die Höhe des Schornsteins, sowie die Lage der Feuer- und Rauchröhren gegen die benachbarten Grundstücke deutlich ergeben; den Umständen nach kann ein einfacher Grundriß und eine Längenansicht, oder ein Durchschnitt genügen.

Die Zeichnungen müssen den unter Nr. 31 aufgestellten Anforderungen genügen.

31. Für die erforderlichen Zeichnungen ist ein Maßstab zu wählen, welcher eine deutliche Anschauung gewährt; der Maßstab ist stets auf die Zeichnungen einzutragen.

Nivellements und die dazu gehörigen Situationspläne sind von vereideten Feldmessern oder Baubeamten zu fertigen. Alle sonstigen Zeichnungen können von den mit der Ausführung betrauten Technikern und Werkmeistern aufgenommen werden.

Beschreibungen, Zeichnungen und Nivellements sind von demjenigen, welcher sie gefertigt hat, und von dem Unternehmer zu vollziehen.

Das weitere Verfahren ist durch Nr. 32, 41—48 und 51 geregelt.

Die Prüfung des Antrags und die Ausfertigung der Genehmigungsurkunde erfolgt durch das Oberbergamt. Wird die Genehmigung versagt oder nur unter Bedingungen oder Einschränkungen ertheilt, so erläßt das Oberbergamt zunächst einen schriftlichen Bescheid an den Unternehmer. Gegen diesen Bescheid steht dem Unternehmer der Recurs an das Handelsministerium offen, welcher binnen vierzehn Tagen bei dem Oberbergamte oder dem Handelsministerium eingelegt und gerechtfertigt werden muß.

[151]) §. 20. Gegen den Bescheid ist Recurs an die nächstvorgesetzte Behörde zulässig, welcher bei Verlust desselben binnen vierzehn Tagen, vom Tage der Eröffnung des Bescheides an gerechnet, gerechtfertigt werden muß.

Der Recursbescheid ist den Parteien schriftlich zu eröffnen und muß mit Gründen versehen sein.

§. 21. Die näheren Bestimmungen über die Behörden und das Verfahren, sowohl in der ersten als in der Recurs-Instanz, bleiben den Landesgesetzen vorbehalten. Es sind jedoch folgende Grundsätze einzuhalten:

1) In erster oder in zweiter Instanz muß die Entscheidung durch eine collegiale Behörde erfolgen. Diese Behörde ist befugt, Untersuchungen an Ort und Stelle zu veranlassen, Zeugen und Sachverständige zu laden und eidlich zu vernehmen, überhaupt den angetretenen Beweis in vollem Umfange zu erheben.
2) Bildet die collegiale Behörde die erste Instanz, so ertheilt sie ihre Entscheidung in öffentlicher Sitzung, nach erfolgter Ladung und Anhörung der Parteien, auch in dem Falle, wenn zwar Einwendungen nicht angebracht sind, die Behörde aber nicht ohne Weiteres die Genehmigung ertheilen will und der Antragsteller innerhalb vierzehn Tagen nach Empfang des die Genehmigung versagenden oder nur unter Bedingungen ertheilenden Bescheides der Behörde auf mündliche Verhandlung anträgt.

§. 147. Mit Geldstrafe bis zu Einhundert Thalern und im Unvermögensfalle mit Haft wird bestraft:[152]).

1) wer den selbstständigen Betrieb eines stehenden Gewerbes, zu dessen Beginn eine besondere polizeiliche Genehmigung (Concession, Approbation, Bestallung) erforderlich ist, ohne die vorschriftsmäßige Genehmigung unternimmt oder fortsetzt, oder von den in der Genehmigung festgesetzten Bedingungen abweicht;
2) wer eine gewerbliche Anlage, zu der mit Rücksicht auf die Lage oder Beschaffenheit der Betriebsstätte oder des Locals eine besondere Genehmigung erforderlich ist (§§. 16 und 24), ohne diese Genehmigung errichtet, oder die wesentlichen Bedingungen, unter welchen die Genehmigung ertheilt worden, nicht innehält, oder ohne neue Genehmigung eine wesentliche Veränderung der Betriebsstätte oder eine Verlegung des Lokals oder eine wesentliche Veränderung in dem Betriebe der Anlage vornimmt.
3) (betrifft Medicinalpersonen).

Enthält die Handlung zugleich eine Zuwiderhandlung gegen die Steuergesetze, so soll nicht außerdem noch auf eine Steuerstrafe erkannt werden, es ist aber darauf bei Zumessung der Strafe Rücksicht zu nehmen.

In dem Falle zu 2. kann die Polizeibehörde die Wegschaffung der Anlage oder die Herstellung des den Bedingungen entsprechenden Zustandes derselben anordnen.

Bekanntmachung, betreffend allgemeine polizeiliche Bestimmungen über die Anlegung von Dampfkesseln vom 29. Mai 1871. (R. G. Bl. S. 122.)

Auf Grund der Bestimmungen im §. 24 der Gewerbeordnung für den Norddeutschen Bund vom 21. Juni 1869 hat der Bundesrath nachstehende allgemeine polizeiliche Bestimmungen über die Anlegung von Dampfkesseln erlassen[153])

I. Bau der Dampfkessel.

Kesselwandungen.

§. 1. Die vom Feuer berührten Wandungen der Dampfkessel, der Feuerröhren und der Siederöhren dürfen nicht aus Gußeisen hergestellt werden, sofern deren lichte Weite bei cylindrischer Gestalt 25 Centimeter, bei Kugelgestalt 30 Centimeter übersteigt.

Die Verwendung von Messingblech ist nur für Feuerröhren, deren lichte Weite 10 Centimeter nicht übersteigt, gestattet.

Feuerzüge.

§. 2. Die um oder durch einen Dampfkessel gehenden Feuerzüge müssen an ihrer höchsten Stelle in einem Abstand von mindestens 10 Centimeter unter dem festgesetzten niedrigsten Wasserspiegel des Kessels liegen. Bei Dampfschiffskesseln von 1 bis 2 Meter Breite muß der Abstand mindestens 15 Centimeter, bei solchen von größerer Breite mindestens 25 Centimeter betragen.

Diese Bestimmungen finden keine Anwendung auf Dampfkessel welche aus Sieder-röhren von weniger als 10 Centimeter Weite bestehen, sowie auf solche Feuerzüge, in welchen ein Erglühen des mit dem Dampfraum in Berührung stehenden Theils der Wandungen nicht zu befürchten ist. Die Gefahr des Erglühens ist in der Regel als ausgeschlossen zu betrachten, wenn die vom Wasser bespülte Kesselfläche, welche von dem

---

3) Bildet die collegialische Behörde die zweite Instanz, so ertheilt sie stets ihre Entscheidung in öffentlicher Sitzung, nach erfolgter Ladung und Anhörung der Parteien.

4) Als Parteien sind der Unternehmer (Antragsteller), sowie diejenigen Personen zu betrachten, welche Einwendungen erhoben haben.

[152]) Vergl. §. 2 des Reichsgesetzes vom 12. Juni 1872 (R. G. Bl. S. 170).

[153]) Die von dem Preußischen Herrn Handelsminister erlassene Circularverfügung, die Vorschriften in Betreff der Anlage von Dampfkesseln betreffend vom 11. Juni 1871 (Min. Bl. für die innere Verwaltung S. 181), enthält Erläuterungen und transitorische Anweisungen.

Feuer vor Erreichung der vom Dampf bespülten Kesselfläche bestrichen wird, bei natürlichem Luftzug mindestens zwanzigmal, bei künstlichem Luftzug mindestens vierzigmal so groß ist, als die Fläche des Feuerrostes.

II. Ausrüstung der Dampfkessel.

Speisung.

§. 3. An jedem Kessel muß ein Speiseventil angebracht sein, welches bei Abstellung der Speisevorrichtung durch den Druck des Kesselwassers geschlossen wird.

§. 4. Jeder Dampfkessel muß mit zwei zuverlässigen Vorrichtungen zur Speisung versehen sein, welche nicht von derselben Betriebsvorrichtung abhängig sind, und von denen jede für sich im Stande ist, dem Kessel die zur Speisung erforderliche Wassermenge zuzuführen. Mehrere zu einem Betriebe vereinigte Dampfkessel werden hierbei als ein Kessel angesehen.

Wasserstandszeiger.

§. 5. Jeder Dampfkessel muß mit einem Wasserstandsglase und mit einer zweiten geeigneten Vorrichtung zur Erkennung seines Wasserstandes, versehen sein. Jede dieser Vorrichtungen muß eine gesonderte Verbindung mit dem Inneren des Kessels haben, es sei denn, daß die gemeinschaftliche Verbindung durch ein Rohr von mindestens 60 Quadrat-Centimeter lichtem Querschnitt hergestellt ist.

§. 6. Werden Probirhähne zur Anwendung gebracht, so ist der unterste derselben in der Ebene des festgesetzten niedrigsten Wasserstandes anzubringen.

Alle Probirhähne müssen so eingerichtet sein, daß man behufs Entfernung von Kesselstein in gerader Richtung durchstoßen kann.

Wasserstandsmarke.

§. 7. Der für den Dampfkessel festgesetzte niedrigste Wasserstand ist an dem Wasserstandsglase sowie an der Kesselwandung oder dem Kesselmauerwerk durch eine in die Augen fallende Marke zu bezeichnen.

Sicherheitsventil.

§. 8. Jeder Dampfkessel muß mit wenigstens Einem zuverlässigen Sicherheitsventil versehen sein.

Wenn mehrere Kessel einen gemeinsamen Dampfsammler haben, von welchem sie nicht einzeln abgesperrt werden können, so genügen für dieselben zwei Sicherheitsventile.

Dampfschiffs-, Locomobil- und Locomotivkessel müssen immer mindestens zwei Sicherheitsventile haben. Bei Dampfschiffskesseln, mit Ausschluß derjenigen auf Seeschiffen, ist dem einen Ventil eine solche Stellung zu geben, daß die vorgeschriebene Belastung vom Verdeck aus mit Leichtigkeit untersucht werden kann.

Die Sicherheitsventile müssen jederzeit gelüftet werden können. Sie sind höchstens so zu belasten, daß sie bei Eintritt der für den Kessel festgesetzten Dampfspannung denn Dampf entweichen lassen.

Manometer.

§. 9. An jedem Dampfkessel muß ein zuverlässiges Manometer angebracht sein, an welchem die festgesetzte höchste Dampfspannung durch eine in die Augen fallende Marke zu bezeichnen ist.

An Dampfschiffskesseln müssen zwei dergleichen Manometer angebracht werden, von denen sich das eine im Gesichtskreise des Kesselwärters, das andere, mit Ausnahme der Seeschiffe, auf dem Verdeck an einer für die Beobachtung bequemen Stelle befindet. Sind auf einem Dampfschiffe mehrere Kessel vorhanden, deren Dampfräume mit einander in Verbindung stehen, so genügt es, wenn außer den an den einzelnen Kesseln befindlichen Manometern auf dem Verdeck ein Manometer angebracht ist.

Kesselmarke.

§. 10. An jedem Dampfkessel muß die festgesetzte höchste Dampfspannung, der

Name des Fabrikanten, die laufende Fabriknummer und das Jahr der Anfertigung in leicht erkennbarer und dauerhafter Weise angegeben sein.

III. Prüfung der Dampfkessel.

Druckprobe.

§. 11. Jeder neu aufzustellende Dampfkessel muß nach seiner letzten Zusammensetzung vor der Einmauerung oder Ummantelung unter Verschluß sämmtlicher Oeffnungen[154]) mit Wasserdruck geprüft werden.

Die Prüfung erfolgt bei Dampfkesseln, welche für eine Dampfspannung von nicht mehr als fünf Atmosphären Ueberdruck bestimmt sind, mit dem zweifachen Betrage des beabsichtigten Ueberdrucks, bei allen übrigen Dampfkesseln mit einem Drucke, welcher den beabsichtigten Ueberdruck um fünf Atmosphären übersteigt. Unter Atmosphärendruck wird ein Druck von einem Kilogramm auf den Quadratcentimeter verstanden.

Die Kesselwandungen müssen dem Probedruck widerstehen, ohne eine bleibende Veränderung ihrer Form zu zeigen und ohne undicht zu werden. Sie sind für undicht zu erachten, wenn das Wasser bei dem höchsten Drucke in anderer Form als der von Nebel oder feinen Perlen durch die Fugen dringt.

§. 12. Wenn Dampfkessel eine Ausbesserung in der Kesselfabrik erfahren haben, oder wenn sie behufs der Ausbesserung an der Betriebsstätte ganz bloß gelegt worden sind, so müssen sie in gleicher Weise wie neu aufzustellende Kessel der Prüfung mittelst Wasserdrucks unterworfen werden.

Wenn bei Kesseln mit innerem Feuerrohr ein solches Rohr und bei den nach Art der Locomotivkessel gebauten Kesseln die Feuerbüchse behufs Ausbesserung oder Erneuerung herausgenommen, oder wenn bei cylindrischen und Siederkesseln eine oder mehrere Platten neu eingezogen werden, so ist nach der Ausbesserung oder Erneuerung ebenfalls die Prüfung mittelst Wasserdrucks vorzunehmen. Der völligen Bloßlegung des Kessels bedarf es hier nicht.

Prüfungsmanometer.

§. 13. Der bei der Prüfung ausgeübte Druck darf nur durch ein genügend hohes offenes Quecksilbermanometer oder durch das von dem prüfenden Beamten geführte amtliche Manometer festgestellt werden.

An jedem Dampfkessel muß sich eine Einrichtung befinden, welche dem prüfenden Beamten die Anbringung des amtlichen Manometers gestattet.

IV. Aufstellung der Dampfkessel.

Aufstellungsort.

§. 14. Dampfkessel, welche für mehr als vier Atmosphären Ueberdruck bestimmt sind, und solche, bei welchen das Product aus der feuerberührten Fläche in Quadratmetern und der Dampfspannung in Atmosphären Ueberdruck mehr als zwanzig beträgt, dürfen unter Räumen, in welchen Menschen sich aufzuhalten pflegen, nicht aufgestellt werden. Innerhalb solcher Räume ist ihre Aufstellung unzulässig, wenn dieselben überwölbt mit fester Balkendecke versehen sind.

An jedem Dampfkessel, welcher unter Räumen, in welchen Menschen sich aufzuhalten pflegen, aufgestellt wird, muß die Feuerung so eingerichtet sein, daß die Einwirkung des Feuers auf den Kessel sofort gehemmt werden kann.

Dampfkessel, welche aus Sieder öhren von weniger als zehn Centimeter Weite bestehen, und solche, welche in Bergwerken unterirdisch oder in Schiffen aufgestellt werden, unterliegen diesen Bestimmungen nicht.

---

[154]) Die in einem andern Bundesstaate vorgenommene amtliche Druckprobe ist auch für Preußen als vollgültig anzuerkennen, so daß der am Orte der Herstellung außerhalb Preußen der Druckprobe unterworfene Kessel bei seiner Aufstellung in Preußen nicht nochmals durch Wasserdruck zu prüfen ist. — Circular-Erlaß vom 7. Juni 1872 (Min. Bl. für die innere Verw. S. 181).

Kesselmauerung.

§. 15. Zwischen dem Mauerwerk, welches den Feuerraum und die Feuerzüge feststehender Dampfkessel einschließt, und den dasselbe umgebenden Wänden, muß ein Zwischenraum von wenigstens acht Centimeter verbleiben, welcher oben abgedeckt und in den Enden verschlossen werden darf.

V. Allgemeine Bestimmungen.

§. 16. Wenn Dampfkesselanlagen die sich zur Zeit bereits im Betriebe befinden, den vorstehenden Bestimmungen aber nicht entsprechen, eine Veränderung der Betriebsstätte erfahren sollen, so kann bei deren Genehmigung eine Abänderung in dem Bau der Kessel nach Maßgabe der §§. 1 und 2 nicht gefordert werden. Dagegen finden im Uebrigen die vorstehenden Bestimmungen auch für solche Fälle Anwendung.

§. 17. Die Centralbehörden der einzelnen Bundesstaaten sind befugt, in einzelnen Fällen von der Beachtung der vorstehenden Bestimmungen zu entbinden.

§. 18. Die vorstehenden Bestimmungen finden keine Anwendung:

1) auf Kochgefäße in welchen mittelst Dampfes, der einem anderweitigen Dampfentwickler entnommen ist, gekocht wird;

2) auf Dampfüberhitzer oder Behälter, in welchen Dampf, der einem anderweitigen Dampfentwickler entnommen ist, durch Einwirkung von Feuer besonders erhitzt wird;

3) auf Kochkessel, in welchen Dampf aus Wasser durch Einwirkung von Feuer erzeugt wird, wofern dieselben mit der Atmosphäre durch ein unverschließbares, in den Wasserraum hinabreichendes Standrohr von nicht über fünf Meter Höhe und mindestens acht Centimeter Weite, verbunden sind.

§. 19. In Bezug auf die Kessel an Eisenbahn-Locomotiven bleiben auch ferner noch die Bestimmungen des Bahnpolizei Reglements für Eisenbahnen vom 3. Juni 1870 [155]) in Geltung.

Gesetz, den Betrieb der Dampfkessel betreffend vom 3. Mai 1872 (G.S. S. 515).

Wir Wilhelm, von Gottes Gnaden König von Preußen rc. verordnen mit Zustimmung der beiden Häuser des Landtags was folgt:

§. 1. Die Besitzer von Dampfkessel-Anlagen, oder die an ihrer Statt zur Leitung des Betriebes bestellten Vertreter, sowie die mit der Bewartung von Dampfkesseln beauftragten Arbeiter sind verpflichtet dafür Sorge zu tragen, daß während des Betriebes die bei Genehmigung der Anlage oder allgemein vorgeschriebenen Sicherheitsvorrichtungen bestimmungsmäßig benutzt und Kessel, die sich nicht in gefahrlosem Zustande befinden, nicht im Betriebe erhalten werden.

§. 2. Wer den ihm nach §. 1 obliegenden Verpflichtungen zuwiderhandelt, verfällt in eine Geldstrafe bis zu 200 Thalern oder in eine Gefängnißstrafe bis zu drei Monaten.

§. 3. Die Besitzer von Dampfkesselanlagen sind verpflichtet, eine amtliche Revision des Betriebes durch Sachverständige zu gestatten, die zur Untersuchung der Kessel benöthigten Arbeitskräfte und Vorrichtungen bereit zu stellen und die Kosten der Revision zu tragen.

---

[155]) Vergl. Bundesgesetzblatt 1870 S. 463. Für die Locomotiven, welche nicht auf den im Betriebe befindlichen und dem öffentlichen Verkehr dienenden Eisenbahnen, sondern zum Eisenbahnbetriebe für industrielle, bauliche und bergbauliche Zwecke verwendet werden sollen, ist das Ressortverhältniß durch den Ministerial-Erlaß vom 12. December 1871 (Zeitschrift für Bergrecht Bd. XIII S. 8) so geregelt, daß die Prüfung und Genehmigung der Dampfkessel derjenigen Locomotiven welche ausschließlich dem Bergwerksbetriebe dienen, ebenso wie die Beaufsichtigung der vorgeschriebenen Revisionen nach Maßgabe der §§. 196 ff. des Allg. Berggesetzes, durch die zuständige Bergbehörde erfolgt.

Die näheren Bestimmungen über die Ausführung dieser Vorschrift hat der Minister für Handel, Gewerbe und öffentliche Arbeiten zu erlassen[155a].

[155a]) Das von dem Herrn Handelsminister erlassene Regulativ vom 24. Juni 1872 (Min. Bl. für die innere Verwaltung S. 183) hat durch die Circularverfügungen vom 24. Juli und vom 31. October 1872 (Zeitschrift für Bergrecht Bd. XIV S. 434 f.) einige auf den Betrieb der Dampfkessel auf Bergwerken, bezügliche Abänderungen erfahren. Letztere sind in Klammern den folgenden Bestimmungen des Regulativs beigefügt:

1. Ein jeder im Betriebe befindliche Dampfkessel soll von Zeit zu Zeit einer technischen Untersuchung unterliegen.

Es bleibt vorbehalten, Ausnahmen hiervon nachzulassen, insoweit dies im Interesse der öffentlichen Sicherheit unbedenklich erscheint.

2. Die technische Untersuchung hat zum Zweck, den Zustand der Kesselanlage überhaupt, deren Uebereinstimmung mit dem Inhalte der Genehmigungsurkunde und die bestimmungsmäßige Benutzung der bei Genehmignng der Anlage oder allgemein vorgeschriebenen Sicherheitsvorrichtungen festzustellen.

3. Die Untersuchung erfolgt hinsichtlich der Dampfkessel auf Bergwerken, Aufbereitungsanstalten und Salinen, auf welche die Vorschriften des Allgemeinen Berggesetzes vom 24. Juni 1865 Anwendung finden, durch die Bergrevierbeamten, im Uebrigen durch die von der zuständigen Staatsbehörde dazu berufenen Sachverständigen. Namen und Wohnort derselben wird, unter Bezeichnung des Bezirks, auf welchen ihr Auftrag sich erstreckt, durch das Amtsblatt bekannt gemacht.

Bewegliche Dampfkessel gehören zu demjenigen Bezirke, in welchem ihr Besitzer oder dessen Vertreter wohnt, Dampfschiffskessel zu demjenigen, in welchem die Schiffe überwintern, oder falls dies außerhalb Landes geschieht, zu demjenigen, in welchem ihr Hauptanlegeplatz sich befindet.

[Bewegliche Dampfkessel, welche auf Bergwerken, Aufbereitungsanstalten oder Salinen verwendet werden, unterliegen während der Dauer dieser Verwendung der periodischen Untersuchung durch den zuständigen Bergrevierbeamten.]

4. Dampfkessel, deren Besitzer Vereinen angehören, welche eine regelmäßige und sorgfältige Ueberwachung der Kessel vornehmen lassen, können mit Genehmigung des Ministeriums für Handel, Gewerbe und öffentliche Arbeiten von der amtlichen Revision befreit werden.

Es bedarf einer öffentlichen Bekanntmachung durch das Amtsblatt, wenn einem Vereine eine solche Vergünstigung gewährt oder dieselbe wieder entzogen worden ist.

Ausnahmsweise kann auch einzelnen Dampfkesselbesitzern, welche für eine regelmäßige Ueberwachung ihrer Dampfkessel entsprechende Einrichtungen getroffen haben, die gleiche Vergünstigung zu Theil werden.

5. Die vorgedachten Vereine haben den Königlichen Regierungen (resp. Landdrosteien, Obergämtern, in Berlin dem Königlichen Polizeipräsidium) ein Verzeichniß der dem Verein angehörenden Kesselbesitzer, unter Angabe der Anzahl der von denselben in dem Bezirke betriebenen Kessel, sowie eine Uebersicht aller in dem Laufe des Jahres ausgeführten Untersuchungen, welche zugleich deren Art und Ergebniß ersehen läßt, am Jahresschluß einzureichen. Sie haben ferner von jeder Aufnahme eines Kessels in den Verband und von jedem Ausscheiden aus demselben dem zur amtlichen Untersuchung der Dampfkessel in dem betreffenden Bezirke berufenen Sachverständigen unverzüglich Nachricht zu geben.

Die veröffentlichten Jahresberichte sind regelmäßig dem Ministerium für Handel, Gewerbe und öffentliche Arbeiten vorzulegen.

Die Vorschriften im ersten Absatze finden auch auf einzelne von der amtlichen Aufsicht befreite Kesselbesitzer (4) Anwendung.

6. Die amtliche Untersuchung der Dampfkessel ist eine äußere und eine innere. Jene findet alle zwei Jahre, diese alle sechs Jahre statt und ist dann mit jener zu verbinden.

§. 4. Alle mit diesem Gesetze nicht im Einklange stehenden Bestimmungen, ins-

---

7. Die äußere Untersuchung besteht vornehmlich in der Prüfung einer ganzen Betriebsweise des Kessels; eine Unterbrechung des Betriebes darf dabei nur verlangt werden, wenn Anzeichen gefahrbringender Mängel, deren Dasein und Umfang anders nicht festgestellt werden kann, sich ergeben haben.

Die Untersuchung ist vornehmlich zu richten:

auf die Vorrichtungen zum regelmäßigen Speisen des Kessels; auf die Ausführung und den Zustand der Mittel, den Normal-Wasserstand in dem Kessel zu allen Zeiten mit Sicherheit beurtheilen zu können; auf die Vorrichtungen, welche gestatten, den etwaigen Niederschlag an den Kesselwandungen zu entdecken und den Kessel zu reinigen; auf die Vorrichtungen zum Erkennen der Spannung der Dämpfe im Kessel; auf die Ausführung und den Zustand der Mittel, den Dämpfen einen freien Abzug zu gestatten, wenn die Normalspannung überschritten wird; auf die Ausführung und den Zustand der Feuerungsanlage selbst, die Mittel zur Regelung und Absperrung des Zutritts der atmosphärischen Luft und zur thunlichst schnellen Beseitigung des Feuers.

Auch ist zu prüfen, ob der Kesselwärter die zur Sicherheit des Betriebes erforderlichen Vorrichtungen kennt und anzuwenden versteht.

8. Die innere Untersuchung erstreckt sich auf den Zustand der Kesselanlage überhaupt; sie umfaßt auch die Prüfung der Widerstandsfähigkeit der Kesselwände und des Zustandes des Kesselinnern. Sie ist stets mit einer Probe durch Wasserdruck nach §. 11 der allgemeinen Bestimmungen für die Anlage von Dampfkesseln vom 29. Mai 1871 zu verbinden. Behufs ihrer Ausführung muß der Betrieb des Kessels eingestellt werden.

Die Untersuchung ist vornehmlich zu richten:

auf die Beschaffenheit der Kesselwandungen, Nieten und Anker im Aeußern wie im Innern des Kessels, sowie der Heiz- und Rauchrohre und der Verbindungsstutzen, wobei zu ermitteln ist, ob die Dauerhaftigkeit dieser Theile durch den Gebrauch gefährdet ist, und die nach Art der Locomotiv-Feuerröhren eingesetzten Röhren nöthigenfalls herauszuziehen sind; auf das Vorhandensein und die Natur des Kesselsteins; auf den Zustand der Wasserzuleitungsröhren und der Reinigungs-Oeffnungen, auf den Zustand der Speise- und Dampfventile; auf den Zustand der Verbindungsröhren zwischen Kessel und Manometer resp. Wasserstandzeiger, sowie der übrigen Sicherheitsvorrichtungen; auf den Zustand des Rostes, der Feuerbrücke und der Feuerzüge außerhalb wie innerhalb des Kessels.

Die Ummauerung oder Ummantelung des Letzteren muß, wenn die Untersuchung sich durch Befahrung der Züge oder auf andere einfache Weise nicht zur Genüge bewirken läßt, an einzelnen zu untersuchenden Stellen oder, wenn es sich als nothwendig herausstellt, gänzlich beseitigt werden.

9. Werden bei einer Untersuchung erhebliche Unregelmäßigkeiten in dem Betriebe ermittelt, so kann nach Ermessen des Beamten in dem folgenden Jahre die äußere Untersuchung wiederholt werden.

Hat eine Untersuchung Mängel ergeben, welche Gefahr herbeiführen können, und wird diesen nicht sofort abgeholfen, so muß nach Ablauf der zur Herstellung des vorschriftsmäßigen Zustandes erforderlichen Frist die Untersuchung von Neuem vorgenommen werden.

Befindet sich der Kessel bei der Untersuchung in einem Zustande, welcher eine unmittelbare Gefahr einschließt, so ist die Fortsetzung des Betriebes bis zur Beseitigung der Gefahr zu untersagen. Vor der Wiederaufnahme des Betriebes ist in diesem Falle die ganze Untersuchung zu wiederholen und der vorschriftsmäßige Zustand der Anlage festzustellen.

10. Die äußere Untersuchung erfolgt ohne vorherige Benachrichtigung des Kesselbesitzers.

Von der bevorstehenden inneren Untersuchung ist der Besitzer mindestens vier Wochen vorher zu unterrichten; über die Wahl des Zeitpunktes für diese Untersuchung soll der Sachverständige sich mit dem Besitzer zu verständigen suchen, um den Betrieb der Anlage so wenig wie möglich zu beeinträchtigen.

besondere das Gesetz den Betrieb der Dampfkessel betreffend vom 7. Mai 1856 (G.S. S. 295), werden aufgehoben.

Bewegliche Dampfkessel sind von den Besitzern oder deren Vertretern im Laufe des Revisionsjahres nach ergangener Aufforderung an einem beliebigen Orte innerhalb des Revisionsbezirks für die Untersuchung bereit zu stellen.

[Bewegliche Dampfkessel auf Bergwerken, Aufbereitungsanstalten oder Salinen sind von dem Revierbeamten auf der Betriebsstelle zu untersuchen.]

Durch die Untersuchung der Dampfschiffskessel dürfen die Fahrten der Schiffe nicht gestört werden. Die innere Untersuchung von Dampfschiffskesseln ist vor dem Beginn der Fahrten des betreffenden Jahres zu bewirken.

Falls ein Kesselbesitzer der Anforderung des zur Untersuchung berufenen Beamten, den Kessel für die Untersuchung bereit zu stellen, nicht entspricht, so ist auf Antrag des Beamten der Betrieb des Kessels bis auf Weiteres polizeilich still zu legen.

Die zur Ausführung der Untersuchung erforderliche Arbeitshülfe hat der Besitzer des Kessels dem Beamten auf Verlangen unentgeltlich zur Verfügung zu stellen.

11. Für jeden Kessel hat der Kesselbesitzer ein Revisionsbuch zu halten, welches bei dem Kessel aufzubewahren ist. Dem Buche ist die nach Maßgabe der Nr. 6 der Anweisung zur Ausführung der Gewerbeordnung vom 21. Juni 1869 oder der früheren entsprechenden Bestimmungen ertheilte Abnahmebescheinigung anzuhängen.

Der Befund der Untersuchung wird in dieses Revisionsbuch eingetragen. Abschrift des Vermerks übersendet der Sachverständige der Polizeibehörde des Ortes, an welchem der Kessel sich befindet. Diese hat für die Abstellung der festgestellten Mängel und Unregelmäßigkeiten Sorge zu tragen.

[Hinsichtlich der auf Bergwerken, Aufbereitungsanstalten oder Salinen befindlichen Dampfkessel hat der Bergrevierbeamte für Beseitigung der festgestellten Mängel und Unregelmäßigkeiten zu sorgen.]

12. Der Sachverständige überreicht am Jahresschluß der Königlichen Regierung (Landdrostei) des Bezirks, in Berlin dem Königlichen Polizeipräsidium, eine Nachweisung der von ihm im Laufe des Jahres untersuchten Dampfkessel, welche den Namen des Orts, an welchem der Kessel sich befindet, den Namen des Kesselbesitzers, die Bestimmung des Kessels, den Tag der Revision und in kurzen Worten den Befund derselben ersehen läßt.

[Für den Bereich der Bergverwaltung treten die Oberbergämter an die Stelle der Regierungen.

Hinsichtlich der auf Bergwerken, Aufbereitungsanstalten oder Salinen befindlichen Dampfkessel hat der Bergrevierbeamte die Nachweisung der im Laufe des Jahres vorgenommenen Kessel-Untersuchungen dem Königlichen Oberbergamte einzureichen.]

13. Für die äußere Untersuchung eines jeden Dampfkessels ist eine Gebühr von fünf Thalern zu entrichten. Gehören mehrere Dampfkessel zu einer gewerblichen Anlage, so ist nur für die Untersuchung des ersten Kessels der volle Satz, für die jedes folgenden aber die Hälfte zu entrichten, wenn die Untersuchung innerhalb desselben Jahres erfolgt. Letzteres hat zu geschehen, sofern erhebliche Anstände nicht obwalten. Ist die Untersuchung zugleich eine innere, so beträgt die Gebühr in allen Fällen zehn Thaler für jeden Kessel.

14. Bei denjenigen außerordentlichen Untersuchungen (9), welche außerhalb des Wohnorts des Sachverständigen erfolgen, hat dieser auch auf die bestimmungsmäßigen Tagegelder und Reisekosten Anspruch.

15. Gebühren und Kosten (13. 14) werden bei der Polizeibehörde des Ortes, wo die Untersuchung erfolgt ist, liquidirt, durch diese festgesetzt und von dem Kesselbesitzer eingezogen.

[Die Revisionsgebühren der Bergrevierbeamten werden auch fernerhin durch Vermittelung des Königlichen Oberbergamts eingezogen.]

§. 60.

Der Bergwerkseigenthümer ist befugt, im freien Felde Hülfsbaue anzulegen[156].

Dieselbe Befugniß steht ihm im Felde anderer Bergwerkseigenthümer zu, sofern die Hülfsbaue die Wasser- und Wetterlösung oder den vortheilhafteren Betrieb des Bergwerks, für welches die Anlage gemacht werden soll, bezwecken und der eigene Bergbau des Anderen dadurch weder gestört noch gefährdet wird[157].

Der Hülfsbau ist Zubehör des berechtigten Bergwerks, beziehungsweise der berechtigten Bergwerke, wenn die Eigenthümer zweier oder mehrerer Bergwerke sich zur gemeinschaftlichen Anlage eines Hülfsbaues vereinigt und keine anderweitige Vereinbarung getroffen haben[158].

---

[156]) Der §. 60 enthält eine positive Erweiterung des im §. 54 definirten Inhaltes des Bergwerkseigenthumes, indem er dem Bergwerkseigenthümer gestattet, auch außerhalb seines Feldes Anlagen zu machen, welche die Gewinnung des in seinem Felde anstehenden Minerales bezwecken. Solche Anlagen heißen Hülfsbaue, weil sie nicht eine Mineralgewinnung in dem Felde, in welchem sie betrieben werden, zum Zwecke haben dürfen (obgleich eine zufällige Mineralgewinnung dabei statthaben kann, §. 63); sondern nur die Mineralgewinnung innerhalb des verliehenen Feldes möglich machen oder erleichtern sollen, wie dies namentlich bei den außerhalb des Feldes zur Lösung desselben angesetzten Stollen der Fall ist.

[157]) Bei der Anlage des Hülfsbaues im fremden Felde nimmt die Befugniß des Bergwerksbesitzers den Charakter einer nothwendigen Servitut an, weil der Bergwerksbesitzer, in dessen Felde der Hülfsbau angelegt wird, dadurch eine Einschränkung in seinem Eigenthume oder in dem daraus fließenden ausschließlichen Rechte zum Bergwerksbetriebe erleidet. Das frühere rechtsrheinische Bergrecht kannte eine noch viel ausgedehntere Legalservitut beim Bergbau, indem es jeden Bergwerksbesitzer auf Verordnung des Bergamtes verpflichtet, jeder andern Grube den Mitgebrauch seiner Schächte, Stollen oder Strecken gegen eine bergamtlich bestimmte Steuer zu verstatten (Allg. Landr. Th. II, Tit. 16, §. 345.) Diese überaus weit gehende gesetzliche Einschränkung des Bergwerkseigenthumes, welche dem linksrheinischen Bergrechte nicht bekannt war, ist mit Recht verlassen. Ebenso ist das hieher gehörige eigenthümliche Rechtsinstitut des älteren rechtsrheinischen Bergrechtes, die Erbstollengerechtigkeit aufgehoben, welche das ausschließliche Recht gab, von einem gewissen Punkte aus vorliegende Gruben mittelst eines Stollens zu lösen und für diese Lösung gewisse Abgaben (Neunter Stollenhieb, vierter Pfennig u. s. w.), von den gelösten Gruben zu erheben. Die Rechte der vor dem Allgem. Berggesetze verliehenen Erbstollen sind nach §. 223 zu beurtheilen.

[158]) Diese Bestimmung setzt voraus, daß die mehreren Bergwerke nach §. 41 consolidirt werden, denn der Hülfsbau kann nicht zu verschiedenen Bergwerken in dem Verhältnisse eines Zubehörs stehen. Ist daher keine Consolidation erfolgt, so gehört der gemeinschaftliche Hülfsbau entweder zu dem einen Bergwerke, oder nach reellen Theilen zu den verschiedenen Werken (dies wird z. B. der Fall sein bei den verschiedenen Flügeln eines zur gemeinschaftlichen Lösung betriebenen Stollens), oder endlich der Hülfsbau ist trotz §. 60 eine selbstständige Sache, an der die verschiedenen Bergwerksbesitzer nach ideellen Theilen als Miteigenthümer participiren. Er muß alsdann wie ein besonderes Bergwerk betrachtet und auf die Mitbetheiligten muß, wenn der Vertrag nicht etwas Anderes besagt (§. 133), der vierte Titel des Allgem. Berggesetzes (§§. 94—132) angewendet werden. Dies wird z. B. bei einem realiter ungetheilten Stollen der Fall sein, der nach Art der früheren Erbstollen zur gemeinschaftlichen Lösung einer Anzahl vorliegender Gruben getrieben wird.

Die gemeinschaftlichen Hülfsbaue, denen die österreichische und die französische Berggesetzgebung ein ganzes System eigenthümlicher Vorschriften widmen, sind in dem Allg. Berggesetze mit Recht lediglich der freien Thätigkeit und Vereinbarung der Grubenbesitzer überlassen. Es bedarf keiner

§. 61.

Bestreitet der Bergwerkseigenthümer, in dessen Felde ein Hülfsbau angelegt werden soll, seine Verpflichtung zur Gestattung desselben, so entscheidet hierüber das Oberbergamt mit Ausschluß des Rechtsweges[159]).

§. 62.

Wird ein Hülfsbau in dem Felde eines anderen Bergwerkseigenthümers angelegt, so muß der Hülfsbauberechtigte für allen Schaden, welcher dem belasteten Bergwerke durch seine Anlage zugefügt wird, vollständige Entschädigung leisten.

§. 63.

Die bei Ausführung eines Hülfsbaues im freien Felde gewonnenen Mineralien (§. 1.) werden als Theil der Förderung des durch den Hülfsbau zu lösenden Bergwerks behandelt.

Werden bei Ausführung eines Hülfsbaues im Felde eines anderen Bergwerkseigenthümers Mineralien gewonnen, auf welche der Letztere berechtigt ist, so müssen diese Mineralien demselben auf sein Verlangen unentgeltlich herausgegeben werden[160]).

§. 64.

Der Bergwerkseigenthümer hat die Befugniß, die Abtretung des zu seinen bergbaulichen Zwecken (§§. 54 bis 60) erforderlichen Grund und Bodens[160a]) nach näherer Vorschrift des fünften Titels zu verlangen.

Zweiter Abschnitt.

Von dem Betriebe und der Verwaltung.

§. 65.

Der Bergwerksbesitzer ist verpflichtet, das Bergwerk zu betreiben[161]), wenn

---

Revierstollen, keiner irgend wie benannten Surrogate der Erbstollengerechtigkeit. Der Wetteifer der Concurrenz und der schaffende Gemeinsinn — das sind die Mittel, durch die dem Bergbau wirksamer als durch obrigkeitliche Bevormundung aufgeholfen werden kann.

159) Die Entscheidung des Oberbergamtes erstreckt sich nur auf die Verpflichtung des Feldesnachbarn zur Gestattung des Hülfsbaues, nicht auf die in den §§. 62, 63 bestimmten Verpflichtungen des Unternehmers gegen den Feldesnachbarn. Eine eigentliche Gegenleistung findet auch nicht statt. Die Anlage des Hülfsbaues muß vielmehr unentgeltlich gestattet werden. Erst für die bei der Anlage des Hülfsbaues zugefügten Schäden muß nach §§. 62, 63 Ersatz geleistet werden, welcher nöthigenfalls im Rechtswege zu verlangen ist. Der Beschluß des Oberbergamtes setzt indeß nicht bloß die Zulässigkeit des Hülfsbaues überhaupt, sondern, auch wenn darüber Streit entsteht, den Umfang und die Richtung der auszuführenden Anlagen und die dabei zum Schutze des Feldesnachbarn zu treffenden Vorkehrungen fest. Eine Anzahl solcher Beschlüsse und von Recursentscheidungen über die Gestattung von Hülfsbauen finden sich in der Zeitschrift für Bergrecht Bd. VII S. 400, Bd. VIII S. 124, Bd. IX S. 210, Bd. X S. 268, Bd. XII S. 138, Bd. XIV S. 262 mitgetheilt.

160) Die unentgeltliche Herausgabe — abweichend von den Fällen der §§. 56, 57 — correspondirt mit der unentgeltlichen Gestattung des Hülfsbaues (vergl. Anm. 159).

160a) Das Bayerische Berggesetz Art. 52 fügt hinzu „und die Benutzung des Wassers". Diesem Zusatze entsprechen die Specialbestimmungen der Art. 148—150.

161) Es ist ein uralt überlieferter Grundsatz des deutschen Bergrechtes, daß der Besitzer eines

der Unterlassung oder Einstellung des Betriebes nach der Entscheidung des Oberbergamts überwiegende Gründe des öffentlichen Interesses entgegenstehen[162]).

Das Oberbergamt hat in diesem Falle die Befugniß, den Eigenthümer, nach Vernehmung desselben, zur Inbetriebsetzung des Bergwerks oder zur Fortsetzung des unterbrochenen Betriebes binnen einer Frist von sechs Monaten aufzufordern und für den Fall der Nichtbefolgung dieser Aufforderung die Entziehung des Bergwerkseigenthums nach Maßgabe des sechsten Titels anzudrohen.

§. 66.

Der Bergwerksbesitzer ist verpflichtet, der Bergbehörde von der beabsichtigten Inbetriebsetzung des Bergwerks mindestens vier Wochen[162a]) vorher Anzeige zu machen.

Bergwerks verpflichtet sei, dasselbe ununterbrochen zu betreiben und zwar bei Verlust seines Eigenthumes. Diese Regel ist in einer Zeit entstanden, wo der Bergbau weniger Anforderungen an das Kapital, als an den Fleiß des Bergwerksbesitzers machte, der häufig von dem Besitzer selbst mit eigener Hand betrieben wurde. Als das in den Bergwerken angelegte Kapital größer wurde, hörte jedoch diese Norm bald auf, dem Gedeihen des Bergbaues förderlich zu sein. Sie schlug in das Gegentheil um, denn der Unternehmer, der das Kapital zum Bergbau hergab, verlangte mit Recht auch in derjenigen Zeit einen gesicherten Besitz zu behalten, wo der Betrieb des Bergwerkes vorübergehend eingestellt werden mußte. Er sträubte sich gegen die Vorschrift, welche ihn zum Betriebe zwang, während derselbe sich mit seinem Interesse nicht vertrug. Dennoch hielt die rechtsrheinische Gesetzgebung an diesem Grundsatze fest, während das französische Berggesetz vom 21. April 1810 im Art. 49 den Zwang zum Betriebe auf einen die öffentliche Sicherheit oder die Versorgung der Abnehmer beunruhigenden Bedarfsfall beschränkte. Den letzteren Grundsatz hat auch das Allgem. Berggesetz angenommen und damit praktisch wohl jeden Zwang zum Betriebe beseitigt, da schwerlich ein Fall vorliegt, wo das öffentliche Interesse den Betrieb des Bergwerks dringend gebietet, ohne daß es auch der Besitzer in seinem Interesse fände den Betrieb zu eröffnen. Denn das öffentliche Interesse sucht wie jedes andere seine Befriedigung durch das Angebot eines Preises zu erlangen, und dieses Angebot, wenn es dem Interesse des Bergwerksbesitzers entspricht, wird wohl ohne alle Ausnahme sicherer und rascher zur Befriedigung des öffentlichen Bedürfnisses führen, als das im §. 65 und in den §§. 155—160 vorgesehene Zwangsverfahren, dessen Dauer in der Regel ein Jahr übersteigen wird.

[162]) Die in der vorigen Anmerkung ausgesprochene Annahme ist durch die Praxis der Behörden seit dem Erscheinen der ersten Auflage nur bestätigt worden, da bisher das Verfahren zur Inbetriebsetzung niemals eingeleitet ist, vielmehr die Anträge auf Einleitung dieses Verfahrens stets wegen Mangels eines öffentlichen Interesses zurückgewiesen wurden. So wurde z. B. durch den Recursbescheid vom 16. Februar 1867 (Zeitsch. f. Bergrecht Bd. VIII S. 126) der Antrag einer Zinkhüttengesellschaft auf zwangsweise Inbetriebsetzung einer benachbarten Steinkohlengrube, an welcher jene Gesellschaft zur einen Hälfte betheiligt war, aus folgenden Gründen zurückgewiesen:

„Der §. 65 B. G. ermächtigt die Bergbehörde nur in dem Falle, den Bergwerkseigenthümer zum Betriebe seines Bergwerks anzuhalten, wenn der Unterlassung oder Einstellung des Betriebes überwiegende Gründe des öffentlichen Interesses entgegenstehen.

Wenn die Hüttenanlagen der Gesellschaft ihren Bedarf an Kleinkohlen nicht vollständig durch die in ihrer nächsten Umgebung gelegenen Gruben decken können, und für den Zukauf des Restes ihres Bedarfs auf ferner gelegene Gruben hingewiesen sind, so mag allerdings das Privatinteresse der Gesellschaft die Eröffnung des Betriebes der günstiger gelegenen Grube F. wünschenswerth machen. Das öffentliche Interesse ist aber hierbei nicht betheiligt."

[162a]) Nach dem Bayerischen Berggesetz Art. 64 dreißig Tage.

§. 67.

Der Betrieb darf nur auf Grund eines Betriebsplans[162b]) geführt werden[163]).

Derselbe unterliegt der Prüfung durch die Bergbehörde und muß der letzteren zu diesem Zwecke vor der Ausführung vorgelegt werden[164]) [164a]).

Die Prüfung hat sich auf die im §. 196 festgestellten polizeilichen Gesichtspunkte zu beschränken[165]).

[162b]) Ein bestimmter Inhalt des Betriebsplans ist nicht vorgeschrieben und kann auch nicht im einzelnen Falle vorgeschrieben werden. Die Bergbehörde hat nur zu prüfen ob die Angaben des Bergwerksbesitzers ausreichende Vollständigkeit zur Beurtheilung der polizeilichen Gesichtspunkte besitzen. Genügt der Betriebsplan den polizeilichen Gesichtspunkten nicht, so erfolgt nach §. 68 der Einspruch der Bergbehörde und eventuell die anderweitige Feststellung.

Es ist dagegen unzulässig, mit Rücksicht auf polizeiliche Gesichtspunkte einen bestimmten Inhalt des Betriebsplanes vorzuschreiben und die Nichterfüllung dieser Androhung mit Strafe zu bedrohen. Min. Erlasse vom 5. April 1867 und vom 18. Juni 1869.

[163]) Die §§. 66, 67, 68 und 71 finden gegen jeden Betreiber eines Bergwerks Anwendung, gleichviel auf welchen Rechtstitel er seinen Besitz stützt. Die Strafe des §. 207 trifft daher auch den unrechtmäßigen Besitzer, wenn er ohne Beachtung dieser Vorschriften einen Betrieb eröffnet. — Recursbescheid des Appellationsgerichts zu Hamm vom 27. April 1869.

[164]) Das Gesetz trifft keine Bestimmung darüber, für welchen Zeitraum der Betriebsplan Geltung haben soll, ob derselbe für eine beliebige Zeitdauer vorgelegt werden darf, oder ob die Bergbehörde die erneuerte Vorlegung in bestimmten Zeitfristen verlangen kann.

Hierüber bemerkt von Rynsch (Zeitschr. f. Bergrecht Bd. V S. 595):

„Die Dauer des Zeitraums, für welchen der Betriebsplan eines Bergwerks Geltung haben soll, unterliegt nicht **lediglich** der Bestimmung des Bergwerkseigenthümers.

Der Betriebsplan muß die Uebersicht über diejenigen Momente gewähren, welche von Erheblichkeit für die Prüfung sind, ob die Ausführung der beabsichtigten Betriebe von den im §. 196 B. G. bezeichneten Gesichtspunkten aus statthaft erscheint. Sofern zur Erreichung dieses Zweckes der von dem Bergwerkseigenthümer vorgelegte Betriebsplan nicht ausreicht, ist die Bergbehörde zu verlangen befugt, daß derselbe für die im concreten Falle von ihr vorzuschreibende kürzere Periode aufgestellt werde.

Bei den größeren Steinkohlengruben in Westphalen wird der Regel nach der Betriebsplan in bisheriger Weise für Jahresperioden aufzustellen sein."

Abweichend von der vorstehenden Ansicht bestimmt die Dienstinstruction für die Revierbeamten des Oberbergamtsbezirks Bonn vom 29. September 1865 im §. 32:

„die Aufstellung des Betriebsplans und die Bestimmung des **Zeitraumes**, für welchen derselbe Geltung haben soll, ist lediglich Sache des **Bergwerksbesitzers** oder dessen Vertreters."

Die Dienstinstruction für die Revierbeamten des Oberbergamtsbezirks Halle vom 2. Septbr. 1866 bestimmt dagegen im §. 31, daß der Bergwerksbesitzer bestimmt erklären muß, für welchen Zeitraum der Betriebsplan gelten soll, und daß diese Zeitbestimmung der Prüfung durch die Bergbehörde aus denselben Gesichtspunkten unterliegt, wie der übrige Plan. Diese Ansicht verdient den Vorzug, da die Prüfung eines auf beliebige Zeit vorausbestimmten Betriebsplanes oft genug unmöglich oder doch illusorisch sein würde.

[164a]) Das Braunschweigische Berggesetz §. 69 und das Gothaische Berggesetz §. 62 schreiben die Vorlegung des Betriebsplanes nur auf Erfordern der Bergbehörde vor.

[165]) Die Ausführung des Betriebsplanes ist von der Bergbehörde auch dann zu untersagen, wenn sich ergibt, daß der projectirte Betrieb die Grenzen des verliehenen Feldes überschreitet. — Gesetz vom 26. März 1856 §. 3 (oben S. 78) — Recursbescheid des Handelsministers vom 18. November 1865. (Zeitschr. f. Bergrecht Bd. VI S. 592). — Recursbescheid vom 11. Febr.

§. 68.

Erhebt die Bergbehörde nicht binnen 14 Tagen[165a]) nach Vorlegung des Betriebsplans Einspruch gegen denselben, so ist der Bergwerksbesitzer zur Ausführung befugt.

Wird dagegen innerhalb dieser Frist Einspruch von der Bergbehörde erhoben, so ist der Bergwerksbesitzer gleichzeitig zur Erörterung der beanstandeten Betriebsbestimmungen zu einem Termine vorzuladen.

Insoweit auf diesem Wege keine Verständigung erzielt wird, hat das Oberbergamt diejenigen Abänderungen des Betriebsplans[166]), ohne welche derselbe nicht zur Ausführung gebracht werden darf, durch einen Beschluß festzusetzen[167]).

§. 69.

Die §§. 67 und 68 finden auch auf die späteren Abänderungen der Betriebspläne Anwendung.

Werden jedoch infolge unvorhergesehener Ereignisse sofortige Abänderungen eines Betriebsplans erforderlich, so genügt es, wenn dieselben binnen den nächsten vierzehn Tagen der Bergbehörde durch den Betriebsführer[168]) angezeigt werden.

1866 (a. a. O. Bd. VII S. 126). Ebenso wenn die bergpolizeilichen Vorschriften wegen des Sicherheitspfeilers nicht beachtet sind. (a. a. O. Bd. XIV S. 260.)

[165a]) Das Bayerische Berggesetz schreibt in den Art. 65—69 Fristen von 15 (statt 14) Tagen und von 30 Tagen (statt 4 Wochen) vor.

[166]) Gegen diesen Beschluß findet der Recurs an den Handelsminister statt, welcher nach §§. 191—193 binnen vier Wochen bei dem Oberbergamte eingelegt werden muß. Der Recurs hat keinen Suspensiveffect. Der beanstandete Betrieb muß folglich bis zur Entscheidung des Ministers ruhen, oder er darf doch nur mit den im Beschlusse des Oberbergamtes angeordneten Abänderungen geführt werden, weil bis zur Entscheidung des Ministers die stillschweigende oder ausdrückliche Genehmigung der Behörde fehlt, welche das Gesetz (§§. 67, 68) zur Ausführung des Betriebsplanes erheischt.

[167]) Die Festsetzung solcher Abänderungen kann auch auf den Antrag eines benachbarten Bergwerksbesitzers oder Grundeigenthümers erfolgen. Wenn auch das Gesetz ihre Zuziehung bei der Prüfung des Betriebsplanes nicht verordnet, so schließt es doch nicht aus, daß die Nachbarn ihr Interesse bei der Prüfung des Betriebsplanes geltend machen, oder daß in den geeigneten Fällen das Oberbergamt sie von Amtswegen mit ihren Anträgen vernimmt. Werden solche Anträge auf Abänderungen des Betriebsplanes durch den Beschluß des Oberbergamtes abgelehnt, so steht dagegen den Betheiligten der Recurs an den Handelsminister nach §. 191 f. offen. Auch dieser Recurs hat keinen Suspensiveffect. Doch kann im gegebenen Falle das Oberbergamt trotz der Verwerfung des Einspruchs den beanstandeten Betriebsplan bis zur Recursentscheidung suspendiren, wenn es sich um eine Betriebsmaßregel handelt, welche bei einer abändernden Entscheidung nicht mehr rückgängig gemacht werden kann. So verwarf z. B. das Oberbergamt zu Bonn den Einspruch einer Dorfgemeinde gegen die projectirte Abführuug der Stollenwasser der Grube Stangenwage durch einen Durchschlag nach den in einer andern Thalsohle ausmündenden Bauen, suspendirte jedoch nach eingelegter Recursbeschwerde den streitigen Betrieb durch Beschluß vom 26. April 1868 bis nach ausgemachter Sache, weil nach einmal erfolgtem Durchschlage die angeblich gemeinschädliche Wasserentziehung nicht mehr rückgängig zu machen war.

[168]) In den übrigen Fällen der §§. 66—74 müssen die Anträge von dem Bergwerksbesitzer oder dessen Bevollmächtigten, bei Gewerkschaften von dem Repräsentanten oder Grubenvorstande (§. 117) ausgehen. Im Falle des §. 69 ist dem Betriebsführer die Verantwortlichkeit für die Anzeige auferlegt, weil das Gesetz mit Recht annimmt, daß nicht in jedem Falle der Bergwerksbesitzer

§. 70.

Wird ein Betrieb den Vorschriften der §§. 67 bis 69 zuwider geführt, so ist die Bergbehörde befugt, nöthigenfalls einen solchen Betrieb einzustellen[169]).

§. 71.

Will der Bergwerksbesitzer den Betrieb des Bergwerkes einstellen, so hat derselbe der Bergbehörde hiervon mindestens vier Wochen vorher Anzeige zu machen.

Muß der Betrieb infolge unvorhergesehener Ereignisse schon in kürzerer Frist oder sofort eingestellt werden, so ist die Anzeige binnen längstens vierzehn Tagen nach erfolgter Betriebseinstellung nachzuholen.

§. 72.

Der Bergwerksbesitzer hat auf seine Kosten ein Grubenbild in zwei Exemplaren durch einen concessionirten Markscheider[170]) anfertigen und regelmäßig nachtragen zu lassen.

In welchen Zeitabschnitten die Nachtragung stattfinden muß, wird durch das Oberbergamt vorgeschrieben[171]).

---

in der Lage sei den Betrieb seiner Grube so speciell zu überwachen, daß er von jeder Veränderung des Betriebsplanes innerhalb 14 Tagen Kenntniß erhielte. (Commiss.-Bericht des Herrenhauses S. 31.)

[169]) Außerdem tritt nach §. 207 eine Geldbuße bis zu 50 Thalern ein, welche im Wege des gerichtlichen Verfahrens verhängt wird (§. 209). Die Betriebseinstellung erfolgt durch den Reviere beamten (§. 189). Muß dieselbe erzwungen werden, so kann der Revierbeamte entweder seine Anordnung selbst zur Ausführung bringen, indem er den Zugang zu der Grube verschließt, den Gang der Maschinen hemmt und zugleich die zur Sicherstellung der Baue erforderlichen Vorkehrungen trifft, oder er kann seiner Verfügung durch executivische Zwangsmittel Folge geben, indem er einen Strafbefehl bis zur Summe von 100 Thlrn. oder vierwöchentlichem Gefängniß an den Bergwerksbesitzer oder an den Betriebsführer erläßt und vollstreckt. — (Verordnung vom 28. December 1808, §. 48, Nr. 2. Gesetz über die Polizeiverwaltung vom 11. März 1850, §. 20. Vergl. Anm. zu §. 189.) Gegen die Betriebseinstellung findet nicht der Rechtsweg, sondern nur der Recurs an das Oberbergamt und den Handelsminister statt (Gesetz v. 11. Mai 1842, §§. 1 ff.). Wird die Betriebseinstellung im Wege der Beschwerde als gesetzwidrig oder unzulässig aufgehoben, so bleiben dem Bergwerksbesitzer seine Gerechtsame nach den allgemeinen gesetzlichen Bestimmungen über die Vertretungsverbindlichkeit der Beamten vorbehalten (das. §. 6).

[170]) Vergl. §. 190. In Braunschweig und Elsaß-Lothringen ist von der amtlichen Bestellung der Markscheider abgesehen. Es genügt wenn derselbe von der Behörde als befähigt anerkannt wird.

[171]) Zur Ausführung dieser Bestimmung sind die folgenden Bekanntmachungen der Oberbergämter ergangen:

1. Bekanntmachung des Oberbergamtes zu Halle vom 11. September 1865.

Die regelmäßige Nachtragung des Grubenbildes (§. 72 des Gesetzes) muß bei jedem betriebenen Bergwerke mindestens einmal, bei unterirdisch bebauten Bergwerken aber, welche das ganze Jahr hindurch im Betriebe stehen, mindestens zweimal in jedem Kalenderjahre erfolgen.

Der Königliche Revierbeamte kann bei einzelnen Bergwerken sowohl längere Fristen gestatten, als kürzere Zeiträume für die Nachtragung anordnen.

Eine Nachtragung muß jedesmal erfolgen, wenn der Betrieb eines Bergwerks auf länger als drei Monate eingestellt wird.

2. Polizeiverordnung des Oberbergamtes zu Breslau vom 29. October 1866.

Auf Grund des §. 197 und im Anschluß an §. 72 des Allgemeinen Berggesetzes vom

Das eine Exemplar des Grubenbildes ist an die Bergbehörde zum Gebrauche

---

24. Juni 1865, sowie an §. 2 der Bergpolizei-Verordnung für den Stein- und Braunkohlen-Bergbau in der Oberlausitz vom 11. August d. J. (Amtsblatt der Königl. Regierung zu Liegnitz S. 307), verordnen wir für den ganzen Umfang unseres Verwaltungs-Bezirks hierdurch was folgt:

§. 1. Die Nachtragung der Grubenbilder muß bei jedem unterirdisch betriebenen Bergwerke mindestens einmal in jedem Kalenderquartale, bei jedem unter Aufsicht der Bergbehörde betriebenen Tagebau mindestens einmal in jedem Kalenderjahre erfolgen.

§. 2. Tagegebäude, Wasserbassins, Klärsümpfe, Eisenbahnen, Chausseen, Wege und alle Gegenstände der Tagessituation, auf deren Erhaltung beim Grubenbetrieb Rücksicht genommen genommen werden muß, sind ebenso, wie die Grenzen der zur Erhaltung dieser Gegenstände von der Bergbehörde festgestellten Sicherheitspfeiler, unverzüglich und unabhängig von den in §. 1 für die Nachtragung der Grubenbilder festgestellten Fristen zu Risse zu bringen.

§. 3. Wenn auf einer Grube der Betrieb eingestellt wird, so muß jedesmal vorher die vollständige Nachtragung des Grubenbildes erfolgen.

Ebenso müssen alle einzelnen unterirdischen Baue, bevor sie durch den Abbau oder auf andere Weise unfahrbar werden, vollständig zu Risse gebracht sein.

§. 4. Der Revierbeamte ist befugt, bei einzelnen Gruben für die periodische Nachtragung des Grubenbildes sowohl längere Fristen zu gewähren, als auch kürzere Fristen zu bestimmen.

Hierdurch wird die Befugniß des Revierbeamten, im sicherheitspolizeilichen Interesse die sofortige Nachtragung des Grubenbildes im einzelnen Falle anzuordnen, nicht ausgeschlossen.

§. 5. Gleichzeitig mit der Nachtragung des auf dem Bergwerke selbst aufbewahrten Exemplars des Grubenbildes muß die Nachtragung des an die Bergbehörde abgelieferten amtlichen Rißexemplares erfolgen.

§. 6. Uebertretungen dieser Polizeiverordnung werden nach §. 208 des Allgemeinen Berggesetzes mit Geldbuße bis zu fünfzig Thalern bestraft.

3. Bergpolizei-Verordnung der Ober-Berg- und Salzwerks-Direction zu Cassel vom 16. August 1867.

Auf Grund des §. 197 und im Anschluß an §. 72 des Allgemeinen Berggesetzes vom 24. Juni 1865 verordnen wir, für den ganzen Umfang unseres Verwaltungsbezirks, was folgt:

§. 1. Die regelmäßige Nachtragung des Grubenbildes (§. 72) muß bei jedem betriebenen Bergwerke mindestens einmal, bei unterirdisch bebauten Bergwerken aber, welche das ganze Jahr hindurch im Betriebe stehen, mindestens zweimal in jedem Kalenderjahre erfolgen.

§. 2. Tagegebäude, Wasserbassins, Eisenbahnen, Chausseen, Wege und alle Gegenstände der Tagessituation, auf deren Erhaltung beim Grubenbetriebe Rücksicht genommen werden muß, sind ebenso, wie die Grenzen der zur Erhaltung dieser Gegenstände von der Bergbehörde festgestellten Sicherheitspfeiler unverzüglich und unabhängig von den im §. 1 für die Nachtragung der Grubenbilder festgesetzten Fristen zu Risse zu tragen.

§. 3. Wenn auf einer Grube der Betrieb eingestellt wird, so muß jedesmal vorher die vollständige Nachtraguug des Grubenbildes erfolgen. Ebenso müssen alle einzelnen unterirdischen Baue, bevor sie durch den Abbau oder auf andere Weise aufgehoben werden, vollständig zu Risse gebracht sein.

§. 4. Der Revierbeamte ist befugt, bei einzelnen Gruben für die periodische Nachtragung des Grubenbildes sowohl längere Fristen zu gewähren, als auch kürzere Fristen zu bestimmen.

Hierdurch wird die Befugniß des Revierbeamten, im sicherheitspolizeilichen Interesse die sofortige Nachtragung des Grubenbildes im einzelnen Falle anzuordnen, nicht ausgeschlossen.

§. 5. Gleichzeitig mit der Nachtragung des auf dem Bergwerke selbst aufbewahrten Exemplars des Grubenbildes muß die Nachtragung des an die Bergbehörde abgelieferten amtlichen Rißexemplars erfolgen.

§. 6. Uebertretungen dieser Polizei-Verordnung werden nach §. 208 des Allgem. Berggesetzes mit Geldbuße bis zu funfzig Thalern bestraft.

derselben abzuliefern, das andere auf dem Bergwerke oder, falls es daselbst an einem geeigneten Orte fehlt, bei dem Betriebsführer aufzubewahren.

§. 73.

Der Betrieb darf nur unter Leitung, Aufsicht und Verantwortung von Personen geführt werden, deren Befähigung hierzu anerkannt ist.

§. 74.

Der Bergwerksbesitzer hat die zur Leitung und Beaufsichtigung des Betriebes angenommenen Personen, wie Betriebsführer, Steiger, technische Aufseher 2c., der Bergbehörde[172]) namhaft zu machen.

Diese Personen sind verpflichtet, ihre Befähigung zu den ihnen zu übertragenden Geschäften nachzuweisen und sich zu diesem Zwecke auf Erfordern einer Prüfung durch die Bergbehörde zu unterwerfen[173]).

Erst nachdem letztere die Befähigung anerkannt hat, dürfen die genannten Personen die ihnen übertragenen Geschäfte übernehmen.

§. 75.

Wird der Betrieb von einer Person geleitet oder beaufsichtigt, welche das erforderliche Anerkenntniß ihrer Befähigung (§. 74) nicht besitzt, oder welche diese Befähigung wieder verloren hat[174]), so ist die Bergbehörde befugt, die sofortige Entfernung derselben zu verlangen und nöthigenfalls den in Betracht kommenden Betrieb so lange einzustellen, bis eine als befähigt anerkannte Person angenommen ist.

---

4. Bergpolizei-Verordnung des Oberbergamtes zu Bonn vom 8. November 1867.

§. 51. Die regelmäßige Nachtragung der Grubenbilder (§. 72 des Berggesetzes) muß bei jedem betriebenen Bergwerke mindestens jährlich, bei Steinkohlenbergwerken mindestens halbjährlich stattfinden, soweit nicht durch besondere Anordnungen andere Fristen festgestellt werden.

Bei der Einstellung des Betriebes muß jedesmal eine vollständige Nachtragung erfolgen.

172) Dem Revierbeamten (§. 189).

173) Der Nachweis der Befähigung muß für jede einzelne Anstellung geführt werden. Allgemeine Qualificationsatteste für Stellen einer gewissen Art werden nicht ertheilt. Der Revierbeamte hat vielmehr die Fähigkeit des Betriebsbeamten in jedem Falle nach Maßgabe der ihm übertragenen Functionen, der größeren oder geringeren Ausdehnung und Gefährlichkeit des seiner Leitung übertragenen Bergbaues und nach Maßgabe der ihm vorgelegten oder bekannten Qualificationsbeweise zu beurtheilen und nöthigenfalls den Beamten einer Prüfung zu unterwerfen.

174) Die Bergbehörde ist befugt, dem Betriebsbeamten die Anerkennung seiner Befähigung wieder zu entziehen, wenn derselbe Verstöße gegen die Regeln der Technik oder gegen sicherheitspolizeiliche Vorschriften begangen hat, welche die zur Erfüllung seiner Functionen erforderliche Fähigkeit oder Zuverlässigkeit in Frage stellen. Die Verfügung des Revierbeamten, durch welche die Entfernung eines mit seiner Genehmigung angestellten Grubenbeamten verlangt wird, kann im Wege des Recurses mit suspensiver Wirkung angefochten werden, weil der Verlust der Befähigung erst durch die endgültige Entscheidung des Oberbergamtes oder des Handelsministers eintritt. Eine gerichtliche Verurtheilung, derzufolge der Grubenbeamte zu einer Beschäftigung beim Grubenbetriebe unfähig erklärt würde — wie dies in Bezug auf Eisenbahn- und Telegraphenbeamte im Strafgesetzbuche §. 319 vorgesehen ist — findet nicht statt. Uebrigens kann der Revierbeamte die sofortige Entfernung eines mit seiner Genehmigung angestellten Gruben-

§. 76.

Die Personen, welche die Leitung oder Beaufsichtigung des Betriebes übernommen haben[175]), sind für die Innehaltung der Betriebspläne, sowie für die Befolgung aller im Gesetze enthaltenen oder auf Grund desselben ergangenen Vorschriften und Anordnungen verantwortlich[176]).

§. 77.

Dieselben sind verpflichtet, die Bergbeamten, welche im Dienste das Bergwerk befahren, zu begleiten[177]) und denselben auf Erfordern Auskunft über den Betrieb zu geben.

---

beamten auch vor der endgültigen Entscheidung über den Verlust seiner Qualification verlangen, wenn dies zur Vermeidung einer dringenden Gefahr nothwendig ist (§. 199). Vergl. Zeitschrift für Bergrecht Bd. XII S. 143.

[175]) Unter diesen Personen sind die in den §§. 73, 74 bezeichneten Betriebsführer, Steiger, technischen Aufseher zu verstehen. Unter denselben ist weder der Repräsentant der Gewerkschaft, noch der Grubenvorstand (§. 117) begriffen. Es fragt sich deshalb, wer bei einer Gewerkschaft für die Uebertretung der §§. 66—74 verantwortlich zu machen ist. Gegen die Gewerkschaft kann die Verfolgung nicht gerichtet werden, da die gerichtliche Untersuchung nur gegen Individuen, nicht gegen juristische Personen stattfindet (Präjudiz 141 des Obertribunals, Senat für Strafsachen II. Abtheilung Entsch. Bd. 30, S. 367). Ebensowenig können die einzelnen Gewerken verfolgt da sie nicht Bergwerksbesitzer im Sinne der §§. 66 ff. sind. Die Anklage muß daher gegen den Repräsentanten oder das geschäftsführende Mitglied des Grubenvorstandes gerichtet werden, welchen nach §§. 123. 124 die Vertretung der Gewerkschaft gegenüber der Bergbehörde obliegt.

[176]) Das Gesetz macht im § 76 die Betriebsführer verantwortlich für die Befolgung der auf den Betrieb und die Verwaltung der Bergwerke bezüglichen Strafvorschriften, während sich diese zugleich gegen den Bergwerksbesitzer und dessen Vertreter richten. Die Verantwortlichkeit für die Uebertretungen der §§. 66, 67, 69, 71, 72, 73 u. 74, welche im §. 207 mit Geldbuße bis zu 50 Thlr. bedroht ist, trifft also in allen Fällen sowohl den Bergwerksbesitzer als die Betriebsbeamten (§§. 73, 74). Wenn der Bergwerksbesitzer es unterläßt, den Betriebsführer der Bergbehörde behufs Anerkennung seiner Qualification gemäß §. 74 namhaft zu machen, so trifft die Strafe des §. 207 nicht bloß ihn, sondern auch den Betriebsführer oder Steiger, welcher die Betriebsleitung übernommen hat, ohne daß *vorher* seine Befähigung von der Bergbehörde anerkannt worden war. Ebenso wenn der Betriebsführer die Ausführung eines Betriebsplanes übernimmt, ohne daß derselbe der Bergbehörde gemäß §§. 67, 68 vierzehn Tage vorher eingereicht ist. Die Strafe trifft indeß den Grubenbeamten nur, insofern die strafbare Handlung oder Unterlassung von ihm oder unter seiner Leitung und Aufsicht begangen ist. Deshalb haftet nicht der Steiger für den Nachweis der Qualification des ihm vorgesetzten Betriebsführers oder für die rechtzeitige Nachtragung eines unter der unmittelbaren Aufsicht des Betriebsführers befindlichen Grubenbildes.

Wenn nach §. 76 mehrere Personen wegen derselben Uebertretung gerichtlich verurtheilt werden, so muß gegen jede derselben die Geldbuße festgesetzt werden, es genügt nicht, daß die Angeschuldigten solidarisch in *eine* Geldstrafe verurtheilt werden. (*Goltdammers* Archiv Bd. 2, S. 566.) Bei einer Polizeiübertretung bedarf es der Feststellung eines bösen Vorsatzes oder auch nur einer Fahrlässigkeit *nicht*. Erkenntniß des Obertribunals, Senat für Strafsachen II. Abth. vom 5. Januar 1854 (*Oppenhof*, Strafgesetz S. 559, Nr. 31).

[177]) Diese Vorschrift ist dem Art. 24 des linksrheinischen Bergwerks-Polizeidecrets vom 3. Januar 1813 entnommen. Man hat indeß davon Abstand genommen, die Uebertretung im

§. 78.

Der Bergwerksbesitzer muß den mit Fahrscheinen des Oberbergamts versehenen Personen, welche sich dem Bergfache gewidmet haben, zum Zwecke ihrer Ausbildung die Befahrung und Besichtigung des Werkes gestatten.

§. 79.

Der Bergwerksbesitzer ist verpflichtet, in den dafür festgesetzten Zeiträumen und Formen der Bergbehörde die vom Handelsminister vorgeschriebenen statistischen Nachrichten einzureichen[178]).

Dritter Abschnitt.

Von den Bergleuten[179]).

§. 80.

Das Vertragsverhältniß zwischen den Bergwerksbesitzern und den Berg=

---

§. 207 unter Strafe zu stellen, weil nach den bisherigen Erfahrungen ein Bedürfniß zu einer Strafandrohung nicht vorlag. Sollte die Befahrung der Grube oder die Begleitung durch einen Grubenbeamten dem Revierbeamten oder dem dazu legitimirten Commissar des Oberbergamtes oder des Handelsministers verweigert werden, so müßte dieselbe durch executivische Strafbefehle (Verordnung v. 26. Decbr. 1808 §. 48, Nr. 2) erzwungen werden.

[178]) Die statistischen Nachrichten sollen nach dem Erlaß vom 2. Januar 1857 bis zum 1. April jeden Jahres von den Oberbergämtern an den Minister eingereicht werden und folgende Angaben enthalten:

1. Menge der Production nach Maß und Gewicht,
2. Werth der Production,
3. Anzahl der Arbeiter, deren Frauen und Kinder.

Es ist zu wünschen, daß unsere Bergwerksstatistik durch die Angabe der Gewinnungskosten namentlich der Arbeitslöhne, des Materialien= und insbesondere des Kohlenverbrauches, ferner durch Angabe der beschäftigten Maschinenkräfte, der erzielten Verkaufspreise u. dgl. ergänzt werde. Der Werth derartiger eingehender Mittheilungen für die betheiligte Industrie ist zu sehr einleuchtend, als daß Bedenken gegen die Veröffentlichung dieser Resultate seitens der Bergwerksbesitzer zu erwarten wären, zumal da dieselben schon seitens der beim Bergbau betheiligten Actiengesellschaften regelmäßig und nicht zum Nachtheile ihres Credits veröffentlicht werden.

[179]) Die früher bestandenen Privilegien der Bergleute sind bereits durch die ältere Gesetzgebung beseitigt worden. Vergl. das Gesetz die Aufsicht der Bergbehörden über den Bergbau und das Verhältniß der Berg= und Hüttenarbeiter betreffend vom 21. Mai 1860 (G.S. S. 201), und den Allerhöchsten Erlaß vom 23. Juni 1862 (G.S. S. 220) betreffend die Aufhebung des Consenses der Bergbehörden zu den Heirathen der Bergleute, welche durch den Allerhöchsten Erlaß vom 24. Juni 1867 (G.S. S. 1111) auch auf die neuen Landestheile erstreckt ist. Endlich ist die frühere Steuerfreiheit der Bergleute im Harzdistricte des vormaligen Königreiches Hannover durch die Verordnung, betreffend die Einführung der Preußischen Gesetzgebung in Betreff der directen Steuern in dem Gebiete des vormaligen Königreiches Hannover vom 28. April 1867 (G.S. S. 533) §. 16 vom 1. Januar 1868 ab aufgehoben.

Im Berggesetz für Elsaß=Lothringen fehlt der dritte Abschnitt. Die Rechtsverhältnisse der Bergleute sind daher lediglich nach den allgemeinen Gesetzen zu beurtheilen.

leuten[180]) wird nach den allgemeinen gesetzlichen Vorschriften[181]) beurtheilt, soweit nicht nachstehend etwas Anderes bestimmt ist.

Erlassen die Bergwerksbesitzer Arbeitsanordnungen[182]) für ihre Werke, so

---

[180]) Das Vertragsverhältniß zwischen den Bergwerksbesitzern und den Bergleuten gehört nach preußischen Civilrecht zu den Verträgen über Handlungen, nach gemeinem und nach französischem Rechte zu den Miethsverträgen. Man unterscheidet zwei Arten des Vertrages über Arbeiten, nämlich die Dienstmiethe (locatio conductio operarum) und die Werksverdingung (locatio conductio operis). Beide Verträge sind dadurch unterschieden, daß bei der Werksverdingung der Unternehmer eine gewisse Wirkung seiner Arbeiten, z. B. die Abteufung eines Schachtes, gegen den bestimmten Preis verspricht, während bei der Dienstmiethe nur die auf Hervorbringung des unternommenen Werkes gerichteten Dienste versprochen werden, nicht aber ein bestimmter Erfolg dieser Arbeiten garantirt wird. Aus diesem Unterschiede entspringen die verschiedenen Regeln über die Erfüllung des Vertrages, über die Vertretung des Zufalles, über die Wirkungen der Uebergabe bei der Dienstmiethe und bei der Werksverdingung. (Vergl. Allg. Landrecht Th. I, Tit. 11, §§. 898—980. Code Napoléon Art. 1779—1799. L. 24, l. 25, l. 36, Dig. XIX, 2.) Alle diese Verschiedenheiten lassen sich auf die Grundlage zurückführen, daß bei der Dienstmiethe nur die auf Hervorbringung eines bestimmten Werkes gerichteten Arbeiten, bei der Werksverdingung aber die Hervorbringung dieses Werkes selbst Gegenstand des Vertrages ist. Die Vermuthung spricht nach preußischem Rechte bei Verträgen mit Handarbeitern, also auch mit Bergleuten, für die Dienstmiethe. Wenn also auch die Bezahlung des Arbeiters nicht im Tagelohne, sondern im Gedinge nach Klaftern, Ruthen oder einem andern Maße festgesetzt ist, so finden doch die Regeln der Dienstmiethe statt, sobald erhellt, daß nicht das Werk selbst verdungen ist, sondern das Gedinge nur als Maßstab für die Zahlung dient. (A. L.R. l. c. §. 906.) Auch der Gedingearbeiter kann daher noch vor Vollendung der verdungenen Arbeit im Wege der Kündigung gemäß §. 81 entlassen werden, wenn nichts anderes feststeht. Er haftet nicht für eine zufällige Zerstörung des Werkes vor der Vollendung. Er hat also, auch wenn der Schacht während der Abteufungsarbeit verbricht, den Lohn für die abgeteufte Lachterzahl zu fordern. Bei der Werksverdingung dagegen ist die Dauer des Vertrages von der Vollendung des Werkes abhängig. Der Unternehmer muß die zufällige Vernichtung des Werkes vor der Uebergabe tragen. Er verliert Arbeitslohn und Auslagen (A. L.R. l. c. §. 960. Code Nap. Art. 1790).

[181]) Der Arbeitsvertrag kann in der Regel mündlich geschlossen werden. Die schriftliche Form ist nach preußischem Civilrechte erforderlich, wenn der bedungene Arbeitslohn mehr als 50 Thlr. beträgt (Allg. Landr. Th. I, Tit. 5, §. 131). Bei Verträgen auf bestimmte Zeit entscheidet die Summe des Arbeitslohnes während der Vertragsdauer. Bei Verträgen auf unbestimmte Zeit ist der Einheitssatz, also der jährliche Lohn, der Monats-, Wochen- oder Tagelohn maßgebend. Ist bei einem Lohnsatze über 50 Thlr. der Vertrag dennoch nicht schriftlich geschlossen, die Arbeiten sind aber geleistet worden, so muß der mündlich bedungene Lohn gezahlt werden (a. a. O. §. 165).

Nach französischem Rechte ist die Klagbarkeit der Lohnforderung von der schriftlichen Abfassung des Vertrages abhängig, wenn die eingeklagte Summe den Werth von 150 Franken übersteigt. Die schriftliche Urkunde muß in so viel Exemplaren ausgefertigt werden, als Parteien vorhanden sind. (Code Nap. Art. 1341, 1325.) Das gemeine Recht schreibt keine bestimmte Form für die Arbeitsverträge vor.

[182]) Die Arbeitsordnungen enthalten eine allgemeine Vertragsofferte, durch welche der Bergwerksbesitzer die Bedingungen feststellt, unter welchen er Arbeiter auf seiner Grube beschäftigen will. Die Bestimmungen derselben betreffen entweder die wesentlichen und gewöhnlichen Bedingungen des Arbeitsvertrages, z. B. die Dauer und die Zeit der Schichten, die Höhe des Schichtlohnes oder des Gedinges u. s. w., oder sie enthalten Nebenbestimmungen, welche die pünktliche Erfüllung des Vertrages sichern sollen, namentlich Conventionalstrafen. Diese

müssen dieselben gleichzeitig mit der Bekanntmachung auf dem Werke zur Kenntniß der Bergbehörde gebracht werden.

§. 81.

Das Vertragsverhältniß kann, wenn nicht ein Anderes verabredet ist, durch eine jedem Theile freistehende, vierzehn Tage vorher zu erklärende Kündigung[183]) aufgelöst werden[184]).

Nebenbestimmungen sind es, an deren Kenntniß die Behörde ein Interesse hat, um nöthigenfalls unzulässigen Beschränkungen der persönlichen oder der Gewerbefreiheit entgegen zu treten. Das Gesetz vom 20. Mai 1860 verlangte im §. 3 die Bestätigung der Arbeitsordnungen durch die Bergbehörde. Damals war es daher nothwendig, die Festsetzungen über Lohn, Arbeitsdauer u. dgl. aus den Arbeitsordnungen auszuschließen, weil solche zum wesentlichen Inhalte des Arbeitsvertrages gehörige Bestimmungen nicht der Bestätigung durch die Bergbehörde unterliegen konnten. Der Erlaß vom 13. Februar 1861 (Zeitschr. f. d. Berg-, Hütten- und Salinenwesen Bd. IX S. 12) bestimmte deshalb, daß nur solche Bestimmungen in die Arbeitsordnungen aufgenommen werden sollten, „welche das öffentliche Interesse berühren, also die Vorschriften, welche das Verhalten der Bergleute bei der Arbeit gegen ihre Vorgesetzten und Mitarbeiter regeln und die Verletzung dieser Ordnung unter Strafe stellen.“ — Diese Beschränkung ist mit der Bestätigung der Arbeitsordnungen weggefallen. Es können in letztere alle Bestimmungen aufgenommen werden, welche den Inhalt des Arbeitsvertrages betreffen. Das Berggesetz für Sachsen-Gotha §. 81 beschränkt die Conventionalstrafen auf Lohnabzüge, welche an einem Lohntage nicht ein Fünftel des fälligen Lohnes übersteigen dürfen.

[183]) Die Aufkündigung muß seitens des Bergmannes an den Bergwerksbesitzer oder dessen Bevollmächtigten, bei Gewerkschaften an den Repräsentanten oder Grubenvorstand, oder an denjenigen Beamten gerichtet werden, welchen letztere mit Genehmigung der Gewerkschaft zur Abschließung von Arbeitsverträgen bevollmächtigt haben (vergl. Anm. zu §. 125). Bei der Berechnung der Frist zählt der Tag der Aufkündigung nicht mit. Der Bergwerksbesitzer und der Bergmann müssen also das Vertragsverhältniß noch 14 Tage lang nach diesem Tage fortsetzen, so daß der Arbeiter, welcher am 10ten kündigt, erst am 24ten Abends die Arbeit verlassen darf. Nach dem Gothaischen Berggesetze §. 78 gilt die übliche Auslohnungsfrist auch als Kündigungsfrist, so daß in Ermangelung besonderer Festsetzung beiderseits nur von Lohntag zu Lohntag gekündigt werden kann.

[184]) Die gesetzliche Kündigungsfrist hatte zu der Folgerung Anlaß gegeben, daß es zulässig sei im Wege der Execution den künftigen Lohn des Bergarbeiters bei seinem Arbeitgeber in Beschlag zu nehmen, da nicht wie sonst beim Tagelohn ein täglich sich erneuerndes, sondern ein fortgesetztes Vertragsverhältniß von unbestimmter Dauer vorliege. Dieselbe Frage ist vielfach auch in Bezug auf die Arbeiter anderer Gewerbe erörtert worden, für welche die Gewerbeordnung eine gleiche Kündigungsfrist vorschreibt. Sie wurde von den Gerichten verschieden beantwortet, bis sie durch das Bundesgesetz vom 21. Juni 1869 betreffend die Beschlagnahme des Arbeits- oder Dienstlohnes (B.G.Bl. S. 242) im verneinenden Sinne entschieden wurde, welches bestimmt:

§. 1. Die Vergütung (Lohn, Gehalt, Honorar u. s. w.) für Arbeiten oder Dienste, welche auf Grund eines Arbeits- oder Dienstverhältnisses geleistet werden, darf, sofern dieses Verhältniß die Erwerbsthätigkeit des Vergütungsberechtigten vollständig oder hauptsächlich in Anspruch nimmt, zum Zwecke der Sicherstellung oder Befriedigung eines Gläubigers erst dann in Beschlag genommen werden, nachdem die Leistung der Arbeiten oder Dienste erfolgt und nachdem der Tag, an welchem die Vergütung gesetzlich, vertrags- oder gewohnheitsmäßig zu entrichten war, abgelaufen ist, ohne daß der Vergütungsberechtigte dieselbe eingefordert hat.

§. 2. Die Bestimmungen des §. 1 können nicht mit rechtlicher Wirkung durch Vertrag ausgeschlossen oder beschränkt werden.

§. 82.

Vor Ablauf der vertragsmäßigen Arbeitszeit und ohne vorhergegangene Aufkündigung können Bergleute entlassen werden[184a]):

1) wenn sie eines Diebstahls, einer Veruntreuung, eines liederlichen Lebenswandels, groben Ungehorsams oder beharrlicher Widerspenstigkeit sich schuldig machen;
2) wenn sie eine sicherheitspolizeiliche Strafvorschrift bei der Bergarbeit übertreten;
3) wenn sie sich die Thätlichkeiten oder Schmähungen gegen den Bergwerksbesitzer, dessen Stellvertreter oder die ihnen vorgesetzten Beamten erlauben[185]);

Soweit nach diesen Bestimmungen die Beschlagnahme ungültig ist, ist auch jede Verfügung durch Cession, Anweisung, Verpfändung oder durch ein anderes Rechtsgeschäft ohne rechtliche Wirkung.

§. 3. Als Vergütung ist jeder dem Berechtigten gebührende Vermögensvortheil anzusehen. Auch macht es keinen Unterschied, ob dieselbe nach Zeit oder Stück berechnet wird.

Ist die Vergütung mit dem Preise oder Werth für Material oder mit dem Ersatz anderer Auslagen in ungetrennter Summe bedungen, so gilt als Vergütung im Sinne dieses Gesetzes der Betrag, welcher nach Abzug des Preises oder des Werthes der Materialien und nach Abzug der Auslagen übrig bleibt.

§. 4. Das gegenwärtige Gesetz findet keine Anwendung

1. auf den Gehalt und die Dienstbezüge der öffentlichen Beamten,
2. auf die Beitreibung der directen persönlichen Staatssteuern und Communalabgaben (die derartigen Abgaben an Kreis-, Kirchen-, Schul- und sonstige Communalverbände mit eingeschlossen), sofern diese Steuern und Abgaben seit länger als drei Monaten fällig geworden sind;
3. auf die Beitreibung der auf gesetzlicher Vorschrift beruhenden Alimentationsansprüche der Familienglieder;
4. auf den Gehalt und die Dienstbezüge der im Privatdienst dauernd angestellten Personen, soweit der Gesammtbetrag die Summe von vierhundert Thalern jährlich übersteigt.

Als dauernd in diesem Sinne gilt das Dienstverhältniß, wenn dasselbe gesetzlich, vertrags- oder gewohnheitsmäßig mindestens auf Ein Jahr bestimmt oder bei unbestimmter Dauer für die Auflösung eine Kündigungsfrist von mindestens drei Monaten einzuhalten ist.

§. 5. (Enthält transitorische Bestimmungen).

[184a]) Die Vorschriften der §§. 82 und 83 entsprechen den §§. 111 und 112 der Gewerbeordnung vom 11. Juni 1869, welche die Handwerksgesellen und Fabrikarbeiter betreffen. Doch ist die Zahl der Fälle, in denen die einseitige Aufhebung des Vertragsverhältnisses zugelassen ist bei Bergleuten, welche nicht in das Haus und in die Familie des Arbeitgebers eintreten, der Natur der Sache nach eingeschränkter. Das Würtembergische Berggesetz Art. 82 nimmt jedoch sämmtliche in der Gewerbeordnung enthaltenen Fälle auf und fügt denselben den dem Berggesetze eigenthümlichen Fall: Uebertretung einer sicherheitspolizeilichen Strafvorschrift, hinzu. Geringere Abweichungen in der Fassung enthalten die Berggesetze für Bayern Art. 80, Gotha §. 79 und Meiningen Art. 83.

[185]) Außer der Entlassung ohne Aufkündigung können für die im §. 82 unter Nr. 1—3 erwähnten Vergehen auch Conventionalstrafen durch die Arbeitsordnungen (§. 80) vorgesehen werden. Solche Conventionalstrafen können nur in Geldbußen bestehen und müssen in einer bestimmten Summe, oder doch in einem Maximalbetrage ausgedrückt sein. Willkürliche lediglich nach dem Ermessen des Arbeitgebers oder seines Beamten bemessene Strafen — wo solche durch die Arbeitsordnung verhängt werden — sind nicht rechtsverbindlich, wie dies von dem Appellationsgerichte zu Hamm in einem von Huyssen (Kommentar 2. Aufl S. 50) mitgetheilten Erkenntnisse wie folgt ausgeführt wird:

4) wenn sie zur Fortsetzung der Arbeit unfähig geworden oder mit einer ekelhaften Krankheit behaftet sind.

§. 83.

Vor Ablauf der vertragsmäßigen Arbeitszeit und ohne vorhergegangene Aufkündigung können die Bergleute die Arbeit verlassen:

1) wenn sie zur Fortsetzung der Arbeit unfähig werden;
2) wenn der Bergwerksbesitzer oder dessen Stellvertreter sich thätlich an ihnen vergreift:
3) wenn er ihnen den versprochenen Lohn oder die sonstigen Gegenleistungen ohne genügende Veranlassung vorenthält.

Gewerbeordnung für den Norddeutschen Bund vom 12. Juni 1869 (B.G.Bl. S. 245). §§. 152—154.

§. 152. Alle Verbote und Strafbestimmungen gegen Gewerbtreibende, gewerbliche Gehülfen, Gesellen oder Fabrikarbeiter wegen Verabredungen und Vereinigungen zum Behufe der Erlangung günstiger Lohn- und Arbeitsbedingungen, insbesondere mittelst Einstellung der Arbeit oder Entlassung der Arbeiter, werden aufgehoben.

Jedem Theilnehmer steht der Rücktritt von solchen Vereinigungen und Verabredungen frei und findet aus letzteren weder Klage noch Einrede statt.

§. 153. Wer Andere durch Anwendung körperlichen Zwanges, durch Drohungen, durch Ehrverletzung oder durch Verrufserklärung bestimmt, oder zu bestimmen versucht, an solchen Verabredungen Theil zu nehmen, oder ihnen Folge zu leisten, oder Andere durch gleiche Mittel hindert, oder zu hindern versucht, von solchen Verabredungen zurückzutreten, wird mit Gefängniß bis zu drei Monaten bestraft, sofern nach dem allgemeinen Strafgesetz nicht eine härtere Strafe eintritt.

§. 154. Die Bestimmungen der §§. 128 bis 139 finden auch auf die Besitzer, beziehungsweise Arbeiter von Bergwerken, Aufbereitungsanstalten und unterirdisch betriebenen Brüchen oder Gruben Anwendung.

Diejenigen Bestimmungen, welche die bezeichneten Arbeiter wegen groben Ungehor-

---

„Diese Strafbestimmungen sind nicht als solche anzusehen, welche auf Grund eines eigentlichen Strafrechts im Sinne des §. 45 ff. A. L.R. II. 6 getroffen worden sind. Vielmehr können die in dem Reglement bestimmten Strafen nur als Conventionalstrafen aufgefaßt werden, welchen die Arbeiter der Fabrik insofern unterworfen sind, als der Inhalt des Reglements einen Theil des Inhalts des von ihnen mit dem Fabrikherrn über das Arbeitsverhältniß abgeschlossenen Vertrages bildet. Von diesem Gesichtspunkte aus kann aber der Bestimmung des §. 14, falls der Arbeiter in dem einzelnen Falle sich der ihm auferlegten Strafe nicht freiwillig unterwirft, eine rechtliche Bedeutung nicht zugestanden werden. Denn wenn auch unter dem Ausdrucke „Vergehen" jede Zuwiderhandlung gegen den geschlossenen Vertrag zu verstehen sein mag und in den einzelnen Fällen, in welchen der Fabrikherr oder dessen Beamter gegen den Arbeiter auf Grund der §§. 4 und 14 des Reglements eine Strafe festgesetzt hat, bei dem Widerspruche des Arbeiters durch richterliche Entscheidung eine Feststellung darüber getroffen werden könnte, ob in der That eine Zuwiderhandlung gegen den Vertrag und damit ein Fall, in welchem die Strafe verwirkt worden, vorliege, so fehlt in den angegebenen Bestimmungen des Reglements doch jede Vereinbarung über die Höhe der Strafe, und insbesondere auch über ein Maximum derselben, so daß die in jenen Bestimmungen enthaltene Verabredung gemäß §. 71 A. L.R. I. 5, und da der Beamte des Fabrikherrn nicht als ein „Dritter" im Sinne des §. 72. l. c., sondern als eine dessen Anordnungen unterworfene Person und als dessen Beauftragter anzusehen ist, als eine Verabredung, deren Gegenstand sich gar nicht bestimmen läßt, unverbindlich ist."

sams, beharrlicher Widersetzlichkeit oder wegen Verlassens der Arbeit mit Strafe bedrohen, werden aufgehoben[185a]).

§. 84.

Der Bergwerksbesitzer oder dessen Stellvertreter ist verpflichtet, dem abkehrenden Bergmanne ein Zeugniß über die Art und Dauer seiner Beschäftigung und auf Verlangen auch über seine Führung[186]) auszustellen, dessen Unterschrift die Ortspolizeibehörde kosten- und stempelfrei zu beglaubigen hat.

Wird die Ausstellung des Zeugnisses verweigert, so fertigt die Ortspolizeibehörde[187]) dasselbe auf Kosten des Verpflichteten aus.

Werden dem abkehrenden Bergmanne in dem Zeugnisse Beschuldigungen zur Last gelegt, welche seine fernere Beschäftigung hindern würden, so kann er auf Untersuchung bei der Ortspolizeibehörde antragen, welche, wenn die Beschuldigung unbegründet befunden wird, unter dem Zeugnisse den Befund ihrer Untersuchung zu vermerken hat.

§. 85.

Bergwerksbesitzer oder deren Stellvertreter dürfen Arbeiter, von denen ihnen bekannt ist, daß sie schon früher beim Bergbau beschäftigt waren, nicht eher zur Bergarbeit annehmen, bis ihnen von denselben das Zeugniß des Bergwerksbesitzers oder Stellvertreters, bei dem sie zuletzt in Arbeit gestanden, beziehungsweise das Zeugniß der Ortspolizeibehörde (§. 84) vorgelegt ist[188]).

[185a]) Diese Aufhebung bezieht sich auf den §. 18 des Gesetzes v. 21. Mai 1860 (G.S. S. 201). An die Stelle der §§. 16—19 dieses Gesetzes, welche durch §. 244 des Berggesetzes in Kraft erhalten waren, sind nunmehr die obigen §§. 152—154 der Gewerbeordnung getreten, welche nach §. 6 auch auf den Bergbau Anwendung finden. Die in der letzten Reichstagssession vorgelegte jedoch nicht erledigte Novelle zur Gewerbeordnung beabsichtigt Strafen für den dolosen Contractbruch wieder einzuführen. Außerdem wird beabsichtigt, Gewerbegerichte zur prompten Erledigung der Streitigkeiten zwischen Arbeitgebern und Arbeitern einzuführen. Bei den Commissionsberathungen wurde von anderer Seite vorgeschlagen, die Beschlagnahme des Arbeitslohnes (Anm. 184) als Executionsmittel in Bezug auf die Entschädigung, zu welcher der contractbrüchige Arbeiter im Civilprocesse verurtheilt wird, zuzulassen, um so ohne die Anwendung von Strafen einen wirksamen Zwang zur Erfüllung der vertragsmäßigen Verbindlichkeiten einzuführen.

[186]) Der Bergwerksbesitzer ist nicht bloß auf Verlangen des Arbeiters verpflichtet, sondern auch ohne solches Verlangen berechtigt ein Urtheil über die Führung des Bergmannes in dem Zeugnisse abzugeben. Der Bergmann ist nicht berechtigt einen sogenannten „reinen" Abkehrschein zu verlangen. Es steht ihm nur frei, gegen die ihm etwa zur Last gelegten Beschuldigungen die Entscheidung der Ortspolizeibehörde anzurufen.

[187]) Diese Bestimmung ist wie die §§. 80 ff. aus dem Gesetze vom 21. Mai 1860 (G.S. S. 201) entnommen. Während jedoch das letztere Gesetz im §. 7 die Entscheidung dem Berggeschwornen übertrug, setzt §. 84 an dessen Stelle die Ortspolizeibehörde. Da diese Behörde in vielen Fällen nicht im Stande sein wird, den Grund der erhobenen Beschuldigungen zu prüfen, z. B. wenn dem Bergmann Verstöße gegen die technischen Regeln der Bergarbeit zur Last gelegt werden, so ist sie darauf angewiesen, sich bei der Untersuchung der Vermittelung des Revierbeamten zu bedienen.

[188]) Diese Vorschrift hat hauptsächlich den Zweck, das Interesse der Knappschaftsvereine (Tit. VII) zu wahren. Die Uebertretung derselben wird nach §. 207 bestraft. Die Geldbuße fließt nach §. 92 zur Knappschaftskasse. Die Bestimmung fehlt in den Gesetzen für Bayern, Würtemberg, Elsaß-Lothringen, Sachsen-Meiningen und Gotha.

Gewerbeordnung für den Norddeutschen Bund vom 21. Juni 1869 (B.G.Bl. S. 245). §§. 128—133. §§. 149—150.

§. 128. Kinder[189]) unter 12 Jahren dürfen in Fabriken[190]) zu einer regelmäßigen Beschäftigung nicht angenommen werden. Vor vollendetem vierzehnten Lebensjahre dürfen Kinder in Fabriken nur dann beschäftigt werden, wenn sie täglich einen mindestens dreistündigen Schulunterricht in einer von der höheren Verwaltungsbehörde genehmigten Schule erhalten. Ihre Beschäftigung darf sechs Stunden täglich nicht übersteigen.

Junge Leute, welche das vierzehnte Lebensjahr zurückgelegt haben, dürfen vor vollendetem sechszehnten Lebensjahre in Fabriken nicht über zehn Stunden täglich beschäftigt werden. Auch für diese jugendlichen Arbeiter kann durch die Centralbehörde die zulässige Arbeitsdauer bis auf sechs Stunden täglich für den Fall eingeschränkt werden, daß dieselben nach den besonderen in einzelnen Theilen des Bundesgebietes bestehenden Schuleinrichtungen noch im schulpflichtigen Alter sich befinden. Die Ortspolizeibehörde[191]) ist befugt, eine Verlängerung dieser Arbeitszeiten um höchstens eine Stunde und auf höchstens vier Wochen dann zu gestatten, wenn Naturereignisse oder Unglücksfälle den regelmäßigen Geschäfts-Betrieb in der Fabrik unterbrochen und ein vermehrtes Arbeitsdürfniß herbeigeführt haben.

§. 129. Zwischen den Arbeitsstunden muß den jugendlichen Arbeitern[192]) (§. 128) Vor- und Nachmittags eine Pause von einer halben Stunde und Mittags eine ganze Freistunde, und zwar jedesmal auch Bewegung in der freien Luft gewährt werden[193]).

---

[189]) Ueber die Beschäftigung von Frauen bei der Grubenarbeit enthält das allgemeine Berggesetz keine Bestimmung. Es ist indeß eine durch die Sitte allgemein festgesetzte Regel, daß Frauen beim Bergbau nur über Tage beschäftigt werden dürfen, und dies ist für die Oberbergamtsbezirke Bonn durch §. 55 der allgemeinen Bergpolizeiverordnung vom 8. November 1867, und Breslau durch die Bergpolizeiverordnung vom 26. October 1868 ausdrücklich verordnet.

Die Bestimmung der Gewerbeordnung vom 21. Juni 1869 §. 11, wonach das Geschlecht in Bezug auf die Befugniß zum selbstständigen Gewerbebetriebe keinen Unterschied begründet, hat nach §. 6 diese bergpolizeilichen Vorschriften nicht aufgehoben. Vergl. Zeitschrift f. Bergrecht Bd. VIII S. 443, Bd. X, S. 292 und die Verhandlungen über die zuletzt angeführte Polizeiverordnung im Hause der Abgeordneten, insbesondere den Commissionsbericht vom 18. Febr. 1869, Drucksachen des Hauses der Abgeordneten 10. Legislaturperiode 2. Session 1868 Nr. 376.

[190]) Die §§. 128—133 der Gewerbeordnung beziehen sich ihrem Wortlaute nach auf Fabriken, finden aber nach §. 154 auch auf Bergwerke, Aufbereitungsanstalten und unterirdisch betriebenen Gruben und Brüche Anwendung.

[191]) Nach §. 23 der ministeriellen Anweisung zur Ausführung der Gewerbeordnung vom 4. September 1869 soll die Aufsicht über die Beschäftigung der jugendlichen Arbeiter auf Bergwerken und Aufbereitungsanstalten überall von den Bergbehörden geführt werden, insbesondere sollen die durch das Gesetz den Ortspolizeibehörden zugewiesenen Obliegenheiten durch die Revierbeamten wahrgenommen werden, und letzteren stehen nach §. 132, der Gewerbeordnung bei Ausübung dieser Aufsicht alle Amtsbefugnisse der Ortspolizeibehörden zu.

[192]) Die Gewerbeordnung definirt zwar den Begriff der jugendlichen Arbeiter nicht ausdrücklich, allein aus der Bestimmung des §. 128, welche die Beschränkung in der Beschäftigung des jugendlichen Arbeiters mit dem zurückgelegten sechszehnten Lebensjahre aufhebt, folgt, daß nur derjenige als jugendlicher Arbeiter im Sinne der Gewerbeordnung gilt, welcher dieses Lebensjahr noch nicht vollendet hat.

[193]) Es genügt nicht, daß den jugendlichen Arbeitern freigestellt wird, das Bergwerk während der Dauer der Pause zu verlassen, sondern der Bergwerksbesitzer muß dafür Sorge tragen, daß denselben während der vorgeschriebenen Zeit wirklich Gelegenheit zur Bewegung in freier Luft gewährt wird und falls sie unter Tage beschäftigt sind, daß sie zu diesem Zwecke aus der Grube ausfahren. (Ministerial-Erlaß vom 8. Juli 1870, I 3942.) Die Richtigkeit dieser Auslegung

Die Arbeitsstunden dürfen nicht vor 5½ Uhr Morgens beginnen und nicht über 8½ Uhr Abends dauern.

An Sonn- und Feiertagen, sowie während der von dem ordentlichen Seelsorger für den Katechumenen- und Konfirmanden-Unterricht bestimmten Stunden dürfen jugendliche Arbeiter nicht beschäftigt werden.

§. 130. Wer jugendliche Arbeiter in einer Fabrik zu einer regelmäßigen Beschäftigung annehmen will, hat davon der Ortspolizeibehörde zuvor Anzeige zu machen.

Der Arbeitgeber hat über die von ihm beschäftigten jugendlichen Arbeiter eine Liste zu führen, welche deren Namen, Alter, Wohnort, Eltern, Eintritt in die Fabrik und Entlassung aus derselben enthält, in dem Arbeitslokal auszuhängen und den Polizei- und Schulbehörden auf Verlangen in Abschrift vorzulegen ist. Die Anzahl dieser Arbeiter hat er halbjährlich der Ortspolizeibehörde anzuzeigen.

§. 131. Die Annahme jugendlicher Arbeiter zu einer regelmäßigen Beschäftigung darf nicht erfolgen, bevor der Vater oder Vormund derselben dem Arbeitgeber ein Arbeitsbuch eingehändigt hat.

Dieses Arbeitsbuch, welchem die §§. 128—133 des gegenwärtigen Gesetzes vorzudrucken sind, wird auf den Antrag des Vaters oder Vormundes des jugendlichen Arbeiters von der Ortspolizeibehörde ertheilt und enthält:

1) Namen, Tag und Jahr der Geburt, Religion des Arbeiters,
2) Namen, Stand und Wohnort des Vaters oder Vormundes,
3) ein Zeugniß über den bisherigen Schulbesuch,
4) eine Rubrik für die bestehenden Schulverhältnisse,
5) eine Rubrik für die Bezeichnung des Eintrittes in die Anstalt,
6) eine Rubrik für den Austritt aus derselben,
7) eine Rubrik für die Revisionen.

Der Arbeitgeber hat dieses Arbeitsbuch zu verwahren, der Behörde auf Verlangen jederzeit vorzulegen und bei Beendigung des Arbeitsverhältnisses dem Vater oder Vormunde des Arbeiters wieder auszuhändigen.

§. 132. Wo die Aufsicht über die Ausführung der vorstehenden Bestimmungen (§§. 128—133) eigenen Beamten übertragen ist, stehen denselben bei Ausübung dieser Aufsicht alle amtlichen Befugnisse der Ortspolizeibehörden, insbesondere das Recht zur jederzeitigen Revision der Fabriken zu.

Die auf Grund der Bestimmungen der §§. 128—133 auszuführenden amtlichen Revisionen der gewerblichen Anstalten sind die Besitzer derselben verpflichtet, zu jeder Zeit, namentlich auch in der Nacht, während die Anstalten im Betriebe sind, zu gestatten.

§. 133. Sollte durch die Ausführung der Bestimmungen der §§. 128 und 129 bereits bestehenden gewerblichen Anstalten die nöthige Arbeitskraft entzogen werden, so ist die Centralbehörde befugt, auf bestimmte Zeit, jedoch höchstens ein Jahr, Ausnahmevorschriften zu erlassen.

In Betreff der beim Inkrafttreten dieses Gesetzes bereits beschäftigten jugendlichen Arbeiter ist die im §. 130 vorgeschriebene Anzeige bei der Ortspolizeibehörde binnen vier Wochen zu bewirken.

§. 149. Mit Geldbuße bis zu 10 Thalern und im Falle des Unvermögens mit Gefängniß bis zu acht Tagen wird bestraft[194]):

1—6 (Uebertretungen der Vorschriften über Hausiren und Marktverkehr).

---

des §. 129 der Gewerbeordnung ist unter anderen durch Erkenntniß des Zuchtpolizeigerichts zu Eschweiler vom 6. December 1870 anerkannt.

[194]) Sind polizeiliche Vorschriften von dem Stellvertreter eines Gewerbtreibenden bei Ausübung des Gewerbes übertreten worden, so trifft die Strafe nach §. 151 der Gewerbeordnung den Stellvertreter; ist die Uebertretung mit Vorwissen des verfügungsfähigen Vertreters begangen worden, so verfallen beide der gesetzlichen Strafe.

7) wer es unterläßt, die in den §§. 130 und 133 vorgeschriebenen Anzeigen zu machen oder Listen zu führen.

§. 150. Wer den Vorschriften in den §§. 128, 129 und 130[195]) zuwider jugendliche Arbeiter annimmt oder beschäftigt, wird mit einer Geldbuße bis zu fünf Thalern und im Falle des Unvermögens mit verhältnißmäßiger Gefängnißstrafe bis zu drei Tagen für jeden vorschriftswidrig angenommenen oder beschäftigten Arbeiter bestraft.

War er innerhalb der letzten fünf Jahre bereits drei verschiedene Male auf Grund der vorstehenden Bestimmung bestraft, so kann auf den Verlust der Befugniß zur Beschäftigung jugendlicher Arbeiter für eine bestimmte Zeit oder für immer gegen ihn erkannt werden.

Es muß auf diesen Verlust, und zwar für mindestens drei Monate erkannt werden, wenn er innerhalb der letzten fünf Jahre bereits sechs verschiedene Male bestraft war.

Zuwiderhandlungen gegen solche Erkenntnisse (Absatz 2 und 3) werden mit Geldbuße bis zum vierfachen Betrage der im ersten Absatz dieses Paragraphen bestimmten Geldbuße, und im Falle des Unvermögens mit verhältnißmäßigem Gefängniß bestraft[195a]).

§. 86[196]).

Bergwerksbesitzer sind verpflichtet, die für sie beschäftigten Bergleute in baarem Gelde auszulohnen[197]). Sie dürfen denselben keine Waaren creditiren.

Die in den §§. 149 und 150 angedrohten Strafen treffen also niemals die Gewerkschaft, sondern den gewerkschaftlichen Repräsentanten. Sie können ferner nach Verschiedenheit des Falles bald den Bergwerksbesitzer oder Repräsentanten, bald den mit der Annahme der Arbeiter beauftragten Betriebsführer, bald beide Personen treffen.

[195]) Der §. 130, dessen Uebertretung schon im §. 149 mit höheren Strafen bedroht ist, wird hier irrthümlich allegirt, es sollte §. 131 heißen, wie auch in einer Druckfehlerberichtigung im Bundesgesetzblatt S. 512 bemerkt ist. Es liegt jedoch ein Druckfehler nicht vor, da dasselbe fehlerhafte Allegat sich bereits in der Regierungsvorlage und in dem vom Reichstage und vom Bundesrath beschlossenen Gesetzestexte befand. Vergl. Stenographische Berichte des Reichstages 1869 Bd. III S. 106. S. 736. Die Berichtigung kann daher nur im Wege der Gesetzgebung erfolgen und bis dies geschieht, fehlt es an einer Strafandrohung gegen die Annahme jugendlicher Arbeiter ohne Arbeitsbuch.

[195a]) Die Strafbestimmungen der §§. 149 und 150 sind im §. 154, welcher die §§. 128 bis 139 auf die Arbeiter in Bergwerken 2c. anwendbar erklärt, zwar nicht ausdrücklich in Bezug genommen. Indeß kann kein Zweifel darüber bestehen, daß mit den §§. 128 bis 133 auch die entsprechenden Strafbestimmungen Anwendung finden müssen.

[196]) Die §§. 86—91 fehlen in den Berggesetzen für Bayern, Würtemberg, Elsaß-Lothringen und Sachsen-Meiningen. In diesen Staaten kommen daher allein die §§. 134—139 und §. 146 der Gewerbeordnung zur Anwendung

[197]) Das Verbot des Trucksystems hat den Zweck, die baare Auslohnung der Arbeiter zu sichern und die Ausbeutung der abhängigen Lage des Arbeiters durch die Anrechnung von Waaren, die der Arbeitgeber liefert oder liefern läßt, zu verhindern. Dieses Trucksystem hatte namentlich bei den Fabriken Eingang gefunden und wurde zuerst durch die Gewerbeordnung vom 9. Februar 1849, §§. 50—55 und §. 75 verboten und unter Strafe gestellt. Diese Bestimmungen wurden durch das Gesetz vom 21. Mai 1860 (G.S. S. 201) auf den Bergbau übertragen und in das Berggesetz in den §§. 86—91 übernommen. Gegenwärtig sind diese Vorschriften größtentheils durch die nach §. 91 eingeschalteten Bestimmungen der Gewerbeordnung vom 11. Juni 1869 §§. 134—139 und §. 146 ersetzt, welche nach §. 154 auch auf die Bergwerksbesitzer Anwendung finden. Die besonderen Bestimmungen, welche das Berggesetz in den §§. 90 und 92 über das Anrecht der Knappschaftskasse auf die creditirten Waarenforderungen und die verhängten Geldstrafen, sowie im §. 86, Abs. 3, über Ausnahmemaßregeln für den Fall eines allgemeinen Nothstandes trifft, sind durch die Gewerbeordnung nicht aufgehoben, weil sie den Bestimmungen dieses Gesetzes nicht widersprechen. Vergl. Anm. 198 und 204.

Dagegen können den Bergleuten Wohnung, Feuerungsbedarf, Landnutzung, regelmäßige Beköstigung, sowie die zur Bergwerksarbeit erforderlichen Werkzeuge und Betriebsmaterialien unter Anrechnung bei der Lohnzahlung verabfolgt werden.

Im Falle eines Nothstandes[198]) ist die Regierung befugt, durch einen Beschluß zu bestimmen, daß und welche Lebensmittel und Saatfrüchte den Bergleuten von den Bergwerksbesitzern unter Anrechnung bei der Lohnzahlung verabfolgt werden dürfen[199]).

§. 87.

Die Bestimmungen des in §. 86 finden auch Anwendung auf Familienglieder, Gehülfen, Geschäftsführer, Factoren und Aufseher der Bergwerksbesitzer[200]), sowie auf Gewerbetreibende, bei deren Geschäft eine der erwähnten Personen unmittelbar oder mittelbar betheiligt ist.

§. 88.

Bergleute, deren Forderungen den Vorschriften der §§. 86 und 87 zuwider anders als durch Baarzahlung berichtigt sind, können zu jeder Zeit die Bezahlung ihrer Forderungen in baarem Gelde verlangen.

§. 89.

Verträge, welche den §§. 86 bis 88 zuwiderlaufen, sind nichtig. Dasselbe gilt von Verabredungen zwischen Bergwerksbesitzern oder ihnen gleichgestellten Personen

---

[198]) Das dritte Alinea ist ein Zusatz der Commission des Herrenhauses, welcher für den Fall der Theuerung den Einkauf von Lebensmitteln und Saatfrüchten im Großen durch die Bergwerksbesitzer und den Wiederverkauf an die Bergleute unter Anrechnung auf den Lohn gestattet, unter Voraussetzung, daß die Erlaubniß dazu von der Regierung des Bezirkes vorher ertheilt worden ist. Diese Bestimmung steht nicht im Widerspruch mit §§. 134 ff. der Gewerbeordnung, da sie nur die im §. 134 gleichlautend mit §. 86 Abs. 2 des Berggesetzes gegebene Definition der Einrichtungen zur Verbesserung der Lage der Arbeiter und ihrer Familien (§. 136 Gewerbeordnung) für einen bestimmten Fall näher präcisirt. Die Bestimmung findet ihre Rechtfertigung darin, daß der Bergbau nicht wie die Fabriken vorzugsweise in den Städten und deren Nähe betrieben wird, sondern auf dem platten Lande und häufig in abgelegenen Gebirgsgegenden, in welchen für den Fall eines Nothstandes weder von den Gemeinden, noch von öffentlichen Vereinen Abhülfe zu erwarten ist, wo die Bergleute nur von der Kapitalbeihülfe ihrer Arbeitgeber Schutz gegen die Theuerung und gegen die drohende Vernichtung ihres Wohlstandes erlangen können. In solchen Fällen würden die gegen das Trucksystem gerichteten Verbote der Anrechnung und Creditirung des Kaufpreises für die gelieferten Lebensbedürfnisse offenbar zum Nachtheile der Arbeiter ausschlagen; sie sollen daher in Bezug auf diesen bestimmten Fall durch einen Beschluß der Regierung außer Anwendung gesetzt werden. Da die Regierungen voraussichtlich Bedenken tragen werden, das Vorhandensein eines Nothstandes durch einen allgemeinen Beschluß und durch eine entsprechende Bekanntmachung öffentlich zu proclamiren, so werden sie vorziehen, die im §. 86 vorgesehene Ermächtigung auf Ansuchen jedes einzelnen Bergwerksbesitzers durch einen besonderen Beschluß zu ertheilen.

[199]) Das Braunschweigische Berggesetz (§. 88) fügt hinzu:

„Bei Werken, die für Rechnung des Staates betrieben werden, dürfen Fruchtböden bestehen."

[200]) Unter den Bergwerksbesitzern sind hier ebenso wie im §. 82, Nr. 3 und im §. 83 Nr. 2 nur die Besitzer eines ganzen Bergwerks zu verstehen, nicht die Gewerken, mögen dieselben Mitglieder einer nach den Vorschriften des vierten Titels organisirten Gewerkschaft oder Miteigenthümer nach den Grundsätzen des alten Rechtes (§§. 227 ff.) sein.

einerseits und Bergleuten andererseits über die Entnehmung der Bedürfnisse dieser Letzteren aus gewissen Verkaufsstellen, sowie überhaupt über die Verwendung des Verdienstes derselben zu einem anderen Zwecke, als zur Betheiligung an Einrichtungen zur Verbesserung der Lage der Bergleute oder ihrer Familien (§. 86)[201]).

§. 90.

Forderungen für Waaren, welche ungeachtet des Verbots den Arbeitern creditirt worden sind, können von den Bergwerksbesitzern und von den ihnen gleichgestellten Personen weder eingeklagt noch durch Anrechnung oder sonst geltend gemacht werden, ohne Unterschied, ob sie zwischen den Betheiligten unmittelbar entstanden oder mittelbar erworben sind; vielmehr fallen dergleichen Forderungen der Knappschaftskasse zu, welcher das betreffende Werk angehört[202]).

§. 91.

Zuwiderhandlungen gegen die §§. 86 und 87 werden mit einer Geldbuße bis zu fünfhundert Thalern und im Unvermögensfalle mit verhältnißmäßiger Gefängnißstrafe bestraft. Im Wiederholungsfalle wird die Strafe verdoppelt.

Jede rechtskräftige Verurtheilung wird auf Kosten des Verurtheilten durch das Amtsblatt und andere öffentliche Blätter derjenigen Kreise, in welchen derselbe und der betheiligte Bergmann ihren Wohnsitz haben, bekannt gemacht.

§. 92.

Die auf Grund des §. 91, desgleichen die wegen Uebertretungen des §. 85 festgesetzten Geldstrafen fließen zu der im §. 90 bezeichneten Knappschaftskasse[203]).

Gewerbeordnung für den Norddeutschen Bund vom 21. Juni 1869. (B.G.Bl. S. 245) **§§. 134–139, §. 146.**

§. 134. Fabrikinhaber, sowie alle diejenigen, welche mit Ganz- oder Halbfabrikaten Handel treiben, sind verpflichtet, die Löhne der Arbeiter, welche mit Anfertigung der Fabrikate für sie beschäftigt sind, in baarem Gelde auszuzahlen.

Sie dürfen denselben keine Waaren creditiren.

---

[201]) Das Allegat des §. 86 ist ohne Bedeutung.

[202]) Die Verordnung vom 22. Februar 1867 betreffend die Einführung des Allgem. Berggesetzes in Nassau (G.S. S 237) bestimmt im Art. VIII:

„Die in den §§. 90 und 92 des Berggesetzes den Knappschaftskassen zugewiesenen Forderungen und Geldstrafen fallen der allgemeinen Knappschaftskasse zu."

Diese Vorschrift hat indeß als eine bloße Uebergangsbestimmung nur so lange Geltung behalten, bis gemäß Art. V der angeführten Verordnung der allgemeine Knappschaftsverein für das vormalige Herzogthum Nassau gegründet wurde. Sie gilt auch zur Zeit nicht für diejenigen Knappschaftsvereine, welche nach Art. V cit. von der Theilnahme an der Allgemeinen Knappschaftskasse entbunden werden.

[203]) Im Braunschweigischen Berggesetze folgt eine besondere Bestimmung über das Vorrecht des Arbeitslohnes;

§. 95. „Den Bergarbeitern wird in Beziehung auf die Rückstände aus dem letzten Jahre an Lohn und anderen Emolumenten das gesetzliche Vorrecht des Gesindelohns beigelegt (Verordnung vom 12. October 1756 und §. 38 der Gesindeordnung vom 15. October 1832)." welche dem §. 249 Art. 2 des Preußischen Berggesetzes entspricht.

Dagegen können den Arbeitern Wohnung, Feuerungsbedarf, Landnutzung, regelmäßigung Beköstigung, Arzneien und ärztliche Hülfe, sowie Werkzeuge und Stoffe zu den von ihnen anzufertigenden Fabrikaten unter Anrechnung bei der Lohnzahlung verabreicht werden.

§. 135. Die Bestimmungen des §. 134 finden auch Anwendung auf Familienglieder, Gehülfen, Beauftragte, Geschäftsführer, Aufseher und Factoren der dort bezeichneten Arbeitgeber, sowie auf Gewerbetreibende, bei deren Geschäft eine der hier erwähnten Personen unmittelbar oder mittelbar betheiligt ist.

§. 136. Unter Arbeitern (§. 134) werden hier auch diejenigen verstanden, welche außerhalb der Fabrikstätten für Fabrikinhaber oder für die ihnen gleichgestellten Personen die zu deren Gewerbebetriebe nöthigen Ganz- oder Halbfabrikate anfertigen, oder solche an sie absetzen, ohne aus dem Verkaufe dieser Waaren an Consumenten ein Gewerbe zu machen.

§. 137. Arbeiter, deren Forderungen den Vorschriften der §§. 134 bis 136 zuwider anders als durch Baarzahlung berichtigt sind, können zu jeder Zeit die Bezahlung ihrer Forderungen in baarem Gelde verlangen, ohne daß ihnen eine Einrede aus dem an Zahlungsstatt Gegebenen entgegengesetzt werden kann. Letzteres fällt, soweit es noch bei dem Empfänger vorhanden oder dieser daraus bereichert ist, der im §. 139 Abs. 2 gedachten Kasse zu.

§. 138. Verträge, welche den §§. 134 bis 136 zuwiderlaufen, sind nichtig.

Dasselbe gilt von Verabredungen zwischen Fabrikinhabern oder ihnen gleichgestellten Personen einerseits und Arbeitern andererseits über die Entnehmung der Bedürfnisse dieser letzteren aus gewissen Verkaufsstellen, sowie überhaupt über die Verwendung des Verdienstes derselben zu einem anderen Zweck, als zur Betheiligung an Einrichtungen zur Verbesserung der Lage der Arbeiter oder ihrer Familien (§ 134).

§. 139. Forderungen für Waaren, welche ungeachtet des Verbots den Arbeitern creditirt worden sind, können von Fabrikinhabern und von den ihnen gleichgestellten Personen weder eingeklagt, noch durch Anrechnung oder sonst geltend gemacht werden, ohne Unterschied ob sie zwischen den Betheiligten unmittelbar entstanden oder mittelbar erworben sind.

Dagegen fallen dergleichen Forderungen der Kranken-, Sterbe-, Spar- oder ähnlichen Hülfskasse zu, welche in der Wohnortsgemeinde des betheiligten Arbeiters für diejenige Klasse von Arbeitern besteht, zu welcher er gehört [204]). Sind mehrere solche Kassen vorhanden, so fällt die Forderung allen zu gleichen Theilen zu, in Ermangelung derartiger Anstalten aber der Ortsarmenkasse.

§. 146. Zuwiderhandlungeu gegen die §§ 134 bis 136 werden mit einer Geldstrafe bis zu fünfhundert Thalern bestraft. Kann die Geldstrafe nicht beigetrieben werden, so ist der Höchstbetrag der an Stelle derselben tretenden Freiheitsstrafe, Gefängniß von sechs Monaten. Im Wiederholungsfalle wird die Strafe verdoppelt. Die Geldstrafen fließen derjenigen Kasse zu, welcher die im §. 139 erwähnten Forderungen nach den dort ertheilten Vorschriften zufallen [205]).

Jede rechtskräftige Verurtheilung wird auf Kosten des Verurtheilten durch das amtliche Organ der höheren Verwaltungsbehörde des Bezirks und andere öffentliche Blätter derjenigen Kreise, in welchen derselbe und der betheiligte Arbeiter ihren Wohnsitz haben, bekannt gemacht.

---

[204]) Dies ist nach §. 168 des Berggesetzes die Kasse des Knappschaftsvereins, zu welchem das Bergwerk gehört; daher besteht zwischen §§. 139. 146 der Gewerbeordnung und §§ 90 u. 92 des Berggesetzes vollständige Uebereinstimmung.

[205]) Die Fassung des ersten Absatzes ist durch das Reichsgesetz vom 12. Juni 1872 (R.G.Bl. S. 170; in der obigen Weise abgeändert.

§. 93.

Auf jedem Bergwerke ist über die daselbst beschäftigten Arbeiter eine Liste zu führen, welche die Vor- und Zunamen, das Geburtsjahr, den Wohnort, den Tag des Dienstantritts und der Entlassung, sowie das Datum des letzten Arbeitszeugnisses enthält.

Die Liste muß der Bergbehörde auf Verlangen vorgelegt werden[206].

Vierter Titel.

Von den Rechtsverhältnissen der Mitbetheiligten eines Bergwerks[207].

§. 94.

Zwei oder mehrere Mitbetheiligte eines Bergwerks bilden eine Gewerkschaft[208].

---

[206]) Derartige Arbeiterlisten sind erforderlich, um die Befolgung der auf die Bergarbeiter, z. B. die jugendlichen Arbeiter, die Abkehrscheine 2c. bezüglichen Vorschriften überwachen und außerdem die Controle der Knappschaftsvorstände über die vorschriftsmäßige Anmeldung der Arbeiter ermöglichen zu können. Die Uebertretung des §. 43 wird nach §. 207 bestraft.

[207]) Das Gothaische Berggesetz regelt die Verhältnisse der Mitbetheiligten eines Bergwerks nach den Normen des Miteigenthums und der Societät; daher fehlt der Abschnitt über die gewerkschaftliche Verfassung (Vergl. Anm. 284a).

[208]) Die Bestimmungen des vierten Titels enthalten eine durchgreifende Umgestaltung des gewerkschaftlichen Rechtsverhältnisses, bei welcher zwar die eigenthümliche aus der Natur und dem Bedürfnisse des Bergbaues erzeugte Organisation der Gewerkschaft, wie solche sich in älteren deutschen Bergrechten durch Jahrhunderte entwickelt hat, im Wesentlichen unverändert beibehalten ist, dagegen die Formen der gewerkschaftlichen Verfassung und des gewerkschaftlichen Antheilrechtes gänzlich neugestaltet und mit dem Bedürfnisse des Verkehrs in Einklang gebracht sind. Das Allgemeine Berggesetz hat auf diesem Gebiete nicht wie in den anderen Materien ein fertiges Product der früheren Einzelgesetzgebung zur Grundlage, sondern es schließt sich an bloße Vorarbeiten zur Verbesserung der gewerkschaftlichen Verfassung an, so daß die neugeschaffenen Formen und Regeln ihre practische Probe noch zu bestehen haben.

Der erste Vorschlag zu einer Reform des gewerkschaftlichen Rechtsverhältnisses ist von dem Geh. Oberbergrath Karsten ausgegangen, welcher bei den Berathungen über die Revision des Bergrechts von 1845/46 in einem Votum vom 13. Juni 1845 (Protokolle S. 69) folgende Sätze aufstellte:

> „Die Berggesetzgebung muß sich den gesetzlichen Bestimmungen für andere gewerbliche Unternehmungen so weit anschließen, als die eigenthümliche Natur des Bergbaubetriebes es nur irgend zuläßt. *Nur das Bergwerk selbst, oder die Grube ist als ein einziges und untheilbares Ganzes in dem Berghypothekenbuche als ein Immobile aufzuführen. — Der auf jeden Theilnehmer fallende Grubenantheil gehört zu dessen* beweglichem Vermögen und muß jedem Besitzer zur freien ungehinderten Disposition verbleiben. — Daraus geht dann von selbst hervor, daß auf ein Bergeigenthum (auf eine Grube) nur durch den gemeinschaftlichen Beschluß aller Theilnehmer des Vertrages (insofern den Vorstehern nicht besondere Befugnisse beigelegt worden sind) solche Schulden contrahirt werden können, welche die Grube und deren Betrieb betreffen. Privatschulden blieben ganz ausgeschlossen, da jeder Betheiligte durch das ihm über die Größe seines Antheils an der Bergbau-Unternehmung auszustellende Document Gelegenheit erhält, Privatschulden zu contrahiren und seinen Gläubigern in derselben Art, wie durch sein übriges Vermögen, Sicherheit zu gewähren."

Die Gewerkschaft[209]) kann ihre besondere Verfassung durch ein notariell oder

---

Dies war der erste Vorschlag zur Mobilisirung der Kuxe. Er fand indeß bei den Verfassern des Entwurfes von 1846 keinen Anklang. Auch in den beiden Entwürfen von 1848 und in dem letzten Entwurfe eines allgemeinen Berggesetzes, welcher im Jahre 1850 den Kammern vorgelegt wurde, hat seine Idee keine Berücksichtigung gefunden, da man es vorzog, die Schwierigkeit der Regelung der gewerkschaftlichen Antheilrechte durch Stillschweigen zu umgehen. Als dann der Versuch einer allgemeinen Reform des Bergrechtes in Preußen einstweilen aufgegeben wurde, begnügte man sich, durch das Gesetz über die Verhältnisse der Miteigenthümer eines Bergwerks vom 12. Mai 1851 (G.S. S. 265) die gewerkschaftliche Verfassung in den Vorschriften über die Beschlußfassung und die Vertretung der Gewerkschaften zu verbessern, während die bisherige Form des gewerkschaftlichen Antheilrechtes, die Immobiliarqualität der Kuxe unverändert beibehalten wurde. Dagegen fand die Mobilisirung der Kuxe Eingang in die neuen Berggesetze, welche in den Jahren 1851 und 1854 für das Königreich Sachsen und für Oesterreich erlassen wurden. Beide enthalten übereinstimmend den Grundsatz, daß die Kuxe zu dem beweglichen Vermögen gehören, und daß ein gewerkschaftliches Bergwerkseigenthum nur als Ganzes eingetragen und belastet werden kann. Allein weder das sächsische Berggesetz vom 22. Mai 1851 (§§. 13 ff.) noch auch das österreichische Berggesetz vom 22. Mai 1854 (§§. 135 ff.) gab der neu geschaffenen Form des gewerkschaftlichen Besitzes eine hinlänglich ausgebildete Form, welche die bisherigen Einrichtungen des Berggegenbuches für den Verkehr und für die Benutzung des Realcredits zu ersetzen vermocht hätte. Für den preußischen Bergbau stellte sich der Mobilisirung der Kuxe die fernere große Schwierigkeit entgegen, daß eine hypothekarische Belastung der vorhandenen Kuxe in ausgedehntem Umfange, wenn auch mit geringem Nutzeffecte bestand. Es war deshalb nothwendig, bei der Einführung der Mobilisirung der Kuxe zugleich auf die Umleitung dieser bestehenden Hypothekenrechte in die neue Form des Pfandrechtes an dem Kuxscheine Bedacht zu nehmen.

Vorschläge in dieser Richtung wurden zuerst im Jahre 1857 von dem Herausgeber dieses Kommentars in einer Denkschrift an den damaligen Handelsminister, Hrn. v. d. Heydt, gemacht, mit welcher zugleich der Entwurf eines Gesetzes über die Rechtsverhältnisse der Gewerkschaften verbunden war. Diese Vorschläge wurden im Jahre 1858 veröffentlicht und gaben zu einer lebhaften Discussion Anlaß, welche in den Kreisen der Betheiligten von einer Anfangs ablehnenden Haltung zu einer allmählich wachsenden Theilnahme für die angeregte Reform führte. Aus dreijährigen Berathungen ging der Gesetzentwurf, die Mobilisirung der Kuxe betreffend, hervor, welcher im Januar 1861 dem Hause der Abgeordneten vorgelegt wurde, aber nicht zur Berathung im Plenum des Hauses gelangte, weil die weit auseinandergehenden Ansichten bei den Commissionsberathungen kein positives Resultat hoffen ließen.

Der vorläufige Entwurf zum Allgem. Berggesetze (1863) schlug eine gänzlich verschiedene Richtung ein, indem er die bisherige Gestalt des gewerkschaftlichen Besitzes, die Immobiliarqualität der Kuxe beibehielt und die gwerkschaftliche Verfassung auf wenige Bestimmungen über die Beschlußfassung reducirte, das Uebrige der vertragsmäßigen Feststellung für jeden einzelnen Fall überlassend. Diese Vorschläge gingen aus der Anschauung hervor, daß die gewerkschaftliche Verfassung als solche veraltet und nicht mehr von dem Bedürfnisse des Verkehrs getragen sei, daß es den Gewerken überlassen werden müsse, sich in den Gesellschaftsformen des Civilrechts oder des Handelsrechtes zu vereinigen und die durch die Zwecke des Bergbaues gebotenen besonderen Einrichtungen für jede einzelne Gewerkschaft durch vertragsmäßige Verabredungen festzusetzen. Sie fanden indeß fast allseitigen Widerspruch, weil die Betheiligten mit Recht in der ausgebildeten Verfassung der Gewerkschaft nicht eine Beschränkung, sondern eine wesentliche Erleichterung des Verkehr erkannten. Das Allg. Berggesetz ist deshalb im vierten Abschnitte zu den Vorschriften des Gesetzes vom 12. Mai 1851 und zu den Vorschlägen des Gesetzentwurfes vom 22. Januar 1861 über die gewerkschaftliche Verfassung und über das gewerkschaftliche Antheilrecht zurückgekehrt. Nach den Uebergangsbestimmungen der §§. 227—240 finden jedoch die Vorschriften über die Personification der Gewerkschaft und die Mobilisirung der Kuxe auf die beim Eintritte der

gerichtlich zu errichtendes Statut regeln, welches der Zustimmung von wenigstens

Gesetzeskraft des Allg. Berggesetzes im Besitze mehrerer Personen befindlichen Bergwerke nicht Anwendung. Die Mitbetheiligten dieser Bergwerke können die im vierten Titel enthaltene gewerkschaftliche Verfassung nur durch einen Mehrheitsbeschluß von drei Vierteln der Antheile und nur mit Einwilligung der Hypothekengläubiger — falls auf den gewerkschaftlichen Antheilen Hypotheken haften — annehmen. In Folge dieser Uebergangsbestimmungen wird die gewerkschaftliche Verfassung des neuen Rechtes nur bei einer geringen Zahl von Bergwerken Anwendung finden können, während bei der weit überwiegenden und wichtigeren Zahl der älteren Gewerkschaften das bisherige rechtsrheinische und linksrheinische Recht in Anwendung bleibt. Ein solcher Zustand ist auf die Dauer nicht haltbar. Das Bedürfniß des Verkehrs nach gleichartigen Normen für völlig gleichartige Rechtsverhältnisse wird über kurz oder lang dazu nöthigen, entweder die angestrebte Umgestaltung des gewerkschaftlichen Rechtsverhältnisses wieder aufzugeben oder sie auf sämmtliche Gewerkschaften zu erstrecken und nur die Ausnahme des §. 133, die anderweitige Regelung des Verhältnisses der Mitbetheiligten durch Vertrag oder sonstige Willenserklärungen zuzulassen. — Die Rechtsunsicherheit und die Belästigung des Verkehrs, welche aus dem dauernden Bestehen grundsätzlich verschiedener Normen für dasselbe Rechtsverhältniß je nach dem Datum seiner Entstehung nothwendig entspringen muß, wird sofort ersichtlich, wenn man z. B. unterstellt, daß die Tit. 2 und 3 Buch I des Allgem. Deutschen Handelsgesetzbuchs nur auf die nach dem 1. März 1862 errichteten Handelsfirmen Anwendung finden sollten, oder daß die Preußische Hypothekenverfassung in das Gebiet des gemeinen Rechtes eingeführt werden sollte, jedoch mit Ausschluß der bereits mit irgend einer Hypothek beschwerten Grundstücke. Da überdies eine Revision der Bestimmungen des vierten Titels auf Grund der aus ihrer practischen Anwendung sich ergebenden Erfahrungen voraussichtlich in nicht zu langer Frist nothwendig werden wird, so darf man dann wohl auch der Beseitigung der erwähnten Uebergangsbestimmungen entgegensehen. Bei der Einführung des Allg. Berggesetzes in die neuen Landestheile ist diesem Wunsche soweit Rechnung getragen, als die Einführungs-Verordnung für Hannover vom 8. Mai 1867 (G.S. S. 601) in den Art. VI bis VIII die Vorschriften des vierten Titels unmittelbar auf die bereits bestehenden Gewerkschaften anwendet. Nur für den Eisenerzbergbau im Bezirke des Berg- und Forstamtes Clausthal (die Aemter Zellerfeld und Elbingerode) ist im Art. XV §. 6 der angeführten Verordnung eine dem §. 240 des Allg. Berggesetzes entsprechende Uebergangsbestimmung betreffend die vor dem 1. Juli 1867 im Besitze mehrerer Personen befindlichen Bergwerke getroffen. (Vergl. unten bei Tit. X.)

[209]) Die Gewerkschaft des deutschen Bergrechtes hat sich zwar auf der Grundlage der civilrechtlichen Erwerbsgesellschaft entwickelt. Es hat aber auf ihre Entwickelung, wie auf alle Institute des Bergrechts, das Bedürfniß des Verkehrs und die besondere Natur des Bergwerksbetriebes einen so bestimmenden Einfluß ausgeübt, daß das gewerkschaftliche Rechtsverhältniß von jeher durch charakteristische Besonderheiten und durch wesentliche Abweichungen von den Regeln der gewöhnlichen civilrechtlichen Gewerkschaft unterschieden worden ist. Wenn trotzdem das ältere rechtsrheinische Bergrecht die Gewerkschaft als eine bloße Unterart der Societät oder des Miteigenthums (obgleich von einer bloßen communio incidens bei einer Vereinigung zum Bergwerksbetriebe offenbar nicht die Rede sein kann) behandelte, so trat es hierdurch in Widerspruch mit den aus den Bedürfnissen des Verkehrs entwickelten und durch die Gesetzgebung längst anerkannten Regeln des gewerkschaftlichen Verhältnisses. Es ist auch nach dem älteren Rechte unzulässig, jedes einzelne der Gewerkschaft gehörige Vermögensstück, wie dies nach den Regeln der civilrechtlichen Gesellschaft oder der zufälligen Gemeinschaft geschehen müßte, nach ideellen Theilen unter den Gewerken getheilt zu denken, und jede gewerkschaftliche Forderung oder Schuld als unter den Gewerken von Rechts wegen getheilt anzunehmen. Die Gewerkschaft besitzt vielmehr als solche ein besonderes von dem Vermögen der einzelnen Gewerken rechtlich unterschiedens gewerkschaftliches Vermögen, in Bezug auf welches sie unabhängig von dem Wechsel ihrer Mitglieder selbstständige Rechte und Pflichten hat. Diese rechtliche Natur der Gewerkschaft wird in dem älteren Rechte durch die An-

drei Viertheilen aller Antheile und der Bestätigung des Oberbergamtes bedarf[210]).

nahme eines sogenannten Gesammteigenthums bezeichnet (Allg. Landrecht Th. II, Tit. 16, §§. 264 ff.) und unter dieser Bezeichnung ist nach der treffenden Ausführung von v. d. Bercken in der Zeitschrift für Bergrecht Bd. I, S. 87 ff. eine Personification des Bergwerks zu verstehen, welches als juristische Persönlichkeit und als Subject der gewerkschaftlichen Rechte und Verpflichtungen gedacht wird. Hiernach sind die Gewerken Miteigenthümer des Bergwerks und das Bergwerk selbst Träger des ganzen gewerkschaftlichen Vermögens.

Das Allg. Berggesetz setzt an die Stelle dieser Auffassung des älteren Rechtes die juristische Persönlichkeit der Gewerkschaft, welche alleinige Eigenthümerin des Bergwerks ebenso wie des übrigen gewerkschaftlichen Vermögens ist. Die practischen Folgen dieses Principes, welches in dem Gesetze nicht ausdrücklich ausgesprochen ist, sind in den §§. 95—100 ausgedrückt.

Der wichtigste Unterschied zwischen der Auffassung des älteren und des neueren Rechtes tritt in der rechtlichen Natur des gewerkschaftlichen Antheilrechtes oder des Kuxes hervor. Der Kux ist nach altem Rechte ein ideeller Antheil des Bergwerks, mit dem ein entsprechender Antheil an dem im Gesammteigenthume befindlichen gewerkschaftlichen Vermögen verknüpft ist. Er erscheint äußerlich als ein ideeller Theil einer unbeweglichen körperlichen Sache, des Bergwerks, mit dem ein Antheil an einem Vermögensinbegriffe unzertrennlich verbunden ist. Durch die Veräußerung des ideellen Bergwerksantheils wird auch der Antheil an dem ganzen Inbegriffe der gewerkschaftlichen Rechte und Verpflichtungen übertragen. Mit der Verpfändung des ideellen Bergwerksantheils ist auch der Antheil an dem übrigen gewerkschaftlichen Vermögen verpfändet, weil das Pfandrecht durch den Verkauf des Kuxes realisirt wird, und bei diesem Verkaufe nicht bloß $^{1}/_{128}$ des eingetragenen Bergwerks, sondern zugleich der entsprechende Antheil an dem ganzen Inbegriff des gewerkschaftlichen Vermögens auf den Käufer übergeht.

Nach dem neuen Rechte wird das Bergwerk für die Gewerkschaft eingetragen und kann nur von ihr mit Hypotheken beschwert werden (§§. 97, 98). Der Kux stellt nicht mehr einen ideellen Antheil des Bergwerks vor, sondern einen Antheil an dem Inbegriff des ganzen gewerkschaftlichen Vermögens, in welchem das Bergwerk eingeschlossen ist. Er zählt zu den beweglichen Sachen und wird durch einen der Actie analogen Kuxschein für den Verkehr verkörpert, welcher durch Cession veräußert und durch Uebergabe verpfändet wird (§§. 101, 103, 105, 108). Das neue Recht unterscheidet also bei der Verpfändung das Bergwerk und die Kuxe als verschiedene Objecte, während nach älterem Rechte das Bergwerk nur durch Verpfändung der sämmtlichen Kuxe zur Hypothek gestellt werden kann und durch die Verpfändung der Kuxe zugleich das Bergwerk selbst belastet wird. Auf dieser mangelnden Unterscheidung zwischen dem Antheilrechte an dem gewerkschaftlichen Vermögen und den ideellen Theilen des Bergwerks beruht die Fehlerhaftigkeit der bisherigen Berghypothekeneinrichtung und das Ungenügende derselben für die Bedürfnisse des bergmännischen Realcredits.

Nach der bisherigen Hypothekenverfassung wurde die Verpfändung des Antheilrechtes auf dem Folium der Grube und zwar auf dem entsprechenden Theile der Grube eingetragen. Ebenso wurde die Verpfändung der ganzen Grube in der Form einer Hypothek auf sämmtlichen Kuxen, also auf den Antheilen der einzelnen Gewerken ingrossirt. Dieses Verfahren beruht auf der Voraussetzung, daß die Antheile der Gewerke einfache ideelle Theile des Bergwerks seien, und daß die Befugniß zum Verkaufe aller Kuxe der Befugniß das ganze Bergwerk zu verkaufen mathematisch gleich sei. Diese Voraussetzung ist aber handgreiflich falsch. Der Antheil eines Gewerken umfaßt nicht bloß den entsprechenden ideellen Theil der Grube, sondern auch den entsprechenden Theil von dem übrigen Vermögen der Gewerkschaft, einschließlich der Schulden. Der Gewerke kann seinen Antheil nicht ohne diesen ratirlichen Theil der gewerkschaftlichen Schulden verkaufen. Auch der Pfandgläubiger, welchem die Befugniß zum Verkaufe eines solchen Antheils eingeräumt ist, kann nicht das Antheilrecht an dem Activvermögen der Gewerkschaft für sich allein, sondern nur in Verbindung mit dem entsprechenden Schuldentheile auf den Ankäufer übertragen. Der Adjudicator des subhastirten Kuxes tritt wie in die Rechte, so auch in die Verbindlichkeiten der Gewerkschaft auf Höhe eines Kuxes ein.

Diese Bestimmungen der §§, 95 bis 110, 114 Absatz 2, und 123 bis 128

Wenn also das Bergwerk einen Werth von 128000 Thlrn hat, die Schulden der Gewerkschaft aber 32000 Thlr. betragen*), so trägt der Verkaufswerth eines Kuxes $\frac{128000-32000}{128} = 750$ Thlr. Der Pfandgläubiger wird niemals im Stande sein, bei dem Verkaufe des Kuxes einen höheren Kaufpreis zu erzielen. Der Kux wird daher aufs Höchste einen Pfandcredit von 750 Thlrn.; sämmtliche 128 Kuxe aber, einzeln verpfändet, einen Pfandcredit von 96000 Thlrn. gewähren können. Der Werth des Bergwerks beträgt jedoch 32000 Thlr. mehr. Die Grube, als Ganzes verpfändet und verkauft, könnte also eine um ein Drittel höhere Realsicherheit gewähren. Umgekehrt, wenn die Gewerkschaft außer ihrem Bergwerke im Werthe von 128000 Thlrn. ein Vermögen in ausstehenden Forderungen, Eisenbahnactien und Betriebsmitteln, von 32000 Thlrn. besitzt, so wird der Werth eines Kuxes $\frac{128000+32000}{128} = 1250$ Thlr. betragen. Der Verkaufswerth und der Pfandcredit der einzelnen Kuxe wird also den der ganzen Grube um ein Viertel übersteigen. Die Gesammtheit der Antheile ist also ein von dem Körper der Grube ganz verschiedenes Vermögensobject. Eine Gewerkschaft, deren Vermögenslage ungünstig ist, kann in dem Körper ihrer Grube ein Pfandobject besitzen, dessen Werth den Gesammtwerth der Antheile weit übersteigt. Und der Gewerke, welcher bei einer an ausstehenden Forderungen reichen Gewerkschaft betheiligt ist, kann in diesem Antheilrechte eine weit erheblichere Realsicherung gewähren, als die entsprechende Quote an dem Immobiliarwerthe des Bergwerks allein darstellt.

Die bisherige Hypothekenverfassung ignorirte diesen Unterschied gänzlich. Sie gab dem Gläubiger formell einen ideellen Theil des Bergwerks zum Pfande, und gestattete ihm doch nicht das Bergwerk selbst, sondern ein davon ganz verschiedenes Recht, das Antheilrecht des Gewerken zum Verkauf zu bringen. Wird aber zufällig z. B. durch den Concurs der Gewerkschaft, das ganze Bergwerk, getrennt von dem übrigen Vermögen der Gewerkschaft, zum Verkauf gebracht, so kehrt sich, um das Maß der Verwirrung voll zu machen, das Verhältniß um. Der Pfandgläubiger, welcher seinerseits nur das Antheilrecht des Gewerken zum Verkauf bringen konnte, wird nun aus den Kaufgeldern des Bergwerks befriedigt, und erhält statt eines durch die ungünstige Vermögenslage der Gewerkschaft entwertheten Pfandes plötzlich ein wesentlich verbessertes Recht.

Das Allg. Berggesetz beseitigt die Widersprüche. Es giebt der Gewerkschaft das Recht, den Körper des Bergwerks abgesondert von dem übrigen gewerkschaftlichen Vermögen hypothekarisch zu verpfänden, und so den ganzen in dem Kapitalwerthe der Bergwerke begründeten Realcredit ohne Abzug zu Gunsten des Bergbaues nutzbar zu machen. Neben dieser Befugniß der Gewerkschaft erhält der Gewerke die Möglichkeit, sein Antheilrecht durch Uebergabe des Gewährscheins zu verpfänden. So lange die Gewerkschaft von ihrer Befugniß nicht Gebrauch macht, oder soweit sie den Realcredit des Bergwerks nicht erschöpft, ist auch der Werth der Grube in der durch das Antheilrecht gewährten Realsicherheit begriffen.

Hat dagegen die Gewerkschaft diesen Realwerth durch hypothekarische Verpfändung absorbirt, so tritt an seine Stelle das hypothekarisch angenommene Kapital, welches die Vermögenslage der Gewerkschaft und folglich den Werth des Antheilrechtes um eben so viel verbessert, als die hypothekarische Belastung beide verschlechtert. Mag also die Gewerkschaft von ihrer Befugniß zur hypothekarischen Verpfändung Gebrauch machen oder nicht, der Antheil des Gewerken behält in beiden Fällen denselben Realcredit, welchen er nach der gegenwärtigen Verfassung besitzt, nämlich bis zur Höhe desjenigen Werthes, welchen der aliquote Theil des gewerkschaftlichen Vermögens repräsentirt. Wenn eine Gewerkschaft zum Bau einer nothwendigen Anschlußbahn 20000 Thlr. hypothekarisch auf die Grube anleiht, so wird durch die Ausführung dieser Anlage, wenn sie richtig berechnet und sparsam ausgeführt wird, das Vermögen der Gewerkschaft und damit das

---

*) Dem Verfasser ist eine Gewerkschaft bekannt, welche eine schwebende, nicht hypothekarisch versicherte Schuld von ca. 100000 Thlrn. besitzt.

dürfen durch das Statut nicht abgeändert werden[211]).

Antheilrecht des Gewerken sicher eher verbessert als verringert. Die Schuld von 20000 Thlrn. wird durch ein Vermögensobject von gleichem oder gar höherem Werthe compensirt.

Es ist daher unrichtig, wenn behauptet wird, die Mobilisirung übertrage den Realcredit von dem Gewerken auf die Gewerkschaft und entziehe dem persönlichen Gebrauche des Ersteren, was er der Letzteren zulegt. Das Allg. Berggesetz verdoppelt vielmehr den Realcredit des Bergwerksvermögens, indem es der Gewerkschaft den vollen Immobiliarwerth des Bergwerks, dem Gewerken den vollen Werth seines Antheils zur Verpfändung überläßt. Die Ausübung der einen Befugniß kann auch die andere nicht stören, so lange die gewerkschaftlichen Anleihen wirklich im Interesse der Gewerkschaft, d. h. zur Verbesserung des gewerkschaftlichen Vermögens verwendet werden.

[210]) Die Gewerkschaft bedarf nicht wie die Actiengesellschaft nach §. 1 des Gesetzes vom 9. November 1843 (G.S. S. 341) nothwendig eines Statutes. Der Gesellschaftsvertrag wird vielmehr da, wo ein Statut nicht errichtet ist, durch die Vorschriften des Gesetzes ersetzt, welches alle wesentlichen Theile des Rechtsverhältnisses bestimmt. Sobald daher ein Bergwerk in den Besitz von zwei oder mehreren Personen übergeht, ohne daß das gewerkschaftliche Rechtsverhältniß nach §. 133 durch die Natur der Gemeinschaft oder durch ausdrückliche Festsetzung ausgeschlossen ist, so entsteht unter ihnen kraft des Gesetzes das gewerkschaftliche Rechtsverhältniß mit der durch das Gesetz geregelten Verfassung. Diese Verfassung kann durch das Statut abgeändert und ergänzt werden.

Gegen das von drei Vierteln der Antheile beschlossene Statut kann die Entscheidung des Richters darüber, ob der Beschluß zum Besten der Gewerkschaft gereiche, nach §. 115 nicht angerufen werden. Der Minderheit steht also ein ordentliches Rechtsmittel gegen diesen Beschluß nicht zu. Sie kann nur bei dem Oberbergamte gegen die Bestätigung des beschlossenen Statuts vorstellig werden.

Das Oberbergamt ist bei der Bestätigung des Statuts an keine ausdrückliche Vorschrift gebunden. Die Prüfung wird sich zunächst auf die Beobachtung der Gesetze, also auf die formelle und materielle Gültigkeit der gefaßten Beschlüsse erstrecken, sodann auf diejenigen Bestimmungen, welche das öffentliche Interesse betreffen, und dahin gehört auch der etwaige Schutz gegen eine solche Kränkung der Interessen der Minderheit. So würde ohne Zweifel einem Statute die Bestätigung versagt werden müssen, welches der Minderheit gegen ihren Widerspruch das Stimmrecht in den Gewerkenversammlungen (§. 111) oder die Theilnahme an der Bestellung der Repräsentanten oder Grubenvorstandes (§. 118) entziehen wollte, während bei stillschweigender oder ausdrücklicher Zustimmung der Betheiligten es keinem Bedenken unterliegen würde, daß durch das Statut die Verwaltung des Bergwerks einem oder mehreren Gewerken mit Ausschluß der übrigen übertragen wird. Strohn bemerkt hierüber in der Zeitschrift für das Berg-, Hütten- und Salinenwesen Bd. XIII S. 172: „Die Bestätigung hat hauptsächlich den Schutz der Minorität gegen die Majorität zum Zweck; sie soll verhindern, daß die Majorität in das Statut Bestimmungen bringe, welche nicht das gemeinsame Beste der Gewerkschaft, sondern den Vortheil der Majorität auf Kosten der Minorität bezwecken. Die §§. 111 bis 121, lediglich mit Ausnahme des §. 114, Alinea 2, und des §§. 117, können sämmtlich durch das Statut abgeändert werden. Eine Mehrheit von drei Viertheilen kann somit in das Statut die Bestimmung aufnehmen, daß abweichend von §. 111 zur Fassung eines Beschlusses eine Gewerkenversammlung nicht nothwendig sei, daß nicht, wie der §. 112 verordnet, zur Gültigkeit eines Beschlusses die Anwesenheit aller Gewerken oder die Angabe des zu verhandelnden Gegenstandes bei der Einladung zu einer Versammlung erforderlich sei, daß die im §. 115 gegen einen Gewerkschaftsbeschluß zugelassene Klage auf Aufhebung des Beschlusses eben so wenig als die Bildung eines Schiedsgerichts statthaft sein solle u. s. w. Daß diese Befugniß von der vielleicht in einer einzigen Hand befindlichen Dreiviertelmajorität zum Nachtheile der übrigen Gewerken mißbraucht werden kann, ist klar; — einen solchen Mißbrauch zu verhüten, ist vornehmlich Grund und Zweck der Bestätigung."

[211]) Als die hauptsächlichsten Gegenstände der statutarischen Feststellung sind hiernach zu bezeichnen:

§. 95.

Die Gewerkschaft führt den Namen des Bergwerks, sofern sie nicht in dem Statut einen andern Namen gewählt hat [212].

§. 96.

Die Gewerkschaft kann unter ihrem Namen Rechte erwerben und Verbindlichkeiten eingehen, Eigenthum und andere dingliche Rechte an Bergwerken und Grundstücken erwerben, vor Gericht klagen und verklagt werden [213].

Ihr ordentlicher Gerichtsstand ist bei dem Gerichte, in dessen Bezirk das Bergwerk liegt [214].

---

1. Zeit und Ort der Gewerkenversammlungen und die Form der Zusammenberufung,
2. die Art der Vertretung und die Legitimation der Vertreter abwesender Gewerken,
3. die Form der Abstimmung und des Protokolls,
4. die Vollmacht des Repräsentanten (Grubenvorstandes) und die der Entscheidung durch die Gewerkenversammlung vorbehaltenen Gegenstände,
5. bei der Bestellung eines Grubenvorstandes: die Beschlußfassung im Vorstande und die Vertretung desselben beim Abschlusse von Geschäften durch eines oder mehrere Mitglieder,
6. die Wahlperiode des Repräsentanten oder der Mitglieder des Grubenvorstandes,
7. die Rechnungsführung und die Rechnungslegung,
8. die schiedsrichterliche Entscheidung über angefochtene Mehrheitsbeschlüsse (§. 115) und über sonstige Streitigkeiten zwischen der Gewerkschaft und ihren Mitgliedern,
9. die Liquidation des gewerkschaftlichen Vermögens im Falle der Auflösung der Gewerkschaft.

In dem Vereine für die bergbaulichen Interessen des Oberbergamtsbezirks Dortmund ist in der Sitzung vom 13. Januar d. J. ein von dem Herrn Bergrath von der Heyden-Rynsch entworfenes Normalstatut für Gewerkschaften zum Vortrag gebracht, auf welches unten bei den §§ 106, 115, 117 und 122 Bezug genommen ist.

[212]) Die Gewerkschaft des Steinkohlenbergwerks Hibernia führt also den Namen: „Die Gewerkschaft Hibernia" und wird unter diesem Namen in das Berghypothekenbuch eingetragen. Wenn die Gewerkschaft Handelsgeschäfte betreibt (Allg. Handelsgesetzbuch Art. 271, 272), so bildet dieser Name oder der im Statut angenommene Name zugleich die Firma der Gewerkschaft (a. a. O. Art. 15), unter welcher sie in das Handelsregister eingetragen wird.

[213]) Die Bestimmung des §. 96 soll nach §. 227 auf die bei Eintritt der Gesetzeskraft des Allg. Berggesetzes bereits bestehenden keine Anwendung finden. Allein die Gewerkschaften konnten schon nach der bisherigen rechtsrheinischen Gesetzgebung in der Person ihres Repräsentanten klagen und verklagt werden (Ges. v. 12. Mai 1851 §. 18, Nr. 15) und dies ist nach §. 110 auch künftig der Fall. Ebenso bestimmt sich auch der ordentliche Gerichtsstand der Gewerkschaften des alten Rechtes nach der Lage des Bergwerks als dem Hauptsitze ihrer geschäftlichen Thätigkeit.

Die Doppelfrist zur Einlegung von Rechtsmitteln (Declaration v. 6. April 1839 Art. 13) kommt den Gewerkschaften des neuen Rechtes nicht zu, weil sie nicht zu den privilegirten Corporationen gehören. Sie steht ihnen auch dann nicht zu, wenn unter den Gewerken sich bevormundete Personen befinden, weil nicht die einzelnen Gewerken, sondern die juristische Person der Gewerkschaft klagt oder verklagt wird.

Auch den Gewerkschaften des alten Rechtes wird in dem zuletzt angezogenen Falle die Doppelfrist zur Einlegung von Rechtsmitteln durch das Präjudiz 2266 des Obertribunals vom 23. December 1850 (Entsch. Bd. 20, S. 541) und durch das conforme Erkenntniß vom 5. Juli 1858 (Entsch. Bd. 39, S. 340) versagt, weil nach §. 18, Nr. 15 des Ges. v. 12. Mai 1851 der Repräsentant als dominus litis der für die Gewerkschaft zu führenden Processe zu betrachten sei. Da §. 119 des Allg. Berggesetzes nichts Anderes bestimmt, als §. 18 cit., so gilt dies Präjudiz auch noch gegenwärtig.

[214]) Wenn das Grubenfeld sich in zwei Gerichtsbezirke erstreckt, oder wenn die Gewerkschaft

§. 97.

Das Bergwerk wird, soweit die Einrichtung des Hypothekenwesens dies gestattet, auf den Namen der Gewerkschaft in das Hypothekenbuch eingetragen[215]).

§. 98.

Das Bergwerk kann nur von der Gewerkschaft und nur als Ganzes mit Hypotheken und dinglichen Lasten beschwert werden[216]).

§. 99.

Für die Verbindlichkeit der Gewerkschaft haftet nur das Vermögen derselben[217]).

§. 100.

Durch das Ausscheiden einzelner Mitglieder — Gewerken — wird die Ge-

---

mehrere Bergwerke in verschiedenen Bezirken besitzt, so tritt ein doppelter Gerichtsstand ein, so lange nicht die Gewerkschaft durch das Statut Domicil in dem einen der beiden Gerichtsbezirke gewählt hat.

[215]) Diese Bestimmung fehlt den Berggesetzen für Bayern, Würtemberg, Elsaß-Lothringen und Sachsen-Gotha mit Rücksicht auf die abweichende Einrichtung des dortigen Hypothekenwesens

[216]) Zur Verpfändung oder dinglichen Belastung des Bergwerks ist nach §. 114 ein Mehrheitsbeschluß von drei Vierteln aller Antheile erforderlich. Der §. 98 gilt nur für die Gewerkschaften des neuen Rechtes. Bei Bergwerken, die im Besitze von Gewerkschaften des alten Rechtes sind, ist nach §. 230 auch künftig eine Verpfändung und dingliche Belastung der einzelnen Kuxe im Berghypothekenbuche gestattet. Bergwerke, die sich im Besitze einer einzelnen Person befinden oder die gemäß §. 133 in ungetheilter Gemeinschaft oder von einer nach den Regeln des Civilrechts constituirten Gesellschaft besessen werden, können ebenfalls zu ideellen Antheilen verpfändet oder belastet werden, nur daß die ideellen Antheile im letztern Falle nicht nach Kuxen, sondern nach einfachen Brüchen ($^1/_2$, $^1/_3$, $^1/_4$ 2c.) ausgedrückt werden. Wird ein solches Pfandrecht an dem ideellen Antheile eines solchen nicht gewerkschaftlichen Bergwerks durch nothwendigen Verkauf realisirt, so bildet der Adjudicatar mit den Besitzern der übrigen Idealantheile eine Gewerkschaft nach den Regeln der §§. 94 ff. Ist aber der nicht verkaufte Idealantheil ebenfalls mit Hypotheken belastet, so kann das gewerkschaftliche Rechtsverhältniß nicht eintreten, weil dasselbe nach §. 98 die ideelle Belastung des Bergwerks ausschließt. Hier tritt also der Fall ein, daß das gewerkschaftliche Rechtsverhältniß durch anderweitige Willenserklärung, nämlich die Hypothekenbestellung seitens des einen Betheiligten ausgeschlossen ist (§. 133), und es gelten die Regeln des civilrechtlichen Miteigenthums so lange, bis die zufällige Gemeinschaft durch die Theilungsklage oder durch den Vertrag aufgehoben wird.

[217]) Dieser Grundsatz ist eine Consequenz der juristischen Persönlichkeit der Gewerkschaft. Er gilt indeß nach §§. 226 und 227 auch für die Gewerkschaften des alten Rechtes, für welche unter der früheren Gesetzgebung die entgegengesetzte Meinung durch das Erkenntniß des Obertribunals vom 28. September 1854 angenommen war, welches die Gewerken als persönlich verantwortlich für die Grubenschulden erklärte. Der Gläubiger der Gewerkschaft kann sich im Wege der Execution ebenso wie alle anderen Forderungen so namentlich auch die von den Gewerken nach §§. 102 und 129 zu entrichtenden Beiträge zur eigenen Einziehung überweisen lassen. Dies setzt indeß voraus, daß die Beiträge durch Gewerkenbeschluß ausgeschrieben sind, denn ohne einen Beschluß der Gewerkenversammlung können nach §§. 102 und 129 Beiträge nicht gefordert werden. Wenn also auch nach §. 102 die Gewerken verpflichtet sind, die zur Erfüllung der Schuldverbindlichkeiten der Gewerkschaft erforderlichen Beiträge zu zahlen, so wird doch, wie die Hinweisung auf §. 129 ergiebt, diese Verbindlichkeit erst durch den Gewerkenbeschluß existent, welcher die Höhe der zu leistenden Beiträge bestimmt, und der Gläubiger hat kein Mittel, die Ausschreibung von Beiträgen zu seiner Befriedigung im Wege der Execution zu erzwingen.

werkschaft nicht aufgelöst. Auch können einzelne Gewerken nicht auf Theilung klagen[218]).

§. 101.

Die Zahl der gewerkschaftlichen Antheile — Kuxe — beträgt hundert.

Durch das Statut kann die Zahl auf tausend bestimmt werden[219]).

Die Kuxe sind untheilbar[220]). Sie haben die Eigenschaft der beweglichen Sachen[221]).

---

[218]) Die Auflösung der Gewerkschaft durch Verkauf des ganzen Bergwerks kann nach §. 114 durch die Dreiviertel-Mehrheit beschlossen werden. Zur Verzichtleistung dagegen ist Einstimmigkeit erforderlich.

Die rechtlichen Folgen der Auflösung der Gewerkschaft erstrecken sich theils auf die Ansprüche der bisherigen Gewerken, theils auf diejenigen der Gläubiger der bisherigen Gewerkschaft. Die bisherigen Gewerken können nunmehr die Theilung des gemeinschaftlichen Vermögens verlangen. Sie sind nicht mehr verpflichtet nach §. 102 Beiträge zur Erfüllung der Schuldverbindlichkeiten der Gewerkschaft zu zahlen; wenn sie jedoch das früher gemeinschaftliche Vermögen unter sich vertheilen, ehe aus demselben die Gläubiger der Gewerkschaft befriedigt sind, so haften sie den Gläubigern auf Höhe des empfangenen Betrages. Ein besonderes Liquidationsverfahren, wie solches in den Artikeln 133 bis 145 des Handelsgesetzbuches für den Fall der Auslösung einer Handelsgesellschaft vorgeschrieben ist, ist in dem Berggesetze nicht vorgesehen.

Der Mangel solcher Bestimmungen hat sich besonders in den Fällen geltend gemacht, wo die Gewerkschaft das Bergwerk an einen Alleinbesitzer oder an eine Actiengesellschaft veräußert. Die Veräußerung des gemeinschaftlichen Bergwerkes hat von Rechts wegen die Auflösung der Gewerkschaft zur Folge, da eine Gewerkschaft nach §. 94 des Berggesetzes nur von den Mitbetheiligten eines Bergwerks gebildet werden kann. Der Ankäufer des Bergwerks wird Rechtsnachfolger der Gewerkschaft nur in Bezug auf das verkaufte Bergwerk, nicht in Bezug auf ihre sonstigen Vermögensrechte und Verbindlichkeiten. Er ist also für die Schulden der früheren Gewerkschaft weder persönlich noch mit dem angekauften Bergwerke verhaftet. Man hat versucht, die fortdauernde dingliche Haftung des veräußerten Bergwerks für die von der früheren Gewerkschaft contrahirten Verbindlichkeiten aus §. 99 herzuleiten. Allein diese Vorschrift enthält nur die einfache Bestimmung, daß nicht das Vermögen der einzelnen Gewerken, sondern nur das Vermögen der Gewerkschaft als juristischer Person für die Verbindlichkeiten der letzteren haftet. Eine dingliche Verhaftung des gewerkschaftlichen Vermögens insbesondere des Bergwerkes für die Grubenschulden, wie solche im ältern deutschen Bergrechte allerdings bestanden hat, ist darin nicht ausgesprochen.

Vergl. das Erkenntniß des Obertribunals vom 15. November 1870, Zeitschrift für Bergrecht Bd. XII S. 184 und meine Abhandlung das. S. 479.

Wenn übrigens die Gewerkschaft das Bergwerk zum Nachtheil ihrer Gläubiger veräußert und den Erlös unter den Gewerken vertheilt, ohne die Gläubiger zu befriedigen, so steht letztern der Antrag auf Concurseröffnung gemäß §§. 322 und 323 der Concursordnung vom 8. Mai 1855 und die Anfechtung der aus dem gewerkschaftlichen Vermögen an die einzelnen Gewerken erfolgten Vertheilungen gemäß §§. 99 ff. desselben Gesetzes offen.

[219]) Nach §. 235a kann bei den Gewerkschaften des alten Rechtes, welche die Mobilisirung der Kuxe beschließen, die Zahl der Kuxe mit Genehmigung des Handelsministers ausnahmsweise auf andere Zahl als hundert oder tausend bestimmt werden.

[220]) Geht ein Kux durch Erbschaft oder durch eine andere rechtsgültige Willenserklärung in das Eigenthum mehrerer Personen über, so haben dieselben zur Ausübung ihrer Rechte der Gewerkschaft gegenüber einen gemeinschaftlichen Bevollmächtigten zu bestellen. (Allg. Landr. Th. I, Tit. 5, §. 480. Tit. 17, §. 151.)

[221]) Der Kux des neuen Rechtes ist seiner Natur nach am nächsten der Actie verwandt.

§. 102.

Die Gewerken nehmen nach dem Verhältniß ihrer Kuxe an dem Gewinne und Verluste Theil.

Er bildet den Maßstab für das Antheilrecht der Gewerken an der Verwaltung und Nutzung des gewerkschaftlichen Vermögens. Er stellt sich, von dem Begriffe des Ganzen gewissermaßen abgelöst, nicht als ein Bruchtheil, sondern als Verkehrseinheit dar und bildet als solche den Gegenstand selbstständiger Rechte. Allein zwischen der Actie und dem Kuxe besteht der durchgreifende Unterschied, daß die Actie stets auf einen bestimmten Geldbetrag lautet (Allg. Handelsgesetzbuch Art. 273. Art. 210, Nr. 4), welcher die Einlage des Actionärs darstellt, wogegen der Kux keinen Nominalwerth, sondern nur einen aliquoten Theil ($^1/_{100}$ $^1/_{1000}$ $^1/_{10000}$) des gewerkschaftlichen Vermögens repräsentirt.

Der mobilisirte Kux ist also **kein courshabendes Papier**. Der übertragbare Gewährschein repräsentirt weder ein bestimmtes nominelles Capital, noch auch eine fortlaufende Rente. Der Eigenthümer des Gewährscheins hat nicht wie der Actionär mit einer einmaligen Einlage das Recht erkauft, an den Erträgen des Bergwerks Theil zu nehmen, ohne zu weiteren Leistungen für dieses Unternehmen verbunden zu sein. Er hat für seinen Antheil ebensowohl Zubußen zu erlegen, als Ausbeute zu erheben. Der Gewährschein ist daher weder als Zahlungsmittel zu gebrauchen, noch auch eignet er sich überhaupt zu einem Börsenpapiere, da von einem **Course**, d. h. von einem in Procenten des Nominalbetrages auszudrückenden Werthe niemals die Rede sein kann. Der mobilisirte Kux ist also seinem **Inhalte** nach von dem hypothekarisch eingegetragenen Kuxe überhaupt nicht verschieden. Er gewährt seinem Besitzer dieselben Rechte und er begründet ganz dieselben Verpflichtungen, wie der hypothekarisch eingetragene Antheil. Nur in den Formen der Uebertragung und der Verpfändung findet eine Veränderung statt.

Diese Erleichterung der Verkehrsformen ist von manchen Seiten als eine Gefahr für den Bergbau bezeichnet worden. Die Gegner der Mobilisirung der Kuxe behaupteten, daß die Kuxe durch die Ausgabe übertragbarer Gewährscheine in die den Actien eigenthümliche Bewegung gerathen und als Börsenpapier von Hand zu Hand gehen werden. Das Interesse, welches die Gewerken an das Bergwerk als ihre eigene Unternehmung knüpft, werde dann erlöschen. Der Kuxbesitz — jetzt ein dauerndes durch viele Generationen vererbtes Familienbesitzthum — werde dann in die Hände von Speculanten übergehen, denen die Kuxe nichts seien als Gegenstände der vorübergehenden Geldanlage und der Agiotage. Dann sei es aber um das Gedeihen und um die Blüthe des Bergbaues geschehen. Denn die Betheiligung am Bergbau müsse, um fruchtbringend zu sein, auf die Dauer berechnet und von einem sachlichen Interesse getragen sein. Das durch die Canäle der Speculation leicht und reichlich fließende Capital fließe bei unvorhergesehenen Schwierigkeiten, denen der solideste Bergbau mehr als andere Industriezweige begegne, ebenso unaufhaltsam wieder ab. Während daher die Börsenspeculation erfahrungsmäßig bedeutende Capitalien in unsicheren und nutzlosen Unternehmungen vergeude, gebe sie in den Zeiten der Zubuße und der Krise die werthvollsten und vielversprechendsten Anlagen auf, um ihr Capital in anderen Unternehmungen anzulegen, die augenblicklichen Gewinn verheißen.

Allein während diese Anklage gegen das Eindringen der Börsenspeculation auf das Gebiet des Bergbaues im Angesichte des Ruins so großer unter glänzenden Erwartungen begonnener Unternehmungen, die durch falsche Berechnung und Leitung zu Grunde gegangen sind, mit einer gewissen Berechtigung erhoben wird, übersieht man ganz, daß sie keineswegs gegen die Erleichterung der Verkehrsformen, sondern gerade gegen die bisher bestandenen Verkehrsbeschränkungen zu richten ist, welche die neuen Bergwerksunternehmungen in die meistens unpassende Form der Actiengesellschaften und der Actiencommanditgesellschaften gedrängt und so der fieberhaften Speculation, die alles bewegliche und unbewegliche Vermögen in courshabende Papiere zu verflüchtigen strebt und mit diesen eingebildeten Werthen ein ruheloses Spiel treibt, den Eingang auf das Gebiet des Bergbaues verschafft haben.

Sie sind verflichtet, die Beiträge, welche zur Erfüllung der Schuldverbindlichkeiten der Gewerkschaft und zum Betriebe erforderlich sind, nach Verhältniß ihrer Kuxe zu zahlen (§§. 129, 130.)[223].

Der mobilisirte Kux ist kein courshabendes Papier. Seine Form läßt keine Täuschung darüber zu, daß der Bergbau nicht wie die Staatsanleihen, wie die Eisenbahnunternehmungen und die Creditinstitute als ein Object der bloßen Capitalanlage ausgebeutet werden kann, daß er nicht bloß das Geld, sondern auch die Thätigkeit des Unternehmers in Anspruch nimmt. Denn der Gewährschein, in welchem der Capitalist seine Betheiligung an dem Bergwerke erwirbt, verheißt ihm nicht, wie die Actie oder der Commanditantheil die Verzinsung seines Anlagecapitals; er gibt ihm nicht für eine einmalige Einlage die bequeme Vormundschaft eines Verwaltungsrathes, die verlockende wenn auch trügerische Hoffnung auf Dividenden und Coursgewinnste ohne eigene Thätigkeit. Er verweist ihn, statt auf die Börse, auf das Bergwerk und in die Gewerkenversammlung, um da seinen Antheil an den Sorgen und an der Verantwortlichkeit des gemeinsamen Geschäftsbetriebes zu nehmen und zu lernen, daß der Bergbau seine langsam reifenden Früchte nicht dem Capital allein gewährt, sondern nur in Verbindung mit der Intelligenz und der Ausdauer.

Dem Eindringen der unbeständigen und unverständigen Speculation wird also gerade die Mobilisirung der Kuxe wehren und vorzüglich dadurch wehren, daß sie durch die Erleichterung des Verkehrs mit den Kuxen die übermäßige Emission der Bergwerksactien und besonders die Bildung der unsicheren Kommandbitgesellschaften beschränkt. Mit Recht bemerkt daher Karsten am Schlusse seines oben angeführten Votums (Protocolle S. 70):

„Gerade diese Einrichtung ist für das Gedeihen des Bergbaues ganz geeignet und wird alle Speculanten fern halten, denen es nur um hohe Zinsen von ihren Beiträgen zu thun ist, die aber weder die Absicht noch die Gelegenheit haben, sich um den günstigen Fortgang des Baubetriebes selbst und um die Verwerthung der gewonnenen Producte zu kümmern."

[222]) Die Vorschriften, welche §. 102 über die Theilnahme der Gewerken an dem Ertrage und den Kosten des Bergwerksbetriebes gibt, stimmen mit den Grundsätzen des bisherigen rechtsrheinischen Bergrechtes überein. Sie enthalten die zweite wesentliche Verschiedenheit, durch welche sich das Rechtsverhältniß der Gewerkschaft von der Actiengesellschaft unterscheidet.

Bei der Actiengesellschaft findet nur eine einmalige Einlage des Actionärs statt. Das aus diesen Einlagen, also aus dem Nominalbetrage sämmtlicher Actien gebildete Grundcapital bildet zugleich den Maßstab für den an die Actionäre zu vertheilenden Ertrag des Unternehmens. Jede Vermehrung des Grundcapitals kommt als Geschäftsgewinn zur Vertheilung (sofern nicht die Bildung eines Reservefonds beschlossen wird). Eine Zurückzahlung aus dem Grundcapitale darf dagegen nur unter denselben Voraussetzungen, wie die der Auflösung der Actiengesellschaft stattfinden. Hierauf beruhen die Regeln von der jährlichen Bilanz und der Dividendenvertheilung.

„Diese Einrichtungen können indeß auf den Bergwerksbetrieb keine Anwendung finden. Der Bergbau erfordert ein nicht im Voraus zu berechnendes Capital. Er bedarf laufender Zuschüsse, da in jedem Stadium des Betriebes die Nothwendigkeit neuer Anlagen hervortreten kann. Das Anlagecapital wandert in den laufenden Zubußen in die Grube und kehrt mit dem erzielten Gewinn in dem disponiblen Ertrage der geförderten Producte zurück, um vielleicht nach wenigen Jahren wieder als Zubuße in den Bau zu wandern. Dieser Umlauf kann sich während der Betriebszeit mehrmals wiederholen. Wollte man also für ein Bergwerk das während der ganzen Betriebszeit aufzuwendende Capital zum Voraus aufbringen, so würde man das Mehrfache des wirklich erforderlichen Capitals in Vorrath halten müssen. Wollte man den disponiblen Erlös der Producte nicht eher vertheilen, bis die Bilanz einen Reingewinn nachweist, so würde man das für längere Zeit entbehrlich gewordene Betriebscapital ohne Noth zurückhalten. Außerdem

§. 103.

Ueber sämmtliche Mitglieder der Gewerkschaft und deren Kuxe wird von der Gewerkschaft ein Verzeichniß — das Gewerkenbuch[223]) — geführt. Auf Grund desselben wird einem jeden Gewerken, welcher es verlangt, ein Antheilschein — Kuxschein — ausgefertigt[224]).

Die Kuxscheine sind nach der Wahl des Gewerken über die einzelnen Kuxe oder über eine Mehrheit derselben auszustellen.

---

wird die Ziehung der Bilanz in vielen Fällen illusorisch, weil der Werth der unterirdischen Anlagen lediglich von ihrer künftigen ungewissen Ertragsfähigkeit abhängt.

Für den Bergbau sind daher die aus dem Bedürfnisse erzeugten und durch Jahrhunderte bewährten Einrichtungen des gewerkschaftlichen Haushaltes: die periodische Zubußeanlage, Verlagserstattung und Ausbeuteschließung, noch jetzt als die zweckmäßigsten zu bezeichnen." (Motive zum Gesetzentwurf, die Mobilisirung der Kuxe betreffend S. 18.)

Das Allgemeine Berggesetz hat über die Ausschreibung und Einziehung der von den Gewerken zu entrichtenden Zubuße in den §§. 120 und 129 bis 131 ausführliche Bestimmungen getroffen. Dagegen fehlt es an einer Vorschrift über die Vertheilung der Ausbeute ganz. Die Festsetzung hierüber bleibt also lediglich dem jedesmaligen Beschlusse der Gewerkschaft oder dem Statute (§. 94) überlassen. Der Unterschied zwischen der Erstattung des Verlages, d. h. der Zurückzahlung der geleisteten Beiträge aus dem disponiblen Erlöse und der nach erfolgter Verlagserstattung beginnenden Ausbeutevertheilung (Allg. Landr. Th. II, Tit. 16, §. 298) ist für das neue Recht von keiner Bedeutung mehr. Er kommt jedoch noch für die Freikuxe an den vor dem 1. October 1865 verliehenen Bergwerken in Betracht, welchen nach §. 224 eine Realberechtigung auf den durch die bisherigen Gesetze bestimmten Ausbeuteantheil zusteht. Nach den bisherigen Gesetzen haben aber die Freikuxe, so lange die Zeche nur noch den Verlag erstattet, keinen Anspruch. Sie nehmen erst, wenn Ausbeute geschlossen wird, an der Vertheilung des Ertrages Theil. (Allg. Landr. a. a. O. §§. 305, 306).

223) Das Gewerkenbuch wird nach §. 103 von dem Repräsentanten oder Grubenvorstande geführt. Bei den Gewerkschaften des alten Rechtes, welche die Mobilisirung der Kuxe gemäß §. 235 beschließen, erfolgt — sofern die Antheile einzelner Gewerken mit Hypotheken belastet sind, welche nach §. 236 in Pfandrechte an den mobilisirten Kuxen umgewandelt werden — die Führung des Gewerkenbuchs und die Ausfertigung der Kuxscheine nach §. 239 durch die Hypothekenbehörde, welche das Hypothekenbuch über das Bergwerk selbst zu führen hat, also durch das Grundbuchamt resp. die Berghypothekencommission. Vergl. §. 246.

Für die Einrichtung des Gewerkenbuches bei den Gewerkschaften wird sich das in der Anmerkung 225 unter A mitgetheilte Formular empfehlen.

224) Weder die Vorschrift des §. 101 noch diejenige des §. 103 ist bisher zur allgemeinen practischen Anwendung gebracht. Die tägliche Erfahrung lehrt, daß bei den meisten Gewerkschaften gar kein Gewerkenbuch geführt und keine Kuxscheine ausgefertigt werden und daß die Eintheilung in jedem beliebigen Verhältnisse am häufigsten nach der früheren Theilung in 128 Kuxe ausgedrückt wird. Um einer gefährlichen Unsicherheit der Besitzverhältnisse vorzubeugen, empfiehlt es sich, recht bald zu der unten Anm. 262 vorgeschlagenen amtlichen Führung des Gewerkenbuches durch die Gerichte zurückzukehren. Man würde sonst nach einigen Jahrzehnten in der Lage sein, denselben Aufwand von Mühe und Kosten, mit welchem man bei der Einrichtung der Berghypothekenbücher in den Bezirken Bochum, Essen und Siegen die Betheiligungsverhältnisse der alten Gewerkschaften ermitteln mußte, noch einmal machen zu müssen. Welche Unzuträglichkeiten aber aus der Ungewißheit der Betheiligungsverhältnisse bei älteren längere Zeit nicht betriebenen Bergwerken entstehen, lehrt die tägliche Erfahrung bei den Gewerkschaften der linken Rheinseite.

Die Kuxscheine dürfen nur auf einen bestimmten Namen, niemals auf den Inhaber lauten[225].

[225]) Die Kuxscheine unterscheiden sich in ihrer Einrichtung von den auf den Namen lautenden Actien dadurch, daß nicht über jeden Kux ein besonderer Kuxschein ausgefertigt wird, sondern nach Wahl des Gewerken über einzelne oder mehrere Kuxe; ferner dadurch, daß nicht von Rechtswegen über alle Kuxe Kuxscheine ausgefertigt werden, sondern nur wenn der Gewerke es verlangt.

Hierdurch wird die Einrichtung der Kuxscheine sowohl als des Gewerkenbuches complicirt. Da nämlich nach §. 105 die Umschreibung im Gewerkenbuche nur auf Vorlegung des Kuxscheines oder der Amortisationserklärung erfolgen darf — was natürlich nur in dem Falle gilt, daß der veräußernde Gewerke einen Kuxschein verlangt und erhalten hat — so muß der Buchführer aus dem Gewerkenbuche ersehen können, ob ein Kuxschein ausgefertigt ist. Ferner hat der Kuxschein über einen bestimmten Kux nicht wie die Actie einen bestimmten und unveränderlichen Inhalt, er kann vielmehr bald auf diesen Kux allein, bald in Verbindung mit einem oder mehreren anderen Kuxen lauten. So kann ein Gewerke, der einen Kux ererbt und dann vor und nach noch drei andere Kuxe dazu gekauft hat, sich nacheinander verschiedene Kuxscheine ausfertigen lassen, zunächst über den ererbten Kux allein, dann gegen Rückgabe desselben über die ererbte und angekaufte Betheiligung zusammen, endlich vielleicht wieder über jeden einzelnen Kux gesondert, wenn ein Verkauf im Einzelnen beabsichtigt wird.

Bei dieser wechselnden Gestalt der Kuxscheine ist es nothwendig, über die ausgefertigten und cassirten Kuxscheine ein genaues Journal zu führen, damit die Echtheit des vorgelegten Kuxscheines geprüft werden kann. Man bedarf also außer dem Gewerkenbuche eines Verzeichnisses der ausgefertigten Kuxscheine, aus welchem der Inhalt des über den Antheil zuletzt ausgefertigten Kuxscheines vollständig ersehen werden kann.

Für die Einrichtung des Gewerkenbuches sind verschiedene Formulare vorgeschlagen. Das oben (Anm. 211) angeführte Normalstatut empfahl eine Einrichtung, welche sich der ersten Rubrik des Berghypothekenbuches, jetzt des Grundbuches Formular III anschließt (Vergl. oben S. 138). Dieser Vorschlag ist jedoch nicht zweckmäßig, weil die Einrichtung des Berghypothekenbuches an sich sehr verwickelt ist und durch die hinzutretende Beziehung auf die ausgefertigten Kuxscheine noch weit verwickelter werden würde.

Weit zweckmäßiger sind die Vorschläge von Brockhoff (Zeitschrift für Bergrecht Bd. VII S. 370), welcher empfiehlt, das Gewerkenbuch im Actenformat anzulegen und darin jedem Gewerken eine bestimmte Seite zuzuweisen, welche als Ueberschrift mit dem Namen, Stand und Wohnort desselben zu versehen ist und auf welcher alle Zu- und Abschreibungen sowie die erforderlichen Notizen über Ausstellung, Cassation und Erneuerung der Kuxscheine des betreffenden Gewerken gemacht werden. Bei kleineren Gewerkschaften und minder häufigem Besitzwechsel empfiehlt sich das von Brockhoff empfohlene Verfahren, welches mit den aufgestellten Formularen fast unverändert in die von dem Justizminister für die Gerichte erlassene Instruction vom 19. November 1866 übernommen ist. Letztere ist unten in der Anmerkung zu §. 239 mit den bezüglichen Formularen abgedruckt. Bei großen Gewerkschaften und häufigem Besitzwechsel gewährt diese Einrichtung jedoch nicht die erforderliche Uebersicht, wie dies von selbst an dem Beispiele der Sieper und Mühler Gruben deutlich wird, bei denen die Zahl der Gewerken mehr als 300 und mit Einschluß der durch Besitzwechsel seit der Anlegung des Berggegenbuches ausgeschiedenen Gewerken über 1000 beträgt. Hier empfiehlt sich deshalb eine der Buchführung der Actiengesellschaften nachgebildete Einrichtung, bei welcher jeder Kux unter einer besonderen Nummer eingetragen wird. Neben dem Gewerkenbuche muß alsdann ein besonderes Verzeichniß der Kuxscheine geführt werden.

Um das über die Einrichtung dieser Bücher Gesagte zu erläutern, folgen hierunter Beispiele

A. des Gewerkenbuchs,

B. des Verzeichnisses der ausgefertigten Kuxscheine,

C. des Kuxscheines.

Die Erneuerung eines Kuxscheins ist nur gegen Rückgabe oder nach erfolgter Amortisation desselben zulässig[226]).

A. Gewer
der Gewerkschaft Carolus
angelegt am

1. Stammnummern der Kuxe.	2. Name, Stand und Wohnort der Gewerken.	3. Umschreibung. a.	b. auf	c. am
1.	Kaufmann Carl Goebel zu Dortmund.	1	Hauptmann Wilhelm Goebel zu Jülich.	11. Juli 1866.
2.	Kaufmann Carl Goebel zu Dortmund.	2	Eheleute Dr. med. Carl Stern und Ida geb. Goebel zu Werne.	11. Juli 1866.
3.	Kaufmann Carl Goebel zu Dortmund.	3	Referendar Hermann Goebel zu Hamm.	11. Juli 1866.
4.	Gutsbesitzer Otto Bigeleben zu Lünen.	4		
5.	Gutsbesitzer Otto Bigeleben zu Lünen.	5		
6.	Actiengesellschaft Vertigo zu Neustadt.	6	Banquier Marcus Silberstein zu Neustadt.	7. Mai 1866.
7.	Actiengesellschaft Vertigo zu Neustadt.	7	Banquier Marcus Silberstein zu Neustadt.	7. Mai 1866.
8.	Actiengesellschaft Vertigo zu Neustadt.	8	Banquier Marcus Silberstein zu Neustadt.	7. Mai 1866.
9.	Actiengesellschaft Vertigo zu Neustadt.	9	Banquier Marcus Silberstein zu Neustadt.	7. Mai 1866.
10 bis 100.	Professor Dr. Julius Becker zu Frankfurt. u. s. w.	10		

226) Folgerichtig müßte bei der Consolidation die Rückgabe der Kuxscheine von den Einzelbergwerken verlangt werden. Es fehlt indeß an einer ausdrücklichen Bestimmung dieses Inhaltes.

§. 104.

Die Kuxe können ohne Einwilligung der Mitgewerken auf andere Personen

kenbuch
zu Brüninghausen
1. März 1866.

4.			5.			6.			7.
Umschreibung.			Umschreibung.			Umschreibung.			Nummer des ersten Kuxscheins.
a.	b.	c.	a.	b.	c.	a.	b.	c	
	auf	am		auf	am		auf	am	
1	Kreisrichter Hermann Goebel zu Hamm.	3. April 1871.	1			1			1.
2	Kreisrichter Hermann Goebel zu Hamm.	3. April 1871.	2			2			1.
3			3			3			1.
4			4			4			2.
5			5			5			2.
6	Banquier Otto Silberstein zu Neustadt.	18. December 1870.	6			6			3.
7	Banquier Otto Silberstein zu Neustadt.	18. December 1870.	7			7			3.
8	Rittergutsbesitzer Arthur Silberstein zu Dzieckowo.	18. December 1870.	8	Wirthschaftsinspector Ernst Hager zu Dzieckowo.	7. Juli 1872.	8			3.
9	Rittergutsbesitzer Arthur Silberstein zu Dzieckowo.	18. December 1870.	9	Gutsbesitzer Otto Bigeleben zu Lünen.	3. Januar 1872.	9			3.
10			10			10			19.

übertragen werden.

B.

Verzeichniß der ausgefertigten Kuxscheine von der Gewerkschaft Carolus zu Brüninghausen.

1. Laufende Nummer.	2. Primordial-Nummer.	3. Name des Besitzers.	4. Stamm-nummer der Kuxe.	5. Ausgefertigt am	6. Cassirt am	7. Der neue Kuxschein ist ein-getragen unter der Nummer
1	—	Carl Goebel	1 bis 3	1. März 1866	11. Juli 1866	7 bis 9
2	—	Otto Bigeleben	4 bis 5	1. März 1866		
3	—	Actiengesellschaft Vertigo	6 bis 9	1. März 1866	7. Mai 1866	6
4	—	Hugo Werres	11 bis 20	1. März 1866		
5	—	Carl Reinhold	21 bis 100	1. März 1866	3. August 1872	17 bis 18
6	3	Marcus Silberstein	6 bis 9	7. Mai 1866	18. December 1870	10 bis 11
7	1	Wilhelm Goebel	1	11. Juli 1866	3. April 1871	12
8	1	Eheleute Dr. Stern	2	11. Juli 1866	3. April 1871	13
9	1	Hermann Goebel	3	11. Juli 1866		
10	6	Otto Silberstein	6 bis 7	18. December 1870		
11	6	Arthur Silberstein	8 bis 9	18. December 1870	3. Januar 1872	14 bis 15
12	7	Hermann Goebel	1	3. April 1871		
13	8	Hermann Goebel	2	3. April 1871		
14	11	Otto Bigeleben	9	3. Januar 1872		
15	11	Arthur Silberstein	8	3. Januar 1872	7. Juli 1872	16
16	15	Ernst Hager	8	7. Juli 1872		
17	5	Heinrich Reinhold	21 bis 60	3. August 1872		
18	5	Mathilde Reinhold	61 bis 100	3. August 1872		
19	—	Dr. Julius Becker	10	3. Januar 1873		

Ein gesetzliches Verkaufsrecht steht den Mitgewerken nicht zu.

C.

Kuxschein Nr. 6.

über vier Kuxe der in hundert Kuxe eingetheilten Gewerkschaft des Steinkohlen-Bergwerks Carolus in der Gemeinde Brüninghausen, Kreis Dortmund, Regierungsbezirk Arnsberg.

Im Gewerkenbuche ist als Eigenthümer der mit den Stammnummern 6. 7. 8 und 9 bezeichneten vier Kuxen eingetragen:

Der Banquier Marcus Silberstein zu Neustadt.

Urkundlich unter Siegel und Unterschrift ausgefertigt

Brüninghausen, den 7ten Mai 1866.

N. N. Repräsentant.

Ueber den Gebrauch dieser Formulare ist das Folgende zu bemerken:

I. Zum Gewerkenbuche (Formulare A).

1. Die Kuxe erhalten in der Kolonne 1 eine Stammnummer, durch welche die Identität jedes einzelnen Kuxes bestimmt wird. Mag also der Kux Nr. 9 zuerst mit den Kuxen 6—8, demnächst in Folge des Besitzwechsels mit den Kuxen 4 und 5 zu einem Antheile verbunden sein — seine Stammnummer läßt in jedem Falle unmittelbar erkennen, um welchen Kux es sich handelt und in welchem Vorbesitze er gewesen ist, während dies bei der gebräuchlichen Einrichtung der Gewerkenliste in der ersten Rubrik des Berghypothekenbuches nur auf einem verwickelten Wege durch Verfolgung der sogenannten Primordialnummer ermittelt werden kann. (Vergl. oben S. 150.)

2. In der Kolonne 2 werden bei der ersten Anlegung des Gewerkenbuches bei sämmtlichen Kuxen die Namen der Eigenthümer eingetragen. Wenn die Kuxzahl durch das Statut auf 1000 oder 10000 festgesetzt wird (§. 101 §. 235), so kann man davon absehen, den Namen des Gewerken bei jedem Kuxe zu wiederholen und z. B. den Namen des Besitzers der Kuxe 1—100 nur einmal bei der Stammnummer 1 eintragen und von da ab bis zur Stammnummer 100 die Kolonne 2 durchstreichen, um anzuzeigen, daß die Kuxe 2—100 demselben Besitzer gehören. In diesem Falle ergiebt sich nur die Nothwendigkeit, bei theilweisen Veräußerungen nicht bloß den veräußerten Antheil, sondern auch den Restantheil in der Kolonne 3 vorzutragen.

3. Die Kolonnen 3 bis 6 dienen für die Umschreibungen und können nach dem Bedürfnisse beliebig oft wiederholt werden. Jede dieser Kolonnen hat drei Spalten a, b und c. In der ersten Spalte wird die Stammnummer der Kuxe wiederholt, in der zweiten der Name des neuen Besitzers bei der Stammnummer des Kuxes eingetragen, in der dritten der Tag der Umschreibung. Bei jeder Umschreibung wird der Name des austretenden Besitzers in der vorhergehenden Kolonne roth unterstrichen. Ist der Name des Besitzers in der zweiten Kolonne nicht bei jedem Kuxe wiederholt, sondern nur einmal für die Kuxe 1—100 vorgetragen, so muß bei einer Veräußerung der Kuxe 1—50 auch der Restantheil von 51—100 bei der Umschreibung in der dritten Kolonne wieder vorgetragen werden, wie folgendes Beispiel zeigt:

1	2	3 a	3 b	3 c
1	Kaufmann Carl Goebel	1	Gutsbesitzer Carl Schulte	11. Juli 1866
2	zu Dortmund von 1.	2	zu Werne von 1.	.
u. s. w.	.	u. s. w.	.	.
bis	.	bis	.	.
50	.	50	. bis 50	.
51	.	51	Kaufmann Carl Goebel zu	11. Juli 1866
52	.	52	Dortmund von 51	.
u. s. w.	.	u. s. w.	.	.
bis	.	bis	.	.
100	. bis 100	100	. bis 100	.

§. 105.

Zur Uebertragung der Kuxe ist die schriftliche Form erforderlich[227]).

Der Uebertragende ist zur Aushändigung des Kurscheins und wenn dieser verloren ist, zur Beschaffung der Amortisationserklärung auf seine Kosten verpflichtet.

Die Umschreibung im Gewerkenbuche darf nur auf Grund der Uebertragungsurkunde und gegen Vorlegung des Kurscheins oder der Amortisationserklärung erfolgen[228]).

§. 106.

Wer im Gewerkenbuche als Eigenthümer der Kuxe verzeichnet ist, wird der Gewerkschaft gegenüber bei Ausübung seiner Rechte als solcher angesehen[229]).

---

4. Die Kolonne 7 dient zum Nachweise darüber, ob über den Antheil ein Kurschein ausgefertigt worden ist. Sie verweist auf das Verzeichniß der ausgefertigten Kurscheine Formular B und zwar auf die Nummer des ersten Kurscheins, welcher über den betreffenden Kux ausgefertigt worden ist. Die Einrichtung des Formulars B gestattet alsdann mit Hülfe der letzten Kolonne in diesem Verzeichniß den neuesten Kurschein aufzusuchen.

Das so eingerichtete Gewerkenbuch weist nicht bloß den Namen des Gewerken für jeden einzelnen Kux und den ausgefertigten Kurschein nach. Es gestattet auch ohne Weiteres die Uebersicht über den gegenwärtigen Bestand der Gewerkschaft, indem die Namen der zur Zeit vorhandenen Besitzer in ununterbrochener Reihe einander folgen.

II. Zum Verzeichnisse der ausgefertigten Kurscheine (Formular B).

1. Die erste Kolonne enthält die laufende Nummer des Kurscheins, die sich auf diesem wiederfindet und zur Individualisirung desselben dient. Die zweite Kolonne (Primordialnummer) wird nur in dem Falle ausgefüllt, daß ein zweiter Kurschein an Stelle eines cassirten früheren Kurscheines ertheilt wird. Sie enthält die Nummer des früheren Kurscheines. Kolonne 3 enthält den Namen des Besitzers, für welchen der Kurschein ertheilt wird, Kolonne 4 die Stammnummern der Kuxe, über welche der Kurschein lautet, endlich Kolonne 5 das Datum der Ausfertigung. Die Kolonnen 1 bis 5 geben also den ganzen Inhalt des ausgefertigten Kurscheines wieder.

2. Die Kolonnen 6 und 7 werden ausgefüllt, wenn der ausgefertigte Kurschein nach §§. 103 und 105 zur Cassation und Ausfertigung eines neuen Kurscheins zurückgereicht wird. Kolonne 6 enthält das Datum der Cassation. Ist der Kurschein verloren gegangen und amortisirt (§§. 102, 110), so wird das Datum des gerichtlichen Amortisationsurtheiles in der Kolonne 6 wie folgt, vermerkt:

„Amortisirt durch Erkenntniß vom 18. December 1870."

3. Kolonne 7 verweist auf die laufende Nummer des neuen Kurscheines (Kolonne 1). Bei der Cassation eines Kurscheines wird derselbe in den Kolonnen 1—5 roth unterstrichen.

[227]) Die Uebertragung kann in Gestalt einer einfachen schriftlichen Cession des Kurscheines vorgenommen werden.

[228]) Der Kurschein muß nach §. 103 nicht blos vorgelegt, sondern auch zurückgegeben werden, wenn ein neuer Kurschein für den neuen Erwerber ausgefertigt werden soll.

[229]) „Nach Art. 183 und 223 des Handels-G.-B. werden bei der Commandit-Actien- und bei der Actiengesellschaft der Gesellschaft gegenüber nur diejenigen als die Eigenthümer der Actien angesehen, welche als solche im Actienbuche verzeichnet sind. Der §. 106 schließt sich hieran mit Modification an, daß durch die Eintragung in das Gewerkenbuch nur die Legitimation zur Ausübung der Rechte des Kuxeigenthümers begründet wird. Diese Modification ist bei der Gewerkschaft deshalb nothwendig, weil der Gewerke, anders wie der Actionär, zu fortlaufenden Leistungen verpflichtet ist und der Anspruch der Gewerkschaft auf letztere nicht davon abhängig gemacht werden darf, daß der Gewerke sich in das Gewerkenbuch eintragen läßt." (Motive S. 75.)

§. 107.

Bei freiwilligen[230]) Veräußerungen von Kuxen bleibt der seitherige Eigenthümer derselben der Gewerkschaft für die Beiträge (102) verpflichtet, deren Erhebung die Gewerkschaft beschlossen hat, bevor die Umschreibung der Kuxe im Gewerkenbuche gesetzlich (§. 105) beantragt ist[231]).

§. 108.

Die Verpfändung der Kuxe[232]) geschieht durch Uebergabe des Kuxscheins auf

---

Unter den Rechten des Kuxeigenthümers ist sowohl das Stimmrecht in den Gewerkenversammlungen (§. 111) als auch der Bezug der vertheilten Ausbeuten (§. 102) begriffen. Die Gewerkschaft ist also nicht verpflichtet und in Ermangelung einer besonderen statutarischen Bestimmung auch nicht berechtigt, die Legitimation des im Gewerkenbuche eingetragenen Gewerken zu prüfen, also bei den Gewerkenversammlungen oder bei der Zahlung der Ausbeute die Vorlegung des Kuxscheins zu verlangen.

Das oben (Anm. 211) angeführte Normalstatut enthält im §. 8 die offenbar zweckmäßige Bestimmung:

> „Wer im Gewerkenbuche als Kuxeigenthümer verzeichnet ist, wird der Gewerkschaft gegenüber als solcher angesehen, so daß alle gewerkschaftlichen Rechtshandlungen mit demselben rechtsverbindlich sind, auch wenn er nicht mehr Eigenthümer des für ihn eingetragenen Antheiles sein möchte.
>
> Zur Prüfung der Legitimation ist die Gewerkschaft berechtigt, jedoch nicht verpflichtet.
>
> Der neue Erwerber eines Antheiles ist berechtigt, die Rechte des Letzteren auszuüben, sobald die Umschreibung des Antheiles bei der Gruben-Vertretung derart in Antrag gebracht ist, daß nach §. 7 die Umschreibung erfolgen kann."

Man könnte die Frage aufwerfen, ob mit Rücksicht auf §. 94 Alin. 3 eine solche im §. 105, nicht vorgesehene Bestimmung getroffen werden könne. Sie enthält jedoch keine Abänderung des §. 105, sondern nur eine nähere Ausführung des in diesem Paragraphen ausgesprochenen Grundsatzes, daß die Gewerkschaft berechtigt ist, mit dem eingetragenen Gewerken als mit dem Eigenthümer der Kuxe zu verhandeln.

[230]) Durch eine Veräußerung des Kuxes im Wege der Execution wird hiernach der bisherige Eigenthümer sofort von der Verpflichtung für die beschlossenen Beiträge befreit. Diese Verpflichtung geht auch nicht auf den neuen Erwerber über, welcher nur für die nach der Erwerbung des Antheils beschlossenen Beiträge aufzukommen hat. Die Gewerkschaft kann also ihre Befriedigung nur aus dem Erlöse des Antheiles erhalten, und die Beiträge, welche aus diesem Erlöse nicht gedeckt werden, fallen aus. (Vergl. Anm. 234.)

[231]) Der seitherige Eigenthümer hat also ein wesentliches Interesse daran, daß die Umschreibung im Gewerkenbuche beantragt wird. Hat er seinen Kuxschein ausgehändigt, ohne daß die Umschreibung beantragt ist, so bleibt er bis zur Umschreibung persönlich für die nach der Veräußerung ausgeschriebenen Beiträge verhaftet. Der neue Erwerber haftet ebenfalls für die nach der Veräußerung beschlossenen Beiträge nach §. 102. Beide werden von der persönlichen Ver-Verpflichtung befreit, wenn der Inhaber des Kuxscheins den letzteren gemäß §. 130 zum Verkaufe überreicht. (Strohn a. a. O. S. 173.)

[232]) Man hat behauptet, die Verpfändung der mobilisirten Kuxe werde durch die Befugniß der Gewerkschaft, das ganze Bergwerk zu belasten (§. 98), ganz illusorisch gemacht. Von anderer Seite ist die Besorgniß vor betrüglichem Mißbrauche und die Befürchtung ausgesprochen, daß die Gewerken zunächst ihre Antheile, demnächst aber zum Nachtheile der Antheilsgläubiger den Grubenkörper hypothekarisch verpfänden, den Erlös unter sich vertheilen und die Gewerkschaft auflösen könnten. Allein einem dolosen Mißbrauche ist nicht bloß diese, sondern jede andere Befugniß der Mehrheit ausgesetzt. Das Gesetz kann auch auf einem Gebiete, welches so wesentlich auf Vertrauen beruht und von Treu und Glauben beherrscht wird, wie der geschäftliche Verkehr und

Grund eines schriftlichen Vertrages[233]).

Credit, der Möglichkeit eines dolosen Mißbrauches nicht absolut vorbeugen. Allein es ist ein Irrthum, daß die Verpfändung des Grubenkörpers, falls sie zu Zwecken des Bergwerksbetriebes erfolgt, den Werth des verpfändeten Antheilrechtes verringere. Das gewerkschaftliche Vermögen und der Werth des Kuxes, der $^1/_{100}$tel dieses Vermögens darstellt, bleibt, wie oben (Anm. 209) ausgeführt ist, unvermindert, wenn demselben an Activis das hypothekarisch aufgenommene Kapital oder die mit diesem Kapitale hergestellte Anlage, an Passivis aber die hypothekarische Schuld in gleichem Betrage hinzutritt.

Sowenig also Eisenbahnactien dadurch aufhören ein sehr geeignetes Object der Verpfändung und des Realcredits abzugeben, daß die Actiengesellschaft ihr Grundvermögen verpfänden und sogar Obligationen emittiren kann, ebensowenig beeinträchtigt die Verpfändung des ganzen Bergwerks den Realcredit der Kuxe. Es muß sogar behauptet werden, daß die Verpfändung der Kuxe einen größeren Realcredit gewähren wird, als die bisherige hypothekarische Verpfändung der Bergwerksantheile, weil bei den hänfigen und plötzlichen Schwankungen, welche der Werth der Kuxe erfährt, die Langsamkeit, mit welcher das Hypothekenrecht durch die Aufkündigung und Subhastation realisirt werden muß, die Sicherheit der Forderung häufig gefährdet. Diese Langsamkeit der Realisirung in Verbindnng mit der Kostspieligkeit der Hypothekenbestellung ist offenbar die Ursache des sehr geringen Realcredits, welchen die Bergwerksantheile trotz ihres großen Kapitalwerthes bisher erzielt haben. Der §. 108 beseitigt diese langsamen und kostspieligen Formen und gestattet die Verpfändung durch bloßen schriftlichen Vertrag, den Zwangsverkauf im Wege der Mobilarauction (§. 109).

Diese Form der Verpfändung vereinigt also mit den Vorzügen der größten Leichtigkeit in der Bestellung und in der Realisirung des Pfandrechtes alle Vortheile der bisherigen hypothekarischen Verpfändung der Kuxe. Sie giebt den Gewerkschaften den vollen Genuß des ihnen bisher entzogenen hypothekarischen Credits des Grubenkörpers zurück, und erhält zugleich dem Gewerken den ungeschmälerten Besitz seines Antheilcredits, der ja nicht auf dem Realwerthe des Bergwerks allein, sondern auf der gesammten Vermögenslage der Gewerkschaft beruht und von dem vereinigten Momente der hypothekarischen Belastung des Grubenkörpers allein unmöglich berührt werden kann.

Das Allg. Berggesetz befreit daher nicht nur den Gebrauch des in dem Bergwerksvermögen ruhenden Realcredits von den in der bisherigen hypothekarischen Eintragung der Kuxe begründeten kostspieligen schleppenden und trotz alles Formalismus dennoch unzureichenden Formen. Er verdoppelt auch die Quelle dieses Realcredits. Denn wenn es wahr ist, daß der richtige Gebrauch des Credits nicht eine Verschlechterung, sondern eine Bereicherung des Vermögens enthält, daß der Credit im Dienste der Industrie nicht consumirend, sondern geradezu productiv wirkt, so darf nicht bezweifelt werden, daß die Benutzung des Realcredits der Bergwerke durch die Gewerkschaften weder die Quelle einer leichtsinnigen Wirthschaft, einer Verarmung des Bergbaues werden, noch auch den Gebrauch desjenigen Realcredits hindern wird, welchen der Gewerke in seinem Antheile an dem gewerkschaftlichen Vermögen besitzt und ungeschmälert behalten wird.

[233]) Die hier vorgeschriebene Form der Verpfändung von Gewerkschaftsantheilen entspricht den Vorschriften der Verordnung vom 9. December 1809 (Ges.-Samml. S. 621) und des Code Napoléon Art. 2075 ff.

Es ist die Frage aufgeworfen, ob es zulässig sei, den einmal verpfändeten Kuxschein für eine neue Schuld zur zweiten und dritten Stelle zu verpfänden. Diese Frage muß nach preußischem Rechte verneint werden. Das preußische Recht kennt eine mehrmalige Verpfändung nur bei der Hypothek und zwar mit der Wirkung, daß jeder Pfandgläubiger befugt ist, beim Verfall seiner Forderung auf den Verkauf anzutragen. Das gemeine Recht gestattet die mehrmalige Verpfändung auch bei dem Faustpfande, aber es räumt dem zweiten und jedem folgenden Gläubiger nicht die selbständige Verkaufsbefugniß ein. Nur der erste Gläubiger kann auf den Verkauf antragen, und dem nachstehenden Pfandgläubiger steht nur frei, durch Zahlung der ihm vorstehen-

§. 109.

Die Execution in den Antheil eines Gewerken wird durch Abpfändung seines Kuxscheins und Verkauf desselben im Wege der Mobilarversteigerung[234]) vollstreckt[234a]).

---

den Schuld in das Recht des ersten Gläubigers einzutreten, um den Verkauf des Pfandes entweder abzuwenden oder zu beschleunigen.

Nach gemeinem Rechte ist also die Weiterverpfändung nach der Vorschrift des §. 108 möglich. An die Stelle des auszuhändigenden Kuxscheins tritt bei der zweiten und dritten Verpfändung die Aushändigung der Urkunde über die vorhergehende Verpfändung. Die Befugniß zur Weiterverpfändung hat übrigens nur einen geringen practischen Werth, weil der zweite Gläubiger den Zeitpunkt erwarten muß, in welchem es dem vorstehenden Gläubiger gefällt, sein Pfandrecht auszuüben, falls er nicht durch Befriedigung des ersten Gläubigers dessen Pfandrecht an sich bringen will.

In jedem Falle ist also der aus einer mehrmaligen Verpfändung zu ziehende Gewinn ein sehr zweifelhafter. Das Gesetz gestattet überdies die Verpfändung der Bergwerksantheile in beliebigen Abschnitten bis zu einem Kux hinab. Der Gewerke ist also in der Lage, immer nur diejenige Quote seiner Betheiligung zu belasten, die er zur Erreichung des gesuchten Credits nothwendig verpfänden muß. Es ist daher wohl für das preußische Recht kein hinreichendes Bedürfniß vorhanden, die mehrmalige Verpfändung des Gewährscheines zu gestatten. Wäre indeß ein solches Bedürfniß anzuerkennen, so würde die Einführung einer solchen mehrmaligen Verpfändung mit den Grundsätzen des §. 108 und mit der Verpfändung durch Uebergabe des Gewährscheines sehr wohl zu vereinigen sein.

[234]) Bei dem Verkaufe des Kuxscheines im Wege der Auction müssen aus dem Erlöse zunächst die Verkaufskosten, dann die rückständigen Beiträge des Gewerken bestritten werden. Erst der Ueberrest des Erlöses wird zur Befriedigung des Executionssuchers verwendet. Diese Regel, welche §. 131 für den Fall der Action des Kuxscheins zum Zwecke der Betreibung der ausgeschriebenen Beiträge giebt, muß für jeden Fall des Zwangverkaufes gelten, weil

1) das dingliche Recht, welches §. 131 der Gewerkschaft rücksichtlich der ausgeschriebenen Beiträge an dem Kuxscheine einräumt, bei jedem Zwangsverkaufe wirksam werden muß,
2) weil nach §. 107 nur bei freiwilligen Verkäufen der bisherige Eigenthümer für die rückständigen Beiträge verhaftet bleibt, folglich beim Zwangsverkaufe nach dem arg. e contrario die Gewerkschaft ihre Befriedigung aus dem Erlöse finden muß.

Strohn bemerkt hierüber a. a. O. S. 137 f.:

„Den rückständigen Beiträgen steht aber nicht bloß ein dingliches Recht, sondern auch ein Vorrecht vor den übrigen Gläubigern des Gewerken zu, ohne Unterschied, ob mit den verkauften Kuxen ein Pfandrecht bestellt ist oder nicht. Die Worte des §. 131:

Aus dem gelösten Kaufpreise werden zunächst die Verkaufskosten und sodann die schuldigen Beiträge gezahlt,

lassen hierüber keinen Zweifel. Die Richtigkeit wird aber auch durch die Entstehungsgeschichte des §. 131 bestätigt. In dem von Klostermann, Bemerkungen, Berlin 1863, S. 81 u ff., mitgetheilten Gesetzentwurf wegen Mobilisirung der Kuxen lautet der §. aa.:

Der Verkauf des Gewährscheins erfolgt nach Vorschrift des §. h.

Aus dem gelösten Kaufpreise werden die Verkaufskosten und die rückständigen und laufenden Zubußen gezahlt. Der Ueberrest, soweit er nicht von Pfandgläubigern oder sonstigen Berechtigten beansprucht wird, den Gewerken ausgeantwortet. Ist der Antheil unverkäuflich, so wird derselbe auf Grund eines hierüber ausgestellten Attestes den anderen Gewerken nach Verhältniß ihrer Antheile in ganzen Kuxen, soweit dies aber nicht möglich ist, der Gewerkschaft als solcher im Gegenbuche zugeschrieben.

Dieser keinem Zweifel Raum lassende Entwurf bildet die Grundlage des §. 131 des Gesetzes.

§. 110.

Die Amortisation eines verloren gegangenen Kuxscheins ist bei dem ordentlichen Gerichte, in dessen Bezirk das Bergwerk liegt, zu beantragen.

Der Antragsteller muß den Besitz und Verlust des Kuxscheins glaubhaft machen.

Das Gericht erläßt eine öffentliche Aufforderung an den unbekannten Inhaber des Kuxscheins, binnen drei Monaten den Kuxschein dem Gerichte vorzulegen, mit der Verwarnung, daß sonst der Kuxschein werde für kraftlos erklärt werden.

Die Aufforderung wird dreimal in das Amtsblatt, den Staatsanzeiger und eine inländische Provinzialzeitung eingerückt. Es kann daneben auch die Bekanntmachung durch eine ausländische Zeitung angeordnet werden.

Wird von einem Inhaber der Kuxschein vorgelegt, so ist dem Antragsteller

---

Die Wortfassung beider ist fast dieselbe, zumal da im Regierungsentwurfe hinter den Worten:

Aus dem gelösten Kaufpreise werden zunächst die Verkaufskosten und sodann die schuldigen Beiträge gezahlt,

der Zusatz sich befand:

Der Rest gebührt den etwaigen Gläubigern, und nur, was nach Befriedigung derselben übrig bleibt, kann der Gewerke in Anspruch nehmen.

Die Commission des Herrenhauses hat zwar diesen Zusatz für selbstverständlich erklärt und ihn deshalb gestrichen. (Brassert's Zeitschrift, Jahrgang VI, S. 335.) Dadurch ist jedoch offenbar an der Bedeutung des §. 131 ebenso wenig etwas geändert, als hat geändert werden sollen.

Nothwendig dürfte es hiernach sein, daß der die Execution vollstreckende Richter nach Analogie des §. 384 der Concursordnung vom 8. Mai 1855 die Gewerkschaft, auch wenn sie nicht Extrahentin ist, von der Execution benachrichtige, damit dieselbe ihre Rechte wegen etwaiger rückständigen Beiträge wahrzunehmen im Stande sei.

Die vorstehend entwickelten Grundsätze über die Dinglichkeit und das Vorrecht der rückständigen Beiträge kommen mit einigen durch die Natur des Gegenstandes hervorgerufenen Modificationen auch bei den auf der rechten Rheinseite bestehenden, nicht mobilisirten Bergwerken zur Anwendung. Der Gewerke der letzteren haftet somit für die schuldigen Beiträge (Zubuße) zwar persönlich, er kann aber nach §. 130 seine Verurtheilung und Execution dadurch abwenden, daß er unter Ueberreichung des Gewährscheins den Verkauf seines Antheils behufs Befriedigung der Gewerkschaft anheimstellt; er wird daher auch durch die nothwendige Subhastation seines Antheils seiner Schuld ledig. Bei einer freiwilligen Veräußerung bleibt er dagegen nach den §§. 107 und 232 für die Zubuße verpflichtet, deren Erhebung vor der Veräußerung beschlossen ist. Er wird aber frei von seiner Verbindlichkeit, wenn der spätere Erwerber in Gemäßheit des §. 130 den Verkauf veranlaßt oder wenn gegen denselben die Veräußerung im Wege der Subhastation erfolgt. Auch kann die Gewerkschaft gegen den späteren Erwerber die aus der Besitzzeit des früheren Besitzers schuldigen Beiträge zum Zweck der Subhastation der Kuxen einklagen, und steht den zur Zeit des Verkaufs rückständigen Beiträgen außer der Dinglichkeit ein Vorrecht vor allen auf den Kuxen haftenden Hypotheken, sie mögen vor oder nach dem die Erhebung der Beiträge anordnenden Beschlusse eingetragen sein, zu."

[234a]) Das Bayerische Berggesetz Art. 99 fügt der vorstehenden Bestimmung als zweiten Absatz hinzu:

„Aus dem erlösten Kaufpreise werden zunächst die Kosten, sodann die schuldigen Beiträge des Gewerken (Art. 92 Abs. 2) gezahlt"

und stellt dadurch den in der vorigen Anmerkung entwickelten Rechtsgrundsatz außer Zweifel.

hiervon Kenntniß zu geben und ihm zu überlassen, sein Recht gegen den Inhaber geltend zu machen.

Meldet sich Niemand, so erklärt das Gericht den Kuxschein für kraftlos[234b]).

§. 111.

Die Gewerken fassen ihre Beschlüsse in Gewerkenversammlungen[235]).

Das Stimmrecht wird nach Kuxen, nicht nach Personen ausgeübt.

§. 112.

Zur Gültigkeit eines Beschlusses ist erforderlich, daß alle Gewerken anwesend oder unter Angabe des zu verhandelnden Gegenstandes zu einer Versammlung eingeladen waren[236]).

Einladungen durch die Post[237]) erfolgen gegen Post-Insinuations-Schein[238]).

Gewerken, welche weder im Inlande, noch in einem Deutschen Bundesstaate wohnen, haben zur Empfangnahme der Einladungen einen Bevollmächtigten im Inlande zu bestellen. Ist dies nicht geschehen, so reicht ein vierzehntägiger Aushang am Amtslocale des Revierbeamten aus[238a]).

Dasselbe gilt bei Gewerken, deren Wohnort unbekannt ist.

[234b]) Diese Bestimmung fehlt in dem Bayerischen Berggesetze, in den übrigen wird sie mit einzelnen, durch die localen Einrichtungen bedingten Abweichungen, wiedergegeben.

[235]) Die Abstimmung durch Circulare oder Briefwechsel ist hierdurch ausgeschlossen (Motive S. 76). Indeß unterliegt es keinem Zweifel, daß über Gegenstände, welche der Beschlußfassung der Gewerkschaft vorbehalten sind, durch einstimmige schriftliche Erklärung sämmtlicher Gewerken Bestimmung getroffen werden kann.

[236]) Die Einladung erfolgt nach §. 122 durch den Repräsentanten oder Grubenvorstand, eventuell auf Antrag der Eigenthümer von einem Viertel aller Kuxe durch den Revierbeamten. Eine directe Einladung durch Mitglieder der Gewerkschaft, selbst wenn sie die Majorität aller Kuxe vertreten sollten, ist unverbindlich und nicht geeignet, um auf Grund derselben einen rechtsverbindlichen Beschluß zu fassen. Verfügung des Oberbergamts zu Bonn vom 26. Februar 1867 (Zeitschr. f. Bergrecht Bd. VIII S. 131).

Anders verhält es sich dagegen so lange ein Repräsentant oder Grubenvorstand für die Gewerkschaft nicht bestellt ist so lange also die Vorschrift des §. 122 keine Anwendung finden kann. In diesem Falle ist jeder Gewerke zur Berufung einer Gewerkenversammlung befugt; da §. 122 keineswegs bestimmt, daß in diesem Falle die Vorladung durch die Bergbehörde erfolgen müsse.

[237]) Das Braunschweigische Gesetz bestimmt im §. 114:

„Einladungen an auswärtige Gewerken sind recommandirt gegen Rückschein durch die Post zu befördern."

[238]) Unter den Postinsinuationsscheinen sind keineswegs die sogenannten Recommandationsscheine oder Rückscheine zu verstehen, sondern die für die Insinuation gerichtlicher oder außergerichtlicher Verfügungen vorgeschriebenen postamtlichen Bescheinigungen. Der Gebrauch derselben war den Repräsentanten bereits durch das Min. Rescript vom 26. Februar 1864 (Zeitschrift für Bergrecht Bd. V S. 265) gestattet worden.

[238a]) Das Bayerische Berggesetz (Art. 101) bestimmt statt des letzten Satzes:

„Ist dies nicht geschehen, so sind die treffenden Gewerken in einer wenigstens 15 Tage vor Abhaltung der Gewerkenversammlung zu veröffentlichenden Bekanntmachung zu derselben einzuladen und zwar, wenn zu den öffentlichen Bekanntmachungen der Gewerkschaft satzungsmäßig bestimmte Blätter bezeichnet sind, in diesen, außerdem in dem Amtsblatte des Kreises in welchem die Gewerkschaft ihren Sitz hat."

§. 113.

Die Beschlüsse werden in der beschlußfähigen Gewerkenversammlung mit einfacher Stimmenmehrheit gefaßt[239]).

Beschlußfähig ist die erste Versammlung, wenn die Mehrheit aller Kuxen vertreten ist[240]).

Ist die Mehrheit aller Kuxe nicht vertreten, so sind sämmtliche Gewerken zu einer zweiten Versammlung einzuladen.

Die zweite Versammlung ist ohne Rücksicht auf die Zahl der vertretenen Kuxe beschlußfähig. Diese Folge muß indeß, wenn sie eintreten soll, in der Einladung angegeben werden.

Ueber jede Gewerkenversammlung ist ein Protokoll aufzunehmen[241]).

§. 114.

Eine Mehrheit von wenigstens drei Viertheilen aller Kuxe ist erforderlich zu Beschlüssen, durch welche über den Gegenstand der Verleihung — Substanz des Bergwerks — ganz oder theilweise verfügt werden soll. Dies gilt insbesondere von den Fällen des Verkaufes[242]), des Tausches, der Verpfändung oder der sonstigen dinglichen Belastung des Bergwerks, sowie der Ueberlassung der Ausbeutung gegen Entgelt (Verpachtung)[243]).

---

[239]) Bei Stimmengleichheit ist der Antrag abgelehnt. Nur bei den Wahlen entscheidet das Loos (§. 118). Der Vorschlag von Dr. Huyßen (Kommentar 2. Aufl. S. 68), auch in anderen Fällen bei Stimmengleichheit das Loos oder Schiedsrichter entscheiden zu lassen, entspricht nicht den Regeln der Beschlußfassung durch eine Personenmehrheit. Eine Entscheidung durch das Loos kann nur da eintreten, wo das Gesetz einen Beschluß verlangt und für keinen der möglichen Beschlüsse eine Mehrheit vorhanden ist, also bei Wahlen. In allen andern Fällen tritt die Regel ein: in re communi prohibentis melior est conditio, d. h. es geschieht nichts. Liegen also zwei entgegengesetzte Anträge vor, die beide einen positiven Inhalt haben, so sind bei Stimmengleichheit beide abgelehnt. Es ist nicht ersichtlich, wie bei genauer Beachtung dieser Regel ein wirkliches Dilemma eintreten könnte. Jedenfalls wird es kaum mit den Principien der gewerkschaftlichen Verfassung verträglich sein, daß der Ausspruch von Schiedsrichtern einen Vorschlag zur Ausführung bringen soll, der nicht die Mehrheit der Stimmen erhalten hat.

[240]) Die Vertretung der Gewerken durch Bevollmächtigte ist durch das Gesetz nicht beschränkt. Ueber die Führung der Legitimation, die an die schriftliche Form gebunden ist (Allg. L.R. Th. I, Tit. 13, §§. 8, 91), entscheidet die Versammlung.

[241]) In Ermangelung einer statutarischen Bestimmung ist die Vollziehung des Protokolls durch den Repräsentanten oder den Grubenvorstand zu bewirken. Die Unterschrift der übrigen Gewerken ist nicht erforderlich, denn der Gewerkenbeschluß kommt durch die Abstimmung zu Stande, für welche es nicht der schriftlichen Form bedarf. Das Protokoll dient also bloß zum Beweise, ohne daß es die verbindliche Kraft des Beschlusses bedingt. Vergl. Zeitschr. f. Bergr. Bd. X S. 413.

[242]) Das Braunschweigische Gesetz macht noch die Fälle der Consolidation und der Theilung ausdrücklich namhaft. Doch kann auch nach preußischem Rechte kein Zweifel darüber bestehen, daß in diesen Fällen eine Verfügung über die Substanz des Bergwerks vorliegt.

[243]) Die Abstimmung der Vertreter bevormundeter Personen bei der Beschlußfassung über die im §. 114 bezeichneten Gegenstände bedarf nicht der obervormundschaftlichen Genehmigung, da die Abstimmung in den gewerkschaftlichen Versammlungen ohne Rücksicht auf den Gegenstand der Beschlußfassung als ein bloßer Act der Verwaltung zu bezeichnen ist. Eine Verfügung über die Substanz des Antheilrechts liegt nicht darin, weil nicht über die Kuxe des Minorennen, sondern über ein zum gewerkschaftlichen Vermögen gehöriges Object disponirt wird und weil der Ab-

Zu Verfügungen über das verliehene Bergwerkseigenthum durch Verzicht oder Schenkung ist Einstimmigkeit erforderlich.

§. 115.

Binnen einer Präclusivfrist von vier Wochen vom Ablaufe des Tages, an welchem ein Gewerkschaftsbeschluß gefaßt ist, kann jeder Gewerke die Entscheidung des ordentlichen Richters, in dessen Bezirke das Bergwerk liegt, darüber, ob der Beschluß zum Besten der Gewerkschaft gereiche, anrufen und gegen die Gewerkschaft auf Aufhebung des Beschlusses klagen[244].

Durch das Statut kann bestimmt werden, daß die Entscheidung dieser Frage in Streitfällen durch ein Schiedsgericht erfolgen, wie das Schiedsgericht gebildet und unter welchen Formen von demselben verfahren werden soll[245].

Diese Bestimmungen finden auf einen in Gemäßheit des §. 94 gefaßten Beschluß keine Anwendung.

§. 116.

Durch die Anstellung der Klage auf Aufhebung des Gewerkschaftsbeschlusses wird die Ausführung desselben nicht aufgehalten.

---

stimmende nicht selbst disponirt, sondern nur zu einem Beschlusse mitwirkt. Dies gilt auch für die Gewerkschaften des alten Rechtes.

[244]) Die Klage muß nach §. 119 gegen den Repräsentanten gerichtet werden. Ist der Repräsentant bei dem angefochtenen Beschlusse selbst in der Minderheit geblieben, so muß er die Gewerkschaft zur Wahl eines Substituten zur Führung des anhängigen Prozesses veranlassen. Die Klage setzt einen Beschluß voraus, durch welchen in der bisherigen Sachlage eine Aenderung eintreten soll. — Erkenntniß des Obertribunals vom 6. März 1868 (Zeitschr. f. Bergr. Bd. X S. 420). Die Frage, ob der klagende Gewerke den Beweis zu führen habe, daß der angefochtene Beschluß nicht zum gemeinschaftlichen Besten der Gewerkschaft gereicht, wird von dem Obertribunal in dem Erkenntnisse vom 21. Mai 1869 (Entscheidungen Bd. 61 S. 306 f.) verneint. Vergl. dagegen die Bemerkungen von Brassert in der Zeitschr. f. Bergr. Bd. XI S. 307 f.

In dem Bayerischen Berggesetze Art. 104 ist der Absatz wie folgt gefaßt:

„Binnen einer ausschließenden Frist von dreißig Tagen vom Ablaufe des Tages, an welchem ein Gewerkschaftsbeschluß gefaßt ist, kann jeder Gewerke, welcher denselben für nachtheilig erachtet, bei dem Bezirksgerichte, in dessen Sprengel das Bergwerk liegt, gegen die Gewerkschaft auf Aufhebung des Beschlusses klagen und es hat das Gericht dessen Aufhebung auszusprechen, wenn nachgewiesen wird, daß derselbe der Gewerkschaft zum Nachtheile gereiche."

[245]) Ueber dieses schiedsrichterliche Verfahren gibt das oben (Anm. 211) angeführte Normalstatut folgende Bestimmung:

Jeder Gewerke ist berechtigt, innerhalb einer Frist von 14 Tagen vom Ablaufe des Tages, an welchem ein Gewerkschaftsbeschluß gefaßt ist, schiedsrichterliche Entscheidung darüber anzurufen, ob der Beschluß zum gemeinsamen Besten der Gesellschaft gereicht.

Die Provocation ist schriftlich, unter Benennung des für die Minorität gewählten Schiedsrichters, bei der Grubenvertretung einzureichen, widrigenfalls sie wirkungslos ist.

Für die Majorität hat die Grubenvertretung, oder, falls sich dieselbe in der Minorität befindet, der stärkste Betheiligte der Majorität, innerhalb vier Wochen nach Eingang der Provocation einen Schiedsrichter zu bezeichnen, widrigenfalls die Provocation für begründet erkannt wird; den Obmann ernennt das Königliche Oberbergamt.

Lehnt einer der Schiedsrichter seine Mitwirkung bei der Entscheidung eines Streitfalles ab, so entscheidet der andere Schiedsrichter und der Obmann allein.

Wird der Beschluß aufgehoben, so verliert derselbe erst von der Rechtskraft der richterlichen Entscheidung[246]) an seine rechtliche Wirksamkeit[247]).

Das Schiedsgericht verhandelt collegialisch, ist aber bei seinen Verhandlungen, außer der Anhörung der Parteien, an keinerlei Prozeßvorschriften gebunden.

Gegen seine Entscheidung findet kein Rechtsmittel, weder ein ordentliches, noch ein außerordentliches, Statt.

Die Kosten der Entscheidung fallen dem unterliegenden Theile zur Last.

[246]) Der aufgehobene Beschluß wird nicht von Anfang an ungültig, sondern verliert erst von dem Tage der Rechtskraft des Urtheils seine rechtliche Wirksamkeit. Die Verfügungen, welche die Vertretung der Gewerkschaft auf Grund des aufgehobenen Beschlusses über das gewerkschaftliche Vermögen getroffen hat, bleiben bis zu diesem Termine in Kraft, d. h. sie bleiben gültig, soweit sie die bis zur rechtskräftigen Entscheidung geführte Vermögensverwaltung angehen. Betrifft also der Beschluß und der auf Grund desselben geschlossene Vertrag z. B. den Verkauf der Förderung, so bleibt das Kaufgeschäft nur in Betreff der bis zum Tage der Rechtskraft geförderten Producte in Kraft, ebenso der mit dem gewählten Repräsentanten abgeschlossene Vollmachtsvertrag, wenn die getroffene Wahl auf Grund des §. 116 durch richterliches Urtheil aufgehoben wird. Betrifft der Beschluß Verfügungen, die nicht in der Vermögensverwaltung begriffen sind, z. B. die Veräußerung von Grundstücken, so wird durch die Aufhebung des Beschlusses auch die getroffene Verfügung rückgängig gemacht. Diese Regeln folgen aus dem Grundsatze: Resoluto jure concedentis resolvitur jus concessum und aus den Vorschriften, welche das Civilrecht über die Wirkung der auflösenden Bedingungen trifft (L. 41 pr. Dig. de rei vind. VI, 6. L. 4 §. 3 D. de in diem addict. XVIII, 2. L. 3 D. quib. mod. pignus XX, 6. Allg. Landrecht Th. I, Tit. 4, §§. 115 ff. Tit. 7, §. 172. Tit. 19, §. 33. Tit. 21, §§. 388 ff. Code Napoléon Art. 1183). Für das Preußische Recht ist jedoch zu berücksichtigen, daß bei der Erwerbung von dinglichen Rechten die Redlichkeit des Erwerbers, welchem von einer Anfechtung des gewerkschaftlichen Beschlusses nichts bekannt war, die Wiederaufhebung des eingeräumten Rechtes ausschließt. (Allg. Landrecht Th. I. Tit. 11, §§. 264, 265, 270, 311.)

Die Materialien des Gesetzes enthalten über die Bedeutung des hier erörterten zweiten Alinea des §. 116, welcher seine vorliegende Fassung in der Commission des Herrenhauses erhaten hat, wenig. In dem Commissionsberichte des Hauses der Abgeordneten wird bemerkt (S. 59):

„Es entstand die Frage, ob dieser Satz so zu verstehen sei, daß das Verlieren der rechtlichen Wirksamkeit ex nunc oder ex tunc eintrete."

Die Herren Regierungscommissarien erklärten:

Die Anstellung der Klage auf Aufhebung des Gewerkschaftsbeschlusses solle nach Alinea 1 §. 116 die Ausführung des Gewerkschaftsbeschlusses nicht aufhalten. Der Repräsentant oder Grubenvorstand werde deshalb auf der Grundlage des Gewerkschaftsbeschlusses mit der Ausführung desselben vorgehen können, ohne in Verantwortlichkeit zu treten. Wenn demnach das zweite Alinea für den Fall, daß der angerufene Richter den Beschluß aufhebe, bestimme, daß der Beschluß erst von Rechtskraft der richterlichen Entscheidung an seine rechtliche Wirksamkeit verliere, so könne es nicht zweifelhaft sein, daß das Aufhören der rechtlichen Wirksamkeit ex nunc zu verstehen sei.

Dem Bedenken, daß hieraus große Gefahr für den siegreichen Provocanten wie überhaupt für die Interessen der Minorität eines Bergwerks entstehen könne, wurde von mehreren Commissionsmitgliedern entgegengesetzt, daß Alinea 3 des §. 116 alle Beschlüsse über die Substanz des Bergwerks und über die Erhebung von Beiträgen von denjenigen Beschlüssen ausschließt, auf deren Ausführung die Klage der Minorität keinen Suspensiveffect ausübt. Der Kläger werde hierin genügenden Schutz finden. Auf der andern Seite könne auch nicht zugegeben werden, daß den wirthschaftlichen Bedürfnissen einer Bergwerkssocietät und des Bergbaubetriebes zuwider eine Minorität in die Möglichkeit gebracht werde, durch ihren Widerspruch die Thätigkeit der Gewerkschaft und deren Bergwerksbetrieb zu hemmen und die Organe der Gewerkschaft lahm zu legen."

Diese Ausführung steht mit der oben entwickelten Auslegung des Alinea 2 in keinem Wider-

Diese Bestimmungen finden keine Anwendung, wenn der Beschluß die im §. 120 bezeichneten Gegenstände betrifft[248]).

§. 117.

Jede Gewerkschaft ist verpflichtet[249]), einen im Inlande wohnenden[250]) Repräsentanten zu bestellen und der Bergbehörde namhaft zu machen[251]).

---

spruch, wenn auch nicht bestimmt ausgesprochen ist, welche Wirkung die Aufhebung des Beschlusses ex nunc auf diejenigen Verfügungen habe, welche zwar vor der Aufhebung getroffen sind, aber nach diesem Zeitpunkte wirksam werden sollen. Ebensowenig gibt die frühere rechtsrheinische Praxis einen Anhalt zur Beantwortung dieser Frage. Der §. 9 des Gesetzes vom 12. Mai 1851 enthielt nur die ganz unbestimmte Vorschrift:

„Fällt der schiedsrichterliche Ausspruch verneinend aus, so darf wider den Willen auch nur Eines Betheiligten der Beschluß nicht ausgeführt werden."

Wollte man annehmen, daß die Aufhebung des Beschlusses nur insofern Wirkung habe, als nicht bereits über die Ausführung desselben Verträge mit dritten Personen geschlossen sind, so würde man zu offenbar perplexen Resultaten gelangen. Man würde annehmen müssen, daß ein auf die Amtsdauer von zehn Jahren erwählter besoldeter Repräsentant, dessen Wahl gemäß §. 116 als nicht zum Besten der Gewerkschaft gereichend aufgehoben wird, dennoch für die ganze Wahlperiode im Amte bleibe, falls er vor der rechtskräftigen Aufhebung des Beschlusses einen Dienstvertrag mit der bisherigen Grubenvertretung abschließt. Man würde aber auch mit den Bestimmungen des Civilrechtes über die revocatio ex nunc in Widerspruch treten, welche übereinstimmend dahin gehen, daß die Verfügungen des früheren Berechtigten nur bis zu dem Zeitpunkte Wirkung haben, mit welchem sein Verfügungsrecht aufgehoben wird. Die Anwendung dieser Regeln auf die Aufhebung eines Gewerkenbeschlusses läßt sich aber nicht anders machen, als indem man annimmt, daß der Mehrheit, welche den angefochtenen Beschluß gefaßt hat, mit dem Momente der rechtskräftigen Entscheidung die Verfügung über den Gegenstand des Beschlusses entzogen und auf die verneinende Minorität übertragen wird, deren Wille durch das richterliche Urtheil als maßgebend für die Gewerkschaft gesetzt wird.

[247]) Die Aufhebung des Beschlusses entzieht demselben die Rechtsverbindlichkeit nicht bloß in Ansehung desjenigen Gewerken, auf dessen Klage die Aufhebung erfolgt ist, sondern gegenüber allen Gewerken. Wenn daher mehrere Klagen von verschiedenen Gewerken auf Aufhebung desselben Beschlusses eingelegt werden, so kann über dieselben nur durch ein und dasselbe Urtheil entschieden werden, da der Beschluß entweder allen Klägern gegenüber aufrecht erhalten oder mit gleicher Wirkung für alle aufgehoben werden muß.

[248]) In diesen Fällen, d. h. bei Verfügungen über die Substanz des Bergwerks und bei der Ausschreibung von Beiträgen hat also die Klage auf Aufhebung des Beschlusses die Wirkung, daß die Ausführung desselben aufgehalten wird und das Endurtheil macht den Beschluß von Anfang an (ex tunc) ungültig. Auch die suspensive Wirkung der Klage eines Gewerken tritt für alle Gewerken ein. Wenn also ein Beschluß wegen der Erhebung von Beiträgen seitens eines Gewerken angefochten wird, so kann derselbe auch gegen die übrigen nicht vor Ablauf der rechtskräftigen Entscheidung über jene Klage vollstreckt werden (§. 129).

Die Ausführung des gefaßten Beschlusses wird in den Fällen des §. 120 nicht erst durch die wirkliche Einlegung der Klage aufgehalten, sondern sie bleibt von Rechtswegen suspendirt, bis die vierwöchentliche Frist zur Einlegung der Klage verstrichen ist. Dies wird im §. 129 für die Erhebung von Beiträgen ausdrücklich anerkannt. Dasselbe muß aber für die Veräußerung, Verpfändung und dingliche Belastung, sowie für die Verpachtung des Bergwerks (§. 114) gelten. Der Hypothekenrichter darf auf Grund eines solchen Beschlusses keine Eintragung im Berghypothekenbuche verfügen, bevor die vierwöchentliche Frist verstrichen ist, ohne daß eine Klage auf Aufhebung des Beschlusses bei dem Prozeßrichter eingelegt wäre. Er muß hierüber jedesmal Auskunft von dem ordentlichen Richter verlangen, in dessen Bezirk das Bergwerk liegt. Würde er die bestellte Hypothek vor Ablauf der vierwöchentlichen Frist eintragen, so würde der eingetragene Gläubiger

Statt eines einzelnen Repräsentanten kann[252]) die Gewerkschaft jedoch einen aus zwei oder mehreren Personen bestehenden Grubenvorstand bestellen[253])

Als Repräsentanten oder Mitglieder des Grubenvorstandes können auch Personen bestellt werden, welche nicht Gewerken sind[254]).

§. 118.

Die Wahl erfolgt in einer nach §. 113 beschlußfähigen Versammlung durch absolute Stimmenmehrheit[255]). Ist eine solche bei der ersten Abstimmung nicht vorhanden, so werden diejenigen beiden Personen, welche die meisten Stimmen erhalten haben, in die engere Wahl gebracht[256]). Bei Stimmengleichheit entscheidet das Loos.

---

durch Cession seines Rechtes die Rechte der Minorität vereiteln, da die spätere Aufhebung des Beschlusses demjenigen nicht entgegenstehen würde, der das Pfandrecht auf den Glauben des Hypothekenbuches erworben hat.

[249]) Diese Verpflichtung besteht nach §. 134 auch für die Mitbetheiligten eines Bergwerks welche keine Gewerkschaft bilden, falls nicht die Vertretung derselben durch die allgemeinen Gesetze geordnet ist (wie z. B. bei der ehelichen Gütergemeinschaft, bei den verschiedenen Arten der Handelsgesellschaften.)

[250]) Nach den Berggesetzen für Braunschweig und Sachsen-Meiningen können im Auslande wohnende Personen mit Genehmigung der Bergbehörde als Repräsentanten oder Mitglieder des Grubenvorstandes bestellt werden. Das Oberbergamt zu Bonn sieht in Folge des durch Art. 3 der Reichsverfassung hergestellten gemeinsamen Indigenats das ganze Reichsgebiet als Inland an (Zeitschrift für Bergrecht Bd. XIII S. 136). Diese Auffassung läßt sich allerdings nur aus dem Geiste, nicht aus dem Wortlaute des Gesetzes rechtfertigen, da nach §. 117 nicht das Indigenat sondern der Wohnort im Inlande gefordert wird und da unzweifelhaft auch die deutschen Bundesstaaten zum Auslande gehören.

[251]) Wird kein Repräsentant bestellt, so kann die Bergbehörde auf den an sie gerichteten Antrag eine Gewerkenversammlung zur Wahl eines Repräsentanten berufen (§. 122). Erfolgt auch kein solcher Antrag, so ist sie nach §. 127 befugt, die Gewerkschaft aufzufordern, innerhalb 3 Monaten einen Repräsentanten zu wählen und kann nach Ablauf dieser Frist einen interimistischen Repräsentanten bestellen.

[252]) Die Wahl eines Grubenvorstandes kann nur auf Grund eines vorher gefaßten Mehrheitsbeschlusses stattfinden. Findet bei der Abstimmung über die Frage, ob ein Repräsentant, oder ein Grubenvorstand zu bestellen sei, Stimmengleichheit statt, so verbleibt es bei der gesetzlichen Regel und es wird zur Wahl eines Repräsentanten geschritten.

[253]) Die mehrern Mitglieder des Grubenvorstandes müssen bei Ausübung der in den §§. 119, 121, 122, 125 bestimmten Befugnisse in der Regel sammt und sonders handeln (Allg. Landr. Th. I, Tit. 13, §§. 201, 207. Cap. 6 de procuratore in 6to), wenn nicht durch die ihnen ertheilte Legitimation (§§. 118, 119) oder durch das Statut eine Vertheilung der Geschäfte unter den Mitgliedern angeordnet ist.

[254]) Minderjährige oder sonst bevormundete Personen können nicht zu Repräsentanten oder Mitgliedern des Grubenvorstandes gewählt werden. Frauen sind dagegen, nachdem die Beschränkungen ihrer Handlungsfähigkeit durch das Gesetz vom 1. December 1869 aufgehoben sind, für wählbar zu erachten. Ehefrauen bedürfen im Bezirke des Allg. Landrechts der Genehmigung ihres Mannes zur Uebernahme der Functionen des Repräsentanten.

[255]) Gegen die Wahl des Repräsentanten oder der Mitglieder des Grubenvorstandes kann nach §. 115 die Entscheidung des ordentlichen Richters darüber angerufen werden, ob die getroffene Wahl zum Besten der Gewerkschaft gereiche. Die entgegenstehende Entscheidung des Obertribunals vom 14. December 1857 (Entscheidungen Bd. 37, S. 322) ist auf die Wortfassung der §§. 5 und 6 des Gesetzes vom 12. Mai 1851 gestützt und findet in den entsprechenden Bestimmungen des Allg. Berggesetzes (§§. 113, 114) keinen Anhalt.

Bei Ausmittelung der in die engere Wahl zu bringenden zwei Personen entscheidet im Falle der Stimmengleichheit ebenfalls das Loos.

Das Protokoll über die Wahlverhandlung ist notariell oder gerichtlich aufzunehmen[257]. Eine Ausfertigung desselben wird dem Repräsentanten oder dem Grubenvorstande zu seiner Legitimation ertheilt[258].

§. 119.

Der Repräsentant oder Grubenvorstand vertritt die Gewerkschaft in allen ihren Angelegenheiten gerichtlich und außergerichtlich.

Eine Specialvollmacht ist nur in den im §. 120 bezeichneten Fällen erforderlich[259].

---

[256]) Dieser Wahlmodus, welcher bereits im §. 14 des Gesetzes vom 12. Mai 1851 vorgeschrieben war, ist sehr unzweckmäßig und führt leicht zu Minoritätswahlen. Es empfiehlt sich, die Wahl durch das Statut so zu regeln, daß bei der engeren Wahl jedesmal nur diejenige Person ausgeschlossen wird, für welche die geringste Kuxzahl gestimmt hat.

[257]) Auch für das Wahlprotocoll gilt die oben aufgestellte Regel, daß die Unterschrift der an der Abstimmung theilnehmenden Gewerken zur Gültigkeit der Verhandlungen nicht erforderlich ist. Es genügt, daß die Namen der anwesenden Gewerken und die Zahl der Kuxe, welche bei jedem einzelnen Wahlgange für die verschiedenen Personen gestimmt haben, in das Protokoll aufgenommen wird. Außerdem muß durch das gerichtliche oder notarielle Protokoll auch die Beschlußfähigkeit der Versammlung, also wenn nicht alle Gewerken anwesend sind, die gehörig geschehene Vorladung auf Grund der von dem einladenden Repräsentanten oder im Falle des §. 122 Al. 3 von der einladenden Bergbehörde vorzulegenden Postinsinuationsscheine (§. 112) constatirt werden.

[258]) Diese Ausfertigung genügt zum Nachweise der gültig erfolgten Bestellung. Der Repräsentant ist nicht verpflichtet, zu seiner Legitimation außer dem gerichtlichen oder notariellen Wahlprotokolle noch die Postinsinuatiosscheine über die geschehene Einladung vorzulegen, da nach §. 118 Al. 3 die Ausfertigung dieses Protokolls und die darin enthaltene Bescheinigung der gehörig geschehenen Einladung allein zu seiner Legitimation ausreicht.

Andrer Meinung ist Lindig in der Zeitschr. für Bergrecht Bd. VI, S. 606 und Gedicke (daselbst S. 601), welcher sogar verlangt, daß aus dem Postinsinuationsscheine der wörtliche Inhalt der Einladung erhellen müsse. Die Herausgeber der genannten Zeitschrift (das. S. 604, 607) halten dagegen das ausgefertigte Wahlprotokoll zur Legitimation des Repräsentanten für ausreichend und auch die Bergbehörde nicht für befugt, einen weiteren Nachweis für die Gültigkeit der Wahl zu verlangen.

Der Handelsminister hat sich der oben entwickelten Meinung angeschlossen und durch das an sämmtliche Oberbergämter gerichtete Rescript vom 2. Januar 1868 bestimmt, daß auch die Bergbehörde nicht zu prüfen hat, ob sämmtliche Gewerken zur Wahlhandlung vorgeladen waren, sondern die Ausfertigung des Wahlprotokolles die ausreichende Legitimation bildet, sofern sich nicht aus dem Inhalte derselben Bedenken gegen die Rechtsgültigkeit der Wahl ergeben.

[259]) Eine Specialvollmacht ist also nicht erforderlich zu den im Allg. Landrecht Th. I, Tit. 13, §§. 99—109 bezeichneten Geschäften. Der Repräsentant ist insbesondere auch ohne Specialvollmacht befugt, Sachen oder Gelder für die Gewerkschaft in Empfang zu nehmen. Die an die Gewerkschaft addressirten Geldbriefe sind daher von den Postanstalten an den Repräsentanten auszuhändigen (Erlaß vom 26. Februar 1864, Zeitschr. f. d. Berg-, Hütten- und Salinenwesen Bd. XII, S. 13). Er ist ferner befugt, Grundstücke und Gerechtigkeiten zu veräußern, da die Einschränkungen des §. 120, Nr. 1 nach §. 114 sich nur auf Veräußerungen beziehen, welche den Gegenstand der Verleihung, also die Substanz des Bergwerks betreffen. Vergl. ferner die Erkenntnisse des Obertribunals vom 9. December 1862, 15. December 1864 und 23. April 1866. Zeitschrift für Bergrecht Bd. V S. 223. Bd. VI S. 470. Bd. VIII S. 107.

Eide Namens der Gewerkschaft werden durch ihn geleistet[260]).

Beschränkt oder erweitert die Gewerkenversammlung die Befugnisse des Repräsentanten, oder Grubenvorstandes, so müssen die betreffenden Festsetzungen in die Legitimation (§. 118) aufgenommen werden.

§. 120.

Der Repräsentant oder Grubenvorstand bedarf eines besonderen Auftrages der Gewerkenversammlung[261]).

1) wenn es sich um Gegenstände handelt, welche nur von einer Mehrheit von wenigstens drei Viertheilen aller Kuxe oder nur mit Einstimmigkeit beschlossen werden können;

2) wenn Beiträge von den Gewerken erhoben werden sollen[261a]).

§. 121.

Der Repräsentant oder Grubenvorstand führt das Gewerkenbuch und fertigt die Kurscheine aus (§. 103)[262]).

---

260) Diese Bestimmung schließt die Anwendung der §§. 270—275, Tit. 10, Th. I der Allg. Gerichtsordnung aus, welche beim deferirten Eide dem Gegner das Recht geben, vier Mitglieder der Corporation zur Ableistung des Eides zu bezeichnen. Die Mitglieder des Grubenvorstandes müssen den Eid sämmtlich leisten, die Weigerung eines einzelnen Mitgliedes macht die Gewerkschaft beweisfällig. — Erkenntniß des Obertribunals v. 24. April 1871 (Zeitschr. f. Bergr. Bd. XII S. 381).

261) Dieser Auftrag kann sich nur auf den einzelnen Fall beziehen. Eine generelle Ermächtigung zu Verfügungen der im §. 114 bezeichneten Art, oder zur Ausschreibung von Beiträgen kann dem Repräsentanten nur durch das Statut (§. 94) ertheilt werden (§. 124).

261a) Zur Empfangnahme der von der Gewerkenversammlung ausgeschriebenen Beiträge bedarf der Repräsentant einer Specialvollmacht nicht, sondern nur zur selbstständigen Ausschreibung und Erhebung von Beiträgen. Erkenntniß des Obertribunals vom 7. Februar 1868 (Zeitschrift für Bergrecht Bd. X S. 413).

262) Die Führung des Gewerkenbuches unterliegt nicht der Aufsicht der Bergbehörde (Zeitschrift für Bergrecht Bd. XIII, S. 290). Der Gesetzentwurf, die Mobilisirung der Kuxe betreffend, übertrug im §. 4 die Führung des Gewerkenbuches und die Ausfertigung der Kurscheine dem Oberbergamte. Er schloß sich in dieser Bestimmung an das Allg. Handelsgesetzbuch an, welches in den Art. 2 ff. und 86 ff. die Führung eines Handelsregisters bei dem Handelsgerichte anordnet, in welches in Beziehung auf Handelsgesellschaften:

1. Name und Wohnort jedes Gesellschafters,
2. Firma und Wohnsitz der Gesellschaft,
3. die Vertretung der Gesellschaft durch einzelne Gesellschafter oder Procuristen eingetragen werden. Der Gesetzentwurf bestimmte folgerichtig im §. 1, daß auch das Statut der Gewerkschaft in das Gewerkenbuch einzutragen sei und er würde auch die Eintragung der Repräsentanten und Grubenvorstände angeordnet haben, wenn die Vorschriften über die Repräsentation der Gewerkschaft in den Bereich jenes Gesetzentwurfes gezogen worden wären.

Das Allg. Berggesetz schließt jede Mitwirkung der Staatsbehörden bei der Beurkundung des gewerkschaftlichen Besitzstandes aus. Es überläßt jeder Gewerkschaft die erforderlichen Einrichtungen zu diesem Zwecke zu treffen. Nur in dem Falle, wenn Gewerkschaften des alten Rechtes nach §. 235 die Mobilisirung ihrer Kuxe beschließen, erfolgt die Führung des Gewerkenbuches und die Ausfertigung der Kurscheine nach §. 239 durch die Berghypothekenbehörde, wenn und so lange die mobilisirten Kuxe noch mit Pfandrechten belastet sind, die an die Stelle seitheriger Hypotheken getreten sind. Diese Uebergangsbestimmung werden sich ohne Zweifel viele Gewerkschaften des alten Rechtes zu Nutze machen, indem sie durch Bestellung oder Conservirung irgend einer Antheilshypothek sich die großen Vortheile einer amtlichen Beglaubigung des Gewerkenbuches und

Er ist verpflichtet, für die Führung der übrigen erforderlichen Bücher der Gewerkschaft Sorge zu tragen und jedem Gewerken auf Verlangen die Bücher zur Einsicht offen zu legen.

der ausgefertigten Kuxscheine sichern. Es ist indeß nicht ersichtlich, weshalb das Allg. Berggesetz den nach dem 1. October 1865 constituirten Gewerkschaften diese Vortheile, diese fast unerläßlichen Bedingungen eines gesicherten Verkehrs und eines ausreichenden Realcredits für die Bergwerksantheile versagt hat. Die Motive (S. 78) berufen sich auf das Bedürfniß der Selbstverwaltung und der Verkehrserleichterung.

Ist es aber als eine Erleichterung für den Verkehr zu bezeichnen, wenn jede Gewerkschaft genöthigt ist, ihrem Gewerkenbuche und ihren Kuxscheinen ihr eigenes und besonderes Gepräge zu geben? wenn jeder Käufer eines Kuxscheines und jeder Pfandnehmer zuvor Nachforschungen über die Aechtheit des ihm präsentirten Schriftstückes anstellen muß? wenn ihm keine Bürgschaft gegen etwaige Irrthümer bei der Führung des Gewerkenbuches und bei der Ausfertigung der Kuxscheine gewährt wir?

Das Handelsgesetzbuch überläßt allerdings bei den Actien, welche auf Namen lauten, die Führung des Actienbuches der Gesellschaft (Art. 182, 233), so daß bei den Actiengesellschaften das Handelsregister keine Auskunft über die Person der Betheiligten gibt. Allein die Gewerkschaften sind keineswegs den Actiengesellschaften durchweg gleichzustellen. Unter den Tausenden der bestehenden Gewerkschaften sind verhältnißmäßig wenige, die ihren Kuxscheinen den marktgängigen Charakter zu geben vermögen, welchen die Actien durch ihren zahlreichen und häufigen Umlauf, durch den umfassenden, aber kostspieligen Verwaltungsapparat, unter dessen Verantwortlichkeit sie ausgefertigt werden, in der Regel genießen. Das Gewerkenbuch mancher kleineren Gewerkschaft würde das bisherige amtliche Gegenbuch ebensowenig ersetzen, als die Aufzeichnungen in der Familienbibel des Hausvaters die amtlichen Geburts- und Sterberegister ersetzen können. Während die Actiengesellschaften für einzelne größere Unternehmungen gegründet werden, bei denen die Zahl der Betheiligten und der häufige Besitzwechsel in dem engen Rahmen des amtlichen Handelsregisters nicht Platz findet und zur Einrichtung eines eigenen Actienbuches nöthigt, tritt das gewerkschaftliche Rechtsverhältniß, wie die offene Handelsgesellschaft von Rechts wegen überall da ein, wo zwei oder mehrere Personen sich zu einem Bergwerksbetriebe vereinigen. Es ist daher gerechtfertigt, die Verkehrsbeziehungen der Gewerkschaft mit denjenigen der offenen Handelsgesellschaft, nicht der Actiengesellschaft, auf eine Linie zu stellen.

Die Selbstverwaltung der Gewerkschaften endlich steht mit der Führung des Gewerkenbuches in keinem Zusammenhange. Sie besteht in der unbeschränkten Freiheit, ihre inneren und äußeren Angelegenheiten nach ihrem Ermessen zu ordnen. Wo es aber auf die Erfüllung bestimmter, durch das Gesetz gebotener Formen ankommt, wie bei der Führung des Gewerkenbuches und der Ausfertigung der Kuxscheine, da ist es die Aufgabe des Staates, die Erfüllung dieser Formen durch seine Behörden zu erleichtern und zu überwachen. Der Grundsatz, daß die Aufgabe der Behörden auf die Wahrnehmung des öffentlichen Interesses beschränkt bleiben muß, würde durch die amtliche Führung des Gewerkenbuches nicht im geringsten verletzt werden, da in der That dringende Rücksichten des öffentlichen Interesses für eine solche Einrichtung und gegen die Vorschrift des §. 121 sprechen.

Sollen daher die Vorschriften des vierten Titels über die gewerkschaftliche Verfassung praktische Herrschaft gewinnen, sollen nicht bloß die vereinzelten Neubildungen von Gewerkschaften unter diese für sie unabwendliche Regel fallen, sondern auch die Gewerkschaften des alten Rechtes, wie der Gesetzgeber nach §. 235 beabsichtigt, allmählich zu dieser Form übergehen, so ist es wünschenswerth, daß die Gesetzgebung recht bald den versäumten Schritt nachhole und nach Art des Handelsregisters eine amtliche Buchführung über die Zusammensetzung und die Repräsentation der Gewerkschaften, sowie über die von der gesetzlichen Regel abweichenden statutarischen und vertragsmäßigen Normen der einzelnen Gewerkschaften einführt, an welche sich dann als nothwendige Folge die amtliche Ausfertigung der Kuxscheine anschließt — mit einem Worte, daß die Ausnahmebestimmung des §. 239 zur gesetzlichen Regel erhoben wird.

§. 122.

Der Repräsentant oder Grubenvorstand beruft die Gewerkenversammlungen[263]).

Er muß, wenn das Bergwerk im Betriebe ist, alljährlich eine Gewerkenversammlung berufen und derselben eine vollständig belegte Verwaltungsrechnung vorlegen.

Der Repräsentant ist zur Berufung einer Gewerkenversammlung verpflichtet, wenn dies die Eigenthümer von wenigstens einem Viertheil aller Kuxe verlangen. Unterläßt er die Berufung, so erfolgt dieselbe durch die Bergbehörde auf den an sie gerichteten Antrag[264]).

Zur Vornahme der Wahl eines Repräsentanten oder Grubenvorstandes oder zur Beschlußfassung über den Widerruf der erfolgten Bestellung kann die Bergbehörde auf den an sie gerichteten Antrag[265]) eine Gewerkenversammlung berufen[266]).

---

[263]) So lange ein Repräsentant nicht bestellt ist, kann die Gewerkenversammlung durch jedes Mitglied der Gewerkschaft berufen werden (Vergl. Zeitschrift für Bergrecht Bd. VIII, S. 131, Bd. IX, S. 213). Die Berufung ist ordnungsmäßig geschehen, wenn alle zur Zeit der Einladung im Gewerkenbuche eingetragenen Gewerken gehörig geladen sind (§§. 103, 112). Wird nach erfolgter Einladung die Umschreibung eines Kuxes im Gewerkenbuche beantragt, so wird dadurch die Berufung nicht ungültig und die von der Mehrheit der Antheile besuchte Gewerkenversammlung nicht beschlußunfähig. Dies ist namentlich für die Fälle der §§. 229 und 239 von Wichtigkeit, in welchen das Gewerkenbuch nicht von dem Repräsentanten geführt wird, wo demselben mithin nicht Gelegenheit gegeben wird, dem beim Gewerkenbuche oder beim Berggegenbuche angemeldeten neuen Erwerber nachträglich von dem anberaumten Termine Kenntniß zu geben.

[264]) Der Antrag ist nach §. 189 an den Revierbeamten zu richten, welcher die Vorladung erläßt. Die Vorladung erfolgt in den Fällen der §§. 229 und 239 auf Grund des bei der Berghypothekenbehörde geführten Gewerkenverzeichnisses, welches dem Revierbeamten auf sein Ansuchen zugefertigt wird. Wird dagegen das Gewerkenbuch nach §. 121 von dem Repräsentanten geführt, so muß der Revierbeamte dasselbe von dem Repräsentanten einfordern. Letzterer kann durch executivische Zwangsmittel zur Herausgabe angehalten werden.

[265]) Während in dem Falle des Al. 2 der Antrag von wenigstens einem Viertel aller Kuxe gestellt werden muß, kann der Revierbeamte im Falle des Al. 3 auf den Antrag eines einzelnen Interessenten die Wahlversammlung berufen. Dieser Antrag kann nicht nur von einem Kuxbesitzer, sondern auch von jedem Andern gestellt werden, der ein rechtliches Interesse an der Vornahme der Repräsentantenwahl hat. Dahin gehört insbesondere der Fall, wenn Jemand vor Gericht gegen die Gewerkschaft klagen will. Ist in diesem Falle kein Repräsentant bestellt, gegen welchen gemäß §. 119 die Klage gerichtet werden könnte, so kann die Bergbehörde auf Antrag des Klägers oder auf Requisition des Prozeßrichters eine Gewerkenversammlung zur Wahl des Repräsentanten berufen. Es bedarf dazu nicht der vorherigen Aufforderung an die Gewerkschaft, innerhalb 3 Monaten einen Repräsentanten zu bestellen, welche im §. 127 für den Fall vorgeschrieben ist, daß die Bergbehörde von Amts wegen, also ohne den Antrag eines Interessenten, die Bestellung eines Repräsentanten verlangt.

[266]) Die von der Bergbehörde ausgehenden Vorladungen zu Gewerkenversammlungen unterliegen dem Stempel für Ausfertigungen amtlicher Verfügungen nach dem Stempeltarif vom 7. März 1822. Welcher von den beiden in der erwähnten Tarifposition zulässigen Sätzen von 15 Sgr. oder 5 Sgr. in jedem Falle zu verwenden, ist von dem Revierbeamten mit Rücksicht auf den Werth des Bergwerks und den Umfang der Geschäfte des Repräsentanten, also besonders mit Rücksicht darauf zu bestimmen, ob das Bergwerk im Betrieb steht oder nicht. (Erlaß vom 12. Juli 1857, Zeitschr. f. d. Berg-, Hütten- und Salinenwesen Bd. V, S. 149). Hierin ist auch durch durch das Gesetz vom 26. März 1873 (G.S. S. 131) eine Aenderung nicht eingetreten.

§. 123.

Der Repräsentant ist berechtigt und verpflichtet, alle Vorladungen und andere Zustellungen an die Gewerkschaft mit voller rechtlicher Wirkung in Empfang nehmen.

Bestellt die Gewerkschaft einen Grubenvorstand, so muß ein Mitglied desselben mit dieser Empfangnahme beauftragt und in der Legitimation des Grubenvorstandes bezeichnet werden. Wenn dies nicht geschehen ist, so kann die Zustellung an jedes Mitglied des Grubenvorstandes erfolgen[267]).

§. 124.

Die Bestimmungen der §§. 120, 121 und 122 dürfen nur durch ein förmliches Statut (§. 94), diejenigen des §. 123 aber gar nicht abgeändert werden.

In keinem Falle darf dem Repräsentanten oder Grubenvorstande die Vertretung der Gewerkschaft bei den Verhandlungen mit der Bergbehörde, mit dem Knappschaftsvereine und mit anderen auf den Bergbau bezüglichen Instituten, sowie in den gegen sie angestellten Prozessen und die Eidesleistung in letzteren[268]) entzogen werden.

§. 125.

Die Gewerkschaft wird durch die von dem Repräsentanten oder Grubenvorstande in ihrem Namen geschlossenen Rechtsgeschäfte berechtigt und verpflichtet[269]).

[267]) Diese Vorschrift bezieht sich nur auf Vorladungen und Bestellungen der Behörden. Zur Empfangnahme von Geldern und Sachen, also auch von Geldbriefen, ist nach Anm. 214 nur der Grubenvorstand in corpore befugt, wenn nicht die Gewerkschaft einem einzelnen Mitgliede hierzu Vollmacht ertheilt hat.

[268]) Wenn dem Repräsentanten die Befugniß entzogen ist, Klagen namens der Gewerkschaft einzulegen, so finden auf die Ableistung des der Gewerkschaft als Klägerin deferirten Eides die §§. 270 ff. Allg. Gerichtsordnung, Th. I, Tit. 10 und für den Fall der §§. 133, 134 der §. 269 l. c. Anwendung.

[269]) Dies gilt auch von denjenigen Rechtsgeschäften, welche der Repräsentant oder Grubenvorstand durch die von ihm bestellten Bevollmächtigten abschließt. Die Ansicht, daß der Repräsentant nicht befugt sei, sich durch Bevollmächtigte vertreten zu lassen, ohne daß ihm die Substitutionsbefugniß ausdrücklich beigelegt worden (Comm.-Bericht des Hauses der Abgeordn. S. 60), war nach der bisherigen Gesetzgebung gerechtfertigt, da nach dem Gesetze vom 12. Mai 1851 §§. 13 und 22 der Repräsentant als Generalbevollmächtigter der Miteigenthümer des Bergwerks fungirte. Nach dem Allg. Berggesetz ist er dagegen der Repräsentant der juristischen Persönlichkeit der Gewerkschaft. Er ist daher ebenso wie der Vorstand einer Actiengesellschaft oder wie der geschäftsführende Theilhaber einer Firma befugt, Bevollmächtigte der Gewerkschaft zu bestellen und diese Bevollmächtigten sind nicht Substituten des Repräsentanten, sondern unmittelbare Bevollmächtigte der Gewerkschaft. Niemand wird annehmen, daß der von einem Handlungsgesellschafter namens der Firma bestellte Mandatar als Substitut des Bestellers oder der von dem Vorstande einer Actiengesellschaft Bevollmächtigte als Substitut des Vorstandes zu betrachten sei. Ebensowenig aber verträgt sich die Annahme mit den dem Handelsgesetzbuche durchaus nachgebildeten Vorschriften des Allg. Berggesetzes über die Repräsentation der Gewerkschaft. Der Repräsentant wird nirgend als der Bevollmächtigte der Gewerkschaft bezeichnet (vergl. Anm. 272a). Die Functionen, welche das Gesetz ihm überträgt, sind so beschaffen, daß er weder thatsächlich noch rechtlich befähigt ist, sie sämmtlich in eigener Person wahrzunehmen. Er kann z. B. in Prozessen in der dritten Instanz, in Prozessen vor den rheinischen Landgerichten nicht anders als durch Vermittelung eines besonderen Prozeßbevollmächtigten für die Gewerkschaft auftreten. Er kann nicht in eigener Person mit jedem Arbeiter und mit jedem Käufer eines Scheffels Kohlen

Es ist gleichgültig, ob das Geschäft ausdrücklich im Namen der Gewerkschaft geschlossen worden ist, oder ob die Umstände ergeben, daß es nach dem Willen der Contrahenten für die Gewerkschaft geschlossen werden sollte.

§. 126.

Der Repräsentant oder die Mitglieder des Grubenvorstandes sind aus den von ihnen im Namen der Gewerkschaft vorgenommenen Rechtshandlungen Dritten gegenüber für die Verbindlichkeiten der Gewerkschaft persönlich nicht verpflichtet.

Handeln dieselben außer den Grenzen ihres Auftrages oder den Vorschriften dieses Titels entgegen, so haften sie persönlich, beziehungsweise solidarisch für den dadurch entstandenen Schaden[270]).

§. 127.

Die Bergbehörde ist befugt, eine Gewerkschaft aufzufordern, innerhalb drei Monaten einen Repräsentanten oder einen Grubenvorstand zu bestellen[271]).

Wird dieser Aufforderung nicht entsprochen, so kann die Bergbehörde bis dahin, daß dies geschieht, einen Repräsentanten bestellen und demselben eine angemessene, von der Gewerkschaft aufzubringende und nöthigenfalls im Verwaltungswege executivisch einzuziehende Belohnung zusichern[271a]).

Dieser interimistische Repräsentant hat die in den §§. 119 bis 123 bestimmten Rechte und Pflichten, insofern die Bergbehörde keine Beschränkungen eintreten läßt[272]).

§. 128.

Soweit der gegenwärtige Titel nichts Anderes bestimmt, sind die durch die Bestellung eines Repräsentanten oder Grubenvorstandes entstehenden Rechtsverhältnisse nach den allgemeinen Vorschriften über den Vollmachtsvertrag zu beurtheilen[272a]).

contrahiren. Die Befugniß, Bevollmächtigte für die Gewerkschaft zu bestellen, ist also zur Ausübung der Functionen des Repräsentanten nothwendig und es erscheint nicht gerechtfertigt, ihm diese Befugniß abzusprechen.

[270]) Die §§. 125, 126 sind den Art. 230 und 241 des Allg. Handelsgesetzbuches nachgebildet.

[271]) Diese Aufforderung kann mit voller Wirkung an jedes beliebige Mitglied der Gewerkschaft gerichtet werden; es ist nicht nothwendig, das dieselbe allen Gewerken zugestellt wird; denn die Verpflichtung, den Repräsentanten zu bestellen und der Behörde namhaft zu machen, ist bereits durch das Gesetz begründet (§. 117). Auch ist der Revierbeamte bei einer Gewerkschaft ohne Repräsentanten nicht in der Lage, sich bestimmte Kenntniß von der Zusammensetzung der Gewerkschaft zu verschaffen. (Circularverfügung des Oberbergamtes zu Bonn an die Revierbeamten vom 25. Juni 1869.)

[271a]) Diese Belohnung haftet nicht dinglich auf dem Bergwerke. Sie kann andrerseits nicht aus dem persönlichen Vermögen der Gewerkschaft beigetrieben werden. (Zeitschrift für Bergrecht Bd. XII, S. 405, Bd. XIV, S. 263).

[272]) Die Legitimation (§. 118) wird in diesem Falle durch die Ausfertigung der Verfügung des Revierbeamten ersetzt. Sollen Beschränkungen in den Rechten und Pflichten des interimistischen Repräsentanten eintreten, so müssen sie in dieser Ausfertigung ausgedrückt sein. Das Bayerische Berggesetz Art. 116 setzt im ersten Absatze eine Frist von 90 Tagen und enthält im Abs. 2 statt der Worte: „und nöthigenfalls im Verwaltungswege executivisch einzuziehende“ den Zusatz: „Sie kann nöthigenfalls die Urkunde, durch welche diese Belohnung zugesichert wird, vollstreckbar erklären und für deren Beitreibung sorgen“.

[272a]) Diese Bestimmung betrifft lediglich die durch die Bestellung des Repräsentanten entstehenden Rechtsverhältnisse, also den zwischen der Gewerkschaft und dem Repräsentanten ge-

§. 129.

Die Klage gegen einen Gewerken auf Zahlung seines durch Gewerkschaftsbeschluß bestimmten Beitrages kann nicht vor Ablauf der in dem §. 115 bestimmten Präclusivfrist von vier Wochen erhoben werden. Ist innerhalb dieser Frist von dem Gewerken auf Aufhebung des Beschlusses Klage erhoben worden (§. 115), so findet vor rechtskräftiger Entscheidung über dieselbe die Klage gegen den Gewerken nicht statt[273]).

Die Klage gegen den Gewerken kann nur bei dem ordentlichen Richter angestellt werden, in dessen Bezirk das Bergwerk liegt.

Das Verfahren über beide Klagen richtet sich nach den für schleunige Sachen[273a]). bestehenden Vorschriften[274]).

---

schlossenen Vertrag. Sie stimmt vollständig mit den Vorschriften des Allg. Landrechts Th. II, Tit. 6, §§. 131—135 über das Rechtsverhältniß zwischen der Corporation und ihren Repräsentanten überein. Es ist daher nicht zulässig, die Regeln des Vollmachtsauftrages auf die Stellvertretung der Gewerkschaft durch den Repräsentanten anzuwenden. Zwischen dem Repräsentanten und einem Bevollmächtigten besteht der im §. 136 A. L.R. II, 6 ausgedrückte Unterschied, welcher darauf beruht, daß der Repräsentant nicht das Organ eines fremden Willens, sondern selbst Urheber der Willensäußerungen der Gewerkschaft ist, unbeschadet der Befugniß der Gewerkenversammlung, für seine Geschäftsführung maßgebende Beschlüsse zu fassen, und unbeschadet seiner Verantwortlichkeit gegenüber der Gewerkschaft, für welche nach §. 128 die Vorschriften über den Vollmachtsvertrag maßgebend sind.

[273]) Diese Vorschrift bestätigt die Anmerkung zu §. 120, daß sowohl der Betrag als der Zeitpunkt der zu leistenden Beiträge durch Gewerkschaftsbeschluß bestimmt werden muß und nicht der Bestimmung des Repräsentanten überlassen werden darf, denn gegen die von dem Repräsentanten auf Grund einer generellen Ermächtigung ausgeschriebenen Beiträge würde die Klage aus §. 115 nicht erhoben werden können. Wenn also §. 129 vorschreibt, daß vor Einlegung jeder Klage auf Zahlung von Beiträgen die Präclusivfrist des §. 115 verstrichen sein muß, so wird dadurch anerkannt, daß jeder Beitrag speciell durch Gewerkenbeschluß bestimmt sein muß.

[273a]) Für Kurhessen bestimmt die Einführungsverordnung vom 1. Juni 1867 (G.S. S. 770) im Art. XIV:

§. 2. Das nach §. 129 des Berggesetzes stattfindende gerichtliche Verfahren ist unter Beobachtung der im §. 6 des Kurhessischen Gesetzes vom 30. October 1834 über die Abtretungen zu öffentlichen Zwecken festgesetzten Fristen und Termine zur schleunigen Erledigung zu bringen.

[274]) Strohn bemerkt in der Zeitschr. f. d. Berg-, Hütten- und Salinenwesen Bd. 13, S. 176: „Das letzte Alinea des §. 129 des Regierungsentwurfs verordnete:

> Auf beiderlei vorstehend bezeichnete Prozesse (nämlich sowohl wenn der Gewerke gegen Gewerkschaftsbeschluß die richterliche Entscheidung anruft, als wenn der Repräsentant auf Zahlung der Beiträge klagt), finden in den Landestheilen des Allgemeinen Landrechts und des gemeinen Rechts die für schleunige und einfache Sachen, und in den Landestheilen des französischen Rechts die für summarische Sachen gegebenen Prozeßvorschriften Anwendung.

Die Commission des Herrenhauses hat dieses Alinea dahin amendirt:

> Das Verfahren über beide Klagen richtet sich nach den für schleunige Sachen bestehenden Vorschriften.

In Beziehung auf das Verfahren in den Landestheilen des preußischen Rechts entsteht hiernach der Zweifel, ob für die Appellation, Revision und Nichtigkeitsbeschwerde die kurze dreitägige Frist des §. 27 des Gesetzes vom 21. Juli 1846 Platz greift. Dafür läßt sich geltend machen, daß in den Motiven zu §. 131 auf den citirten §. 27 verwiesen ist. Indessen kann diesem Allegat kein entscheidendes Gewicht beigelegt werden, zumal da die Commission des Herrenhauses dem fraglichen Alinea, wie erwähnt, eine andere Fassung gegeben, und die Commission des Abgeordneten-

§. 130.

Der Gewerke kann seine Verurtheilung und die Execution dadurch abwenden, daß er unter Ueberreichung des Kuxscheins den Verkauf seines Antheils behufs Befriedigung der Gewerkschaft anheimstellt[275].

---

hauses in ihrem Bericht ohne Widerspruch der Regierungscommissarien darauf aufmerksam gemacht hat, daß das im §. 27 der Verordnung vom 21. Juli 1846 für gewisse specielle Prozeßarten vorgeschriebene Verfahren nicht in Anwendung komme. (Brassert's Zeitschrift Bd. VI, S. 334.) Auch bilden die erwähnten kurzen Fristen eine Ausnahme von der sechs- und zehnwöchentlichen Frist, gegen welche Annahme die Vermuthung streitet."

Der vorstehenden Ausführung ist seitdem auch das Obertribunal in dem Erkenntnisse vom 22. Februar 1867 (Zeitschrift für Bergrecht Bd. VIII, S. 417 f.) beigetreten. Der höchste Gerichtshof nimmt an, daß der §. 27 der Verordnung vom 21. Juli 1846 auf die Klage aus §. 129 nicht Anwendung finde und folgert dies einerseits aus den bereits von Strohn angeführten Commissionsverhandlungen des Herrenhauses und des Hauses der Abgeordneten, andrerseits aus den folgenden selbstständigen Erwägungsgründen:

Die Verordnung vom 21. Juli 1846 kennt zweierlei Arten vom abgekürzten resp. schleunigen Verfahren, das des §. 13 und des §. 27. Das Verfahren des §. 13 findet statt in Rechtsstreitigkeiten, für welche in der Prozeßordnung ein abgekürztes Verfahren ausdrücklich angeordnet ist, bezeichnet unter acht verschiedenen Nummern die dazu gehörigen Sachen und gestattet dem Richter, auch in anderen schleunigen und einfachen Sachen dieses abgekürzte Verfahren, welches in der Verbindung der Klagebeantwortung mit der mündlichen Verhandlung besteht, eintreten zu lassen. Der §. 27 des gedachten Gesetzes führt dagegen vier von den im §. 13 genannten acht Kategorien von Sachen auf, in denen für die zweite und dritte Instanz noch eine besondere Beschleunigung in der Art stattfinden soll, daß das Rechtsmittel binnen drei Tagen bei dem Richter erster Instanz angebracht und gerechtfertigt werden muß. Später ist dieses Verfahren auch auf die gegen Zuschlagserkenntnisse zulässige Nichtigkeitsbeschwerden ausgedehnt worden — cf. §. 13 des Gesetzes vom 20. März 1854 — also auf eine Art von Rechtsstreitigkeiten, auf welche der Natur der Sache nach das abgekürzte Verfahren des §. 13 der Verordnung vom 21. Juli 1846 nicht paßt. Man sieht, beide Verfahren haben ganz verschiedene Sachen zum Gegenstande, und es ist daher bedenklich, aus der Vorschrift des §. 129 des Berggesetzes, welcher die Vorschrift für schleunige Sachen für anwendbar erklärt, zu folgern, daß auch das ganz besondere Verfahren des §. 27 der Verordnung vom 21. Juli 1846 anwendbar sei. Die darin angeordnete Frist von drei Tagen kann nur in ganz einfachen Sachen für zweckmäßig erachtet werden; so einfach sind aber die Sachen, von denen der §. 129 des Berggesetzes spricht, nicht immer, vielmehr sind Streitigkeiten über die Aufhebung eines Gewerkenbeschlusses, in denen die Frage zu entscheiden ist,

ob der von der Mehrheit gefaßte Beschluß zum Besten der Gewerkschaft gereiche,

oft sehr complicirter Art.

Hiernach und mit Rücksicht auf dasjenige, was bei der Berathung des Gesetzes von der Commission des Abgeordnetenhauses zur Sprache gebracht worden, kann der §. 27 der Verordnung vom 21. Juli 1846 im vorliegenden Falle nicht für anwendbar erachtet werden."

In Beziehung auf die Landestheile des gemeinen Rechts kann der fragliche Zweifel gar nicht erhoben werden, da der §. 77 der Verordnung vom 21. Juli 1849 nur von Wechselsachen redet, und die Motive nicht bloß lediglich die §§. 37 und 38 in Bezug nehmen, sondern auch die Commission des Abgeordnetenhauses den citirten §. 77 ausdrücklich für ausgeschlossen erklärt hat. (Brassert's Zeitschrift a. a. O S. 162 u. 334.)

Das französische Recht hat für die summarischen Sachen keine abweichenden Fristen der Rechtsmittel.

[275]) Hat der Gewerke den Kuxschein verpfändet oder sich sonst desselben begeben, oder hat er denselben veräußert, ohne die sofortige Umschreibung im Gewerkenbuche zu veranlassen (§. 107), so bleibt er für die eingeklagten Beiträge persönlich und mit seinem ganzen Vermögen verhaftet.

§. 131.

Der Verkauf des Antheils erfolgt im Wege der Mobiliarversteigerung nach Vorschrift des §. 109.

Aus dem gelösten Kaufpreise werden zunächst die Verkaufskosten und sodann die schuldigen Beiträge gezahlt[276].

---

[276]) In der Regierungsvorlage schloß sich dem Alinea 2 folgender Satz an:

Der Rest gebührt den etwaigen Gläubigern und nur was nach Befriedigung derselben übrig bleibt, kann der Gewerke in Anspruch nehmen.

Durch diesen Satz, welchen die Commission des Herrenhauses als selbstverständlich gestrichen hat, wurde außer Zweifel gestellt, daß den rückständigen Beiträgen ein Vorrecht vor allen anderen Forderungen zusteht, auch solchen, für welche ein Pfandrecht oder ein Titel zum Pfandrecht an dem verkauften Antheile erworben ist. Obgleich nun dieser Satz in das Allg. Berggesetz nicht übergegangen ist, so kann doch nach dem zu §. 109 Gesagten kein Zweifel darüber bestehen, daß das Gesetz den rückständigen Beiträgen dieses Vorrecht beigelegt hat. Ein solcher Zweifel ist auch bisher nicht laut geworden. Nur darüber besteht eine Meinungsverschiedenheit, ob dasselbe Vorrecht der Beiträge auch gegenüber den Hypotheken an Kuxen des alten Rechtes besteht. Allein auch diese Frage muß bejaht werden, wie Strohn (a. a. O. S. 174) im Anschlusse an die oben S. 239 mitgetheilte Ausführung überzeugend im Folgenden nachgewiesen hat:

„Nach dem §. 226 kommen die sämmtlichen Bestimmungen des IV. Titels auch bei den bestehenden rechtsrheinischen Bergwerken zur Anwendung, insofern sie nicht in den folgenden §§. 227—229 ausgenommen sind; zu diesen ausgenommenen Paragraphen gehören aber die oben erörterten §§. 99, 107, 130 und 131 nicht.

Freilich spricht §. 107 von Beiträgen, deren Erhebung beschlossen ist, bevor die Umschreibung im Gewerkenbuche beantragt ist, und werden die nicht mobilisirten Kuxe nicht in das Gewerkenbuch eingetragen; der §. 131 verordnet ferner den Verkauf des Antheils im Wege der Mobiliarversteigerung nach Vorschrift des §. 109, eine Mobiliarversteigerung erscheint aber bei der Immobiliarqualität der nicht mobilisirten Kuxe ebensowenig zuläßig, als die in demselben Paragraphen für den Fall der Unverkäuflichkeit verordnete Zuschreibung im Gewerkenbuche, da, wie erwähnt, Letzteres nur für die mobilisirten Kuxe bestimmt ist. Diese Bedenken sind indessen in den §§. 232 und 234 vorgesehen und im Voraus erledigt, indem dieselben an die Stelle der beantragten Umschreibung der Kuxe im Gewerkenbuche (§. 107) als Zeitpunkt des Uebergangs der Zubuße die Veräußerung der Kuxe und an die Stelle der Mobiliarversteigerung und der Zuschreibung im Gewerkenbuche (§. 131) die nothwendige Subhastation und die Zuschreibung im Hypothekenbuche gesetzt haben. Die §§. 232 und 234 liefern sonach einen ferneren Beweis für die Richtigkeit der aufgestellten Behauptung. Daß aber nach §. 234 der Verkauf im Wege der Subhastation erfolgen soll, regelt augenscheinlich nur das bei dem Verkaufe eintretende Verfahren, hat aber auf die Beantwortung der Frage, ob den Rückständen ein Vorrecht vor den Hypothekenforderungen zustehe und wie die Kaufgelder zu vertheilen seien, nicht den mindesten Einfluß. Andernfalls würde der §. 234 nicht bloß mit den erwähnten §§. 226 und 227, nach welchen der §. 131 auf die bestehenden Gewerkschaften Anwendung leidet, sondern auch mit sich selbst in Widerspruch treten, indem er mit den Worten:

„In den Fällen der §§. 130—132 erfolgt der Verkauf des Antheils im Wege der nothwendigen Subhastation",

die Anwendbarkeit des §. 131 auf nicht mobilisirte Kuxe setzen, gleichzeitig aber durch die Worte:

„Im Wege der nothwendigen Subhastation"

ausschließen würde.

Hiernach erscheint auch die Bestimmung des §. 230:

Die einzelnen Gewerken können ihre Kuxe zur Hypothek stellen,

sowie die des §. 231:

Ist der Antheil unverkäuflich, so wird derselbe den anderen Gewerken nach Verhältniß ihrer Antheile in ganzen Kuxen[277], soweit dies aber nicht möglich ist, der Gewerkschaft als solcher im Gewerkenbuche lastenfrei zugeschrieben[278].

Bei der Veräußerung und Verpfändung von Kuxen kommen die für Grundstücke gegebenen Bestimmungen zur Anwendung,

in Ansehung der vorliegenden Frage ohne alle Erheblichkeit, indem die Befugniß der Gewerken ihre Kuxe zur Hypothek zu stellen, und die Art und Weise der Veräußerung und Verpfändung mit dem Vorzugsrecht der rückständigen Beiträge vor den eingetragenen Hypotheken nichts gemein haben.

Wie einerseits das Privilegium der Zubuße sich wohl rechtfertigen läßt, weil präsumtiv die Grubenschulden, zu deren Tilgung die Beiträge nothwendig, zum Nutzen des Bergwerks und somit auch der einzelnen zur Hypothek gestellten Antheile desselben verwandt sind, so würde andererseits in Ermangelung des in Rede stehenden Vorrechts der insolvente Gewerke durch Verhypothekirung seiner Kuxe im Stande sein, zum Nachtheil der übrigen Gewerken sich der Berichtigung der ihm obliegenden Beiträge zu entziehen; in Ermangelung einer die Rangordnung nach dem Tage der Ausschreibung der Beiträge und der Eintragung der Hypotheken regelnden Bestimmung könnte die Zubuße stets erst nach Befriedigung der Hypothekengläubiger zur Hebung gelangen.

Die Hypothekengläubiger sind auch keineswegs durch die in Rede stehende Bestimmung nachtheiliger gestellt, als dies bisher nach dem Allgemeinen Landrechte, der Fall war, indem die Caducirung, welche in Gemäßheit der §§. 274 u. ff. II, 16 wegen der rückständigen Zubuße eintrat, nicht bloß den Gewerken seiner Kuxe verlustig machte, sondern auch den Untergang der Hypothekenrechte zur Folge hatte. (§§. 289 u. 331 a. a. O.)"

Uebrigens ergibt sich das Vorrecht der ausgeschriebenen Beiträge vor den Hypotheken an den Kuxen des alten Rechtes auch mit Nothwendigkeit daraus, daß ohne dieses Vorrecht jeder Gewerke sich in der Lage befinden würde, der Gewerkschaft das Object der Befriedigung dadurch zu entziehen, daß er den Antheil zu seinem vollen Werthe mit Hypotheken belastet. Er würde sich dann der Verurtheilung und Execution in Bezug auf die rückständigen Beiträge nach §§. 130 und 234 dadurch entziehen können, daß er den Verkauf seines Antheils im Wege der nothwendigen Subhastation anheim stellt. Die Gewerkschaft aber würde sich nicht in der Lage befinden, von diesem Anheimstellen Gebrauch zu machen, weil sie aus der Subhastation des überschuldeten Antheiles ihre Befriedigung nicht zu erwarten hätte und folglich von dem Subhastationsverfahren nutzlose Kosten und außerdem nach §. 107 den gänzlichen Verlust ihrer Beitragsforderung zu besorgen haben würde.

[277]) Die Vertheilung der heimgefallenen Kuxe unter den Gewerken nach Verhältniß der Antheile ist nur in dem Falle möglich, wenn die sämmtlichen nicht heimgefallenen Antheile einen gemeinschaftlichen Divisor haben und die Summe der Quotienten der Zahl der heimgefallenen Kuxe gleich oder darin enthalten ist, wie in folgenden Beispielen:

1. A. (heimgefallen) 10 Kuxe; B. 36, C. 45, D. 9 Kuxe — gemeinschaftlicher Divisor: 9 — Summe der Quotienten: 10.
2. A. (heimgefallen) 20 Kuxe; B. 32, C. 48 Kuxe — gemeinschaftlicher Divisor: 16 — Summe der Quotienten: 5.

Eine Vertheilung nach einem abweichenden Verhältnisse kann nur mit Zustimmung sämmtlicher Gewerken stattfinden, da nicht durch Mehrheitsbeschluß über das Anrecht des einzelnen verfügt werden kann.

[278]) Hierdurch tritt eine Verminderung der gesetzlich bestimmten Kuxzahl um ebensoviele Kuxe ein, als der Gewerkschaft zugeschrieben werden. Die zur Beschlußfähigkeit erforderliche Mehrheit der Kuxe (§. 113) beträgt also nicht mehr 51 Kuxe, sondern: $\frac{100-x}{2} + 1$ Kuxe, wobei x die

§. 132.

Jeder Gewerke ist befugt, auf seinen Antheil freiwillig zu verzichten, wenn auf dem Antheile weder schuldige Beiträge noch sonstige Schuldverbindlichkeiten haften, oder die ausdrückliche Einwilligung der Gläubiger beigebracht wird, und außerdem die Rückgabe des Kuxscheins an die Gewerkschaft erfolgt.

Der Antheil soll alsdann, sofern die Gewerkschaft nicht anderweitig über denselben verfügt, durch den Repräsentanten zu Gunsten der Gewerkschaft verkauft werden.

Ist der Antheil unverkäuflich, so findet die für diesen Fall im §. 131 getroffene Bestimmung Anwendung.

§. 133.

Die Bestimmungen der §§. 94 bis 132 kommen nicht zur Anwendung, wenn die Rechtsverhältnisse der Mitbetheilgten eines Bergwerks durch Vertrag[279]) oder sonstige Willenserklärung[280]) anderweitig geregelt sind. Ein solches Rechtsgeschäft bedarf zu seiner Gültigkeit der notariellen oder gerichtlichen Form. Die Urkunde über dasselbe ist der Bergbehörde einzureichen[281]).

Zahl der für die Gewerkschaft eingetragenen Kuxe bedeutet. Dasselbe gilt von der Berufung einer Gewerkenversammlung auf Antrag der Eigenthümer von einem Viertheil aller Kuxe (§. 122) und von der zur Beschlußfassung über die im §. 114 bezeichneten Gegenstände erforderlichen Mehrheit von drei Viertheilen aller Kuxe.

Handgreiflich falsch wäre die Annahme, daß für die auf den Namen der Gewerkschaft eingetragenen Antheile der Repräsentant in der Gewerkenversammlung die Stimme führe.

279) Durch Vertrag können die Mitbetheiligten eines Bergwerks jede nach den Grundsätzen des Civilrechts zulässige Form der Gemeinschaft eingehen, insbesondere auch die des Miteigenthums (A. L.R. Th. I, Tit. 17. Code Napoléon Art. 1841 ff.). Wenn mit dem Bergwerksbetriebe zugleich Handlungsgeschäfte verbunden werden, so könnten auch die verschiedenen Formen der Handelsgesellschaft eingegangen werden.

In allen diesen Fällen kann das Bergwerk nicht bloß als Ganzes, sondern auch zu ideellen Theilen mit Hypotheken und dinglichen Lasten beschwert werden, denn das Verbot des §. 98 hat die Existenz einer Gewerkschaft zur Voraussetzung. Eine solche partielle hypothekarische Belastung äußert, wenn das unter den Mitbetheiligten bestandene Vertragsverhältniß sein Ende erreicht dieselbe Wirkung wie in den oben (Anm. 216) gedachten Fällen. Nehmen wir an, A und B seien durch Gesellschaftsvertrag Miteigenthümer eines Bergwerks; jeder habe seinen Antheil verpfändet, der des A gelange jedoch zur uothwendigen Subhastation und werde dem C adjudicirt. Hier schließt die hypothekarische Belastung der Hälfte des A das gewerkschaftliche Rechtsverhältniß aus, bei welchem nach §§. 97, 98 das Bergwerk auf den Namen der Gewerkschaft eingetragen wird und nur von der Gewerkschaft und als Ganzes mit Hypotheken belastet werden kann. Da auch ein Vertrag zwischen A und C nicht besteht, so muß angenommen werden, daß „eine anderweitige Regelung durch sonstige Willenserklärung" vorliegt, daß nämlich die Hypothekenbestellung des A auch nach Aufhebung des Gesellschaftsvertrages die Kraft behält, das gewerkschaftliche Rechtsverhältniß auszuschließen. Es tritt demnach ein Verhältniß der zufälligen Gemeinschaft nach den Regeln des Miteigenthums ein.

280) Namentlich durch Testament.

281) Wird die Urkunde nicht in der gehörigen Form beigebracht, so behandet die Bergbehörde die Mitbetheiligten als eine Gewerkschaft.

Mitbetheiligte eines Bergwerks im Sinne des §. 94 sind nicht die Theilhaber an einer ungetheilten Erbschaft oder an einer sonstigen gemeinschaftlichen Masse[282]), zu welcher ein Bergwerk gehört.

§. 134.

In den Fällen des §. 133 muß[283]), wenn die Mitbetheiligten eines Bergwerks nicht eine Gesellschaft bilden, deren Vertretung durch die allgemeinen Gesetze geordnet ist[284]), ein im Inlande wohnender Repräsentant bestellt und der Bergbehörde namhaft gemacht werden, widrigenfalls letztere nach §. 127 zu verfahren befugt ist.

Dasselbe gilt, wenn der Alleineigenthümer eines Bergwerks im Auslande wohnt.

Dieser Repräsentant hat diejenigen Geschäfte zu besorgen, welche im §. 124 als solche bezeichnet sind, die dem Repräsentanten oder Grubenvorstande einer Gewerkschaft niemals entzogen werden dürfen. Eine Abänderung ist auch hier unzulässig[284a]).

---

[282]) Die bisher gehörigen Fälle sind außer der ungetheilten Erbschaft: die eheliche Gütergemeinschaft und die Concursmasse.

[283]) Auch außer den Fällen des §. 133 kann die Bestellung eines Repräsentanten mit den in den §§. 119—126 ausgedrückten Befugnissen erfolgen, und zwar sowohl seitens eines Alleinbesitzers, als auch seitens einer Corporation, einer Actiengesellschaft, einer kaufmännischen Firma oder einer sonstigen zur Erwerbung von Bergwerkseigenthum auf einen Gesammtnamen berechtigten Personenmehrheit.

[284]) Bei den Actiengesellschaften, auf welche sich diese Bestimmung nach den Motiven der Regierungsvorlage zunächst beziehen soll, ist die Vertretung zwar nicht durch die allgemeinen Gesetze geordnet, sondern die Bestellung und Zusammensetzung des Vorstandes wird durch das Statut geregelt (Allg. Handelsgesetzbuch Art. 209). Es ist indeß nicht zweifelhaft, daß nach der Absicht des Gesetzgebers der durch das Statut der Actiengesellschaft berufene Vorstand von Rechtswegen auch die Stelle des Repräsentanten in Bezug auf ihre Bergwerke vertritt.

[284a]) Das Berggesetz für Sachsen-Gotha enthält an Stelle des vierten Titels des preußischen Berggesetzes die folgenden Bestimmungen:

§. 85. Zwei oder mehrere Mitbetheiligte eines Bergwerks sind befugt, durch Vertrag jede nach den allgemeinen Grundsätzen zulässige Gesellschaftsform anzunehmen. Solche Verträge sind gerichtlich oder notariell aufzunehmen, und bei der Bergbehörde einzureichen.

§. 86. Besteht ein gültiger Vertrag zwischen den Betheiligten nicht, so ist das Rechtsverhältniß der Mitbetheiligten nach den Grundsätzen über Miteigenthum und nach den Grundsätzen des Gesellschaftsvertrags zu beurtheilen.

§. 87. Die Mitbetheiligten eines Bergwerks sind, soweit die Vertretung gewisser Gesellschaften nicht bereits durch die allgemeinen Gesetze angeordnet ist, verpflichtet, einen im Inlande wohnenden Vertreter zu bestellen und der Bergbehörde namhaft zu machen. — Dieselbe Verpflichtung liegt dem Alleineigenthümer eines Bergwerks ob, wenn er außerhalb des Herzogthums wohnt. — Kommen die Mitbetheiligten eines Bergwerks oder der außerhalb des Herzogthums wohnende Alleineigenthümer eines Bergwerks binnen dreimonatlicher Frist der Aufforderung des Bergamts zur Bestellung eines Repräsentanten nicht nach, so kann das Bergamt bis dahin, wo dies geschieht, einen Vertreter bestellen und demselben eine angemessene, von den Bergwerksbesitzern aufzubringende, nöthigenfalls im Verwaltungswege executivisch beizutreibende Belohnung zusichern.

§. 88. Der Repräsentant vertritt die Bergwerksbesitzer in allen ihren Angelegenheiten, vor den Bergbehörden und Bergbeamten, sowie dem Knappschaftsvereine gegenüber und in den gegen sie anhängig gemachten Prozessen. Diese Vertretungsbefugniß darf den Vertretern nicht entzogen

Fünfter Titel.

Von den Rechtsverhältnissen zwischen den Bergbautreibenden und den Grundbesitzern.

Erster Abschnitt.

Von der Grundabtretung.

§. 135.

Ist für den Betrieb des Bergbaues und zwar zu den Grubenbauen selbst,

werden. Auch ist der Vertreter verpflichtet, die Bergwerksabgaben sowie die Beiträge zur Knappschaftskasse zu berichtigen.

§. 89. Eine Specialvollmacht ist für den ernannten Vertreter dann erforderlich, wenn das Bergwerk verkauft, verpfändet oder sonst dinglich belastet werden soll. —

§. 90. Der Vertreter ist berechtigt und verpflichtet, alle Vorladungen und andere Zustellungen an seine Mandaten mit voller rechtlicher Wirkung in Empfang zu nehmen.

§. 91. Die Miteigenthümer eines Bergwerks werden ohne Rücksicht auf den Wechsel der Personen derselben durch die von dem Vertreter in ihrem Namen geschlossenen Geschäfte berechtigt und verpflichtet. —

§. 92. Der Vertreter ist aus den von ihm im Namen der Eigenthümer des Bergwerks vorgenommenen Handlungen Dritten gegenüber für die Verbindlichkeiten der Eigenthümer persönlich nicht verpflichtet. — Handelt derselbe außer den Grenzen seines Auftrags oder den Vorschriften dieses Titels entgegen, so haftet er persönlich für den daraus entstehenden Schaden."

[285]) Das Bergwerkseigenthum enthält das Recht zur Gewinnung der verliehenen Mineralien in dem verliehenen Felde. Das Grundeigenthum dagegen enthält die totale und ausschließliche Herrschaft über das Grundstück. Es umfaßt alle erdenklichen Befugnisse, die an demselben ausgeübt werden können. Aus dieser Totalität der Herrschaft des Grundeigenthümers und aus dem Zusammentreffen der räumlichen Grenzen des Grundeigenthums mit denjenigen des Bergwerkseigenthums entsteht eine Collision beider Rechte. Es ist unmöglich, daß in demselben Raume zwei Personen ausschließlich befugt seien, die eine alle erdenkliche, die andere bestimmte Befugnisse auszuüben. Diese Collision bewirkt zunächst eine Beschränkung der Rechte des Grundeigenthümers, indem diejenigen Befugnisse, welche dem Bergwerkseigenthümer ausschließlich zustehen, also die Verfügung über die verliehenen Mineralien, seinem Rechte entzogen sind. Allein durch diese gesetzliche Beschränkung des Grundeigenthums wird die Collision beider Rechte nicht gehoben. Die Gewinnung der Mineralien ist der Natur der Sache nach nicht möglich, ohne eine Einwirkung auf die Oberfläche des Grundstückes und auf die darin neben den verliehenen Lagerstätten enthaltenen Substanztheile. Die Einwirkung muß also dem Bergwerkseigenthümer ebenfalls zustehen, soweit sie zur Ausübung seines Rechtes nothwendig ist. Und dieser Erweiterung seiner Befugnisse kann nicht eine gleiche generelle Einschränkung des Grundeigenthümers gegenüber stehen. Der letztere muß vielmehr neben dem Bergwerkseigenthümer berechtigt bleiben, auf die Oberfläche und auf die Substanztheile seines Grundstückes außer den verliehenen Lagerstätten beliebig einzuwirken, wenn nicht sein Recht vollständig aufgehoben werden soll. Hier entsteht also, indem an derselben Sache concurrirende Befugnisse von zwei Berechtigten ausgeübt werden, eine wahre Collision beider Rechte.

Das Allg. Berggesetz regelt diese Concurrenz so, daß der Bergwerkseigenthümer vorzugsweise und mit Ausschließung des Grundeigenthümers zu jeder Einwirkung auf das Grundstück befugt ist, welche zur Gewinnung der verliehenen Mineralien nothwendig wird, wogegen er verpflichtet ist, den Grundeigenthümer für jede solche Einwirkung, welche sich über die Grenzen der verliehenen Lagerstätten erstreckt, schadlos zu halten.

zu Halden-, Ablade- und Niederlageplätzen, Wegen, Eisenbahnen[286]), Kanälen[286a]),

Diese Regel erhält jedoch eine verschiedene Anwendung, je nachdem der Bergwerksbesitzer die Oberfläche des Grundstücks zu seinen Anlagen benutzt, folglich den Grundeigenthümer von der Benutzung des Bodens gänzlich ausschließt, oder nur durch seine unterirdischen Anlagen das Grundstück beschädigt und die Nutzung desselben schmälert. In dem ersten Falle bedarf der Bergwerksbesitzer eines besonderen Rechtstitels zur Benutzung des Grundstücks. Er erlangt denselben, indem er die zeitweise oder dauernde Abtretung des Grundstücks zum Bergwerksbetriebe fordert. Bei den unterirdischen Anlagen dagegen bedarf er keiner Autorisation weder seitens des Grundbesitzers noch seitens der Behörde. Er ist nur verpflichtet, den Grundbesitzer für die Beschädigungen, welche das Grundstück durch den unterirdischen Bergbau erleidet, schadlos zu halten. Von dem ersten Falle — der Grundabtretung — handelt der erste Abschnitt, von dem zweiten — der Grundentschädigung — der zweite Abschnitt dieses Titels, während der dritte Abschnitt die nur äußerlich angeschlossenen Bestimmungen über das Verhältniß des Bergbaues zu den öffentlichen Verkehrsanstalten enthält.

Außer den gegenseitigen Verpflichtungen der Grundabtretung und der Grundentschädigung bestanden nach dem früheren Rechte noch andere Rechtsverhältnisse zwischen dem Grundbesitzer und dem Bergwerksbesitzer, welche in den verschiedenen Rechtsgebieten verschieden gestaltet, im Allgemeinen doch auf eine Theilnahme des Grundbesitzers an den Nutzungen des Bergbaues hinausliefen. Die rechtliche Grundlage dieser aufgehobenen Rechte des Grundeigenthümers war in den drei früheren Rechtsgebieten eine wesentlich verschiedene. Im Gebiete des gemeinen Bergrechtes wurde dem Grundbesitzer eine Theilnahme an den Nutzungen des Bergbaues in der Form des Grundkuxes nur statt der Grundentschädigung gewährt. Es war ihm entweder die Wahl zwischen der Geldentschädigung und dem Grundkuxe gelassen, zu welcher der Grundbesitzer nach erfolgter Verleihung durch den Lehenträger aufgefordert wurde, oder die Geldentschädigung war unbedingt ausgeschlossen und der Grundkux vertrat die Stelle jeder anderen Grundentschädigung. Der Grund- oder Erbkux wurde in beiden Fällen entweder in der Gestalt von vier Mitbaukuxen oder von einem Freikux gewährt.

Diese Regeln entsprangen aus der in den Zeiten der älteren Bergordnungen allgemein herrschenden Naturalwirthschaft. Im deutschen Mittelalter und bis in das achtzehnte Jahrhundert hinein beruhte das ganze System der Volkswirthschaft wesentlich auf einer Naturalausgleichung der zur Erzeugung der Werthe zusammenwirkenden Vermögens- und Arbeitskräfte. Der Gebrauch des Geldes war fast ausschließlich auf den Austausch der letzten fertigen Producte beschränkt. Die Dienstmiethe wurde regelmäßig in Bodennutzungen gewährt, die Grundpacht in Diensten und Bodenerzeugnissen geleistet. So wie nun beim Landbau nach den Regeln der Naturalwirthschaft der Gewinnantheil der verschiedenen zusammenwirkenden Capital- und Arbeitskräfte sich in Antheilen an dem Ertrage darstellte, ohne daß eine Zwischenausgleichung durch Arbeitslohn oder Pacht stattfand, so wurden auch beim Bergbau die mitwirkenden Leistungen des Grund- und Forstbesitzers in den Grund- und Holzkuxen, des Hüttenbesitzers in dem Hüttenzinse und des Münzinhabers in dem Schlagsatze durch aliquote Theile des Ertrages abgegolten, so daß eine Geldleistung kaum anders stattfand, als in dem aus den geförderten Erzen geschmolzenen und gemünzten Silber. In der ältesten Zeit des Bergbaues ist daher die Naturalentschädigung des Grundeigenthümers durch den Grundkux die allgemeine Regel.

Im vorigen Jahrhundert begann jedoch der Bergbau aus den gebirgigen Erzdistricten in die fruchtbaren Niederungen der Steinkohlenbecken herabzusteigen. Die steigende Bodenrente ließ die in dem älteren Rechte vorgesehene Naturalausgleichung durch den Ertrag der Grundkuxe ungenügend erscheinen. Mit der zunehmenden Parcellirung des Grund und Bodens und mit der Vergrößerung der Grubenfelder wuchs die Zahl der Fälle, in welchen andere Grundbesitzer als der mit dem Grundkux bedachte Besitzer des Fundgrubenareals von Beschädigungen durch den Bergbau betroffen wurden. Das Preußische Bergrecht nahm deshalb die Geldentschädigung des Grundbesitzers als Regel an. Die beiden Freikuxe des Grundbesitzers wurden jedoch beibehalten

Maschinenanlagen, Wasserläufen, Teichen, Hülfsbauen, Zechenhäusern, und anderen

---

und zwar unbeschadet der dem Letztern zu gewährenden Geldentschädigung, so daß die Grundkuxe, ihrer eigentlichen Bedeutung entfremdet, den Charakter einer bloßen Reallast auf dem Bergwerkseigenthum annahmen. Nur bei den Steinkohlengruben im Gebiete der Kleve-Märkischen Bergordnung blieb eine Naturalausgleichung der Grundschäden in der Form der Trabde bestehen, welche der Besitzer des Förderschachtareals statt der Geldentschädigung wählen konnte. (Kleve-Märk. B.-O. Cap. XXX §. 3. Declaration vom 13. Septbr. 1776.)

Das linksrheinische Grundrecht ist von neuerem Ursprunge. Es verdankt seine Entstehung dem Berggesetze vom 21. April 1810 und dem Bestreben des Gesetzgebers, zwischen den beiden entgegengesetzten Systemen, zwischen der Bergbaufreiheit und dem Rechte des Grundeigenthümers an den bergmännisch zu gewinnenden Mineralien zu vermitteln. Obgleich das Gesetz vom 21. April 1810 die Bergbaufreiheit, d. h. die Unabhängigkeit des Rechtes zum Bergbau von dem Eigenthume am Grund und Boden, im vollsten Umfange anerkannte, so hielt dasselbe doch an der Fiction eines dem Grundbesitzer zustehenden Eigenthumsrechtes an den unverliehenen Lagerstätten fest, indem es die Regel des Art. 552 des bürgerlichen Gesetzbuchs auch auf diese Lagerstätten, die Gegenstände des Bergwerkseigenthumes übertrug. Um aber die Fiction eines Eigenthumsrechtes zu retten und doch die Unabhängigkeit des Bergwerkseigenthums aufrecht zu erhalten, mußte der Schein einer Expropriation zu Hülfe genommen werden. Das Berggesetz bestimmte daher in den Art. 6, 17 und 42, daß der Concessionsact das Eigenthumsrecht des Grundbesitzers an den verliehenen Mineralien gegen eine durch den Concessionsact festgesetzte Entschädigung aufhebt. Diese Entschädigung wird im Art. 6 als eine Theilnahme an dem Ertrage, im Art. 42 aber als eine bestimmte Summe charakterisirt. Es ist jedoch aus den Berathungen über das Berggesetz bekannt, daß der Gesetzgeber unter dem Grundrechte eine feste jährliche Rente verstand. Diese Rente wurde durch ein contradictorisches Verfahren zwischen dem Concessionssucher und den Grundbesitzern festgestellt, indem Ersterer in dem Concessionsgesuche einen gewissen Betrag des für jeden Morgen des Grubenfeldes zu zahlenden Grundrechtes anbot, Letztere aber ihre Einwendungen gegen die Höhe des offerirten Betrages im Wege der Opposition anbringen mußten, über welche demnächst durch den Concessionsact entschieden wurde. Die Grundrente ist auf Antrag des Bergwerksbesitzers ablösbar zum zwanzigfachen Betrage. Code Napoléon Art. 530. Décret rélatif au rachat des rentes foncières du $^{18}/_{29}$ Décembre 1790 titre III Art. 2. Graeff. Sammlung der rheinpreuß. Rechtsquellen I S. 141.

Das schlesische Provinzialrecht endlich gewährte dem Grundeigenthümer noch das Recht des Mitbaues zur Hälfte, vermöge dessen er an dem von dem Muther erworbenen Bergwerkseigenthume als Miteigenthümer zur Hälfte theilzunehmen berechtigt war.

Diese Rechtsverhältnisse dinglicher Natur sind durch die §§. 224, 225 und 245 sämmtlich aufgehoben. Sie bestehen jedoch an denjenigen Bergwerken fort, an welchen sie vor dem 1. Octbr. 1865 erworben sind. Der Grundkux und das linksrheinische Grundrecht findet bei allen vor diesem Zeitpunkte verliehenen oder concessionirten Bergwerken statt, weil beide Rechte mit der Verleihung oder Concession des Bergwerks erworben wurden. In Bezug auf das Mitbaurecht gibt §. 225 die Regel an. In Bezug auf die Trabde endlich entscheidet der Tag, an welchem mit der Anlage des Förderschachtes begonnen ist.

[286]) Eine landesherrliche Concession nach den Vorschriften des Eisenbahngesetzes vom 3. November 1838 ist zu solchen Bergwerkseisenbahnen — vorausgesetzt, daß sie nicht zugleich dem öffentlichen Verkehre dienen sollen — nicht erforderlich. Die erforderlichen polizeilichen Regelungen für den Betrieb, werden durch das Oberbergamt in Gemeinschaft mit der Regierung getroffen. Vergl. die Ministerial-Erlasse vom 13. September und 27. November 1869 (Zeitschrift für Bergrecht Bd. XI S. 359).

[286a]) Das Bayerische Berggesetz Art. 124 fügt hinzu:

„ohne Unterschied ob diese Anlagen zur Gewinnung oder zum Absatze der Bergbauerzeugnisse dienen“

und entscheidet damit die in der Anm. 287 erörterte Controverse.

für Betriebszwecke bestimmten Tagegebäuden, Anlagen und Vorrichtungen[287]), zu

---

[287]) Es ist die Frage aufgeworfen, ob die Grundabtretung zur Anlage von Wegen, Eisenbahnen und Kanälen nur soweit verlangt werden kann, als diese Anlagen zur Gewinnung der Mineralien erforderlich sind, oder auch soweit dieselben nur den Absatz der Bergwerksproducte vermitteln sollen. Für die eingeschränktere Auslegung ist geltend gemacht worden, daß §. 64, welcher den allgemeinen Grundsatz der Grundabtretung zu bergbaulichen Zwecken ausspricht, zur Erläuterung desselben nur die §§. 54—60 allegirt, in denen nur von der Gewinnung und Aufbereitung der Mineralien die Rede ist. Der §. 64 verweist aber ferner auf die näheren Vorschriften des fünften Titels, und im §. 135 sind die Wege, Eisenbahnen und Kanäle ohne andere Einschränkung als der Nothwendigkeit für den Betrieb des Bergbaues genannt. Daß nun zum Betriebe des Bergbaues nicht bloß die Gewinnung. sondern auch der Absatz der Mineralien gehört, bedarf nicht des Beweises. Noch bestimmter wird aber die Unrichtigkeit der einschränkenden Interpretation durch den früheren Rechtszustand widerlegt, welchen der Gesetzgeber im §. 135 nur genauer präcisiren, nicht abändern wollte.

Das frühere rechtsrheinische Bergrecht unterschied im §. 109 A. L.R. II, 16 und in der Declaration vom 27. October 1804 zwischen den zu dem Bergwerk selbst gehörigen Anlagen, welche die Gewinnung der Mineralien zum Zweck haben, und solchen Anlagen, welche zur Erleichterung des Absatzes mit dem Bergwerke verbunden sind. Es legte dem Grundbesitzer für den ersten Fall die unbedingte Verpflichtung zur Abtretung auf, für den zweiten Fall dagegen nur eine relative Verpflichtung, falls nämlich ihm nicht ein überwiegendes Interesse zur Seite steht. Auch das Verfahren war für beide Fälle verschieden geordnet, indem für den ersten Fall die Entscheidung der Bergbehörde allein, für den zweiten Fall dagegen in Gemeinschaft mit der Bezirksregierung übertragen war.

Diese Unterscheidung der zum Bergwerke selbst gehörigen und der zum Zwecke des Absatzes der Producte damit verbundenen Anlagen, welche auch das belgische Berggesetz vom 2. Mai 1867 gemacht hat, ist durchaus berechtigt. Bei den eigentlichen Bergwerksanlagen, wohin auch die Hülfsbaue, Maschinenanlagen und Halden, sowie die Verbindungswege zwischen diesen Anlagen und der nächsten öffentlichen Straße zu rechnen sind, bewegt sich der Bergwerksbesitzer lediglich in der Ausübung seines Eigenthumsrechtes durch Gewinnung der Mineralien, welche eine entsprechende Einschränkung des Grundeigenthums nothwendig zur Folge haben muß. Bei den Anlagen dagegen welche den weiteren Absatz der gewonnenen Producte erleichtern sollen, welche also entweder den Transport oder die weitere Verarbeitung der Mineralien bezwecken (Eisenbahnen, Kunststraßen und Kanäle, Poch-, Wasch- und Hüttenwerke), ist die Grundabtretung nicht durch das Recht sondern nur durch das Interesse des Bergwerkseigenthümers bedingt, dessen Beförderung die Rücksicht für das öffentliche Wohl gebietet. In dem ersten Falle tritt also die Grundabtretung unter den Gesichtspunkt der nothwendigen Servitut; in dem zweiten fällt sie unter den Begriff der Expropriation. Man hat indeß bei der Berathung des Allg. Berggesetzes ausdrücklich davon Abstand genommen, die aus dieser Unterscheidung folgende Verschiedenheit, welche das frühere Recht sowohl in Bezug auf das Verfahren, als in Bezug auf die materielle Beurtheilung beider Fälle der Grundabtretung statuirte, beizubehalten.

Der Commissionsbericht des Hauses der Abgeordneten bemerkt hierüber:

„Es konnte sich hierbei fragen, ob nicht nach Vorgang des Belgischen Bergwerksgesetzes vom 2. Mai 1837 zwischen den zum Betriebe des Bergwerks gehörigen Anlagen, und den Anlagen, welche die Verarbeitung und den Absatz der Producte bezwecken, ein Unterschied zu machen sei, und ob es etwa zweckmäßig sei, in Betreff der Expropriation für Anlagen der letzteren Gattung die Genehmigung generell durch das Gesetz zu ertheilen, oder ob, wie es das Belgische Gesetz thut, deren Nachsuchung für jeden einzelnen Fall vorzubehalten sei.

Die Commission verkannte nicht, daß vom rein juristischen Standpunkte aus das Expropriationsrecht bezüglich der ersteren Betriebszwecke sich als unmittelbare Ausübung

den im §. 58 bezeichneten Aufbereitungsanstalten[288]), sowie zu Soolleitungen und Soolbehältern die Benutzung eines fremden[289]) Grundstücks[290]) nothwendig[291]), so

des Bergwerks-Eigenthumsrechtes charakterisirt, was für die letztere Kategorie der Aufbereitungsanstalten und Absatzanlagen nicht anzuerkennen ist. Die mit dem Grundeigenthum entstehende Collision ist in dem ersten Falle, wie Klostermann in seinen Bemerkungen zum vorläufigen Entwurf des Berggesetzes S. 107 treffend hervorhebt, eine Collision der Rechte, in dem zweiten Falle eine Collision der Interessen. Allein darüber war man allerseits einverstanden, und es entspricht nach der Ansicht der Commission vollständig der Natur der vorliegenden Verhältnisse und wirthschaftlichen Anforderungen, daß dem Bergbautreibenden die Möglichkeit nicht versagt sein darf, die Grundabtretung auch für Anlagen dieser zweiten Kategorie zu verlangen, sofern nur durch ein zweckmäßiges Verfahren sowohl dem öffentlichen Interesse des Staates, als dem Interesse des Grundeigenthümers Gelegenheit gegeben ist, sich geltend zu machen. Das in den weiter folgenden §§. 142 u. f. des Entwurfes vorgeschlagene Expropriationsverfahren entspricht diesem Postulate, und es war daher gegen die Bestimmung des §. 135 nichts zu erinnern."

Für das frühere linksrheinische Bergrecht war durch ein Urtheil des Appellhofes zu Köln vom 30. Juli 1841 (Archiv f. d. Civil- und Crim.-Recht d. Rheinprovinzen Bd. 31, 1, S. 241) anerkannt, daß der Bergwerksbesitzer berechtigt ist, nicht nur für Betriebsanlagen, sondern auch für Abfuhrwege die Grundabtretung zu fordern. Endlich ist im Anschlusse an die frühere Jurisprudenz beider Rechtsgebiete und an die Materialien des §. 135 durch den gemeinschaftlichen Erlaß des Handelsministers und des Ministers für die landwirthschaftlichen Angelegenheiten vom 28. Februar 1866 (Zeitschr. für Bergrecht Bd. VII, S. 363) bestimmt, daß die Vorschrift des §. 135 sich auch auf solche Bergwerkseisenbahnen erstreckt, die dazu bestimmt sind, den Förderpunkt des Bergwerkes an eine öffentliche Eisenbahn anzuschließen und den Absatz der gewonnenen Bergwerksproducte auf der letzteren zu ermöglichen.

Es ist nicht nothwendig, daß der anzulegende Weg an dem Bergwerke selbst seinen Anfang nimmt; er kann auch zur Abkürzung oder zur Verbesserung der Niveauverhältnisse eines bereits vorhandenen Weges dienen. — Recursbescheid vom 25. April 1873 (Zeitschrift für Bergrecht Bd. XIV S. 264.)

[288]) Die Grundabtretung kann nur für die zur Aufbereitung der eigenen Producte bestimmten Anstalten verlangt werden. Zur Anlage von Hüttenwerken findet die Grundabtretung nicht mehr statt. Die Grenze zwischen den Aufbereitungsanstalten und den Hüttenwerken wird nach der Praxis der Verwaltungsbehörden dadurch bestimmt, daß auf den Aufbereitungsanstalten eine bloß mechanische Veränderung der Bergwerksproducte vorgenommen wird, während alle chemischen Processe zum Hüttenbetriebe gerechnet werden. Zu den Aufbereitungsanstalten gehören daher nicht Röstöfen, ferner nicht die im Gesetze vom 1. Juli 1861 im §. 1 erwähnten Theerschwelereien und Coksöfen. Die entgegengesetzte Ansicht ist in dem Recursbescheide der Ministerien des Handels und der landwirthschaftlichen Angelegenheiten vom 23. December 1872 (Zeitschrift für Bergrecht Bd. XIII S. 562) ausgesprochen. Dieser Bescheid ist jedoch im Rechtswege angefochten.

[289]) Für den Bergbau auf solche Mineralien, deren Gewinnung nach Provinzialrecht dem Grundeigenthümer zusteht (§. 211), kann die Abtretung fremder Grundstücke in der Regel nicht verlangt werden. Doch ist für den Stein- und Braunkohlenbergbau im Fürstenthum Calenberg der erste Abschnitt des fünften Titels ausnahmsweise für anwendbar erklärt, soweit es sich um die Grundabtretung behufs Anlage von Wegen, Eisenbahnen, Kanälen, Wasserläufen und Hülfsbauten handelt. Verordnung vom 8. Mai 1867 (G S. S. 601) Art. XIII. Dieselbe Bestimmung enthält das Gesetz vom 22. Februar 1869 betreffend die Rechtsverhältnisse des Stein- und Braunkohlenbergbaues in denjenigen Landestheilen, in welchen das Kursächsische Mandat vom 19. August 1743 Gesetzeskraft hat (Zusatz zu §§. 212, 213) im §. 10.

[290]) Darunter sind auch Privatflüsse begriffen. Ist also zur Anlage eines Kanals die Benutzung eines Wasserlaufes nothwendig, so kann derselbe expropriirt werden. Ebenso kann im Wege des Grundabtretungsverfahrens die Benutzung eines Wasserlaufes zur Abführung der

muß der Grundbesitzer, er sei Eigenthümer oder Nutzberechtigter, dasselbe an den Bergwerksbesitzer abtreten[292]).

§. 136.

Die Abtretung darf nur aus überwiegenden Gründen des öffentlichen Interesses[293]) versagt werden[293a]).

Grubenwasser, also die Gestattung der Vorfluth auch für das künstlich gehobene Grubenwasser verlangt werden; in diesen Fällen sind nach §. 99 des Allg. Landr. Th. I, Tit. 8 alle Adjacenten des Privatflusses unterhalb der beabsichtigten Anlage als Provocaten zuzuziehen.

Endlich kann auch eine Verlegung des Wasserlaufes zum Bergwerksbetriebe nothwendig werden, und in diesem Falle richtet sich das Verfahren sowohl gegen die Adjacenten des trocken zu legenden Flußbettes, als gegen die Eigenthümer des Areals, in welchem das künstliche Bette gegraben werden soll. Dies ist seit dem Erscheinen der ersten Auflage auch durch den Recursbescheid vom 1. September 1866 (Zeitschrift für Bergrecht Bd. VIII S. 132) anerkannt worden.

291) Die Nothwendigkeit der Benutzung ist dargethan, wenn nachgewiesen ist, daß der abzutretende Grund und Boden zu der beabsichtigten Anlage nothwendig ist. Auf die Nothwendigkeit der Anlage selbst kommt es an und für sich nicht an. Erst wenn der Grundbesitzer Einwendungen erhebt, für deren Beurtheilung das überwiegende öffentliche Interesse maßgebend ist, müssen die entscheidenden Bergbehörden auch die Nützlichkeit und Nothwendigkeit der beabsichtigten Bergwerksanlage vom Standpunkte des öffentlichen Interesses zur Beurtheilung ziehen — keinesweges aber vom Standpunkte des Privatinteresses des Bergwerksbesitzers. Wenn die Grundabtretung zu einer Tiefbauanlage verlangt wird, so kann sie von dem Grundbesitzer nicht deshalb verweigert und von den Behörden nicht deshalb versagt werden, weil die Lösung an einem anderen Punkte des Grubenfeldes oder durch einen außerhalb des Feldes anzusetzenden Stollen zweckmäßiger erscheine. Der Bergwerksbesitzer selbst bleibt der alleinige Richter über die Zweckmäßigkeit seiner Anlagen und die Grundabtretung findet, soweit nicht Gründe des öffentlichen Interesses entgegen stehen, statt, wenn sie zu den von ihm beabsichtigten Anlagen nothwendig ist. Wenn also zur Anlage eines Haldensturzes Grund und Boden abgetreten werden soll, so kann zwar die Größe des verlangten Haldenplatzes bestritten und zum Beweise gestellt werden, nicht aber die Nothwendigkeit des Haldensturzes selbst.

292) Das Bayerische Berggesetz Art. 124 hat statt der letzten Worte:

„die Benutzung desselben dem Bergwerksbesitzer insoweit überlassen als es der Betriebszweck erfordert."

Die Abtretung enthält außer dem Falle des §. 138 die Einräumung eines Gebrauches, dessen Umfang je nach dem Zwecke der Benutzung verschieden, aber durch diesen Zweck bestimmt begrenzt ist. Die Abtretung kann deshalb das Recht geben, das Grundstück auszuschachten (bei Schachtanlagen), es zu bebauen (bei Zechenhäusern). Die Benutzung kann in einer bloßen Wegegerechtigkeit bestehen, wie z. B. beim Mitgebrauch einer vorhandenen Fahrstraße als Abfuhrweg für die Producte, oder in einer anderen Grundgerechtigkeit, wie bei der Ableitung der Grubenwasser. Sie kann endlich auch die Gestalt eines Untersagungsrechtes annehmen, wenn z. B. zur Dämpfung eines Grubenbrandes die Anlage von Steinbrüchen, oder zum Schutze der Grube gegen das Eindringen des Wassers die Beflößung einer Wiese untersagt werden soll.

In allen Fällen findet die Abtretung nur zu dem bestimmten Gebrauche statt, der für das Bergwerk nothwendig ist. So lange der Bergwerksbesitzer nicht das Eigenthum des Grundstücks erwirbt, ist er zu sonstigem Gebrauche desselben ohne den Willen des Grundbesitzers nicht berechtigt. (Vergl. m. Uebersicht 1860—63 S. 79 ff.)

293) Vergl. Anm. 16, S. 82. — Das Zwangsverfahren zur Abtretung des für Betriebszwecke eines Bergwerks in Anspruch genommenen Grund und Bodens ist nicht grundsätzlich unstatthaft, wenn der Expropriationsantrag gegen einen andern Bergwerksbesitzer gerichtet ist, welcher das Grundstück vorher selbst im Wege der Expropriation erworben hat. — Recursbescheid vom 31. Januar 1871. (Zeitschrift für Bergrecht Bd. XII S. 265.)

Zur Abtretung des mit Wohn-, Wirthschafts- oder Fabrikgebäuden bebauten Grund und Bodens und der damit in Verbindung stehenden eingefriedigten Hofräume kann der Grundbesitzer gegen seinen Willen niemals angehalten werden[294]).

§. 137.

Der Bergwerksbesitzer ist verpflichtet, dem Grundbesitzer für die entzogene Nutzung[295]) jährlich im Voraus vollständige Entschädigung zu leisten und das Grundstück nach beendigter Benutzung[296]) zurückzugeben[297]).

[293a]) Das Bayerische Berggesetz Art. 125 Abs. 1 sagt: Eine solche Ueberlassung kann nach Maßgabe der Vorschriften des Art. 136 erzwungen werden, wenn nicht die Weigerung des Grundbesitzers durch überwiegende Gründe des öffentlichen Interesses unterstützt wird."

[294]) Zur Begründung dieses Einwandes gehört, daß das Grundstück bereits thatsächlich bebaut ist. Die Absicht, dasselbe nachmals bebauen zu wollen, kann den Grundbesitzer nicht von der Abtretungspflicht befreien. — Recursbescheide vom 25. October 1869 und vom 14. Septbr. 1872 (Zeitschrift für Bergrecht Bd. XI S. 361, Bd. XIV S. 265). Auch die im §. 4, Al. 1 erwähnten öffentlichen Plätze, Straßen, Eisenbahnen und Friedhöfe sind als von der Grundabtretung unbedingt ausgeschlossen zu bezeichnen, da das Verbot der bloß vorübergehenden Schürfarbeiten von selbst das Verbot dauernder Bergwerksanlagen einschließt. Dagegen sind die im §. 4, Al. 2 erwähnten Gärten und der Umkreis von 200 Fuß um die Gebäude nicht von der Grundabtretung ausgenommen.

[295]) Unter der entzogenen Nutzung ist derjenige Ertrag zu verstehen, welchen das abgetretene Grundstück bisher gewährt hat oder dem Eigenthümer gewähren würde, falls die Bergwersanlage, für welche die Abtretung erfolgt, nicht gemacht wäre. Der höhere Ertrag, welchen der Bergwerksbesitzer in Folge dieser Anlage aus dem Grundstücke bezieht, kommt nach §. 140 nicht in Anschlag.

[296]) Zur Wiederherstellung in den vorigen Stand ist der Bergwerksbesitzer nicht verpflichtet. (Motive S. 85.) Ist der Zeitpunkt der Zurückgabe nicht bei der Abtretung voraus bestimmt worden, so kann der Grundbesitzer die Rückgewähr fordern, sobald das Grundstück nicht mehr zu demjenigen Zwecke gebraucht wird, für welchen es abgetreten ist, da der Bergwerksbesitzer nur ein eingeschränktes Gebrauchsrecht für diesen Zweck erworben hat. Der Bergwerksbesitzer ist also nicht befugt, auf einem Grundstücke, welches zur Gewinnung der anstehenden Braunkohlen durch Tagebau abgetreten ist, nachher ein Zechenhaus zu bauen. Er ist vielmehr nach erfolgter Gewinnung der Braunkohlen zur Rückgabe verpflichtet und muß eventuell von Neuem die Abtretung des Areals zum Bau des Zechenhauses verlangen. Dagegen ist der Grundbesitzer nicht befugt, so lange die Benutzung zu dem bestimmten Zwecke fortdauert, die Rückgabe aus dem Grunde zu verlangen, daß die Benutzung nicht mehr nothwendig sei. Die Beurtheilung der Frage, ob die Abtretung nothwendig ist, ist der richterlichen Beurtheilung nach §. 145 überhaupt entzogen. Sie kann auch nicht in der Form zur richterlichen Entscheidung gebracht werden, daß behauptet wird, die Grundfläche sei zu den bergbaulichen Anlagen *nicht mehr* erforderlich, weil sonst der Abtretungsbescheid der Verwaltungsbehörde, der Vorschrift des §. 4 cit. zuwider, sofort in dieser Form im Rechtswege angegriffen und aufgehoben werden könnte. Der Richter muß also Klagen auf Rückgabe des Grundstücks so lange als verfrüht zurückweisen, als noch die thatsächliche Benutzung für den in dem Grundabtretungsbescheide angegebenen Zweck fortdauert. Sollte der Grundbesitzer berechtigt sein, die Rückgabe des Grundstücks wegen der bloßen Entbehrlichkeit zu fordern, so müßte dem Grundeigenthümer eine Provocation auf Aufhebung des Abtretungsbescheides an die im §. 142 bezeichneten Verwaltungsbehörden gestattet sein. Da eine solche Provocation nicht vorgesehen ist, so findet die Rückforderung wegen bloßer Entbehrlichkeit bei dem zeitweise abgetretenen Grund und Boden nicht statt. Wegen des nach §. 141 an dem eigenthümlich abgetretenen Boden für den Fall der Entbehrlichkeit eintretenden Wiederkaufes vergl. Anm. 306 und 308.

Tritt durch die Benutzung eine Werthsverminderung des Grundstücks ein, so muß der Bergwerksbesitzer bei der Rückgabe den Minderwerth ersetzen[298]). Für die Erfüllung dieser Verpflichtung kann der Grundbesitzer schon bei der Abtretung des Grundstücks die Bestellung einer angemessenen Caution von dem Bergwerksbesitzer verlangen[298a]). Auch ist der Eigenthümer des Grundstücks in diesem Falle zu fordern berechtigt[299]), daß der Bergwerksbesitzer, statt den Minderwerth zu ersetzen, das Eigenthum des Grundstücks erwirbt[300]).

§. 138.

Wenn feststeht, daß die Benutzung des Grundstücks länger als drei Jahre dauern wird, oder wenn die Benutzung nach Ablauf von drei Jahren noch fortdauert, so kann der Grundeigenthümer verlangen, daß der Bergwerksbesitzer das Eigenthum des Grundstücks erwirbt[301]).

§. 139.

Wenn ein Grundstück durch die Abtretung einzelner Theile so zerstückelt werden würde, daß die übrig bleibenden Theile nicht mehr zweckmäßig benutzt werden können, so muß auch für letztere die jährliche Entschädigung (§. 137) auf Verlangen des Grundbesitzers[302]) von dem Bergwerksbesitzer geleistet werden.

---

[297]) Das Bayerische Berggesetz Art. 126 fügt hinzu:

„Ebenso ist derselbe verpflichtet, für die entzogene Ausübung von Dienstbarkeiten, welche auf dem zur Benutzung überlassenen Grundstücke ruhen, den Berechtigten jährlich im Voraus vollständige Entschädigung leisten."

Aehnlich das würtembergische Berggesetz im Art. 132.

[298]) Bei dem Ersatze des Minderwerthes und ebenso bei der eigenthümlichen Erwerbung des Grundstücks wird der Preis nach §. 9 Allg. Landr. Th. I, Tit. 11 nicht nach dem gemeinen, sondern nach dem außerordentlichen Werthe geschätzt.

[298a]) Ein administratives Verfahren zur Regelung der Caution, welche der Bergwerksbesitzer nach §. 137 dem Grundeigenthümer zu leisten hat, findet nicht statt, wenn die Grundabtretung bereits auf gütlichem Wege erfolgt ist (Zeitschrift für Bergrecht Bd. XII S. 144.)

[299]) Das Wahlrecht des Grundbesitzers dauert so lange, als er sich nicht über den Ersatz des Minderwerthes in einem bestimmten Betrage mit dem Bergwerksbesitzer geeinigt hat. Die bloße Anstellung der Klage auf Ersatz des Minderwerthes enthält nicht die Ausübung des Wahlrechtes, falls nicht der geforderte Betrag der Entschädigung anerkannt oder zuerkannt wird. Ist dies nicht geschehen, so kann der Grundbesitzer auch nach beendigtem Processe statt der zuerkannten Entschädigung die eigenthümliche Erwerbung des Grundstückes verlangen.

[300]) Dieser Antrag muß nach §. 142 in Form einer Provocation bei dem Oberbergamte und der Regierung angebracht werden, während der Anspruch auf Ersatz des Minderwerthes bei dem ordentlichen Richter anhängig gemacht werden muß.

[301]) Der Bergwerkseigenthümer ist zum eigenthümlichen Grunderwerbe nach Maßgabe des §. 138 nicht verpflichtet, wenn sein „unterirdisch" geführter Grubenbetrieb solche Beschädigungen der Erdoberfläche zur Folge hat, daß der Grundeigenthümer seinerseits an der Bestellung und Benutzung des Grund und Bodens länger als drei Jahre behindert wird. In diesem Falle ist nur nach §. 148 Entschädigung zu fordern und zu leisten. Erlaß vom 12. December 1866; Recursbescheid vom 22. October 1867. Zeitschrift für Bergrecht Bd. IX S. 218, 219.

Auch noch in der Recursinstanz (§. 145) kann der Grundeigenthümer die „eigenthümliche" Erwerbung des Grundstückes durch den Bergwerksbesitzer verlangen, wenn die Benutzung länger als drei Jahre dauern wird. Recursbescheid vom 25. October 1869. — (das. Bd. XI S. 361.)

[302]) Dieses Verlangen muß in dem über die Abtretung des Splißtheils eingeleiteten Ver-

Unter derselben Voraussetzung[303]) kann der Eigenthümer eines solchen Grundstücks verlangen, daß der Bergwerksbesitzer das Eigenthum des ganzen Grundstücks erwirbt.

§. 140.

Bei der zwangsweisen Abtretung oder Erwerbung eines Grundstücks zu einer bergbaulichen Anlage kommen diejenigen Werthserhöhungen, welche das Grundstück erst in Folge dieser Anlage erhält, bei der Entschädigung nicht in Anschlag.

§. 141 [303a]).

Wegen aller zu Zwecken des Bergbaubetriebes veräußerten[304]) Theile[305]) von

---

fahren gestellt und mit der Offerte verbunden werden, dem Bergwerksbesitzer auch die Benutzung des ganzen Grundstücks einzuräumen.

[303]) Und unter der ferneren Voraussetzung, daß der Bergwerksbesitzer wegen eingetretener Werthsverminderung (§. 137) oder wegen der Dauer der Benutzung (§. 138) zur eigenthümlichen Erwerbung des Splißtheils verpflichtet ist.

[303a]) Diese Bestimmung fehlt in den Berggesetzen für Bayern, Würtemberg und Elsaß-Lothringen.

Das Bayerische Berggesetz fügt dagegen folgende die Entschädigung betreffende Bestimmungen hinzu:

Art. 131. Die Entschädigung für jede zwangsweise Erwerbung des Eigenthumes eines Grundstückes von Seite des Bergwerksbesitzers nach den Bestimmungen der Art. 127 Abs. 3, 128 und 129, ingleichen für den von dem Letzteren nach Art. 127 Abs. 1 zu ersetzenden Minderwerth des Grundstückes ist nach Art. V des Gesetzes vom 17. November 1837, die Zwangsabtretung von Grundeigenthum für öffentliche Zwecke betreffend, zu bemessen.

Art. 132. Kleben unkörperliche Rechte dem für den Betrieb des Bergbaues nach den Vorschriften der Art. 127 Abs. 3, 128 und 129 von dem Bergwerksbesitzer zum Eigenthume zu erwerbenden Grundstücke an, so muß der Bergwerkbesitzer

1) nutzbare Rechte auf anderen unbeweglichen Sachen, welche activ mit dem zu erwerbenden Grundstücke verbunden sind, auf Verlangen des Eigenthümers gegen volle Entschädigung des Letzteren übernehmen;
2) nutzbare Rechte, welche passiv auf dem zu erwerbenden Grundstücke ruhen, durch volle Entschädigung der Berechtigten ablösen, wenn diese darauf dringen, oder die Ausübung jener Rechte mit der neuen Bestimmung des Grundstücks nicht mehr vereinbar ist.

Art. 133. Für die mit dem zu erwerbenden Grundstücke verbundenen, in Art. 132 bezeichneten Rechte, ingleichen für den nach Art. 127 Abs. 1 zu ersetzenden Minderwerth der Dienstbarkeiten ist die Entschädigung nach den im Art. VI des Zwangsabtretungsgesetzes vom 17. Novbr. 1837 enthaltenen Bestimmungen zu ermitteln und zu leisten.

Art. 134. Hypothekengläubiger und andere Realberechtigte, sowie privilegirte Gläubiger des pfälzischen Rechtes sind, in so weit ihre Sicherheit durch die in Folge der Ueberlassung des Grundstückes zur Benutzung eintretende Werthsminderung gefährdet ist, befugt, ihre Rechte bei der Festsetzung der in Art. 127 Abs. 2 bezeichneten Sicherheitsleistung zu wahren. Auf dieselben gehen, in so weit es zu ihrer Deckung erforderlich ist, die von dem Grundeigenthümer nach der Vorschrift des Art. 127 Abs. 1 erworbenen Ansprüche auf Ersatz des Minderwerthes kraft Gesetzes über.

Art. 135. Die auf dem vom Bergwerksbesitzer zum Eigenthume zu erwerbenden Grundstücke ruhenden Hypotheken und die in Beziehung auf dasselbe im Hypothekenbuche etwa eingetragenen Verfügungsbeschränkungen erlöschen durch dessen Abtretung, falls nicht bezüglich der Hypotheken deren Uebernahme durch den Bergwerksbesitzer im Einverständnisse mit den Hypothekgläubigern erfolgt. Die Forderungen, für welche Hypothek bestellt war, gehen auf die Entschädigungssumme über und es muß diese Summe, welche, so weit sie reicht, und wenn sie die

Grundstücken findet ein Vorkaufs- oder Wiederkaufsrecht statt, wenn in der Folge das Grundstück zu den Zwecken des Bergbaues entbehrlich wird[306]).

Das Vorkaufs- und Wiederkaufsrecht steht dem zeitigen Eigenthümer des durch die ursprüngliche Veräußerung verkleinerten Grundstücks nach denselben gesetzlichen Grundsätzen zu, welche in dieser Beziehung den Eisenbahngesellschaften gegenüber gelten.

Gesetz über die Eisenbahn-Unternehmungen. Vom 3. November 1838 (G.S. S. 305)[306a]).

§. 16. Hat die Gesellschaft ein nach §. 8 der Expropriation unterworfenes Grundstück, sei es durch Expropriation oder durch freien Vertrag erworben, so soll für dasselbe ein Anspruch sowohl auf Wiederkauf als auf Vorkauf eintreten, wenn in der Folge entweder die Anlage dieser Eisenbahn aufgegeben oder zu ihren Zwecken entbehrlich wird.

§. 17. Den Anspruch auf Wiederkauf und Vorkauf hat der zeitige Eigenthümer des durch den ursprünglichen Erwerb (§. 16) verkleinerten Grundstücks[307]).

§. 18. Den Wiederkauf kann dieser Eigenthümer in solchem Fall zu jeder Zeit geltend machen. Bestreitet die Gesellschaft das Dasein der im §. 16 bestimmten Be-

---

hypothecirten Forderungen übersteigt, bis zum Betrage jener Hypotheken und deren Zinsen bei Gericht zu hinterlegen ist, an den Gläubiger ausbezahlt oder nach gesetzlicher Orduung oder nach Uebereinkunft der Betheiligten an diese vertheilt werden.

[304]) Sowohl die durch freien Vertrag als die durch Expropriation für die im §. 135 bezeichneten Anlagen erworbenen Theile von Grundstücken unterliegen dem Wiederverkaufe und dem Vorkaufe (§. 16 Ges. v. 3. November 1838), nicht aber solche Grundstücke, welche der Bergwerksbesitzer durch freien Vertrag zu andern Anlagen erworben hat (Arbeiterwohnungen, Coksöfen 2c.), für welche ihm der Anspruch auf Grundabtretung nicht zusteht.

[305]) Die Frage, ob eine Theilung von Grundstücken bei der Erwerbung stattgefunden hat, ist nicht nach der thatsächlichen Bewirthschaftung der Grundstücke zur Zeit der Abtretung, sondern nach der rechtlichen Individualität der Grundstücke zu beurtheilen. Daher bilden in den östlichen Provinzen die geschlossenen Güter ein Ganzes im Sinne des §. 141 und jedes davon abgetretene Areal unterliegt dem Vor- und Wiederkaufe. Bei den Wandeläckern entscheidet die Eintragung auf dem Titel des Grundbuchblattes, so daß jedes unter einer besondern Nummer dort aufgeführte Grundstück ein Ganzes für sich bildet. In den westlichen Provinzen ist der Grundsteuer-Kataster, welcher zugleich die Grundlage des Grundbuches bildet, maßgebend, so daß die Parzelle des Flurbuches als ein Ganzes anzusehen ist, auch wenn sie mit andern Parzellen desselben Besitzers zusammen bewirthschaftet wird.

[306]) Die Voraussetzung des Wiederkaufes ist die Entbehrlichkeit zu Zwecken des Bergbaues. Dabei kommt nicht in Betracht, zu welchem speciellen Zwecke das Grundstück ursprünglich abgetreten ist. Denn mit der Erwerbung des Eigenthumes hat der Bergwerksbesitzer das Recht zu jedem Gebrauche erworben. Der Wiederkauf findet also erst statt, wenn das Grundstück zu keinem bergmännischen Zwecke mehr gebraucht wird. — Der Vorkauf findet bei jedem Verkaufe statt. Auf die Entbehrlichkeit des Grundstücks kommt es dabei nicht an. Er kann also auch in der nothwendigen Subhastation geltend gemacht werden.

[306a]) Die §§. 16—19 des Eisenbahngesetzes vom 3. November 1838 sind durch die unten als Zusatz zu §. 214 abgedruckten Einführungsverordnungen für Nassau Art. IV, Hannover Art. IX, Kurhessen Art. VIII, Schleswig-Holstein Art. IV, sowie durch das Einführungsgesetz für Waldeck und Pyrmont Art. VIII ebenfalls eingeführt worden.

[307]) Ist der verbleibende Theil des Grundstücks abermals getheilt, so steht jedem der Besitzer der Trennstücke das Vor- oder Wiederkaufsrecht zu. Sie müssen es im Falle einer Concurrenz gemeinschaftlich ausüben.

dingungen, so tritt richterliche Entscheidung ein. Die Gesellschaft kann von ihrer Seite den Eigenthümer auffordern, sich über die Ausübung dieses Rechtes zu erklären, und er verliert dasselbe, wenn er nicht binnen zwei Monaten diese Erklärung abgibt[308]). Bei dem Wiederkauf zahlt der Eigenthümer den ursprünglichen Kaufpreis nach Abzug der durch die bisherige Benutzung in dem Grundstücke entstandenen Werthsverminderung. Dagegen kann die Gesellschaft keine Verbesserungen in Anrechnung bringen, wohl aber die von ihr auf diesem Boden etwa errichteten Gebäude oder andere Anlagen hinwegnehmen.

§. 19. Der Vorkauf tritt ein, wenn die Gesellschaft das entbehrlich gewordene Grundstück anderweit zu verkaufen[309]) Gelegenheit findet. Sie hat diese Absicht, sowie den angebotenen Kaufpreis dem nach §. 17 berechtigten Eigenthümer anzuzeigen, welcher sein Vorkaufsrecht verliert, wenn er sich nicht binnen zwei Monaten[310]) darüber erklärt[311]). Unterläßt die Gesellschaft die Anzeige, so kann der Berechtigte seinen Anspruch gegen jeden Besitzer geltend machen[312]).

§. 142.

Können die Betheiligten sich in den Fällen der §§. 135 bis 139 über die Grundabtretung nicht gütlich einigen, so erfolgt die Entscheidung darüber, ob, in welchem Umfange und unter welchen Bedingungen der Grundbesitzer zur Abtretung des Grundstücks[313]) oder der Bergwerksbesitzer zum Erwerbe des Eigen-

---

[308]) Man hat in der Zulassung des Rechtsweges über die Entbehrlichkeit einen Widerspruch gegen §. 145 A. B.G. gefunden, welcher den Rechtsweg über die Nothwendigkeit der Abtretung ausschließt. Allein die Entbehrlichkeit, welche §. 141 A. B.G. und §. 16 Ges. v. 3. Novbr. 1838 voraussetzen, ist nicht die Negation der im §. 135 vorausgesetzten Nothwendigkeit, sondern sie hat einen davon verschiedenen positiven Inhalt, nämlich den, daß das abgetretene Grundstück keine Verwendung zu Zwecken des Bergbaues mehr finden kann.

[309]) Der Vorkauf findet nur bei wirklichen Verkäufen, nicht aber bei anderen Arten der Veräußerung, namentlich nicht bei der Schenkung, beim Tausche, oder bei einem aus Tausch und Kauf gemischten Geschäfte statt. Im Zweifelsfalle wird gegen den Kauf vermuthet (Allg. Landrecht Th. I, Tit. 20. §. 575 ff.). Der Vorkauf ist ferner ausgeschlossen, wenn der Kauf unter einer Bedingung erfolgt, die nur der Käufer erfüllen kann, also z. B. wenn das Areal an einen Arbeiter der Grube unter der Bedingung der Ansiedelung auf dem Grundstücke, oder unter Eingehung eines längeren Arbeitsvertrages verkauft wird (a. a. O. §. 578).

[310]) Bei gerichtlichen Verkäufen im Bietungstermine (a. a. O. §. 616).

[311]) Er verliert das Vorkaufsrecht ebenso, wenn er sich ablehnend erklärt und zwar nicht bloß für den speciellen Veräußerungsfall, wie dies bei dem dinglichen Vorkaufsrechte der Fall ist (Präjudiz des Obertribunals 880 vom 5. Juni 1840), sondern endgültig. Nur wenn die Anzeige unterblieben ist, wird nach §. 19 das Vorkaufsrecht zu einem dinglichen.

[312]) Bei nothwendigen Subhastationen erfolgt die Anzeige durch die gemäß §. 384 der Concursordnung vom 8. Mai 1855 in das Subhastationspatent aufzunehmende Aufforderung zur Geltendmachung der nicht aus dem Grundbuche ersichtlichen Realforderungen (a. a. O. §. 617).

[313]) Die Entscheidung wird angerufen durch die Provocation des Bergwerks- oder Grundbesitzers, welche an die Regierung und an das Oberbergamt gerichtet, und welche in der Regel bei dem letztern eingereicht wird. Es ist zu unterscheiden: die Provocation des Bergwerksbesitzers auf Grundabtretung (§. 135) und die Provocation des Grundbesitzers auf Grunderwerbung (§§. 137—139). Die Provocation des Bergwerksbesitzers auf Grundabtretung muß enthalten:

1) den Namen und Wohnort der provocirten Grundeigenthümer und Nutzungsberechtigten,
2) die Bezeichnung des abzutretenden Areals nach Lage, Größe und Grenzen,
3) die Beschreibung der Anlage, zu welcher das Areal verwendet werden soll,

thums[313a]) verpflichtet ist, durch einen gemeinschaftlichen Beschluß des Oberbergamts und der Regierung[314]). [314a]).

---

4) die muthmaßliche Dauer der Benutzung,
5) das Anerbieten einer bestimmten jährlichen Nutzungsentschädigung,
6) die Erklärung, daß die gütliche Einigung auf dieser Grundlage vergebens versucht ist.

Als Beilagen der Provocation werden nach der Praxis der Oberbergämter verlangt:

1) eine Situationszeichnung über das abzutretende Areal von einem concessionirten Markscheider oder Feldmesser angefertigt,
2) ein Project der beabsichtigten Anlage,
3) die Bescheinigung des Besitzes der Provocaten entweder auf Grund des Hypothekenbuches oder durch die Dorfgerichte (in den östlichen Provinzen) oder durch Auszüge aus der Mutterrolle des Grundsteuer-Catasters (in den westlichen Provinzen).

[313a]) Die Provocation des Grundbesitzers hat zur Voraussetzung, daß die Abtretung zur vorübergehenden Benutzung bereits auf Grund des §. 135 zwangsweise oder freiwillig erfolgt ist und entweder eine Werthsverminderung bei der Rückgewähr vorliegt (§. 137), oder die Benutzung über das dritte Jahr hinaus dauert (§. 138). Handelt es sich um eine noch nicht erfolgte Abtretung, welche länger als drei Jahre dauern soll, so muß der Grundbesitzer das Verlangen nach eigenthümlicher Erwerbung im Wege der Exception auf die Provocation des Bergwerksbesitzers anbringen.

Die Provocation des Grundbesitzers auf Grunderwerbung muß enthalten:

1) den Namen und Wohnort des Bergwerksbesitzers oder der Gewerkschaft (§. 95, 96),
2) die Bezeichnung des abgetretenen Areals nach Lage, Größe und Grenzen,
3) den Zeitpunkt der zwangsweise oder freiwillig gemäß §. 135 erfolgten Abtretung zur vorübergehenden Benutzuug,
4) den Capitalbetrag, für welchen die Abtretung angeboten wird,
5) die Erklärung, daß die gütliche Einigung ohne Erfolg auf dieser Grundlage versucht worden.

Beizufügen sind:

1) die Bescheinigung über den eigenthümlichen Besitz des Grundstücks,
2) die Ausfertigung des Beschlusses oder des Vertrages über die zwangsweise oder freiwillige Abtretung des Grundstücks zur vorübergehenden Benutzung.

[314]) In der Provinz Hannover tritt die Landdrostei an die Stelle der Regierung. Verordnung vom 8. Mai 1867 (G.S. S. 601) Art. V. In Braunschweig (B.G. §. 145) erfolgt die Entscheidung durch die Kreisdirection, in Bayern (B.G. Art. 136) durch die Districtspolizeibehörde, in Gemeinschaft mit der zuständigen Bergbehörde. In Sachsen-Gotha (B.G. §. 100) und in Würtemberg (B.G. Art. 133) entscheidet die Bergbehörde allein. In Sachsen-Meiningen dagegen entscheidet nach dem Expropriationsgesetze vom 28. Juni 1845 die Landesregierung allein.

[314a]) Das bayerische Berggesetz enthält über das Verfahren folgende im Wesentlichen mit meinen Vorschlägen übereinstimmende Vorschriften:

Art. 137. Der bei der Bergbehörde anzubringende Antrag des Bergwerksbesitzers auf Ueberlassung eines Grundstückes zur Benutzung muß enthalten: den Namen und Wohnort des betreffenden Grundeigenthümers oder Nutzungsberechtigten, die Bezeichnung der zur Benutzung zu überlassenden Grundfläche nach Lage, Größe und Grenzen, die Beschreibung der Anlage, zu welcher dieselbe verwendet werdeu soll, die muthmaßliche Dauer der Benutzung, das Anerbieten einer bestimmten jährlichen Nutzungsentschädigung, endlich die Erklärung, daß eine gütliche Einigung auf der bezeichneten Grundlage vergebens versucht worden sei.

Als Beleg ist dem Antrage beizufügen der Steuer-Katasterplan mit einer Einzeichnung der zur Benutzung in Anspruch genommenen Grundfläche und der beabsichtigten Anlage.

Art. 138. Der bei der Bergbehörde anzubringende Antrag des Grundeigenthümers auf Erwerbung des Eigenthums des Grundstückes durch den Bergwerkseigenthümer muß in den Fällen der Art. 127 Abs. 3, 128 zweite Alternative und 129 enthalten: den Namen und Wohnort

§. 143.

Vor der Entscheidung müssen beide Theile[315]) gehört[316]) und die Verhältnisse

---

des Letzteren, beziehungsweise der Gewerkschaft, die Bezeichnung der bereits zur Benutzung überlassenen Grundfläche nach Lage, Größe und Grenzen und des Zeitpunktes der zwangsweise oder freiwillig nach Art. 124 erfolgten Gebrauchsüberlassung, ferner den Capitalbetrag, für welchen die Abtretung angeboten wird, endlich die Erklärung, daß eine gütliche Vereinigung auf dieser Grundlage erfolglos versucht worden sei.

Ist die Ueberlassung zur Benutzung noch nicht erfolgt und stützt der Grundeigenthümer sein Verlangen auf Erwerbung des Eigenthumes des Grundstückes durch den Bergwerksbesitzer auf die Vorschrift des Art. 128 erste Alternative oder des Art. 129, so hat er dieses Verlangen als Gegenantrag dem auf Gebrauchsüberlassung gerichteten Antrage des Bergwerksbesitzers gegenüber anzubringen.

Art. 139. Die Bergbehörde hat den bei ihr eingekommenen Antrag (Art. 137, 138) im Benehmen mit der einschlägigen Districtspolizeibehörde einer vorläufigen Prüfung zu unterstellen Wird der Antrag unvollständig befunden, so ist derselbe zur Vervollständigung zurückzugeben; wird derselbe unzulässig befunden, sei es wegen Gefährdung öffentlicher Interessen oder aus anderen gesetzlichen Gründen, so ist er durch einen nach Art. 136 zu fassenden Beschluß abzuweisen. Liegt keiner dieser Fälle vor oder ist der Antrag nachträglich vervollständigt worden, so hat die Districtspolizeibehörde zur weiteren Instruction des Antrages zu schreiten.

Art. 140. Die Districtspolizeibehörde hat vorerst sämmtliche bei dem Antrage Mitbetheiligte im Benehmen mit dem treffenden Realamte und der Hypothekenbehörde zu ermitteln. Sie setzt hiernach gemeinschaftlich mit der Bergbehörde eine Tagsfahrt zur Untersuchung und Verhandlung der Sache an Ort und Stelle an, erläßt die Ladung hiezu an sämmtliche Betheiligte unter genauer Bezeichnung der Zeit und des Ortes und gibt nach Umständen das beabsichtigte Unternehmen in der Gemeinde, in deren Bezirke die Anlage ausgeführt werden soll, durch Anschlag oder durch ein hiefür geeignetes Lokalblatt bekannt.

Die Vorladung der Parteien und der Mitbetheiligten, namentlich der Realberechtigten, der Hypothekgläubiger und der privilegirten Gläubiger des pfälzischen Rechtes, sowie der Eigenthümer der benachbarten Grundstücke, Wasserrechte und Triebwerke hat unter dem ausdrücklichen Beisatze zu geschehen, daß das Nichterscheinen der Geladenen in Person oder durch einen Bevollmächtigten zur rechtlichen Folge haben werde:

1) für den Antragsteller die Verbindlichkeit zur Schadloshaltung der Erschienenen in Bezug auf Auslagen und Versäumnisse, ferner die Annahme, daß der Antrag als auf sich beruhend erachtet werde:
2) für den Gegner des Antragstellers die Verbindlichkeit zur Schadloshaltung der Erschienenen in Bezug auf Auslagen und Versäumnisse und die Wiederaufnahme der Tagsfahrt auf seine Kosten unter Androhung des weiteren Rechtsnachtheiles, daß bei seinem wiederholten Ausbleiben seine Einwilligung in die verlangte Benutzung oder Erwerbung des Grundstückes werde angenommen werden;
3) für die geladenen Mitbetheiligten den Verlust ihrer Einwendungen gegen den Antrag, beziehungsweise gegen die nach der Vorschrift des Art. 142 auszumittelnde Größe der Sicherheitsleistung oder Entschädigung.

Die Bescheinigung der stattgehabten Vorladung ist zu den Acten zu bringen.

Art. 141. Bei der Tagsfahrt selbst, welche mit der Ortsbesichtigung im Beisein eines Abgeordneten der Bergbehörde zu beginnen ist, hat der Districtspolizeibeamte vor Allem auf die Erzielung einer gütlichen Uebereinkunft zwischen den Theilen über die Abtretungsfrage und die zu leistende Entschädigung hinzuwirken und das Ergebniß zu Protocoll zu nehmen.

Kommt eine solche Uebereinkunft nicht zu Stande, so sind die gegen den Antrag erhobenen Einwendungen vorerst mündlich zu erörtern und hiernach mit den Gegenerinnerungen des Antragstellers genau und vollständig zu Protocoll zu nehmen.

durch Commissarien[317]) der beiden entscheidenden Behörden an Ort und Stelle untersucht werden[318]).

Sämmtliche Verhandlungen sind unter Zulassung von Rechtsanwälten, jedoch mit Ausschluß jedes Schriftenwechsels zu führen.

Art. 142. Den Beamten der Districtspolizeibehörde und der Bergbehörde liegt auch ob, bei der anberaumten Tagsfahrt (Art. 140) die für die Benutzung oder für die Abtretung des Eigenthumes des Grundstückes, ingleichen die nach den Vorschriften der Art. 132 und 133 zu leistenden Entschädigungen, sowie die in Art. 127 bezeichuete Sicherheitsleistung auszumitteln.

Diese Ausmittelung hat auch dann zu geschehen, wenn der Gegner des Antrages nach der Vorschrift des Art. 140 Ziff. 2 die Folgen seines ungehorsamen Ausbleibens hinsichtlich der Abtretungsfrage verwirkt hat.

[315]) Die Provocation auf Grundabtretung richtet sich gegen den Grundeigenthümer und gegen den etwaigen Nutzungsberechtigten. Gegen den Nutzungsberechtigten allein kann die Provocation mit voller Wirkung nur unter der Voraussetzung gerichtet werden, daß die Art und die Dauer der beabsichtigten Benutzung nicht über die Berechtigung des Nutzungsberechtigten hinausgeht. Die entscheidendeu Behörden haben die Legitimation der Provocaten zwar zu prüfen. Wenn indeß der Beschluß (§. 144) in Folge einer unrichtig gestellten Provocation gegen einen Nichtbesitzer, oder gegen einen nicht vollständigen Besitzer ergehen sollte, so hat der Provocant sich diese Folge seines Versehens und die Unwirksamkeit des gefaßten Beschlusses selbst beizumessen. Ergiebt sich aus den Acten, daß außer dem Provocaten noch ein Nutzungsberechtigter oder ein Eigenthümer vorhanden ist, so ist dem Provocanten aufzugeben, seine Provocation auch gegen diesen zu richten. Auch der Pächter des abzutretenden Grundstücks ist als Nutzungsberechtigter gemäß §§. 135, 142 und 143 zu dem Expropriationsverfahren zuzuziehen. — Erlaß der Minister für Handel rc. und für die laudwirthschaftlichen Angelegenheit vom 2. März 1866 (Zeitschrift für Bergrecht Bd. VII, S. 403).

Die Hypothekargläubiger haben ein Interesse an ihrer Zuziehung zu dem Verfahren, falls das verpfändete Grundstück einer bleibenden Deterioration durch die Benutzung zu bergbaulichen Zwecken ausgesetzt ist, oder falls diese Benutzung eine dauernde sein soll. In beiden Fällen wird der Werth des Pfandobjectes durch die Grundabtretung afficirt, da namentlich in dem zweiten Falle die Subhastation nur vorbehaltlich des für den Bergwerksbesitzer constituirten Nutzungsrechtes erfolgen könnte. Sie haben zwar weder das Recht, Cautionsbestellung für den Ersatz des Minderwerthes (§. 137), noch auch die eigenthümliche Erwerbung des Grundstücks (§§. 138, 139) zu verlangen und ihre Zuziehung zu dem Verfahren ist daher nicht nothwendig. Es empfiehlt sich jedoch, daß ihnen Gelegenheit zur Wahrnehmung ihres Interesses gegeben werde; daß mithin in allen Fällen, wo eine Deterioration oder eine dauernde Benutzung des Grundstücks in Frage steht, das Grundbuchamt um Auskunft über die eingetragenen Schulden und Lasten ersucht wird.

[316]) Die Anhörung des Provocaten erfolgt durch abschriftliche Mittheilung der Provocation und durch Vorladung zu dem an Ort und Stelle vor den Commissarien anberaumten Termine. Ein Schriftwechsel findet nicht statt. Doch steht dem Provocaten frei, eine Exceptionsschrift zu den Acten einzureichen.

[317]) Jede der beiden Behörden muß einen eigenen Commissar ernennen. Es können ständige Commissarien für die Grundabtretung ernannt werden (Motive S. 86).

[318]) Das Verfahren vor den entscheidenden Behörden und deren Commissarien zerfällt in folgende Theile:

1) Verfügung auf die Provocation. Wenn die Provocation vollständig und gehörig substantiirt befunden wird, so wird dieselbe den Provocaten mitgetheilt: die Commissarien werden ernannt und beiden Theilen bekannt gemacht. Diese Verfügung, sowie die sonstigen proceßleitenden Verfügungen pflegen von dem Oberbergamte oder dessen Commissar allein auszugehen.

Die Ermittelung der für die vorübergehende Benutzung des Grundstücks oder für die Abtretung des Eigenthums zu leistenden vollständigen Entschädigung, sowie der im §. 137 erwähnten Caution liegt beim Mangel einer gütlichen Einigung der Betheiligten ebenfalls den Commissarien ob.

Zu dieser Ermittelung sind Sachverständige zuzuziehen[319]).

Jeder Theil[320]) ist befugt, Einen Sachverständigen zu bezeichnen. Geschieht dies binnen einer von den Commissarien zu bestimmenden Frist nicht, so ernennen letztere den Sachverständigen.

---

2) Aufforderung zur Bezeichnung der Sachverständigen. Sie ergeht im Namen beider Commissarien. Die Frist zur Erklärung muß in der Verfügung bestimmt und die Verfügung durch die Post insinuirt werden.

3) Vorladung zum Schlußtermine. Sie erfolgt durch die Commissarien nach Ablauf der zu 2 gestellten Frist, oder nach erfolgter Bezeichnung der Sachverständigen. Vorgeladen werden Provocant und Provocaten, sowie alle sonstigen Interessenten, welche ihre Zuziehung zum Verfahren beantragt haben; ferner die bezeichneten Sachverständigen und der von den Commissarien zuzuziehende dritte Sachverständige. Die Vorladung der Provocanten erfolgt unter der Verwarnung, daß bei seinem Ausbleiben die Provocation als zurückgenommen betrachtet werde, die des Provocaten unter der Verwarnung, daß bei seinem Ausbleiben mit der örtlichen Untersuchung und mit der Erörterung des von ihm erhobenen Widerspruches ohne seine Zuziehung werde verfahren werden.

4) Der Schlußtermin, in welchem beide Theile mit ihren Erklärungen gehört und die Sachverständigen vernommen werden. Die Parteien können sich durch Bevollmächtigte vertreten lassen.

5) Der Beschluß auf die Provocation (§. 144).

Das Verfahren wird abgekürzt und vereinfacht, wenn die Verfügungen zu 1 und 2 zusammengezogen und von den Commissarien erlassen werden, welche in der Verfügung, die das Verfahren einleitet, beide Theile zugleich auffordern, die von ihnen bezeichneten Sachverständigen innerhalb einer bestimmten Frist namhaft zu machen. Dieses Verfahren ist im Bezirk des Oberbergamtes zu Bonn üblich und es erscheint unbedenklich, daß die Einleitung des Verfahrens und die Ernennung der Commissarien von den Letzteren selbst notificirt wird, da der Wortlaut des Gesetzes verlangt, daß die Frist zur Bezeichnung der Sachverständigen von den Commissarien bestimmt werde.

[319]) Die Sachverständigen, welche bei der Ermittelung der Entschädigung des Grundeigenthümers für den zu bergbaulichen Zwecken abzutretenden Grund und Boden zugezogen werden müssen, brauchen nicht nothwendig approbirte und vereidete Taxatoren zu sein. Gemeinschaftlicher Erlaß der Minister für Handel etc. und für die landwirthschaftlichen Angelegenheiten vom 21. August 1866 (Zeitschrift für Bergrecht Bd. VII. S. 404). Die Gebühren der Sachverständigen werden auf Antrag der Letzteren von dem Oberbergamte festgesetzt. Die Einziehung der Gebühren von dem verpflichteten Bergwerksbesitzer bleibt den Sachverständigen überlassen. Nur die Gebühren des von Amtswegen zugezogenen Sachverständigen werden vorschußweise aus der O.B.A.-Casse bezahlt und als Kosten des Verfahrens von dem Bergwerksbesitzer beigetrieben. — Maßgebend für die Liquidation sind im Bezirke des Appellhofes zu Cöln der Kostentarif in Civilsachen Cap. 6 Art. 159 und das Kaiserliche Decret vom 10. Februar 1807 (Cramer, Sammlung der Gesetze und Verordnungen, Crefeld 1842, S. 134 f.), für den Bezirk der Allg. Gerichtsordnung das Gesetz v. 29. März 1844 (G.S. S. 73). Circular-Verfügung des Oberbergamts zu Bonn v. 8. Jan. 1868.

[320]) Also auch Jeder von mehreren Provocaten. Die Provocaten sind nicht verpflichtet, sich über die gemeinschaftliche Ernennung eines Sachverständigen zu einigen, da die Entschädigungsfrage überhaupt für jeden Provocaten besonders beurtheilt und entschieden werden muß.

In jedem Falle können die Commissarien einen dritten Sachverständigen zuziehen.

§. 144.

Der Beschluß, durch welchen die zwangsweise Abtretung oder Erwerbung eines Grundstücks ausgesprochen wird, muß das Grundstück genau bezeichnen, die dem Grundbesitzer zu leistende Entschädigung, beziehungsweise Caution[321]) festsetzen und die sonstigen Bedingungen[322]) der Abtretung oder Erwerbung enthalten[323]).

§. 145.

Gegen den Beschluß des Oberbergamtes und der Regierung steht beiden Theilen der Recurs an die betreffenden Ressortminister zu[324]). Derselbe muß nach näherer Vorschrift der §§. 192 und 193 bei dem Oberbergamte eingelegt werden. Gegen die Festsetzung der Entschädigung und der Caution findet der Recurs nicht statt[325]).

---

[321]) Die Caution wird nur auf den ausdrücklichen Antrag des Grundbesitzers festgestellt (§. 137). Dieser Antrag muß spätestens im Schlußtermine gestellt werden.

[322]) Unter diesen sonstigen Bedingungen sind zu verstehen;

1) Einschränkungen in der Benutzung zu Gunsten des abtretenden Grundbesitzers;
2) Anlagen, welche die Behörden im Interesse des Grundbesitzers für nöthig finden (Wege, Ueberfahrten, Einfriedigungen, Vorfluth-Anlagen);
3) den Zeitpunkt der Rückgewähr.

Diese Bedingungen, auch wenn sie dem Provocanten positive Leistungen in Bezug auf die unter 2 bezeichneten Anlagen auferlegen, bilden keinen Bestandtheil der festgesetzten Entschädigung. Gegen die Festsetzung solcher Bedingungen findet daher nicht der Rechtsweg, sondern der Recurs statt (§. 145).

[323]) Wenn die Beschlüsse der beiden entscheidenden Behörden divergirten, so trat nach §. 3 der Declaration vom 27. October 1804 die Entscheidung der vorgesetzten Ministerien ein. Diese Vorschrift, durch welche der unterliegende Theil der Instanz verlustig ging, ist aufgehoben. Bei divergirenden Beschlüssen muß daher die Provocation als abgelehnt betrachtet werden und es steht dann dem Provocanten der Recurs an die beiden Ressortminister nach §. 145 offen. Dies schließt nicht aus, daß die entscheidenden Behörden über eine principielle Meinungsverschiedenheit den Ausspruch ihrer vorgesetzten Minister einholen. Handelt es sich dagegen um eine Beurtheilung des conreten Falles allein, so muß die verneinende Meinung überwiegen. In Bayern treten drei aus den beiden Behörden deputirte Beamte zur Entscheidung zusammen.

[324]) Die betreffenden Ressortminister sind:

1) der Handelsminister für das Ressort der Bergverwaltung (§. 187);
2) für das Ressort der Regierung entweder der Minister der landwirthschaftlichen Angelegenheiten, wenn es sich um ein landwirthschaftlich benutztes Grundstück handelt, oder, wenn die Nutzung eine gewerbliche ist, abermals der Handelsminister. Im letzteren Falle ressortirt die Entscheidung von der ersten Abtheilung (Bergbau) und der vierten Abtheilung (Handel und Gewerbe) des Handelsministeriums.

In Bayern (B.G. Art. 136) entscheiden endgültig in zweiter Instanz die Kreisregierung und das Oberbergamt; in Würtemberg (B.G. Art. 133) der Geheimerath; in Elsaß-Lothringen (B.G. §. 124) der Oberpräsident.

[325]) 1) Der Recurs findet bei der Grundabtretung (§. 135) in Bezug auf die Verpflichtung zur Abtretung, bei der Provocation auf Grunderwerbung (§§. 137—139) über die Verpflichtung zur eigenthümlichen Erwerbung statt.

2) Der Rechtsweg findet neben dem Recurse statt über die Verpflichtung zur Abtre-

Ueber die Verpflichtung zur Abtretung eines Grundstücks ist der Rechtsweg nur in dem Falle zulässig, wenn die Befreiung von dieser Verpflichtung auf Grund des zweiten Absatzes des §. 136 oder eines speciellen Rechtstitels[326]) behauptet wird[327]).

§. 146.

Durch Beschreitung des Rechtsweges wird, wenn dieselbe nur wegen der Festsetzung der Entschädigung oder Caution erfolgt, die Besitznahme des Grundstücks[328])

---

tung, wenn die Befreiung auf Grund des §. 136 Al. 2 oder eines speciellen Rechtstitels behauptet wird, und über die Verpflichtung zur eigenthümlichen Erwerbung in allen Fällen.

3) Der Rechtsweg mit Ausschluß des Recurses findet statt gegen die festgesetzte Entschädigung oder Caution. (Betrag und Zahlungsmodalitäten).

Der gemeinschaftliche Erlaß der Minister für Handel ꝛc. und für die landwirthschaftlichen Angelegenheiten v. 15. Februar 1866 (Zeitschr. f. Bergr. Bd. VII, S. 266) bestimmt:

„Auch in Fällen, wo der Recurs nur gegen die in einem Expropriationsbescheide festgestellte Entschädigung gerichtet ist, muß die Entscheidung über die Beschwerde, beziehlich deren Zurückweisung wegen der gesetzlichen Unstatthaftigkeit des Recurses von uns erfolgen, da sich die Beschwerde formell als Recurs gegen den Expropriationsbescheid darstellt." (Das. Bd. VII S. 410).

Der Recurs gegen ein Expropriationsresolut ist auch in dem Falle ausgeschlossen, wenn die Recursbeschwerde sachlich nur gegen die Festsetzung der Entschädigung, der Form nach aber wegen der behaupteten Nichtigkeit des stattgehabten Verfahrens gegen den ganzen Inhalt des Resolutes gerichtet wird. Recursbescheid der Minister für Handel ꝛc. und für die landwirthschaftlichen Angelegenheiten vom 2. März 1866.

326) Privilegium, Verjährung, rechtskräftiges Urtheil und Vertrag. Eine vertragsmäßige Befreiung ist nicht vorhanden, wenn der Grundbesitzer das Grundstück von dem Provocanten gekauft oder gepachtet hat. Der Vertrag muß eine ausdrückliche Befreiung von der Pflicht der Grundabtretung enthalten, so z. B. wenn der Grundbesitzer beim Verkaufe eines Grundstückes an den Bergwerksbesitzer bedingt, daß eine weitere Grundabtretung von ihm niemals verlangt werde.

Wo der Rechtsweg nach der Anm. 325 zu 2 neben dem Recurse stattfindet, kann die Klage entweder statt des Recurses angestellt und auf Aufhebung des Beschlusses gerichtet oder nach erfolgter Recursentscheidung auf Aufhebung der letzteren gerichtet werden. Die Anstellung der Klage hält in diesem Falle, wie sich aus der Umkehrung des §. 146 ergiebt, die Vollstreckung des Abtretungsbeschlusses auf. Die Klage ist an keine Frist gebunden. Sie findet jedoch nicht mehr statt, wenn die festgesetzte Entschädigung gezahlt und angenommen ist.

327) Die im Expropriationsbeschlusse dem expropriirenden Bergwerkseigenthümer auferlegte Verpflichtung zur Verlegung eines Weges ist nicht als eine Entschädigung des Grundeigenthümers, sondern als eine der Abtretung des betreffenden Grundstückes beigefügte Bedingung zu behandeln, über welche der Recurs an die Ressortminister nicht ausgeschlossen ist. Recursbescheid vom 3. Mai 1870 (Zeitschrift für Bergrecht Bd. XI S. 363).

328) Die Vollstreckung des Beschlusses über die Grundabtretung erfolgt durch die in erster Instanz entscheidenden Behörden auf Antrag des Provocanten. Letzterer muß die Quittung über die erfolgte Zahlung resp. Deposition der Entschädigung und der Caution beibringen. Zur Uebergabe des Grundstücks wird ein Termin vor einem Commissar der entscheidenden Behörden anberaumt und dazu der Provocant bei Vermeidung der fruchtlosen Terminskosten, der Provocat unter der Verwarnung geladen, daß bei seinem Ausbleiben die Uebergabe durch den Commissar werde bewirkt werden (Allg. Landrecht Th. I, Tit. 7, §. 60). Der Termin muß aufgehoben werden, wenn der Grundbesitzer eine Bescheinigung darüber beibringt, daß er auf Aufhebung des Beschlusses geklagt hat. Ueber die erfolgte Besitzübergabe wird ein Protocoll aufgenommen.

Auch der Grundbesitzer erlangt durch den auf die Provocation des Bergwerksbesitzers erlassenen Expropriationsbescheid ein Recht auf Zahlung der festgesetzten Entschädigung, welches der

nicht aufgehalten[329]), vorausgesetzt, daß die festgesetzte Entschädignng an den Be=

Bergwerksbesitzer nicht dadurch beseitigen kann, daß er auf die Besitznahme des expropriirten Grundstücks nachträglich verzichtet.

Dies ist in dem Recursbescheide vom 11. Juli 1866 (Zeitschr. f. Bergrecht Bd. VII, S. 407) wie folgt ausgeführt:

„In Erwägung, daß das Waisenhaus zu St. durch den in Rechtskraft übergegangenen Expropriationsbescheid vom 7. December 1865 und 5. Januar 1866 auf den Antrag der Gewerkschaft von ver. Deimelsberg für schuldig erklärt worden ist, der Gewerkschaft zur Herstellung des beabsichtigten Anschlusses an die Bergisch=Märkische Eisenbahn von dem Grundstücke Flur I Nr. 36 der Steuergemeinde St. eine Grundfläche von 4 Morgen 6 Ruthen 40 Fuß für den Preis von 5 Thlrn. 15 Sgr. in Eigenthum abzutreten,

daß das Waisenhaus zur Erfüllung dieses Resolutes bereit ist und die Uebernahme des expropriirten Areals gegen die Zahlung des festgestellten Preises verlangt,

daß die Gewerkschaft von ver. Deimelsberg aber, weil sie wegen inzwischen eingetretener Nothwendigkeit, die Linie der projectirten Anschlußbahn zu verlegen, statt der expropriirten 4 Morgen 6 Ruthen 40 Fuß nur noch 1 Morgen 172 Ruthen von dem bezeichneten Grundstücke für ihre Zwecke verwenden kann, auf ihre Rechte aus dem Expropriationsresolute vom 7. December 1865 und 5. Januar 1866 Verzicht geleistet und demnächst die anderweitige Expropriation der kleineren, in dem expropriirten Terrain enthaltenen Grundfläche beantragt hat, deren sie zur Ausführung ihrer Anschlußbahn auf der veränderten Linie bedarf,

daß dieser Antrag von dem K. Oberbergamte zu Dortmund mit Recht zurückgewiesen ist, weil durch das rechtskräftige Expropriationsresolut zwischen der Gewerkschaft und dem zur Abtretung des Eigenthums schuldig erklärten Grundeigner ein Rechtsverhältniß vermittelt ist, welches sich nach seinem Inhalte als ein erzwungenes Kauf= und Verkaufsgeschäft charakterisirt und hinsichtlich der Rechte und Verbindlichkeiten, welche daraus für beide Theile hervorgehen, nach den Regeln des freiwillig geschlossenen Kaufvertrages beurtheilt werden muß (vergl. §§. 3 ff. Tit. 11 Th. I A. L. R.; Koch's Kommentar zum Allg. Landr. Einleitung §. 75, Anm. 84 sub IV; Klostermann's Kommentar zum Allg. Berggesetze Tit. 5 Abschn. 2 Anm. 287);

J. E., daß nach der demzufolge hier zur Anwendung kommenden Bestimmung des §. 215 Tit. 11 Th. I A. L. R. der Käufer schuldig ist, die Sache sofort zu übernehmen, wenn der Verkäufer bereit ist, dieselbe vertragsmäßig zu übergeben,

daß die Gewerkschaft in Beachtung dieser Gesetzesvorschrift nicht bloß berechtigt, sondern auch verpflichtet erscheint, das von ihr in Ausübung des Expropriationszwanges angekaufte Grundstück des Waisenhauses zu St. in Eigenthum zu übernehmen,

daß die Gewerkschaft sich dieser Verbindlichkeit nicht durch einseitigen Verzicht auf ihre Rechte aus dem Expropriationsresolute entziehen kann, da

„der Berechtigte durch freiwillige Entsagung auf den Gebrauch seines Rechtes nicht von seiner dagegen übernommenen Verbindlichkeit befreit wird" (§. 30 Tit. 19 Th. I A. L.R.),

daß allerdings, wie in der Recursschrift bemerkt wird, das Recht zur Expropriation des zum Bergbau erforderlichen Grund und Bodens ein Privilegium der Bergbautreibenden enthält und nach §. 69 der Einleitung zum A. L. R. auf Privilegien einseitig verzichtet werden kann; daß es sich im vorliegenden Falle aber nicht um dieses Privilegium handelt, sondern um ein concretes Rechtsverhältniß, in welches die Gewerkschaft in Ausübung dieses Privilegiums mit einem Grundeigenthümer getreten ist, ꝛc."

Die Forderung auf Zahlung der festgesetzten Entschädigung muß im Rechtswege verfolgt werden und unterliegt hier nach §. 145 der freien richterlichen Beurtheilung in Bezug auf die Höhe der Entschädigung.

329) Hat der Grundeigenthümer im Wege der Exception die eigenthümliche Erwerbung verlangt, der Beschluß aber geht nur auf vorübergehende Abtretung des Grundstücks, so findet hierüber nach §. 145 der Rechtsweg statt und die Klage des Grundbesitzers hält nach §. 145 die Besitznahme des Grundstückes auf.

rechtigten gezahlt oder bei verweigerter Annahme gerichtlich deponirt, desgleichen die gerichtliche Deposition der festgesetzten Caution geschehen ist[330]).

Verordnung, betreffend die Einführung des Allgemeinen Berggesetzes vom 24. Juni 1865 in das mit der Preußischen Monarchie vereinigte Gebiet des vormaligen Kurfürstenthums Hessen und der vormaligen freien Stadt Frankfurt, sowie der vormals Königlich Bayerischen Landestheile. Vom 1. Juni 1867. (G.-S. S. 770.)

Art. XIV. Für das Gebiet des vormaligen Kurfürstenthums Hessen werden die folgenden besonderen Bestimmungen getroffen.

[330]) Die Regeln über die Vollstreckung des Beschlusses im §. 146 passen nur auf den Fall der Grundabtretung (§. 135), nicht auf den Fall der vom Grundbesitzer provocirten eigenthümlichen Erwerbung (§§. 137—139). In jenem Falle wird, wie §. 146 voraussetzt, der Beschluß durch Besitznahme des Grundstücks vollstreckt. Die Zahlung der festgesetzten Entschädigung wird nicht im Wege der Verwaltungsexecution, sondern im Rechtswege verfolgt, nur daß ohne vorherige Zahlung die Besitznahme nicht erfolgen kann. Bei der auf Antrag des Grundbesitzers erfolgenden eigenthümlichen Erwerbung ist das Grundstück in der Regel schon im Besitze des Bergwerksbesitzers. Soweit dies nicht der Fall ist (§. 139), kann ihm dieser Besitz nicht aufgedrängt werden. Die Zahlung der festgesetzten Entschädigung kann auf Grund des Beschlusses nicht erzwungen werden, weil die Vollstreckung dieses Theiles des Beschlusses im §. 146 nicht vorgesehen ist und weil gegen denselben nach §. 145 der Rechtsweg ohne Einschränkung stattfindet.

Der Beschluß über die zwangsweise Grunderwerbung (§§. 137—139) ist daher gar nicht vollstreckbar. Es kann nicht einmal auf Grund eines solchen Beschlusses gegen den Bergwerksbesitzer geklagt werden. Der Grundbesitzer muß vielmehr, weil der Beschluß keine Rechtskraft erlangt, also auch nicht die actio judicati begründet, seinen Anspruch aus den §§. 137—139 von neuem begründen. Dennoch muß er vor Anstellung der Klage auf eigenthümliche Erwerbung des Grundstücks nach §. 142 zuvor die Entscheidung des Oberbergamtes und der Regierung einholen.

Dieser innere Widerspruch zwischen den §§. 142 und 145—146 ist eine Folge der von dem Herrenhause beschlossenen Abänderung des §. 145. Nach der Regierungsvorlage sollte der Rechtsweg in Bezug auf die Verpflichtung zur Erwerbung des Eigenthums nur zulässig sein, wenn die Befreiung auf Grund eines besonderen Rechtstitels behauptet wird. Durch die Streichung dieses Satzes wurde die Bestimmung des §. 142, welche ein Administrativverfahren über diese Verpflichtung vorschreibt, überflüssig, sie wurde sogar schädlich, da sie die Parteien sowie die Behörden zu einem rechtlich ganz wirkungslosen Verfahren nöthigt. Es gilt von dieser Procedur dasselbe, was von der früher irrthümlich bestandenen Praxis galt, welche den Bergbehörden eine Cognition über die Schadloshaltung für zufällige Grundschäden vindicirte und die Zulassung der gerichtlichen Klage von einer vorherigen Festsetzung der Verwaltungsbehörde abhängig machte, die weder vollstreckbar noch klagbar war. (Vergl. m. Uebersicht S. 201. Fortsetzung 1860—63 S. 65).

Anders verhält es sich, wenn der Grundbesitzer die Verpflichtung des Bergwerksbesitzers zur eigenthümlichen Erwerbung des Grundstücks im Wege der Exception gegen die Provocation des Bergwerksbesitzers geltend macht, was freilich nur geschehen kann, wenn von vorn herein feststeht, daß die Benutzung über drei Jahre dauern wird. In diesem Falle erhält der Ausspruch der entscheidenden Verwaltungsbehörden über die Verpflichtung zur eigenthümlichen Erwerbung dadurch Wirksamkeit, daß die vorübergehende Abtretung versagt wird und der Bergwerksbesitzer nach §. 146 zur Zahlung der Kapitalentschädigung vor der Besitznahme genöthigt ist.

Oppenhof Kommentar Nr. 804 nimmt an. daß der Grundbesitzer das Verlangen der eigenthümlichen Erwerbung nur als Einwand gegen den Antrag des Bergwerksbesitzers auf vorläufige Ueberlassung im Grundabtretungsverfahren geltend machen könne. Werde nachträglich die eigenthümliche Erwerbung des vorläufig überlassenen Grundstückes gefordert, so müsse dies im Wege der gerichtlichen Klage geschehen. Diese Meinung hat, wie soeben gezeigt ist, vom gesetzgeberischen Standpunkte vieles für sich, allein sie steht mit dem Wortlaut des §. 142 in Widerspruch, welcher die §§. 137 und 138 ausdrücklich in Bezug nimmt. Vergl. mein Lehrbuch S. 310.

§. 3. Bei der zwangsweisen Grundabtretung findet, außer dem durch §. 146 des Berggesetzes vorgesehenen Falle, die gerichtliche Deposition auch in den durch §. 11 des Kurhessischen Gesetzes vom 30. October 1834 über die Abtretungen zu öffentlichen Zwecken festgesetzten Fällen statt.

§. 4. Die Vorschriften des §. 14 des letzteren Gesetzes finden auf die zwangweise Grundabtretung zu bergbaulichen Zwecken gleichfalls Anwendung.

§. 5. Die Ueberschreibung in die Währschafts- und Hypothekenbücher geschieht auf Grund der Vorlage des im §. 144 des Berggesetzes erwähnten, im Verwaltungswege rechtskräftigen Expropriationsbeschlusses.

Kurfürstlich Hessisches Gesetz über die Abtretungen zu öffentlichen Zwecken vom 30. October 1834. (Kurhess. G.S. S. 165.)

§. 6. Ist die definitive Entscheidung des Ministeriums auf Abtretung erfolgt, oder sind — bei Entscheidung einer Ortsbehörde — drei Tage, ohne Anzeige eines Recurses, oder falls eine solche vorliegt, vierzehn Tage ohne eingegangene Recurs-Ausführung verflossen, so ist nunmehr das Untergericht der belegenen Sache, unter abschriftlicher Mittheilung der Entscheidung, anzugehen, durch Sachkundige den Werth des in Anspruch genommenen Gegenstandes, mit Berücksichtigung der darauf haftenden Lasten und der Nutzungs- oder sonstigen Rechte (§. 8) ausmitteln und feststellen zu lassen. Das gerichtliche Verfahren ist hierbei das gewöhnliche, jedoch möglichst zu beschleunigen, insbesondere durch Anberaumung höchstens achttägiger Termine und Fristen, durch Ertheilung der Verfügungen und Vorbescheide in vier und zwanzig Stunden, durch Fällung des Enderkenntnisses spätestens binnen drei Tagen und durch unverzügliche Ausfertigung und Bekanntmachung jeder Verfügung und jedes Bescheides.

Es finden zwar die gewöhnlichen Rechtsmittel in diesem geeichtlichen Verfahren statt; jedoch ist die Beschwerdeschrift innerhalb acht Tagen bei dem Untergericht einzureichen und von diesem mit Bericht, unter Beifügung der Original-Acten, binnen drei Tagen an das obere Gericht einzusenden, von letzterem aber die Entscheidung binnen vierzehn Tagen zu ertheilen. Das Rechtsmittel der Wiedereinsetzung in den vorigen Rechtsstand soll überall keine aufschiebende Wirkung haben.

Die betreffenden Gerichtspersonen werden für jeden, durch ihre Verzögerung entstehenden Schaden persönlich verantwortlich gemacht.

§. 10. Verweigert der zu Entschädigende die Annahme der in einem nach §. 4 aufgestellten Protokolle oder gerichtlich festgesetzten Entschädigung, oder ist derselbe abwesend und hat keinen Bevollmächtigten bestellt, so kann solche mit der rechtlichen Wirkung der Zahlung bei dem Gerichte der belegenen Sache hinterlegt werden.

§. 11. Gleiches findet statt,

1) wenn neben dem Eigenthümer noch andere dinglich Berechtigte vorhanden und deren Ansprüche auf verhältnißmäßige Antheile an der Entschädigung nicht sofort ermittelt oder durch Vertrag abgefunden sind, so wie auch, wenn der in Anspruch genommene Gegenstand Lehen- und Stammgut ist;
2) wenn der Gegenstand mit Specialhypothek behaftet ist, insofern nicht eine Privat-Uebereinkunft mit dem Pfandgläubiger, durch welche ein Anderes bestimmt ist, sofort beigebracht wird;
3) wenn das Eigenthum bestritten ist oder ein Dritter gegen die Auszahlungen Einwendungen macht.

In allen diesen unter 1 bis 3 genannten Fällen finden keine Depositionsgebühren statt, und sind zugleich die hinterlegten Gelder von demjenigen, zu dessen Gunsten die Abtretung geschieht, noch ein Vierteljahr lang mit vier vom Hundert zu verzinsen.

§. 14. Bei einer Abtretung des Eigenthums zu öffentlichen Zwecken bedarf es keiner Dispensation von den Vorschriften:

1) des öffentlichen Ausgebots bei Gericht, hinsichtlich der Grundstücke Minderjähriger oder sonstiger Personen, bei denen ein solches Ausgebot erforderlich ist,
2) der Nichtveräußerung unter einem halben Acker, und
3) der Erlaubniß zu Entlassung des betreffenden Grundstücks aus einem Hufen- oder dergleichen Verbande.

§. 147.

Die Kosten des Expropriationsverfahrens hat für die erste Instanz der Bergwerksbesitzer[331]), für die Recursinstanz der unterliegende Theil zu tragen[332]).

Zweiter Abschnitt.

Von dem Schadenersatze für die Beschädigungen des Grundeigenthums[333]).

§. 148.

Der Bergwerksbesitzer ist verpflichtet, für allen Schaden, welcher dem Grund-

---

[331]) Auch in denjenigen Fällen, in welchen der Grundbesitzer Provocant ist.

[332]) Die Verhandlungen über die Grundabtretung wurden früher nach der Cab.-Ordre vom 4. Mai 1833 (G.S. S. 40) gleich den Expropriationssachen stempelfrei geführt. Nach neueren Entscheidungen des Herrn Handelsministers soll jedoch jenes Gesetz nicht auf die Grundabtretung Anwendung finden. Es wird daher zu den ergehenden Beschlüssen (§. 144) der Ausfertigungsstempel von 15 Sgr. verwendet.

[333]) Der Schadenersatz für Beschädigungen des Grundeigenthums durch den Bergbau correspondirt der Entschädigung für den zum Bergwerksbetriebe abgetretenen Grund und Boden. Beide Verpflichtungen des Bergwerksbesitzers sind vom wirthschaftlichen Standpunkte betrachtet durchaus gleichartig. Vom juristischen Gesichtspunkte betrachtet, sind sie dagegen wesentlich verschieden, indem die eine Obligation durch Vertrag begründet wird, die andere zu den Obligationen ohne Vertrag gehört. Die Vorschriften über die Grundabtretung begründen ein Recht des Bergwerksbesitzers zur Vertragschließung, welches entweder durch gütliche Einigung, also durch den Abschluß eines Kauf- oder Pachtvertrages ausgeübt wird, oder in Ermangelung der Einigung durch die Provocation auf einen Beschluß des Oberbergamtes und der Regierung, welcher den Kauf- oder Pachtvertrag vertritt. In beiden Fällen wird die Gegenleistung des Bergwerksbesitzers entweder durch Vertrag oder durch das die Stelle des Vertrages vertretende Urtheil der Verwaltungsbehörden oder der richterlichen Instanz festgestellt. Der Betrag der Gegenleistung, die Person des Berechtigten und des Verpflichteten stehen von vornherein fest. Bei den zufälligen Grundschäden ist eine vorherige Festsetzung der Schadloshaltung durch die Natur der Sache ausgeschlossen. Die Entschädigungsverbindlichkeit wird nicht durch einen vorher geschlossenen Contract oder Quasicontract, sondern unmittelbar durch das beschädigende Ereigniß bestimmt. Der Betrag des Schadens, die Person des Berechtigten und des Verpflichteten stehen also nicht vertragsmäßig fest, sondern sie müssen nach den allgemeinen Rechtsregeln bestimmt werden. Diese Bestimmung hat in dem früheren Bergrechte zu einer Anzahl von Controversen Anlaß gegeben, welche meist durch die Praxis der Gerichtshöfe, namentlich durch die Präjudizen des Obertribunals Nr. 538, 1060, 1284, 1462, 1717, 2055, 2068 und 2153 der Präjudiziensammlung erledigt worden sind. (Vergl. ferner die von Strohn mitgetheilten neueren Entscheidungen vom 11. September, 26. Mai, 19. Juni und 24. November 1865 — Zeitschrift für Bergrecht Bd. VII S. 89 — welche sämmtlich noch das ältere Recht zur Unterlage haben.) Die wichtigsten der in diesen Präjudizien aufgestellten Regeln sind in den §§. 148—151 zu gesetzlichen Normen erhoben. Die Vorschriften des früheren rechtsrheinischen Bergrechtes über die Grundentschädigung sind im Uebrigen bis auf die ganz unwesentlichen Abweichungen in den §§. 149, 150 unverändert beibehalten. Die Resultate

eigenthume oder dessen Zubehörungen durch den unterirdisch oder mittelst Tage=

---

der bisherigen landrechtlichen Jurisprudenz sind daher auch für das neue Recht von unverminderten Werthe. Vor allem aber ist es für die Anwendung und Auslegung der neuen Gesetzvorschriften ebenso unerläßlich als für das frühere Recht, den rechtlichen Character der Grundentschädigung an der Hand der älteren Jurisprudenz genau zu bestimmen, da jeder Irrthum über die Natur dieser Obligation zu irrigen Schlußfolgerungen führen muß, denen der Gesetzgeber nicht vorbeugen konnte, da seine Vorschriften nicht dazu bestimmt sind, einzelne Fälle zu entscheiden, sondern das Princip in seinen Hauptanwendungen zu fixiren.

In Bezug auf dieses Princip der Entschädigungsverbindlichkeit ist zunächst festzustellen, daß der rechtliche Grund derselben lediglich in der gesetzlichen Vorschrift liegt, daß weder ein Quasicontract noch eine unerlaubte Handlung dieser Verpflichtung zu Grunde liegt. Daß der Entschädigungsanspruch nicht an die Voraussetzungen einer unerlaubten Handlung geknüpft ist, wird im Anschluß an das frühere Urtheil des Obertribunals vom 16. März 1839 (Entscheid. Bd. IV, S. 354) im §. 148 ausdrücklich ausgesprochen in den Worten: ohne Unterschied, ob die Beschädigung von dem Bergwerksbesitzer verschuldet ist und ob sie vorausgesehen werden konnte oder nicht.

Allein mit derselben Bestimmtheit ist auch die Annahme eines quasicontractlichen Verhältnisses abzuweisen, welche in dem Plenarbeschlusse des Obertribunals vom 7. November 1849 (Entscheid. Bd. XVIII, S. 71) wie folgt widerlegt wird: „Der §. 112 A. L.R. II, 16 spricht nicht allein von der Entschädigung für Grundabtretungen, sondern zugleich von einer ganz anderen Entschädigung, die ihre Wurzel keineswegs in der Abtretung von Oberflächeneigenthum oder von Zubehörungen desselben an den Bergbauenden, auch zunächst nicht einmal in einem dem Bergbauenden zugewendeten Vortheil hat, deren eigentlicher Grund vielmehr immer nur in jener Absonderung und Bildung eines besonderen Bergwerkseigenthums im Gegensatz zum Grundeigenthum zu finden ist. Der Staat, indem er aus Gründen des allgemeinen Wohls und zur zweckmäßigen Gewinnung der Fossilien, diese der Disposition der Grundeigenthümer entzogen und das Recht zu deren Gewinnung nach einer ganz anderen Begrenzung festgestellt hat, sichert zugleich den Grundeigenthümern im §. 112 a. a. O. ganz allgemein eine vollständige Entschädigung für alles zu, was sie durch den Bergbau verlieren. Der Bergbau, welcher dem Grundeigenthum die Wasser fast immer zu seinem Schaden entzieht, muß demnach auch denjenigen Schaden ersetzen, der dem Grundeigenthum durch diese Wasserentziehung entsteht. Der Verpflichtungsgrund zu dieser Enschädigung liegt nicht in einer Verschuldung und auch nicht in einem unmittelbar zwischen den Bergbauenden und Grundeigenthümern geschlossenen Vertrage, sondern in der allgemeinen gesetzlichen Verpflichtung der Bergbauenden zur Tragung dieser Gefahr und dieses Schadens."

Der Schadenersatz für die zufälligen Grundschäden ist also eine bloße obligatio ex lege, durch welche der Gesetzgeber die unvermeidliche Collision zwischen der Ausübung des Grundeigenthumes und eines davon unabhängigen Bergwerkseigenthumes in demselben Raume auszugleichen beabsichtigt. Das Obertribunal bemerkt hierüber in dem angeführten Erkenntnisse vom 16. März 1839:

„Es kann nicht in Abrede gestellt werden, daß Bergwerke Gegenstand des Eigenthums sind und daß die Gewerkschaft, wenn der Bergbau nach den bestehenden Vorschriften betrieben wird, sich in der Ausübung ihres Rechtes, und zwar innerhalb der gesetzlichen Schranken, befindet. Hierbei kann es nun vorkommen, daß das Weitertreiben des Baues den Einsturz eines Gebäudes, einer Quelle 2c. zur Folge hat, wo dies nach der reiflichsten Prüfung, allen geognostischen Erfahrungen gemäß, nicht zu befürchten war. In einem solchen Falle kann allerdings von einem Versehen der Gewerkschaft nicht die Rede sein und ebensowenig von einer Bereicherung derselben mit fremdem Schaden. Aber auch dann würde von einer Verschuldung nicht die Rede sein können, wenn der Bergbauende bei der Fortsetzung des Baues Ereignisse jener Art wirklich voraussieht, weil derselbe vom Gesetz in der Befugniß zur Förderung der Mineralien nicht der Einschränkung unterworfen ist, daß er inne zu halten verpflichtet sei, sobald durch den Weiterbau Schaden für das obere Grundeigenthum veranlaßt werde.

baues geführten Betrieb des Bergwerks zugefügt wird[334]), vollständige Entschä-

Ebensowenig darf es aber auf der andern Seite ein Zufall genannt werden, wenn die Versenkung der Erdoberfläche oder die Versiegung eines Quells die unmittelbare Folge des Grubenbaues ist. Kann auch ein solches dem Grundeigenthümer nachtheiliges Ereigniß möglicher Weise gegen alle Berechnung eintreten, so muß doch auch zugestanden werden, daß Wissenschaft und Erfahrung keine absolute Sicherheit für Berechnungen gewähren, die ein Unternehmen des Baues in einer bestimmten Richtung für den Grundeigenthümer unschädlich erscheinen lassen, daß also im Bereiche des Bergbaues für den Grundbesitz in einem gewissen Grade immer Gefahr droht."

Nachdem so das Vorhandensein einer Collision der Rechte nachgewiesen ist, in Folge deren der Bergwerkseigenthümer durch die bloße Ausübung seines Rechts innerhalb der gesetzlichen Schranken dem Grundeigenthümer die Benutzung seines gleich geltenden Rechtes entzieht oder schmälert, zieht das Obertribunal die weitere Folgerung, daß der Gesetzgeber, den Grundsätzen der Billigkeit gemäß, den Bergbautreibenden habe verpflichten müssen, den Grundeigenthümern für den ihnen solchergestalt verursachten Schaden aufzukommen.

In dem Plenarbeschlusse vom 18. April 1843 (Entsch. Bd. IX, S. 101) wird in Uebereinstimmung hiermit ausgeführt:

„Die allgemeinen Vorschriften über Schadensersatz können hier nicht entscheiden da besondere Gesetze das Verhältniß zwischen dem Bergbauenden und den betreffenden Grundeigenthümern, sowie die Ansprüche der Letzteren auf Entschädigung bestimmen. Nach allgemeinen Grundsätzen des Rechts würde der ganze Bergbau auf fremdem Grund und Boden nicht zu gestatten, ein solcher Eingriff in das Privateigenthum vielmehr ganz unerlaubt sein. Wenn also dennoch die Befugniß zum Betriebe eines solchen Bergbaues ein Regal geworden ist, und vermöge des Regals weiter verliehen wird, so lassen sich die hierbei collidirenden Rechte nach jenen allgemeinen Grundsätzen nicht ausgleichen, sondern es muß darauf gesehen werden, wie sich diese widerstreitenden Verhältnisse durch Herkommen und besondere Gesetze gestaltet haben. Ein solches bestimmtes Gesetz liegt in dem §. 112 A. LR. II, 16 vor."

Der Entstehungsgrund der Verpflichtung zum Schadensersatz liegt also in dem Gesetze und in der Thatsache der Beschädigung, mit welcher §. 148 diese Verpflichtung verknüpft. Diese Beschädigung ist zwar durch menschliche Thätigkeit herbeigeführt; sie ist aber weder beabsichtigt, noch kann sie dem Willen des Bergwerksbesitzers zugerechnet werden. Es ist daher unrichtig, wenn der Verpflichtungsgrund in einer Handlung des Bergwerksbesitzers gesucht wird, da doch dem verpflichtenden Ereignisse gerade die Kriterien abgehen, welche den Begriff einer Handlung im juristischen Sinne ausmachen. Der Eintritt einer Wasserentziehung ist ebenso unabhängig von dem Willen des Bergwerksbesitzers als der Eintritt einer Haverei, um bei einem von dem Obertribunal gewählten Beispiele zu bleiben, von dem Willen des Rheders, obgleich beide durch ihre Thätigkeit die Gefahr des Ereignisses herbeiführen. Und in dieser Gefahr besteht eben die Last, welche das Gesetz dem Bergwerksbesitzer auferlegt, dergestalt, daß er die Folgen des Ereignisses nicht nur in soweit zu tragen hat, als sie sein Eigenthum treffen, sondern daß er auch den Grundbesitzer für den die Oberfläche treffenden Nachtheil entschädigen muß.

[334]) 1. Andere Schäden, welche nicht Zubehörungen des Grundeigenthums, sondern bewegliche Sachen oder Personen betreffen, gehören nicht unter die Regel des §. 148. Der Bergwerksbesitzer hat für solche Schäden — auch wenn sie den Grundbesitzer treffen und durch den Bergwerksbetrieb z. B. durch einen Tagebruch, verursacht sind — keinen Ersatz zu leisten, wenn ihm nicht eine unerlaubte Handlung zur Last fällt, welche ihn nach den allgemeinen Gesetzen zum Schadensersatze verpflichtet. Vergl. den Rechtsfall in Gruchot's Beiträgen Bd. II, S. 447.

2. Auch der Bergwerkseigenthümer, welcher in seinem Felde zum Schutze einer Nachbargrube einen Sicherheitspfeiler stehen lassen muß, kann einen Anspruch auf Entschädigung hierfür gegen den Eigenthümer der Nachbargrube aus §. 148 nicht herleiten. — Erkenntniß des Obertribunals vom 20. November 1871 (Zeitschrift für Bergrecht Bd. XIII S. 116).

Zum Tagebau ist in allen Fällen die Grundabtretung (§. 135) erforderlich. Allein auch der

digung[335]) zu leisten[336]), ohne Unterschied, ob der Betrieb unter dem beschädigten

---

Tagebau kann eine mittelbare Beschädigung der anstoßenden Grundstücke zur Folge haben. Auf solche zufällige Beschädigungen der Nachbargrundstücke durch Tagebaue finden die §§. 148 ff. Anwendung.

3. Die Verbindlichkeit wird existent mit dem Augenblicke der Schadenszufügung. Ein Anspruch auf Cautionsbestellung für drohende Schäden findet nicht statt. Der Augenblick der Entstehung des Schadens entscheidet auch über die Person des Verpflichteten. Der Anspruch ist gegen denjenigen zu richten, welcher zur Zeit der vorgekommenen Beschädigung Besitzer des Bergwerks war. Auf den Zeitpunkt, in welchem der Betrieb geführt wurde, durch welchen die Beschädigung verursacht ist, kommt es dabei nicht an. Wenn also in einem außer Betrieb befindlichen Felde durch das Zusammenbrechen der vor fünfzig Jahren geführten Grubenbaue Tagebrüche entstehen, so ist der gegenwärtige Bergwerksbesitzer zum Schadensersatze verpflichtet, nicht der Rechtsnachfolger des Besitzers, von dem das Bergwerk vor fünfzig Jahren betrieben wurde. Der Verpflichtungsgrund, aus welchem der Schadensersatz entspringt, ist nicht die Handlung des Betriebes, sondern das dadurch bedingte Ereigniß der Beschädigung, und der Zeitpunkt des letztern ist also für die Person des Verpflichteten entscheidend. (Vergl. Anm. 333 und für das frühere linksrheinische Recht das Erkenntniß des Appellhofes zu Köln vom 25. April 1849. Archiv für das Civil- und Criminalrecht der Rheinprovinzen Bd. XLIV, 1, S. 159.) Der Anspruch ist auch nicht dinglicher Natur und kann daher nicht gegen denjenigen, welcher das Bergwerk nach Entstehung des Grundschadens erworben hat, verfolgt werden. — Erkenntnisse des Obertribunals v. 26. Juni 1872 und 16. Sept. 1873 (Zeitschr. f. Bergr. Bd. XIII, S. 547. Bd. XV, S. 276).

[335]) Die Regeln, nach welchen die vollständige Entschädigung zu bemessen ist sind in den §§. 7 und 79 ff. A. L.R. I, 6 zu suchen. Es gebührt dem Grundeigenthümer also für die zufälligen Grundschäden der Ersatz des gesammten Schadens und des entgangenen Gewinnes nach den allgemeinen gesetzlichen Regeln. Unter Rubrik: „wie der Schadensersatz zu leisten", bestimmt aber das Allg. Landrecht Th. I, Tit. 6:

§. 79. Wenn ein Schade geschehen ist, so muß alles so viel als möglich wieder in den vorigen Zustand gesetzt werden, welcher vor Anrichtung des Schadens vorhanden war.

§. 82. Ist eine Sache ganz verloren gegangen, vernichtet oder unbrauchbar geworden, so muß der Beschädiger deren ganzen Werth vergüten.

§. 89. Ist durch den Schaden der Werth der Sache nur vermindert worden, so muß derjenige Werth, welchen die Sache vor der Beschädigung gehabt hat, nach obigen Grundsätzen ausgemittelt und mit dem gegenwärtigen Werthe derselben verglichen werden.

§. 90. Die daraus sich ergebende Verminderung des Werthes muß der Beschädiger vergüten.

Das Gesetz gewährt also dem beschädigten Grundeigenthümer principaliter die Wiederherstellung des Grundstücks in den vorigen Zustand und eventuell den Ersatz des Werthes oder des Minderwerthes. Die Wiederherstellung kann nur „so viel als möglich" gefordert werden, das heißt so weit dieselbe physisch und ohne einen das Interesse des Besitzers übersteigenden Kostenaufwand möglich ist und so weit sie ohne Beeinträchtigung des dem Bergbauenden in den §§. 54—60 gewährten Privilegiums geschehen kann. Wenn also das auf einem Grundstücke entspringende Wasser durch den Schacht oder Stolln eines Bergwerks abgeleitet wird, so kann der Grundeigenthümer nicht die Einstellung des Bergbetriebes verlangen, weil der Bergwerksbesitzer nach §. 54 befugt ist, alle zur Gewinnung der verliehenen Mineralien erforderlichen Vorrichtungen zu treffen. Die Wiederherstellung ist also hier wenigstens für die Dauer des Bergwerksbetriebes nicht möglich und der Grundeigenthümer ist einstweilen auf die Forderung seines Interesses beschränkt. Ist dagegen die Beschädigung des Grundstücks von der Beschaffenheit, daß dasselbe ohne Nachtheil für den Bergbau wieder in den vorigen Stand gesetzt werden kann, wie z. B. bei den durch den Bergbau entstandenen Senkungen, so geht die Forderung des Grundeigenthümers auf diese Wiederherstellung.

Grundstücke stattgefunden hat oder nicht[337]), ob die Beschädigung von dem

Wenn statt der Wiederherstellung das Interesse geleistet werden muß, so besteht dasselbe bei dauernden Schäden in der Kapitalentschädigung für den Minderwerth bei vorübergehenden Schäden, wie bei der Wasserentziehung durch einen Tiefbau in dem Ersatze der jährlich ausfallenden Nutzungen für so lange, bis die Wiederherstellung erfolgt. Ob in einem solchen Falle Cautionsleistung für die Wiederherstellung gefordert werden kann, erscheint zweifelhaft. Für die Bejahung derselben würde die Analogie des §. 137 sprechen. Wenn nämlich auch bei der Wasserentziehung durch den Tiefbau von einer Benutzung fremder Grundstücke zu Zwecken des Bergbaues nicht die Rede sein kann, so tritt doch für den Grundbesitzer derselbe Erfolg ein, indem ihm eine Nutzung des Bodens für die Dauer des Bergbaues entzogen wird, während es zweifelhaft ist, ob dieselbe nach Beendigung des Bergbaues unvermindert restituirt werden kann. Allein die allgemeinen Regeln vom Schadenersatze, welche für die Grundentschädigung maßgebend sind, begründen den Anspruch auf Cautionsleistung außer dem Falle des Arrestschlages nicht. Also muß angenommen werden, daß neben der jährlichen Entschädigung für zufällige Grundschäden bei vorübergehender Entziehung der Bodennutzung die Cautionsleistung für die künftige Wiederherstellung nicht gefordert werden kann.

Die frühere rechtsrheinische Praxis, nach welcher der Grundbesitzer niemals Wiederherstellung in den früheren Stand und niemals Ersatz des Minderwerthes, sondern nur eine jährliche Nutzungsentschädigung zu verlangen berechtigt sein sollte (vergl. m. Uebersicht S. 181 ff.), ist durch das Allg. Berggesetz beseitigt worden.

[336]) Die Regel des §. 9 Allg. Landr. Th. I, Tit. 11, nach welcher in allen Fällen eines durch die Gesetze begründeten nothwendigen Verkaufes auf den außerordentlichen Werth bei der Preisbestimmung Rücksicht zu nehmen ist (oben Anm. 298), findet auf den Schadensersatz für zufällige Grundschäden keine Anwendung. Ebensowenig liegt einer der Fälle vor, in denen nach §§. 85—87 Allg. Landr. Th. I, Tit. 6 bei Beschädigungen der außerordentliche Werth ersetzt werden muß. Es ist daher nur der gemeine Werth zu ersetzen.

Bei der Berechnung des Minderwerthes und des Werthes der entzogenen Nutzungen kommen alle aus dem Boden und seinen Zubehörungen gezogenen Nutzungen in Betracht, mag das Grundstück zur Landwirthschaft, oder als Wohnung oder zu industriellen Zwecken gebraucht werden. Es findet in dieser Beziehung der in der Entscheidung des Obertribunals vom 11. März 1859 (Striethorst, Archiv Bd. XXXIII, S. 59) angenommene folgende Rechtsgrundsatz Anwendung:

> „Die dem Grundeigenthümer zu gewährende Entschädigung ist nicht ausschließlich auf die gewöhnliche Benutzung des Grundes und Bodens beschränkt; dieselbe umfaßt vielmehr auch den an Einrichtungen und industriellen Unternehmungen, welche mit dem Grundbesitz in Verbindung stehen, durch die Wasserentziehung verursachten Schaden,"

durch welchen das frühere abweichende Präjudiz 1462 verlassen ist.

Die weiteren Fragen, welche das letztere Präjudiz für die Schätzung des Interesses bei der Wasserentziehung aufstellt: ob das Interesse des Grundbesitzers in den Transportkosten des anderweit zu beschaffenden Wasserbedarfs, oder in dem Minderwachs des Grundstücks, oder in den Kosten einer neuen Brunnen- oder Maschinenanlage, Wasserleitung u. s. w. liege, lassen sich der Natur der Sache nach nur für den einzelnen Fall beantworten. Ihre Beantwortung ergibt sich indeß in jedem einzelnen Falle durch die einfache Anwendung der §§. 79, 82, 89 A. L.R. I, 6. Es muß also, so weit dies vernünftiger Weise möglich ist, das verlorene Wasser anderweit beschafft und eventuell der Geldwerth des aus dem Wasser zu ziehenden Gewinnes gewährt werden; und dieser letztere bestimmt sich entweder direct nach dem Gebrauchswerthe des Wasserbehälters, wenn dieser ein Vermögensobject für sich, sei es als Triebkraft, sei es als Brunnen, ausmacht, oder nach dem Minderwerthe des Grundstücks, wenn das Wasser nur als Bestandtheil des Grundstücks erscheint und dessen Ertragsfähigkeit bedingt. Einer besonderen Formel für das Interesse bei Grundschäden bedarf es nicht.

Auch der Nutzungsberechtigte ist zur Klage wegen der ihm durch den Bergwerksbetrieb entzogenen Bodenbenutzungen legitimirt. (Präjudiz 2055.)

Bergwerksbesitzer verschuldet ist, und ob sie vorausgesehen werden konnte oder nicht[337a)] [337b)].

§. 149.

Ist der Schaden durch den Betrieb zweier oder mehrerer Bergwerke verursacht, so sind die Besitzer dieser Bergwerke gemeinschaftlich, und zwar zu gleichen Theilen[338)], zur Entschädigung verpflichtet.

Im Verhältniß der Bergwerksbesitzer unter sich ist der Nachweis eines anderen Theilnahmeverhältnisses und der Anspruch auf Erstattung des Zuvielgezahlten nicht ausgeschlossen.

§. 150.

Der Bergwerksbesitzer ist nicht zum Ersatze des Schadens verpflichtet, welcher an Gebäuden oder anderen Anlagen durch den Betrieb des Bergwerks entsteht, wenn solche Anlagen zu einer Zeit errichtet worden sind, wo die denselben durch den Bergbau drohende Gefahr dem Grundbesitzer bei Anwendung gewöhnlicher Aufmerksamkeit nicht unbekannt bleiben konnte[339)].

---

337) Diese Bestimmung beseitigt einen Zweifel, welcher für die frühere rechtsrheinische Jurisprudenz bereits in demselben Sinne durch den Plenarbeschluß vom 18. April 1843 (Präjudiz 1284) entschieden war, während für das frühere linksrheinische Recht das Gegentheil angenommen war. Archiv für das Civil- und Criminalrecht Bd. XLVII, 1, S. 126 Bd. XLVIII, 2, A, S. 49.)

337a) Nach dem Berggesetze für Sachsen-Meiningen Art. 128 muß der Bergwerksbesitzer für den Schadensersatz auf Verlangen Caution leisten; hierüber entscheidet das Bergamt mit Ausschluß des Rechtsweges.

337b) Nach den Erkenntnissen des Obertribunals vom 22. September 1871 und vom 7. Octbr. 1872 (Zeitschrift für Bergrecht Bd. XIII S. 277, S. 553) ist unter dem Bergwerksbesitzer, welchen §. 148 zum Schadensersatze verpflichtet, lediglich der Bergwerkseigenthümer, nicht der Dritte zu verstehen, welcher das Bergwerk unter dessen Zustimmung betreibt. Diese Ansicht wird von den Herausgebern der Zeitschrift für Bergrecht (a. a. O. S. 279) bekämpft, sie ist jedoch eine einfache Consequenz der im Plenarbeschlusse vom 7. November 1849 (Anm. 333) entwickelten Rechtsauffassung, nach welcher die Verpflichtung zum Schadensersatze nicht aus einer beschädigenden Handlung entspringt, sondern eine obligatio ex lege darstellt. Diese kann allerdings im gegebenen Falle auch einen Bergwerksbesitzer treffen, welcher nicht Eigenthümer ist, z. B. den Fideicommißbesitzer oder den Nießbraucher. Mit dieser Maßgabe jedoch ist der von dem Obertribunal aufgestellte Satz richtig.

338) Der Einwand eines andern Theilnahmeverhältnisses ist nicht gestattet. Er begründet nur einen Anspruch auf Erstattung gegen den Mitverpflichteten. „Der Grundeigenthümer ist auch berechtigt, nur eine der mehrern Gewerkschaften durch deren Bergwerksbetrieb ihm das Wasser entzogen ist, auf ihren Kopftheil in Anspruch zu nehmen.“ Erkenntniß des Obertribunals vom 30. Mai 1859. M. Uebersicht S. 176.

339) Der §. 150 hat die Frage zum Gegenstande, bis zu welcher Grenze der Bergwerksbesitzer für die Beschädigung neuer Anlagen innerhalb des verliehenen Grubenfeldes aufkommen muß. Das Allg. Landrecht verpflichtete im §. 116, Th. II, Tit. 16 den Grundbesitzer, wenn die künftige Beschädigung vernünftiger Weise vorausgesehen werden konnte, sich die Stelle, wo die Anlage ohne Gefahr geschehen kann, vom Bergamte anweisen zu lassen, widrigenfalls er zu keiner Entschädigung berechtigt sei. Diese Vorschrift bewährte sich als unpractisch, weil das Bergamt meist nicht in der Lage war, dem Grundbesitzer eine ungefährliche Baustelle anzuweisen. Die neueren deutschen Berggesetzgebungen versuchten andere Lösungen, theils nach dem im §. 116 angenommenen Gesichtspunkte der Zurechnung der entstandenen Beschädigung, theils nach der Regel der Prävention.

Muß wegen einer derartigen Gefahr die Errichtung solcher Anlagen unterbleiben, so hat der Grundbesitzer auf die Vergütung der Werthsverminderung, welche sein Grundstück dadurch etwa erleidet, keinen Anspruch, wenn sich aus den

---

Die Regel der Prävention ist in der größten Ausdehnung in dem österreichischen Berggesetze zur Anwendung gebracht. Nach §§. 106 und 107 dieses Gesetzes darf die obrigkeitliche Baubewilligung zu Gebäuden, Wasserleitungen und andern Anlagen innerhalb eines verliehenen Grubenfeldes nicht ertheilt werden, bevor dem Bergwerksbesitzer eine angemessene Frist zur Gewinnung der verliehenen Mineralien innerhalb des zum Bau bestimmten Raumes gestellt ist. Wird die Anlage ohne obrigkeitliche Baubewilligung errichtet, so ist der Bergwerksbesitzer für den entstehenden Schaden nicht verantwortlich.

Die Auffassung, welche dieser Bestimmung zu Grunde liegt, geht im Wesentlichen dahin, daß jeder der beiden Berechtigten, welche in der Ausübung ihres Bergwerks- und Grundeigenthums innerhalb derselben Oberflächengrenzen zusammentreffen, den Andern so weit ausschließt, als er durch seine Anlagen dem Gebrauche zuvorgekommen ist, welchen der Letztere von seinem Rechte machen kann. Soweit also das noch unverritzte Grubenfeld von dem Grundeigenthümer schon bebaut ist, darf der Bergwerksbesitzer nur gegen Entschädigung des Grundbesitzers zum Nachtheil solcher Anlagen von seinem Rechte Gebrauch machen. Soweit dagegen unter dem unbebauten Grund und Boden bereits Bergwerksanlagen gemacht sind, darf der Grundeigenthümer nur auf eigene Gefahr die Oberfläche bebauen.

Noch nackter wurde der Grundsatz der Prävention in dem großherzoglich sächsischen Berggesetze vom 22. Juni 1857 aufgestellt, welches im §. 135 bestimmt, daß der Grundbesitzer keine Entschädigung erhalte, wenn die beschädigten Gebäude oder Anlagen jünger sind als die beschädigten Grubenbaue. Dieselbe Bestimmung hatte der preußische vorläufige Entwurf von 1862 in seinem §. 130 aufgenommen.

Das königlich sächsische Berggesetz vom 22. Mai 1851 schloß sich dagegen im Prinzip dem Allg. Landrecht an und verordnete im §. 236, daß der Bergwerksbesitzer von der Verpflichtung zum Schadenersatz sich dadurch befreie, daß er den Unternehmer der neuen Anlagen „bei Zeiten" auf die zukünftigen Gefahren aufmerksam macht. Unterläßt der Grundbesitzer in Folge dessen den Bau, so muß der Bergwerkseigenthümer sofort die Werthsverminderung ersetzen, welche das Grundstück durch das Unterlassen der beabsichtigten Anlage erleidet.

Während die Bestimmung des österreichischen und des großherzoglich sächsischen Gesetzes im höchsten Grade unbillig gegen den Grundbesitzer sind und sogar eine wirthschaftliche Gefahr für die Bodencultur in den Bergwerksdistricten mit sich führen, ist in den Vorschriften des Allg. Landrechts und des königlich sächsischen Berggesetzes das an sich richtige Princip, daß der Schadenersatz durch das concurrirende Versehen des Erbauers der Anlage ausgeschlossen wird, in unzweckmäßiger Weise angewendet worden, da weder der Bergbehörde angesonnen werden darf, die Verantwortlichkeit für die künftig entstehende Gefahr auf sich zu nehmen, noch einer einseitigen Warnung des Bergwerksbesitzers die Wirkung beigelegt werden kann, daß die künftig entstehende Beschädigung der Fahrlässigkeit des Grundbesitzers zugerechnet wird.

Der §. 150 hat daher die Entschädigung zweckmäßiger Weise nur für den Fall ausgeschlossen, daß ein wirklich grobes Versehen bei der Errichtung der beschädigten Anlage obgewaltet hat. Es bleibt dem Bergwerksbesitzer unbenommen, durch eine rechtzeitige Warnung den Grundbesitzer auf die drohende Gefahr aufmerksam zu machen, und eine begründete Warnung begründet jedesmal ein grobes Versehen desjenigen, der sie mißachtet, da der Grundbesitzer durch eine solche Warnung mit der drohenden Gefahr bekannt gemacht ist und etwas, auf das er ausdrücklich aufmerksam gemacht ist, seiner Aufmerksamkeit nicht entgehen kann. War aber die Warnung unbegründet, war zur Zeit der Anlage keine Gefahr der Zerstörung vorhanden und ist dennoch durch einen unvorhergesehenen Zufall später eine Beschädigung durch den Bergbau eingetreten, so hat die unbegründete Warnung nicht den Erfolg, den Entschädigungsanspruch auszuschließen.

Umständen ergiebt, daß die Absicht, solche Anlagen zu errichten, nur kund gegeben wird, um jene Vergütung zu erzielen[340]).

§. 151.

Ansprüche auf Ersatz eines durch den Bergbau verursachten Schadens (§. 148, 149), welche sich nicht auf Vertrag gründen, müssen von dem Beschädigten innerhalb drei Jahren, nachdem das Dasein und der Urheber des Schadens zu seiner Wissenschaft gelangt sind, durch gerichtliche Klage geltend gemacht werden, widrigenfalls sie verjährt sind[341]).

---

[340]) Die Umkehrung dieses Satzes ergibt die Regel, daß der Grundbesitzer mit Ausnahme des im Al. 2 des §. 150 vorgesehenen Falles Anspruch auf Entschädigung hat, wenn die Bebauung des Grundstücks wegen der durch den Bergbau drohenden Gefahr der Zerstörung unterbleiben muß. Diese Regel würde an sich aus den allgemeinen Bestimmungen der §§. 137 und 148 nicht folgen, da weder eine Benutzung des Grundstücks für den Bergbau noch auch eine bereits vorhandene Beschädigung durch den Bergbau vorliegt. Sie entspricht indeß der natürlichen Billigkeit. Der Entschädigungsanspruch ist vorhanden, sobald der Grundbesitzer Anlaß zur Errichtung eines Gebäudes oder einer sonstigen Anlage hat und sobald die drohende Gefahr der Zerstörung durch den Bergbau nachgewiesen ist. Eine Warnung seitens des Bergwerksbesitzers braucht nicht vorzuliegen. Es fragt sich sogar, ob der Bergwerksbesitzer auf den Einwand aus dem ersten Alinea des §. 150 verzichten und dadurch die Entschädigungsforderung des Grundbesitzers beseitigen kann. Die Beantwortung dieser Frage hängt von der ferneren Frage ab, ob die Verzichtleistung auf den Einwand des §. 150 die Besitznachfolger des Bergwerkseigenthümers bindet. Beide Fragen müssen bejaht werden, da §. 150 eine gesetzliche Einschränkung des Grundeigenthums zu Gunsten des Bergwerks, eine Legalservitut in der Gestalt eines Untersagungsrechtes constituirt, auf welche vertragsmäßig verzichtet werden kann. Ein solcher vertragsmäßiger Verzicht constituirt zu Gunsten des bebauten Grundstücks eine Servitut ne aedes diruantur an dem Bergwerke, eine Servitut, welche zu der Legalservitut des §. 150 in demselben Verhältnisse steht wie die servitus fluminis non recipiendi zu dem gesetzlichen Vorfluthrechte.

[341]) Der §. 151 entspricht der Declaration vom 31. März 1838 (G.S. S. 252), zu welcher der folgende Plenarbeschluß des Obertribunals vom 20. März 1846, Präjudiz 1846 (Entscheidungen Bd. XIII, S. 19) ergangen ist:

> Die dreijährige Verjährung des Anspruchs auf Ersatz eines außerhalb dem Falle eines Contracts erlittenen Schadens trifft auch in den Fällen das ganze Recht, wo der aus einer Handlung entstehende dem Beschädigtenbekannt gewordene Schaden so beschaffen ist, daß er, obwohl im wechselnden Umfange, sich auch in der Zukunft erneuert.

In den Gründen dieser Entscheidung wird (S. 25) Folgendes ausgeführt:

„Die Vorschriften der §§. 79—81, 82—84, 89, 90 und 92 A. L.R. I, 6 ergeben klar, daß der Gesetzgeber dabei von dem Gesichtspunkte ausging, daß, sobald wirklich ein Schaden zugefügt worden, es immer auch sofort möglich sei, die Entschädigungsforderung den aufgestellten Grundsätzen gemäß zu substantiiren, und daß es in dieser Beziehung keinen Unterschied machen könne, ob die Folgen des entstandenen Schadens sich in die Zukunft hinaus erstrecken und sich also periodisch erneuern oder nicht. Denn entweder ist durch die beschädigende Handlung die Sache ganz unbrauchbar, oder in ihrem Werthe vermindert worden. Ersteren Falls muß der Werth des unbrauchbar gewordenen Gegenstandes — mochte er nun in einer jährlichen Revenue bestanden haben, oder eine Sache gewesen sein, die durch ihren Gebrauch fortdauernden Nutzen gewährte — nach den im Gesetze aufgestellten Grundsätzen ermittelt und vergütet werden. Letzteren Falls aber ist der Minderwerth der Sache in ihrem jetzigen Zustande nach den gesetzlichen Grundsätzen festzustellen, und darnach der Schadensersatz zu leisten. In beiden Fällen kann und muß die daraus gegen den Beschädigten entstandene Forderung binnen drei Jahren nach erlangter Wissen-

§. 152.

Auf Beschädigungen des Grundeigenthümers oder der Zubehörungen desselben durch die von Schürfern[342]) und Muthern ausgeführten Arbeiten finden die §§. 148 bis 151 ebenfalls Anwendung.

Dritter Abschnitt.

Von dem Verhältnisse des Bergbaues zu öffentlichen Verkehrsanstalten[343]).

§. 153.

Gegen die Ausführung von Chausseen, Eisenbahnen, Canälen und anderen

---

schaft von der eingetretenen Unbrauchbarkeit oder Werthsverminderung gerichtlich geltend gemacht werden, widrigenfalls der ganze Anspruch auf Schadenersatz verloren geht; und kann von einem Ersatze des jegliches Jahr entstandenen Verlustes nicht die Rede sein, da das Gesetz diese Art der Berechnung des Schadensersatzes nicht billigt."

Es ist auffallend, daß dieser Plenarbeschluß durch einen Rechtsfall veranlaßt worden ist, in welchem es sich um die Versiegung einer Quelle und eines Teiches handelte, während nach den Präjudizen 548 und 1462 dem Grundeigenthümer in diesem Falle doch nur der Ersatz des jegliches Jahr entstandenen Verlustes zustand. Allein es ist jedenfalls nicht gestattet, den angeführten Plenarbeschluß von seinen Gründen zu trennen und ihn auf alle Fälle anzuwenden, in welchen nicht beim Eintritte der ersten Beschädigung sofort actio nata in Bezug auf den ganzen künftig entstehenden Schaden vorhanden ist. Dies ist z. B. bei einer Wasserentziehung durch Tiefbau, auf welche das Präjudiz 1846 mit Unrecht von der Praxis angewendet wird, offenbar nicht der Fall. Das Wasser wird an jedem Tage von Neuem ausgepumpt. Es hängt von der Regenmenge, von dem Fortschritte der unterirdischen Strecken ab, auf welches Niveau das Wasser in den über der Tiefbausohle liegenden Behältern sinken wird. Wenn der Bergbau für eine Zeitlang eingestellt wird, hört auch die Wasserentziehung so lange auf. Die Beschädigung ist also täglich neu und actio nata für die Vergangenheit, nicht für die Zukunft vorhanden. Die Verjährung kann also auch nur den Ersatz des vergangenen Schadens, nicht des zukünftigen treffen.

342) Diese Vorschrift ist auf das Schürfen auf fremdem Grund und Boden zu beschränken. Der Grundeigenthümer, welcher die im §. 1 bezeichneten Mineralien auf ihren natürlichen Ablagerungen aufsucht (§. 3), übt nur sein Grundeigenthum aus und ist für die dadurch entstehenden Folgen niemandem verantwortlich. Das entgegengesetzte Präjudiz 2068b des Obertribunals:

> „Auch der Schürfer auf eigenem Grund und Boden ist denjenigen, welche durch seine Schürfarbeiten beschädigt worden, insbesondere benachbarten Grundbesitzern, denen dadurch das Brunnenwasser entzogen wird, zur Entschädigung verpflichtet,"

hatte die Regel des früheren preußischen Bergrechts zur Voraussetzung, daß der Grundeigenthümer nicht kraft seines Eigenthums, sondern nur kraft einer besonderen Schürferlaubniß zu schürfen berechtigt ist. Auf Grund des heutigen Rechts kann der obige Grundsatz nicht Anwendung finden. (Vergl. m. Uebersicht S. 170).

343) Der dritte Abschnitt behandelt die Collision zwischen dem Bergbau und den aus dem Straßen- und Postregale des Staates abgeleiteten Gerechtigkeiten, welche die Vermittelung des öffentlichen Verkehrs zum Gegenstande haben. Die Collision entsteht dadurch, daß der Bergbau die Erdoberfläche, auf welche diese Verkehrsanstalten betrieben werden, beschädigt und dadurch den Betrieb der letzteren stört oder gefährdet. Die Lösung dieser Collision kann nur in dem Sinne erfolgen, daß der Bergbau eine Beschränkung insoweit erleidet, als zur Vermeidung von Verkehrsstörungen und Gefahren nothwendig ist. Dem Gesetzgeber blieb nur übrig, zu entscheiden, welche Entschädigung dem Bergwerksbesitzer für diese Einschränkungen zu Theil werden solle. Unter

öffentlichen Verkehrsmitteln, zu deren Anlegung dem Unternehmer durch Gesetz

---

der früheren Gesetzgebung war diese Entschädigungsverbindlichkeit in beiden Rechtsgebieten bestritten und die Meinungen über die Auslegung der zur Anwendung kommenden Gesetzesvorschriftem sehr getheilt.

Das Allg. Landrecht enthielt keine besondere auf den vorliegenden Collisionsfall bezügliche Bestimmung, sondern nur die allgemeine Vorschrift des Th. II, Tit. 16:

> §. 82. Jeder Beliehene muß sein Bergwerkseigenthum den Grundsätzen der Bergwerkspolizei gemäß benutzen und kann sich dabei der Aufsicht und Direction des Bergamtes nicht entziehen.

Diese Vorschrift enthielt eine allgemeine Einschränkung des Bergwerkseigenthumes, welche jede specielle Anlage zur Gewinnung der verliehenen Mineralien von der Gestattung der Bergbehörden abhängig machte und eine Collision mit den erwähnten Gerechtigkeiten des öffentlichen Verkehrs von vornherein unmöglich machte. Durch das Gesetz vom 21. Mai 1860, die Aufsicht der Bergbehörden über den Bergbau und das Verhältniß der Bergarbeiter betreffend, wurde an die Stelle des §. 82 cit. folgende Bestimmung gesetzt:

> §. 1. Der Bergwerkseigenthümer ist bei dem unter der Aufsicht der Bergbehörde stehenden Bergbau der Einwirkung derselben auf die Gewinnung und Benutzung der Mineralien fortan nicht weiter unterworfen, als zur Wahrung der Nachhaltigkeit des Bergbaues, der Sicherheit der Baue, der Oberfläche im Interesse des Privat- und öffentlichen Verkehrs, des Lebens und der Gesnndheit der Arbeiter erforderlich ist.

Diese Vorschrift hält die früher bestandene gesetzliche Einschränkung des Bergwerkseigenthumes durch die Einwirkung der Bergbehörde nur in beschränktem Umfange aufrecht, jedoch namentlich insoweit aufrecht, als zum Schutze der Oberfläche im Interesse des öffentlichen Verkehrs erforderlich ist.

Auf die Einschränkungen, welche der Bergbau durch die gesetzliche Bestimmung des §. 1 cit. erleidet, finden die §§. 1, 2 A. L.R. Th. I, Tit. 22 und das zum Gesetz erhobene Gutachten des Staatsministeriums vom 16. November 1831 (G.S. S. 256) Anwendung, wonach die Entschädigungspflicht des Staates nur dann eintritt, wenn ein in seinen Eigenthumsrechten gesetzlich nicht beschränkter Besitzer durch besondere Anordnung für den einzelnen Fall in der Benutzung seines Eigenthums beschränkt wird, nicht aber wenn dieser Benutzung auf Grund einer gesetzlichen Einschränkung seines Eigenthums Schranken gesetzt werden. (Vergl. die Entscheidungen des Obertribunals vom 9. März 1839 und vom 15. November 1850, Entscheid. Bd. XVII, S. 374; Bd. XX, S. 101). Nach der früheren rechtsrheinischen Gesetzgebung schloß also die gesetzliche Einschränkung, welcher das Bergwerkseigenthum durch §. 1 des Gesetzes vom 21. Mai 1860 unterworfen ist, jeden Entschädigungsanspruch des Bergwerksbesitzers für die zum Schutze der Oberfläche im Interesse des öffentlichen Verkehrs polizeilich angeordneten Beschränkungen aus.

Diese Ansicht, welche der Herausgeber an verschiedenen Orten (Zeitschr. f. d. Berg-, Hütten- u. Salinenwesen Bd. IX, S. XIII, Zeitschr. f Bergrecht Bd III, S. 108. M. Uebersicht 18⁶⁰/₆₃ S. 71 ff.) ausgesprochen hat, ist von zwei verschiedenen Seiten her angegriffen worden. Ebmeier (Zeitschr. f. Bergrecht Bd. II, S. 71 ff.) und das Appellationsgericht zu Hamm in dem Erkenntnisse vom 10. October 1861 (das. Bd. III, S. 102) behaupten, daß die gesetzliche Einschränkung des Bergwerkseigenthumes zum Schutze der Verkehrsanstalten nicht erst durch §. 1 des Gesetzes vom 21. Mai 1860 begründet werde, sondern auf dem besonderen Abhängigkeitsverhältnisse des Bergbaues vom Staate beruhe, welches jede Entschädigung für die vom Staate angeordneten Einschränkungen des Bergwerksbetriebes ausschließe, auch wenn dieselben durch besondere Anordnungen im Interesse des gemeinen Wohles oder im Interesse eines Dritten getroffen würden. Das Appellationsgericht folgert diesen Satz aus demselben Abhängigkeitsverhältnisse und aus der unkörperlichen Natur des Bergwerkseigenthumes (§§. 1, 2, 6, 82 und 108 A. L.R. II, 16). Wäre die Folgerung in dieser Allgemeinheit richtig, so würde das Bergwerkseigenthum allerdings in Bezug auf die polizeilichen Verfügungen des Staates jedes Rechtsschutzes entbehren. Die Vor-

oder besondere landesherrliche Verordnung das Expropriationsrecht beigelegt ist,

---

schriften des A. L.R. Einl. §§. 74 und 75; Th. I, Tit. 8, §§. 29—31 und der Verfassungsurkunde Art. 9 würden dann unter allen Rechten auf das Bergwerkseigenthum allein keine Anwendung finden.

Allein diese Consequenz folgt weder aus der Annahme, daß das Bergwerkseigenthum ein unkörperliches Recht zur Besitznahme der Fossilien sei, welche überdieß nicht zutrifft, noch aus der Unterwerfung des Bergbaues unter die Grundsätze der Bergpolizei, und unter die Oberaufsicht des Staates. Die Unverletzlichkeit des Eigenthums gilt nicht bloß von dem Sacheigenthume (dominum rerum) im engeren Sinne, sondern von allen Vermögensrechten. Die §§. 82 und 108 a. a. O. ferner, welche den Bergbau ohne alle Einschränkung der Einwirkung der Bergbehörde unterwarfen, sind durch §. 1 des Gesetzes vom 21. Mai 1860 unzweifelhaft aufgehoben, welcher diese Einwirkung nur noch für gewisse Fälle aufrecht erhält.

Untersucht man nun ferner, ob der Bergbau einer gesetzlichen Einschränkung zum Schutze des Oberflächeneigenthums im Allgemeinen unterliegt, so ergibt sich, daß dies nicht der Fall ist. Nach §§. 109—116b A. L.R. Th. II, Tit. 16 muß der Grundeigenthümer sich jede Beschädigung, welche sein Grundstück durch den Bergbau erleidet, gefallen lassen, und er ist nach §. 112 nur berechtigt, für die verlorene, sowie für die abgetretene Bodenbenutzung Entschädigung zu fordern. Wenn also die Bergpolizei zum Schutze irgend eines Grundstückes die Gewinnung verliehener Mineralien verbietet oder beschränkt, so beruht diese Beschränkung nicht auf gesetzlicher Anordnung, sondern auf besonderer Bestimmung für den einzelnen Fall. Der Staat ist also nach §. 41 A. L.R. Th. I, Tit. 8 verpflichtet, dafür zu sorgen, daß der Bergwerkseigenthümer für den entgangenen Gewinn schadlos gehalten werde. Weil aber die Gewinnung der verliehenen Mineralien nach §. 112, Th. II, Tit. 16 mit der Verpflichtung zum Ersatze der dadurch an dem Grundstücke entstehenden Beschädigungen verknüpft ist, so besteht der entgangene Gewinn nur in dem Ertrage, welcher aus der untersagten Gewinnung der Mineralien gezogen werden kann, nach Abzug der Schadloshaltung für die damit verbundene Beschädigung des Grundstückes. Der Entschädigungsanspruch wird daher nur zu begründen sein, wenn der durch das polizeiliche Verbot entzogene Gewinn größer ist, als der durch das Verbot verhinderte Schaden. So lange daher die Bergpolizei sich darauf beschränkt ihrer Aufgabe gemäß nur die überwiegenden Interessen des Grundbesitzes gegen Benachtheiligung durch den Bergbau zu schützen, wird jeder Entschädigungsanspruch des Bergwerksbesitzers durch den Mangel eines wirklichen Verlustes ausgeschlossen sein. Eine gesetzliche Einschränkung des Bergwerkseigenthümers zur Sicherstellung der Oberfläche, welche den Entschädigungsanspruch des Bergwerksbesitzers von Rechts wegen, nicht erst im Wege der Exception ausschließt, läßt sich aber nur aus §. 1 des Gesetzes vom 21. Mai 1860 und nur in dem durch diese Vorschrift festgestellten Umfange, nämlich „im Interesse des Verkehrs", als vorhanden nachweisen.

Das Vorhandensein dieser gesetzlichen Einschränkung des Bergbaues zum Schutze des öffentlichen Verkehrs ist dagegen von der andern Seite bestritten worden. Veith (die Entschädigungsverbindlichkeit der Eisenbahnen dem Bergwerkseigenthümer gegenüber, Berlin 1864), führt aus, der §. 1 cit. wende lediglich die allgemeinen Grundsätze von der Polizeigewalt des Staates auf den Bergwerksbetrieb an. Er erwähne nur die Befugnisse der Bergpolizei und die Fälle, in denen der Bergbehörde das Recht zustehen soll, als Polizeibehörde einzuschreiten. Die Beschränkungen, welche der Bergwerkseigenthümer durch die auf Grund dieser Vorschrift von der Bergbehörde erlassenen Verfügungen zur Sicherheit der Oberfläche am Verkehrsintereffe erleide, stellten sich hiernach nicht als gesetzliche Einschränkungen, sondern als polizeiliche Beschränkungen dar, welche für den einzelnen Fall aus Rücksichten des öffentlichen Wohles angeordnet werden und für welche nach §§. 74, 75 der Einleitung und nach §. 29—31, Th. I, Tit. 8 Allg. Landrechts Entschädigung gewährt werden müsse. (a. a. O. S. 39 ff. S. 54 f. S. 72).

Der Herausgeber hält auch gegenüber den scharfsinnigen Ausführungen der zuletzt angeführten Schrift an seiner früheren Ansicht fest. Er ist jedoch in der Lage, seine frühere Argumentation in einem nicht unwesentlichen Punkte berichtigen zu müssen. Wenn früher gesagt wurde

steht dem Bergbautreibenden ein Widerspruchsrecht nicht zu[344]). Vor Feststellung

(Zeitschrift für Bergrecht Bd. III, S. 110), daß der §. 82 des Allg. Landrechts Th. II, Tit. 16 nur die allgemeinen Grundsätze der Polizeihoheit des Staates auf den Bergwerksbetrieb anwende, nicht aber eine besondere gesetzliche Einschränkung des Bergwerkseigenthumes enthalte, so steht diese Annahme mit der weiteren Ausführung allerdings in Widerspruch. Enthielte §. 82 cit. keine gesetzliche Einschränkung, so würde auch §. 1 des Gesetzes vom 21. Mai 1860, welcher an Stelle des §. 82 getreten ist, keine Einschränkung des Bergwerkseigenthumes enthalten. Denn §. 1 cit. sollte nicht dem Bergbau eine neue Beschränkung auferlegen, sondern ihn von früher bestandenen Einschränkungen befreien.

Es muß jedoch zugegeben werden, daß §. 82 cit. wirklich eine besondere Abhängigkeit des Bergbaues von der Staatsgewalt bedingte und daß die früher von dem Herausgeber bekämpfte Ansicht Ebmeier's nur darum fehlging, daß diese unlimitirte Abhängigkeit noch als fortbestehend angenommen wurde, ungeachtet §. 82 cit. bereits durch das Gesetz vom 21. Mai 1860 aufgehoben und die gesetzliche Einschränkung des Bergwerkseigenthumes durch §. 1 a. a. O. auf ein geringeres festbegrenztes Maß zurückgeführt worden war. Daß §. 82 cit. nicht bloß die allgemeine Regel von der Polizeihoheit auf den Bergbau anwendete, sondern der Bergbehörde eine viel weiter gehende, ja eine unbegrenzte Einwirkung auf den Bergbau gab, wird durch das in der Einleitung S. 49 Gesagte bewiesen. Die Staatsbehörde war sogar befugt, den Betrieb eines Bergwerks aus vermeintlichen Gründen des öffentlichen Wohles oder im Interesse der bereits im Betrieb befindlichen Werke ganz zu verhindern. Daß solche Anordnungen, überhaupt die auf Grund des §. 82 cit. von der Bergbehörde getroffenen Betriebsdispositionen niemals als polizeiliche Verfügungen im Sinne des Gesetzes vom 11. Mai 1842 betrachtet worden sind, daß dem von solchen Verfügungen Betroffenen nicht verstattet wurde, einen Entschädigungsanspruch im Rechtswege geltend zu machen, ist wohl unzweifelhaft. Ebenso bestimmt ist in den Motiven zu §. 1 des Gesetzes vom 21. Mai 1860 (Commissionsbericht des Hauses der Abgeordneten — Zeitschrift für Bergrecht Bd. I, S. 375) die Absicht ausgesprochen, die früher bestandene Einschränkung des Bergwerksbetriebes durch das Directionsprincip auf gesetzlichem Wege zu beseitigen. Dies geschah in der Weise, daß nach §. 1 der Bergwerkseigenthümer der Einwirkung der Bergbehörde auf die Gewinnung und Benutzung der Mineralien fortan nicht weiter unterworfen blieb, als zur Wahrung der Nachhaltigkeit des Bergbaues und zur Sicherheit der Baue, der Arbeiter und des Verkehres auf der Oberfläche nothwendig ist.

Die früher bestandene Einrichtung wurde also in diesem Umfange aufrecht erhalten, und nur der Umstand, daß früher eine weitere Beschränkung gemäß §. 82 cit. bestand, nöthigt dazu, aus §. 1 cit. das Fortbestehen einer gesetzlichen Einschränkung des Bergwerkseigenthumes in gewissem Umfange zu folgern, während allerdings, wie Veith mit Recht erinnert, die Einführung einer neuen gesetzlichen Einschränkung aus dem Ausdrucke des §. 1 nicht zu folgern ist.

Dagegen läßt sich das Vorhandensein einer gesetzlichen Einschränkung des Bergwerkseigenthumes in dem durch §. 1 cit. bestimmten Umfange nicht deshalb in Abrede stellen, weil der Schutz der im §. 1 bezeichneten polizeilichen Zwecke im concreten Falle erst durch besondere polizeiliche Anordnungen erreicht wird. Denn diese Anordnungen enthalten nur Anwendungen des Gesetzes auf den bestimmten Fall, nicht aber besondere auf den Grund der Polizeihoheit verhängte Beschränkungen des Bergwerkseigenthumes. In ähnlicher Weise wie §. 1 cit. den Bergbau zum Schutze des öffentlichen Verkehrs, beschränkt die Gewerbeordnung vom 21. Juni 1869 gewisse gewerbliche Anlagen zum Schutze der Anwohner und der Nachbargrundstücke gegen Gefahren und Belästigungen durch den Gewerbebetrieb. Auch diese unzweifelhafte Einschränkung des Bergwerkseigenthumes gelangt im concreten Falle erst durch besondere Anordnungen der Polizeibehörde zur Anwendung, welche die Bedingungen des Gewerbebetriebes mit Rücksicht auf diese gesetzliche Einschränkung regeln. Gleichwohl ist der gewerbtreibende Grundeigenthümer unzweifelhaft nicht befugt, für die ihm nach §. 18 der Gewerbeordnung auferlegten Bedingungen und Beschränkungen eine Schadloshaltung auf Grund der §§. 74 und 75 der Einleitung zum Allgemeinen Landrecht zu fordern. Ebensowenig würde es einem Bergwerksbesitzer einfallen, für die zum

der solchen Anlagen zu gebenden Richtung sind diejenigen, über deren Bergwerke dieselben geführt werden sollen, seitens der zuständigen Behörde[345]) darüber zu

---

Schutze des Lebens oder der Gesundheit der Arbeiter ihm auferlegten Beschränkungen des Betriebes Entschädigung zu fordern. Aber ebenso wie ihm das Gesetz die Verpflichtung auferlegt, die zur Sicherheit der Arbeiter nöthigen Vorkehrungen zu treffen; ebenso verpflichtet es ihn, die erforderlichen Vorkehrungen zum Schutze des Verkehrs auf der Oberfläche zu treffen.

Der Grundbesitzer in Schlesien, welcher seine Eisenerzgewinnung unter dem Bahnkörper einschränken muß, kann nach §§. 74, 75 A. L.R. Einl. Schadloshaltung verlangen (Erk. des Obertribunals vom 11. November 1872. Zeitschr. f. Bergr. Bd. XV S. 272). Dem Bergwerksbesitzer wird sie in gleichem Falle schon nach älterem Rechte wegen der ihm auferlegten gesetzlichen Beschränkung versagt.

Das Allg. Berggesetz läßt über das Vorhandensein der gesetzlichen Einschränkung des Bergbaues zu Gunsten der öffentlichen Verkehrsanstalten keinen Zweifel, obgleich es sie ebenfalls im §. 153 nur stillschweigend voraussetzt. Es schließt die Entschädigungsforderung des Bergwerksbesitzers, soweit nicht die Veränderung der Anlagen älterer Bergwerke in Frage kommt, im §. 154 vollständig aus. Ueber die Gesetzgebung der übrigen bergbautreibenden Staaten ist meine Abhandlung „Ueber Eisenbahnen im Grubenfelde" (Zeitschr. f. Bergr. Bd. XIII S. 336, ferner: Dr. Gustav Schneider, Studien aus dem österreichischen Bergrechte S. 55 f. und für das englische Recht R. Bluhme, Zeitschrift für Bergrecht Bd. X. S. 336 f.

[344]) Dieser Satz hat, so wie er gefaßt ist, keinen juristischen Inhalt. Er verneint etwas, was Niemandem — auch ohne diese Verneinung — einfallen würde zu behaupten. Ein Widerspruchsrecht gegen die Ausführung von Chausseen, Eisenbahnen und Canälen auf Grund einer durch Gesetz oder landesherrliche Verordnung verliehenen Gerechtigkeit, steht an sich Niemandem zu, am wenigsten dem Bergwerksbesitzer, in dessen Rechtskreis durch diese Anlage an und für sich nicht eingegriffen wird. Der Unternehmer, welcher auf angekauften oder expropriirtem Grund und Boden eine Chaussee oder eine Eisenbahn anlegt, erwirbt durch den Ankauf des Grund und Bodens allein die unbeschränkte Befugniß zu jeder darauf zu errichtenden Anlage. Der Bergbau ist ja nicht ein Nutzungsrecht an Grund und Boden, sondern der Gegenstand eines selbstständigen Bergwerkseigenthumes, welches zu der Chaussee- oder Eisenbahnanlage weder gebraucht noch verwendet wird.

Um das Alinea 1 des §. 153 zu verstehen, muß man den folgenden Satz als stillschweigend gedacht vorausschicken:

> Der Bergwerksbesitzer, in dessen Felde eine Chaussee, eine Eisenbahn oder ein Canal oder andere öffentliche Verkehrsmittel, für deren Anlage das Expropriationsrecht gewährt ist, angelegt sind, muß bei seinem Betriebe diejenigen Vorkehrungen treffen, welche zum Schutze dieser Anlagen nothwendig sind.

Erst im Anschluß an diese stillschweigend vorausgesetzte Bestimmung erhält der §. 153 einen Sinn, nämlich den, daß der Bergwerksbesitzer trotz dieser Einschränkung, welche er durch die Anlage erleidet, nicht berechtigt ist, derselben zu widersprechen, und die vorherige Expropriation seines Bergwerkseigenthumes zu verlangen; daß er vielmehr nur darüber gehört werden soll, wie die Anlage mit möglichst geringem Nachtheil für seinen Betrieb auszuführen sei.

[345]) Die Vernehmung des Bergwerksbesitzers erfolgt seitens derjenigen Behörde, welche die Richtung der Anlage feststellt, also bei Bergwerksstraßen, Eisenbahnen und Canälen, zu welchen die Grundabtretung gemäß §. 135 verlangt wird, durch das Oberbergamt und die Regierung, in den übrigen Fällen durch den Handelsminister. Die unterlassene Zuziehung hat keine rechtlichen Folgen. Sie befreit weder den Bergwerksbesitzer von der gesetzlichen Einschränkung, noch bedingt sie einen weiteren Entschädigungsanspruch, als §. 154 für den Fall der geschehenen Zuziehung gewährt. Es liegt also im Interesse der Bergwerksbesitzer, darüber zu wachen, daß ihre Anhörung nicht unterbleibt, und sich zu diesem Zwecke auch unaufgefordert mit ihren Anträgen an die Regierung oder das Oberbergamt zu wenden.

hören, in welcher Weise unter möglichst geringer Benachtheiligung des Bergwerkseigenthumes die Anlage auszuführen sei.

§. 154.

War der Bergbaubetreibende zu dem Bergwerksbetriebe früher berechtigt[346]), als die Genehmigung der Anlage (§. 153) ertheilt ist, so hat derselbe gegen den Unternehmer der Anlage einen Anspruch auf Schadensersatz. Ein Schadensersatz findet nur insoweit statt, als entweder die Herstellung sonst nicht erforderlicher Anlagen in dem Bergwerke oder die sonst nicht erforderliche Beseitigung oder Veränderung bereits in dem Bergwerke vorhandener Anlagen nothwendig wird[347]).

Können die Betheiligten sich über die zu leistende Entschädigung nicht gütlich einigen, so erfolgt die Festsetzung derselben nach Anhörung beider Theile und mit

---

Ueber das Verfahren bei der Vernehmung der Bergwerksbesitzer bestimmt der Erlaß des Handelsministers vom 13. Juli 1867 (Zeitschrift für Bergrecht Bd. VIII S. 424) folgendes:

„Mehrfache, in neuerer bei Projectirungen von Eisenbahn-Anlagen in Bergwerksbezirken gemachte Erfahrungen geben mir Veranlassung, in Betreff des zur Erfüllung der Vorschriften des §. 153 des allgemeinen Berggesetzes vom 24. Juni 1865 einzuschlagenden Verfahrens mit Bezug auf meinen Erlaß vom 2. November v. J. Folgendes zu bestimmen:

1) Die Königlichen Oberbergämter haben den zur Ausführung von Vorarbeiten ermächtigten und gehörig legitimirten Eisenbahn-Verwaltungen, beziehungsweise Comites, Technikern 2c. auf desfallsigen Antrag diejenigen Materialien an die Hand zu geben, event. gegen Erstattung der Kosten Auszüge oder Copien aus Plänen und Acten zur Disposition zu stellen, aus welchen die bei Projectirung der Bahnlinie in Betracht kommenden bergbaulichen Verhältnisse, insbesondere die bei der Bahnanlage berührten Bergwerke und deren Eigenthümer resp. Vertreter derselben zu entnehmen sind.

2) Die Wünsche der Bergwerks-Eigenthümer sind schon bei der Wahl der Bahnlinie seitens der leitenden Ingenieure durch Benehmen mit den Interessenten festzustellen und, soweit thunlich, zu berücksichtigen.

3) Die Bergwerks-Eigenthümer sind zu den von den Regierungen in Gemeinschaft mit den Königlichen Eisenbahn-Directionen resp. Eisenbahn-Kommissariaten vorzunehmenden landespolizeilichen und eisenbahntechnischen Prüfungen der Projecte vorzuladen, auch sind zu den bezüglichen Terminen Kommissarien der betreffenden O.Bergämter zuzuziehen, welche nicht nur die aufzustellenden Verzeichnisse der vorgeladenen Bergwerks-Eigenthümer hinsichtlich der Richtigkeit und Vollständigkeit zu prüfen, sondern auch etwaige Einwendungen der Bergwerks-Interessenten zu begutachten haben.

4) Die bei dieser localen Prüfung ad 3) aufgenommenen Verhandlungen sind demnächst den Oberbergämtern in Abschrift zuzufertigen, damit dieselben sich darüber, ob durch die stattgehabten Verhandlungen den Anforderungen des §. 153 des allgemeinen Berggesetzes genügt, event. welche Bedenken etwa noch zu erledigen, gegen die betreffenden Königlichen Eisenbahn-Directionen resp. Eisenbahn-Kommissariate aussprechen. Letztere endlich haben diese Aeußerungen ebenso wie diejenigen der Regierungen bei den Anträgen auf definitive Feststellung der Bahnlinie mir mit vorzulegen."

Nach einem Circular-Erlaß vom 21. Juli 1868 findet dasselbe Verfahren auch auf die Projectirung der sonstigen im §. 153 cit. erwähnten Anlagen, namentlich der Chausseen und Canäle Anwendung.

[346]) Ueber die frühere Berechtigung entscheidet der Tag der Verleihung des Bergwerks.

[347]) Der Anspruch auf Schadenersatz tritt ein, sobald die Veränderung der Anlagen oder die Herstellung neuer Anlagen zum Schutze des Bahnkörpers (der Chaussee oder des Canals) polizeilich angeordnet oder sonst nothwendig wird. Daher muß auch der Anspruch nach den in diesem Zeitpunkte geltenden Gesetzen beurtheilt werden. Vergl. Anm. 348 a. E.

Vorbehalt des Rechtsweges durch einen Beschluß des Oberbergamts[347a]), welcher vorläufig vollstreckbar ist[348]).

[347a]) Nach dem Bayerischen Berggesetze Art. 158 findet nur der Rechtsweg statt; ebenso in Elsaß-Lothringen und Würtemberg.

[348]) Nach einer Recursentscheidung des Handelsministers vom 22. August 1867 soll die Competenz des Oberbergamtes nur dann eintreten, wenn nur die Höhe der zu leistenden Entschädigung, nicht aber die Verbindlichkeit zum Schadensersatz überhaupt streitig ist. Diese Anweisung entspricht, wie Brassert in der Zeitschrift für Bergrecht Bd. XI S. 332 ausführt, nicht dem Wortlaut und dem Zwecke des Gesetzes. Sie gestattet dem in Anspruch genommenen Eisenbahnunternehmer in jedem Falle die vorläufige Entscheidung des Oberbergamtes auszuschließen, indem er die Entschädigungsverbindlichkeit überhaupt bestreitet. Dagegen sollen die Bergbehörden auf Grund des §. 154 bei der Prüfung der Betriebspläne (§. 67) solche Festsetzungen treffen, welche die künftigen Entschädigungsansprüche des Bergwerksbesitzers auf ein billiges Maß zurückführen. Der Erlaß vom 24. September 1867 (Zeitschrift für Bergrecht Bd. VIII S. 425) ertheilt hierüber folgende Vorschriften:

„Der Gesetzgeber hat durch diese Bestimmung für die Zukunft eine billige Ausgleichung der collidirenden Interessen des Bergbaues und der Verkehrsanstalten herbeiführen wollen, und zwar, wie die Motive des Regierungsentwurfes zu dem Allgemeinen Berggesetze und die Verhandlungen beider Häuser des Landtages über dieses Gesetz ergeben, anknüpfend an die bis dahin in der Theorie und in der Praxis der Gerichtshöfe herrschend gebliebene Rechtsansicht,

daß dem Bergwerkseigenthümer nach der früheren Gesetzgebung ein Anspruch auf Entschädigung für die zum Schutze von Verkehrsanstalten erfolgende Einschränkung seines Ausbeuterechtes nicht zuständig war.

In Uebereinstimmung mit dieser Rechtsmeinung sollte dem Bergbautreibenden auch für die Zukunft ein Anspruch auf Vergütung des Werthes der Mineralien, die er in seinem Grubenfelde zum Schutze öffentlicher Verkehrsanstalten ungewonnen lassen müsse, — ein Anspruch auf die Vergütung des ihm durch die Einschränkung seines Gewinnungsrechtes entgehenden Gewinnes — versagt bleiben; dahingegen sollte ihm Schadensersatz gewährt werden für den Kostenaufwand, den die zum Schutze einer Verkehrsanstalt von ihm verlangte Herstellung, Veränderung und Beseitigung bergbaulicher Anlagen in seinem Grubenbaue veranlassen möchte.

cf. Zeitschrift für Bergrecht Bd. VI, S. 174 ff.; Verhandlungen des Herrenhauses, Session 1865, Anlage Nr. 36 S. 58 ff.; Verhandlungen des Hauses der Abgeordneten, Session 1865, Anlage Nr. 183 S. 83 ff.

Neuerdings ist ein Fall zu meiner Kenntniß gekommen, in welchem die Gewerkschaft eines Steinkohlenbergwerkes, dessen Grubenfeld von einer Eisenbahn durchschnitten wurde, den zum Schutze des Bahnkörpers dieser Eisenbahn abgegrenzten Sicherheitspfeiler zum Bergbau zu bringen beschloß und hierzu die bergpolizeiliche Genehmigung erhielt unter der Anordnung, zur Vermeidung einer Beschädigung des Bahnkörpers einen schachbrettartigen Abbau zu führen und die ausgekohlten Räume mittelst Bergeversatzes trocken bis dicht unter das Hangende zu vermauern. Die Kosten für die auf solche Weise bewirkte Herstellung eines Surrogates für den zu verhauenden Sicherheitspfeiler überstiegen den Betrag des Gewinnes, den die Gewerkschaft durch die Verwerthung der zu gewinnenden Kohlen zu machen im Stande war.

Die Gewerkschaft verlangte auf Grund des §. 154 des Allgemeinen Berggesetzes die Vergütung dieser Kosten von der betreffenden Eisenbahngesellschaft. Letztere bestritt die Verpflichtung zur Erstattung derselben. — Sofern die Eisenbahngesellschaft im Rechtswege zum Schadensersatze für den zu ihrem Schutze ausgeführten Bergeversatz verbunden erklärt werden möchte, würde in diesem Falle die Eisenbahngesellschaft noch mit einer höheren Entschädigungsforderung belastet sein, als solche auf der Grundlage der Liquidation des Werthes für die in dem fraglichen Sicherheitspfeiler anstehenden Kohlen gegen sie geltend zu machen gewesen wäre.

§. 155.

Wenn Bergbautreibende, welche vor Eintritt der Gesetzeskraft des gegenwärtigen Gesetzes[349]) zu dem Bergwerksbetriebe berechtigt waren, Entschädigungsan-

---

Freilich kann von den Eigenthümern der mit dem Expropriationsrechte versehenen Verkehrsanstalten nicht beansprucht werden, daß der Bergbautreibende in jedem Falle von der Bergbehörde dazu angehalten werden müsse, zum Schutze ihrer Verkehrsanstalten einen Theil seines Grubenfeldes durch Anstehenlassen entsprechender Sicherheitspfeiler ungenutzt zu lassen. Prinzipiell erscheint es vielmehr unbedenklich, daß die Bergbehörde den Grubenbetrieb in dem unter oder neben einem Verkehrswege gelegenen Grubenfeldestheile oder die Durchörterung und den Abbau eines bereits abgegrenzten Sicherheitspfeilers gestatten und sich überhaupt darauf beschränken kann, diejenigen Anordnungen zu treffen, welche zur Verhütung einer Beschädigung des Verkehrsweges nothwendig sind. Denn das Gewinnungsrecht des Bergbautreibenden erstreckt sich auf den ganzen Umfang des verliehenen Grubenfeldes und unterliegt einer Einschränkung nur insoweit, als eine solche mit Rücksicht auf die im §. 196 des Allgemeinen Berggesetzes bezeichneten Gesichtspunkte von Bergpolizeiwegen zum Schutze des Lebens und der Gesundheit der Arbeiter, zum Schutze des öffentlichen Verkehrs u. s. w. nothwendig ist. Wie in dem concreten Falle dieser Schutz zu erreichen — ob durch Einschränkung des Gewinnungsrechtes oder durch Anordnung anderweitiger Schutzmaßregeln — darüber hat die Bergbehörde zu befinden und zu entscheiden.

Damit aber nicht die von dem Gesetzgeber beabsichtigte Ausgleichung der collidirenden Interessen des Bergbaues und der Verkehrsanstalten bei dieser Entscheidung unberücksichtigt bleibe, ist es in jedem concreten Falle die Aufgabe der Bergbehörde, die beiderseitigen Interessen gegen einander abzuwägen und eine billige Vermittelung derselben in der Art anzustreben, daß nicht wider die klare Absicht des Gesetzgebers Schadensersatz-Ansprüche gegen öffentliche Verkehrsanstalten auch in denjenigen Fällen herbeigeführt werden, in welchen das Gesetz dieselben hat ausschließen wollen.

Für viele Fälle wird sogar für die Bergbehörde die Möglichkeit der Herstellung einer gütlichen Einigung unter den Interessenten vorhanden sein.

Zur besseren Erreichung dieser Zielpunkte des Verfahrens der Bergbehörde empfiehlt es sich, den Vertretern der Verkehrsanstalten Gelegenheit zu geben, ihre Interessen in solchen Angelegenheiten wahrzunehmen, und zu diesem Zwecke, bevor über die Anordnung von Schutzmaßregeln zur Vermeidung von Beschädigungen der Eisenbahnen, Canäle 2c. sowohl auf Grund der §§. 67 und 68 als des §. 198 des Allgemeinen Berggesetzes Entscheidung getroffen wird, nicht blos die betheiligten Bergwerkseigenthümer, sondern auch die Vertreter der bezüglichen Verkehrsanstalt mit ihren Aeußerungen über die Sachlage zu hören und letztere daher zu den anzuberaumenden Terminen mit vorzuladen."

349) Dieser Paragraph, welcher in die Berggesetze für Bayern, Würtemberg, Elsaß-Lothringen, Braunschweig, Sachsen-Gotha und Sachsen-Meiningen nicht aufgenommen ist, verdankt seine Entstehung einem Antrage der Commission des Herrenhauses (Commissionsbericht S. 61). Er hält die Controversen des früheren Rechtes für die weit überwiegende Mehrzahl der Fälle aufrecht, denn die Zahl der vor dem 1. October 1865 verliehenen Bergwerke wird voraussichtlich keine sehr erhebliche Vermehrung durch neue Verleihungen erfahren. Der §. 155 würde daher im praktischen Resultate den §. 154 für die große Mehrzahl der Fälle aufheben, wenn wirklich die bisherigen Gesetze einen weitergehenden Entschädigungsanspruch, als den im §. 154 bestimmten zuließen. Dies ist indeß nach dem in Anm. 297 Gesagten nicht der Fall.

Die Praxis der Gerichtshöfe stimmt in der überwiegenden Mehrheit mit der vorstehenden Auffassung überein, wie die nachstehende, aus dem Commissionsbericht des Hauses der Abgeordneten entnommene Uebersicht ergiebt:

„Im Gebiete des Allgemeinen Landrechts hat das Appellationsgericht zu Hamm durch das Erkenntniß vom 10. October 1861 und das Obertribunal durch die Erkenntnisse vom 28. März

sprüche erheben, welche über den ihnen nach §. 154 zu gewährenden Schadensersatz hinausgehen, so ist über diese Ansprüche nach den bisherigen Gesetzen zu entscheiden.

1862 und 20. März 1863 den Entschädigungsanspruch des Bergwerksbesitzers verneint. (Vergl. Entscheidungen des Obertribunals Bd. 48, S. 368. Striethorst, Archiv, Bd. 49, S. 121. Brassert, Zeitschrift, Bd. 3, S. 103 und Bd. 4, S. 246.) In Uebereinstimmung hiermit steht die Obertribunals-Entscheidung vom 23. September 1859 (Striethorst, Archiv, Bd. 35, S. 95). Das Apellationsgericht zu Ratibor hat durch das Erkenntniß vom 30. December 1861 die Entschädigungsfrage bejaht; dieses Appellationserkenntniß ist durch das soeben angeführte Obertribunals-Erkenntniß vom 20. März 1863 vernichtet. Ein Erkenntniß des Obertribunals vom 3. November 1854 hat zwar in einem andern Falle die Magdeburg-Leipziger Eisenbahn zur Entschädigung verurtheilt, und auf dieses nur die Verpflichtung in quali betreffende Erkenntniß bezieht sich die demnächstige Obertribunals-Entscheidung vom 2. Mai 1862 über die Ermittelung des Quantums. Allein dieses Präjudicat ist für die vorliegende Frage nicht von Bedeutung, weil es sich dort um andere thatsächliche Voraussetzungen handelte*).

In dem Rechtsgebiete des französischen Rechts hat der französische Cassationshof durch seine beiden, in einer und derselben Prozeßsache ergangenen Entscheidungen vom 18. Juli 1837 und 3. März 1841 die Entschädigungsfrage bejaht, während in derselben Prozeßsache der Appellhof von Lyon und der Appellhof von Dijon die Entschädigungsfrage verneinten. (Vergl. Beith a. a. O. S. 41. Sirey, récueil des lois etc. vol. de 1837 I. pag. 664 sqq., vol. de 1841 pag. 259.)

Der Justizsenat zu Ehrenbreitstein hat für den Bereich des Gemeinen Rechts durch das nicht abgedruckte Erkenntniß vom 2. November 1864 (in Sachen der Gewerkschaft J. W. Buderus Söhne gegen die Köln-Mindener Eisenbahn) in Uebereinstimmung mit dem Kreisgericht zu Wetzlar die Entschädigungsfrage verneint.

Wie Achenbach in der Zeitschr. f. Bergr. Bd. 4, S. 337 mittheilt, ist die französische Praxis und Doctrin, namentlich Bury, allgemein der Ansicht, daß die Entschädigungsfrage zu verneinen sei.

Das Resultat läßt sich also dahin zusammenfassen, daß mit Ausnahme einer einzelnen abweichenden Entscheidung eines preußischen Appellationsgerichts und zwei einzelnen abweichenden, vor zuletzt 24 Jahren ergangenen Entscheidungen des französischen Cassationshofes, sowie mit Ausnahme eines neueren deutschen Schriftstellers (Beith), sowohl die Praxis als die Doctrin gegenwärtig darin übereinstimmen, daß der oben bezeichnete Entschädigungsanspruch dem Bergwerksbesitzer nicht zustehe."

Es ist kaum zu erwarten, daß die Gerichtshöfe von ihrer bisherigen, ziemlich constanten Auslegung der bisherigen Gesetze wieder abgehen werden, nachdem auch der Gesetzgeber bei der Codification des Bergrechtes sich derselben Auffassung in Bezug auf die bestehende gesetzliche Einschränkung des Bergbaues zu Gunsten der öffentlichen Verkehrsanstalten angeschlossen hat.

Das Obertribunal hat in einem Erkenntnisse vom 6. December 1869 (Zeitschrift für Bergrecht Bd. XI, S. 319) sogar angenommen, daß die §§. 154 und 155 des Allgem. Berggesetzes nicht Anwendung finden können, wenn die Eisenbahnanlage beim Erlasse dieses Gesetzes bereits vorhanden war. Es hat also die früheren Rechtsregeln nicht zu Gunsten der älteren Bergwerksbesitzer, wie §. 155 beabsichtigte, sondern zu Gunsten der älteren Eisenbahngesellschaften in Anwendung gebracht. Das Obertribunal führt aus, die verpflichtende Handlung aus welcher der im §. 154 bestimmte Entschädigungsanspruch hergeleitet werde, bestehe in der Herstellung des Bahnkörpers in dem Grubenfelde, und auf eine solche frühere Handlung könne das neue Gesetz nicht rückwirkend angewendet werden. Hiergegen ist von Brassert a. a. O. S. 322 f. mit Recht

---

*) Vergl. m Bemerkungen zu diesem Erkenntnisse in der Zeitschrift für Bergrecht Bd. 3, S. 110.

Sechster Titel.

Von der Aufhebung des Bergwerkseigenthums[350]).

§. 156.

Wird amtlich festgestellt, daß ein Bergwerkseigenthümer die nach Vorschrift des §. 65 an ihn erlassene Aufforderung zur Inbetriebsetzung des Bergwerks oder zur Fortsetzung des unterbrochenen Betriebes nicht befolgt hat, so kann das Oberbergamt die Einleitung des Verfahrens wegen Entziehung des Bergeigenthums[351]) durch einen Beschluß aussprechen[352]).

---

erinnert worden, daß das verpflichtende Ereigniß nicht in der Anlage des Bahnkörpers, sondern in der beim Fortschritte des Bergbaues eintretenden Nothwendigkeit der Errichtung von Anlagen zum Schutze desselben in dem Bergwerke besteht.

[350]) Die Aufhebung des Bergwerkseigenthums kann unfreiwillig durch Entziehung desselben (§§. 156—160) oder freiwillig durch Verzicht, und letzterer wiederum in Bezug auf das ganze Bergwerk (§. 161) oder auf Theile desselben (§. 162) erfolgen. Der gegenwärtige Titel bestimmt die Voraussetzungen und Formen für diese Fälle.

Ueber die Aufhebung der Erbstollenrechte vergl. §. 223.

[351]) „In den rechtsrheinischen Landestheilen trat bisher der unfreiwillige Verlust theils nach einzelnen Bergordnungen, theils nach dem Allgemeinen Landrechte in nicht weniger als neun Fällen ein: wegen Nichtbetriebes, Nichtzahlung des Receßgeldes, Nichtzahlung der Zubuße, Verweigerung des Vermessens, scheinweiser oder betrüglicher Zuschreibung von Bergwerksantheilen, wegen Raubbaues, Beschädigung fremder Grubengebäude, betrüglicher Beseitigung von Lochsteinen, Erbstufen 2c., wegen Eingehung gesetzwidriger Pachtverträge über Bergwerke.

Anerkanntermaßen lag in diesem Rechtszustande einer der hauptsächlichsten Gründe, weshalb über Unsicherheit und ungenügende Creditfähigkeit des Bergwerkseigenthums geklagt wird. Die gänzliche Umgestaltung dieser Materie entspricht deshalb nicht nur den volkswirthschaftlichen Rücksichten, sondern auch der Rechtsforderung, das Bergwerkseigenthum nicht weiter zu beschränken, als durch überwiegende Gründe des öffentlichen Interesses geboten ist.

Nachdem der Betriebszwang in dem seitherigen Umfange beseitigt und im §. 65 auf den Fall beschränkt ist, wo dem Nichtbetriebe überwiegende Gründe des öffentlichen Interesses entgegenstehen, hat das Berggesetz auch den Grundsatz der Unwiderruflichkeit des verliehenen Bergwerkseigenthums nur in Beziehung auf diesen einen Fall zu modificiren. Wie nämlich schon bei §. 65 hervorgehoben wurde, widerspricht es der allgemeinen Bergbaufreiheit und dem hierauf beruhenden öffentlichen Interesse, wenn ein Bergwerkseigenthümer sein Bergwerk trotz der unter den Voraussetzungen und Formen des Gesetzes an ihn erlassenen Aufforderung zur Inbetriebsetzung nicht betreibt. Diese Verletzung des öffentlichen Interesses muß deßhalb durch Entziehung des Bergwerkseigenthums beseitigt werden." (Motive S. 93.) Vergl. oben Anm. 162 zu §. 65.

[352]) Das Verfahren wegen Entziehung des Bergwerkseigenthums zerfällt in sechs Theile:

1) die Aufforderung an den Bergwerkseigenthümer zur Inbetriebsetzung (§. 65),
2) der einleitende Beschluß des Oberbergamtes (§. 156),
3) die Opposition des Bergwerksbesitzers im Wege der gerichtlichen Klage (§. 157),
4) die Provocation der Hypothekengläubiger und Realberechtigten zur Verfolgung ihres Rechtes im Wege der nothwendigen Subhastation (§. 158),
5) das Subhastationsverfahren, sofern dasselbe von einem Gläubiger, einem Realberechtigten oder dem Bergwerkseigenthümer in Antrag gebracht wird,
6) der Beschluß des Oberbergamtes wegen Aufhebung des Bergwerkseigenthumes.

§. 157.

Der Bergwerkseigenthümer ist befugt, binnen vier Wochen vom Ablaufe des Tages, an welchem ihm der Beschluß, beziehungsweise der Recursbescheid (§. 191) zugestellt ist, bei dem Gerichte, in dessen Bezirk das Bergwerk liegt, gegen das Oberbergamt auf Aufhebung des Beschlußes zu klagen[353]. Geschieht dies nicht, so ist das Einspruchsrecht erloschen[353a].

§. 158.

Erhebt der Bergwerkseigenthümer keinen Einspruch oder ist derselbe rechtskräftig verworfen, so wird der Beschluß von dem Oberbergamte den aus dem Hypothekenbuche oder den Rheinischen Hypothekenregistern ersichtlichen Gläubigern und anderen Realberechtigten zugestellt und außerdem durch das Amtsblatt der Regierung, in deren Bezirk das Bergwerk liegt, unter Verweisung auf diesen und den folgenden Paragraphen, zur öffentlichen Kenntniß gebracht.

§. 159.

Jeder Hypothekengläuber oder sonstige Realberechtigte, sowie jeder privilegirte Gläubiger des Rheinischen Rechts ist befugt, binnen drei Monaten vom Ablaufe des Tages, an welchem der Beschluß zugestellt, beziehungsweise, an welchem das die Bekanntmachung enthaltende Amtsblatt ausgegeben worden ist, behufs seiner Befriedigung die nothwendige Subhastation des Bergwerks bei dem zuständigen Richter auf seine Kosten zu beantragen, vorbehaltlich der Erstattung derselben aus den Kaufgeldern.

Wer von diesem Rechte binnen der angegebenen Frist keinen Gebrauch macht, hat bei der demnächstigen Aufhebung des Bergwerkseigenthums das Erlöschen seines Realanspruchs zu erleiden (§. 160).

Die Fristen des Verfahrens betragen zusammengenommen 9 Monate und 4 Wochen, falls weder gegen den einleitenden Beschluß Recurs ergriffen oder gerichtliche Klage erhoben, noch auch die gerichtliche Subhastation seitens eines Interessenten beantragt wird. Im andern Falle verlängert sich die Summe noch um den Betrag der Fristen des Recursverfahrens (§. 192), des ordentlichen Civilprocesses und des Subhastationsverfahrens. Während des Laufes dieser sämmtlichen Fristen kann der Bergwerksbesitzer durch die Wiederaufnahme des Betriebes den Verlust des Bergwerkseigenthumes (nur nicht die etwa eingeleitete Subhastation) abwenden (vergl. Anm. 356). Das Verfahren wird daher voraussichtlich selten eingeleitet werden und noch seltener zur Aufhebung des Bergwerkseigenthums führen, so lange noch ein Bergwerkseigenthümer vorhanden ist. Ist dagegen das Bergwerk derelinquirt, ohne daß die im §. 161 vorgeschriebene Form beobachtet, so kann das in den §§. 156 ff. vorgeschriebene Verfahren zur Aufhebung des Bergwerkseigenthums mit Erfolg angewandt werden, um die anderweitige Verleihung des Bergwerks möglich zu machen (vergl. Anm. 360).

353) Die Klage kann auf den Mangel einer der gesetzlichen Voraussetzungen der Einleitung des Verfahrens (§§. 65, 156) gestützt werden; außerdem etwa noch auf ein Privilegium, welches den Besitzer von der Verpflichtung des §. 65 befreit. Die Inbetriebsetzung des Bergwerks nach Ablauf der gemäß §. 65 gestellten Frist begründet nicht die Klage auf Aufhebung des Verfahrens, sondern nur den Antrag auf Einstellung desselben bei dem Oberbergamte (vergl. Anm. 356).

353a) Diese Bestimmung fehlt in dem bayerischen Berggesetze; das braunschweigische Berggesetz §. 160 fügt die ausdrückliche Vorschrift hinzu, daß das Gericht nur über rechtliche Ein-

Auch der seitherige Eigenthümer des Bergwerks kann innerhalb jener Präclusivfrist von drei Monaten die Subhastation auf seine Kosten beantragen[354])[354a]).

§. 160.

Wird die Subhastation nicht beantragt, oder führt dieselbe nicht zu dem Verkaufe des Bergwerks[355]), so spricht das Oberbergamt durch einen Beschluß[356]) die Aufhebung des Bergwerkseigenthums aus[357]).

Mit dieser Aufhebung erlöschen alle Ansprüche auf das Bergwerk, von welcher Art sie auch sein mögen[358]).

§. 161.

Erklärt der Eigenthümer eines Bergwerks vor der Bergbehörde[359]) seinen freiwilligen Verzicht[360]) auf dasselbe, so wird mit dieser Erklärung nach §. 158 ebenso verfahren, wie mit dem dort bezeichneten Beschlusse[361]).

---

wendungen gegen den Beschluß, nicht über das verletzte öffentliche Interesse zu entscheiden hat (Vergl. Anm. 353.)

354) Die auf Antrag des Eigenthümers erfolgende Subhastation hat nicht die Wirkungen der nothwendigen Subhastation.

354a) Die Vorschriften der §§. 159—161 sind in den Berggesetzen für Bayern, Würtemberg, Elsaß-Lothringen, Braunschweig, Sachsen-Gotha und Meiningen mit Rücksicht auf die abweichenden Grundbucheinrichtungen modificirt. Das bayerische Berggesetz Art. 161 verbietet dem seitherigen Bergwerkseigenthümer bei der Subhastation mitzubieten.

355) Wird das Bergwerk im Subhastationsverfahren verkauft, so ist damit der Zweck des Verfahrens — die Inbetriebsetzung des Bergwerks — natürlich noch nicht erreicht. Das Oberbergamt muß vielmehr gegen den neuen Eigenthümer nöthigenfalls dasselbe Verfahren eröffnen, indem es zunächst die Aufforderung zur Inbetriebsetzung an ihn erläßt.

356) Der Bergwerkseigenthümer kann den Antrag auf Einstellung des Verfahrens an das Oberbergamt richten, wenn er der Aufforderung zur Inbetriebsetzung nach erfolgter Einleitung des Verfahrens genügt hat. Das Oberbergamt kann diesem Antrage stattgeben und wird demselben stattgeben, wenn ihm der Beweis geführt wird, daß der Betrieb des Werkes nicht bloß zum Scheine und um der Form zu genügen, sondern in solcher Weise in Angriff genommen ist, daß dadurch den öffentlichen Interessen, welche die Inbetriebsetzung fordern (§. 65), genügt wird. Denn in diesem Falle ist dem Zwecke des Verfahrens genügt, während die Aufhebung des Bergwerkseigenthums das Gegentheil, nämlich die Wiedereinstellung des Betriebes zur Folge haben würde

357) Die Aufhebung des Bergwerkseigenthums durch Beschluß des Oberbergamtes hat nicht die Wirkungen der bloßen Dereliction, sondern das Bergwerk geht als besondere Sache mit allen daran klebenden Rechten unter. Die unter dem aufgehobenen Bergwerke begriffenen Mineralien kehren wieder in das Verhältniß der unverliehenen Mineralien (§. 1) zurück. Mit einem Worte, das Bergwerk fällt ins Freie und das Mineralvorkommen kann von Neuem verliehen werden (§§. 14, 16), sei es mit der alten, sei es mit veränderter Begrenzung. Ueber die Wirkungen, welche die Aufhebung des Bergwerkeigenthums bei gewerkschaftlichen Bergwerken in den Rechten der Gewerken und der Gläubiger der Gewerkschaft hervorruft vergl. oben Anm. 218.

358) Betrifft die Aufhebung ein Bergwerk, welches nach gestrecktem Felde verliehen und von einem gevierten Felde umschlossen ist, so erlangt der Eigenthümer des Geviertfeldes nach §. 219 ein Vorzugsrecht auf die Vereinigung des gestreckten Feldes mit seinem Geviertfelde.

359) Die Erklärung vor der Bergbehörde ist an keine Form gebunden. Sie kann durch eine schriftliche Eingabe oder mündlich zu Protokoll erfolgen.

360) Die Dereliction eines Immobiles kann nach § 12 Allg. Landrecht Th. II, Tit. 16 schon dadurch erfolgen, daß der Eigenthümer das Grundstück verläßt und dabei seinen Willen,

Die den Hypothekengläubigern und anderen Realberechtigten, sowie den privilegirtem Gläubigern des Rheinischen Rechts im §. 159 eingeräumte Befugniß steht denselben auch in diesem Falle zu, und hinsichtlich der Aufhebung des Bergwerkseigenthuns finden die Bestimmungen des §. 160 ebenfalls Anwendung.

§. 162.

Nach §. 161 ist auch dann zu verfahren, wenn der freiwillige Verzicht auf das Bergwerkseigenthum nur einzelne Theile eines Feldes betrifft[362].

§. 163.

Bei jeder Aufhebung eines Bergwerkseigenthums darf der bisherige Eigenthümer die Zimmerung und Mauerung des Grubengebäudes nur insoweit wegnehmen, als nach der Entscheidung der Bergbehörde nicht polizeiliche Gründe entgegenstehen[363].

§. 164.

Die Kosten, welche durch das im gegenwärtigen Titel angeordnete Verfahren bei der Bergbehörde erwachsen, hat der Bergwerkseigenthümer zu tragen.

---

sich desselben begeben zu wollen, ausdrücklich oder stillschweigend äußert. Wenn nun auch eine stillschweigende Aufgabe des Eigenthums bei Bergwerken kaum zu constatiren sein würde, da an fristenden Gruben oft Menschenalter hindurch keine Besitzhandlung vorgenommen wird, ohne daß gleichwohl der Eigenthümer daran denkt, sein Eigenthumsrecht aufzugeben, so kann doch jedenfalls die Dereliction durch ausdrückliche Erklärung erfolgen, ohne daß diese vor der Bergbehörde abgegeben wird. Es treten in diesem Falle die gewöhnlichen civilrechtlichen Wirkungen ein, d. h. nur das Eigenthum des Derelinquenten wird aufgehoben, alle dinglichen Rechte an dem Bergwerke dagegen bleiben bestehen. Das Bergwerk wird zur herrenlosen Sache, zu deren Erwerbung der Staat nach §§. 8 ff. A. L.R. II, 16 vorzugsweise berechtigt ist. Die Wirkung des §. 160 Al. 2 tritt in Folge einer solchen bloßen Dereliction nicht ein. Die an dem Bergwerke bestehenden dinglichen Rechte werden erst durch das gemäß §. 161 eingeleitete Verfahren aufgehoben.

Wenn der derelinquirende Bergwerkseigenthümer unterläßt, seinen Verzicht vor der Bergbehörde zu erklären, so kann er nach §. 13 A. L.R. II, 16 zur bestimmten Erklärung darüber aufgefordert werden, ob er sich seines Eigenthumes begeben wolle. Diese Aufforderung wird auf Anstehen des Fiskus durch den Richter erlassen und nach Ablauf der gestellten Frist wird, wenn keine Erklärung erfolgt, nach §. 14 das derelinquirte Bergwerk dem Fiskus als herrenloses Gut zugeschlagen.

Will dagegen die Behörde nicht das Eigenthum des Bergwerkes für den Fiskus erwerben, sondern dasselbe anderweit an den ersten Muther verleihen, so muß sie gegen den Eigenthümer das Verfahren wegen Aufhebung des Bergwerkseigenthums von Amtswegen gemäß §. 65, 156 ff. einleiten.

361) Die Bekanntmachung durch das Amtsblatt muß auch dann erfolgen, wenn im Hypothekenbuche keine Gläubiger und Realberechtigten eingetragen sind, damit die Aufhebung des Bergwerkseigenthums auch gegen die unbekannten Realprätendenten wirksam wird.

362) In diesem Falle sind die Hypothekengläubiger und Realberechtigten nach §. 159 befugt, die Subhastation des *ganzen* Bergwerks auf ihre Kosten zu beantragen.

363) Die Uebertretung dieser Vorschrift wird nach §. 207 mit Geldbuße bis zu 50 Thlr. bestraft.

Siebenter Titel.

Von den Knappschaftsvereinen[363a])[364]).

§. 165.

Für die Arbeiter aller dem gegenwärtigen Gesetze unterworfenen Bergwerke

---

[363a]) Der siebente Titel fehlt in den Berggesetzen für Sachsen-Meiningen und Gotha. In Sachsen-Meiningen findet ein auf Grund des Art. 80 des Berggesetzes im Verwaltungswege erlassenes Knappschaftsreglement Anwendung Das Berggesetz für Sachsen Gotha verweist im §. 169 auf das Knappschaftsgesetz vom 20. Mai 1863 (Zeitschrift für Bergrecht Bd. IX. S. 456).

[364]) Die Gefahren, welche beim Bergwerksbetriebe Leben und Gesundheit der Arbeiter bedrohen, und die dauernde Lebensgemeinschaft, welche durch die Eigenthümlichkeit der bergmännischen Arbeit unter den Bergleuten geschaffen wird, haben schon in früher Zeit zur Bildung von Genossenschaften zur gegenseitigen Unterstützung, d. h. zur Versicherung gegen die Gefahren des gemeinschaftlichen Berufes Anlaß gegeben. Man findet diese Einrichtung schon in den ältesten Quellen des deutschen Bergrechtes, namentlich in den Constitut. juris metall. Wenzelai II vom Jahre 1300 (der sogenannten Kuttenberger Bergordnung) erwähnt.

Nach der früheren rechtsrheinischen Gesetzgebung waren die Knappschaftskassen Institutenkassen unter der Verwaltung der Bergbehörden. Die Einnahmen bestanden in Beiträgen der Knappschaftsgenossen, welche durch das Statut jeder Knappschaft geregelt wurden, und in Beiträgen der Bergwerksbesitzer, welche zwei Kuxe für die Knappschafts- und Armenkasse frei bauen mußten (Allg. Landr. Th. II, Tit 16, §. 134) Die Leistungen der Knappschaftskasse erstreckten sich vorzugsweise auf die Unterstützung der Invaliden und der Hinterbliebenen verstorbener Knappschaftsgenossen. Die Fürsorge für erkrankte Bergarbeiter war durch das Gesetz für die ersten 4—8 Wochen der Krankheit dem Bergwerksbesitzer auferlegt. Erst bei längerer Dauer der Krankheit ging die Verpflegung des Kranken auf die Knappschaftskasse über (a. a. O. §§. 214—216).

In den linksrheinischen Landestheilen war durch das Decret vom 3. Januar 1813 Art. 15, 16 den Bergwerksbesitzern die Pflicht auferlegt, für die ärztliche Behandlung der erkrankten Bergleute zu sorgen. Die Fürsorge für sonstige Unterstützungen und insbesondere die Bildung von Knappschaftsvereinen war der freien Vereinigung der Betheiligten überlassen.

Auch in den rechtsrheinischen Landestheilen waren vor dem Jahre 1855 nicht sämmtliche Bergleute zu Knappschaftsverbänden vereinigt. Die 53 Knappschaftskassen, welche nach der Zeitschrift f. Berg-, Hütten- und Salinenwesen Bd. II, S. 90 im Jahre 1852 bestanden, zählten zusammen 56,462 ständige und unständige Mitglieder, während die Zahl der Berg- und Salinenarbeiter in demselben Jahre 68,300 betrug (das Bd. X, Supplem. S. 5, 60). Diese 53 Knappschaftskassen hatten ein Kapitalvermögen von 1,291 400 Thlr und eine Einnahme von 448,000 Thlr., wovon 228,200 Thlr (50 pCt) durch die Mitglieder, 156,000 Thlr. (35 pCt.) durch die Werksbesitzer und der Rest durch die Kapitalzinsen und zufällige Einnahmen aufgebracht wurde. Die Ausgaben betrugen 408,000 Thlr., davon: 72,900 Thlr. Kurkosten, 167,600 Thlr. Krankengelder (wovon nur 33,500 Thlr. aus den Knappschaftskassen, 134,000 Thlr. aber von den Werksbesitzern bezahlt wurden) und 181,900 Thlr. Pensionen an Invaliden, Wittwen und Waisen.

Durch das Gesetz vom 10. April 1854 (G.S. S 139) wurde die Einrichtung der Knappschaftsvereine für den ganzen Umfang der Monarchie obligatorisch. Sie erhielten eine corporative Verfassung, in welche die Arbeiter und die Werksbesitzer mit gleichen Rechten an der Verwaltung theilnehmen Die Einrichtung wurde ursprünglich auch auf die Hüttenwerke und die sämmtlichen Aufbereitungsanstalten erstreckt. In Folge des Gesetzes über die Kompetenz der Oberbergämter vom 10. Juni 1861 schieden indeß die Besitzer und Arbeiter der Hüttenwerke und der selbstständigen Aufbereitungsanstalten auf ihren Antrag aus den Knappschaftsvereinen aus (§. 13), soweit sie nicht vorgezogen haben, freiwillig darin zu verbleiben.

und Aufbereitungsanstalten, desgleichen für die Arbeiter der Salinen[365]) sollen

Seit dem Jahre 1854 sind zahlreiche Knappschaftsvereine neu gegründet. Die Zahl der Vereine belief sich im Jahre 1872 nach der Zeitschr. f. Berg-, Hütten- und Salinenwesen Bd. XX auf 89 mit 241,756 ständigen und unständigen Mitgliedern und 2820 Werksbesitzern. Das Capitalvermögen der 89 Vereine betrug 3,807,419 Thlr., mit Einschluß des unverzinslichen Vermögens (Grundstücke, Lazarethe 2c.) 5,111,742 Thlr. Die Einnahme betrug 3,172,603 Thlr., wovon 1,369,831 Thlr. (43 pCt.) durch Beiträge der Mitglieder, und 1,157,522 Thlr. (36 pCt.) durch die Werksbesitzer aufgebracht wurden. Die Ausgaben betrugen 2,579,313 Thlr. und vertheilten sich mit 531,552 Thlr. auf die Kurkosten, mit 406,198 Thlr auf die Krankengelder und 1,215,705 Thlr. auf Pensionen für Invaliden, Wittwen und Waisen. Die Verwaltungskosten betrugen 127,655 Thlr. Der Umfang und die Wirksamkeit der Knappschaftsvereine hat sich also seit 1852 mehr als vervierfacht.

Das Allg. Berggesetz hat im Tit. 7 die durch das Gesetz v. 10. April 1854 eingeführte Organisation der Knappschaftsvereine in ihren Grundzügen beibehalten und nur wenige Abänderungen eingeführt, welche bezwecken, das Knappschaftsinstitut auf der jetzigen Grundlage weiter fortzubilden und zu entwickeln und zur Beseitigung einiger Lücken ergänzende Bestimmungen zu treffen. Die getroffenen Abänderungen verfolgen, wie die Motive bemerken, wesentlich die Richtung, den Knappschaftsvereinen eine freie Stellung der Aufsichtsbehörde gegenüber zu geben, die Verwaltung noch mehr in die Hand der Vorstände zu legen, die Bergbehörde consequent auf die Geschäfte zu beschränken, welche durch das staatliche Aufsichtsrecht bedingt sind, und außerdem die Bildung besonderer Krankenkassen (vergl. Anm 326) zu ermöglichen. — Die Rücksichten, welche es rechtfertigen, daß die Behörde an der schwierigen ersten Einrichtung des Knappschaftswesens und der Reorganisation der bereits vor Erlaß des Knappschaftsgesetzes vom 10. April 1854 bestehenden Knappschaftsvereine einen mehr ins Einzelne gehenden Antheil nahm und häufig die Initiative ergriff, sind nicht mehr zu nehmen, seitdem die Vereine ins Leben getreten sind, die Verwaltungen sich in geordnetem Gange befinden und die Betheiligten, namentlich die Vorstände, sich mit der neuen Einrichtung vertraut gemacht haben. Die Aufsichtsbehörde kann deshalb in die Stellung zurücktreten, welche ihr als solcher dem Bergwerksbetriebe und seinen Instituten gegenüber vorbehalten ist.

Abweichend von den seitherigen Grundsätzen ist demgemäß die Aufstellung des Statuts für neu zu gründende Knappschaftsvereine den Betheiligten überlassen und nur die amtliche Bestätigung vorbehalten; Abänderungen bestehender Statuten sind in allen Fällen von einem hierauf gerichteten statutenmäßigen Beschlusse der Betheiligten abhängig gemacht; den Vorständen ist die Leitung der Wahl der Knappschaftsältesten, die Annahme der Beamten und Aerzte des Vereins, die Abschließung der Verträge mit denselben und mit den Apothekern, der Erlaß der Dienstinstruction 2c. selbstständig überlassen, desgleichen den Vorständen ohne regelmäßige Mitwirkung der Behörde die Revision und Dechargirung der Vereinsrechnungen zugewiesen, und andererseits das Aufsichtsrecht des Staates dahin präcisirt, daß die Bergbehörde die Beobachtung der Statuten und namentlich die statutenmäßige Verwaltung des Vereinsvermögens zu überwachen hat. Zur Erreichung dieses Zweckes ist die sachgemäße Einrichtung beibehaltung, wonach besondere Commissarien der Behörde für die Knappschaftsvereine ernannt werden, ohne jedoch wie seither die Gültigkeit der Vorstandsbeschlüsse von deren Anwesenheit in den Vorstandsitzungen abhängig zu machen. Außerdem ist den Vorständen gesetzlich zur Pflicht gemacht, der Aufsichtsbehörde die Einsicht der Protocolle, Kassenbücher und Rechnungen, sowie die Vornahme von Kassenrevisionen zu gestatten, damit die Behörde in der Lage erhalten wird, das Aufsichtsrecht wirksam ausüben zu können.

Als Aufsichtsbehörden sind die Oberbergämter, welchen hierbei die Revierbeamten als ausführende Organe dienen werden, und zwar in der Weise hingestellt, daß dieselben auch die seither dem Handelsminister vorbehaltenen Functionen zu übernehmen haben. Es entspricht dies der gegenwärtig den Oberbergämtern angewiesenen Stellung und dem Gegenstande dieses Aufsichtsrechts.

Knappschaftsvereine bestehen[366]), welche den Zweck haben, ihren Theilnehmern und deren Angehörigen nach näherer Bestimmung des Gesetzes Unterstützungen zu gewähren.

Sind mit den vorbezeichneten Werken zugleich Gewerbsanlagen verbunden, welche nicht unter der Aufsicht der Bergbehörde stehen, so können die bei diesen Gewerbsanlagen beschäftigten Arbeiter auf den gemeinschaftlichen Antrag der letztern und der Werksbesitzer durch den Knappschaftsvorstand in den Knappschaftsverein aufgenommen werden.

Die Knappschaftsvereine erlangen durch die Bestätigung ihrer Statuten die Eigenschaft juristischer Personen[367]).

§. 166.

Die bereits bestehenden Knappschaftsvereine bleiben in Wirksamkeit. Der gegenwärtige Titel findet jedoch auf sie Anwendung. Ihre Statuten sind mit den Vorschriften der §§. 170, 176 und 181 bis 186 in Uebereinstimmung zu bringen.

Die Besitzer und Arbeiter der Hüttenwerke und der dem gegenwärtigen Gesetze nicht unterworfenen Aufbereitungsanstalten, welche bereits einem Knappschaftsvereine angehören, scheiden auf ihren gemeinschaftlichen Antrag aus dem Vereine aus[367a]).

§. 167.

Die Bestimmung der Bezirke, für welche neue Knappschaftsvereine gegründet werden sollen, hängt zunächst von dem Beschlusse der Betheiligten ab. Kann hierüber eine Einigung nicht erzielt werden, so entscheidet das Oberbergamt nach Anhörung der Werkbesitzer und eines von den Arbeitern zu wählenden Ausschusses.

Verordnung, betreffend die Einführung des Allgemeinen Berggesetzes vom Juni 1865 in das Gebiet des vormaligen Herzogthums Nassau vom 22. Februar 1867. (G.S. S. 237.)

Art. V. Für alle im §. 165 des Berggesetzes genannten Arbeiter im Gebiete des vormaligen Herzogthums Nassau soll ein Allgemeiner Knappschaftsverein gegründet wer-

---

[365]) In der Provinz Hannover findet §. 165 auf Salzbergwerke und Salinen keine Anwendung. Verordnung vom 8. Mai 1867 (G.S. S. 601) Art II. Vergl. unten Zusatz zu Tit. X. Dagegen findet der siebente Titel nach §§. 210 und 213 und nach Art. XIII der angeführten Verordnung vom 8. Mai 1867 Anwendung auf die vom Grundeigenthümer betriebenen Stein- und Braunkohlenbergwerke in dem Bereiche des Westpreußischen Provinzialrechtes von 1844, des Kursächsischen Steinkohlenmandates von 1743 und in dem Fürstenthum Calenberg. In Elsaß-Lothringen ist die Zwangspflicht zum Eintritt in die Knappschaftsvereine nicht ausgedehnt, dagegen ist im §. 144 des Berggesetzes den Salinen, den Hüttenwerken, den Tagebauen auf Eisenerze und den Steinbrüchen die Berechtigung zum Eintritt beigelegt.

[366]) Ueber die Aufbereitungsanstalten vergl Anm. 288 zu § 135.

[367]) Die Knappschaftsvereine gehören zu den Corporationen des öffentlichen Rechtes, auf welche die Bestimmungen der §§. 25—202 Abg. Landrecht Th. II, Tit. 6 Anwendung finden. Sie haben Anspruch auf die im Art. 13 der Declaration vom 6. April 1839 festgesetzte Doppelfrist zur Einlegung von Rechtsmitteln. In der Correspondenz mit der Aufsichtsbehörde genießen sie Portofreiheit.

[367a]) Die transitorischen Vorschriften der §§. 166, 167 sind in dem bayerischen Berggesetze Art. 168, 169 abweichend gefaßt.

den, welcher seinen Mitgliedern nach näherer Bestimmung des Statuts die im §. 171 unter 4, 5 und 6 genannten Leistungen zu gewähren hat.

Diesem Vereine wird das Vermögen der Nassauischen Allgemeinen Knappschaftkasse (§. 12 des Gesetzes vom 23. November 1861, Verordnungsblatt 1861 S. 369) überwiesen.

Für die Leistungen unter 1, 2 und 3 des §. 171 sollen auf sämmtlichen Werken besondere Krankenkassen nach §. 172 eingerichtet werden.

Die bereits bestehenden Knappschaftsvereine sollen zu solchen Krankenkassen umgebildet werden.

Die Krankenkassen erlangen durch die Bestätigung ihrer Statuten die Eigenschaft juristischer Personen.

Von der Theilnahme an dem Allgemeinen Knappschaftsvereine, sowie von der Umbildung zu Krankenkassen können diejenigen der bereits bestehenden Knappschaftsvereine, welche nach ihren jetzigen Statuten den Mitgliedern alle im §. 171 unter 1 bis 6 genannten Leistungen gewähren, auf ihren Antrag durch Beschluß des Oberbergamtes befreit werden. Auf dieselben finden alsdann die Bestimmungen des siebenten Titels des Berggesetzes vollständig Anwendung[368]).

§. 168.

Alle in dem Bezirke eines bereits bestehenden oder neu gegründeten Knappschaftsvereines belegenen[369]) Bergwerke, Aufbereitungsanstalten und Salinen (§. 165) und die auf denselben beschäftigten Arbeiter sind dem Vereine nach näherer Bestimmung des Statuts beizutreten berechtigt und verpflichtet[370]).

Berechtigt zum Beitritt sind auch die Werksbeamten, sowie die Verwaltungsbeamten des Knappschaftsvereins.

§. 169.

Für jeden neu gegründeten Knappschafsverein haben die Werksbesitzer unter Mitwirkung eines von den Arbeitern zu wählenden Ausschusses ein mit dem Gesetze in Uebereinstimmung stehendes Statut aufzustellen. Dasselbe unterliegt der Bestätigung des Oberbergamtes, welche nur versagt werden darf, wenn das Statut den gesetzlichen Bestimmungen zuwiderläuft[370a]).

---

368) Vergl. die Anmerkung zu §. 90.

369) Nur die im Betrieb befindlichen Werke gehören dem Knappschaftsvereine an, wie aus §§. 175, 176 hervorgeht.

370) Jeder Arbeiter auf einem der im §. 165 bezeichneten Werke ist gesetzlich verpflichtet, dem Knappschaftsvereine beizutreten, wenn er die statutarischen Bedingungen der Mitgliedschaft erfüllt (§. 168). Das Recht der Theilnahme kann durch das Statut von gewissen Bedingungen abhängig gemacht werden, wie z. B. eine gewisse Dauer der Beschäftigung, der Besitz der bürgerlichen Ehrenrechte. Diese Bedingungen müssen indeß so beschaffen sein, daß dadurch nicht ganze Classen von Arbeitern ausgeschlossen werden, weil dies der Absicht des §. 165 zuwieder laufen würde. Die Aufgabe der Arbeit auf den zum Vereine gehörigen Werken hat nicht den Verlust der Mitgliedschaft zur Folge (vergl. Anm. 380), wohl aber den Eintritt in einen andern Knappschaftsverein. Die theilnehmenden Arbeiter zerfallen in vollberechtigte und minder berechtigte Mitglieder (vergl. §. 171).

370a) Bestimmungen eines Knappschaftsstatuts, welches die oberbergamtliche Bestätigung erhalten hat, können im Verwaltungswege nicht mehr angefochten, sondern nur auf dem im Statut vorgesehenen Wege durch Beschluß der Betheiligten abgeändert werden. Recursbescheid vom 4. Mai 1872. Zeitschrift für Bergrecht Bd. XIII, S. 290.

Wird das Statut nach vorgängiger Aufforderung nicht innerhalb Jahresfrist vorgelegt, so hat das Oberbergamt dasselbe aufzustellen[371]).

§. 170.

Zu allen Abänderungen[372]) von Knappschaftsstatuten ist erforderlich, daß dieselben von den Betheiligten nach den hierüber in das Statut aufzunehmenden näheren Bestimmungen beschlossen werden und sodann die Bestätigung des Oberbergamtes nach Maßgabe des §. 169 erlangen.

§. 171.

Die Leistungen, welche jeder Knappschaftsverein nach näherer Bestimmung des Statuts seinen vollberechtigten Mitgliedern[373]) mindestens zu gewähren hat, sind:

1) in Krankheitsfällen eines Knappschaftsgenossen freie Kur und Arznei für seine Person[374]),

---

[371]) Die Frist läuft vom Tage der Aufforderung. Die §§. 167 und 169 lassen sich nicht streng juristisch construiren. Einmal ist es rechtlich unmöglich, daß die Bezirke der neuen Knappschaftsvereine von den Betheiligten bestimmt werden, da die Betheiligung ja nach §. 168 von dem Bezirke abhängt. Die Bezirke können also in allen Fällen nur von der Behörde bestimmt werden und §. 167 enthält nur die Instruction für das Oberbergamt, die Besitzer und Arbeiter der in dem projectirten Bezirke belegenen Werke vor der definitiven Feststellung des Bezirkes zu vernehmen und die Begrenzung eventuell nach den Beschlüssen dieser Versammlung zu modificiren.

Sodann fehlt streng genommen die rechtliche Möglichkeit, daß die Betheiligten eines neugegründeten Knappschaftsvereins kraft der ihnen durch §. 169 beigelegten Autonomie ein Statut aufstellen, da das Gesetz keine Bestimmung darüber enthält, in welcher Form und nach welchen Regeln die Werksbesitzer und die Arbeiter in Angelegenheiten des Knappschaftsvereines Beschluß fassen und ihre Vertreter wählen, sondern in beiden Rücksichten ausdrücklich auf das Statut verweist (§§. 170, 179 ff.), welches im Falle des §. 169 ja erst festgestellt werden soll. In beiden Rücksichten muß also die Initiative der Behörde eintreten und wenn sie die nach den von ihr festgesetzten Formen gefaßten Beschlüsse durch die Bestätigung des aufgestellten Statutes sanctionirt, so kann die Rechtsverbindlichkeit des zu Grunde liegenden Corporationsschlusses später nicht angefochten werden, weil das Gesetz keine maßgebende Norm für die Feststellung des ersten Statutes giebt.

[372]) Abänderungen der Statuten können nur nach den übereinstimmenden Beschlüssen der Mehrheit der Werksbesitzer und der Mitglieder erfolgen. Es ist nicht zulässig, im Statut einen andern Modus der Abänderung festzustellen. Rescript vom 26. März 1866.

[373]) Zur Erlangung der vollberechtigten Mitgliedschaft erfordern die Statuten übereinstimmend:

1) daß der Arbeiter eine gewisse Zeit hindurch dem Vereine als Mitglied angehört,
2) ein gewisses Lebensalter nicht überschritten hat,
3) von allen Gebrechen und Krankheitsanlagen frei ist, die eine vorzeitige Invalidität befürchten lassen.

[374]) Die freie Kur und Arznei wird durch die von dem Vereine bestellten Medicinalpersonen gewährt. Die Mitglieder sind nicht berechtigt, sich dieselbe anderweit auf Kosten des Vereines zu beschaffen. Deshalb ruht nach den übereinstimmenden Vorschriften der Statuten diese Berechtigung, wenn das Mitglied sich aus dem Vereinsbezirke entfernt. Sie kann durch nähere Bestimmungen des Statuts in ihrer Dauer eingeschränkt werden (Erlaß vom 6. Juni 1867, Bd. IX, S. 223).

2) ein entsprechender Krankenlohn bei einer ohne eigenes grobes Verschulden entstandenen Krankheit[375]).
3) ein Beitrag zu den Begräbnißkosten der Mitglieder und Invaliden.
4) eine lebenslängliche Invalidenunterstützung bei einer ohne grobes Verschulden eingetretenen Arbeitsunfähigkeit[376]),
5) eine Unterstützung der Wittwen auf Lebenszeit, beziehungsweise bis zur etwaigen Wiederverheirathung,
6) eine Unterstützung zur Erziehung der Kinder verstorbener Mitglieder und Invaliden bis nach zurückgelegtem vierzehnten Lebensjahre.

Für die Mitglieder der am wenigsten begünstigten Klasse sind mindestens die unter 1 und 2 genannten Leistungen und, wenn sie bei der Arbeit verunglücken[377]), auch die unter 3 und 4 genannten zu gewähren[377a]).

§. 172.

Für die Leistungen unter 1, 2 und 3 des §. 171 oder für einzelne derselben können nach dem gemeinschaftlichen Beschlusse der Werksbesitzer, der Knappschaftsältesten und des Knappschaftsvorstandes besondere Krankenkassen[378]) auf sämmt-

---

[375]) Die Gewährung des Krankenlohnes ist nach den Statuten der meisten Knappschaftsvereine auf eine gewisse Zeitdauer (6 Wochen bis 6 Monate) beschränkt. Ist nach Verlauf dieser Zeit die Krankheit noch nicht beendigt, so erhält das erkrankte Mitglied bis zu seiner Wiederherstellung die seinem Dienstalter entsprechende Invaliden-Unterstützung.

[376]) Die Invaliden-Unterstützung fällt fort, wenn das Milglied wieder arbeitsfähig wird. Das Mitglied tritt alsdann wieder in die Zahl der activen beitragspflichtigen Mitglieder (§. 174) ein. Dies ist auch dann der Fall, wenn das Mitglied nur zu bestimmten Arbeitsleistungen fähig befunden wird und für diese Verrichtungen dauernde Beschäftigung findet, wenn z. B. ein invalider Häuer als Kohlenmesser angestellt wird. Es kommt nicht darauf an, daß der Arbeiter die Fähigkeit zu allen Grubenarbeiten und die von allen Gebrechen freie Gesundheit wieder erlangt hat, welche das Statut für die erste Aufnahme als Mitglied des Knappschaftsvereines verlangt. (Rescript des Handelsministers vom 14. November 1865 an das Oberbergamt zu Halle.)

[377]) Der Unglücksfall muß den Tod oder die Arbeitsunfähigkeit zur unmittelbaren Folge haben. Ist der Erfolg nur ein mittelbarer, welcher aus dem Unfalle erst in Verbindung mit einem spätern davon unabhängigen Ereignisse entspringt, so ist nicht anzunehmen, daß das Mitglied bei der Arbeit verunglückt sei, so namentlich in dem Falle, wenn eine an sich ungefährliche Verletzung dadurch zum tödtlichen Ausgange geführt wird, daß der Arbeiter versäumt, ärztliche Hülfe zu suchen und sich durch zweckwidriges Verhalten eine lebensgefährliche Erkrankung zuzieht. (Rescript des Handelsministers an das Oberbergamt zu Bonn v. 15. Januar 1860.)

[377a]) Nach dem Bayerischen Berggesetze Art. 173 muß der Verein seinen Mitgliedern die 1 und 2 und kann ihnen die Leistungen 1—6 gewähren.

[378]) Diese Einrichtung gewährt ein wirksames Mittel gegen verstellte Krankheiten, da die Arbeiter sich innerhalb des engeren Kreises einer einzelnen Belegschaft leichter controliren können. Da ferner durch die Beiträge zu den Krankenkassen nur die laufenden Kurkosten 2c. aufgebracht werden, folglich die Beiträge nach dem Maße der aufgewandten Kosten steigen und fallen, so erhalten die Mitglieder einen in die Augen fallenden Beweis davon, daß Sparsamkeit im Arzneiverbrauch in ihrem eigenen Interesse liegt. Es wird also durch diese Einrichtung der in vielen Vereinen noch vorherrschenden unnützen Arzneiverschwendung entgegengewirkt. Für das vormalige Herzogthum Nassau ist die Einrichtung der Krankenkasse durch den oben S. 266 abgedruckten Art. V der Verordnung vom 22. Februar 1867 allgemein eingeführt.

lichen[379]) zu einem Knappschaftsvereine gehörigen Werken, und zwar auf jedem einzelnen Werke oder gruppenweise auf mehreren, eingerichtet werden.

. Die für die Krankenkassen nach Vorschrift des §. 169 aufzustellenden Statuten unterliegen der daselbst erwähnten Bestätigung.

Die Beaufsichtigung der Krankenkassen gehört zu den Obliegenheiten des Knappschaftsvorstandes. In den Statuten des Knappschaftsvereins sind die näheren Bestimmungen hierüber, sowie über die bei der Abzweigung der Krankenkasse eintretende Herabsetzung der Beiträge zur Hauptkasse zu treffen.

§. 173.

Die Ansprüche der Berechtigten auf Leistungen der Knappschafts- und der Krankenkassen können weder an Dritte übertragen, noch auch mit Arrest belegt werden.

§. 174.

Sowohl die Arbeiter als auch die Werksbesitzer haben zu den Knappschafts- und den Krankenkassen Beiträge zu leisten.

§. 175.

Die Beiträge der Arbeiter sollen in einem gewissen Procentsatze ihres Arbeitslohnes oder in einem entsprechenden Fixum bestehen[380]).

Die Beiträge der Werksbesitzer sollen mindestens die Hälfte des Beitrags der Arbeiter ausmachen[381]).

---

[379]) Es sind Zweifel darüber entstanden, ob die Einrichtung besonderer Krankenkassen auf sämmtlichen zu einem Vereine gehörigen Werken getroffen werden muß oder ob §. 172 gestattet, einzelne Werke in Bezug auf die Krankenpflege abzuzweigen, während die übrigen Belegschaften in der unmittelbaren Krankenpflege des Hauptvereines bleiben. Die Aufsichtsbehörde hat sich für die letztere Annahme, als die minder beschränkende Auslegung, ausgesprochen. Bei einer solchen Abzweigung einzelner Werke tritt natürlich eine Herabminderung der von den betreffenden Belegschaften und Werksbesitzern zu entrichtenden Beiträge, welche zwischen den Betheiligten und dem Hauptvereine vereinbart und gemäß §. 172, Al. 3 durch das Statut des Knappschaftsvereines festgesetzt werden muß, ein.

[380]) Auch bei Festsetzung fixer Beiträge finden nach den statutarischen Bestimmungen verschiedene Abstufungen nach dem Arbeitergrade statt. Außerdem ist sowohl der Procentsatz als der feste Beitrag verschieden bemessen für die vollberechtigten und die minder berechtigten Mitglieder (§. 171). Wo besondere Krankenkassen (§. 172) errichtet sind, tragen die minder berechtigten Mitglieder nur zu diesen Krankenkassen bei, sofern sich ihre Ansprüche auf diejenigen Leistungen beschränken, deren Gewährung durch die Krankenkassen erfolgt.

Wenn Knappschaftsmitglieder die Arbeit auf den Werken des Vereines verlassen, ohne aus dem Vereine auszuscheiden, so tritt an die Stelle des Procentsatzes vom Arbeitslohne ein durch das Statut bestimmter Feierbeitrag. In der Regel ruht während derselben Zeit nach statutarischer Bestimmung der Anspruch auf die Benefizien Nr. 1 und 2 des §. 171.

[381]) Es ist nicht nothwendig, daß die Beiträge der Werksbesitzer in Procenten des von ihren Arbeitern geleisteten Beitrages ausgedrückt werden. Sie können auch wie bei dem Oberschlesischen Vereine in einem Fixum nach der Arbeiterzahl ausgedrückt werden, wenn nur im Resultate der Gesammtbeitrag der Werksbesitzer der Hälfte des Beitrages der Arbeiter gleichkommt. Die Bestimmung der Beiträge nach der Kopfzahl der Arbeiter ohne Rücksichten auf die Verschiedenheit der von den verschiedenen Arbeiterklassen gezahlten Beiträge hat den Vortheil, daß die Werks-

§. 176.

Die Werksbesitzer sind bei Vermeidung des gegen sie selbst zu richtenden Zwangsverfahrens verpflichtet, für die Einziehung und Abführung der Beiträge ihrer Arbeiter aufzukommen.

Auch haben die Werksbesitzer ihre Arbeiter regelmäßig an den durch das Statut festzusetzenden Zeitpunkten bei dem Knappschaftsvorstande anzumelden[381a]).

Unterbleibt die Anmeldung, so ist der Vorstand befugt, die Zahl der Arbeiter, für welche die Beiträge zur Knappschaftskasse eingezogen werden sollen, nach seinem Ermessen zu bestimmen oder bei dem Oberbergamte den Erlaß eines Strafbefehls gegen den säumigen Werksbesitzer in Antrag zu bringen[382]).

§. 177.

Alle Beiträge zur Knappschaftskasse wie zu den Krankenkassen können, auf vorgängige Festsetzung durch das Oberbergamt, im Wege der Verwaltungs-Execution eingezogen werden[383]).

Durch Beschreitung des Rechtsweges wird die Execution nicht aufgehalten[384]).

§. 178.

Die Verwaltung eines jeden Knappschaftsvereins erfolgt unter Betheiligung von Knappschaftsältesten durch einen Knappschaftsvorstand[385]).

---

besitzer kein pecuniäres Interesse dabei haben, ob ihre Belegschaft aus vollberechtigten, also höher besteuerten, oder minder berechtigten Mitgliedern besteht, daß sie also nicht versucht sind, die Annahme minder berechtigter Arbeiter zu begünstigen und den rechtzeitigen Eintritt der Mitglieder in die vollberechtigte Klasse zu erschweren, wodurch das Gedeihen des Vereines beeinträchtigt werden würde.

381a) Nach dem Bayerischen Berggesetze Art. 178 müssen auch die Lohnbezüge der Arbeiter angemeldet werden. Andere mehr redactionelle Abweichungen finden sich in den Art. 178—180 und 186—189, welche den §§. 176—177 und 183—186 des preußischen Berggesetzes entsprechen.

382) Dies ist der einzige Fall, in welchem das Allg. Berggesetz auf die Executivgewalt der Bergbehörden (Verordn. vom 28. December 1808 §. 48 und Gesetz vom 2. März 1850 §. 20, Zusatz zu §. 202) Bezug nimmt, während bei den polizeilichen Anordnungen nach §. 208, Al. 2 an die Stelle des für jeden Fall nach §. 48 cit. besonders zu erlassenden Strafbefehles die allgemeine Strafandrohung des §. 207 treten soll.

383) In den östlichen Provinzen nach der Verordnung vom 30. Juli 1853 (G.S. S. 909), in der Rheinprovinz nach der Verordnung vom 24. November 1843 (G.S. S. 351), in der Provinz Westpfalen nach der Verordnung vom 30. Juni 1845 (G.S. S. 444), in Neuvorpommern und Rügen nach der Verordnung vom 1. Februar 1858 (G.S S. 85). Das Oberbergamt hat die Behörde oder den Beamten zu bestimmen, von welchem das Zwangsverfahren vollstreckt werden soll, da den Knappschaftskassen selbst keine bestimmten zur Ausführung der Execution dienenden Beamten zugeordnet sind. (Vergl. §. 2 der vier angeführten Executionsordnungen.)

384) Der Rechtsweg findet nicht bloß über die Verpflichtung an sich und die möglichen Einreden, sondern auch über die von dem Oberbergamte festgesetzte Höhe des Beitrages statt.

385) Der Knappschaftsvorstand ist Repräsentant der juristischen Persönlichkeit des Vereines nicht ein bloßer Generalbevollmächtigter. Er ist deshalb befugt, seinerseits Bevollmächtigte für einzelne Geschäfte sowohl als Generalmandatare des Vereins zu bestellen, ohne daß ihm hierzu die Substitutionsbefugniß beigelegt zu werden braucht. (Allg. Landrecht Th. II, Tit. 6, §§. 114 ff., §§. 147 ff. Rescript des Handelsministers vom 21. Februar 1866 an das Oberbergamt zu Breslau.)

§. 179.

Die Knappschaftsältesten werden von den zum Vereine gehörigen Arbeitern und Beamten in einer durch das Statut bestimmten Zahl aus ihrer Mitte gewählt.

Auch den invaliden Arbeitern und Beamten kann die Wählbarkeit durch das Statut beigelegt werden[386].

Die Knappschaftsältesten vertreten die Knappschaftsmitglieder bei der Wahl des Vorstandes und haben im Allgemeinen das Recht und die Pflicht, einerseits die Befolgung des Statuts durch die Knappschaftsmitglieder zu überwachen und andererseits die Rechte der letzteren gegenüber dem Vorstande wahrzunehmen[387].

Das Statut oder eine besondere Instruction (§. 181) regelt ihre Dienstobliegenheiten.

§. 180.

Die Mitglieder des Knappschaftsvorstandes werden nach näherer Bestimmung des Statuts zur einen Hälfte von den Werksbesitzern, beziehungsweise von den Repräsentanten, und zur andern Hälfte von den Knappschaftsältesten je aus ihrer Mitte oder aus der Zahl der Königlichen oder Privat-Bergbeamten[388]) gewählt.

§. 181.

Der Knappschaftsvorstand vertritt den Verein nach Außen, leitet die Wahlen der Knappschaftsältesten, erwählt die Beamten und Aerzte des Vereins, schließt die Verträge mit denselben, sowie mit den Apothekern ab, erläßt die erforderlichen Instructionen, verwaltet das Vermögen des Vereins[389]) und besorgt alle übrigen ihm durch das Statut übertragene Geschäfte[390]).

---

386) Das active Wahlrecht kann ihnen hiernach nicht beigelegt werden. Uebrigens kann sowohl das Wahlrecht als die Wählbarkeit durch das Statut an besondere Voraussetzungen (Altervollberechtigte Mitgliedschaft 2c.) geknüpft werden.

387) Die Knappschaftsältesten sind zugleich die Vertreter der Mitglieder aus dem Arbeiterstande in den Generalversammlungen zur Wahl des Knappschaftsvorstandes und zur Abänderung der Statuten (§. 170), die ausführenden Beamten des Vorstandes gegenüber den Knappschaftsmitgliedern und die Vertreter der einzelnen Knappschaftsmitglieder gegenüber dem Vorstande. Sie vereinigen offenbar heterogene und häufig unverträgliche Functionen.

388) Auch die Privatbergbeamten sind wahlfähig, ohne Mitglieder des Vereins zu sein, dem sie übrigens nach §. 168 auch beitreten können.

389) Zur Erwerbung und Veräußerung von Immobilien ist nach §. 83 Th. II, Tit. 6 Allg. Landrecht die besondere Einwilligung der staatlichen Aufsichtsbehörde also nach §. 183 des Oberbergamtes erforderlich. Ueber die Frage, ob die bloße Anwesenheit des oberbergamtlichen Commissars bei der Fassung des Beschlusses über die Veräußerung oder Erwerbung diese Einwilligung ersetzen könne, vergl. Lindig in der Zeitschr. für Bergrecht Bd. VIII, S. 137. Da das Allgem. Landrecht im §. 83 die *besondere* Einwilligung der Aufsichtsbehörde verlangt, so wird der richtigen Meinung nach die Thatsache, daß das Oberbergamt das ihm allgemein zustehende Aufsichtsrecht gemäß §. 184 durch die Theilnahme seines Commissars an der Vorstandssitzung ausgeübt hat, diese specielle Genehmigung wohl nicht ersetzen können.

390) Die Zustellung der Verfügungen und Mittheilungen des Knappschaftsvorstandes an die Vereinsmitglieder wird in den meisten Fällen zur Ersparung von Kosten durch Vermittelung der Knappschaftsältesten zu bewirken sein. Eventuell empfiehlt es sich den Weg der Absendung von recommandirten Briefen oder von Briefen gegen Postrückschein zu wählen, und nur in bestimmten

§. 182.

Die jährlich zu legenden Rechnungen müssen nach vorgängiger Prüfung durch den Vorstand den Knappschaftsältesten und den Werksbesitzern zur Einsicht und etwaigen Erklärung offen gelegt werden, bevor der Vorstand dem Kassenbeamten die Entlastung ertheilt[391].

§. 183.

Die Oberbergämter haben die Beobachtung der Statuten und insbesondere die statutenmäßige Verwaltung des Vermögens zu überwachen[392].

§. 184.

Zur Ausübung dieses Aufsichtsrecht ernennt das Oberbergamt für jeden Knappschaftsverein einen Commissar.

Derselbe ist befugt, allen Sitzungen des Knappschaftsvorstandes, welche ihm zu diesem Zwecke mindestens drei Tage vorher anzuzeigen sind, beizuwohnen und jeden statutenwidrigen Beschluß zu suspendiren. Von einer solchen Suspension muß er dem Oberbergamte sofort Anzeige machen[393].

§. 185.

Der Knappschaftsvorstand ist jederzeit verpflichtet, dem Oberbergamte und dessen Commissar auf Verlangen die Einsicht der über seine Verhandlungen zu

---

Fällen, wo dies nothwendig ist, um den Anforderungen der Statuten zu genügen Postinsinuationsscheine zu verwenden. (Dies ist insbesondere nothwendig bei Vorladungen zu Versammlungen, welche statutenmäßig unter Angabe des Gegenstandes erfolgen müssen.) Die Postanstalten sind angewiesen dergleichen von den legitimirten Vorständen der Knappschaftsvereine zur Beförderung gegen Insinuationsschein eingelieferte Schreiben nach Maßgabe der Instruction über die postamtliche Insinuation außergerichtlicher Verfügungen (vergl. oben Anm. zu §. 115) zu behandeln und dabei wegen Sicherstellung der zu entrichtenden Beträge an Porto, Insinuationsgebühr, Bestellgeld und Botenlohn das Erforderliche im Voraus zu veranlassen.

Zur Legitimation der Vorstände der Knappschaftsvereine dient eine Bescheinigung des Oberbergamtes. Generalverfügung an die Postanstalten vom 24. Januar 1867. — Min.-Rescript an die Oberbergämter vom 1. Februar 1867.

[391]) Eine vorherige Prüfung durch das Oberbergamt, wie solche durch das Gesetz v. 10. April 1854 §. 7 vorgeschrieben war, findet nicht mehr statt.

[392]) Der Knappschaftsvorstand kann von der Aufsichtsbehörde nicht bloß nach §. 184 an der Fassung statutenwidriger Beschlüsse verhindert, sondern auch zu positivem Handeln angehalten werden, wenn er die Erfüllung der ihm statutenmäßig obliegenden Verpflichtungen (z. B. Einberufung von Generalversammlungen, Unterbringung der Kapitalien, Offenlegung der Rechnung) versäumt. Gegen die Entscheidung des Oberbergamtes findet der Recurs an den Handelsminister gemäß §. 191 statt. Der Rechtsweg ist zwar nicht gegen die Aufsichtsbehörde zulässig. Handelt es sich jedoch um vermögensrechtliche Ansprüche der Vereinsmitglieder, welche der Vorstand der Entscheidung der Aufsichtsbehörde entgegen nicht anerkennt, so steht ihm frei, als Kläger gegen die Empfänger aufzutreten. Die Aufsichtsbehörde ist berechtigt, ihren Entscheidungen durch executivische Zwangsmaßregeln gegen die Mitglieder des Vorstandes Folge zu geben (vergl. Zusatz zu §. 202). Die etwa verhängten Executivstrafen treffen die Vorstandsmitglieder persönlich, nicht das Vermögen des Vereines.

[393]) Auf diese Anzeige muß eine ausdrückliche Entscheidung des Oberbergamtes darüber erfolgen, ob der suspendirte Beschluß als statutwidrig vernichtet, oder die Suspension aufgehoben werden soll.

führenden Protokolle, der Kassenbücher und der gelegten Rechnungen, sowie die Revision der Kasse zu gestatten.

Auch hat derselbe dem Oberbergamte die zur Statistik des Knappschaftswesens erforderlichen Nachrichten zu geben.

§. 186.

Beschwerden über die Verwaltung des Vorstandes sind bei dem Oberbergamte und in der weiteren Instanz bei dem Handelsminister anzubringen[394]).

Achter Titel.

Von den Bergbehörden[394a]).

§. 187.

Die Bergbehörden sind[395]):

---

394) Die Entscheidungen der Aufsichtsbehörde über vermögensrechtliche Ansprüche der Knappschaftsgenossen gegen den Verein sind nicht vollstreckbar. Die Behörde muß den Beschwerdeführer, falls der Vorstand sich ihrer Entscheidung nicht fügt, zum Rechtswege verweisen, falls sie nicht etwa veranlaßt ist, die Befolgung ihrer Entscheidung indirect auf dem in der Anm. 392 bezeichneten Wege zu erzwingen.

394a) Die Bestimmungen des achten Titels sind in den übrigen Berggesetzen wesentlich modificirt, da die Organisation der Bergbehörde in jedem Lande verschieden gestaltet ist. Für Bayern ist dieselbe nicht durch das Berggesetz, sondern durch eine besondre Verordnung vom 16. Juni 1869 (Zeitschrift für Bergrecht Bd. X, S. 320) geregelt.

In Sachsen-Gotha und Sachsen-Meiningen ist die durch das Preußische Berggesetz geschaffene Organisation der Bergbehörden nur mit der Veränderung angenommen, daß die Stelle des Oberbergamtes durch das Bergamt vertreten wird und das in Sachsen-Meiningen die Function des Revierbeamten nach Art. 146 des Berggesetzes von dazu beauftragten Mitgliedern des Bergamtes wahrgenommen werden können.

In Braunschweig besteht nur eine Bergbehörde: die herzogliche Kammer, Direktion der Bergwerke.

In Bayern wird nach der Verordnung vom 16. Juni 1869 die erste Instanz durch die drei Bezirksbergämter zu München, Bayreuth und Zweibrücken, die zweite und letzte Instanz durch das Oberbergamt zu München gebildet, welches dem Handelsministerium untergeordnet ist.

In Elsaß-Lothringen wird nach §§. 164 f. des Berggesetzes, die erste Instanz von den Bergmeistern, die zweite von dem Oberpräsidenten, die dritte von dem Reichskanzler gebildet.

In Würtemberg sind die Bergbehörden nach Art. 173 des Bergesetzes: Das Bergamt, das Oberbergamt und das Ministerium des Innern.

395) Der Organismus der Bergbehörden war schon nach der ältern rechtsrheinischen Gesetzgebung aus den drei Abstufungen der Revierbeamten, Bergämter und der Ministerialinstanz zusammengesetzt. Das Bergamt führte nach der Schlesischen und Magdeburg-Halberstädtischen Bergordnung den Namen Oberbergamt, während die Kleve-Märkische Bergordnung und das Allgem. Landrecht die Bezeichnung: Bergamt gebrauchten. Wenn nun auch der Sprachgebrauch in der Bezeichnung der Provinzial-Bergbehörde in den verschiedenen Provinzen ein verschiedener war, so war doch die sachliche Einrichtung überall dieselbe und es bestanden ursprünglich weder in Schlesien und Magdeburg dem Oberbergamte untergeordnete Bergämter, noch in Westfalen über dem Bergamte ein Oberbergamt. Zu Ende des vorigen Jahrhunderts wurde indeß zuerst in Schlesien, dann auch im Magdeburgischen eine solche Zwischenstufe eingeschoben, indem unter den Oberberg-

die Revierbeamten,
die Oberbergämter,
der Handelsminister[396]).

§. 188.

Die Bezirke der Oberbergämter werden durch Königliche Verordnung[397]), diejenigen der Revierbeamten durch den Handelsminister festgestellt.

ämtern mehrere Bergämter für die Localverwaltung errichtet wurden, welchen die Revierbeamten als unselbstständige Gehülfen beigegeben blieben. Später wurde auch in Westfalen ein Oberbergamt den bis dahin selbstständigen Bergämtern vorgesetzt. Da alles dies ohne ein Gesetz durch bloße Ministerialverfügung geschah, so entstand nun eine bemerkenswerthe Ungewißheit über die Zuständigkeit der Behörden, da Niemand zu sagen wußte, ob in einem bestimmten Falle das Bergamt oder das Oberbergamt competent sei. Dazu kam eine starke Neigung zur Centralisation der Verwaltung, in Folge deren die Ministerialinstanz alle wichtigen Geschäfte an sich zog und in erster und letzter Instanz entschied, so z. B. die Ertheilung der Verleihungen, welche nach dem Allg. Landrechte und den Provinzial-Bergordnungen dem Bergamte resp. dem Oberbergamte übertragen war.

Auf der linken Rheinseite war seit dem Jahre 1816 ebenfalls die viergliedrige Organisation, bestehend aus dem Ministerium, dem Oberbergamte, den Bergämtern und den Revierbeamten an die Stelle der durch das Decret vom 18. November 1810 vorgesehenen dreifachen Abstufung der Bergbehörden, bestehend aus dem Minister mit dem General-Bergwerksingenieur, dem Präfecten mit dem Oberingenieur und den Unteringenieuren, getreten. Die Mängel jener an sich unzweckmäßigen und mit den gesetzlichen Vorschriften nicht im Einklange stehenden viergliedrigen Organisation wurden beseitigt durch das Gesetz vom 10. Juni 1861 (G.S. S. 425), welches die Bergämter aufhob und nur eine Art collegialischer Bergbehörden als Provinzialinstanz zwischen den Revierbeamten und dem Minister bestehen ließ, nämlich die Oberbergämter.

Das Allg. Berggesetz schließt sich im Tit. 8 der durch jenes Gesetz geschaffenen Einrichtung an und ergänzt sie durch genaue Bestimmungen über die Grenzen zwischen der Competenz der Revierbeamten und der Oberbergämter. Zwischen diesen beiden Behörden sind nach §§. 189. 190 die verschiedenen Geschäfte der Bergverwaltung vertheilt, während der Handelsminister ausschließlich als Aufsichts- und Beschwerde-Instanz figurirt.

[396]) Außer den drei im §. 187 genannten Behörden gehören auch die im §. 246 genannten Berghypothekencommissionen und die Verwaltungen der Staatsbergwerke und Salinen, nämlich die Bergwerksdirection zu Saarbrücken, die verschiedenen Berginspectionen, Salzämter und Salinenverwaltungen zu den Bergbehörden. Auch ressortiren von der ersten (früher fünften) Abtheilung des Handelsministeriums für Bergwesen die mit der Verwaltung der Staatshüttenwerke beauftragten Königlichen Hüttenämter, während der Betrieb der Privathüttenwerke unter der Aufsicht der Gewerbepolizeibehörden steht. Die Bergwerksdirectionen, Inspectionen, Salzämter, Salinenämter und Hüttenämter sind dem Oberbergamte untergeordnet, in dessen Bezirke sie ihren Sitz haben. Nur das Hüttenamt zu Wondollek ressortirt von der Regierung zu Gumbinnen.

[397]) Nach der Allerhöchsten Verordnung vom 29. Juli 1861 (G.S. S. 429) sind die Bezirke der Oberbergämter, wie folgt, bestimmt:

1. für das Oberbergamt zu Breslau die Provinzen Schlesien, Posen und Preußen,
2. für das Oberbergamt zu Halle die Provinzen Sachsen, Brandenburg und Pommern. Durch die Verordnung vom 30. September 1870 (G.S. S. 573) ist demselben ferner das früher zum Oberbergamtsbezirk Clausthal gehörige Amt Neustadt in der Grafschaft Hohnstein zugewiesen,
3. für das Oberbergamt in Dortmund:

§. 189.

Die Revierbeamten[398]) bilden für die ihnen überwiesenen Bergreviere die erste Instanz in allen Geschäften, welche nach dem gegenwärtigen Gesetze der Bergbehörde obliegen und nicht ausdrücklich den Oberbergämtern übertragen sind.

Sie handhaben insbesondere die Bergpolizei nach Vorschrift des Gesetzes.

---

a) die Provinz Westfalen, mit Ausnahme des Herzogthums Westfalen, der Grafschaften Wittgenstein-Wittgenstein und Wittgenstein-Berleburg, des Fürstenthums Siegen und der Aemter Burbach und Neunkirchen;

b) von der Rheinprovinz die Kreise Rees, Duisburg und Essen, sowie die nördlich der Düsseldorf-Schwelmer Staatsstraße belegenen Theile der Kreise Düsseldorf und Elberfeld;

4. für das Oberbergamt zu Bonn:

a) die Rheinprovinz mit Ausschluß der unter 3. b. bezeichneten Landestheile;

b) von der Provinz Westfalen die unter 3. a. genannten, von dem Wirkungskreise des Oberbergamts zu Dortmund ausgeschlossenen Landestheile;

c) die Hohenzollernschen Lande.

Von den im Jahre 1865 neu erworbenen Landestheilen sind:

1. dem Bezirke des Oberbergamtes zu Bonn: das vormalige Herzogthum Nassau, die abgetretenen Theile der Großherzoglich Hessischen Provinz Oberhessen, die vormalige Landgrafschaft Hessen-Homburg, einschließlich des Oberamtes Meisenheim und das Gebiet der vormaligen freien Stadt Frankfurt. — Verordnungen vom 6. März 1867 (G.S. S. 351) und vom 24. Juni 1867 (G.S. S. 884);
2. dem Bezirke des Oberbergamtes zu Dortmund: die Landdrosteibezirke Osnabrück und Aurich der Provinz Hannover. — Verordnung vom 25. Mai 1867 (G.S. S. 735);
3. dem Bezirke des Oberbergamtes zu Halle: die vormals Bayerische Enclave Kaulsdorf. — Verordnung vom 24. Juni 1867 (G.S. S. 884)

zugetheilt worden.

Alle übrigen neu erworbenen Gebiete sind zu einem fünften Oberbergamtsbezirke vereinigt worden. Der Bezirk dieses Oberbergamtes, welches seinen Sitz in Clausthal hat, umfaßt 1. die Provinz Hannover mit Ausnahme der Landdrosteibezirke Osnabrück und Aurich und des Amtes Neustadt, 2. das vormalige Kurfürstenthum Hessen und die vormals Königl. Bayerischen Landestheile mit Ausnahme der Enclave Kaulsdorf, 3. die Provinz Schleswig-Holstein. — Verordnung vom 3. Februar 1868 (G.S. S. 69).

Bis zum 1. März 1868 bestanden für die unter 1 und 2 aufgeführten Landestheile getrennte Behörde mit den Befugnissen des Oberbergamtes, nämlich für Hannover das Berg- und Forstamt zu Clausthal. (Verordnung vom 9. Mai 1867 G. S. S. 735), welches durch die Verordnung vom 9. November 1867 (G. S. S. 1873) zum Oberbergwerke erhoben wurde und für Kurhessen nebst den vormals Bayerischen Landestheilen die Oberberg- und Salzwerksdirection in Kassel (Verordnung vom 24. Juni 1868 G.S. S. 884), welche durch die Verordnung vom 3. Februar 1868 aufgehoben ist.

[398]) Die Revierbeamten werden aus der Zahl der Bergassessoren (Anm. 354) ernannt und führen den Amtscharakter: Bergmeister. Sie sind nach den ihnen („der Bergbehörde") durch das Allg. Bergrecht übertragenen Geschäften wesentlich Verwalter der localen Bergpolizei. In andern Geschäftszweigen (Verleihung, Grundabtretung, Knappschaftsverwaltung 2c.) steht ihnen eine selbstständige Competenz nicht zu. Sie handeln in diesen Geschäften nur im Auftrage des Oberbergamtes als dessen Commissarien. Dies gilt auch, wenn den Revierbeamten für ihr Revier die Annahme der Muthungen delegirt ist (§. 12), da eine Entscheidung über den Muthungsantrag ihnen auch in diesem Falle nicht zusteht. Wegen ihrer Befugniß zur administrativen Execution vergl. Zusatz zu §. 202 und Anm. 370.

Auch gehört zu ihrem Geschäftskreis die Wahrnehmung der Rechte des Staates hinsichtlich der Bergwerksabgaben[399]).

§. 190.

Die Oberbergämter bilden die Aufsichts- und Recursinstanz für die Revierbeamten[400]).

Unter ihrer Aufsicht stehen die Markscheider[401]).

Für die Revierbeamten sind von den einzelnen Oberbergämtern Dienstinstructionen erlassen, nämlich für die Bezirke

1. Bonn vom 29. September 1865.
2. Dortmund vom 1. März 1866.
3. Halle vom 2. September 1866.
4. Breslau vom 6. Januar 1867.
5. Clausthal vom 1. Juli 1867.

Die drei ersteren sind in der Zeitschrift für das Berg-, Hütten- und Salinenwesen Bd. XIII, S. 250 f. Bd. XIV, S. 69 und S. 313 vollständig abgedruckt.

399) Vergl. die Zusätze zu §. 245.

400) Die Geschäfte, welche von den Oberbergämtern in erster Instanz wahrgenommen werden, sind: die amtliche Schürfermächtigung (§. 8); die Annahme und Instruction der Muthungen (§§. 12 ff., §§. 28 ff.); die Verleihung §§. 32 ff.; die Bestätigung der Consolidationsurkunden (§§. 41—49); die Bestätigung der Feldestheilung (§. 51); die Entscheidung über die Mitgewinnung (§§. 55, 56); die polizeiliche Genehmigung zu den gewerblichen Anlagen und Triebwerken (§. 59), zur Anlage von Hülfsbauen (§. 61); die Aufforderung zur Inbetriebsetzung (§. 65); die Abänderung des Betriebsplanes (§. 68); die Bestätigung des Statuts der Gewerkschaft (§. 94); das Grundabtretungsverfahren in Gemeinschaft mit der Regierung (§§. 142 ff.); die Festsetzung der Entschädigung für Vorkehrungen zum Schutze der Verkehrsanstalten (§. 152); das Verfahren zur Aufhebung des Bergwerkseigenthums (§§. 156—162); die Aufsicht über die Verwaltung der Knappschaftsvereine (§§. 167—186); der Erlaß allgemeiner und besonderer Polizeivorschriften in den nicht dringlichen Fällen (§§. 197, 198); endlich alle Anordnungen, welche den ganzen Bezirk betreffen (§§. 17, 72, 78).

Sie sind ferner befugt zur Erhebung des Competenzconflictes (Gesetz vom 8. April 1847 §. 3), zur Entscheidung im Disciplinarverfahren gegen alle bei ihnen angestellten und untergeordneten Beamten mit Ausnahme der vom Könige ernannten Beamten, der Betriebsdirectoren der größeren Staatswerke und der Hauptrendanten der Oberbergamtskassen, welche vor den Disciplinarhof gehören (Ges. vom 21. Juli 1852 §§ 24—26; Staatsministerialbeschluß vom 23. August 1853 zu V). Wegen ihrer Executivgewalt vergl. Zusatz zu §. 202.

401) Die Gewerbeordnung vom 11. Juni 1869 bestimmt im §. 34:

„Die Landesgesetze können vorschreiben, daß zum Handel mit Giften und zum Betriebe des Lootsengewerbes, besondere Genehmigung erforderlich ist, ingleichen, daß das Gewerbe der Markscheider nur von Personen ausgeführt werden darf, welche als solche geprüft und concessionirt sind."

Durch diese Vorschrift ist die Bestimmung des §. 190 des Berggesetzes bezüglich der Concessionirung der Markscheider und der Concessionsentziehung durch das Oberbergamt aufrecht erhalten. Während jedoch nach den früheren Verwaltungsvorschriften die Markscheider theils als Gewerbtreibende, theils als Beamte angesehen und insbesondere der Disciplin der Bergbehörde nach Maßgabe des Gesetz vom 21. Juli 1852 (G.S. S. 465) unterworfen waren, sind dieselben gegenwärtig als Gewerbtreibende anerkannt und nur als solche der Strafgewalt des Staates unterworfen. Außer der Concessionsentziehung (§. 54) droht die Gewerbeordnung im §. 147 (oben S. 155) eine Geldstrafe bis zu 100 Thlr. und im Unvermögensfalle Haft an, wenn der Markscheider von den in der Concession enthaltenen Bedingungen abweicht. Die Strafe wird von den zuständigen Gerichten verhängt. Auch die Gebührentaxen für die Marktscheider sind durch die Gewerbeordnung

Durch sie erfolgt die Prüfung und Concessionirung der letzteren, sowie die

§§. 72 ff. beseitigt. Die unten folgende Gebührentaxe, welche die gewöhnlich vorkommenden Markscheidergeschäfte umfaßt, ist nur zur Information für die Betheiligten und ohne verbindliche Kraft aufgestellt.

Der Herr Handelsminister hat auf Grund des §. 190 unter Aufhebung der bisherigen Reglements folgende

Allgemeine Vorschriften für die Markscheider im Preußischen Staate vom 21. December 1871 erlassen:

§. 1. Die Markscheiderarbeiten bei den unter Aufsicht der Bergbehörden stehenden Werken dürfen, soweit die Ausführung derselben nicht durch die Bergesetzgebung ausdrücklich auch den Feldmessern gestattet ist, nur von Personen verrichtet werden, welche nach vorgängiger Prüfung als Markscheider von einem Preußischen Oberbergamte concessionirt sind.

§. 2. Die von einem Oberbergamte ertheilte Markscheider-Concession gilt für das ganze Preußische Staatsgebiet. Dem Markscheider bleibt die Wahl seines Wohnsitzes überlassen; doch hat er bei der ersten Niederlassung, sowie bei jedem Wechsel des Wohnsitzes denjenigen Oberbergämtern, in deren Bezirk die Wohnsitze liegen, Anzeige zu erstatten.

§. 3. Die Zurücknahme der Concession kann erfolgen, wenn die Unrichtigkeit der Nachweise dargethan wird, auf Grund deren sie ertheilt worden ist, wenn aus Handlungen oder Unterlassungen des Concessionsinhabers der Mangel derjenigen Eigenschaften klar erhellet, welche bei der Concessionsertheilung vorausgesetzt werden mußten, oder wenn der Inhaber gegen die gegenwärtigen oder die übrigen auf das Markscheiderwesen bezüglichen, bereits erlassenen oder noch zu erlassenden Vorschriften verstößt.

Zur Zurücknahme der Concession ist dasjenige Oberbergamt competent, in dessen Bezirk die vorstehend erwähnten Handlungen und Unterlassungen des Concessionsinhabers vorgekommen sind. In dem Falle jedoch, daß die Unrichtigkeit der Nachweise dargethan wird, auf Grund deren die Concession ertheilt worden ist, entscheidet dasjenige Oberbergamt, welches dieselbe ertheilt hat.

Für das Verfahren bei der Concessionsentziehung ist §. 54 der Gewerbeordnung für den Norddeutschen Bund vom 21. Juni 1869 maßgebend.

§. 4. Die Ertheilung, wie die Entziehung der Concession ist unter Angabe des Wohnsitzes des Markscheiders von dem Oberbergamte im Staatsanzeiger bekannt zu machen. Dem Ermessen der Oberbergämter bleibt es überlassen, gleichzeitig noch eine Bekanntmachung hierüber in den Amts- und Kreisblättern zu veröffentlichen. Wohnungsveränderungen sind nur auf letzterem Wege zur öffentlichen Kenntniß zu bringen.

Von der Einleitung des Concessionsentziehungs-Verfahrens, sowie von dem Resultat desselben ist außerdem den übrigen Oberbergämtern besondere Mittheilung zu machen.

§. 5. Die Markscheiderarbeiten bestehen in Aufnahmen und rißlichen Darstellungen zum Zwecke des Angriffs und Fortbetriebes der Werke, sowie der Erwerbung, Begrenzung und Sicherung des Bergwerks-Eigenthumes und der Zubehörungen desselben. Bei Ausführung derselben hat sich der Markscheider der größten Genauigkeit, Korrektheit und Sauberkeit zu befleißigen; Rasuren dürfen in den Original-Observationsbüchern nicht vorkommen; Korrekturen müssen stets die ursprünglichen Angaben erkennen lassen.

§. 6. Der Markscheider hat sich mit allen sein Gewerbe betreffenden Gesetzen, Verordnungen, Instructionen 2c. bekannt zu machen und ist zu deren Befolgung resp. Beachtung verpflichtet. Er steht unter der Aufsicht der Oberbergämter, welche nach den verschiedenen örtlichen Verhältnissen besondere Instructionen über die Geschäftsführung und über die Art und Weise der Aufnahmen und rißlichen Darstellungen zu erlassen haben.

§. 7. Der Markscheider ist für die Richtigkeit seiner Arbeiten und Angaben verantwortlich und haftet für den Schaden, welcher durch Unrichtigkeiten oder Mängel derselben etwa herbeigeführt wird. Er verliert diese Verantwortlichkeit nicht durch die Berufung auf Fehler und

Mängel seiner Instrumente oder auf Anweisungen, welche ihm von dem Auftraggeber oder anderen Personen über die Ausführung seiner Arbeiten ertheilt sind. Ist er genöthigt, seine eigenen Angaben und rißlichen Darstellungen auf die Angaben anderer zu stützen, so muß er diese letzteren Angaben ausdrücklich anführen und erforderlichen Falls glaubhaft nachweisen.

Werden bei rißlichen Darstellungen neben einer neuen Aufnahme zugleich vorhandene Pläne benutzt, so hat der Markscheider letztere vorher zu prüfen, auch auf seinen Rissen Dasjenige, was von jenen Plänen übernommen ist, so viel als möglich kenntlich zu machen. Wenn sich hierin später Unrichtigkeiten herausstellen, so liegt dem Markscheider der Beweis ob, daß und wie er die Richtigkeit der alten Pläne untersucht hat. Wird dieser Beweis nicht genügend geführt, so trifft ihn dieselbe Verantwortlichkeit, wie bei Unrichtigkeit seiner eigenen Aufnahmen.

§. 8. Die Einsicht der in den Händen des Markscheiders befindlichen Pläne, Zeichnungen, Observationen und Notizen darf nur den Königlichen Berg- und Gerichtsbehörden, den Repräsentanten oder Grubenvorstands-Mitgliedern und den Beamten der betreffenden Grube, sowie den von Vorgenannten mit Ermächtigung versehenen Personen gestattet werden.

§. 9. Findet der Markscheider durch seine Arbeiten, daß auf einem Bergwerke in Beziehung auf die in §. 196 des Allgemeinen Berggesetzes bezeichneten Gegenstände eine Gefahr vorhanden ist, so ist derselbe verpflichtet, hiervon dem Bergrevierbeamten und dem verantwortlichen Betriebsführer des Bergwerks unverzüglich Anzeige zu machen.

§. 10. Die Fehler bei Markscheider-Arbeiten werden je nach dem Zweck der letzteren beurtheilt.

Bei den Grubenbildern ist im Allgemeinen entscheidend, wie weit die Fehler die nach §. 196 des Allgemeinen Berggesetzes vorgeschriebene Führung der polizeilichen Aufsicht erschweren, beziehungsweise verhindern.

Bei speciellen Zügen soll bezüglich der Fehlergrenzen im Allgemeinen als Regel gelten, daß

1) in grundrißlichen Darstellungen die Differenz in der söhligen Länge höchstens $^1/_{800}$ der gemessenen Länge,

2) die seitliche Abweichung ihrer Linie an ihrem Endpunkte bei Anwendung des Kompasses nicht mehr als höchstens $^1/_{500}$, bei Anwendung des Theodolithen nicht mehr als höchstens $^1/_{1500}$ der gemessenen Länge,

3) bei Nivellements in der Grube die Höhendifferenz bei Anwendung des Gradbogens nicht über $^1/_{2500}$, bei Anwendung hydrostatischer Instrumente nicht über $^1/_{20000}$ der horizontalen Länge,

betragen darf, und

4) bei Angabe von Schächten und Gegenörtern die Anweiselinien in der Regel aufeinander treffen müssen, in keinem Falle aber die Fehler mehr betragen dürfen, als die Hälfte der vorstehend bezeichneten Differenzen.

§. 11. Je nach dem Gegenstand des Auftrages hat der Markscheider folgende Arbeiten abzuliefern:

A. An Zeichnungen.

a. Bei Schacht- und Durchschlags-Angaben.

1) Die Zulage des Zuges mit der vollständigen Auszeichnung, den Schnur- und Anweiselinien;

2) die Zulage des Gegenzuges, jedoch nur in den Linien der Schnüre (in der Regel auf einem Blatte mit 1).

Ist mehr als zwei Mal gezogen, so sind die Zulagen ebenfalls abzuliefern.

3) Das zugehörige Profil oder nöthigen Falls mehrere dergleichen, gewöhnlich auf demselben Blatt.

b. Bei Aufnahme neuer Grubenbilder:

Nach näherer Vorschrift des Oberbergamtes die Tages-Situation und die nöthigen Grund- und Aufrisse.

Sie überwachen die Ausbildung derjenigen Personen, welche sich für den

---

Von jedem dieser Risse ist für die Gebühren ein Conceptriß, welcher als Fundamentalriß dient, und eine Reinzeichnung zu liefern. Die Anfertigung des amtlichen Rißexemplars wird besonders als Copie bezahlt.

c. Bei bloßen Tagerissen,

als Vermessungs- und anderen Situationsplänen:

1) Ein Brouillon mit den Stationslinien und

2) eine Reinzeichnung.

d. Bei Nivellementsrissen (Profilen):

1) Eine Brouillon und

2) eine Reinzeichnung, beide mit eingeschriebenen Saigerhöhen.

e. Nachtragungen

sind auf beiden Exemplaren der unter b, c und d angegebenen Risse vollständig einzuzeichnen.

B. An Schriftstücken:

1) Die Observationsbücher in einer Reinschrift mit den berechtigten und darin eingetragenen Saigerteufen (A, a, b, c und e) oder nur Saigerteufen (d) mit Summirung der Längen;

2) die nach §. 7 aufgenommenen Verhandlungen und etwa erforderlichen Erläuterungen;

3) im Falle von Flächen-Ermittelungen, wie z. B. von Grubenfeldern, von zu entschädigenden Bodenflächen ꝛc. auch die Berechnung solcher Flächen, beziehungsweise in besonderen Vermessungs-Registern.

§. 12. Die Bezahlung der Markscheiderarbeiten findet nach freiem Uebereinkommen zwischen dem Markscheider und dem Auftraggeber statt.

Als Grundlage empfehlen sich jedoch die Sätze der im Anhange bezeichneten Diäten- und Gebühren-Taxe.

§. 13. Die Geschäftsführung und die Arbeiten der Markscheider unterliegen der amtlichen Controle, welche von den Oberbergämtern in der Regel durch die Oberbergamts-Markscheider ausgeübt wird.

§. 14. Die Geschäftsrevisionen finden periodisch statt und werden von demjenigen Oberbergamt veranlaßt, in dessen Bezirk der Markscheider wohnt.

§. 15. Die Revision der Markscheiderarbeiten kann von jedem Oberbergamte veranlaßt werden, welches ein Interesse an deren Prüfung hat und in solchem Falle den Markscheider hiervon in Kenntniß setzt. Letzterem steht es alsdann frei, bei der Revision persönlich zu erscheinen, oder einen anderen Markscheider zu seinem Vertreter zu bestellen. Im Falle des Ausbleibens wird mit der Revision dennoch vorgegangen.

Die Revision beginnt in der Regel mit Einsicht und Prüfung der Observationsbücher, der Berechnung der Schnüre und Vergleichung mit den Zulagen, den Grundrissen und Profilen; erst dann, wenn dies nicht genügt, ist zu den erforderlichen Nachmessungen zu schreiten.

Die Ergebnisse der Revision sind in einer Verhandlung ausführlich darzulegen, welche von dem Markscheider, dessen Arbeiten revidirt werden, beziehungsweise von dessen Stellvertreter mit zu unterzeichnen ist und nebst den betreffenden Plänen, Observationen ꝛc. dem Oberbergamte zur Entscheidung eingereicht wird.

Stellt sich bei der Revision die revidirte Arbeit als richtig heraus, so werden die Revisionskosten von dem Oberbergamte, resp. von dem Extrahenten, auf dessen Antrag das Obergamt die Revision angeordnet hat, getragen. Ergiebt sich dagegen die revidirte Arbeit als unrichtig, so sind die Kosten demjenigen Markscheider, welchem die festgestellten Unrichtigkeiten zur Last fallen, aufzuerlegen.

Diäten- und Gebühren-Taxe für die Markscheider.

I. Diäten.

A. An Diäten für solche Tage, an welchen ohne Gebührenverdienst gearbeitet oder zum Zwecke der Arbeit bloß gereist wird, sind drei Thaler zu berechnen.

Staatsdienst im Bergfache vorbereiten[401a]),

B. An Diäten für solche Reisetage, an welchen zugleich Gebühren verdient werden, zwei Thaler.

II. Reisekosten.

Markscheider erhalten an Reisekosten, einschließlich für Fortschaffung der Instrumente, Karten 2c.:

A. Bei Reisen auf Eisenbahnen und auf Dampfschiffen für die Meile 10 Sgr. und außerdem für jeden Zu- und Abgang nach und von der Eisenbahn 20 Sgr.

B. Bei Reisen, welche nicht auf Eisenbahnen oder auf Dampfschiffen zurückgelegt werden, für die Meile 1 Thaler.

Beträgt die Entfernung von dem Wohnorte des Markscheiders weniger als $^1/_4$ Meile, so hat derselbe zwar keine Meilengelder, wohl aber den Ersatz der durch den Transport der Instrumente 2c. ihm erwachsenen Auslagen zu beanspruchen.

Hat der Markscheider auf einer Reise Arbeiten für verschiedene Gruben ausgeführt, so sind die gemeinschaftlich zu tragenden Reisekosten auf die einzelnen Gruben nach Verhältniß der Arbeitszeit zu vertheilen.

An Stelle der Meilengelder (incl. Nebenkosten) ist der Markscheider in jedem Falle berechtigt, den Ersatz der baaren Fuhr- und Transportkosten zu beanspruchen, sofern er dieselben nachweist.

III. Gebühren.

Nr.	Bezeichnung der Arbeit.	für Meter	Gebührensatz a. unter Tage. Sgr.	Pf.	b. über Tage. Sgr.	Pf.
1	Beim Ziehen mit Kompaß und Gradbogen nach der flachen Schnurlänge	10	4	—	2	—
2	Mit dem Kompaß allein nach der flachen Schnurlänge . . .	10	3	—	1	6
3	Mit dem Gradbogen allein nach der flachen Schnurlänge . . .	10	3	—	1	6
4	Beim bloßen Messen der Länge mit Meßkette oder Stäben . .	10	—	6	—	3
	Unter 1 bis 4 werden bei 20 Grad Neigung und darüber die doppelten Sätze berechnet.					
5	Beim Abstecken von Linien	10	—	—	—	9
6	Bei der Aufnahme mit Visir-Instrumenten:					
	a) unter gleichzeitiger Beobachtung des Gradbogens	10	4	—	2	—
	b) ohne Beobachtung des Gradbogens	10	3	—	1	6
7	Beim doppelten Visiren auf jeder Station (vor- und rückwärts), um die locale Ablenkung der Magnetnadel zu eliminiren:					
	a) unter Benutzung des Gradbogens	10	5	—	2	6
	b) ohne Benutzung des Gradbogens	10	4	—	2	—
	Den Sätzen unter 6 und 7 wird bei 20 Grad Neigung und darüber, sowie auch dann, wenn die Brathuhn'sche verschärfte Methode des Observirens angewendet wird, die Hälfte zugesetzt. Seitenabmessungen und Nebenbeobachtungen sind nicht zu berechnen.					
8	Für die Bestimmung eines wesentlichen Punktes durch zwei- oder mehrmaliges Einschneiden (Anvisiren)	—	—	—	5	—
	Bei Bestimmung naher und unwesentlicher Punkte durch Einschneiden (Anvisiren) ist Nichts zu berechnen.					
9	Für das Ablothen von Schächten (Saigerschnüren)	10	7	6	—	—
10	Für das bloße Messen von Schachtstiefen	10	4	—	—	—
11	Für die Angabe eines Ortspunktes, eines Schachtes, einer Ortsstunde (Prahme) einer Markscheiderstufe und für jede derartige Arbeit Bloße Markscheiderzeichen sind nicht zu berechnen.	—	20	—	20	—

Außerdem liegen den Oberbergämtern die denselben im gegenwärtigen Gesetze ausdrücklich übertragenen Geschäfte ob.

Nr.	Bezeichnung der Arbeit.	für Meter	Gebührensatz a. unter Tage. Sgr.	Pf.	Gebührensatz b. über Tage. Sgr.	Pf.
12	Beim Nivelliren mit hydrostatischen Instrumenten:					
	a) wenn die Längen gemessen werden	10	1	6	1	—
	b) wenn dabei die Längen nicht gemessen werden, für jede Aufstellung	—	6	—	4	—
13	Bei Polygon-Messungen mittelst des Theodolithen:					
	a) für die erforderlichen Winkelmessungen, nöthigen Falls mit mehrmaliger Repetition, Fixirung der Festpunkte, sämmtliche Berechnungen, Eintragen der Observationen mit Berechnungen in die Observationsbücher und für Auftragung der einzelnen Stations- und Fixpunkte auf die Fundamentalrisse und für die Reinzeichnung, für jede Aufstellung	—	15	—	12	—
	b) findet dabei eine dauernde Festlegung der Stationspunkte nicht statt, so beträgt der Gebühren-Satz für jede Aufstellung . . .	—	10	—	10	—
	c) wenn bei den unter a und b erwähnten Theodolit-Aufnahmen der Theodolith in Grubenbauen von 20 und mehr Grad Neigung (donlägige Schächte, Ueberhaue, Bremsberge ꝛc.) aufgestellt werden muß, so wird für jede solche Aufstellung das Doppelte der im Vorstehenden angegebenen Sätze berechnet.					
	d) bei Rückwärtseinschnitten auf je 3 Punkte (Pothenoth'sches Verfahren) mittelst des Theodolithen, welche mit solchen Polygonmessungen in Verbindung ausgeführt werden, für jeden so bestimmten Punkt einschließlich der Koordinaten-Berechnung und Kartirung	—	—	—	55	—
	e) bei den unter a, b und c aufgeführten Theodolith-Aufnahmen werden überdies noch für die gemessene Länge des Polygonzweiges berechnet	10	4	—	1	6
14	Bei Triangulationen für das jedesmalige Anvisiren eines Punktes incl. Ablesen der Nonien	—	—	—	2	6
	Die Auswahl der Dreieckspunkte für die Triangulation, die Berechnung der Dreiecke, beziehungsweise der Koordinaten nebst der erforderlichen Kartirung wird nach Diäten bezahlt.					
15	Für eine nach der besten Methode ganz sorgfältig auszuführende Längenmessung, einschließlich der Controlmessung, nöthigenfalls unter Benutzung des Gradbogens, mit gleichzeitiger Aufnahme der Gebirgsschichten, des Fallens und der Mächtigkeit der Lagerstätten u. s. w. nebst den erforderlichen Kartirungen auf den Fundamentalrissen und den Reinzeichnungen	10	6	—	2	—
	Besteht der Zweck der Messung nur in der Ermittelung der Länge, z. B. bei Durchschlagsangaben	10	4	—	2	—

16. Messungen anderer Art oder mit anderen Instrumenten, als in Obigem vorgesehen sind, werden nach Diäten berechnet.

17. Beim Markscheiden in Grubenbetrieben mit schlagenden Wettern resp. bei Anwendung der Sicherheitslampe werden unter 1, 2, 3, 4, 6, 7, 11, 12, 13 und 15 die $1^1/_2$fachen und unter 1, 2, 3 und 4 bei 20 Grad Neigung und darüber die $2^1/_2$fachen Sätze berechnet.

18. Bei einem jeden Zuge werden die Längen, für welche gleiche Gebührensätze bestehen, zusammengerechnet und zur Rundung der Summe ist fallen zu lassen, was unter 5 Meter bleibt, wogegen 5 Meter und mehr für volle 10 Meter zu rechnen sind. In gleicher Art sind bei Nachtragungen der Grubenbilder u. s. w. die an einem Tage gezogenen Längen desselben Gebührensatzes zu summiren und abzurunden.

19. Das Copiren von Plänen aller Art ist nach folgenden Sätzen zu vergüten:

Innerhalb ihres Geschäftskreises haben die Oberbergämter die gesetzlichen Befugnisse und Verpflichtungen der Regierungen[401b]).

§. 191.

Gegen Verfügungen und Beschlüsse des Revierbeamten ist der Recurs an das Oberbergamt, gegen Verfügungen und Beschlüsse des letzteren der Recurs an den Handelsminister zulässig, insofern das Gesetz denselben nicht ausdrücklich ausschließt[402]).

Für 100 Quadrat-Centimeter des bezeichneten Raumes bei einem verjüngten Maßstabe von

$^1/_{500}$ — $^1/_{1000}$	der natürlichen Größe	. . 3	Sgr.	—	Pfg.
$^1/_{1000}$—$^1/_{2000}$	„ „ „	. . 4	„	6	„
$^1/_{2000}$—$^1/_{4000}$	„ „ „	. . 6	„	—	„
$^1/_{4000}$—$^1/_{5000}$	„ „ „	. . 7	„	6	„
$^1/_{5000}$—$^1/_{10000}$	„ „ „	. . 10	„	—	„

20. Copien, deren Maßstab größer oder kleiner als der des Originals ist, sind nach dem Original und zwar so zu berechnen, daß den für dieses geltenden Sätzen ein Viertel derselben zugesetzt wird.

21. Das Copiren auf Oelpapier oder durchsichtiger Leinwand wird mit der Hälfte des Satzes für das Copiren auf Zeichenpapier berechnet.

22. Für das Beziehen der Risse mit Netzlinien wird auf je 500 Quadrat-Centimeter,
a) wenn die Entfernung der Linien 3 Centimeter oder darunter beträgt . 1 Sgr. 6 Pfg.
b) wenn die Entfernung der Linien über 3 Centimeter beträgt . . . . 1 „ — „
berechnet.

23. Copien von Zeichnungen in anderen Maßstäben, wie oben vorgesehen, werden nach Diäten bezahlt.

24. Das Copiren und Nachtragen der amtlichen Riß-Exemplare wird ebenfalls nach Diäten bezahlt.

25. Sind Pläne theils nach vorhandenen Karten, theils nach neuen Aufnahmen anzufertigen, so wird die Uebertragung wie eine Copie, und die neue Aufnahme wie eine Nachtragung berechnet.

26. Bei den Diätensätzen für Arbeiten, welche nach Diäten ausgeführt worden, ist eine Arbeitsdauer von mindestens 8 Stunden vorausgesetzt.

27. Für das zu den Karten rc. zu verwendende Zeichenpapier der besten Qualität sind für 100 Quadrat-Centimeter 4 Pfennige, und wenn dasselbe auf Leinwand oder Kattun aufgezogen ist, 8 Pfennige zu vergüten. Auslagen für Buchbinder und andere Handwerker werden auf Grund der beizubringenden Rechnungen bezahlt. Andere Auslagen für Zeichen- und Schreibmaterialien werden nicht vergütet.

28. Hat der Markscheider die zu seiner Hülfe bei den Gruben- und Tagezügen oder beim Aufstellen von Signalstangen zum Zwecke der Aufnahmen nothwendigen Arbeiter selbst gestellt, so ist er berechtigt, die Löhne, welche er diesen Gehülfen zahlen muß, zu liquidiren. Die Schichtlöhne für die aus der Klasse der Arbeiter genommenen Gehülfen sollen das mittlere Häuerlohn um höchstens 25 Procent überschreiten dürfen. An Reisekosten können den Gehülfen für den Hin- und Rückweg 5 Sgr. pro Meile vergütet werden.

In Elsaß-Lothringen und in Braunschweig ist das Gewerbe der Markscheider freigegeben. Die Bergbehörde prüft die Befähigung des mit der Ausführung der Markscheiderarbeit Beauftragten lediglich im einzelnen Falle.

[401a]) Für die Ausbildung der zum Staatsdienste im Bergfache zugelassenen Personen sind die Prüfungsvorschriften vom 21. December 1871 ergangen. Vergl. Anm. 408.

[401b]) Vergl. die Zusätze zu §. 202.

[402]) §. 145, Al. 1.

§. 192.

Der Recurs muß binnen vier Wochen[402a]) vom Ablaufe des Tages, an welchem die Verfügung oder der Beschluß zugestellt oder sonst bekannt gemacht worden ist, eingelegt werden, widrigenfalls das Recursrecht erlischt[403]).

§. 193.

In den Fällen, wo nach dem gegenwärtigen Gesetze ein Beschluß des Oberbergamtes erforderlich ist, desgleichen gegen Verfügungen, welche eine Entscheidung zwischen streitenden Parteien enthalten, muß der Recurs innerhalb der im §. 192 bestimmten Frist bei derjenigen Behörde eingelegt werden, von welcher die beschwerende Entscheidung getroffen worden ist. Durch Einlegung bei einer anderen Behörde wird das Recursrecht nicht gewahrt[404]).

In den Fällen, wo eine Gegenpartei vorhanden ist, wird derselben die Recursschrift zur Beantwortung binnen einer vierwöchentlichen, vom Ablaufe des Tages der Behändigung beginnenden Frist mitgetheilt. Geht innerhalb dieser Frist die Beantwortung nicht ein, so werden die Verhandlungen ohne Weiteres zur Recursentscheidung eingesendet[405]).

§. 194.

Die bei den Bergbehörden in Bergbauangelegenheiten erwachsenden Kosten[406]) können von denjenigen Personen, welchen dieselben nach dem gegenwärtigen Gesetze zur Last fallen, im Wege der Verwaltungsexecution eingezogen werden[407]).

§. 195.

Die Bergbeamten des Staates[408]), deren Frauen und unter väterlicher Gewalt

---

402a) In denjenigen Angelegenheiten, in welchen das Oberbergamt auf Grund der Gewerbeordnung entscheidet, muß der Recurs binnen 14 Tagen gerechtfertigt werden. Gewerbeordnung §. 20 In Bayern beträgt die Recursfrist nach Art. 194 des Bergesetzes 15 Tage, in Sachsen-Meiningen (Art. 145) 10 Tage mit einer weiteren Rechtfertigungsfrist von 3 Wochen, in Sachsen-Gotha 10 Tage.

403) Für die Wahrung der Recursfrist ist lediglich die Zeit des Eingangs der Recursschrift bei der Behörde maßgebend, auch in dem Falle, wenn die Recursschrift mittelst recommandirten Briefes abgesandt und zwar der Empfangschein rechtzeitig bei der Behörde eingegangen, der Brief selbst aber erst am folgenden Tage nach Ablauf der Recursfrist ausgehändigt worden ist. — Recursbescheid vom 12. April 1866. (Zeitschrift für Bergrecht Bd. VII, S. 266.)

404) Das Recursrecht ist jedoch gewahrt, wenn die Behörde, bei welcher irrthümlich Recurs eingelegt ist, die Recursschrift dem Oberbergamte übersendet und dieselbe hier vor Ablauf der Frist präsentirt wird.

405) Verspätete Beantwortungen ebenso wie nachträgliche Ausführungen des Recurrenten, welche nach Ablauf der Frist eingehen sind zurückzugeben.

406) Gebühren werden für die bei den Berghörden verhandelten Verwaltungssachen nicht erhoben. Die in Bergwerksangelegenheiten erwachsenden Kosten bestehen daher in baaren Auslagen und Stempelkosten.

407) Vergl. die in der Anm. 384 angeführten Verordnungen.

408) Für die Beamten der Bergverwaltung gelten neben der singulären Vorschrift des §. 195 die allgemeinen Staatsdienergesetze (Allg. L.R. Th. II, Tit. 10. Disciplinargesetz vom 21. Juli 1852). Die Qualification der technischen Bergbeamten wird durch eine besondere Vorbereitung erworben.

stehenden Kinder können im Verwaltungsbezirke der ersteren durch Muthung keine Bergwerke oder Kuxe erwerben.

Zu solchen Erwerbungen durch andere Rechtsgeschäfte unter Lebenden ist die Genehmigung des Handelsministers erforderlich[409]).

Gesetz über die Handelskammern vom 24. Februar 1870. (G.S. S. 134)[409a]).

Wir Wilhelm von Gottes Gnaden, König von Preußen ꝛc. verordnen mit Zustimmung beider Häuser des Landtags für den ganzen Umfang der Monarchie was folgt:

Bestimmung und Errichtung der Handelskammern.

§. 1. Die Handelskammern haben die Bestimmung, die Gesammtinteressen der Handel- und Gewerbtreibenden ihres Bezirkes wahrzunehmen, insbesondere die Behörden in der Förderung des Handels und der Gewerbe durch thatsächliche Mittheilungen, Anträge und Erstattung von Gutachten zu unterstützen.

Nach den Vorschriften über die Befähigung zu den technischen Aemtern der Berg-, Hütten- und Salinenverwaltung vom 21. December 1871 (Zeitschr. f. d. Berg-, Hütten- und Salinenwesen Bd. XIX A. S. 44 ff.) finden zwei Prüfungen statt: die Referendariats- und die Assessorprüfung — von denen erst die zweite die Qualification zur Anstellung als Revierbeamter oder als technisches Mitglied eines Oberbergamtes gibt. Zum Eintritt in die Vorbereitung zum Staatsdienste wird das Zeugniß der Reife für die Universität oder das Abgangszeugniß von einer Realschule erster Ordnung erfordert (§. 2). Die Meldung erfolgt bei dem Oberbergamte (§. 4). Die Ausbildung zerfällt in 1. die einjährige Erlernung der practischen Handarbeiten, 2. ein dreijähriges Universitätsstudium, auf dessen Dauer der Besuch der Bergakademie zu Berlin und für die Dauer eines Jahres auch der Besuch anderer Bergakademien und polytechnischer Schulen angerechnet wird, 3. nach zurückgelegter Referendariatsprüfung die technische und geschäftliche Ausbildung als Referendar (2 Jahre) und endlich die zweite (Assessor-) Prüfung.

[409]) „Durch die Cabinetsordres vom 20. Januar 1806 und 2. November 1808 war den Bergbeamten, ihren Ehefrauen und unter väterlicher Gewalt stehenden Kindern der Besitz von Bergwerksvermögen unbedingt untersagt und dieses Verbot später auch auf die Betheiligung an Bergwerksactien ausgedehnt worden. Zur Aufrechthaltung des Verbots in dieser Ausdehnung liegt kein Grund mehr vor, seitdem die Bergbehörde auf die staatliche Oberaufsicht über den Privatbergbau beschränkt ist. Gegenwärtig würden Collisionen zwischen den Amtspflichten und den Privatinteressen des Bergbeamten hauptsächlich nur noch bei der unmittelbaren Erwerbung von Bergwerkseigenthnm zu befürchten sein, wenn demselben gestattet wäre, selbst oder durch seine nächsten Angehörigen innerhalb seines Verwaltungsbezirks Muthungen einzulegen und weiter zu verfolgen. Für diesen Fall ist deshalb das seitherige unbedingte Verbot im ersten Satze dieses Paragraphen aufrecht erhalten.

Das Vertrauen des Publikums in die Unparteilichkeit der Bergbeamten könnte unter Umständen aber auch erschüttert werden, wenn denselben unbeschränkt und unbedingt gestattet würde, innerhalb ihres Verwaltungsbezirks Bergwerke und Bergwerksantheile durch Kauf oder andere Rechtsgeschäfte unter Lebenden zu erwerben. Um diesem Uebelstande vorzubeugen, macht der zweite Satz des Paragraphen im Anschlusse an §. 138, Th. II, Tit. 16 A. L.R. die Rechtsgültigkeit solcher Erwerbungen von der Genehmigung des Handelsministers abhängig.

Erwerbungen von Todes wegen sind dagegen einer solchen Beschränkung nicht unterworfen.“ (Motive S. 106.)

[409a]) In den früheren Berggesetzentwürfen von 1848 und 1850 war die Bildung von besondern aus der Wahl der Bergbautreibenden hervorgehenden Gewerkenkammern vorgesehen. Der Entwurf von 1862, aus welchem das Allgemeine Berggesetz hervorgegangen ist, abstrahirte davon, weil die Möglichkeit vorliege, den Wirkungskreis der Handelskammern auf die Angelegenheiten des Bergbaus auszudehnen. Dies ist jetzt durch das Gesetz vom 24. Februar d. J. geschehen, über dessen Zustandekommen und Ausführung von der Heyden-Rynsch in der Zeitschr. f. Bergrecht Bd. XI, S. 153 f. berichtet.

§. 2. Die Errichtung einer Handelskammer unterliegt der Genehmigung des Handelsministers.

Bei Ertheilung dieser Genehmigung wird zugleich über die Zahl der Mitglieder und, wenn die Errichtung für einen über mehrere Orte sich erstreckenden Bezirk erfolgt, über den Sitz der Handelskammer Bestimmung getroffen.

Wahlberechtigung und Wählbarkeit.

§. 3. Zur Theilnahme an der Wahl der Mitglieder sind diejenigen Kaufleute und Gesellschaften berechtigt, welche als Inhaber einer Firma in dem für den Bezirk der Handelskammer geführten Handelsregister eingetragen stehen.

Mit Genehmigung des Handelsministers kann jedoch für einzelne Handelskammern nach Anhörung der Betheiligten bestimmt werden, daß das Wahlrecht außerdem durch die Veranlagung in einer bestimmten Klasse oder zu einem bestimmten Satze der Gewerbesteuer vom Handel bedingt sein soll.

§. 4. Zur Theilnahme an der Wahl der Mitglieder sind ferner berechtigt die im Bezirke der Handelskammer den Bergbau treibenden Alleineigenthümer oder Pächter eines Bergwerkes, Gewerkschaften und in anderer Form organisirten Gesellschaften — einschließlich derjenigen, welche innerhab der in den §§. 210, 211 des Allgemeinen Berggesetzes vom 24. Juni 1865 (Gesetz-Sammlung S. 749), im §. 1 des Gesetzes vom 22. Februar 1869 (Gesetz-Samml. S. 401) und im Art. XII der Verordnung vom 8. Mai 1867 (Gesetz-Samml. S. 603) bezeichneten Landestheile Eisenerz-, beziehungsweise Stein- oder Braunkohlenbergbau betreiben — insoweit die Jahresproduction einen von dem Handelsminister nach den örtlichen Verhältnissen für die einzelnen Handelskammern zu bestimmenden Werth oder Umfang erreicht.

Die fiscalischen Bergwerke sind von der Theilnahme an der Wahl ausgeschlossen.

§. 5. Die Wahlstimme einer Actiengesellschaft oder einer Genossenschaft darf nur durch ein im Handelsregister eingetragenes Vorstandsmitglied, die jeder anderen im §. 3 bezeichneten Gesellschaft nur durch einen ebendaselbst eingetragenen persönlich haftenden Gesellschafter, die einer Gewerkschaft oder anderen im §. 4 bezeichneten Gesellschaft nur durch den Repräsentanten oder ein Vorstandsmitglied, die einer Person weiblichen Geschlechts oder einer unter Vormundschaft oder Kuratel stehenden Person nur durch den im Handelsregister eingetragenen Prokuristen, abgegeben werden.

§. 6. Wer nach vorstehenden Bestimmungen (§§. 3—5) in demselben Handelskammer-Bezirke mehrfach stimmberechtigt ist, darf gleichwohl nur Eine Wahlstimme abgeben und hat sich, wenn er gleichzeitig in mehreren Wahlkreisen des Handelskammer-Bezirks (§. 10) stimmberechtigt ist, vor Ablauf der zu Einwendungen gegen die Wählerliste bestimmten Frist (§. 11) zu erklären, in welchem Wahlkreise er seine Stimme ausüben will.

§. 7. Zum Mitgliede einer Handelskammer kann nur gewählt werden, wer

1) das fünfundzwanzigste Lebensjahr zurückgelegt hat,
2) in dem Bezirk der Handelskammer seinen ordentlichen Wohnsitz hat,
3) a) in dem für den Bezirk der Handelskammer geführten Handelsregister entweder als Inhaber einer Firma oder als persönlich haftender, zur Vertretung einer Handelsgesellschaft befugter Gesellschafter, oder als Mitglied des Vorstandes einer Actiengesellschaft oder Genossenschaft eingetragen steht;
   b) oder bei einer der im §. 4 bezeichneten Bergbau-Unternehmungen im Bezirke der Handelskammer als Alleineigenthümer, Repräsentant oder Vorstandsmitglied betheiligt ist.

§. 8. Mehrere Gesellschafter oder Vorstandsmitglieder einer und derselben Gesellschaft dürfen nicht gleichzeitig Mitglieder derselben Handelskammer sein.

Diejenigen, über deren Vermögen der Concurs (Falliment) eröffnet ist, sind bis nach Abschluß dieses Verfahrens, und diejenigen, welche ihre Zahlungen eingestellt haben, während der Dauer der Zahlungseinstellung weder wahlberechtigt noch wählbar.

§§. 10—37. Wahlen, Beiträge, Geschäfte ꝛc.

Neunter Titel.

Von der Bergpolizei.

Erster Abschnitt.

Von dem Erlasse bergpolizeilicher Vorschriften.

§. 196.

Der Bergbau steht unter der polizeilichen Aufsicht der Bergbehörden.

Dieselbe erstreckt sich auf[410])

die Sicherheit der Baue[411]),

---

[410]) Die Gegenstände der Bergpolizei sind im §. 196 nicht vollständig aufgezählt. Sie erstreckt sich ferner auf:

1. den Schutz des Eigenthums gegen unerlaubte Mineralgewinnungen (G. v. 26. März 1856, oben S. 77),
2. das Verbot der Beschäftigung jugendlicher Arbeiter unter 12 resp. 16 Jahren in den Bergwerken (oben S. 177 ff.)
3. das Verbot des Trucksystems (oben S. 179 f.),
4. die Sonntagsfeier auf den Bergwerken.

Bei den ersten beiden Gegenständen ist die Zuständigkeit der Bergbehörden wohl nicht in Frage zu stellen (vergl. Anm. 195). Ebenso versteht es sich von selbst, daß die Frage, welche Arbeiten als Notharbeiten am Sonntage zu gestatten sind? nur von den Bergbehörden beantwortet werden kann. Der Erlaß der Minister für Handel und des Innern vom 25. April 1873 bestimmt, daß die Ertheilung der Erlaubniß zu Sonntagsarbeiten auf Bergwerken bei den Revierbeamten nachzusuchen ist. Diese haben sofern dies mit Rücksicht auf die schleunige Erledigung der Sache thunlich ist, vor der Entscheidung die Ortspolizeibehörde zur Aeußerung über den gestellten Antrag aufzufordern.

Außerdem soll durch gemeinschaftliche Verfügungen der Oberbergämter und der Regierungen festgestellt werden, welche Arbeiten ein für allemal als Notharbeiten auf allen Bergwerken oder auf einzelnen Bergwerken auch Sonntags ausgeführt werden dürfen.

Durch die in Folge dieser Verfügung von den Oberbergämtern und den Regierungen bezirksweise gemeinschaftlich erlassenen Polizeiverordnungen sind als solche Notharbeiten übereinstimmend folgende anerkannt worden:

1. der Betrieb und die Instandhaltung der Wasserhaltung und Wetterführung und die dazu erforderlichen Triebwerke und Dampfkessel,

2. die Wartung der Coksöfen, wobei jedoch ein Ausziehen nicht stattfinden darf,

3. alle nothwendigen Reparaturen in Schächten, Fahr-, Förder-, und Wetterstrecken, an Maschinen, Dampfkesseln und sonstigen Triebwerken, an Förderbahnen und Ladebühnen, sofern sie an den Werktagen ohne Unterbrechung des Betriebs nicht vorgenommen werden können,

4. alle Arbeiten aus deren Aufschiebung eine Gefahr für die im §. 196 bezeichneten Gegenstände zu befürchten ist.

[411]) Darunter sind nur die Grubenbaue verstanden. Die Bauten über Tage unterliegen

die Sicherheit des Lebens und der Gesundheit des Arbeiter,
den Schutz der Oberfläche[412]) im Interesse der persönlichen Sicherheit[413]) und des öffentlichen Verkehrs[414]),
den Schutz gegen gemeinschädliche Einwirkungen des Bergbaues[415]).

Dieser Aufsicht unterliegen auch die in den §§. 58 und 59 erwähnten Aufbereitungsanstalten, Dampfkessel und Triebwerke, sowie die Salinen[415a]).

§. 197.

Die Oberbergämter sind befugt, für den ganzen Umfang ihres Verwaltungsbezirks oder für einzelne Theile desselben Polizeiverordnungen über die im §. 196 bezeichneten Gegenstände zu erlassen[416]).

---

der Aufsicht der Baupolizeibehörden. Zu dergleichen Bauten ist daher der Bauconsens der Ortspolizeibehörde einzuholen.

[412]) Gegen bloße Beschädigungen des Grundeigenthumes und seiner Zubehörungen, mit denen eine Gefahr für die persönliche Sicherheit oder den öffentlichen Verkehr und eine gemeinschädliche Einwirkung nicht verbunden ist (Tagebrüche, Wasserentziehung u. dgl.), wird ein polizeilicher Schutz nicht gewährt, weil der Bergwerksbesitzer zu einer solchen Einwirkung auf den Grund und Boden berechtigt und zum Ersatze des angerichteten Schadens verpflichtet ist (§. 148).

[413]) Wenn der Bergbau ein bewohntes Gebäude gefährdet, welches dem §. 150 zuwider zu einer Zeit errichtet ist, wo die durch den Bergbau drohende Gefahr der Zerstörung vorausgesehen werden mußte, so darf die Bergbehörde den Abbau der unter dem Gebäude anstehenden Mineralien nicht auf Grund des §. 196 untersagen, weil sie dadurch die Rechte des Bergwerksbesitzers kränken würde. Die persönliche Sicherheit der Bewohner muß vielmehr in diesem Falle dadurch gewahrt werden, daß durch Vermittelung der Ortspolizeibehörde die Räumung des an gefährlicher Stelle erbauten Hauses bewirkt wird (Erlaß des Handelsministers an das Oberbergamt zu Breslau vom 7. Juli 1858).

[414]) Vergl. §§. 153—155.

[415]) Der Schutz gegen gemeinschädliche Einwirkungen wird in Bezug auf die in den §§. 58, 59 bezeichneten Anlagen durch das Concessions-Verfahren nach der Gewerbeordnung (oben S. 152) wahrgenommen, in welchem die Bedingungen und Vorkehrungen zur Vermeidung gemeinschädlicher Folgen zum voraus festgestellt werden. In Bezug auf die diesem Gesetze nicht unterworfenen Anlagen findet nur die Repression gegen bereits vorhandene Gefahren statt. Der Fall einer gemeinschädlichen Einwirkung des Bergbaues ist vorhanden, wenn der Schaden sich an solchen Gegenständen ereignet, die abgesehen von ihrem etwaigen Vermögenswerthe vom Gesichtspunkte des öffentlichen Interesses einen nicht in Gelde zu schätzenden Werth besitzen (Gesundbrunnen, Friedhöfe, Denkmäler u. dgl.), ferner wenn die drohende Beschädigung so ausgedehnt ist, daß ihr Ersatz außer Verhältniß zu den Mitteln des Bergwerksbesitzers steht, oder wenn die schädliche Einwirkung in ihren Folgen die öffentliche Sicherheit oder den Nationalwohlstand gefährdet, z. B. wenn einer ganzen Stadt oder einem Dorfe das Wasser entzogen wird.

[415a]) Die Berggesetze für Bayern Art. 197 und Elsaß-Lothringen §. 172 dehnen die polizeiliche Aufsicht der Bergbehörden auch auf unterirdische Steinbrüche und in Elsaß-Lothringen auch auf den vom Grundeigenthümer betriebenen Tagebau auf Eisenerze aus. Im Uebrigen enthält das bayerische Berggesetz in den Art. 197—214 zahlreiche, jedoch größtentheils redactionelle Abweichungen von den entsprechenden Vorschriften des preußischen Berggesetzes §§. 196—209. — Das Braunschweigische Berggesetz, welchem das Berggesetz für Elsaß-Lothringen folgt, modificirt die §§. 198. 199. 201 insofern, als die polizeilichen Anordnungen der Bergbehörde erster Instanz übertragen sind.

[416]) Die Befugniß der Oberbergämter zum Erlasse allgemeiner Polizeiverordnungen unterscheidet sich von der gleichartigen Befugniß der Regierungen (Gesetz über die Polizeiverwaltung vom 11. März 1850 G.S. S. 265) dadurch, daß die Verordnungen der Oberbergämter keine Straf-

Die Verkündigung dieser Verordnungen erfolgt durch das Amtsblatt der Regierungen, in deren Bezirk dieselben Gültigkeit erlangen sollen[417].

§. 198.

Tritt auf einem Bergwerke in Beziehung auf die im §. 196 bezeichneten Gegenstände eine Gefahr ein, so hat das Oberbergamt die geeigneten polizeilichen Anordnungen nach Vernehmung des Bergwerksbesitzers oder des Repräsentanten durch einen Beschluß zu treffen[418].

§. 199.

Ist die Gefahr eine dringende, so hat der Revierbeamte sofort und selbst ohne vorgängige Vernehmung des Bergwerksbesitzers oder des Repräsentanten die zur Beseitigung der Gefahr erforderlichen polizeilichen Anordnungen zu treffen, gleichzeitig aber dem Oberbergamte davon Anzeige zu machen.

Das Oberbergamt hat die getroffenen Anordnungen durch einen Beschluß zu bestätigen oder wieder aufzuheben. Vorher ist die Vernehmung der genannten Personen nachzuholen[419].

---

androhung enthalten. An die Stelle der speciellen Strafandrohung tritt die allgemeine Vorschrift des §. 208, welche die Uebertretung der gemäß §. 197 erlassenen Polizeiverordnungen mit Geldbuße bis zu 50 Thlr. bedroht.

[417]) Die Gültigkeit tritt nach §. 4 der Verordnung vom 28. März 1811 (G.S. S. 165) mit dem Anfange des 8. Tages vom Datum der Nummer des Amtsblattes ein, dieses Datum mit eingezählt.

[418]) Diese polizeilichen Anordnungen betreffen im Gegensatze zu §. 197 nur ein einzelnes Bergwerk. Sie verpflichten nur den Besitzer dieses Bergwerks und dessen Beamte und Arbeiter, sofern an letztere die Bekanntmachung gemäß §. 200 erfolgt ist. Soll auch nur für ein einzelnes Bergwerk eine Anordnung getroffen werden, welche das Publicum allgemein angeht (z. B. das Verbot, in dem Bereiche einer brennenden Grube zu schürfen oder Brunnen zu graben), so muß der Weg einer durch das Amtsblatt zu verkündenden Polizeiverordnung (§. 197) gewählt werden. Dagegen können Anordnungen für den Betrieb eines einzelnen Bergwerks, auch wenn sie bleibender Natur sind (z. B. Reglements über Vorkehrungen gegen schlagende Wetter, Fahrordnungen für die Seilfahrt u. dgl.), nach den Vorschriften der §§. 197 und 200 gültig erlassen und bekannt gemacht werden, ohne daß es einer durch das Amtsblatt verkündeten Verordnung bedarf. Es genügt die Bekanntmachung durch Eintragung in das Zechenbuch, durch Aushang und Verlesen.

Auch die speciellen Anordnungen enthalten in der Regel keine Strafandrohung, sondern nur die Hinweisung auf §. 208, welcher die Uebertretung der gemäß den §§. 198 und 199 getroffenen Anordnungen mit Geldbuße bis zu 50 Thlr. bedroht. Das Oberbergamt kann indeß in den geeigneten Fällen auch executivische Strafbefehle auf Grund des §. 48, Nr. 2 der Verordnung vom 28. December 1808 (Zusatz zu §. 202) erlassen.

[419]) Bis zur erfolgten Aufhebung bleibt die Verfügung des Revierbeamten in Kraft (§. 201). Die Uebertretung wird daher gemäß §. 208 bestraft, auch wenn nachträglich die Anordnung durch den Beschluß des Oberbergamtes aufgehoben wird.

Es ist nicht ersichtlich, aus welchem Grunde die in Fällen dringender Gefahr von den Revierbeamten getroffenen Anordnungen von Amtswegen einer nachträglichen Prüfung durch das Oberbergamt unterzogen werden sollen. Die Anordnungen des Revierbeamten werden in der Mehrzahl der Fälle Vorkehrungen betreffen, die nicht bleibender, sondern vorübergehender Natur sind und nicht wieder rückgängig gemacht werden können. Wo es sich um bleibende Vorkehrungen von größerer Tragweite handelt, reicht offenbar das Recht des Bergwerksbesitzers zur Beschwerdeführung (§. 191) aus.

§. 200.

Die Bekanntmachung der auf Grund der §§. 198 und 199 getroffenen polizeilichen Anordnungen an den Bergwerksbesitzer oder den Repräsentanten erfolgt durch Zustellung des Beschlusses des Oberbergamts, beziehungsweise der Verfügung des Revierbeamten[420]).

Die Bekanntmachung an den Betriebsführer und die Grubenbeamten wird von dem Revierbeamten oder auf dessen Anweisung durch Eintragung in das Zechenbuch bewirkt[421]), welches zu diesem Zwecke auf jedem Bergwerke gehalten werden muß.

Soweit eine Bekanntmachung an die Arbeiter erforderlich ist, geschieht dieselbe auf Anweisung des Revierbeamten durch Verlesen und durch Aushang auf dem Werke[422]).

§. 201.

In den Fällen des §. 199 muß mit der Ausführung der polizeilichen Anordnungen des Revierbeamten ohne Rücksicht auf die vorbehaltene oberbergamtliche Bestätigung oder Wiederaufhebung sofort begonnen werden.

Die Ausführung dieser Anordnungen wird durch Einlegung des Recurses nicht aufgehalten.

§. 202.

Werden die auf Grund der §§. 198 und 199 getroffenen polizeilichen Anordnungen nicht in der bestimmten Frist durch den Bergwerksbesitzer ausgeführt, so wird die Ausführung durch den Revierbeamten auf Kosten des Bergwerksbesitzers bewirkt[423]).

---

420) Die Zustellung muß gegen Insinuationsschein erfolgen, damit in dem Strafverfahren die erfolgte Bekanntmachung nachgewiesen werden kann.

421) Die Verbindlichkeit der getroffenen Anordnung für die Betriebsführer und Grubenbeamten und die Strafbarkeit der Uebertretung hängt von der Thatsache der Eintragung in das Zechenbuch allein ab. Es ist nicht der Nachweis erforderlich, daß der angeschuldigte Beamte den Vermerk gelesen hat. Die Eintragung in das Zechenbuch — wenn sie nicht von dem Revierbeamten an Ort und Stelle persönlich vorgenommen wird — erfolgt auf Grund der Anweisung des Oberbergamtes oder des Revierbeamten, welche in dem Beschlusse oder der Verfügung an den Bergwerksbesitzer oder den Repräsentanten (§§. 198, 199) ausdrücklich enthalten sein muß. Unterläßt der Bergwerksbesitzer dieser ausdrücklichen Anweisung zuwider die Eintragung, so tritt die Strafe des §. 207 ein.

422) Beide Arten der Publication — das Verlesen und der Aushang — müssen neben einander stattfinden. Dagegen bedarf es zur strafrechtlichen Verfolgung der von einem Arbeiter begangenen Uebertretung nicht des Nachweises, daß er der Verlesung beigewohnt oder den Aushang gelesen hat. Die Verlesung geschieht vor der versammelten Belegschaft bei der Einfahrt oder der Löhnung. Der Aushang muß an einem der Belegschaft zugänglichen Orte (in der Kaue oder Zechenstube) erfolgen.

423) Die Nichtbefolgung der auf Grund der §§. 198 und 199 getroffenen polizeilichen Anordnungen ist durch §§. 207 und 208 unter Strafe gestellt. Da jedoch in vielen Fällen die öffentliche Sicherheit die unverzügliche Ausführung der polizeilichen Anordnungen nothwendig macht, so muß die Behörde ermächtigt sein, unabhängig von der strafrechtlichen Verfolgung der Zuwiderhandlung, die Befolgung ihrer Verfügungen in den geeigneten Fällen unmittelbar zu erzwingen. Von den gesetzlichen Zwangsmitteln, welche den Polizeibehörden zu diesem Zwecke nach

Gesetz über die Polizeiverwaltung vom 11. März 1850. (G.S. S. 265).

§. 20. Die den Polizeibehörden nach den bisherigen Gesetzen zustehende Executionsgewalt wird durch die vorstehenden Bestimmungen nicht berührt.

Jede Polizeibehörde[424]) ist berechtigt, ihre polizeilichen Verfügungen durch Anwendung der gesetzlichen Zwangsmittel durchzusetzen.

Wer unterläßt, dasjenige zu thun, was ihm von der Polizeibehörde in Ausübung dieser Befugniß geboten worden, hat zu gewärtigen, daß es auf seine Kosten zur Ausführung gebracht werde — vorbehaltlich der etwa verwirkten Strafe und der Verpflichtung zum Schadensersatze.

Verordnung wegen verbesserter Einrichtung der Provinzial-Polizei und Finanzbehörden vom 26. December 1808. (G.S. 1806—10 S. 464).

§. 48. Bei Ausübung der ihnen verliehenen executiven Gewalt müssen die Regierungen zwar die in den Gesetzen vorgeschriebenen Grade beobachten; inzwischen sind dieselben befugt:

1) in Fällen, wo die verlangte Verpflichtung auch durch einen Dritten geleistet werden kann, solches nach fruchtlos gebliebener Aufforderung des Verpflichteten für dessen Rechnung bewirken, sowie ferner bei Lieferungen, wo es nicht gerade auf einzelne im Besitze des Verpflichteten sich befindende Stücke ankommt, die zu liefernden Gegenstände für dessen Rechnung anzukaufen und in beiden Fällen den Kostenbetrag von ihm executivisch beitreiben zu lassen;

2) Strafbefehle können die Regierungen im Wege des executivischen Verfahrens bis

---

§. 48 der Verordnung vom 26. December 1808 und nach §. 20 des Gesetzes vom 11. März 1850 zu Gebote stehen, erwähnt der §. 202 nur das erste, nämlich die Ausführung auf Kosten des Verpflichteten. Das zweite Zwangsmittel: die Verhängung von Geldstrafen bis zu 100 Thlr. oder vierwöchentlichem Gefängniß hat keine ausdrückliche Erwähnung gefunden, weil die allgemeine Strafandrohung der §§. 207, 208 in der Regel die Anwendung solcher executivischen Strafbefehle überflüssig macht. Dies ist jedoch keineswegs immer der Fall. Wenn z. B. der Revierbeamte die Einstellung eines gefährlichen Betriebspunktes (wegen drohenden Wasserdurchbruches, wegen Verletzung des Sicherheitspfeilers u. dgl.) anordnet so bietet die strafrechtliche Verfolgung unter Umständen keinen genügenden Schutz gegen die Uebertretung dieses Verbotes, weil vor der Erhebung der Anklage die Gefahr, welche verhindert werden soll, längst eingetreten sein kann. Ebensowenig kann der Revierbeamte seine Anordnung unmittelbar ausführen, ohne den Betrieb der ganzen Grube einzustellen, was weder zur Erreichung des beabsichtigten Zweckes erforderlich noch auch in der Regel ohne Gefahr für die Sicherheit der Baue sofort ausführbar ist. Das einzige Zwangsmittel, welches dem Zwecke genügt, besteht daher in executivischen Strafbefehlen, durch welche dem Bergwerksbesitzer und nach Befinden dem Betriebsführer, den Steigern und selbst den Arbeitern die Fortsetzung der gefährlichen Arbeit bei Vermeidung einer sofort zu vollstreckenden Geld- oder Gefängnißstrafe untersagt wird. Auch bei positiven Anordnungen ist häufig der Revierbeamte nicht in der Lage, die Ausführung auf Kosten des Bergwerksbesitzers zu bewirken; so z. B. wenn er beim Auftreten schlagender Wetter den Gebrauch von Sicherheitslampen anordnet. Auch in diesen Fällen muß deshalb unter Umständen ein Strafbefehl auf Grund des §. 48, Nr. 2 der Verordnung vom 26. December 1808 erlassen werden. Ueber die Frage, ob neben der Executivstrafe auch die Verurtheilung zu der in den §§. 207, 208 angedrohten Strafe erfolgen könne, vergl. Anm. 436.

[424]) Auch der Revierbeamte ist nach §. 20 cit. zur Anwendung der gesetzlichen Zwangsmittel befugt. Er bedarf dazu in denjenigen Fällen, in welchen er nach §. 199 zur Abwendung einer dringenden Gefahr selbstständige Anordnungen zu treffen hat, nicht der Anweisung oder der Ermächtigung des Oberbergamtes.

zur Summe von hundert Thalern oder vierwöchentlichem Gefängniß erlassen und vollstrecken[425];

3) Militärische Execution findet nur bei hartnäckigem Ungehorsam und wirklicher Widersetzlichkeit, nach fruchtlos gebliebener Civil-Execution und vorheriger Androhung statt.

Auch müssen die Regierungen vorher die Genehmigung der höheren Behörde nachsuchen oder derselben wenigstens gleichzeitig Anzeige machen, wenn bei der Sache Gefahr im Verzuge ist.

4) und 5) aufgehoben[426].

Es versteht sich übrigens von selbst, daß die Regierungen die Befugniß haben, zur Sicherstellung des zu erstattenden Kostenbetrages oder der Geldstrafe die nöthigen Vorkehrungen zu treffen[427].

§. 203.

Sobald auf einem Bergwerke eine Gefahr in Beziehung auf die im §. 196 bezeichneten Gegenstände eintritt, hat der Betriebsführer und im Verhinderungsfalle der denselben vertretende Grubenbeamte dem Revierbeamten Anzeige hiervon zu machen.

Zweiter Abschnitt.

Von dem Verfahren bei Unglücksfällen.

§. 204.

Ereignet sich auf einem Bergwerke unter oder über Tage ein Unglücksfall, welcher den Tod oder die schwere Verletzung[428] einer oder mehrerer Personen herbeigeführt hat, so sind die im §. 203 genannten Personen zur sofortigen Anzeige an den Revierbeamten und an die nächste Polizeibehörde[429] verpflichtet[430].

---

[425] Die Bekanntmachung des Strafbefehles erfolgt nach Vorschrift des §. 200 A. BG.

[426] Die Vollstreckung der festgesetzten executiven Geldstrafe erfolgt gegenwärtig nach den Executionsordnungen vom 24. November 1843, vom 30. Juni 1846, vom 30. Juli 1853 und vom 1. Februar 1858 (vergl. Anm. 383).

[427] Der Rechtsweg ist in Beziehung auf die polizeilichen Verfügungen der Oberbergämter und der Revierbeamten nur dann zulässig, wenn die Verletzung eines zum Privateigenthum gehörenden Rechtes behauptet wird und nur unter den nachfolgenden näheren Bestimmungen des Gesetzes vom 11. Mai 1842 (G.S. S. 192):

1) auf Grund eines speciellen Rechtstitels, welcher eine Befreiung von der polizeilich auferlegten Verpflichtung involvirt, mit voller jedoch nicht suspensiver Wirkung (§§. 2, 3),

2) ohne solche Befreiung nur über die zu leistende Entschädigung für den erfolgten Eingriff in das Privatrecht des Klägers (§. 4),

3) wegen gesetzwidriger oder unzulässiger Anordnungen findet die Regreßklage gegen den Beamten statt, sofern zuvor die Verfügung im Beschwerdewege von der vorgesetzten Verwaltungsbehörde aufgehoben ist (§. 6).

[428] Unter schweren Verletzungen sind solche Beschädigungen zu verstehen, welche eine Gefahr für das Leben des Verletzten oder einen bleibenden Nachtheil für seine Gesundheit oder seine Gliedmaßen besorgen lassen.

[429] An die Ortspolizeibehörde derjenigen Gemeinde oder des Gutsbezirks, in welchen das Bergwerk belegen ist.

[430] Die Uebertretung wird nach §. 207 bestraft.

§. 205.

Der Revierbeamte ordnet die zur Rettung der verunglückten Personen oder zur Abwendung weiterer Gefahr erforderlichen Maßregeln an[431].

Die zur Ausführung dieser Maßregel nothwendigen Arbeiter und Hülfsmittel hat der Besitzer des Bergwerks zur Verfügung zu stellen.

Die Besitzer benachbarter Bergwerke sind zur Hülfeleistung verpflichtet[432].

§. 206.

Sämmtliche Kosten für die Ausführung der im §. 205 bezeichneten Maßregeln trägt der Besitzer des betreffenden Bergwerks, vorbehaltlich des Regreßanspruchs gegen Dritte, welche den Unglücksfall verschuldet haben[433].

Reichsgesetz[434] betreffend die Verbindlichkeit zum Schadensersatze für die bei dem Betriebe von Eisenbahnen, Bergwerken ꝛc. herbeigeführten Tödtungen und Körperverletzungen. Vom 7. Juni 1871. (R.G.Bl. S. 207)[435].

Wir Wilhelm, von Gottes Gnaden Deutscher Kaiser, König von Preußen ꝛc., ver=

---

431) Auf diese Anordnungen finden die Vorschriften der §§. 199, 207, 208 Anwendung.

432) Die Uebertretung ist im §. 207 mit Geldbuße bis zu 50 Thlr. bedroht. Das Alinea 3 des §. 205 verpflichtet die Besitzer benachbarter Bergwerke zur Hülfeleistung bei den von dem Revierbeamten angeordneten Rettungsmaßregeln. Dr. Huyssen (Commentar S. 61) bemerkt mit Recht, daß in den Fällen, wo der Revierbeamte nicht schnell genug am Orte des Unglücks eintreffen kann, auch die Ortspolizei befugt ist, die Hülfe benachbarter Bergwerksbesitzer in Anspruch zu nehmen. Es findet in diesem Falle die Strafbestimmung des §. 360, Nr. 10 des Strafgesetzbuches vom 15. Mai 1871 Anwendung, welche lautet:

§. 360. „Mit Geldbuße bis zu fünfzig Thalern oder mit Haft wird bestraft:

10) wer bei Unglücksfällen oder gemeiner Gefahr oder Noth, von der Polizeibehörde oder deren Stellvertreter zur Hülfe aufgefordert, keine Folge leistet, obgleich er der Aufforderung ohne erhebliche eigene Gefahr genügen konnte."

Diese Strafbestimmung trifft nicht bloß die Bergwerksbesitzer, sondern auch die Arbeiter benachbarter Bergwerke, überhaupt alle Personen, welche von dem Revierbeamten oder von der Ortspolizeibehörde zur Hülfeleistung aufgefordert werden.

Daß die Hülfe auch ohne polizeiliche Aufforderung gewährt werden soll und wird, bedarf nicht der Bemerkung. Die Strafbarkeit der Weigerung setzt aber nach §. 205 und §. 340 cit. eine polizeiliche Aufforderung voraus. Uebrigens liegt kaum eine Veranlassung vor, die strafrechtlichen Folgen einer solchen Weigerung zu discutiren, da bei Unglücksfällen in Bergwerken so bereite Hülfe seitens der Arbeiter, wie seitens der Bergwerksbesitzer geleistet zu werden pflegt, daß den Polizeibehörden in der Regel nur die Aufgabe gestellt ist, die Rettungsarbeiten zu leiten und unbesonnenen und gefährlichen Rettungsversuchen zu wehren.

433) Die benachbarten Bergwerksbesitzer, welche Hülfe geleistet haben, müssen die aufgewendeten Kosten direct von dem Besitzer des betroffenen Bergwerks einziehen. Gegen den Staat oder gegen die Polizeibehörde, welche die Hülfsleistung angeordnet hat, findet kein Anspruch wegen dieser Kosten statt.

434) Das Haftpflichtgesetz ist in Elsaß=Lothringen durch das Gesetz vom 1. November 1872 eingeführt (G.=Bl. für Elsaß=Lothringen S. 769).

435) Aus der Literatur zu diesem Gesetze sind folgende Schriften zu erwähnen:

Dr. W. Endemann, Die Haftpflicht der Eisenbahnen, Bergwerke ꝛc. Berlin 1871.

Dr. Römer, in Goldschmidts Zeitschr. für das gesammte Handelsr. Neue Folge Bd. III S. 1.

Dr. Zimmermann in Siebenhaars Archiv. Neue Folge Bd. II, S. 18, Bd. III, S. 225.

ordnen im Namen des Deutschen Reichs nach erfolgter Zustimmung des Bundesrathes und des Reichstages was folgt:

§. 1. Wenn bei dem Betriebe einer Eisenbahn ein Mensch getödtet oder körperlich verletzt wird, so haftet der Betriebsunternehmer für den dadurch entstandenen Schaden, sofern er nicht beweist, daß der Unfall durch höhere Gewalt, oder durch eigenes Verschulden des Getödteten oder Verletzten verursacht ist.

§. 2. Wer ein Bergwerk, einen Steinbruch, eine Gräberei (Grube) oder eine Fabrik betreibt, haftet, wenn ein Bevollmächtigter oder ein Repräsentant, oder eine zur Leitung oder Beaufsichtigung des Betriebes oder der Arbeiter angenommene Person[436]) durch ein Verschulden in Ausführung der Dienstverrichtungen den Tod oder die Körperverletzung eines Menschen herbeigeführt hat, für den dadurch entstandenen Schaden.

§. 3. Der Schadensersatz (§. 1 und 2) ist zu leisten:

1) im Falle der Tödtung durch Ersatz der Kosten einer versuchten Heilung und der Beerdigung, sowie des Vermögensnachtheils, welchen der Getödtete während der Krankheit durch Erwerbsunfähigkeit oder Verminderung der Erwerbsfähigkeit erlitten hat. War der Getödtete zur Zeit seines Todes vermöge Gesetzes verpflichtet, einem Andern Unterhalt zu gewähren[437]), so kann dieser insoweit Ersatz fordern, als ihm in Folge des Todesfalles der Unterhalt entzogen worden ist.

2) im Falle einer Körperverletzung durch Ersatz der Heilungskosten und des Vermögensnachtheils, welchen der Verletzte durch eine in Folge der Verletzung eingetretene zeitweise oder dauernde Erwerbsunfähigkeit oder Verminderung der Erwerbsfähigkeit erleidet.

§. 4. War der Getödtete oder Verletzte unter Mitleistung von Prämien oder anderen Beiträgen durch den Betriebsunternehmer bei einer Versicherungsanstalt, Knappschafts-, Unterstützungs-, Kranken- oder ähnlichen Kasse gegen den Unfall versichert, so ist die Leistung der Letzteren an den Ersatzberechtigten auf die Entschädigung einzurechnen, wenn die Mitleistung des Betriebsunternehmers nicht unter einem Drittheil der Gesammtleistung beträgt[438]).

§. 5. Die in den §§. 1 und 2 bezeichneten Unternehmer sind nicht befugt, die Anwendung der in den §§. 1 bis 3 enthaltenen Bestimmungen zu ihrem Vortheile durch Verträge (mittelst Reglements oder durch besondere Uebereinkunft) im Voraus auszuschließen oder zu beschränken.

Vertragsbestimmungen, welche dieser Vorschrift entgegenstehen, haben keine rechtliche Wirkung.

§. 6. Das Gericht hat über die Wahrheit der thatsächlichen Behauptungen unter Berücksichtigung des gesammten Inhalts der Verhandlungen nach freier Ueberzeugung zu entscheiden.

Die Vorschriften der Landesgesetze über den Beweis durch Eid, sowie über die Beweiskraft öffentlicher Urkunden und gerichtlicher Geständnisse bleiben unberührt.

Ob einer Partei über die Wahrheit oder Unwahrheit einer thatsächlichen Be-

[436]) Das Verschulden eines gewöhnlichen Arbeiters begründet die Haftpflicht nicht. Als Personen, welche zur Beaufsichtigung des Betriebes angenommen sind, gelten jedoch auch Anschläger, Signalgeber, Maschinenwärter und die zur Untersuchung der Wetter oder zum Anzünden der Schüsse besonders ausgewählten Vormänner.

[437]) Die gesetzliche Alimentationspflicht erstreckt sich auf die Ehefrau, die Kinder bis zur erlangten Erwerbsfähigkeit und die hülfsbedürftigen Ascendenten, nach preußischem Rechte (A.L.R. Th. II, Tit. III, §. 14) auch auf hülfsbedürftige Geschwister, nach französischem Rechte (Code Nap. Art. 206) auch auf hülfsbedürftige Schwiegereltern.

[438]) Dies ist bei den Knappschaftskassen stets der Fall, da der Beitrag des Werksbesitzers nach §. 175 mindestens die Hälfte der Beiträge der Arbeiter oder ein Drittheil der ganzen Leistung ausmacht.

hauptung noch ein Eid aufzulegen, sowie ob und inwieweit über die Höhe des Schadens eine beantragte Beweisaufnahme anzuordnen oder Sachverständige mit ihrem Gutachten zu hören, bleibt dem Ermessen des Gerichts überlassen.

§. 7. Das Gericht hat unter Würdigung aller Umstände über die Höhe des Schadens sowie darüber, ob, in welcher Art und in welcher Höhe Sicherheit zu bestellen ist, nach freiem Ermessen zu erkennen. Als Ersatz für den zukünftigen Unterhalt oder Erwerb ist, wenn nicht beide Theile über die Abfindung in Kapital einverstanden sind, in der Regel[439]) eine Rente zuzubilligen.

Der Verpflichtete kann jederzeit die Aufhebung oder Minderung der Rente fordern, wenn diejenigen Verhältnisse, welche die Zuerkennung oder Höhe der Rente bedingt hatten, inzwischen wesentlich verändert sind. Ebenso kann der Verletzte, dafern er den Anspruch auf Schadenersatz innerhalb der Verjährungsfrist (§. 8) geltend gemacht hat, jederzeit die Erhöhung oder Wiedergewährung der Rente fordern, wenn die Verhältnisse, welche für die Feststellung, Minderung oder Aufhebung der Rente maßgebend waren, wesentlich verändert sind[440]). Der Berechtigte kann auch nachträglich die Bestellung einer Sicherheit oder Erhöhung derselben fordern, wenn die Vermögensverhältnisse des Verpflichteten inzwischen sich verschlechtert haben,

§. 8. Die Forderungen auf Schadenersatz (§§. 1—3) verjähren in zwei Jahren vom Tage des Unfalls an. Gegen denjenigen, welchem der Getödtete Unterhalt zu gewähren hatte (§. 3, Nr. 1), beginnt die Verjährung mit dem Todestage[441]). Die Verjährung läuft auch gegen Minderjährige und diesen gleichgestellte Personen von denselben Zeitpunkten an mit Ausschluß der Wiedereinsetzung[442]).

§. 9. Die Bestimmungen der Landesgesetze, nach welchen außer den in diesem Gesetze vorgesehenen Fällen der Unternehmer einer in den §§. 1 und 2 bezeichneten Anlage oder eine andere Person, insbesondere wegen eines eigenen Verschuldens, für den bei dem Betriebe der Anlage durch Tödtung oder Körperverletzung eines Menschen entstandenen Schaden haftet, bleiben unberührt[443]).

Die Vorschriften der §§. 3, 4, 6 bis 8 finden auch in diesen Fällen Anwendung, jedoch unbeschadet derjenigen Bestimmungen der Landesgesetze, welche dem Beschädigten einen höheren Ersatzanspruch gewähren.

---

[439]) Der Richter darf von dieser Regel nicht willkürlich abweichen, schon weil er dadurch den Anspruch des Unternehmers auf eventuelle Herabsetzung der zuerkannten Rente verletzen würde. Eine Kapitalabfindung kann deshalb gegen den Willen des Unternehmers nur unter bestimmten Voraussetzungen zuerkannt werden, z. B. wenn eine Tochter des Getödteten sich verheirathen will und eine Ausstattung beansprucht.

[440]) Das Urtheil erlangt folglich wenn eine Rente zuerkannt ist, die Rechtskraft nur in Bezug auf die Ersatzverbindlichkeit überhaupt, nicht in Bezug auf den Betrag.

[441]) Für die Unterbrechung der Verjährung sind die Landesgesetze maßgebend. Beginnt die Verjährung nach der Unterbrechung von Neuem, so läuft sie ebenfalls mit der zweijährigen Frist des §. 8 ab. Nur die durch richterliches Urtheil zuerkannte Abfindung unterliegt der ordentlichen dreißigjährigen Verjährung. Im Falle eines Vergleiches tritt dagegen die zweijährige Verjährung ein.

[442]) Alle Privilegien der Minderjährigen und der gleich begünstigten physischen und juristischen Personen sind ausgeschlossen. Dies gilt auch von den Unmündigen und von den nicht bevormundeten Minderjährigen, während sonst Erstere nach römischem, Letztere nach preußischem Rechte gegen jede Klageverjährung geschützt sind.

[443]) Dies gilt namentlich von der Vorschrift des Code Napoléon Art. 1384, welche nach der gewöhnlichen Auslegung den Bergwerksbesitzer für die beschädigenden Handlungen nicht blos der Betriebsbeamten sondern auch der Bergleute verantwortlich macht. Streitig ist dabei übrigens ob die Verantwortlichkeit auch besteht, wenn durch das Verfahren des Arbeiters seine Mitarbeiter beschädigt werden. Vergl. Achenbach in der Zeitschrift für Bergrecht. Bd. IX, S. 104 f., S. 410 f.

§. 10. Die Bestimmungen des Gesetzes, betreffend die Errichtung eines obersten Gerichtshofes für Handelssachen, vom 12. Juni 1869, sowie die Ergänzungen desselben, werden auf diejenigen bürgerlichen Rechtsstreitigkeiten ausgedehnt, in welchen durch die Klage oder Wiederklage ein Anspruch auf Grund des gegenwärtigen Gesetzes oder der in §. 9 erwähnten landesgesetzlichen Bestimmungen geltend gemacht wird[443a]).

Dritter Abschnitt.

Von den Uebertretungen bergpolizeilicher Vorschriften.

§. 207.

Uebertretungen der Vorschriften in den §§. 4, 10, 66, 67, 69, 71, 72, 73, 74, 80, 85, 93, 163, 200, 201, 203, 204 und 205 werden mit Geldbuße bis zu fünfzig[443b]) Thalern bestraft[444]).

In den Fällen der §§. 67 und 69, sowie 73 und 74 tritt diese Strafe auch dann ein, wenn auf Grund der §§. 70 und 75 der Betrieb von der Bergbehörde eingestellt wird.

§. 208.

Uebertretungen der von den Bergbehörden bereits erlassenen[445]), sowie der von den Oberbergämtern auf Grund des §. 197 noch zu erlassenden Polizeiverordnungen unterliegen der Strafe des §. 207.

Dieselbe Strafe findet bei Uebertretungen der auf Grund der §§. 198 und 199 getroffenen polizeilichen Anordnungen Anwendung[446]).

[443a]) Das Reichsoberhandelsgericht entscheidet in letzter Instanz an Stelle des obersten Gerichtshofes des betreffenden Landes, also für Preußen an Stelle des Obertribunals über die Rechtsmittel der Revision und Nichtigkeitsbeschwerde, beziehungsweise über den Cassationsrecurs des rheinischen Rechtes. Diese Bestimmung soll die einheitliche Anwendung des neuen Gesetzes, welches viel singuläres Recht enthält, im ganzen Reiche sichern.

[443b]) Das bayerische Berggesetz Art. 206, 208, 209 droht Strafen bis zu 150 Gulden an, wobei zugleich die einzelnen Uebertretungen unter Verweisung auf die früheren Artikel nochmals specificirt werden.

[444]) Das Strafgesetzbuch bestimmt:

§. 27. Der Mindestbetrag der Geldstrafe ist bei Verbrechen und Vergehen Ein Thaler, bei Uebertretungen ein Dritttheil Thaler.

§. 28. Eine nicht beizutreibende Geldstrafe ist in Gefängniß und wenn sie wegen einer Uebertretung erkannt ist, in Haft umzuwandeln — —.

§. 29. Bei Umwandlung einer wegen eines Verbrechens oder Vergehens erkannten Geldstrafe ist der Betrag von Einem bis fünf Thalern, bei Umwandlung einer wegen Uebertretung erkannten Geldstrafe der Betrag von einem Dritttheil bis zu fünf Thalern einer eintägigen Freiheitsstrafe gleich zu achten.

Der Mindestbetrag der an Stelle einer Geldstrafe tretenden Freiheitsstrafe ist Ein Tag, ihr Höchstbetrag bei Haft sechs Wochen, bei Gefängniß Ein Jahr — —.

[445]) Die Strafe des §. 207 tritt also an die Stelle der in den früheren Polizeiverordnungen angedrohten Strafen, gleichviel, ob dieselben höher oder niedriger bemessen waren. Läßt die ältere Polizeiverordnung zwischen Geldbuße und Freiheitsstrafe die Wahl, so kann jetzt gleichwohl nach §. 207 nur noch auf Geldbuße und subsidiarische Gefängnißstrafe erkannt werden.

[446]) Wenn die Befolgung der Anordnung durch executivische Strafbefehle (Anm. 433) erzwungen

§. 209.

Ueber die Uebertretungen der bergpolizeilichen Vorschriften (§§. 207 und 208) sind von dem Revierbeamten Protokolle aufzunehmen[447]).

Diese Protokolle werden der Staatsanwaltschaft zur Verfolgung übergeben[448]).

Die Entscheidung[449]) steht den ordentlichen Gerichten zu[450]). Dieselben haben hierbei nicht die Nothwendigkeit oder Zweckmäßigkeit, sondern nur die gesetzliche Gültigkeit[451]) der von den Bergbehörden erlassenen polizeilichen Vorschriften zu prüfen.

---

ist, so findet wegen des Uebertretungsfalles, wegen dessen eine executivische Geldbuße oder Gefängnißstrafe festgesetzt ist, eine gerichtliche Verfolgung auf Grund des §. 208 nach dem Grundsatze: ne bis in idem, nicht mehr statt.

[447]) Das aufzunehmende Protokoll muß nach §. 128 der Allg. Gerichtsordnung, Th. I, Tit. 10:

1) das Datum und den Ort der Aufnahme, die Benennung sämmtlicher anwesenden Interessenten nebst einer deutlichen und vollständigen Erzählung der Verhandlung selbst enthalten;
2) muß erhellen, daß das Protokoll den Interessenten vorgelesen und von ihnen genehmigt worden ist;
3) muß dasselbe von den Parteien eigenhändig unterzeichnet oder mit den in ähnlichen Fällen statt der Unterschrift zugelassenen Zeichen (Kreuzen u. dgl.) bemerkt sein. Wenn die Unterschrift des Protokolles von einem der anwesenden Interessenten verweigert wird, so soll er über die Gründe der Weigerung vernommen und diese in das Protokoll aufgenommen werden;
4) muß der Revierbeamte bei seiner Unterschrift den Amtscharakter beifügen.

[448]) Die Geschäfte des Staatsanwaltes werden im Bezirke des Appellationsgerichtshofes zu Köln von dem Polizeicommissar oder dem Bürgermeister des Ortes wahrgenommen, in welchem das zuständige Polizeigericht seinen Sitz hat (Code d'instruction criminelle Art. 20), in der übrigen Monarchie von dem gemäß §. 28 der Verordnung vom 3. Januar 1849 (G.S. S. 14) für das betreffende Gericht ernannten Polizeianwalte.

[449]) Die vorläufige Straffestsetzung, welche den Revierbeamten als Polizeiverwaltern auf Grund des Gesetzes vom 14. Mai 1852 in den rechtsrheinischen Provinzen bisher zustand, findet nicht mehr statt.

[450]) Im Bezirke des Appellationsgerichtes zu Köln den Polizeigerichten, in der übrigen Monarchie den bei dem zuständigen Gerichte zur Verwaltung der Polizeigerichtsbarkeit ernannten Einzelrichtern (Einführungsgesetz zum Strafgesetzbuche vom 14. April 1851, Art. XIII, XIV).

[451]) Die gesetzliche Gültigkeit der allgemeinen Polizeiverordnungen (§§. 197, 208) ist nach den zur Zeit ihres Erlasses gültigen Regeln zu beurtheilen. Die Gesetzgebung hat in Bezug auf die Competenz zum Erlasse allgemeiner Strafvorschriften im Gebiete der Bergpolizei bis zum Erlasse des Allg. Berggesetzes mehrfach gewechselt:

1) Bis zum Erlasse des Gesetzes über die Polizeiverwaltung vom 11. März 1850 stand die Ausübung des im §. 6, Tit. 13, Th. II Allg. Landrechts gedachten Majestätsrechtes, allgemeine Polizeiverordnungen zu erlassen, verfassungsmäßig den Verwaltungsministerien zu, welche ermächtigt waren, polizeiliche Anordnungen und Strafbestimmungen innerhalb der Grenzen der polizeilichen Strafgewalt (Geldbuße bis zu 100 Thlr., Gefängnißstrafe bis zu 4 Wochen. — Verordnung vom 28. December 1808 §. 48) zu erlassen und deren Erlaß von Seiten der Provinzialbehörden zu genehmigen (Staatsministerialbeschluß vom 7. Januar 1845, Justiz-Min.-Bl. S. 34). Die Gültigkeit der in dieser Periode erlassenen Strafvorschriften hängt also davon ab, daß sie von dem Verwaltungsminister oder unter Bezugnahme auf dessen Genehmigung erlassen sind. Die Publication erfolgte durch das Regierungsamtsblatt (Verordnung vom 28. März 1811, G.S. S. 165).

Zehnter Titel.
Provinzialrechtliche Bestimmungen.

§. 210.

In denjenigen Landestheilen, in welchen das unter dem 19. April 1844 publizirte Provinzialrecht für Westpreußen Anwendung findet[452]), sind nur Steinsalz und Soolquellen den Bestimmungen des gegenwärtigen Gesetzes unterworfen.

Auf den Braunkohlenbergbau in diesen Landestheilen sollen jedoch der dritte Abschnitt des dritten Titels (von den Bergleuten), der siebente Titel (von den Knappschaftsvereinen) und der neunte Titel (von der Bergpolizei) Anwendung finden[453]).

Gesetz wegen Aufhebung des Preußischen Landrechts vom Jahre 1721 und der Instruction für die Westpreußische Regierung vom 21. September 1773 in den jetzt zur Provinz Pommern gehörenden vormals Westpreußischen Landestheilen, vom 4. August 1865. (G.S S. 873).

Artikel I.

In folgenden zur Provinz Pommern gehörigen Landestheilen[454]):

---

2) Vom 11. März 1850 bis zum Erlasse des Gesetzes über die Competenz der Oberbergämter vom 10. Juni 1861 (G.S. S. 425) war der Erlaß allgemeiner Strafvorschriften außer den Ortspolizeibehörden den Regierungen vorbehalten. Das Maximum der anzudrohenden Strafe betrug 10 Thlr. Geldbuße. Die Publication erfolgte durch das Regierungsamtsblatt (Gesetz vom 11. März 1850 §§. 5, 6, 11, 12). Nach dem Erlasse des Ministers des Innern vom 19. März 1856 sollten die Polizeiverordnungen über bergpolizeiliche Gegenstände von den Oberbergämtern gemeinschaftlich mit den betreffenden Regierungen erlassen werden.

3) Das Gesetz vom 10. Juni 1861 §§. 8—11 übertrug den Oberbergämtern die Befugniß zum Erlasse von allgemeinen Strafvorschriften in dem durch §. 9 bestimmten Gebiete der Bergpolizei in demselbem Umfange, in welchem die Regierungen dasselbe nach dem Gesetze vom 11. März 1850 besitzen. Die Publication erfolgte durch das Regierungsamtsblatt.

Für die Verbindlichkeit aller vor dem Allg. Berggesetze erlassenen bergpolizeilichen Vorschriften ist wesentlich, daß in denselben eine Strafandrohnng enthalten ist, weil dieselbe nach der bisherigen Gesetzgebung zur strafrechtlichen Gültigkeit der Polizeiverordnungen nothwendig gehörte. Ist dies Requisit auch für die künftigen Bergpolizeiverordnungen weggefallen und tritt die allgemeine Strafandrohung des §. 207 an die Stelle der früher speciell angedrohten Strafen, so haben doch gleichwohl die früher ohne Strafandrohung von den Ministern und den Oberbergämtern erlassenen Instructionen und allgemeinen Vorschriften dadurch nicht den Charakter von Strafvorschriften erlangt, der ihnen bei ihrem Erlasse nicht beiwohnte.

[452]) Das Provinzialrecht für Westpreußen ist nach dem Publicationspatente vom 19. April 1844 §§. 1, 2 (G.S. S. 103) erlassen für diejenigen, jetzt zur Provinz Preußen gehörigen Landestheile, welche im Jahre 1806 zur Westpreußen gerechnet wurden, mit Einschluß des Thorner Kreises in seiner gegenwärtigen Begrenzung. Ausgenommen sind nach §. 2 die zu dem früheren Marienwerderschen landräthlichen Kreise gehörigen Landestheile, sowie die Stadt Danzig und deren Gebiet, wie solches im Jahre 1793 mit der Monarchie vereinigt worden. (Das ist das sogenannte alte Gebiet, verschieden von dem etwas größeren sogenannten neuen Gebiet, welches der Stadt Danzig in dem Tilsiter Frieden 1807 beigelegt wurde.)

[453]) Der achte Titel (von den Bergbehörden), insbesondere die §§. 191—193, ferner die §§. 66, 67, 69, 71, 72, 73 und 74 aus dem zweiten Abschnitte des dritten Titels finden ebenfalls Anwendung, weil solche in den Bestimmungen des siebenten und des neunten Titels in Bezug genommen werden.

1. in den Kreisen Lauenburg und Bütow,
2. in den Kreisen Belgard, Dramburg und Neustettin belegenen Ortschaften, welche früher zu Westpreußen gehört haben,

werden:

a) das Preußische Landrecht von 1721,
b) die Instruction für die Westpreußische Regierung vom 21. September 1773,

soweit solche noch in Kraft sind, mit dem 1. October 1865 aufgehoben.

Artikel III.

I. Der im Artikel I angeordneten Aufhebung ungeachtet bleiben die nachfolgenden Bestimmungen des bisherigen Provinzialrechtes in nachstehender Fassung in Kraft:

1—7 (betreffen verschiedene Fälle der civilrechtlichen Occupation.)

II. Die m §. 210 des Allgemeinen Berggesetzes vom 24. Juni 1865 für den Geltungsbereich des Provinzialrechtes für Westpreußen getroffenen Bestimmungen sind auch für die im Artikel I benannten Landestheile maßgebend.

§. 211.

Von den Bestimmungen des gegenwärtigen Gesetzes sind ausgenommen die Eisenerze[455])

1. in dem Herzogthum Schlesien und der Grafschaft Glatz[456]),[457]).
2. in Neuvorpommern und der Insel Rügen und
3. in den Hohenzollernschen Landen.

§. 212.

Die Besitz- und Rechtsverhältnisse bei Stein- und Braunkohlen:

1. in den vormals zum Königreiche Sachsen gehörigen Landestheilen der Provinz

---

[454]) In diesen Landestheilen gilt das Westpreußische Provinzialrecht von 1844 nicht. Sie sind daher unter der Bestimmung des §. 210 ursprünglich nicht begriffen, sondern letztere ist erst durch Art. III auf die in Art. I cit. aufgeführten Landestheile ausgedehnt worden.

[455]) „Nach §. 1 sind künftig die Raseneisenerze allgemein von dem Berggesetze ausgeschlossen. Durch §. 211 wird außerdem in den näher bezeichneten Landestheilen, in welchen schon jetzt die Eisenerze nicht zu den Gegenständen des Bergregals gehören, dieser Rechtszustand aufrecht erhalten. Für das vormalige Herzogthum Schlesien und die Grafschaft Glatz beruht dieses Ausnahmeverhältniß auf Cap. I, §. 1 der Schlesischen Bergordnung vom 5. Juni 1769.

In Neuvorpommern und auf der Insel Rügen fehlen hinreichende gesetzliche Grundlagen für die Regalität der Eisenerze, weshalb dieselbe dort seitens des Staates nicht in Anspruch genommen wird.

Dasselbe Rechtsverhältniß besteht in den Hohenzollernschen Landen, wo insbesondere die Bohnerze einen nicht unwichtigen Gegenstand der Ausbeutung durch den Grundeigenthümer bilden.“ (Motive S. 114.)

[456]) Auch auf manganhaltige Eisenerze findet in Schlesien keine Muthung statt, weil dieselben nur zur Eisenerzeugung, nicht zur Verwendung als Manganerze dienen können. Vergl. (Zeitschr. f. Bergr. Bd. VII S. 309 ff. Bd. VIII S. 495 ff) Eine abweichende Praxis beobachtet das Oberbergamt zu Bonn, indem dasselbe manganhaltige Eisenerze als Manganerze behandelt und verleiht, sofern der Mangangehalt den Eisengehalt des Erzes übersteigt, obgleich das Erz zur Erzeugung eines manganhaltigen Eisens, nicht zur Darstellung von Sauerstoff verwendet werden kann.

[457]) Ein Gesetzentwurf, welcher den Eisenerzbergbau in Schlesien den Vorschriften des Tit. III, Absch. 3, Tit. VII, VIII und IX des Berggesetzes unterwirft, befindet sich in der Vorbereitung.

Sachsen, mit Ausschluß der Grafschaften Mansfeld und Barby, des Amtes Gommern und der standesherrlichen Gebiete der Grafen von Stolberg-Stolberg und von Stolberg-Roßla.

2. in den vormals zum Königreiche Sachsen gehörigen Landestheilen der Provinz Brandenburg, insbesondere in der Standesherrschaft Baruth und den Aemtern Jüterbogk, Dahme, Belzig und Rabenstein nebst enclavirten ritterschaftlichen Orten, sowie in den vormals zum Kreise Wittenberg gehörigen Orten Blankensee und Stangenhagen,
3. in dem Markgrafenthum Oberlausitz,
4. in dem Markengrafenthum Niederlausitz, mit Einschluß der Herrschaft Sonnenwalde, sowie der Aemter Dobrilugk, Finsterwalde und Senftenberg,

sollen wie bisher aufrecht erhalten werden.

§. 213.

Für die im §. 212 genannten Landestheile kommen der dritte Abschnitt des drittes Titels, der siebente und der neunte Titel des gegenwärtigen Gesetzes in Anwendung.

Das Mandat vom 19. August 1743, das Regulativ vom 19. October und 13. November 1843 und das Gesetz vom 1. Juni 1861 (Gesetzsamml. für 1861 S. 353 ff.) bleiben in Kraft[458]).

Gesetz betreffend die Rechtsverhältnisse des Stein- und Braunkohlen-Bergbaues in denjenigen Landestheilen, in welchen das Kurfürstlich Sächsische Mandat vom 29. August 1743 Gesetzeskraft hat. Vom 22. Februar 1869.

Wir Wilhelm, von Gottes Gnaden König von Preußen ꝛc. verordnen mit Zustimmung beider Häuser des Landtages was folgt:

§. 1. In den nachbenannten Landestheilen, nämlich:

1) in den vormals zum Königreich Sachsen gehörigen Landestheilen der Provinz Sachsen, mit Ausschluß der Grafschaften Mansfeld und Barby und der standesherrlichen Gebiete der Grafen von Stolberg-Stolberg und Stolberg-Roßla,
2) in den vormals zum Königreich Sachsen gehörigen Landestheilen der Provinz Brandenburg, insbesondere in der Standesherrschaft Baruth und den Aemtern Jüterbogk, Dahme, Belzig und Rabenstein nebst enclavirten ritterschaftlichen Orten, sowie in den vormals zum Kreise Wittenberg gehörigen Orten Blankensee und Stangenhagen,
3) in dem Markgrafenthum Oberlausitz,
4) in dem Markgrafenthum Niederlausitz, mit Einschluß der Herrschaft Sonnenwalde, sowie der Aemter Dobrilugk, Finsterwalde und Senftenberg,

unterliegen die Stein- und Braunkohlen fernerhin lediglich dem Verfügungsrechte des Grundeigenthümers.

Die bestehenden Berechtigungen zum Betriebe des Stein- oder Braunkohlenbergbaues bleiben jedoch aufrecht erhalten. Gründet sich die Berechtigung auf eine zur Gewinnung der Stein- oder Braunkohlen auf fremdem Grund und Boden ertheilte Concession des Staates, so kommen hinsichtlich der Verbindlichkeit zum Betriebe und der Aufhebung der Concession die Vorschriften der §§. 65 und 156 bis 164 des Allgemeinen Berggesetzes vom 24. Juni 1865 in Anwendung.

---

[458]) Die §§. 212 und 213 sind durch das folgende Gesetz vom 22. Februar 1869 aufgehoben.

§. 2. Das Recht zum Stein- oder Braunkohlen-Bergbau kann von dem Eigenthume an dem Grundstücke, in welchem die Stein- und Braunkohlen anstehen, abgetrennt und als eine stelbstständige Gerechtigkeit sowohl dem Grundeigenthümer selbst, als auch dritten Personen zustehen.

Die Eigenschaft einer selbstständigen Gerechtigkeit erlangt dasselbe entweder

1) durch die gerichtliche oder notarielle Erklärung des Grundeigenthümers, daß das Abbaurecht von dem Eigenthume an dem Grundstücke oder einem Theile desselben in Zukunft abgetrennt sein solle, oder
2) durch die in gleicher Form bewirkte gesonderte Veräußerung des Abbaurechts an dritte Personen.

Einer derartigen gerichtlichen oder notariellen Erklärung oder dem in gleicher Form abgeschlossenen Veräußerungsvertrage muß ein Situationsriß beigefügt sein, auf welchen die Vorschriften des §. 17 des Allgemeinen Berggesetzes vom 24. Juni 1865, mit Ausschluß jedoch der Bestimmung über die Angabe des Fundpunktes, zur Anwendung kommen[459]).

§. 3. Die bei Erlaß dieses Gesetzes nach §. 1 bestehenden Kohlenabbau-Gerechtigkeiten, sowie diejenigen Kohlenabbau-Gerechtigkeiten, welche gemäß §. 2 von dem Grundeigenthum abgetrennt worden sind, haben die Eigenschaft unbeweglicher Sachen und können in das Hypothekenbuch eingetragen werden.

§. 4. Es finden auf dieselben hinsichtlich der Veräußerung, der Verpfändung und des Arrestes, sowie in Bezug auf die Subhastation, den Konkurs und die Rangordnung der Gläubiger die gesetzlichen Bestimmungen Anwendung, welche in dieser Beziehung für verliehenes 'Bergwerkseigenthum gelten.

§. 5. Für die Führung des Hypothekenbuches sind die allgemeinen gesetzlichen Vorschriften maßgebend, soweit nicht in den nachfolgenden §§. 6 bis 8 einschließlich etwas Anderes bestimmt ist.

§. 6. Befinden sich auf dem Grundstücke, von welchem das Recht zum Stein- oder Braunkohlen-Bergbau abgetrennt worden ist, Eintragungen im Hypothenbuche, welche sich auf die anstehenden Kohlen mit beziehen, so kann gleichwohl auf Antrag des Berechtigten die Abschreibung der Kohlenabbau-Gerechtigkeit und deren Eintragung auf ein besonderes Folium des Hypothekenbuches erfolgen; es sind aber alsdann die vorhandenen Eintragungen unverändert auf dieses neue Folium mit zu übernehmen, wenn nicht die eingetragenen Realinteressenten die Kohlenabbau-Gerechtigkeit aus der Haftbarkeit gänzlich entlassen haben oder die Aufhebung der solidarischen Verpflichtung des Grundstücks und der Kohlenabbau-Gerechtigkeit vereinbart worden ist.

Auf dem Folium des Grundbesitzes ist bei jeder bezüglichen Post zu vermerken, daß und auf welchem Folium die Uebertragung geschehen ist.

Die Uebertragung der bezüglichen Eintragung bedarf es nicht, wenn der Kohlenabbau-Berechtigte ein Unschädlichkeitsattest nach Maßgabe des Gesetzes vom 3. März 1850 (Gesetz-Samml. S. 145) beibringt.

Ein solches Unschädlichkeitsattest kann von den in §. 1 desselben Gesetzes bezeichneten Behörden auch dann ertheilt werden, wenn die vorhandenen Eintragungen im Hypothekenbuche nach Abtrennung der Kohlenabbau-Gerechtigkeit noch innerhalb der ersten zwei Drittel des Werths ländlicher oder der ersten Hälfte des Werths städtischer Grundstücke versichert sind.

Sind auf dem Grundstücke gerichtliche Depositalgelder eingetragen, so ist hinsichtlich ihrer die Ertheilung des Unschädlichkeitsattestes an die Zustimmung des zuständigen Gerichtes gebunden.

---

[459]) Der Maßstab des Risses ist von dem Oberbergamte zu Halle für seinen Bezirk durch Bekanntmachung vom 19. April 1869 auf 1 : 6400, von dem Oberbergamte zu Breslau für seinen Bezirk durch die Bekanntmachung vom 13. Juli 1869 auf 1 : 10,000 festgestellt.

§. 7. Mehrere Kohlenabbau-Gerechtigkeiten, welche demselben Berechtigten zustehen, können unbeschadet ihrer rechtlichen Besonderheit auf einem Folium des Hypothekenbuchs eingetragen werden.

Sollen mehrere mit ihren Feldern an einander grenzende, sowie zu einem einheitlichen Baue zusammengefaßte Kohlenabbau-Gerechtigkeiten zu einem rechtlichen Ganzen vereinigt und als solche unter einem gemeinsamen Namen im Hypothekenbuche eingetragen werden, so bedarf es hierzu einer gerichtlichen oder notariellen Erklärung des Berechtigten.

Haften in diesem Falle auf den zu vereinigenden Kohlenabbau-Gerechtigkeiten Eintragungen im Hypothekenbuch, so ist außerdem eine mit den Realberechtigten vereinbarte Bestimmung darüber erforderlich, daß und in welcher Rangordnung die Rechte derselben auf die zu einem rechtlichen Ganzen vereinigten Kohlenabbau-Gerechtigkeiten übergehen sollen.

§. 8. Ist ein Kohlenfeld vollständig abgebaut, so kann die Kohlenabbau-Gerechtigkeit auf Antrag eines betheiligten Grundeigenthümers oder Realinteressenten im Hypothekenbuche wieder gelöscht werden.

Zur Begründung eines solchen Antrages ist ein von der Bergbehörde[460]) nach vorgängiger Vernehmung der betheiligten Realinteressenten zu ertheilendes Attest beizubringen, daß das bezügliche Kohlenfeld gänzlich abgebaut und auf demselben Gebäude oder sonstige zur Grube gehörige unbewegliche Pertinenzien nicht mehr vorhanden sind.

Der Hypothekenrichter schließt auf Grund dieses Attestes das Folium und löscht die auf demselben eingetragenen Forderungen, ohne daß es dazu der Beibringung der Schuldurkunden bedarf.

Die Realinteressenten werden von der Schließung des Foliums und der Löschung der Forderungen mit der Aufforderung benachrichtigt, behufs des auf dieselben zu setzenden Löschungsvermerkes die Schuldurkunden einzureichen, widrigenfalls sie für jeden Mißbrauch, der mit den letzteren geschehen könne, verantwortlich bleiben.

§. 9. Auf den Betrieb des Stein- oder Braunkohlen-Bergbaues im Bereiche dieses Gesetzes, einerlei, ob eine vom Grund und Boden abgetrennte selbstständige Kohlenabbau-Gerechtigkeit besteht oder nicht, kommen die nachfolgenden Vorschriften des Allgemeinen Berggesetzes vom 24. Juni 1865 zur Anwendung:

a. Tit. III. Abschnitt 1 (von dem Bergwerkseigenthume im Allgemeinen), die §§. 58 und 59, sowie die §§. 60 bis 63 einschließlich hinsichtlich der Anlage von Hülfsbauen im Felde eines anderen Kohlenabbau-Berechtigten;

b. Tit. III. Abschnitt 2. (von dem Betriebe und der Verwaltung), die §§. 66 bis 79 einschließlich und ferner Abschnitt 3 dieses Titels (von den Bergleuten);

c. Tit. V. Abschnitt 1 mit der zugehörigen Uebergangsbestimmung des §. 241. Tit. XI. (von der Grundabtretung) mit der Maßgabe, daß die Grundabtretung nur insoweit gefordert werden kann, als die Benutzung eines fremden Grundstücks zur Anlage von Wegen, Eisenbahnen, Kanälen, Wasserläufen und Hülfsbauen zum Zwecke des Grubenbetriebes und des Absatzes der Kohlen nothwendig ist;

d. Tit. V. Abschnitt 2. (vom Schadenersatze für Beschädigungen des Grundeigenthums), mit Ausnahme des §. 152, soweit daselbst von „Arbeiten der Muther" die Rede ist, und Abschnitt 3. (von dem Verhältnisse des Bergbaues zu den öffentlichen Verkehrsanstalten); ferner

e. Tit. VII. (von den Knappschaftsvereinen), Tit. VIII. (von den Bergbehörden), Tit. IX. (von der Bergpolizei) und die §§. 242 und 244 des XII. Titels (Schlußbestimmungen).

---

[460]) Das Attest ist von dem Oberbergamte zu ertheilen. Min.-Erlaß vom 19. März 1868. Zeitschrift für Bergrecht Bd. X S. 135.

§. 10. Wird der Stein- oder Braunkohlen-Bergbau von mehreren Personen betrieben, so sind dieselben, sofern deren Vertretung nicht durch die allgemeinen Gesetze geordnet ist, verpflichtet, mittelst notarieller oder gerichtlicher Urkunde einen im Inlande wohnenden Repräsentanten zu bestellen, welchem die Befugniß zusteht, alle Vorladungen und andere Zustellungen an die Betheiligten mit voller rechtlicher Wirkung in Empfang zu nehmen und letztere bei den Verhandlungen mit der Bergbehörde, mit dem Knappschaftsvereine und mit anderen auf den Bergbau bezüglichen Instituten zu vertreten.

Dasselbe gilt, wenn der Alleineigenthümer einer Stein- oder Braunkohlengrube im Auslande wohnt.

Wird ein Repräsentant auf die Aufforderung der Bergbehörde innerhalb einer Frist von drei Monaten nicht bestellt und unter Einreichung der Bestallungs-Urkunde namhaft gemacht, so ist die Bergbehörde befugt, bis dahin, daß dies geschieht, einen Repräsentanten zu bestellen und diesem eine angemessene, von den Betheiligten aufzubringende und nöthigenfalls im Verwaltungswege executorisch einzuziehende Belohnung zuzusichern.

Dieser interimistische Repräsentant hat die vorher angegebenen Befugnisse der gewählten Repräsentanten, insofern die Bergbehörde keine Beschränkung eintreten läßt.

Bei Anwendung dieser Bestimmungen macht es keinen Unterschied, ob eine besondere Kohlenbau-Gerechtigkeit besteht oder nicht.

§. 11. Das Kurfürstlich Sächsische Mandat vom 19. August 1743, das Regulativ vom $\frac{\text{19. October}}{\text{13. November}}$ 1843, das Gesetz vom 1. Juni 1861 (Gesetz-Sammlung S. 353 ff.) und die §§. 212 und 213 des Allgemeinen Berggesetzes vom 24. Juni 1865 sind aufgehoben.

§. 214.

In den linksrheinischen Landestheilen bleiben die Dachschieferbrüche, die Traßbrüche und die unterirdisch betriebenen Mühlsteinbrüche auch fernerhin der polizeilichen Beaufsichtigung durch die Bergbehörde unterworfen[461]).

---

[461]) Während auf der rechten Rheinseite überall die Ortspolizeibehörde berufen ist, den Betrieb der Steinbrüche, soweit dieselben nicht particularrechtlich zum Bergregal gehören, polizeilich zu beaufsichtigen, machen die Artikel 81 und 82 des französischen Bergwerksgesetzes vom 21. April 1810 einen Unterschied zwischen den mittelst Tagebau und den unterirdisch betriebenen Steinbrüchen, indem erstere unter die Aufsicht der gewöhnlichen Polizeibehörde, letztere unter die Aufsicht der Bergbehörde gestellt werden. Außerdem sind aber die Bergingenieure durch die Instruction vom 3. August 1810 und durch Artikel 14 des Decrets vom 18. November 1810 angewiesen, auch die mit Tagebau betriebenen Steinbrüche zu befahren und wegen des Betriebs derselben unter Berücksichtigung der Sicherheits- une Gesundheitsverhältnisse Anleitung zu geben.

In den diesseitigen Landestheilen des linken Rheinufers nehmen die Dachschieferbrüche, die Traßbrüche und die unterirdisch betriebenen Mühlsteinbrüche wegen ihrer eigenthümlichen Betriebsweise, der großen Anzahl und Ausdehnung der Betriebspunkte, der Gefährlichkeit des Betriebes und der häufigen Unglücksfälle die Aufmerksamkeit der Polizeibehörde in erhöhtem Maße in Anspruch. Es sind deshalb für diesen Steinbruchsbetrieb besondere Bergpolizeiverordnungen erlassen worden, deren Handhabung durch die Bergbehörde erfolgt.

Hierauf beruht die Vorschrift im ersten Satze dieses §.

Im nothwendigen Zusammenhange hiermit sind im zweiten Satze die Vorschriften des Berggesetzes über die Bergpolizei auf jenen Steinbruchs-Betrieb für anwendbar erklärt. Dasselbe war hinsichtlich der Vorschrift über das Knappschaftswesen zu bestimmen, weil auf Grund des Knappschaftsgesetzes vom 10. April 1854 auch für die erwähnten Steinbrüche Knappschaftsvereine eingerichtet sind. (Motive S. 115.)

Auf dieselben finden der siebente und der neunte Titel des gegenwärtigen Gesetzes Anwendung.

Verordnung, betreffend die Einführung des Allgemeinen Berggesetzes vom 24. Juni 1865 in das Gebiet des vormaligen Herzogthums Nassau. Vom 22. Februar 1867.

(G.S. 237)[462].

Wir Wilhelm, von Gottes Gnaden König von Preußen ꝛc.
verordnen für das mit Unserer Monarchie vereinigte Gebiet des vormaligen Herzogthums Nassau, auf den Antrag Unseres Staatsministeriums, was folgt:

Artikel I.

Das Allgemeine Berggesetz für die Preußischen Staaten vom 24. Juni 1865 (Gesetz-Sammlung für 1865 S. 705) erlangt im Gebiete des vormaligen Herzogthums Nassau unter nachfolgenden besonderen Bestimmungen mit dem 1. April dieses Jahres Gesetzeskraft.

Artikel II.

Den im §. 1 des Berggesetzes aufgeführten Mineralien wird der Dachschiefer hinzugefügt.

Artikel III.

Hinsichtlich der Feldesgröße ist die Bestimmung unter 2 des §. 27 des Berggesetzes maßgebend.

Artikel IV.

Die im §. 141 des Berggesetzes in Bezug genommenen, den Eisenbahngesellschaften gegenüber geltenden Grundsätze finden nur insoweit Anwendung, als denselben nicht das Nassauische Gesetz, betreffend die „behufs des Eintrags dinglicher Rechte an Immobilien zu führenden öffentlichen Bücher" vom 15. Mai 1851 (Verordnungsblatt 1851 S. 59) entgegensteht[463].

Artikel V.

Für alle im §. 165 des Berggesetzes genannten Arbeiter im Gebiete des vormaligen Herzogthums Nassau soll ein Allgemeiner Knappschaftsverein gegründet werden, welcher seinen Mitgliedern nach näherer Bestimmung des Statuts die im §. 171 unter 4, 5 und 6 genannten Leistungen zu gewähren hat.

Diesem Vereine wird das Vermögen der Nassauischen Allgemeinen Knappschaftskasse (§. 12 des Gesetzes vom 23. November 1861, Verordnungsblatt 1861, S. 369) überwiesen.

Für die Leistungen unter 1, 2 und 3 des §. 171 sollen auf sämmtlichen Werken besondere Krankenkassen nach §. 172 eingerichtet werden.

Die Bestimmung des §. 214 steht übrigens mit Art. 81 und 82 des Bergwerksgesetzes vom 21. April 1810 insofern nicht im Einklange, als sie nur gewisse Arten der unterirdischen Steinbrüche der Aufsicht der Bergbehörde und den Titeln 7 und 9 des Allg. Berggesetzes unterwirft. Auf die im §. 214 nicht genannten unterirdischen Steingewinnungen, welche früher der Aufsicht der Bergbehörde unterlagen, können diese Bestimmungen keine Anwendung finden.

462) Die Motive zu dieser Verordnung nebst den Protokollen der zur Vorberathung in Wiesbaden niedergesetzten Commission sind in der Zeitschrift für Bergrecht Bd. VIII S. 5 bis 29 abgedruckt.

463) Die Protokolle (a. a. O.) S. 15 bemerken zur Erläuterung des Art. IV: „Da das Vorkaufsrecht nach der preußischen Gesetzgebung den Charakter eines dinglichen Rechtes habe, was mit den allgemeinen Principien der Nassauischen Gesetzgebung, insbesondere mit dem Stockbuchsgesetze vom 15. Mai 1851 unvereinbar sein würde, so hielt die Commission eine Zusatzbestimmung für erforderlich, durch welche der dingliche Charakter dieses Rechtes ausgeschlossen bleibt."

Die bereits bestehenden Knappschaftsvereine sollen zu solchen Krenkenkassen umgebildet werden.

Die Krankenkassen erlangen durch die Bestätigung ihrer Statuten die Eigenschaft juristischer Personen.

Von der Theilnahme an dem Allgemeinen Knappschaftsvereine, sowie von der Umbildung zu Krankenkassen können diejenigen der bereits bestehenden Knappschaftsvereine, welche nach ihren jetzigen Statuten den Mitgliedern alle im §. 171 unter 1 bis 6 genannten Leistungen gewähren, auf ihren Antrag durch Beschluß des Oberbergamts befreit werden. Auf dieselben finden alsdann die Bestimmungen des siebenten Titels des Berggesetzes vollständig Anwendung[464].

Artikel VI.

Zugleich mit den Vorschriften des Berggesetzes tritt das Gesetz „über die Bestrafung unbefugter Gewinnung oder Aneignung von Mineralien" vom 26. März 1856 (Gesetz-Sammlung für 1856 S. 203) in Kraft.

Bis zur Aufhebung der gegenwärtig in den Nassauischen Landestheilen bestehenden allgemeinen strafgesetzlichen Bestimmungen ist jedoch bei Gefängnißstrafen bis zu sechs Wochen statt derselben auf Amtsgefängniß, bei Gefängnißstrafen von längerer Dauer dagegen auf Correctionshaus zu erkennen[465].

Artikel VII.

An die Stelle der im §. 209 des Berggesetzes erwähnten Staatsanwaltschaft treten die zuständigen Gerichte.

Hinsichtlich der Competenz derselben und des Untersuchungsverfahrens gelten die allgemeinen Vorschriften der Gesetzgebung des vormaligen Herzogthums Nassau über Polizeiübertretungen und correctionelle Vergehen, insbesondere auch die Verordnung, betreffend das Verfahren bei Polizeivergehen, vom 4. Januar 1855 (Verordnungsblatt 1855 S. 1)[466].

---

[464]) Nach dem Nassauischen Gesetze über die Knappschaftskassen vom 23. November 1861 (Zeitschr. f. Bergr. Bd. III S. 26 ff.) bestanden

1. Knappschaftsvereine für einzelne oder mehrere Werke, welche den Mitgliedeen freie ärztliche Behandlung und die Auszahlung eines Monatslohnes bei Verletzungen und Verunglückungen zusicherten;
2. die Allgemeine Knappschaftskasse, welche den durch Beschädigungen oder Unglücksfälle im Dienste invalide gewordenen Arbeitern Unterstützungen gewährte.

Die Bildung der localen Knappschaftsvereine hing von dem freien Willen der Werksbesitzer und Arbeiter ab. Die Allgemeine Knappschaftskasse war durch das Vermögen des früheren Freikux-Kassenfonds und durch obligatorische Beiträge der Werksbesitzer dotirt.

Die Wünsche der Betheiligten wegen Beibehaltung dieser Einrichtungen (Protokolle a. a. O. S. 15 ff.) haben nur insoweit Berücksichtigung gefunden, als mit Rücksicht auf das Vermögen der Allgemeinen Knappschaftskasse die Bildung eines das ganze Herzogthum umfassenden Knappschaftsvereines vorgeschrieben ist, welcher in das Vermögen der Allgemeinen Knappschaftskasse succedirt. Doch ist denjenigen localen Knappschaftsvereinen, welche bereits vor der Einführung des Allgem. Berggesetzes ihren Mitgliedern alle im §. 171 unter 1—6 genannten Leistungen gewährten, der Austritt aus diesem Verbande gestattet. Die übrigen localen Knappschaftsvereine werden zu Knappschaftskassen (§. 172) umgebildet und diese Einrichtung wird für Nassau verallgemeinert, so daß überall neben dem Knappschaftsvereine locale Krankenkassen für die temporären Unterstützungen bestehen.

[465]) Der zweite Absatz des Art. VI und der Art. VII sind durch die Verordnung vom 25. Juni 1867 (G.S. S. 921), welche das Preußische Strafgesetzbuch in Nassau einführte und durch die Strafproceßordnung vom 25. Juni 1867 (G.S. S. 933) aufgehoben.

[466]) Vergl. die vorige Anmerkung.

Artikel VIII.

Die in den §§. 90 und 92 des Berggesetzes den Knappschaftskassen zugewiesenen Forderungen und Geldstrafen fallen der Allgemeinen Knappschaftskasse zu[467]).

Artikel IX.

Muthungen und Verleihungsgesuche aus der Zeit vor dem Eintritt der Gesetzeskraft des Berggesetzes gewähren, wenn sie den Erfordernissen des §. 15 des Berggesetzes entsprechen, ein Recht auf Verleihung eines Normalgrubenfeldes nach §. 27 der Nassauischen Bergordnung vom 18. Februar 1857, welches durch das Oberbergamt auf die nach §. 28 der Bergordnung[468]) ohne Zustimmung des Staatsministeriums zulässige Größe ausgedehnt werden kann.

---

[467]) Die Fassung des Art. VIII ist aus den Protokollen der Wiesbadener Commission hervorgegangen (a. a. O. S. 17), welche bekanntlich das Nassauische Gesetz vom 23. November 1861 und die Einrichtung der Allgemeinen Knappschaftskasse beibehalten wollte. Diese Fassung hätte mit Rücksicht auf Art. V, welcher der Allg. Knappschaftskasse den neu zu bildenden Allg. Knappschaftsverein substituirt, abgeändert werden müssen. Die Bestimmung des Art. VIII verlor sogar durch die Abänderung des Art. V ihre eigentliche Bedeutung. Nach den Beschlüssen der Commission sollte Art. VIII besagen, daß die aus §§. 90 und 92 fließenden Einnahmen nicht den localen damals sogenannten Knappschaftsvereinen zufließen, wie dies sonst aus §. 90 gefolgert werden mußte, sondern der Allgemeinen Knappschaftskasse. Nachdem durch Art. V diesem allgemeinen Verbande der Name Knappschaftsverein beigelegt und die Umwandlung der früher sogenannten Knappschaftsvereine in Knappschaftskassen angeordnet war, verstand sich dies auch ohne besondere Bestimmung von selbst. Art. VIII hat daher nur noch eine transitorische Bedeutung behalten, da die Allgem. Knappschaftskasse mit der erfolgten Constituirung des Allgemeinen Knappschaftsvereines zu bestehen aufgehört hat (vergl. Anm. 202). Wollte man aus dieser Vorschrift folgern, daß diejenigen Knappschaftsvereine, welche nach Art. V Al. 6 von der Theilnahme an dem Allgemeinen Knappschaftsvereine befreit werden, auf die Geldbußen und Forderungen ihrer Mitglieder, welche §§. 90 und 92 dem Knappschaftsvereine, „welchem das betreffende Werk angehört", überweist, keinen Anspruch hätten, daß dergleichen Einnahmen bei den betreffenden Werken einem ganz fremden Knappschaftsvereine zugewiesen seien, so würde diese Interpretation sowohl der Absicht als auch dem Wortlaute des Gesetzes widersprechen.

[468]) Die angeführten Bestimmungen der Bergordnung von 1857 lauten:

§. 27. Nach der Art der Begrenzung beträgt die Größe eines Normalgrubenfeldes:

1) für Längenfelder bei Gängen und Lagern mit anhaltendem, regelmäßigem Streichen und Einfallen 84 Lachter (Fundgrube) mit 7 Lachtern Vierung halb ins Hangende und halb ins Liegende von dem Saalbande aus rechtwinkelig mit dem Einfallen gemessen,

2) für Verticallagerungsfelder mit senkrechter Seitenbegrenzung bis zur ewigen Teufe für Erze, Eisenstein und Schwerspath 84 Lachter Seite,

3) für gevierte Grubenfelder ebenfalls mit senkrechter Seitenbegrenzung bis zur unteren Lagerungsfläche flötzartiger Lagerstätten mit der Vierung zu $3^1/_2$ Lachtern unter die Sohle, bei Braunkohlen 300 Lachter Seite, bei Braunstein und Brauneisensteinlagern (nicht Brauneisensteingängen) 100 Lachter Seite, bei Thon und Walkererde 40 Lachter Seite.

4) für Breitenfelder bei Dachschieferlagern 80 Lachter Länge und 20 Lachter Breite nach dem durch die Bergmeisterei unter Mitwirkung des Markscheiders festgestellten Generalstreichen und Einfallen der Schieferschichtung.

Für auflässig gewordene Grubenbaue finden Normalgrubenfelder nur soweit Anwendung, als sich der ältere Bau nicht über größere Flächen zusammenhängend verbreitet hat.

§. 28. Grubenfelder von geringerer Ausdehnung werden nur dann verliehen, wenn sie nach technischem Ermessen den Terrain- und Lagerungsverhältnissen nach ein abgeschlossenes Feld bilden, das dem benachbarten Grubenbau mit Vortheil nicht angeschlossen werden kann, oder wenn

Das Recht auf Umwandlung und Erweiterung nach §. 215 des Berggesetzes steht denselben nicht zu.

Artikel X.

Den mit gevierten Feldern im Sinne der bisherigen Gesetzgebung verliehenen Bergwerken, mit Ausnahme der auf Thon und Walkererde verliehenen, wird die ewige Teufe nach senkrechten Ebenen beigelegt, sofern nicht Rechte Dritter entgegenstehen.

Artikel XI.

Der im §. 232 des Berggesetzes angenommene Zeitpunkt ist eingetreten, sobald die Ab- und Zuschreibung im Berggegenbuch gesetzlich beantragt ist.

Artikel XII.

An Stelle der im Berggesetze erwähnten Hypothekenbücher bleiben die Berggegenbücher bestehen und werden nach Maßgabe der Bestimmungen des im Art. IV angeführten Nassauischen Gesetzes vom 15. Mai 1851, der dazu gehörigen Vollzugsverordnung vom 31. Mai 1854 (Verordnungsblatt 1854 S. 71) und der §§. 66 bis 74 der Bergordnung vom 18. Februar 1857 fortgeführt; eine Mitwirkung der Bergbehörde bei der Führung und Beaufsichtigung der Berggegenbücher findet jedoch nicht mehr statt[469]).

Artikel XIII.

An der Stelle der gesetzlichen Vorschriften des Preußischen Rechts über die Execution und den Concurs bleiben die in dem vormaligen Herzogthum Nassau bestehenden gesetzlichen Bestimmungen über das Hülfsvollstreckungs- und Concursverfahren in Kraft.

Ebenso wird an der Nassauischen Gesetzgebung über das Pfandrecht und die Rangordnung der Gläubiger im Concurse nichts geändert.

Artikel XIV

In den Fällen des §. 159 des Berggesetzes soll die Versteigerung nach den für das Concursverfahren nach Nassauischem Rechte bestehenden Regeln und mit den Wirkungen desselben vollzogen werden.

Artikel XV.

Die in dem Berggesetze vorgeschriebenen Veröffentlichungen durch das Regierungsamtsblatt erfolgen, so lange ein solches nicht besteht, durch das Nassauische Intelligenzblatt.

---

das Mineralvorkommen von der Bedeutung ist, daß solches die Ausführung derjenigen Schacht- und Stollenanlagen gestattet, welche für den reinen Ausbau erforderlich sind.

Größere Grubenfelder werden dagegen verliehen, wenn sie für einen den Grundsätzen des Nachhaltes entsprechenden Grubenbau erforderlich sind oder an die Markscheiden verliehener Grubenfelder anschließen, hierdurch also eine Ueberschaar vermieden wird. Ein Grubenfeld

a) bei Längenfeldern von mehr als 168 Lachtern (Fundgrube mit doppelten Maßen),

b) bei Verticallagerungs- und gevierten Feldern auf Lagerstätten mit unregelmäßigem Streichen und Einfallen von mehr als 20,000 Quadrat-Lachtern,

c) für Braunkohlenflötze von mehr als 300,000 Quadrat-Lachtern,

d) für Verticallagerungs- oder Breitenfelder auf Dachschiefer von mehr als 3000 Quadrat-Lachtern,

kann nur nach eingeholter Zustimmung des Herzoglichen Staatsministeriums verliehen werden.

Längen- und Breitenfelder werden übrigens künftig nur dann ertheilt, wenn durch Vermeidung des Ausschlusses der Schürfer von den bei den anderen Verleihungsarten leicht ununtersucht bleibenden Feldestheilen das Auffinden noch unbekannter wichtiger Lagerstätten zweckmäßig befördert wird, oder wenn benachbarte Längenfelder, welche nicht in Verticalfelder umgewandelt werden können, eine andere Feldesbestimmung nicht gestatten.

[469]) Vergl. oben den Zusatz zu §. 53 S. 140 ff.

Artikel XVI.

Die Insinuation von Verfügungen der Bergbehörden kann rechtsgültig durch die Postbehörde bewirkt werden. Wird die Verfügung von der Post als unbestellbar zurückgeliefert, so erfolgt die Insinuation durch öffentlichen Aushang am Amtslokale des Revierbeamten.

Hat die Verfügung während vierzehn Tagen ausgehangen, so ist die Züstellung für bewirkt zu erachten.

Artikel XVII.

Mit dem 1. April dieses Jahres treten außer Kraft: das gemeine deutsche Bergrecht, die bergrechtlichen Bestimmungen der für einzelne Landestheile noch geltenden ältern Landrechte, das Edict, betreffend die Organisation der Bergverwaltung, vom 4. October 1826, die Bergordnung vom 18. Februar 1857, soweit dieselbe nicht nach Art. XII dieser Verordnung bestehen bleibt, die Bestimmungen im §. 6 pos. 6 des Gesetzes, betreffend die Organisation der Centralbehörden, vom 24. Juli 1854 (Verordnungsblatt 1854 S. 155), das Gesetz über die Knappschaftskassen vom 23. November 1861 (Verordnungsblatt 1861 S. 369) und alle übrigen und besonderen Gesetze, Verordnungen und Gewohnheiten über Gegenstände, auf welche das Berggesetz und die gegenwärtige Verordnung sich beziehen.

Verordnung, betreffend die Einführung des Allgemeinen Berggesetzes vom 24. Juni 1865 in die mit der Preußischen Monarchie vereinigten Landestheile der Großherzoglich Hessischen Provinz Oberhessen, sowie in das Gebiet der vormaligen Landgrafschaft Hessen-Homburg, einschließlich des Oberbergamtsbezirkes Meisenheim. Vom 22. Februar 1867.

(G.S. S. 242)[470].

Wir Wilhelm, von Gottes Gnaden König von Preußen 2c.,

verordnen auf den Antrag Unseres Staatsministeriums, was folgt:

Artikel I.

Das Allgemeine Berggesetz für die Preußischen Staaten vom 24. Juni 1865 (Gesetz-Sammlung für 1865 S. 705) erlangt in den mit Unserer Monarchie vereinigten Landestheilen der Großherzoglich Hessischen Provinz Oberhessen und im Gebiete der vormaligen Landgrafschaft Hessen-Homburg, einschließlich des Oberbergamtes Meisenheim, unter nachfolgenden besonderen Bestimmungen mit dem 1. April dieses Jahres Gesetzeskraft.

Artikel II.

Hinsichtlich der Feldesgröße ist die Bestimmung unter 2 des §. 27 des Berggesetzes maßgebend.

Artikel III.

Zugleich mit den Strafvorschriften des Berggesetzes tritt das Gesetz „über die Bestrafung unbefugter Gewinnung oder Aneignung von Mineralien" vom 26. März 1856 (Gesetz-Sammlung für 1856 S. 203) in Kraft.

Bis zur Aufhebung des Großherzoglich Hessischen Strafgesetzbuches vom 17. September 1841 ist jedoch bei Gefängnißstrafen über drei Monate statt der letzteren auf Correctionshaus zu erkennen[471].

Artikel IV.

Der zweite Absatz im §. 249 des Berggesetzes bleibt von der Einführung ausgenommen.

---

[470]) Die Motive dieser Verordnung sind in der Zeitschrift f. Bergr. Bd. VIII S. 31—35 abgedruckt.

[471]) Aufgehoben durch die in der Anm. 465 angeführten Verordnungen.

Artikel V.

Die in dem Berggesetze vorgeschriebenen Veröffentlichungen durch das Regierungsamtsblatt erfolgen, so lange ein solches nicht besteht, durch das Regierungsblatt für den Bezirk des Civilcommissariats zu Homburg vor der Höhe[472]).

Artikel VI.

Die Insinuation von Verfügungen der Bergbehörden kann rechtsgültig durch die Postbehörde bewirkt werden. Wird die Verfügung von der Post als unbestellbar zurückgeliefert, so erfolgt die Insinuation durch öffentlichen Aushang am Amtslokale des Bergrevierbeamten.

Hat die Verfügung während vierzehn Tagen ausgehangen, so ist die Zustellung für bewirkt zu erachten.

Artikel VII.

Mit dem 1. April dieses Jahres treten außer Kraft: das gemeine deutsche Bergrecht, die Ordnung für die Bergleute auf den Großherzoglich Hessischen Bergwerken in der Provinz Hessen vom 4. October 1815, die auf den Bergbau bezüglichen Artikel 20, 21 und 22 des Großherzoglich Hessischen Gesetzes über die Abtretung von Privateigenthum zu öffentlichen Zwecken vom 27. Mai 1821, das linksrheinische Bergwerksgesetz vom 21. April 1810, überhaupt alle allgemeinen und besonderen Gesetze, Verordnungen und Gewohnheiten über Gegenstände, auf welche das Berggesetz und die gegenwärtige Verordnung sich beziehen.

Verordnung, betreffend die Einführung des Allgemeinen Berggesetzes vom 24. Juni 1865 in das Gebiet des vormaligen Königreichs Hannover. Vom 8. Mai 1867. (G.S. S. 601)[473]).

Wir Wilhelm, von Gottes Gnaden König von Preußen ꝛc., verordnen für das mit Unserer Monarchie vereinigte Gebiet des vormaligen Königreichs Hannover, auf den Antrag Unseres Staatsministeriums, was folgt:

Artikel I.

Das Allgemeine Berggesetz für die Preußischen Staaten vom 24. Juni 1865 (G.S. f. 1865 S. 705) erlangt im Gebiete des vormaligen Königreichs Hannover unter nachfolgenden besonderen Bestimmungen Gesetzeskraft.

Artikel II.

Von den im §. 1 des Allgemeinen Berggesetzes von dem Verfügungsrechte des Grundeigenthümers ausgeschlossenen Mineralien kommen, vorbehaltlich der bestehenden Berechtigungen, Steinsalz nebst den mit demselben auf der nämlichen Lagerstätte vorkommenden Salzen und die Soolquellen in Wegfall. Die §§. 135, 165, 168 und 196 des Allgemeinen Berggesetzes finden, insoweit sich dieselben auf Salzbergwerke, Salinen, Soolleitungen und Soolbehälter beziehen, keine Anwendung.

Artikel III.

Hinsichtlich der Feldesgröße ist die Bestimmung unter 2 des §. 27 des Allgemeinen Berggesetzes maßgebend, insoweit nicht durch Art. XV. §. 1. etwas Anderes bestimmt ist. Unter den im Allgemeinen Berggesetze in Bezug genommenen Maßen sind überall die preußischen Maße zu verstehen.

Artikel IV.

Insofern aus den vor dem 1. Juli d. J. ertheilten Schürfscheinen ein ausschließliches Schürfrecht auf ein bestimmtes Feld herzuleiten ist, behalten dieselben ihre bisherige

---

472) Das Civilcommissariat ist aufgehoben. Die Bekanntmachungen erfolgen durch das Amtsblatt der Regierung zu Wiesbaden resp. für Meisenheim der Regierung zu Coblenz.

473) Die Motive sind in der Zeitschrift für Bergrecht Bd. VIII S. 157 bis 194 abgedruckt.

Kraft für die Zeit, auf welche sie ertheilt sind. Schürfscheine solcher Art, welche auf unbestimmte Zeit ertheilt sind, verlieren ihre Kraft mit dem 1. Juli 1868[474]).

Artikel V.

Statt des Kreises und Regierungsbezirks ist bis zur Aenderung der gegenwärtigen Hannoverschen Verwaltungsorganisation in der Verleihungsurkunde der obrigkeitliche und der Landdrosteibezirk zu bezeichnen, in welcher das Feld liegt[475]).

Ueberhaupt sind, wo im Allgemeinen Berggesetze die Bezirksregierungen erwähnt werden, darunter, so lange die gegenwärtige Hannoversche Verwaltungsorganisation besteht, die Landdrosteien zu verstehen.

Artikel VI.

Auf das Bergwerkseigenthum finden hinsichtlich der Veräußerung, Verpfändung und des Arrestes die allgemeinen gesetzlichen Vorschriften, welche in dieser Beziehung für das Grundeigenthum in den vormals Hannoverschen Landestheilen gelten, Anwendung. Ebenso bleiben die Bestimmungen des Hannoverschen Rechtes hinsichtlich der Execution, des Concurses und der Rangordnung der Gläubiger unverändert, soweit nicht diese Verordnung abweichende Vorschriften enthält.

Artikel VII.

Der §. 108 des Allgemeinen Berggesetzes enthält den Zusatz:

Die Wirkung der erfolgten Verpfändung ist nach den in dem Hannoverschen Gesetze über das Pfandrecht und die Befriedigung der Gläubiger im Concurse vom 14. December 1864 §§. 42 ff. über das Faustpfand gegebenen Vorschriften zu beurtheilen.

Artikel VIII.

Die Execution in den Antheil eines Gewerken (§. 109) richtet sich nach den in den §§. 552 und 553 der Hannoverschen bürgerlichen Proceßordnung vom 8. November 1850 enthaltenen Vorschriften[476]).

Artikel IX.

Die im §. 141 des Allgemeinen Berggesetzes in Bezug genommenen Grundsätze der Preußischen Gesetzgebung über das den Eisenbahngesellschaften gegenüber bestehende Vorkaufs- und Wiederkaufsrecht, insbesondere die §§. 16 bis 19 des Gesetzes über die Eisenbahn-Unternehmungen vom 3. November 1838 (G.S. f. 1838 S. 505) kommen für den hier bezeichneten Fall auch in dem Gebiete des vormaligen Königreichs Hannover in Anwendung[477]).

Artikel X.

An die Stelle des ersten Absatzes des §. 166 des Allgemeinen Berggesetzes tritt die folgende Bestimmung:

Die bereits bestehenden Knappschaftsvereine bleiben in Wirksamkeit. Der gegenwärtige Titel findet jedoch auch auf sie Anwendung und sind ihre Statuten mit den Vorschriften desselben in Uebereinstimmung zu bringen.

---

[474]) Nach der Fassung des Artikels ist es der Beurtheilung der Verwaltungs- und Justizbehörden überlassen, inwieweit aus einzelnen Schürfscheinen eine Freischürfberechtigung gefolgert werden kann. (Motive a. a. O. S. 173).

[475]) Die Kreisverfassung ist in Hannover durch die Verordnung vom 12. September 1867 (G.S. S. 1497) eingeführt worden. Die Eintheilung der Provinz in Landdrosteibezirke besteht dagegen noch fort.

[476]) Die in den Art. VII und VIII angeführten gesetzlichen Vorschriften sind in der Zeitschrift für Bergrecht Bd. VIII S. 146 abgedruckt. Hier mußte auf die Aufnahme derselben ebenso verzichtet werden, wie auf die Wiedergabe der entsprechenden Bestimmungen des preußischen Civilrechtes bei §§. 109, 129 und 247—249 des Allgem. Berggesetzes.

[477]) Vergl. den Zusatz zu §. 141 S. 232 ff.

Artikel XI.

Zugleich mit den Strafvorschriften des Allgemeinen Berggesetzes tritt auch das Gesetz über die Bestrafung unbefugter Gewinnung oder Aneignung von Mineralien vom 26. März 1856 (G.S. f. 1856 S. 203) in Kraft[478]).

Bis zur Aufhebung der gegenwärtig im Gebiete des vormaligen Königreichs Hannover bestehenden allgemeinen strafgesetzlichen Bestimmungen ist jedoch bei Gefängnißstrafen von mehr als drei Monaten statt der letzteren auf Arbeitshaus zu erkennen[479]).

Artikel XII.

Die Besitz- und Rechtsverhältnisse in Bezug auf die Stein- und Braunkohlen im Fürstenthum Calenberg, einschließlich der Grafschaft Spiegelberg, sollen wie bisher aufrecht erhalten werden[480]).

Artikel XIII.

Auf den im vorstehenden Artikel bezeichneten Bergbau auf Stein- und Braunkohlen kommen jedoch der dritte Titel mit Ausnahme der §§. 50—57, 63 und 65, der erste Abschnitt des fünften Titels insofern es sich um die Grundabtretung Behufs Anlage von Wegen, Eisenbahnen, Canälen, Wasserläufen und Hülfsbauen handelt, der zweite Abschnitt des fünften Titels mit Ausnahme des §. 152, ferner der siebente, achte und neunte Titel, §. 241 des eilften und §. 242 des zwölften Titels des Allgemeinen Berggesetzes zur Anwendung.

Artikel XIV.

Rücksichtlich des Eisensteinbergbaues in dem im §. 42 des Kommunionharz-Theilungsrecesses vom 4. October 1788 bezeichneten Bezirke behält es bei den Bestimmungen des letzteren sein Bewenden[482]).

Artikel XV.

Für den Eisensteinbergbau in den im Art. XIV nicht ausgenommenen Theilen des Bezirks des Berg- und Forstamtes zu Clausthal[482]), einschließlich des Amtes Elbingerode, wird das Folgende bestimmt:

§. 1 In Betreff der Feldesgröße ist die Bestimmung unter 1 des §. 27 des Berggesetzes maßgebend.

§. 2. Die Eigenthümer der vom 1. Juli d. J. an verliehenen Bergwerke sind nicht berechtigt, die Lieferung von freiem Grubenholz aus den Königlichen Forsten oder die unentgeltliche Abtretung der Benutzung von Königlichem oder Gemeinde-Grund und Boden zu verlangen.

Soweit dagegen den Eigenthümern der vor diesem Zeitpunkte verliehenen Bergwerke ein derartiger Anspruch zusteht, bleibt derselbe für diejenigen Bergwerke aufrecht erhalten, welche durch Eigenlöhner betrieben werden.

§. 3. Die Bergwerksbesitzer sind fortan hinsichtlich des Betriebes der Bergwerke und der Verfügung über den gewonnenen Eisenstein nur den allgemeinen gesetzlichen Bestimmungen unterworfen, insoweit nicht die Rechte Dritter entgegenstehen[483]).

---

478) Vergl. den Zusatz zu §. 1 S. 77 f.

479) Durch die Einführung des Strafgesetzbuches vom 14. April 1851 mittelst der Verordnung vom 25. Juni 1867 (G.S. S. 921) ist diese Bestimmung erledigt.

480) Nach den Motiven (a. a. O. S. 167) muß das Recht des Grundeigenthümers auf den Kohlenbergbau in diesen Landestheilen als rechtlich und thatsächlich bestehend angenommen werden.

481) Vergl. den Zusatz zu §. 27 S. 108.

482) Die Aemter Zellerfeld und Elbingerode.

483) Ueber die durch §§. 2 und 3 aufgehobenen Berechtigungen und Verpflichtungen der Bergbautreibenden gegenüber dem Fiscus vergl. die Motive a. a. O. S. 176 ff. Der Vorbehalt der Rechte Dritter ist durch einen zwischen dem Fiscus und dem Grafen zu Stolberg-Wernigerode schwebenden Proceß über das Eigenthum an den durch §. 3 aufgehobenen Rechten bedingt.

§. 4. Innerhalb des Amtes Elbingerode steht den nach §. 7 der Bergordnung vom $\frac{21. \text{ März } 1847}{8. \text{ Juni } 1848}$ für die Elbingeroder Eisensteingruben allein zum Muthen berechtigten Personen auch fernerhin die ausschließliche Befugniß zu, Muthungen auf Eisenstein einzulegen. Dagegen findet eine Beschränkung in der freien Befugniß, erworbene Muthungsrechte oder verliehene Bergwerke an Dritte zu veräußern, nicht statt[484]).

§. 5. Das bisher bei dem Amte zu Elbingerode geführte Verleihbuch, sowie das von der Rothehütter Administration geführte Lagerbuch sind zu schließen und an das ordentliche Gericht des Bezirkes abzugeben.

§. 6. In den Rechtsverhältnissen der Mitbetheiligten der am 1. Juli d. J. im Besitze mehrerer Personen befindlichen Bergwerke wird durch dieses Gesetz nichts geändert. Jedoch finden die Bestimmungen des §. 134 des Allgemeinen Berggesetzes auch auf diese Bergwerke mit der Maaßgabe Anwendung, daß der bisherige Lehnträger die daselbst bezeichneten Geschäfte ohne Neuwahl eines Repräsentanten wahrzunehmen hat.

Durch einen von einer Mehrheit von wenigstens drei Viertheilen aller Antheile gefaßten Beschluß können die Mitbetheiligten eines solchen Bergwerks die im vierten Titel des Allgemeinen Berggesetzes (§§. 94 bis 132) enthaltene gewerkschaftliche Verfassung annehmen, soweit nicht vertragsmäßige Verabredungen entgegenstehen.

Der Beschluß ist gerichtlich oder notariell aufzunehmen[485]).

Artikel XVI.

Dem Königlichen Fiscus steht, vorbehaltlich der bereits erworbenen Rechte Dritter, das ausschließliche Recht zum Bergbau auf alle von dem Verfügungsrechte des Grundeigenthümers ausgeschlossenen Mineralien in dem nachfolgenden Felde zu, welches begrenzt ist:

1) gegen Ost durch die Oker von der Einmündung des Langethals in dieselbe bis an die Landesgrenze oberhalb der Rhomker Brücke;

2) gegen Nord, West und Süd durch die Landesgrenze zwischen dem vormaligen Königreiche Hannover und dem Herzogthume Braunschweig in ihrer Erstreckung von der Oker bis zur Innerste, zum Lindthalskopf nördlich von Lautenthal, sowie weiter bis zur Laubhütte unterhalb Grund und den Eichelbach entlang bis zum Grenzstein 99 am Kalten Born und endlich bis zum Grenzstein Nr. 56 A. am Harzwege;

3) gegen Südwest durch die gerade Linie, welche den Grenzstein Nr. 56 A. am Harzwege mit der Mitte der Chausseebrücke über die Innerste bei der Ziegelhütte verbindet;

4) gegen Südost durch die gerade Linie zwischen der Mitte der Chausseebrücke über die Innerste bei der Ziegelhütte bis zum Vereinigungspunkte des Hellerthales und Polsterthales;

5) ferner gegen Südwest und Südost durch die gerade Linie von der Vereinigung des Hellerthales und Polsterthales bis zur Mitte des Altenauer Hütten-Teichdammes, durch die ebenfalls gerade Linie von hier ab bis zur Vereinigung des großen Gerlachsbaches mit der Röhrenbrunnenkappe, durch die Röhrenbrunnenkappe thalaufwärts bis zum Dammgraben und durch den Lauf des Dammgrabens bis zu dem Punkte, wo der erstere das Schneidewasser trifft;

6) gegen Ost durch die gerade Linie von diesem Punkte bis zur Vereinigung des Baches im kleinen Trogthal und der kleinen Hume;

7) gegen Nord durch die gerade Linie von der Vereinigung des Baches im kleinen Trogthal und der kleinen Hume bis zum Eintritt des oberen Wildschützenthales in das Langethal, durch das Langethal bis zu dessen Vereinigung mit der Oker[486]).

---

484) Vergl. den Zusatz zu §. 22 S. 101.

485) Vergl. Anm. 208 a. O. S. 218.

486) Ueber den Ursprung des fiscalischen Grubenbesitzes, welcher durch Art. XVII eine be-

Artikel XVII.

Die Muthung und Verleihung von Bergschmiede-Gerechtigkeiten findet nicht ferner statt. Die Befugnisse der Bergbehörde gegenüber den bestehenden Bergschmieden bleiben aufrecht erhalten [487]).

Artikel XVIII.

Die künftige Verfassung und Verwaltung der Bergbaukasse zu Clausthal ist durch ein von dem Finanzminister und dem Minister für Handel, Gewerbe und öffentliche Arbeiten gemeinschaftlich zu erlassendes Statut zu regeln [488]).

Artikel XIX.

Das Hannoversche Gesetz vom 21. Mai 1854 über Wahrnehmung der Handlungen der freiwilligen Gerichtsbarkeit in Bergsachen auf dem Oberharze ist aufgehoben.

Die Wahrnehmung der bisher dem Bergrichter bezüglich des Bergeigenthumes im Bezirke des Berg- und Forstamtes zu Clausthal zugestandenen freiwilligen Gerichtsbarkeit geht auf die ordentlichen Gerichte über, an welche die bisher von dem Bergrichter geführten Bergbücher abzugeben sind.

Artikel XX.

Den Bergarbeitern steht in Beziehung auf die Rückstände an Lohn und anderen Emolumenten das Vorzugsrecht des §. 59 Nr. 4 des Hypothekengesetzes vom 14. Decbr. 1864 zu [489]).

XXI.

Rücksichtlich der bisherigen Bergwerksabgaben, soweit dieselben an die Staatskassen zu entrichten sind, treten die nachfolgenden Bestimmungen mit dem 1. Juli d. J. in Kraft:

§. 1. Die von den Eisenerzbergwerken bisher erhobenen Bergwerksabgaben sind aufgehoben.

§. 2. Der Bergwerkszehnte und die sonstigen Bergwerksabgaben, wie das Lehn- und Verschreibgeld sind aufgehoben. An deren Stelle tritt eine Bergwerkssteuer von zwei Procent von dem Werthe der Producte des Bergwerkes zur Zeit des Absatzes der letzteren, ausschließlich der Eisenbergwerke.

---

stimmte Begrenzung erhält, vergl. die Einleitung S. 62 und die Motive a. a. O. S. 184 ff. Der Vorbehalt der bereits erworbenen Rechte bezieht sich theils auf einige von dem reservirten Felde eingeschlossenen Grubenfelder, theils auf einige vom Fiscus bisher nicht erworbene Kuxe der früher gewerkschaftlichen Bergwerke, deren Besitzer verschollen sind.

[487]) „Im Zusammenhange mit dem Sächsischen Rechte sind am Oberharze in früherer Zeit Schmieden gemuthet und verliehen worden, für welche die Berechtigung in Anspruch genommen wird, bestimmten Gruben die Schmiedearbeiten ausschließlich zu liefern. Seit 1753 haben die Gruben durch besondere Verleihungen auch die Schmiedegerechtigkeit zugewährt erhalten. Jene älteren Schmieden werden aber noch gegenwärtig von Schmiedegewerkschaften, welche den Berggewerkschaften nachgebildet sind, besessen. Die Schmiedegewerkschaften haben ihr Recht an Bergschmiedemeister verpachtet.

Es versteht sich nun von selbst, daß solche Schmiedeberechtigungen in Zukunft von der Bergbehörde nicht mehr zu verleihen sind; andererseits erscheint es nothwendig, die sonstigen Befugnisse der Behörde, welche namentlich in der einseitigen Festsetzung der Schmiedetaxe bestehen, bis zur Beseitigung jener Zwangs- und Banngerechtigkeiten aufrecht zu erhalten. Eine Ablösung derselben kann schon gegenwärtig nach Maßgabe des Hannoverschen Gesetzes vom 17. April 1852, die Ablösung der Bannrechte und ausschließlichen Gewerbeberechtigungen betreffend, stattfinden." (Motive a. a. O. S. 191.)

[488]) Die Errichtung dieser Kasse datirt aus dem Jahre 1702. Sie war durch eine Resolution vom 13. April 1703 mit gewissen Verzehrsteuern dotirt, welche durch die Steuergesetzgebung der Jahre 1834 und 1835 in Wegfall gekommen sind. Gegenwärtig besitzt die Kasse ein zinsbar angelegtes Vermögen von circa 370,000 Thlrn. (Motive a. a. O. S. 191.)

[489]) Vergl. die Anmerkung zu §. 249.

Hinsichtlich der Erstattung eines verhältnißmäßigen Antheiles der Poch-, Wasch-, Hütten- und sonstigen Zubereitungskosten bei Erzbergwerken durch den Staat, sowie der Ermittelung, Feststellung und Einziehung der Bergwerkssteuer kommen die in den älteren Provinzen des Staates bestehenden Vorschriften zur Anwendung[490].

§. 3. Die auf privatrechtlichen Titeln beruhenden Befreiungen von den Bergwerksabgaben werden aufrecht erhalten. Ebenso werden die von dem Staate über Bergwerksabgaben abgeschlossenen Verträge durch die Vorschriften der §§. 1 und 2 nicht verändert.

Hinsichtlich der Aufhebung oder Ermäßigung dieser Bergwerks-Abgaben kommt das Gesetz vom 17. Juni 1863, betreffend die Abänderung des §. 13 des Gesetzes über die Besteuerung der Bergwerke vom 12. Mai 1851 (G.S. für 1863 S. 462) zur Anwendung[491].

Artikel XXII.

Mit dem 1. Juli 1867 sind aufgehoben: das gemeine deutsche Bergrecht, die sämmtlichen in den zum vormaligen Königreich Hannover gehörenden Landestheilen geltenden Bergordnungen, insbesondere auch die Bergordnung für den Eisensteinbergbau bei Elbingerode vom $\frac{\text{21. März 1847}}{\text{8. Juni 1848}}$ ferner alle übrigen allgemeinen und besonderen Gesetze, Verordnungen und Gewohnheiten über Gegenstände, auf welche das Berggesetz und die gegenwärtige Verordnung sich beziehen.

Verordnung, betreffend die Einführung des Allgemeinen Berggesetzes vom 24. Juni 1865 in das mit der Preußischen Monarchie vereinigte Gebiet des vormaligen Kurfürstenthums Hessen und der vormaligen freien Stadt Frankfurt, sowie der vormals Königlich Bayerischen Landestheile. Vom 1. Juni 1867. (G.S. S. 770)[492].

Wir Wilhelm, von Gottes Gnaden König von Preußen rc., verordnen für das mit Unserer Monarchie vereinigte Gebiet des vormaligen Kurfürstenthums Hessen und der vormaligen freien Stadt Frankfurt, sowie der vormals Bayerischen Landestheile, auf den Antrag Unseres Staatsministeriums, was folgt:

Artikel I.

Das Allgemeine Berggesetz für die Preußischen Staaten vom 24. Juni 1865 (G.S. für 1865 S. 705) erlangt in dem mit Unserer Monarchie vereinigten Gebiete des vormaligen Kurfürstenthums Hessen und der vormaligen freien Stadt Frankfurt, sowie der vormals Königlich Bayerischen Landestheile unter nachfolgenden besonderen Bestimmungen mit dem 1. Juli 1867 Gesetzeskraft.

Artikel II.

Die von der Bergbehörde ertheilten Concessionen oder geschehenen Verpachtungen zur Gewinnung solcher Mineralien, welche nach §. 1 des Berggesetzes dem Verfügungsrechte des Grundeigenthümers unterworfen sind, bleiben bis zu dem durch die Concessions- oder Pacht-Urkunde festgesetzten Endtermine in Kraft[493].

Die Ertheilung neuer Concessionen findet nicht ferner statt.

---

490) Vergl. die Zusätze zu §. 245.

491) Als vierter Zusatz zu §. 245 abgedruckt.

492) Eine motivirende Denkschrift zu der obigen Verordnung ist in der Zeitschr. für Bergr. Bd. VIII, S. 205—227 abgedruckt.

493) Die in voriger Anmerkung angeführte Denkschrift bemerkt a. a. O. S. 113 f.:

„Nach dem gegenwärtigen, in den althessischen Landestheilen, also den Provinzen Nieder- und Oberhessen, dem Kreise Hersfeld, der Provinz Fulda, der Grafschaft Schaumburg und der Herrschaft Schmalkalden, außerdem aber auch in der Provinz Hanau hergebrachten Rechte überschreitet nämlich der Umfang des Bergregales bei Weitem die durch §. 1 des Allgemeinen Berg-

Artikel III.

Insofern aus den vor dem 1. Juli d. J. ertheilten Schürfscheinen, ein ausschließliches Schürfrecht auf ein bestimmtes Feld herzuleiten ist, behalten dieselben ihre bisherige Kraft für die Zeit, auf welche sie ertheilt sind. Schürfscheine solcher Art, welche auf unbestimmte Zeit ertheilt sind, verlieren ihre Kraft mit dem 1. Juli 1868.

Artikel IV.

Hinsichtlich der Feldesgröße ist die Bestimmung unter 2 des §. 27 des Berggesetzes maßgebend. Unter den im Berggesetze in Bezug genommenen Maßen sind überall die Preußischen Maße zu verstehen.

Artikel V.

Auf das Bergwerkseigenthum finden hinsichtlich der Veräußerung, Verpfändung und des Arrestes die allgemeinen gesetzlichen Vorschriften, welche in dieser Beziehung für das Grundeigenthum in den im Art. I bezeichneten Landestheilen gelten, Anwendung. Ebenso bleiben die Bestimmungen der allgemeinen Gesetze jener Landestheile hinsichtlich der Execution, des Concurses und der Rangordnung der Gläubiger unverändert, soweit nicht diese Verordnung abweichende Vorschriften enthält.

Artikel VI.

Das Bergwerkseigenthum wird durch die vom Oberbergamte ertheilte Verleihung oder bestätigte Consolidation, Theilung oder Vertauschung von Grubenfeldern und Feldestheilen erworben (§§. 50, 41, 51 des Berggesetzes) und bildet einen selbstständigen Gegenstand der Eintragung in die Special- und General-Währschafts- und Hypothekenbücher. Die Führung dieser Bücher richtet sich auch bezüglich des Bergwerkseigenthums nach den für das Grundeigenthum gegebenen allgemeinen gesetzlichen Bestimmungen [494]), jedoch genügt bei der Eintragung von Verleihungen, Consolidationen, Theilungen und dem Austausch

---

gesetzes vom 24. Juni 1865 gezogenen Grenzen. Abgesehen von der auch sonst vielfach bestandenen Regalität des Schwerspathes, des Flußspathes, des Marmors und Alabasters (vergl. die Bergfreiheit vom 21. März 1616), erklärt das Edict vom 10. März 1767, die Sand-, Thon-, Kalk- und Steinbrüche betreffend, die letzteren Brüche für Gegenstände der Verleihung, wenn Jemand dieselben betreiben wolle, „um damit das Publikum zu versehen oder ein Commercium anzufangen.“ Es soll indeß der Grundherr „immer das Vorzugsrecht“ oder aber den 32. Theil am Bruche und Entschädigung für die Oberfläche erhalten, wenn derselbe das Werk nicht selbst übernehmen will. Endlich stehet es dem Eigenthümer frei, „auf seinem Eigenthum zu eigenem Gebrauche Sand und Thon zu graben, Ziegel und Kalk zu brennen, auch Steine zu brechen.“ (Wagner: corpus juris metallici pag. 682)

Der Geheimerathsbeschluß vom 6. Februar 1798 bestätigt die vorstehende Bestimmung mit der Einschränkung: „Jedoch versteht es sich von selbst, daß in eines Dritten Eigenthum keinem eine solche Concession ertheilt werde, als wenn nach vorgängiger Prüfung in der Gegend an den befragten Producten ein solcher Mangel gefunden wird, daß dadurch die Ertheilung dergleichen Concessionen nothwendig gemacht wird.“ Gleichlautend ist der Landtagsabschied vom 14. März 1798.

Wenn schon nach den letzteren Bestimmungen die aus dem Bergregal abgeleitete Befugniß des Staates zur Verleihung von Steinbrüchen u. s. w. mehr als eine gewerbliche Concession behandelt wird, auf deren Ertheilung kein Recht bestehet, so tritt diese Auffassung noch stärker in dem Ausschreiben des Staats-Ministeriums vom 20. Juni 1822, die Ertheilung der Concessionen betreffend, hervor, wo neben den Concessionen zum Branntweinbrennen, Tabakshandel u. s. w. die Concessionen „zum Kalk-, Gyps- oder anderen Steinbrechen“ behandelt werden. (§. 2.) Nach §. 4 sollen Concessionen in der Regel nur auf drei Jahre ertheilt werden.“ (Motive a. a. O. S. 218 f.)

[494]) Jetzt nach dem Gesetze über das Grundbuchwesen v. 19. Mai 1873. Vergl. Anm. 474.

von Feldestheilen die Vorlegung der oberbergamtlichen Verleihungs- und Bestätigungs-Urkunden. Erstreckt sich das Feld eines Bergwerkes in mehrere Gerichtsbezirke, so hat hinsichtlich der Competenz zur Führung der Währschafts- und Hypothekenbücher, sowie zur Aufnahme der das Bergwerkseigenthum oder dingliche Berechtigungen an demselben betreffenden Acte der freiwilligen Gerichtsbarkeit das den verschiedenen Gerichten zunächst gemeinsame höhere Gericht die erforderliche Entscheidung zu treffen.

Artikel VII.

Die bisher von den Bergbehörden geführten Berggewährschafts-, Berglehn- und Berggegenbücher sind zu schließen und an die ordentlichen Gerichte abzugeben.

Artikel VIII.

Die im §. 141 des Berggesetzes in Bezug genommenen Grundsätze der Preußischen Gesetzgebung über das den Eisenbahngesellschaften gegenüber bestehende Vorkaufs- und Wiederkaufsrecht, insbesondere die §§. 16 bis 19 des Gesetzes über die Eisenbahn-Unternehmungen vom 3. November 1838 (G.S. für 1838 S. 505), kommen für den hier bezeichneten Fall gleichfalls in Anwendung[495]).

Artikel IX.

An die Stelle des ersten Absatzes des §. 166 des Berggesetzes tritt die folgende Bestimmung:

Die bereits bestehenden Knappschaftsvereine bleiben in Wirksamkeit. Der gegenwärtige Titel findet jedoch auch auf sie Anwendung, und sind ihre Statuten mit den Vorschriften desselben in Uebereinstimmung zu bringen.

Artikel X.

Zugleich mit den Strafvorschriften des Berggesetzes tritt auch das Gesetz über die Bestrafung unbefugter Gewinnung oder Aneignung von Mineralien vom 26. März 1856 (G.S. für 1856 S. 203) in Kraft[496]).

Artikel XI.

Den Bergarbeitern steht in den Fällen des §. 249 des Berggesetzes in Beziehung auf die Rückstände aus dem letzten Jahre an Lohn und anderen Emolumenten das dem Gesinde und den vom Schuldner beköstigten Dienern eingeräumte Vorzugsrecht zu.

Artikel XII.

Die Insinuation von Verfügungen der Bergbehörde kann rechtsgültig durch die Post bewirkt werden. Wird die Verfügung als unbestellbar von der Post zurückgeliefert, so erfolgt die Insinuation durch öffentlichen Aushang am Amtslocale der betreffenden Bergbehörde. Hat die Verfügung während 14 Tagen ausgehangen, so ist die Zustellung für bewirkt zu erachten.

Artikel XIII.

Privat-Hüttenwerke, Wassergefälle und Aufbereitungsanstalten und andere Anlagen, welche nicht unter die Vorschriften des Berggesetzes fallen, gehören fortan zum Ressort der gewöhnlichen Verwaltungsbehörden.

Artikel XIV.

Für das Gebiet des vormaligen Kurfürstenthums Hessen werden die folgenden besonderen Bestimmungen getroffen:

§. 1. Die nach den Bestimmungen des Berggesetzes eintretende Subhastation eines Bergwerkes oder eines Antheiles desselben erfolgt, je nach den Voraussetzungen des vorliegenden Falles, entweder im Wege der Zwangsversteigerung, insoweit sich nicht eine Modification des hierbei vorgeschriebenen Verfahrens aus dem Berggesetze ergiebt, oder in

---

[495]) Vergl. den Zusatz zu §. 141 S. 232 f.

[496]) Vergl. den Zusatz zu §. 1 S. 77 f

Gemäßheit des bei sonstigen nothwendigen gerichtlichen Versteigerungen oder freiwilligen gerichtlichen Versteigerungen hergebrachten Verfahrens.

Die gerichtliche Mobiliarversteigerung ist, insoweit nicht in dieser Beziehung besondere Bestimmungen durch das Berggesetz (§. 238) getroffen sind, zwar nach den bestehenden Vorschriften des Kurhessischen Rechts, jedoch ausschließlich Seitens des Aktuariates zu vollziehen: auch soll die Bestimmung in Ansehung der Anberaumung des Verkaufstermines, sowie der Art der öffentlichen Bekanntmachung dem Ermessen des Gerichts überlassen sein[497].

§. 2. Das nach §. 129 des Berggesetzes stattfindende gerichtliche Verfahren ist unter Beobachtung der im §. 6 des Kurhessischen Gesetzes vom 30. October 1834 über die Abtretungen zu öffentlichen Zwecken festgesetzten Fristen und Termine zur schleunigen Erledigung zu bringen.

§. 3. Bei der zwangsweisen Grundabtretung findet, außer dem durch §. 146 des Berggesetzes vorgesehenen Falle, die gerichtliche Deposition auch in den durch §. 11 des Kurhessischen Gesetzes vom 30. October 1834[498]) über die Abtretungen zu öffentlichen Zwecken festgesetzten Fällen statt.

§. 4. Die Vorschriften des §. 14 des letzteren Gesetzes finden auf die zwangsweise Grundabtretung zu bergbaulichen Zwecken gleichfalls Anwendung.

§. 5. Die Ueberschreibung in die Währschafts- und Hypothekenbücher geschieht auf Grund der Vorlage des im §. 144 des Berggesetzes erwähnten, im Verwaltungswege rechtskräftigen Expropriationsbeschlusses.

Artikel XV.

Den im §. 1 des Berggesetzes aufgeführten Mineralien wird für die Herrschaft Schmalkalden der Schwerspath hinzugefügt.

Artikel XVI.

Das ausschließliche Recht zur Gewinnung der Steinkohlen in der Grafschaft Schaumburg bleibt den nach dem Executionsabschiede vom 12. December 1647 zum Bergbau auf Steinkohlen Berechtigten allein vorbehalten[499]).

Artikel XVII.

Rücksichtlich der bisherigen Bergwerksabgaben, soweit dieselben an die Staatskassen zu entrichten sind, treten die nachfolgenden Bestimmungen mit dem 1. Juli d. J. in Kraft:

§. 1. Die von den Eisenbergwerken bisher erhobenen Bergwerksabgaben sind vorbehaltlich der Bestimmungen des §. 3 dieses Artikels aufgehoben.

§. 2. Der Bergwerkszehnte, die Receß- und Quatembergelder, die nach dem Königlich Bayerischen Gesetze vom 1. Juli 1856 zu entrichtende Bergwerksabgabe von fünf Procent der Verlagserstattung oder Ausbeute und die sonstigen Bergwerksabgaben sind aufgehoben. An deren Stelle tritt für sämmtliche Bergwerke, ausschließlich der Eisenerzbergwerke, eine Bergwerkssteuer von zwei Procent von dem Werthe der Producte des Bergwerkes zur Zeit des Absatzes der letzteren.

---

[497]) Die oben (Anm. 492) angeführte Denkschrift bemerkt zu §. 1 (a. a. O. S. 223) „Die Vorschrift im §. 1 über die Veräußerung von Bergwerken und unbeweglichen Bergwerksantheilen, welche sich namentlich an die §§. 53, 159, 161 und 234 des Berggesetzes anschließt, soll dem Richter nach den Voraussetzungen des concreten Falles die Entscheidung darüber sichern, welche bestimmte Art der Versteigerung in den im Berggesetze aufgeführten Fällen einzutreten hat, da das Kurhessische Recht insbesondere keine Versteigerungsweise kennt, welche sich der Preußischen nothwendigen Subhastation sowohl in Rücksicht auf deren Zulässigkeit, wie des dabei vorgeschriebenen Verfahrens ohne Weiteres von selbst substituirt."

[498]) Vergl. den Zusatz zu §. 146 S. 241 f.

[499]) Vergl. die Einleitung S. 63.

Hinsichtlich der Erstattung eines verhältnißmäßigen Antheiles der Poch-, Wasch-, Hütten- und sonstigen Zubereitungskosten bei Erzbergwerken durch den Staat, sowie der Ermittelung, Feststellung und Einziehung der Bergwerkssteuer kommen die in den älteren Provinzen des Staates bestehenden Vorschriften zur Anwendung.

§. 3. Die auf privatrechtlichen Titeln beruhenden Befreiungen von den Bergwerksabgaben werden aufrecht erhalten.

Ebenso werden die von dem Staate über Bergwerksabgaben abgeschlossenen Verträge durch die Vorschriften der §§. 1 und 2 nicht verändert. Dasselbe gilt rücksichtlich der in der Herrschaft Schmalkalden von einzelnen Eisensteinbergwerken bisher erhobenen Zug- und Verkauf-, Zug- und Meßgelder, der Zettelgelder, sowie der Ersatzabgabe für die durch die Gewerbeordnung vom 14. Februar 1827 aufgehobenen Abgaben.

Hinsichtlich der gänzlichen Aufhebung oder Ermäßigung dieser Bergwerksabgaben kommt das Gesetz vom 17. Juni 1863, betreffend die Abänderung des §. 13 des Gesetzes über die Besteuerung der Bergwerke vom 12. Mai 1851 (Gesetz-Sammlung für 1863 S. 462)[500]) zur Anwendung.

§. 4. Die von der Bergbehörde bisher erhobenen Concessionsgelder von Steinbrüchen, Thon-, Lehm- und Sandgruben u. s. w., sowie die von einzelnen Steinbrüchen erhobenen besonderen Abgaben sind für die Dauer der ertheilten Berechtigung fort zu entrichten, soweit nicht die letzteren Steinbrüche auf Grund des §. 222 des Berggesetzes als Bergwerke anzusehen[501]) und demgemäß der durch §. 2 dieses Artikels bestimmten Bergwerkssteuer in Zukunft unterworfen sind.

Artikel XVIII.

Mit dem 1. Juli 1867 sind aufgehoben: das gemeine deutsche Bergrecht, die sämmtlichen in den im Artikel I bezeichneten Landestheilen geltenden Bergfreiheiten und Bergordnungen, insbesondere auch die Hessische Bergfreiheit vom 21. März 1616, die Hessische Bergordnung für Schmalkalden vom 14. November 1726, die Hanauische Bergordnung vom Jahre 1542, die Markgräflich Brandenburgische Bergordnung vom 1. December 1619, die bergrechtlichen Vorschriften des Preußischen Allgemeinen Landrechts, die Bayerische Bergordnung vom 6. Mai 1784, das Bayerische organische Edict vom 14. September 1809, die Berggerichtsverfassung betreffend, die §§. 3 bis 10 der Vorschriften über den Vollzug des Hypothekengesetzes vom 1. Juni 1822 in Beziehung auf Bergbaurealitäten vom 31. Juli 1830[502]), das Bayerische Gesetz vom 1. Juli 1856 über die Abgaben von den Bergwerken, die gesetzlichen Vorschriften über die Verfassung der Bergbehörden, ferner alle übrigen allgemeinen und besonderen Gesetze, Verordnungen und Gewohnheiten über Gegenstände, auf welche das Berggesetz und die gegenwärtige Verordnung sich beziehen.

Gesetz, betreffend die Einführung des Allgemeinen Berggesetzes vom 24. Juni 1865 in das Gebiet der Herzogthümer Schleswig und Holstein. Vom 12. März 1869. (G.S. S. 453)[502a])

Wir Wilhelm, von Gottes Gnaden König von Preußen rc., verordnen für das mit

---

[500]) Vergl. den vierten Zusatz zu §. 245.

[501]) Dies ist nach der Anmerkung 493 in der Regel nicht zu vermuthen. Als Kriterien zur Unterscheidung der verliehenen Bergwerke von den gewerblichen Concessionen sind zu betrachten:

1. die unbeschränkte Dauer der Berechtigung;
2. die Formen der bergrechtlichen Muthung und Verleihung.

[502]) Die nicht aufgehobenen §§. 1 und 2 dieser Vorschriften betreffen die Einrichtung eines eigenen Bandes des Hypothekenbuches für die Bergbaurealitäten des Gerichtsbezirks. Sie sind in der Zeitschrift für Bergrecht Bd. VIII, S. 204 abgedruckt.

[502a]) Schon vor der Einführung des Allg. Berggesetzes war durch die Königl. Verordnung vom 3. Februar 1868 (G.S. S. 69) die Provinz Schleswig-Holstein mit dem Bezirk des Oberbergamtes zu Clausthal vereinigt worden. Hiernach ist die Anm. 2, S. 64 zu berichtigen.

Unserer Monarchie vereinigte Gebiet der Herzogthümer Schleswig und Holstein mit Zustimmung beider Häuser des Landtages, was folgt:

Artikel I.

Das Allgemeine Berggesetz für die Preußischen Staaten vom 24. Juni 1865 (Ges.-Samml. für 1865 S. 705) erlangt im Gebiete der Herzogthümer Schleswig und Holstein unter nachfolgenden besonderen Bestimmungen mit dem 1. April 1869 Gesetzeskraft.

Artikel II.

Das Schürfen (§. 4 des Allgemeinen Berggesetzes) ist auf See- und Flußdeichen und in einer Entfernung von denselben bis zu zweihundert Lachtern[502b)] unbedingt untersagt. Durch Entscheidung der Bergbehörde kann das Schürfen auch in einer größeren Entfernung, sowie auf den Binnendeichen verboten werden, falls überwiegende Gründe des öffentlichen Interesses demselben entgegenstehen.

Artikel III.

Hinsichtlich der Feldesgröße ist die Bestimmung unter 2 des §. 27 des Berggesetzes maßgebend. Unter den im Allgemeinen Berggesetze in Bezug genommenen Maßen sind überall die Preußischen Maße zu verstehen.

Artikel IV.

Die im §. 141 des Allgemeinen Berggesetzes in Bezug genommenen Grundsätze der Preußischen Gesetzgebung über das den Eisenbahngesellschaften gegenüber bestehende Vorkaufs- und Wiederkaufsrecht, insbesondere die §§. 16 bis 19 des Gesetzes über die Eisenbahn-Unternehmungen vom 3. November 1838 (Gesetz-Samml. für 1838 S. 505)[502c)] kommen für den hier bezeichneten Fall auch in dem Gebiete der Herzogthümer Schleswig und Holstein in Anwendung.

Artikel V.

Auf das Bergwerkseigenthum finden hinsichtlich der Veräußerung, Verpfändung, der Führung der Schuld- und Pfandprotokolle und des Arrestes, die allgemeinen gesetzlichen Vorschriften, welche in dieser Beziehung für das Grundeigenthum in den Herzogthümern Schleswig und Holstein gelten, Anwendung[502d)]. Ebenso bleiben die Bestimmungen des dortigen Rechtes hinsichtlich der Execution des Concurses und der Rangordnung der Gläubiger unverändert, soweit nicht diese Verordnung oder das Berggesetz abweichende Vorschriften enthält.

Den Bergarbeitern wird in Beziehung auf die Rückstände aus dem letzten Jahre an Lohn und anderen Emolumenten das Vorrecht des Kanzeleipatentes vom 12. Januar 1816, betreffend die Classification des Dienstlohnes im Concurse beigelegt.

Artikel VI.

In den Fällen des §. 159 des Berggesetzes soll die Versteigerung nach dem für das Concursverfahren in Schleswig-Holstein geltenden Rechte und mit den gewöhnlichen Wirkungen desselben vollzogen werden.

Artikel VII.

Zugleich mit den Strafvorschriften des Berggesetzes tritt das Gesetz über die Bestrafung unbefugter Gewinnung oder Aneignung von Mineralien vom 26. März 1856 (Gesetz-Samml. für 1856 S. 203)[502e)] in Kraft.

Artikel VIII.

Die Insinuation von Verfügungen der Bergbehörde kann rechtsgültig durch die Post-

---

[502b)] 418,5 Meter.

[502c)] oben S. 232.

[502d)] Jetzt das Gesetz über das Grundbuchwesen und die Verpfändung von Seeschiffen vom 27. Mai 1873 (G S. S. 229). Vergl. Anm. 116.

[502e)] oben S. 77.

behörde bewirkt werden. Wird die Verfügung von der Post als unbestellbar zurückgeliefert, so erfolgt die Insinuation durch öffentlichen Aushang am Amtslocale der betreffenden Bergbehörde.

Hat die Verfügung während vierzehn Tagen ausgehangen, so ist die Zustellung für bewirkt zu erachten.

Artikel IX.

Rücksichtlich der Bergwerksabgaben treten die nachfolgenden Bestimmungen in Kraft:

§. 1. Von den Eisenerzbergwerken werden Bergwerksabgaben nicht erhoben.

§. 2. Von allen übrigen Bergwerken ist eine Bergwerkssteuer von zwei Procent von dem Werthe der Producte des Bergwerkes zur Zeit des Absatzes des letzteren zu entrichten.

Hinsichtlich der Erstattung eines verhältnißmäßigen Antheiles der Poch-, Wasch-, Hütten- und sonstigen Zubereitungskosten bei Erzbergwerken durch den Staat, sowie der Ermittelung, Feststellung und Einziehung der Bergwerkssteuer kommen die in den älteren Provinzen des Staates bestehenden Vorschriften zur Anwendung.

Artikel X.

Mit dem 1. April 1869 sind aufgehoben:

Das gemeine Deutsche Bergrecht, ferner alle übrigen allgemeinen und besonderen Gesetze, Verordnungen und Gewohnheiten über Gegenstände, auf welche das Berggesetz und das gegenwärtige Gesetz sich beziehen.

Elfter Titel.

Uebergangsbestimmungen.

§. 215.

Die Felder der bei dem Eintritt der Gesetzeskraft des gegenwärtigen Gesetzes eingelegten Muthungen und bestehenden Bergwerke sind nach Maßgabe desselben §§. 26 ff.) auf den Antrag des Berechtigten, wenn sie gestreckte sind[503]), in gevierte Felder umzuwandeln[504]), und wenn sie gevierte Felder sind, bis zu der zulässigen Ausdehnung (§. 27) zu erweitern[505]).

---

503) Die zur Begutachtung der bei Einführung des Preußischen Berggesetzes im vormaligen Herzogthum Nassau erforderlichen Modificationen und Uebergangsbestimmungen berufene Kommission bemerkte, daß unter den dort bezeichneten „gestreckten" Feldern sowohl die „Längenfelder" wie die „Breitenfelder" im Sinne der Bergordnung vom 18. Februar 1857 und unter den „gevierten" Feldern des §. 215 die „Verticalfelder" und die von denselben in der Bergordnung unterschiedenen „gevierten" Felder begriffen seien (Zeitschr. f. Bergrecht Bd. VIII S. 20.) Ueber die vier verschiedenen Vermessungsarten der Bergordnung von 1857 vergl. die oben Anm. 468 abgedruckten §§. 27 und 28 dieser Verordnung.

504) „Wesentlich aus denselben Gründen, welche für die Beseitigung der gestreckten oder Längenvermessung bei künftigen Verleihungen sprechen (cfr. Bemerkungen zu §§. 26 und 27), rechtfertigen sich auch Vorschriften, deren Zweck dahin geht, die Ummandlung der bereits bestehenden Längenfelder in Geviertfelder zu gestatten und zu begünstigen, soweit dies unbeschadet der Rechte Dritter geschehen kann. Bereits in dem mehrerwähnten Entwurfe eines Gesetzes über die Bergeigenthumsverleihung und Bestimmung der Grubenfelder vom Jahre 1856 waren Vorschriften über die Feldesumwandlung enthalten, welche indeß nicht ins Leben getreten sind und sich auch nicht in allen Punkten als zweckentsprechend herausgestellt haben. Das Berggesetz hat deshalb

Ein solcher Antrag gilt in Beziehung auf das begehrte freie Feld als Muthung [506]).

---

geeignete Uebergangsbestimmungen über diesen für die weitere Entwickelung des bestehenden Bergbaues und die Sicherung seiner Besitz- und Rechtsverhältnisse äußerst wichtigen Gegenstand zu treffen. Die Vortheile der neuen Grundsätze über Größe und Begrenzung der Grubenfelder erlangen erst dadurch allgemeine Bedeutung, daß allmählich auch die bereits vorhandenen Längenfelder durch Umwandlung in Geviertfelder beseitigt werden.

Die §§. 215—218 haben den Zweck, diese Feldesumwandlung im allgemeinen Bergbauinteresse möglichst zu erleichtern, andererseits aber zu verhüten, daß dies nicht lediglich zu Gunsten einzelner Längenfelder und auf Unkosten vieler anderer solcher Felder geschieht. Die Gefahr, daß letzteres geschehen könne, besteht namentlich in denjenigen Revieren, wo der Gangbergbau in Feldern betrieben wird, welche nach den Bergordnungen nur eine geringe Ausdehnung haben und sich häufig in großer Anzahl und buntestem Gemisch auf einem beschränkten Terrain überdecken, durchkreuzen oder in verschiedenen Sohlen begrenzen. Hier würde der Besitzer eines völlig werthlosen Längenfeldes in der Lage sein, die Längenfelder der wichtigsten Bergwerke mit seinem Geviertfelde zu umspannen, wenn die Umwandlung ohne hinreichenden Schutz der übrigen Bergwerke gestattet wäre.

Es kommt deshalb darauf an, die Vorschriften über die Feldesumwandlung so zu treffen, daß dieselben nicht zum wirthschaftlichen Nachtheile des Bergbaues im Allgemeinen und zu Störungen der bestehenden Rechtsverhältnisse ausgebeutet werden können. Zu diesem Zwecke muß nicht allein die Feldesumwandlnng möglichst vielen der bestehenden Längenfelder zugänglich gemacht, sondern auch verhütet werden, daß dieselbe nicht indirect durch Muthungen vereitelt wird, welche sich auf die neuen Vorschriften des Berggesetzes über die Größe und Begrenzung der Felder stützen.

Um zunächst den Bergwerkseigenthümer bei der Umwandlung seines Feldes gegen Chikanen jüngerer Muther zu sichern, ist seinem Antrage, soweit derselbe auf freies Feld Bezug hat und sich nicht aus Nachfolgendem eine Modification ergiebt, die rechtliche Bedeutung der Muthung beizulegen. Hierdurch wird namentlich das in dem Umwandlungsantrage begehrte Geviertfeld gegen Muthungen Dritter geschlossen (§. 19) und in Beziehung auf das neuhinzubegehrte Feld das Vorrecht des Alters erworben, während selbstverständlich an dem Alter des ursprünglich verliehenen Bergwerks nichts geändert werden darf und geändert wird." (Motive S. 116 ff.)

505) Die Erweiterungsanträge sind auf den Antrag der Commission des Herrenhauses zugelassen worden. Sie unterscheiden sich ihrer rechtlichen Wirkung nach von den Umwandlungsanträgen in folgenden Punkten:

1) sie sind nur bis zum 31. März 1866 zulässig;
2) sie stehen im Falle der Collision den bis zum 31. März 1866 eingelegten Umwandlungsanträgen nach;
3) sie concurriren unter sich zu gleichen Rechten. Bei einer Collision mit anderen Muthungen dagegen ist der Vorzug des Alters (§§. 24, 25) entscheidend;

während dagegen in Bezug auf die Umwandlungsanträge folgende Regeln gelten:

1) sie sind auch nach dem 31. März 1866 gestattet, jedoch ohne das im §. 218 bestimmte Vorzugsrecht;
2) die vor dem 1. April 1866 eingelegten Umwandlungsanträge gehen den Erweiterungsanträgen und den auf Grund des Allg. Berggesetzes eingelegten Muthungen vor;
3) die nach dem 31. März 1866 eingelegten Umwandlungsanträge concurriren mit den auf Grund des Allg. Berggesetzes eingelegten Muthungen nach dem Vorrechte des Alters (§§. 24, 25);
4) sie concurriren unter sich zu gleichen Rechten.

506) Auf denselben finden die §§ 12—21 und 26—38 Anwendung; der §. 25 aber nur mit den in den §§. 217 und 218 ausgedrückten Modificationen. Der Umwandlungsantrag enthält eine Verfügung über die Substanz des verliehenen Bergwerkes (§. 114), sofern nicht feststeht, daß das

Bei consolidirten Bergwerken kann der Antrag für jedes einzelne Feld gestellt werden[507]).

Ein Erweiterungsantrag ist nicht mehr zulässig, wenn er nicht binnen sechs Monaten nach Eintritt der Gesetzeskraft dieses Gesetzes bei der zur Annahme von Muthungen befugten Bergbehörde (§. 12) gestellt worden ist[508])[509]).

§. 216.

Von dem durch einen Umwandlungs- oder Erweiterungsantrag (§. 215) begehrten Felde dürfen die gestreckten Felder anderer Bergwerke nur dann ganz oder theilweise umschlossen werden, wenn die Eigenthümer dieser Bergwerke auf eine desfallsige Aufforderung der Bergbehörde sich mit der Umschließung ihrer Felder ausdrücklich einverstanden erklären.

Tritt diese Voraussetzung nicht ein, so muß der Antragsteller sich eine entsprechende, nöthigenfalls durch einen Beschluß des Oberbergamts festzustellende Beschränkung des begehrten gevierten Feldes gefallen lassen.

§. 217.

Mehrere Umwandlungsanträge, welche auf das nämliche Feld gerichtet sind begründen für jeden der Antragsteller ein gleiches Recht. Dasselbe gilt von mehreren Erweiterungsanträgen, welche auf das nämlich Feld gerichtet sind[510]).

Bei einer solchen Collision bildet, insoweit eine vertragsmäßige Einigung nicht zu erzielen ist, die Theilung in gleiche Theile als Regel.

Das Oberbergamt ist jedoch befugt, bei der Verleihung von diesem Theilungsverhältnisse abzuweichen, insoweit sich dies für einen zweckmäßigen Betrieb als erforderlich darstellt.

§. 218.

Diejenigen Umwandlungsanträge, welche innerhalb sechs Monaten nach Eintritt der Gesetzeskraft dieses Gesetzes bei der zur Annahme von Muthungen befugten Bergbehörde (§. 12) eingehen, gewähren den auf Grund dieses Gesetzes ein-

---

umzuwandelnde Längenfeld von dem begehrten Geviertfelde ganz umschlossen wird, daß es also weder im Streichen noch im Fallen über dasselbe hinausgeht.

507) In ein und demseben Schriftstücke.

508) In Bezug auf die Umwandlungsanträge sind ferner die Recursbescheide vom 12. April, 3. Juli, 29. December 1866, 15. November 1867 und 14. Februar 1868 (Zeitschrift für Bergrecht Bd. VII, S. 268, Bd. VIII, S. 142, Bd IX, S. 227, 228, 230) zu vergleichen.

509) Das Braunschweigische Berggesetz §§. 211—212 kennt nur Erweiterungsanträge, für welche dieselben Regeln gelten wie nach dem preußischen Berggesetze. Die Stelle der Umwandlungsanträge nehmen nach §. 213 die Anträge auf Begrenzung unbestimmter Grubenfelder ein. Die Berggesetze für Elsaß-Lothringen und Würtemberg kennen weder Umwandlungs- noch Erweiterungsverträge. Nach dem Gothaischen Berggesetze kann die Umwandlung eines Längenfeldes auch von dem Bergamte angeordnet werden, jedoch so, daß dem Eigenthümer ohne seine Zustimmung von dem ihm verliehenen Gang in keinem Falle etwas entzogen werden darf.

510) Auf den Zeitpunkt der Präsentation der Umwandlungsanträge sowie der bis zum 31. März 1866 eingelegten Erweiterungsanträge kommt es für die Beurtheilung der unter mehreren Umwandlungsanträgen oder mehreren Erweiterungsanträgen bestehenden Collision nicht an. (Zeitschr. f. Bergrecht Bd. VI, S. 610 ff.)

gelegten Muthungen und Erweiterungsanträgen gegenüber ein Vorzugsrecht auf das im §. 27 bestimmte Feld.

Von den gevierten Feldern der Muthungen, welche innerhalb dieser Frist eingelegt werden, dürfen die gestreckten Felder bereits bestehender Bergwerke[511]) ohne ausdrückliche Einwilligung der Eigenthümer auch dann nicht umschlossen werden, wenn seitens der letzteren keine Umwandlungsanträge gestellt sind.

§. 219.

Wird das Eigenthum eines Bergwerks, desses gestrecktes Feld von dem gevierten Felde eines anderen Bergwerks umschlossen ist[512]), nach dem sechsten Titel des gegenwärtigen Gesetzes aufgehoben, so hat der Eigenthümer des anderen Bergwerks, welchen die Bergbehörde von der Aufhebung in Kenntniß zu setzen hat, ein binnen vier Wochen nach dieser Bekanntmachung auszuübendes Vorzugsrecht auf die Vereinigung des gestreckten Feldes mit seinem gevierten Felde[513]).

Die Vereinigung wird durch einen Nachtrag zur Verleihungsurkunde ohne weitere Förmlichkeiten ausgesprochen.

§. 220.

Den im Kreise Wetzlar auf Grund der §§. 156 und 157, Theil II, Titel 16 des Allgemeinen Landrechts mit gevierten Feldern verliehenen Bergwerken steht die ewige Teufe nach senkrechten Ebenen zu[514]).

Verordnung, betreffend die Einführung des Allgemeinen Berggesetzes vom 24. Juni 1865 in das Gebiet des vormaligen Herzogthums Nassau. Vom 22. Februar 1867.

Artikel X.

Den mit gevierten Feldern im Sinne der bisherigen Gesetzgebung[515]) verliehenen Bergwerken, mit Ausnahme der auf Thon und Walkererde verliehenen, wird die ewige Teufe nach senkrechten Ebenen beigelegt, sofern nicht Rechte Dritter entgegenstehen.

§. 221.

Wer auf Grund einer vor dem Eintritt der Gesetzeskraft des gegenwärtigen Gesetzes eingelegten Muthung auf das Feld eines zu derselben Zeit bereits bestehenden Bergwerks oder auf Theile desselben ein Vorzugsrecht zu haben glaubt, muß

---

[511]) Vorausgesetzt, daß sie auf eben dasselbe Mineral verliehen sind. Zeitschr. f. Bergr. Bd. VIII, S. 143.

[512]) Liegt das gestreckte Feld innerhalb verschiedener Geviertfelder, so hat jeder Eigenthümer eines dieser Geviertfelder Anspruch auf den innerhalb desselben belegenen Theil des gestreckten Feldes.

[513]) Das Vorzugsrecht setzt voraus, daß das gestreckte und das gevierte Feld auf dieselben Mineralien beliehen sind.

[514]) Im Kreise und Bergreviere Wetzlar sind nach einer langjährigen Praxis die Verleihungen auf die flötzartigen Rotheisenstein-Lagerstätten nach gevierter Vermessung und zwar gemäß §§. 156 und 157, Th. II, Tit. 16 A. L.R. mit einer Fundgrube zu 42 Lachter ins Gevierte und 20 Maßen, jede zu 28 Lachter ins Gevierte ertheilt, indem diese Lagerstätten als solche angesehen wurden, deren Fallen im Allgemeinen weniger als 15 Grad beträgt. Es ist zwar schon nach der früheren Gesetzgebung anzunehmen, daß die Seitenbegrenzung dieser Geviertfelder in Folge des Gesetzes vom 1. Juli 1821 (Ges.-Samml. S. 106) mit der ewigen Teufe verbunden, mithin die Berechtigung des Beliehenen nicht auf die Fundlagerstätte beschränkt ist. Die dennoch hierüber entstandenen Zweifel soll die declarirende Vorschrift des §. 220 beseitigen. (Vergl. Motive S. 119.)

[515]) Vergl. §. 27 N. 3 der Bergordnung vom 18. Februar 1857, oben Anm. 468.

letzteres innerhalb Eines Jahres, von jenem Zeitpunkte an, durch gerichtliche Klage gegen den Bergwerkseigenthümer verfolgen[515a]).

Wer von dieser Frist keinen Gebrauch macht, ist seines etwaigen Vorzugsrechts auf das Feld verlustig[516]).

§. 222.

Soweit das gegenwärtige Gesetz auf die bereits bestehenden Bergwerke überhaupt Anwendung findet, unterliegen den Bestimmungen desselben auch diejenigen Bergwerke, welche den seitherigen gesetzlichen Vorschriften gemäß auf Mineralien berechtigt sind, die der §. 1 dieses Gesetzes nicht mehr aufführt[517]).

§. 223.

Nach dem Eintritt der Gesetzeskraft des gegenwärtigen Gesetzes findet eine Verleihung von Erbstollenrechten nicht mehr statt[518]).

In Ansehung der bereits bestehenden Erbstollengerechtigkeiten, insbesondere auch der Aufhebungsarten[519]), verbleibt es bei den Bestimmungen der seitherigen Gesetze[519a]).

515a) Der Vorschrift des §. 221 wird durch die bloße Anmeldung der Klage innerhalb der festgesetzten Frist nicht genügt. Erkenntniß des Appell-Gerichts zu Hamm vom 28. Mai 1868. Gruchot's Beiträge Bd. XII, Seite 904.

516) „Bei den §§. 35 und 36 ist auf das Bedürfniß hingewiesen, das künftig nach dem Berggesetze verliehene Bergwerkseigenthum gegen Ansprüche dritter Muther sicher zu stellen, zu welchem Behufe das dort angeordnete Publications- und Präclusionsverfahren eintreten soll. Das nämliche Bedürfniß besteht aber auch für das gegenwärtig bereits verliehene Bergwerkseigenthum. Denn da dasselbe nach den Grundsätzen des rechtsrheinischen Bergrechts überall nur „älteren Rechten unbeschadet" verliehen ist, so entbehren die bestehenden Bergwerke jede rechtliche Sicherheit gegenüber solchen Muthern, welche auf das verliehene Feld oder auf Theile desselben Vorzugsrechte behaupten, jedoch aus irgend einem Grunde nicht geltend gemacht haben. Für die weit überwiegende Mehrzahl der Bergwerke kann zwar angenommen werden, daß derartige Collisionen nicht existiren, weil dieselben regelmäßig schon im Verleihungsverfahren zur Sprache kommen und ihre Erledigung finden; indeß hat doch die Erfahrung gelehrt, daß mitunter, namentlich aus älterer Zeit noch Ansprüche von Muthern auf verliehene Felder auftauchen, durch welche im guten Glauben unternommene Bergbauanlagen in ihrer Existenz bedroht werden.

Solchen die Sicherheit des Bergwerkseigenthums und das Vertrauen in bergbauliche Unternehmungen erschütternden Collisionen soll durch den §. 221 vorgebeugt werden." (Motive S. 119.)

517) Diese Bestimmung findet auch auf die vor dem 1. October 1865 eingelegten Muthungen Anwendung. Wird das Bergwerkseigenthum an einem nicht unter §. 1 A.B.G begriffenen Minerale aufgehoben, so wird das bisher dem Bergwerkseigenthümer unterworfene Mineral von Rechtswegen zu einem Bestandtheile des Grundeigenthums, ohne daß es einer besondern Erwerbung seitens des Grundbesitzers bedarf.

518) Auch die vor dem 1. October 1865 eingelegten Erbstollenmuthungen können nicht mehr zur Verleihung gelangen, weil der §. 223 die Verleihung unbedingt untersagt. (Zeitschr. f. Bergrecht Bd. VI, S. 616.)

519) Vergl. die unten folgenden §§. 235, 247, 249, 252 Allg. Landrecht Th. II, Tit. 16.

519a) Die Uebergangsbestimmungen der §§. 221—225 fehlen in den Berggesetzen für Würtemberg, Elsaß-Lothringen und Braunschweig.

Im Gesetzesbereiche des Allgemeinen Landrechts bedarf es jedoch zur Befreiung eines Bergwerks von den Erbstollengebühren durch eine Wasserhaltungsmaschine einer besonderen Verleihung der Erbstollengerechtigkeit für diese Maschine nicht mehr; es genügt, wenn die sonstigen Bedingungen der Enterbung nach den §§. 468 ff., Theil II, Titel 16 des Allgemeinen Landrechts vorhanden sind. Erbstollenrechte erwirbt eine solche Wasserhaltungsmaschine für sich nicht[520].

Allgemeines Landrecht Theil II, Titel 16. §§. 221—252.

Besondere Pflichten der Stollner.

§. 221. Bei Verleihung eines Stollen zur Lösung fremder Zechen wird nur der Ort, wo er angesetzt und das Gebirge, in welches er getrieben werden soll, bestimmt[521].

§. 222. Ein solcher Stollner ist befugt, seinen Stollen von dem in der Beleihung bestimmten Punkte in das daselbst benannte Gebirge zu treiben, und kann denselben nach Gefallen in mehrere Flügel theilen.

§. 223. In der Regel müssen alle Hauptstollen sohlig betrieben werden, wenn nicht in Absicht des Ansteigens der Wasserseigen besondere Abweichungen in den Provinzial-Bergordnungen bestimmt sind[522].

§. 224. Der Stollner darf bei Verlust seines Stollenrechts ohne ausdrückliche Genehmigung des Bergamts[523]) seinen Stollen weder mit größerem Ansteigen noch auch die Wasserseige so treiben, daß in derselben Absätze oder Stufen (Gesprenge) bleiben[524].

§. 225. Die Erlaubniß zu Gesprengen soll, außer besondern Umständen nur auf Flügelörter gegeben werden, die in einige wenige und zwar solche Gruben gehen, welche entweder des Stollens vorzüglich bedürfen oder wenige und höher liegende Erzanbrüche haben.

§. 226. Diese gegebene Erlaubniß wird vom Bergamte in den Bergbüchern angemerkt[525].

§. 227. Das Feld des Stollners, in welchem er die daselbst zu brechenden Mineralien gewinnen kann, ist Fünf Viertel Lachter von der Wasserseige seines Stollens in

---

520) Vergl. die unten folgenden §§. 468 ff. Allg. Landrecht Th. II, Tit. 16.

521) Weitere Bedingungen der Verleihung sind für nicht zugefügt zu erachten. Wenn also der Erbstollen nach der Verleihungsurkunde zur Lösung einer bestimmten Gruppe von vorliegenden Gruben verliehen ist, so hat der Erbstöllner gleichwohl das Recht, den Erbstollen über diese Grubenfelder hinaus gemäß §. 222 in das vorliegende Gebirge zu treiben. (Erlaß vom 11. Septr. 1860 an das Oberbergamt zu Bonn.)

522) Die revidirten Bergordnungen gestatten ein Ansteigen von $^1/_4$ Lachter auf je hundert Lachter Länge (Kleve-Märk. B.O. Cap. 14, Schlesische und Magdeburg-Halberstädt. B.O. Cap. 15; ebenso die Kursächsische Stollenordnung Art. 6).

523) An die Stelle des Bergamtes ist nach § 1 des Ges. v. 10. Juni 1861 (G.S. S. 425) das Oberbergamt getreten. Ebenso in den Fällen der §§. 226, 229, 230, 232, 233, 235, 236, 240, 244, 245, 247 h. t.

524) Gesprenge sind auch in dem Falle unzulässig, wenn das nach der Provinzialbergordnung gestattete Maximum des Ansteigens nicht erreicht ist. Ein Gesprenge ist nur dann als vorhanden anzunehmen, wenn das abfließende Wasser über die vorhandene Stufe herabfällt. (Erkenntniß des Appellationsgerichts zu Ratibor vom 16. Februar 1865.)

525) Darunter ist nicht das Grundbuch verstanden, sondern die Acten über die amtliche Befahrung der Erbstollen. (Schlesische B.O. Cap. 6. §. 3.)

526) Nach gemeinem Bergrechte beträgt die Stollenweite nur $^1/_2$ Lachter. (Kursächs. Stollenordnung von 1749 Art. 3.)

die Höhe und Fünf Achtel Lachter in die Breite[526]), oder soweit der Stollen von dem Mundloche an geführt worden.

§. 228. Außer diesen Grenzen steht ihm kein Bergwerkseigenthum zu, als insofern er besonders damit beliehen ist[527]).

§. 229. Will der Stollner außer diesen Grenzen, über, unter oder neben dem Stollen ausbrechen[528]), so muß er zuvörderst dazu vom Bergamte Erlaubniß erhalten, und letztere in die Bergbücher eingetragen werden[529]).

§. 230. Der Stollner hat das Recht, die Erlaubniß zum Ausbrechen und zu Lichtlöchern vom Bergamte zu fordern, wenn er außerdem durch Wettermangel oder durch beschwerliche Förderung an Forttreibung des Stollens gehindert würde[530]).

§. 231. Desgleichen wenn der Stollen in Gebäude kommt, die kein Tiefstes haben, welches die Tiefe der Stollensohle erreichet.

§. 232. Vor Ertheilung der Erlaubniß zu Lichtlöchern muß das Bergamt das Bedürfniß des Stollens durch Befahrung auf den Augenschein untersuchen.

§. 233. Hat der Stollner die Erlaubniß zum Auslenken und zu Lichtlöchern erhalten, so muß er dieselben, in Ansehung der Richtung und Weite, ganz nach Vorschrift des Bergamts und nie über die Weite eines Schachtes führen[531]).

§. 234. Der Stollner hat an den unverliehenen Gängen und Flötzen, die er gehörig überfährt, die Rechte des ersten Finders[532]).

§. 235. Er ist bei Verlust seines Stolleneigenthums[533]) verpflichtet, den Stollen

---

[527]) Nach gemeinem Bergrechte tritt zu den Dimensionen des Stollens von $^5/_4$ und $^3/_4$ Lachter noch die Vierung von $3^1/_2$ Lachter ins Liegende und von $3^1/_2$ Lachter ins Hangende (a. a. O. Art. 14).

[528]) Darunter ist nicht der Ansatz von Flügelörtern verstanden, wozu es nach §. 222 keiner Erlaubniß bedarf, sondern der Fall einer Verlegung der Wasserseige oder des Stollenniveaus.

[529]) Vergl. Anm. 523 und 525.

[530]) Der Stollner ist nicht berechtigt, im verliehenen Grubenfelde einen Wetterort neben oder über dem Stollenorte fortzuführen. Er ist nur befugt, die Erlaubniß zu Luftlöchern zu verlangen. (Erlaß an das Oberbergamt zu Dortmund vom 13. August 1865.)

[531]) Die Weite eines Schachtes ist weder gesetzlich bestimmt, noch nach technischen Regeln allgemein zu bestimmen. Die Dimensionen des Lichtloches dürfen nicht über das Bedürfniß der Wetterführung hinausgehen. Wenn über die Weite des anzusetzenden Lichtloches Streit entsteht, so entscheidet das Oberbergamt auf Antrag des Stollners oder des Grubenbesitzers. Eine Vorschrift von Amts wegen wird nicht mehr ertheilt.

[532]) In Beziehung auf die Frist zur Ausübung des von dem Stollner erworbenen Finderrechtes findet der §. 21 Anwendung.

[533]) Die §§. 235—249 betreffen den Verlust des Stolleneigenthums wegen unterlassener Forttreibung des Stollens. Der Verlust tritt ein durch die Freifahrung entweder von Amtswegen (§. 247) oder auf Antrag der vorliegenden Gruben oder eines neuen Muthers (§. 248). Da eine Muthung und Verleihung von Erbstollen nach dem Allg. Berggesetze §. 223 nicht mehr stattfindet, so besteht kein Zweifel darüber, daß die Freifahrung auf Antrag eines neuen Muthers nicht mehr stattfindet. Dagegen besteht eine Meinungsverschiedenheit darüber, ob die vorliegenden Gruben noch befugt sind, die Freifahrung zu verlangen, und ob die Freifahrung ohne solchen Antrag von Amts wegen erfolgen kann. Beide Fragen sind nach §. 223 des Allg. Berggesetzes zu bejahen. Die Annahme, daß die Verpflichtung zur ununterbrochenen Forttreibung des Stollens mit der Aufhebung des Betriebszwanges für Bergwerke (Allg. Landrecht Th. II, Tit. 16, §§. 188 ff.) aufgehoben sei, steht mit §. 225 cit. in Widerspruch. Der Stollner kann sich daher nur durch die Fristung oder durch die Verstufung vor dem Verluste der Erbstollengerechtigkeit schützen. Wenn der Stollen ohne Fristung und ohne Verstufung außer Betrieb gesetzt wird, so kann die Freifahrung von Amts wegen, und sie muß auf Antrag des Besitzers einer vorliegenden Grube erfolgen.

nach irgend einer Richtung immer weiter zu treiben, wenn er nicht nach vorhergegangener Untersuchung vom dem Bergamte Frist erhalten hat[534]).

§. 236. Doch kann er sich im Eigenthum des Stollens erhalten, wenn er die anstehenden Stollenörter vom Bergamte verstufen läßt[535]).

§. 237. Durch diese Verstufung wird des Stollners Befugniß zum Forttriebe des Stollens an diesem Orte aufgehoben, und er hat außer diesen Grenzen kein Recht.

§§. 238 und 239 aufgehoben.

§. 240. Vorliegende Gruben, welche den Stollen von den verstuften Stollenörtern oder von der Markscheide der anliegenden Grube an, jede Grube in ihrem verliehenen Felde, unter ihre Gebäude führen wollen[536]), bedürfen keiner besonderen Belehnung, sondern sind bloß schuldig, ihr Vorhaben dem Bergamte anzuzeigen[537]).

§§. 241—244 aufgehoben.

§. 244. Unterläßt der Stollner den Stollen in vorliegende Gruben zu treiben, so sind diese Gruben und andere neue Muther berechtigt, bei dem Bergamte darauf anzutragen, daß der Stollen an diesem Orte verstuft werde[538]).

§. 245. Das Bergamt muß alsdann dem Stollner eine billige Frist zur Forttreibung des Stollens in die desselben bedürfenden Gruben vorschreiben, und wenn auch diese nicht innegehalten wird, mit der Verstufung verfahren[539]).

---

[534]) Die Fristung muß bei dem Oberbergamte nachgesucht werden. Ueber die Fristungsgründe bestimmt das Allg. Landrecht a. a. O.:

§. 201. Wenn das Bergamt bei vorgängiger Untersuchung gefunden hat, daß wesentliche Hindernisse, die nicht aus einer Verschuldung des Beliehenen entstanden sind und die er nicht hat heben können, keine nutzbare Belegung der Zeche gestatten, so kann es demselben auf sein Gesuch eine Frist geben, bis zu welcher er der unterlassenen Benutzung ungeachtet bei seinem Rechte verbleibt.

§. 202. Diese Frist, auch wenn sie auf bestimmte Zeit gegeben ist, muß das Bergamt zuvörderst dem Beliehenen aufkündigen, ehe ihm das Bergwerkseigenthum entzogen werden kann.

[535]) Die Verstufung ist nicht wie die Fristung von dem Ermessen des Oberbergamtes abhängig. Sie muß auf Antrag des Stollners erfolgen. Der Antrag wird bei dem Oberbergamte gestellt. Die Verstufung wird von einem Commissar des Oberbergamtes unter Zuziehung eines von dem Stollner zu gestellenden Markscheiders ausgeführt. An den Endpunkten der anstehenden Stollenörter werden Markscheiderstufen in das Gestein eingehauen und diese Punkte auf dem Situationsrisse nach markscheiderischer Ermittelung aufgetragen.

[536]) Die Ausübung dieses Rechtes ist dadurch bedingt, daß der Stollen in das Feld der vorliegenden Grube eingeschlagen hat, oder daß der Besitzer der zwischenliegenden Grube sich bereit findet, den Stollen bis an die beiderseitige Markscheide fortzuführen.

[537]) Die Fortsetzung des verstuften Stollens, seitens der vorliegenden Grube, giebt dem Grubenbesitzer nicht die aus der Erbstollenbelehnung entspringenden Rechte. Er ist nicht befugt, den Stollen von seinem Felde aus in vorliegende Gruben weiter zu treiben.

[538]) Dieser Antrag kann nicht gestellt werden, so lange die gemäß §. 235 dem Stollner gewährte Betriebsfrist läuft.

[539]) Die Freifahrung des Stollens kann auf zweifache Weise erfolgen:

1) Wenn dem Stollner auf Antrag der vorliegenden Grube eine Frist zur Forttreibung des des Stollens gesetzt ist (§. 245 h. t.), so befährt das Oberbergamt nach Ablauf dieser Frist den Stollen und constatirt, daß derselbe während der gestellten Frist nicht weiter getrieben worden ist. Zu diesem Zwecke muß bei Bestimmung der Frist zur Forttreibung (§. 245 h. t.) das anstehende Stollenort markscheiderisch bestimmt werden. Bei dieser markscheiderischen Ermittelung muß der Erbstollner und der Eigenthümer der vorliegenden Grube zugezogen werden.

§. 246. Aus der Verstufung eines Stollenortes folgt noch nicht der Verlust des Rechts auf die übrigen unverstuft gebliebenen Stollenörter.

§. 247. Unterläßt der Stollner gänzlich den Stollen fortzutreiben, oder verstufen zu lassen, so befährt das Bergamt den Stollen, verstuft die anstehenden Stollenörter, und erklärt durch Bemerkung im Gegenbuche den Stollner seines Eigenthums für verlustig [540]).

§. 248 aufgehoben.

§. 249. Vorliegende Gruben und neue Muther sind befugt, um diese Freifahrung zu bitten [541]).

---

2) Außerdem kann der Stollen ohne vorherige Aufforderung zur Forttreibung freigefahren werden, wenn die allgemeinen Bedingungen der Freifahrung von Bergwerken nach den bisherigen Gesetzen erfüllt sind. Diese Bedingungen sind im Allg. Landrecht a. a. O. wie folgt bestimmt:

§. 188. Jede Bergwerksbeleihung geschieht unter der Bedingung, das überkommene Bergwerkseigenthum bei dessen Verlust zu dem beabsichtigten Endzwecke zu benutzen.

§. 189. Berggebäude müssen daher ununterbrochen fortgebauet, sowie verliehene Schmiedestätten, Wasserläufe und dergleichen zu dem Zwecke angewendet werden, zu welchem sie verliehen sind.

§. 190. Außerdem fallen die Berggebäude, die Räume u. s. w., welche dem Grundbesitzer zum Bergbaue abgekauft worden, in das landesherrliche Freie, die nicht abgekauften Plätze aber zurück an den Grundeigenthümer.

§. 191. Zum Fortbaue der Gruben wird überhaupt beständige Belegung mit Arbeitern erfordert.

§. 192. Für gehörige Belegung ist nur Arbeit in der Grube zu achten, nicht aber die Arbeit über Tage, außer wenn Wasser zu gewältigen oder Wetter zu schaffen sind, oder Abraum nöthig ist.

§. 195. In Eigenlöhnerzechen muß wenigstens wöchentlich drei Tage, jeden Tag vier Stunden gearbeitet werden.

§. 198. Zum Verluste des Eigenthums wegen unterlassener Belegung wird erfordert, daß das Bergamt die Zeche in Einer Woche dreimal, oder bei Eigenlöhnern eine ganze Woche hindurch nicht gehörig belegt finde; über diese Freifahrung Registraturen aufnehme und in dem Bergbuche anmerke daß die Zeche in das Freie verfallen sei.

Diese Vorschriften stimmen mit den Grundsätzen des gemeinen Bergrechtes und mit den Bestimmungen der älteren Provinzialordnungen überein. Abweichende Bestimmungen über die Freifahrung enthalten: die Kurkölnische Bergordnung im Th. III, Art. 9, 10 und die revidirten Bergordnungen (Kleve-Märk. B.O. Cap. 7; Schlesische, Magdeburg-Halberstädt. B.O. Cap. 8).

540) Die Freierklärung wird von dem Oberbergamte in der Form eines Beschlusses ausgesprochen, nachdem zuvor der Stollner über seine etwaigen Einwendungen gehört worden. Gegen diesen Beschluß findet der Recurs an den Handelsminister gemäß §§. 191 ff. Allg. Bergges. statt. Nach Ablauf der Recursfrist oder nach erfolgter Bestätigung des Freifahrungsbeschlusses in der Recursinstanz, wird derselbe der Hypothekenbehörde behufs der Löschung des Erbstollens im Berghypothekenbuche zugefertigt. Die Freifahrung hat den Untergang der Erbstollengerechtigkeit zur Folge. Die im §. 190 h. t. erwähnten Zubehörungen des Stollens fallen indeß nicht in das landesherrliche Freie, weil es ein solches im Sinne des §. 190 cit. nicht mehr giebt.

In Bezug auf die Zimmerung und Mauerung findet die Vorschrift des §. 163 A. B.G. Anwendung.

541) Gegen die Freifahrung findet der Rechtsweg insofern statt, als der Stollner den gelösten oder vorliegenden Gruben gegenüber das Fortbestehen seiner Erbstollengerechtigkeit und der daraus entspringenden Rechte im Wege der Klage geltend machen kann, falls er behauptet, daß die Freifahrung ohne gesetzlichen Grund stattgefunden habe. Eine Klage gegen das Oberbergamt auf Aufhebung der Freierklärung findet nicht statt.

§§. 250 und 251 aufgehoben.

§. 252. Der Stollner ist bei Verlust seines Eigenthums verpflichtet, den Stollen in solchem Zustande zu erhalten, daß er nicht verbricht[542]).

Allgemeines Landrecht Th., II Tit. 16, §§. 383—471.

Verhältnisse der Gruben gegen Stollen.

§. 383. Bei allem Ausbrechen im verliehenen Felde steht den Grubenbesitzern die Wahl zu, ob sie diese Arbeit selbst übernehmen wollen, oder das Bergamt[543]) dem Stollner dazu Erlaubniß geben soll.

§. 384. Die Erze und Mineralien, welche durch dergleichen Baue im verliehenen Felde gewonnen werden, gehören demjenigen, auf dessen Kosten der Bau geschehen.

§. 385. Lichtlöcher, welche mit Erlaubniß des Bergamtes im unverliehenen Felde getrieben werden, gehen bei Verleihung dieses Feldes zum Grubenbaue in das Eigenthum der Grubenbesitzer über[544]).

§. 386. Letztere sind aber verbunden, dem Stollner deren freien Gebrauch zu überlassen, und sie so lange gehörig zu unterhalten, als der Stollner derselben nach Erkenntniß des Bergamts benöthigt ist.

Allgemeine Stollenrechte.

§. 387. Jede Grube ist verbunden, jedem rechtmäßig beliehenen Stollner den Durchtrieb des Stollens durch ihre Gebäude zu verstatten[545]).

§. 388. Desgleichen den freien Gebrauch[546]) ihrer Schächte zur Ausförderung der Erze und Berge und zur Einhängung des Holzes und anderer Bergmaterialien, wenn er sich dazu seines eigenen Kübels und Seiles bedient.

§. 389. Jede Grube, welche so weit niedergebracht ist, daß ein angefangener Stollen ohne Unterbrechung in ihre Baue einschlagen kann, muß dem Stollner gestatten, in ihren Bauen anzusitzen, und dem Stollen mit einem Orte entgegenzugehen.

§. 390. Sie kann dies Ort selbst zutreiben, muß aber alsdann dem Stollner die durch den Stollenhieb gewonnenen Erze und Mineralien gegen Ersatz der Gewinnungskosten auf sein Verlangen überlassen, insofern er zum Stollenhiebe berechtigt ist[547]).

§. 391. Gruben, welche ihre Baue nahe bei einem schon vorhandenen Stollen führen, sind verbunden, nach Erkenntniß des Bergamts entweder die gehörigen Bergfesten stehen zu lassen[548]) oder auf eigene Kosten solche Vorrichtungen zu veranstalten, daß der Stollen vor Brüchen sicher gestellt werde.

§. 392. In Ansehung der Grubenschächte hat der Stollner auf seine Kosten durch Gerinne oder sonst solche Anstalten zu treffen, daß weder die Gruben in ihrem Baue gehindert werden, noch die Stollenwasser in die Tiefsten der Gruben fallen.

---

542) Das Verbrechen des Stollens hat von Rechts wegen den Verlust der Erbstollengerechtigkeit zur Folge, ohne daß es einer ausdrücklichen Freierklärung des Oberbergamts bedarf.

543) Vergl. Anm 523.

544) Die §§. 228, 383, 385 und 381 h. t. ergeben, daß auch die im verliehenen Felde angelegten Lichtlöcher Eigenthum des Grubenbesitzers und Zubehörungen der Grube werden, während dem Stollner nur ein Servitut zum freien Gebrauche derselben zusteht, gleichviel ob das Ausbrechen von ihm selbst oder von dem Grubenbesitzer bewirkt worden ist.

545) Die Besitzstörungsklage findet daher gegen den Erbstollner, welcher das Recht des Durchtriebs ausübt, nicht statt. Erkenntniß des Obertribunals vom 27. Januar 1860 (Striethorst Archiv, Bd. 36, S. 170)

546) D. h. den unentgeltlichen Gebrauch (Gesetzrevision, Pensum XI, S. 110. Kursächsische Stollenordnung von 1749 Art. 18, §. 2).

547) Vergl. §§. 405—408 und §. 423 h. t.

548) Die Stärke des Stollenpfeilers wird durch polizeiliche Anordnung des Oberbergamtes gemäß §§. 197, 198 A. B.G. bestimmt.

§. 393. Werden die Schächte erst nachher unter dem Stollen abgesunken, nachdem dessen Wasserseige schon an diese Orte gehörig nachgebracht war, so sind die Gruben verpflichtet, jene Anstalten auf ihre Kosten zu treffen.

§. 394. Jeder Stollen ist verbunden, alle Wasser auf seinen Stollen aufzunehmen, die darauf kommen.

§. 395. Jede Grube ist berechtigt, in ihren Bauen solche Einrichtungen zu machen, daß ihre Wasser auf den Stollen fallen oder gehoben werden.

§. 396. Keine Grube darf den Durchlauf der Wasser anderer Gruben auf den Stollen und die dazu nöthigen Vorrichtungen, Einlegung von Gerinnen u. s. w. verwehren.

§. 397. Sie darf aber verlangen, daß vom Stollner solche Anstalten getroffen werden, daß ihr Grubenbau dadurch kein Hinderniß leide.

§. 398. Jede dem Stollen vorliegende Grube ist befugt, des Stollners Erklärung zu fordern, ob er den Stollen in ihre Gebäude bringen will oder nicht.

§. 399. Erklärt der Stollner, daß er den Stollen nicht in die Gebäude der vorliegenden Grube bringen wolle, so kann diese den Stollenort verstufen lassen (§. 236 seq.)

§. 400. Will aber der Stollner den Stollen in die Gebäude der vorliegenden Grube bringen, so kann diese gegen besonderen Beitrag der Kosten eine stärkere Belegung des Stollenorts zu dessen geschwinderem Forttriebe verlangen.

§. 401. Der Stollner hat alsdann die Wahl, ob er den Stollen auf eigene Kosten oder gegen die Beiträge der Gruben geschwinder forttreiben will.

§. 402. Nimmt er diese Beiträge an, so geben ihm in der Folge diese Gruben nur so lange die Hälfte der Stollengebühren, bis dadurch die Hälfte der erhaltenen Beisteuern ersetzt ist.

§. 403. Zechen, die inzwischen ins Freie gefallen und neuen Aufnehmern verliehen sind, können dem Stollner diejenigen Beiträge, welche die alten Gewerken zum Forttriebe des Stollens gegeben haben, nicht an den Stollengebühren kürzen.

§. 404. Außer diesen allgemeinen Stollenrechten erlangt der Stollner durch Erfüllung gewisser Erfordernisse das Recht, von den Gruben noch den Stollenhieb und das Neunte zu fordern.

Stollenhieb.

§. 405. Der Stollenhieb ist das Recht des Stollners, die in den Grenzen des Stollen (§. 227) brechenden Erze und Mineralien zu gewinnen und in seinen Nutzen zu verwenden[549].

§. 406. Ein Stollner, der seinen Stollen im verliehenen Felde einer Grube in mehrere Flügelörter theilt, und in mehr als einem Flügelort beim Stollenhiebe Erze

[549]) Der Stollenhieb beruht im unverliehenen Felde auf dem Bergwerkseigenthume, welches dem Stollner innerhalb der Grenzen des Stollens (§. 227 h. t.) an allen verleihbaren Mineralien zusteht. Dieses Bergwerkseigenthum unterscheidet sich von demjenigen des Feldesbesitzers (§. 39 A. B.G.) nur durch die Art seiner Begrenzung, indem es qualitativ gar nicht begrenzt ist, sondern alle verleihbaren Mineralien umfaßt, räumlich dagegen sich nicht über ein bestimmtes, auf der Oberfläche abgegrenztes Feld erstreckt, sondern der wechselnden Richtung des Stollens folgt. — Im verliehenen Felde steht dem Erbstollner kein Bergwerkseigenthum zu, sondern nur ein Servitut, kraft deren er die auf seinem Wege gewonnenen Erze sich anzueignen befugt ist. — Der Stollner hat nach §. 412 im verliehenen Felde die Wahl zwischen dem Stollenhiebe und dem vierten Pfennig. Stollenhieb und vierter Pfennig können als die vorläufigen Stollengebühren gegenüber den definitiven Stollengebühren: dem Neunten und dem halben Neunten, bezeichnet werden. Sie werden pendente conditione, nämlich so lange gewährt, als es ungewiß ist, ob der Stollen die Grube, in deren Feld er eingeschlagen hat, lösen wird. Ist die Lösung erfolgt, so fällt nun der Stollenhieb und vierte Pfennig gegen das Neunte oder halbe Neunte fort. Ist dagegen der Stollen durchgetrieben, ohne die Lösung nach Vorschrift des §. 423 bewirkt zu haben, so hört ebenfalls das Recht des Stollenhiebes und des vierten Pfennigs auf.

findet, hat die Wahl, von welchem Flügelorte er die Erze zum Stollenhiebe nehmen will[550].

§. 407. Die Erze, welche er von den übrigen Flügelörtern gewinnt, muß er der Grube auf ihr Verlangen gegen Ersatz der Gewinnungskosten überlassen.

§. 408. Hat aber die Grube mehr als ein Tiefstes und können die Wasser durch einen Stollenort nicht zugleich den übrigen Tiefsten abgeführt und weiter gebracht werden: so gebührt dem Stollner der Stollenhieb auch von den anderen Flügelörtern, welche er nach den übrigen Tiefsten treibt.

Vierter Pfennig.

§. 409. Gruben, in deren verliehenen Felde wegen ermangelnder Anbrüche kein Stollenhieb ausgeübt werden kann, geben dem Stollner dafür den Vierten Theil (Vierten Pfennig) der Kosten, welche er von dem ersten Durchschlage in das Feld der Grube an, bis dahin, wo er es wieder verläßt, auf den Forttrieb des Stollens durch ihre Gebäude verwendet[551].

§. 410. Dazu gehören auch die Kosten für Lichtlöcher und Durchschläge in die Grubenbaue.

§. 411. Hingegen werden dabei nur Steiger- und Arbeitslöhne, Bergmaterialien und Schmiedekosten, nicht aber die Kosten über Tage angerechnet.

§. 412. In allen Gruben, wo der Stollner zum Stollenhiebe berechtigt ist, hat er die Wahl, ob er den Stollenhieb oder den Vierten Pfennig fordern will[552].

§. 413. Der Vierte Pfennig wird jederzeit erst auf Anforderung des Stollners, mithin nicht auf diejenigen Kosten gegeben, welche der Stollner vor der Zeit des geforderten Vierten Pfennigs aufgewendet hat.

§. 414. Es wird für eine stillschweigende Wahl des Stollenhiebes geachtet, wenn der Stollner den Vierten Pfennig nicht gefordert hat, und im Stollen Erze und Mineralien gewinnt[553].

§. 415. Hat aber der Stollner anfänglich den Vierten Pfennig genommen, so ist ihm unverwehret, denselben während des Stollenbetriebs aufzukündigen und den Stollenhieb auszuüben.

§. 416. Gruben, welche dem Stollner den Vierten Pfennig geben, sind befugt von demselben die durch den Stollentrieb in ihrem Felde gewonnenen Erze und Mineralien gegen Ersatz der Gewinnungskosten zurückzufordern.

Neunte.

§. 417. Das Neunte ist der Neunte Theil aller aus einer Zeche geförderten Erze und anderer Mineralien, welche der Zeche nach Abzug des landesherrlichen Zehnten verbleiben[554].

---

550) Er muß diese Wahl auf die Aufforderung des Bergwerksbesitzers treffen (§. 407 h. t.). Von der einmal getroffenen Wahl kann er nicht wieder abgehen.

551) Wenn der Stollen in mehrere Flügel getheilt ist, so kann der Erbstollner nur für einen derselben den vierten Pfennig forden (§. 406 h. t.; Kleve-Märk. B.O. Cap. 2, 3; Schlesische B.O., Magdeb. B.O. Cap. 24).

552) Nach gemeinem deutschen Bergrechte hat der Erbstollner das Recht, den vierten Pfennig neben dem Stollenhiebe zu fordern (Kursächs. Stollenordnung v. 1749 Art. 13, §§. 2, 3). Nach den drei Revidirten Bergordnungen fällt dagegen das Recht des vierten Pfennigs fort, „sobald vor dem Stollenort Erze oder Steinkohlen brechen und der Stollner den Stollenhieb genießt" (Kleve-Märk. B.O. Cap. 23; Schlesische B.O., Magdeb. B.O. Cap 24).

553) Von dieser stillschweigenden Wahl kann der Erbstollner nicht zurücktreten, wogegen er nach §. 415 h. t. befugt ist, statt des ausdrücklich gewählten vierten Pfennigs später den Stollenhieb zu wählen.

554) Der landesherrliche Zehnte ist durch die Gesetze vom 12. Mai 1851 und vom 20. Octbr.

Gesetz über die Besteuerung der Bergwerke vom 12. Mai 1851. (G.S. S. 261).

§. 4. Auf den Betrag des Neunten, welchen Bergwerke an Erbstollen entrichten, bleibt die Herabsetzung des Zehnten (§. 1) ohne Einfluß; bei diesen Bergwerken ist auch ferner von der Geldeinnahme für Producte der zehnte Theil in Abzug zu bringen und nur von dem Reste der Stollen-Neunte zu zahlen[555].

§. 418. Das Neunte wird von allen denjenigen Erzen und Mineralien gegeben, die nach erfolgtem Durchschlage des Stollens[556]) in die vorgeschriebenen Orte der Zeche (§§. 423, 424)[557]) über die Hängebank gestürzt werden, wenn sie auch vorher in der Grube gewonnen worden sind.

§. 419. Der Stollner erhält das Neunte in Natur oder in Gelde, je nachdem der Landesherrliche Zehnte in Natur oder Gelde entrichtet wird[558]).

§. 420. Das halbe Neunte wird überall gleich dem ganzen Neunten berechnet[559]).

Wassereinfallgeld.

§. 421. In allen denjenigen Fällen, da ein Stollen zum ganzen oder halben Neunten berechtigt ist, dieses aber wegen ermangelnder Anbrüche nicht gegeben werden kann, gebührt dem Stollner ein vom Bergamt zu bestimmendes Wassereinfall-Geld[560]).

1862 auf ein Procent herabgesetzt. Die Berechnung des Neunten ist jedoch dadurch nicht verändert. (Vergl. den Zusatz zu §. 417.)

[555]) Das Neunte besteht also in einem Zehntel oder 10% der geförderten Producte.

[556]) Die §§. 418 und 422 h. t. enthalten in ihrer Wortfassung einen Widerspruch, da §. 418 als Gegenstand des Neunten die nach erfolgtem Durchschlage über die Hängebank gestürzten Erze bezeichnet, während nach §. 422 das Neunte erst von der Zeit der Ankündigung an gefordert werden kann. Beide Vorschriften lassen sich auch nicht nach dem Vorschlage von Gräff (Handbuch des Preuß. Bergrechts S. 188, Anm. 3) dahin vereinigen, daß §. 422 nur für die Fälligkeit des Neunten maßgebend sei, denn §. 422 bestimmt vielmehr, von welchem Zeitpunkte an das Neunte gefordert werden kann. Man muß zur Beseitigung des anscheinenden Widerspruchs auf die Quellen zurückgehen, aus welchen beide Vorschriften entnommen sind. Als solche gibt Thomas Wagner, aus dessen Vorschlägen beide Paragraphen hervorgegangen sind, für §. 418: den §. 18, Art. XI der Kursächsischen Stollenordnung von 1749, und für §. 422: Hertwigs Bergbuch s. v. Steuer §. 7 an (Brassert, Materialien S. 275, 276). Die Stollenordnung von 1749 bestimmt aber im §. 18 cit.:

> Auch bekommt der Stöllner von denjenigen Erzen, so vor gemachtem Durchschlag gewonnen, und über die Hängebank gestürzt sind, kein Neuntes.

Hertwig dagegen bezeichnet a. a. O. die Ankündigung nicht als maßgebend für die Fälligkeit, sondern für die Entstehung der Forderung. Hiernach ergibt sich als Inhalt der §§. 418 und 422 Folgendes:

1) Zur Erwerbung des Neunten wird erfordert:
   a) der Durchschlag des Stollens in die vorgeschriebenen Orte (§§. 418, 423),
   b) die erfolgte Ankündigung mit Beweis (§. 422).
2) Das Neunte wird entrichtet von allen Erzen, die nach erfolgter Erwerbung des Rechtes, also nach Erfüllung der unter 1. a, b bezeichneten Voraussetzungen über die Hängebank gestürzt werden, auch wenn sie vorher in der Grube gewonnen sind.

[557]) Das Allegat des §. 424 ist ohne Bedeutung.

[558]) Die an Stelle des landesherrlichen Zehnten getretene Bergwerksabgabe wird jetzt von allen Bergwerken, mit Ausnahme der oberschlesischen Galmeigruben, in Gelde erhoben. Auch setzt §. 4 des Gesetzes vom 12. Mai 1851 (Zusatz zu §. 417 h. t.) die Erhebung des Neunten von der Geldeinnahme als Regel voraus.

[559]) Das halbe Neunte ist gleich einem Zwanzigstel oder 5% der geförderten Producte.

[560]) Das Wassereinfallgeld tritt ein, wenn die Voraussetzungen des Neunten oder des halben Neunten vorhanden sind, aber die Förderung, also das Object dieser Berechtigung fehlt. Andere

§. 422. Neuntes und Wassereinfall=Geld erhält der Stollner erst von der Zeit an, da er seinen Anspruch mit Beweis des wirklich erlangten Rechts, Stollengebührnisse zu fordern ankündigt[561]).

Erfordernisse zu den besonderen Stollenrechten[562]).

§. 423. Um dieser Gebührnisse (§. 405 seq.) theilhaftig zu werden, muß der Stollen

a) vom Bergamte gehörig verliehen[563]) und

Fälle, in denen ein Wassereinfallgeld entrichtet wird, sind in den §§. 438—441 erwähnt, nämlich die mittelbare Lösung einer Grube durch andere Gruben, durch verstufte und weitergetriebene Stollenörter und durch höher liegende Stollen. In diesen Fällen, welche den Art. 11, §§. 9, 18, Art. 18, §. 1, Art. 19, §§. 4, 7 und Art. 26, §. 1 der Kursächs. Stollenordnung von 1749 correspondiren, stellt das Wassereinfallgeld eine gleichartige aber mindere Berechtigung als das Neunte und das halbe Neunte dar. Dasselbe wird also nach gleichen Grundsätzen auf einen gewissen Procentsatz der Förderung bestimmt, der weniger als das halbe Neunte, also weniger als 5% betragen muß. In dem Falle des §. 421 h. t., welcher dem gemeinen Bergrechte ganz fremd ist, fehlt es aber an der Förderung, also an einem objectiven Maßstabe für das Wassereinfallgeld. Dieses besteht also in einer durchaus willkürlich vom Oberbergamte zu bestimmenden Abgabe. Die Festsetzung erfolgt auf Anrufen des Erbstollners und nach §. 191 A. B.G. der Recurs an den Handelsminister statt. Der Rechtsweg ist ausgeschlossen.

561) Vergl. Anm. 558.

562) Ueber die besonderen Stollenrechte gibt v. d. Bercken in der Zeitschrift f. d. Berg-, Hütten- und Salinenwesen Bd. V, B. S. 61 folgende Uebersicht:

Die Erbstollengebühren sind dem steigenden Grade nach folgende:

A. Stollenhieb resp. vierter Pfennig.
B. Wassereinfallgeld.
C. Stollensteuer.
D. Halbes Neunte.
E. Ganzes Neunte.

Als Erfordernisse zur Erlangung der Gebühren hat das Gesetz — §. 423 — für den Erbstollen folgende fünf Requisite aufgestellt; der Stollen muß nämlich:

1) gehörig verliehen (§. 424),
2) gesetzmäßig getrieben (§§. 424, 430, 431, 433),
3) in das verliehene Feld mit der Wasserseige eingeschlagen sein,
4) die Erbteufe haben (§. 428),
5) Wasser und Wetterlösung bringen.

Mit Rücksicht auf diese fünf Requisite lassen sich nun für die Gebührenberechtigung folgende Regeln aufstellen:

a) Die Requisite 1, 2 müssen in allen Fällen vorhanden sein;
b) bei den Gebühren A, B, C fehlt jedesmal eines der Requisite 3, 4, 5, aber es darf auch nur eines fehlen. [Beim Wassereinfallgelde fehlt das dritte Requisit, die unmittelbare Lösung (Anm. 560); bei der Stollensteuer das vierte, die Erbteufe (§. 444). Stollenhieb und vierter Pfennig werden so lange gewährt, als das fünfte Requisit, die Wasser- und Wetterlösung fehlt. Sie fallen weg, sobald der Anspruch auf das Neunte oder das halbe Neunte erworben wird];
c) bei D müssen alle fünf Requisite vorhanden sein,
d) bei E muß noch ein sechstes Requisit hinzukommen. Es muß nämlich der Stollen mit seiner Wasserseige an die gehörigen Orte der Grube, woselbst die Erzanbrüche stehen, gebracht oder mit denselben durchschlägig geworden sein (§§. 418, 425—427, 434).

563) Die Erbstollengerechtigkeit kann nicht durch Verjährung erworben werden.

b) gesetzmäßig betrieben[564]) sein;
c) mit der Wasserseige in diejenigen Tiefsten der Grube einkommen, wo die Baue auf anstehende Erzanbrüche geführt werden[565]);
d) daselbst die Erbteufe[566]) einbringen, und
e) den Gruben Wasser ab- und Wetter zuführen; mithin vom Mundloche bis an jede Grube in solchem Stande sein, daß die Wasser ohne Hinderung zum Mundloche auslaufen[567]).

§. 424. Unverliehene Stollen und solche, welche ohne Erlaubniß des Bergamts anders als nach Vorschrift der §§. 223—252 getrieben sind, haben kein Stollenrecht.

§. 425. Es ist nicht nöthig, daß der Stollen an den Orten, wo die Erzanbrüche sind, in dem tiefsten Punkte einkomme, wenn er sonst nur die Erbteufe einbringt[568]).

§. 426. Ehe ein Stollen nicht an die gehörigen Orte (§. 423, c und 424) eingekommen ist, erhält er kein Neuntes.

§. 427. Ein Stollen, welcher einer ganzen Zeche Wasser ab- und Wetter zuführt, aber nur an die Orte der Grube getrieben ist, wo die Erzanbrüche stehen, erhält dennoch von dem ganzen Felde der Gewerkschaft das volle Neunte, soweit als es durchschlägig ist, und von dem Stollen Wasser- und Wetterlosung geschieht[569]).

---

[564]) Vergl. §§. 223, 224, 227 und 252 h. t.

[565]) Die Voraussetzung zu c ist erfüllt, wenn der Stollen mit dem Hauptschachte durchschlägig wird. Ist der Hauptschacht noch nicht bis auf das Niveau der Stollensohle niedergebracht, so kann der Stollner nach §. 231 h. t. über sich brechen und dadurch die Bedingung zu c erfüllen.

[566]) Vergl. §. 428. Die Erbteufe muß überall da eingebracht werden, wo eins der besonderen Stollenrechte ausgeübt werden soll. Der Erbstollen muß also nicht blos an dem zu c bestimmten Orte die Erbteufe einbringen, um das Neunte zu erlangen. Er muß schon mit der Erbteufe in das Grubenfeld einkommen, um den Stollenhieb und den vierten Pfennig zu erlangen. An allen denjenigen Punkten, wo der Stollen die Erbteufe nicht einbringt oder verliert, ruhen die besonderen Stollenrechte, mit den zu §§. 442—446 h. t. bestimmten Ausnahmen.

[567]) Vergl. §§. 392—397 und §. 430 h. t.

[568]) Der vorläufige Entwurf zum Allg. Berggesetze hatte im §. 219 die Bestimmung:

> Demselben (dem Erbstollner) steht kein Anspruch auf den Neunten oder halben Neunten von den unter seiner Stollensohle gewonnenen Mineralien zu.

Diese Beschränkung der Erbstollenrechte entsprach nicht dem bestehenden Rechte (Gräff, Preuß Bergrecht S. 196), wie auch in den Motiven S. 192 wie folgt, anerkannt wurde:

> „Nach dem bestehenden Bergrechte gebührt dem Erbstollner der Neunte oder halbe Neunte nicht bloß von den über der Sohle seines Stollens, sondern auch von den unter derselben gewonnenen Mineralien, sofern er den gesetzlichen Erfordernissen Genüge leistet und namentlich auch den Besitzer des betreffenden Bergwerks in den Stand setzt, das Wasser auf den Stollen heben und ausgießen zu können. Der Bergwerksbesitzer ist alsdann zur Abgabe des Neunten oder halben Neunten von den unter der Stollensohle gewonnenen Mineralien selbst in dem Falle verpflichtet, daß er sich des Stollens zur Abführung der Wasser nicht bedient, sondern dieselben auf andere Weise zu Tage bringt."

Man hat die beabsichtigte Einschränkung später als einen unzulässigen Eingriff in erworbene Rechte fallen lassen und dadurch das aus §. 425 hervorgehende Recht des Erbstollners auf das Neunte von den unter seiner Stollensohle geförderten Erzen stillschweigend anerkannt.

[569]) Diese Bestimmung, welche wegen ihrer überaus unklaren Fassung vielfach mißverstanden ist, enthält keine Modification, sondern nur eine weitere Erklärung des §. 423, c und des §. 426. Wenn nur der Stollen mit dem Hauptschachte durchschlägig geworden ist, so erhält er das volle Neunte von der im ganzen Grubenfelde umgehenden Förderung, soweit dasselbe durch ihn Wasser- und Wetterlosung erhält. Er braucht nicht erst die noch vorliegenden Maßen zu durchfahren.

§. 428. Zur Erbteufe wird erfordert, daß der Stollen an den gehörigen Orten Zehn Lachter und eine Spanne[570]) tief einkomme[571]).

§. 429. Diese Teufe wird nicht von der oberen Einfassung des Schachtes (Hängebank), sondern vom Rasen nieder bis auf die Wasserseige des Stollens berechnet.

§. 430. Ein Stollen, dessen Mundloch nicht offen ist, so daß auf demselben nicht mehr ein- und ausgefahren werden kann, und dessen Wasserseige nicht gehörig rein gehalten ist, so daß sich die Wasser dadurch zurückdämmen, erhält von den Gruben, wo dieses geschieht, so lange der Schade dauert[572]), keine Stollengebührnisse.

§. 431. Jedoch schadet es dem Stollner nicht, wenn ihm sein Mundloch abgeht, und seine Wasser mit Genehmigung des Bergamts auf einem tiefern Stollen zu Tage auszulaufen.

§. 432. Gruben, die sich des Stollens nicht zur Abführung der Wasser bedienen, werden dadurch nicht von Entrichtung derjenigen Gebührnisse befreiet, zu welchen der Stollner an seiner Seite berechtigt ist[573]).

§. 433. Ein Stollen, der gehörige Erlaubniß zu Gesprengen erhalten hat (§. 224), ist dadurch der Stollengebührnisse fähig[574]).

§. 434. Ein Stollen, der in das Feld einer Zeche eingeschlagen hat, der ganzen Zeche die Wasser ab- und Wetter zuführt, dessen Wasserseige aber noch nicht an die Orte gebracht ist, wo die Erzanbrüche stehen, erhält so lange nur das halbe Neunte, bis die Wasserseige diese Orte erreicht.

§. 435. Hat eine Zeche in zwei Tiefsten Erzbaue und hat der Stollner nur in eins derselben eingeschlagen: so bekommt er nur von diesem das Neunte.

Dieser Sinn ergiebt sich als unzweifelhaft aus Art. 11, Nr. 11 der Kursächsischen Stollenordnung, woraus §. 427 h. t. entnommen ist.

Hat der Stollen, ungeachtet er mit dem Hauptschachte durchschlägig geworden ist, nicht das ganze Feld gelöst, ist noch ein zweites Tiefste vorhanden, welches besonders gelöst werden muß, so erhält er von der Förderung aus diesem zweiten Tiefsten nach §§. 435 ff. entweder gar keine Abgabe oder nur das halbe Neunte.

[570]) Die Spanne beträgt 10 Zoll oder 26 Centimeter. Zehn Lachter sind 20,924 Meter.

[571]) Das Maß der Erbteufe stimmt mit dem gemeinrechtlichen überein (Kursächsische Stollenordnung von 1749 Art. 11, Nr. 11). Nach der Kurtrier. B.O. Art. 6, §. 1 beträgt die Erbteufe 14 Lachter, nach der Kurkölnischen B.O. Th. VI Art. 1 : $9\frac{1}{2}$ Lachter. Bei der Entscheidung der Frage, ob die Erbteufe eingebracht ist, muß dasjenige Lachtermaß angewendet werden, welches zur Zeit der Verleihung des Erbstollens das landesübliche war. Es ist dagegen nicht richtig, wenn z. B. auf alle nach der schlesischen Bergordnung verliehenen Erbstollen, ohne Rücksicht auf die Zeit der Verleihung, das alte schlesische Lachtermaß angewendet wird. Die Maß- und Gewichtsordnung vom 16. Mai 1816 (G.S. S. 149), welche im §. 9 das Lachter auf 80 preußische Zoll bestimmt, hat für alle später ertheilten Erbstollenverleihungen das kleinere Maß der schlesischen Bergordnung beseitigt.

[572]) Das bloße Verschlämmen des Stollens hat im Gegensatze zum Verbrechen (§. 252 h. t.) nicht den Verlust der Erbstollengerechtigkeit, sondern nur ein zeitweises Ruhen der besonderen Stollenrechte zur Folge.

[573]) Sie werden jedoch nach §. 223 A. B.G. von den Erbstollengebühren befreit, wenn sie sich durch eine Wasserhaltungsmaschine lösen, welche dem Stollen gegenüber die Bedingungen der Enterbung (§§. 468 ff. h. t.) erfüllt.

[574]) Die Erlaubniß zu Gesprengen muß selbstverständlich ertheilt sein, bevor die Erhebung der Wasserseige stattgefunden hat (§. 224). Gesprenge, die ohne solche Erlaubniß stehen geblieben sind, machen den Erbstollen unfähig, Stollenrechte gegenüber den weiter vorliegenden Gruben zu erwerben. Sie haben jedoch nicht den Untergang derjenigen Stollenrechte zur Folge, welche durch den gesetzmäßig bewirkten Stollenbetrieb bis zum Orte des Gesprenges an den hinterliegenden Gruben bereits erworben sind.

§. 436. Benimmt er aber zugleich dem andern Tiefsten die Wasser und schafft ihm Wetter, so gebührt ihm von diesem zugleich das halbe Neunte.

§. 437. Wenn ein Stollen in das Feld einer Grube gebracht ist, die Wasser aber nicht durch offene Durchschläge, sondern durch Klüfte oder Lotten darauf fallen: so erhält er bis zu erfolgtem gehörigen Durchschlage nur das halbe Neunte.

§. 438. Hat ein Stollen nicht in das verliehene Feld einer Grube eingeschlagen, führt ihm aber dennoch Wasser ab und Wetter zu: also daß die Wasser- und Wetterlosung mittelbar durch andere Gruben geschieht, so bekommt der Stollen von jener Grube ein Wassereinfall-Geld.

§. 439. Von allen Wassern, die durch verstufte und von Anderen weiter getriebene Stollenörter auf den Stollen fallen, wird gleichfalls dem Stollner von denjenigen, die solche Stollenörter getrieben haben, Wassereinfall-Geld entrichtet.

§. 440. Aufgehoben.

§. 441. Auf gleiche Art giebt ein oberer Stollen dem niedern, der seine Wasser abführt und nicht von diesem enterbt ist, ein Wassereinfall-Geld.

§. 442. Kann ein Stollen die vorher in einer Zeche eingebrachte Erbteufe wegen Abfalls des Gebirges nicht weiterhin erhalten, so bekommt er von dem Theile, wo er die Erbteufe verloren hat, die halben Stollengebührnisse.

§. 443. Ist der Stollen vorher in der Erbteufe unter einem Schachte des Gebäudes eingekommen, und hat nach verlorener Erbteufe das Tiefste eines Zweiten Schachtes oder Gebäudes erreicht, führt auch am letzten Orte die Wasser wirklich ab: so kann er auch da, wo er keine Erbteufe einbringt, volle Stollengebührnisse fordern.

§. 444. Bringt ein Stollen in einer Zeche nirgend Erbteufe ein, führt ihr aber dennoch Wasser ab und Wetter zu: so ist er der gewöhnlichen Stollengebührnisse unfähig, erhält aber von dieser Zeche eine vom Bergamte zu bestimmende Stollensteuer[575]).

§. 445. Wenn Gruben durch einen Stollen an Kosten für die Aushebung der Wasser und Zuführung frischer Wetter beträchtlich ersparen und es entweder gar nicht oder nur mit beträchtlich höherem Aufwande möglich ist, den Stollen in einer solchen Teufe anzusitzen, durch welche er in der Grube Erbteufe einbringt, so kann demselben durch Verordnung des Bergamts, der fehlenden Erbteufe ungeachtet, volles Stollenrecht gegeben werden.

§. 446. Wenn Gruben sich mit Stollen, welche keine Erbteufe haben, wegen der Stollenrechte überhaupt vergleichen und die Verträge von dem Bergamte bestätigt werden[576]), so gelten sie auch gegen künftige Aufnehmer in das Freie gefallener Gruben.

§. 447. Gruben, welche dem Stollen, ob ihm gleich die Erbteufe fehlt, den Vierten Pfennig geben, gewähren ihm dadurch keine weiteren Stollengebührnisse; sind aber dafür befugt, zum Behufe ihres eigenen Grubenbaues auf dem Stollen anzusitzen.

Von Wasserschlotten.

§. 448. Was vorstehend von dem Verhältnisse der Gruben gegen Stollen ver-

---

575) Die Stollensteuer wird ebenso wie das Wassereinfallgeld (Anm. 560) bemessen. Beide können den ordentlichen Stollengebühren: dem Neunten und dem halben Neunten, als die außerordentlichen gegenüber gestellt werden.

576) Diese Bestätigung wird nach der gegenwärtigen Stellung der Bergbehörden §. 196 A B.G.) ohne materielle Prüfung des Inhaltes der Verträge ertheilt. Sie bekundet nur den rechtsgültigen Abschluß des Vergleichs.

577) „Kalkschlotten sind Höhlen, die sich in Kalk- oder Gypsgebirgen befinden. Sie verschlingen das Wasser und sind geeignet, durch Strecken, welche nach oder von der Grube dorthin getrieben werden, die Wasser derselben zu lösen." (Gräff, Preuß. Bergrecht S. 195.) Es unterliegt keinem Zweifel, daß die auf Grund des §. 448 durch Verleihung erworbenen Rechte als eine Art der Erbstollengerechtigkeit durch §. 223 A. B.G. aufrecht erhalten werden.

ordnet ist, findet auch in dem Falle statt, wenn Jemand Wasserstrecken von und aus Kalkschlotten[577]) treibt, damit die Wasser in gehöriger Erbteufe den vorliegenden Zechen löset und die übrigen Erfordernisse des Stollners hat.

Von Wasserhaltungsmaschinen.

§. 449. Ferner, wenn Gruben mittelst Feuer- oder Wasserhaltungsmaschinen getrocknet werden und Wetterlosung in ihre Gebäude gebracht wird[578]).

§. 450. Wer dergleichen Maschinen auf seine Kosten erbaut und unterhält, auch mit den aus dem Kunstschachte getriebenen Grund- oder Wasserstrecken die §. 428 sqq. bestimmte Erbteufe auf den gelösten Zechen einbringt und die übrigen Erfordernisse des Stollners hat, wird dadurch zu den §§. 405—423 bestimmten Stollengebühren, nach jedesmaliger Festsetzung des Bergamts berechtigt.

§. 451. Das Neunte darf in diesem Falle nie weniger als den neunten und nie mehr als den fünften Theil der wirklichen Förderung nach Abzug des Landesherrlichen Zehnten betragen.

§. 452. Sollten auch entfernte und mit dem Kunstschachte nicht unmittelbar in Verbindung stehende Grubengebäude, durch abführende und dem Kunstschachte zuführende Klüfte erweisliche Wasserlösung erhalten: so sind sie zur Entrichtung des halben Neunten oder einer von dem Oberbergamte verhältnißmäßig festzusetzenden Beisteuer verbunden.

Der Stollen unter einander.

§. 453. Das Verhältniß mehrerer zusammen treffender Stollen sowohl unter sich, als gegen die Grube, wird so, wie das Verhältniß eines Stollens gegen jede Grube lediglich darnach bestimmt, mit welchen Eigenschaften sie in dem Felde jeder Grube zusammen treffen[579]).

---

[578]) Die §§. 449—452 und §§. 468—471 sind bei der letzten Redaction des Allg. Gesetzbuches auf Anregung des schlesischen Oberbergamtes eingeschoben (Brassert, Materialien S. 332). Hieraus erklärt sich auch der Umstand, daß abweichend von dem sonstigen Sprachgebrauche des Allg. Landrechtes im §. 452 und im §. 471 das Oberbergamt statt des Bergamtes genannt wird. Es ist streitig, ob diese Vorschriften, welche gänzlich neues Recht enthalten, auf das Gebiet der Provinzialbergordnungen Anwendung finden konnten, in welchem dem Allg. Landrecht nur eine subsidiarische Geltung zustand. Im §. 223, Al. 3 A. B. G. wird die Anwendbarkeit der §§. 468 ff. h. t. für den ganzen Gesetzesbereich des Allg. Lanrdechts ausgesprochen und dadurch für die Zukunft diese Controverse beseitigt.

[579]) Die Concurrenz mehrerer Erbstollen, welche in das Felde derselben Grube einschlagen, äußert sich theils dadurch, daß der eine den andern von der Erwerbung der Stollenrechte ausschließt, theils dadurch, daß er ihm die bereits erworbenen Stollenrechte wieder entzieht. Es gelten für diese Concurrenz folgende Regeln:

1) Derjenige Erbstollner, welcher eines der besonderen Stollenrechte zuerst erwirbt, schließt den andern von der Erwerbung des gleichen Rechtes aus;
2) die Entziehung der bereits erworbenen Stollenrechte kann nur durch die Enterbung §§. 457 ff. erfolgen;

Diese Regeln erleiden folgende Ausnahmen:

1) Zwei Stollen, die gegen einander, d. h. aus verschiedenen Weltgegenden in das Grubenfeld getrieben werden, erhalten beide den Stollenhieb oder den vierten Pfennig, bis sie durchschlägig werden oder unter einander einkommen (§§. 460, 461).
2) Die Entziehung des Rechtes zum Stollenhiebe und vierten Pfennig tritt in den Fällen der §§. 460, 461 h. t. ohne die Bedingungen der Enterbung ein.
3) Das halbe Neunte wird ohne die Bedingungen der Enterbung entzogen, wenn der concurrirende Stollen zum vollen Neunten berechtigt wird (§. 464).
4) Wassereinfallgeld oder Stollensteuer werden ohne die Bedingungen der Enterbung entzogen, sobald ein anderer Stollen dieselben Wasser in mehrerer Tiefe abführt (§. 459).

§. 454. Zwischen mehreren Stollen, wovon nur einer nach den Erfordernissen des §. 423 gewisser Stollenrechte fähig ist, hat dieser jeder Zeit den Vorzug.

§. 455. Erlangt ein Stollen solche Vorzüge, durch welche den anderen ihre Rechte entzogen werden: so sind die anderen nie zum Ersatze desjenigen gehalten, was sie vorher genossen haben.

§. 456. Einem Stollen, welcher zum Stollenhiebe oder Vierten Pfennig und zum ganzen Neunten vollkommen berechtigt ist, kann ein Zweiter Stollen nur durch Enterbung seine Stollengerechtigkeit entziehen.

Von der Enterbung.

§. 457. Die Enterbung geschieht dadurch, daß der Zweite Stollen diejenigen Erfordernisse, durch welche Stollen des Stollenhiebes, oder Vierten Pfennigs, ganzen oder halben Neuntens fähig werden, Sieben Lachter tiefer als der obere Stollen erfüllt[580]).

§. 458. Diese Sieben Lachter werden senkrecht, von der Sohle des oberen Stollen auf die Sohle des untern, und zwar aus den Orten gemessen, wo Stollen nach den Gesetzen einkommen sollen (§. 423 und 427)[581]).

§. 459. In allen Fällen, da ein Stollen Wassereinfallgeld oder Stollensteuer erhält, ist er deren verlustig, sobald ein anderer Stollen dieselben Wasser in einer mehreren Tiefe abführt.

§. 460. Zwei Stollen, die zugleich gegen einander in eine Zeche getrieben werden, erhalten beide bis zum erfolgten Durchschlage den Stollenhieb oder Vierten Pfennig.

§. 461. Kommen sie unter einander ein und ist noch keiner an die gehörigen Orte gebracht, so entzieht der tiefere dem oberen den Stollenhieb und Vierten Pfennig.

§. 462. Wird der obere auf Verlangen oder mit Beiträgen der Zechen, in ihr Feld getrieben, so kann er durch einen Zweiten Stollen nur enterbt werden.

§. 463. Wenn ein oberer Stollen in den Fällen §§. 434, 436, 437 nur das halbe Neunte bekommt, der tiefere Stollen aber ohne alle solche Mängel eingekommen ist, so kann der niedere Stollen verlangen, daß das Bergamt dem oberen Stollen eine Frist vorschreibe, binnen welcher er, insofern ihn nicht unverschuldete Hindernisse abhalten, bei Verlust jenes halben Neunten den Mängeln abhelfen soll.

§. 464. In den Fällen des §. 434, 436, 437 entzieht derjenige Stollen dem andern das ganze oder halbe Neunte[582]), der eher zum vollen Neunten berechtigt ist.

§. 465. Wenn mehrere Stollen zugleich und in gleicher Tiefe, aber nicht gegen einander, in eine Zeche getrieben werden: so hat derjenige überall den Vorzug, der eher in das Feld der Gewerkschaft einschlägt[583]).

§. 466. Wenn nach obigen Vorschriften weder mehrere Tiefe, noch früheres Einschlagen in die Zeche entscheiden: so treten die Vorrechte des Alters ein.

§. 467. So oft ein Stollen dem anderen durch Enterbung oder sonst nach den Gesetzen, Stollenhieb, Vierten Pfennig oder Neuntes entzieht: so verbleibt demjenigen, der seine Rechte verliert, alles, was er vor der Zeit, da der andere ein Vorzugsrecht wirklich erlangte, durch den Stollenhieb an Erz gewonnen, am Vierten Pfennig erhoben und von den vorher über die Hängebank der Zechen gestürzten Erzen, an ganzen oder halben Neunten zu fordern hatte.

---

580) Die Kursächs. Stollenordnung Art. 20 und die Kurköln. B.O. Th. IV, Art. 9 bestimmen die Enterbungsteufe auf 7 Lachter im hohen und $3^1/_2$ Lachter im flachen Gebirge.

581) Vergl. Anm. 571.

582) Die Worte: „das ganze oder halbe Neunte" enthalten einen sinnstörenden Fehler. Es muß heißen „das halbe Neunte" (Gräff, Preuß. Bergrecht S. 198, Anm. 2).

583) Der nachkommende Stollen erhält daher weder Stollenhieb, noch vierten Pfennig. Ueber die Erwerbung des Neunten oder halben Neunten dagegen entscheidet der Zeitpunkt der Lösung oder des Einkommens in das Tiefe (§. 423, c u. e).

Verhältniß der Wasserhaltungsmaschinen gegen Stollen.

§. 468. Was hier §. 453 sqq. von dem Verhältnisse der Stollen unter sich verordnet ist, findet auch zwischen Wasserhaltungsmaschinen und Stollen Anwendung.

§. 469. Durch solche Maschinen wird ein Stollen gleichfalls enterbt, wenn vermittelst derselben die Wasser sieben Lachter tiefer gehoben, und einer Grube dadurch in dieser Tiefe Wasser- und Wetterlosungen verschafft werden, auch die übrigen Erfordernisse zu Stollenrechten[584]) vorhanden sind.

§. 470. Die sieben Lachter werden von der Stollensohle bis an die Firste der aus dem Kunstschachte getriebenen Grund- oder Wasserstrecken gemessen.

§. 471. Wenn ein Stollen die Wasser der Feuermaschine abnimmt und fortführt: so erhält derselbe eine von dem Oberbergamte festzusetzende Stollensteuer oder Wassereinfallgeld.

§. 224.

Bei Bergwerkseigenthum, welches nach dem Eintritt der Gesetzeskraft des gegenwärtigen Gesetzes verliehen wird, findet ein Anspruch auf Freikuxe irgend einer Art nicht mehr statt[585]).

Den bereits vor diesem Zeitpunkte von Kirchen und Schulen, von dem Schlesischen Freikuxgelderfonds und von Grundbesitzern erworbenen Freikuxen steht nur eine Realberechtigung auf den durch die bisherigen Gesetze bestimmten Ausbeuteantheil an dem Bergwerke zu[586]).

Durch die nach §. 9 des Knappschaftsgesetzes vom 10. April 1854 erfolgte Aufhebung der beiden Freikuxe für die Knappschafts- und Armenkasse ist weder die Quote des Ausbeuteantheils der übrigen Freikuxberechtigten, noch die Zahl der gewerkschaftlichen Kuxe verändert worden[587]).

---

584) Das Erforderniß der Verleihung der Erbstollenrechte ist durch §. 223, Al. 3 A. B.G. beseitigt.

585) Die Freikuxberechtigung gehört dem früheren preußischen Bergrechte an. Das gemeine Bergrecht kennt nur den Grundkux, welcher nach Wahl des Grundbesitzers entweder in vier Mitbaukuxen oder in einem Freikuxe gewährt wurde. Für die unter der früheren Gesetzgebung erworbenen Freikuxberechtigungen bleiben die unten mitgetheilten Regeln des Allg. Landrechts Th. II, Tit. 16, §§. 133, 134 und §§. 296—305 maßgebend mit den im §. 224 ausgesprochenen Modificationen. Die Frage, ob an einem Bergwerke noch die Freikuxberechtigung nach den bisherigen Gesetzen erworben ist, wird nach dem Zeitpunkte der Verleihung, nicht der Muthung entschieden.

586) Ueber die rechtliche Natur der Freikuxe bestanden Meinungsverschiedenheiten. Von der einen Seite wurden dieselben bloß als eine auf dem Bergwerke ruhende Reallast, als eine Realberechtigung auf einen aliquoten Antheil an dem Nutzungsertrage des Bergwerks, von der anderen Seite als Miteigenthumsantheile und die Freikuxberechtigten als Miteigenthümer des Bergwerks angesehen. (Vergl. m. Uebersicht S. 209 ff.)

Das Berggesetz hat den bestehenden Zweifel durch eine declaratorische Bestimmung beseitigt und die Freikuxe als eine Realberechtigung definirt.

Der Ausbeuteantheil der Freikuxberechtigten wird nach den bisherigen Gesetzen, im Gebiete des Allg. Landrechts nach den oben mitgetheilten §§. 133, 134 und §§. 296—305 A. L.R. Th. II, Tit. 16 bestimmt.

587) Nach der bisherigen Kuxeintheilung wurden im Gebiete der Schlesischen und der Magdeburgischen Bergordnung 122 gewerkschaftliche und 6 Freikuxe, im Gebiete der Kleve-Märk. Bergordnung und des Allg. Landrechts 128 gewerkschaftliche und 6 Freikuxe unterschieden, die Zahl der anzulegenden Ausbeuteantheile folglich in dem einen Rechtsgebiete auf 128, in dem andern auf 134 bestimmt.

Die Ablösung der Freikuxe bleibt der freien Vereinigung der Betheiligten vorbehalten[588]).

Es ist zweifelhaft geworden, welchen Einfluß die durch §. 9 des Knappschaftsgesetzes vom 10. April 1854 erfolgte Aufhebung der beiden knappschaftlichen Freikuxe auf die Zahl der gewerkschaftlichen Kuxe und auf die Ausbeuteantheile der bestehen gebliebenen Freikuxe ausgeübt habe. In den Motiven zu §. 17 des Gesetzentwurfs über Mobilisirung der Kuxe wurde hierüber Folgendes bemerkt:

„Nach einer Meinung würde im Bereiche der Kleve-Märkischen, der Schlesischen und der Magdeburgischen Bergordnung die Zahl der gewerkschaftlichen Kuxe auf 130 resp. 124 vermehrt sein, weil die citirten Bergordnungen bestimmen, daß die Ausbeute auf resp. 136 und 128 Kuxe geschlossen sein solle. Sei daher durch die neuere Gesetzgebung die Zahl der Freikuxe vermindert, so müsse, um die Zahl der gesetzlichen Kuxe festzuhalten, die Summe der gewerkschaftlichen Kuxe um ebensoviel sich vermehren. — Nach dem Landrechte seien dagegen auch künftig nur 128 gewerkschaftliche Kuxe anzunehmen, weil diese Bestimmung desselben von dem Knappschaftsgesetze nicht berührt werde, und weil nach dem Landrechte die Freikuxe nur nebenher bei der Vertheilung der Ausbeute in Betracht kommen. — Bei dieser Vertheilung müsse es dagegen von entscheidendem Einflusse sein, daß den 128 gewerkschaftlichen Kuxen nicht mehr 6, sondern nur 4 Freikuxe gesetzlich hinzutreten. Die Ausbeute könne demnach nur in 132 Theile getheilt werden, so daß der Ertragsantheil der Freikuxberechtigten sich auf $^2/_{132}$ erhöhe."

„Nach der anderen Ansicht wäre dagegen weder eine Vermehrung der Zahl der gewerkschaftlichen Kuxe in dem Bereiche der Provinzialbergordnungen, noch eine Erhöhung des Ausbeuteantheils der Freikuxberechtigten im Bereiche des Allg. Landrechts eingetreten. In den angeführten Bestimmungen der Bergordnungen sei nicht der Satz enthalten, daß die Zahl der gewerkschaftlichen Kuxe von der Zahl der Freikuxe abhängig sei und, zu derselben addirt, die Zahl 128 resp. 136 geben müsse. Die Schlesische und die Magdeburgische Bergordnung bestimmen im Cap XXXI, §. 1 ausdrücklich, daß 122 Kuxe verzubußt und 6 Kuxe freigebaut werden sollen. Die Zahl der gewerkschaftlichen Kuxe sei also ebenso wie diejenige der Freikuxe an sich selbst bestimmt. Und wenn der Gesetzgeber diese beiden ungleichnamigen Ziffern summire und seine Bestimmung mit den Worten anhebe, daß „jede Gewerkschaft hinfüro in 128 Kuxe oder Portiones getheilt werden solle, wovon 122 Kuxe verzubußt, 2 Grundkuxe u. s. w. freigebaut werden sollen," so sei von diesen drei Zahlenbestimmungen offenbar gerade die erste als die Summe der beiden folgenden Ziffern veränderlich, so daß durch die eingetretene Verminderung des einen Factors nicht der andere Factor wachse, sondern die Summe verringert werde. Die gesetzlich bestimmte Zahl der 122 gewerkschaftlichen Kuxe bleibe daher bestehen und der Ausbeuteantheil der beiden Freikuxberechtigten nach wie vor auf $^2/_{128}$ bestimmt. — Ebenso sei im Rechtsgebiete des Allg. Landrechts eine Vergrößerung dieses Ausbeuteantheils nicht eingetreten, da in Bezug auf die Kirchen- und Schulkuxe der §. 9 des Knappschaftsgesetzes ausdrücklich bestimme, daß die gesetzlichen Bestimmungen über dieselben nicht abgeändert werden."

Um diese namentlich bei den Hypothekenbehörden hervorgetretene Meinungsverschiedenheit für die Zukunft zu beseitigen, war bereits im §. 17 des vorerwähnten Gesetzentwurfes diejenige declarirende Bestimmung vorgeschlagen, welche im §. 224, Al. 3 enthalten ist. Eine solche Declaration war nothwendig nicht bloß zur Feststellung des Ausbeuteantheils der Freikuxberechtigten, sondern auch zur Feststellung der seitherigen Kuxeintheilung, welche in den Fällen der §§. 226 bis 228 bestehen bleibt. Hierbei ist die obige zweite Meinung adoptirt und folglich für das Rechtsgebiet der Schlesischen und der Magdeburgischen Bergordnung die Zahl der gewerkschaftlichen Kuxe auf 122, für das Rechtsgebiet der Kleve-Märk. Bergordnung und für die Landestheile, in welchen das Allg. Landrecht als Principalrecht galt, auf 128 bestimmt worden. Die einzige Veränderung, welche demnach in Folge der Aufhebung der knappschaftlichen Freikuxe ein-

Allgem. Landrecht Theil II, Titel 16, §§. 133, 134; §§. 296—305.

§. 133. Jedes verliehene Bergwerkseigenthum wird in hundert und acht und zwanzig Antheile oder Kuxe getheilt.

§. 134. Außer diesen[589]) werden zwei dem Grundherrn[590]) als Erbkux, auch wenn die Provinzialgesetze keine Ausnahme machen, zwei der Kirche und Schule, unter deren Sprengel die Zeche liegt[591]), und ebensoviel der Knappschafts- und Armenkasse[592]) beigelegt.

§. 296. Wenn die Kosten des Betriebes ganz oder zum Theil noch durch Zuschüsse der Gewerken aufgebracht werden müssen, so wird eine solche Grube eine Zubußzeche genannt.

§. 297. Reicht das Einkommen aus den gewonnenen und verkauften Producten zur Bestreitung der Betriebskosten und zum weiteren Fortbau der Grube, so ist eine Freibauzeche vorhanden[593]).

§. 298. Eine Grube, bei welcher, nach Abzug der zum künftigen Betriebe erforderlichen Kosten, ein Ueberschuß verbleibt, heißt eine Verlagszeche, so lange aus diesem Ueberschusse noch die vorherigen Zubußen, und die zum Betriebe des Werkes, mit Genehmigung des Bergamts, etwa aufgenommenen Schulden nach und nach zurückgezahlt werden[594]).

§. 299. Eine Grube hingegen, welche nach wieder erstattetem Verlage, und nach Abzug der zum künftigen Betriebe nöthigen Kosten, einen reinen Ueberschuß abwirft, wird eine Ausbeutezeche genannt.

§. 300. Aufgehoben[595]).

---

tritt, ist die, daß die Ausbeuteantheile der 4 Freikuxe für Kirche und Schule und für den Grundeigenthümer nicht mehr dem auf 4 gewerkschaftliche Kuxe fallenden Ertragsantheile gleich sind, sondern daß erstere nach vor wie zusammen $^4/_{128}$ resp. $^4/_{132}$ der Ausbeute erhalten und der Ueberrest auf die 122 resp. 128 gewerkschaftlichen Kuxe vertheilt wird.

588) Hierdurch ist die Ablösbarkeit der Freikuxe anerkannt, welche nach dem früheren Rechte hinsichtlich der Grundkuxe durch §. 118 Allg. Landrecht Th. II, Tit. 16 ausgeschlossen war.

589) Die Schlesische B.O. und die Magdeb. B.O. Cap. 31 rechnen die sechs Freikuxe in die Zahl 128 ein und haben daher nur 122 gewerkschaftliche Kuxe (vergl. Anm. 587). Die gemeinrechtliche Kuxeintheilung stimmt mit der landrechtlichen überein.

590) Darunter ist der Grundeigenthümer zu verstehen. Vergl. m. Uebersicht S. 220 ff.

591) Für die Provinz Schlesien bestimmt die Kab. Ordre vom 9. März 1830 (G.S. S. 48), daß die Ausbeute der Freikuxe für Kirche und Schule „wie bisher geschehen, so auch ferner nicht der Kirche des Abbauortes besonders zu berechnen und zur Disposition zu stellen, sondern von den Behörden nach dem jedesmaligen Bedürfnisse für kirchliche und Schulzwecke auch vorzüglich zum Besten der Knappschaftsgenossen und deren Kinder ohne Unterschied der Confession auch an solchen Orten zu verwenden sei, wo der eigentliche Freibau jener Kuxe nicht stattgefunden hat.“ Die Erträge dieser Freikuxe fließen zu dem schlesischen Freikuxgelderfonds, welcher von dem Handelsminister und dem Cultusminister gemeinschaftlich nach dem Regulative vom 24. März 1868 (Zeitschr. f. d. Berg-, Hütten- und Salinenwesen Bd. XVIA, S. 13) verwaltet wird.

592) Die Freikuxe der Knappschafts- und Armenkasse sind durch §. 9 des Ges. vom 10. April 1854 (G.S. S. 139) aufgehoben.

593) Die Unterscheidung der Freibauzechen hat keine rechtliche Bedeutung mehr.

594) Der Verlag wird auch Receß genannt. Bei der Berechnung der Verlagserstattung kommen von den gezahlten Beiträgen keine Zinsen in Rechnung; von den Schulden der Gewerkschaft werden dagegen Zinsen berechnet, sofern solche gezahlt sind.

595) Die Festsetzung der Ausbeute durch die Bergbehörde war schon seit der Einführung des Gesetzes über die Verhältnisse der Miteigenthümer eines Bergwerks vom 12. Mai 1851 (G.S. S. 265) obsolet geworden, obgleich dieses Gesetz im §. 18, Nr. 6 die Vorschrift des §. 300 h. t.

§. 301. So lange noch kein hinreichender Kassenbestand, die Kosten des ferneren Baues wenigstens auf Ein Jahr zu bestreiten, vorhanden ist, findet weder Verlagserstattung, noch Vertheilung von Ausbeute statt.

§. 302. Auch soll eher keine Ausbeute vertheilt werden, als bis selbige wenigstens Einen Thaler auf jeden im Gegenbuche zugewährten Kux beträgt.

§. 303. Eine höhere Ausbeute können die Gewerken erst alsdann verlangen, wenn nach pflichtmäßigem Ermessen des Bergamts anzunehmen ist, daß mit solcher Vertheilung auch in der Folge, wenigstens Ein Jahr hindurch, fortgefahren werden könne.

§. 304. Uebrigens wird die Ausbeute unter sämmtliche Interessenten, nach Verhältniß der zu einer Zeche gehörenden Kuxe, mit Inbegriff der Freikuxe vertheilt.

§. 305. So lange hingegen eine Zeche nur noch den Verlag erstattet, haben die Freikuxe auf irgend einigen Vortheil keinen Anspruch.

§. 225.

Nach dem Eintritt der Gesetzeskraft des gegenwärtigen Gesetzes kann ein Recht auf Mitbau zur Hälfte[596]), wo solches bisher gesetzlich bestanden hat, nur noch

---

aufrecht erhielt. Jetzt ist dieselbe durch §. 196 A. B. G. aufgehoben. Die Freikuxbesitzer müssen bei den ordentlichen Gerichten auf Rechnungslegung klagen, wenn ihnen die Ausbeute den §§. 302 bis 304 h. t. zuwider vorenthalten wird.

[596]) Das Recht des Mitbaurechts zur Hälfte gehört ebenso wie der Grundkux in die Kategorie der gesetzlichen Theilnahmerechte des Grundeigenthümers an den Nutzungen des Bergbaues (Anm. 285). Es ist sogar seinem rechtlichen Inhalte nach mit den gemeinrechtlichen Mitbaukuxen (Anm. 585) vollständig gleichartig. Es unterscheidet sich jedoch von den gemeinrechtlichen Mitbaukuxen sowohl durch seinen wesentlich größeren Umfang, als auch durch die ganz verschiedene gesetzgeberische Grundlage. Während nämlich die Grundkuxe ihrem Ursprunge nach auf die Ausgleichung der durch den Bergbau entstehenden Grundentziehungen und Grundschäden zurückzuführen sind, tritt das Recht des Mitbaues zur Hälfte der Grundentschädigung und dem Erbkux als ein drittes selbstständiges Recht des Grundeigenthümers hinzu. Der Ursprung dieses dem Provinzialrecht angehörigen Rechtsinstituts (A. L.R Th. II, Tit. 16, §. 224) datirt von dem Erlaß der revidirten Bergordnung für Schlesien und Glatz vom 5. Juni 1769. Durch dieses Gesetz wurden einerseits die früher bestandenen Grenzen des Bergregals auf die Steinkohlen ausgedehnt, andererseits die Regalitätsrechte, welche die Rudolfinische Bergordnung von 1577 und die in Schlesien als subsidiäres Recht recipirten Böhmischen Bergwerksverträge von 1534 und von 1575 dem ritterschaftlichen Grundbesitz einräumen, zu Gunsten des Staates aufgehoben. Anscheinend in der Absicht, diesen doppelten Eingriff in die Rechte der Grundeigenthümer minder fühlbar zu machen, wurde im Cap. I, §. 3 der Bergordnung von 1769 den „Grundherren" ein Vorzugsrecht zum Bergbau auf alle zum Regal gehörigen Mineralien vor fremden Muthern zugestanden. Da sich jedoch bald ergab, daß ein solches Vorzugsrecht mit der allgemeinen Bergbaufreiheit und mit dem Gedeihen des Bergbaues unverträglich sei, so wurde durch ein Rescript des Bergwerks- und Hüttendepartements vom 4. August 1770 bestimmt, daß das Vorzugsrecht des Grundherrn sich nur auf die Hälfte der Zeche erstrecken, die andere Hälfte aber dem ersten Finder und Muther verbleiben solle. Dieses Rescript erhielt nachträglich die gesetzliche Sanction durch die Declaration vom 1. Februar 1790, welche bestimmt:

> daß der erste Finder, wenn er auf die Fundgrube muthet, zur Hälfte derselben berechtigt sein, der Grundherr aber, daferne er es nach ergangener Aufforderung verlangt, zum Mitbau auf die andere Hälfte oder 61 Kuxe vorzüglich gelassen werden soll.

Ueber die Ausübung dieses Mitbaurechtes verordnete dieselbe Declaration:

> daß von nun an jede Grundherrschaft, welche aufgefordert wird, sich über den von ihrem Rechte des Mitbaus zu machenden Gebrauch zu erklären, diese Erklärung binnen drei

alsdann in Anspruch genommen werden, wenn die Erklärung, mitbauen zu wollen, bereits vor jenem Zeitpunkte rechtzeitig abgegeben oder die dreimonatliche Frist zur Abgabe dieser Erklärung noch nicht abgelaufen ist[597]).

Monaten von dem Tage an, wo ihr die Aufforderung behändigt worden, bei dem Oberbergamte abzugeben schuldig sein solle, dergestalt, daß, wenn diese dreimonatliche Frist fruchtlos verstrichen ist, sie alsdann ihrer Befugniß zum Mitbau ipso jure und ohne daß es einer besonderen Präclusion oder eines Erkenntnisses darüber bedarf, verlustig, folglich der erste Finder und Muther sie dazu fernerhin wider seinen Willen zuzulassen, nicht verpflichtet sein soll.

Die revidirte Bergordnung für Magdeburg-Halberstadt vom 7. December 1772 nahm im Cap. I, §. 3 die oben angeführte Vorschrift der Schlesischen Bergordnung mit der durch das Rescript vom 4. August 1770 eingeführten Modification ebenfalls auf und bestimmte, daß der Grundherr auf die Hälfte des gemutheten Bergwerks den Vorzug habe, 61 Kuxe aber dem Finder verbleiben sollen. Dieser Versuch einer Vermittelung zwischen dem Grundsatze der Bergbaufreiheit und dem Verfügungsrechte des Grundbesitzers stand in schroffem Gegensatze zu dem gesammten System des Preußischen Bergrechtes, und wurde in die auf dem Grundsatze der uneingeschränkten Bergbaufreiheit beruhenden Bestimmungen der beiden revidirten Bergordnungen ganz unvermittelt eingefügt. Aus dieser unvermittelten Nebeneinanderstellung so ungleichartiger Rechtsbildungen mußten nothwendig zahlreiche Widersprüche und Zweifel hervorgehen; und es ist in der That fast jeder einzelne Punkt in der Theorie dieses Rechtsinstituts streitig geworden.

Diese Zweifel betreffen insbesondere die folgenden Streitfragen:

1) Ist das Mitbaurecht in denjenigen Theilen der Provinz Sachsen, welche unter Westfälischer Zwischenherrschaft gestanden haben, durch das Westfälische Decret vom 27. Januar 1809 aufgehoben?
2) Ist unter dem zum Mitbau berechtigten Grundherrn (Schlesische B.O., Magdeburg-Halberst. B.O. Cap. I, §. 3) der Grundeigenthümer oder der Gutsherr zu verstehen?
3) Wird das Mitbaurecht von den Eigenthümern sämmtlicher Grundstücke ausgeübt, über welche sich das Grubenfeld erstreckt, oder von den Eigenthümern des Fundgrubenareals, oder endlich von dem Besitzer des Fundpunktes?
4) Kann das Recht zum Mitbau vor eingelegter Muthung veräußert und von dem Grundstücke getrennt werden?
5) Geht das Recht zum Mitbau nach eingelegter Muthung auf den neuen Erwerber des Grundstücks über?

Das Mitbaurecht besteht aber nicht wie die Freikuxberechtigung (§. 224) oder die Erbstollengerechtigkeit (§. 223) als ein bleibendes Rechtsverhältniß fort. Es wird durch seine Ausübung, die gesetzlich an eine bestimmte Frist gebunden ist, consumirt und verwandelt sich dann in ein gewerkschaftliches Antheilsrecht. Deshalb haben jene früher bestandenen Controversen nur insoweit noch ein praktisches Interesse, als sie auf die Auslegung des §. 225 von Einfluß sind. Im Uebrigen kann auf die reichhaltige Literatur des früheren Rechtes über diesen Gegenstand verwiesen werden (Brassert in der Zeitschrift f. d. Berg-, Hütten- und Salinenwesen Bd. IV B. S. 10 ff., Gräff, das schlesische Mitbaurecht. Breslau 1860. M. Uebersicht S. 215 ff.)

[597]) Nach §. 225 wird der Anspruch auf das Mitbaurecht nur noch alsdann zugelassen, wenn die Erklärung, mitbauen zu wollen, bereits vor dem 1. October 1865 rechtzeitig abgegeben oder die dreimonatliche Frist zur Abgabe dieser Erklärung noch nicht abgelaufen ist. In dem ersten Falle ist das Mitbaurecht bereits ausgeübt. In dem zweiten Falle wird die Ausübung desselben durch Abgabe der in der Declaration vom 1. Februar 1790 vorgeschriebenen Erklärung noch nach dem 1. October 1865 zugelassen. Dieser zweite Fall hat zur ausdrücklichen Voraussetzung, „daß die dreimonatliche Frist zur Abgabe dieser Erklärung noch nicht abgelaufen ist.“ Es wird dabei offenbar vorausgesetzt, daß diese Frist vor dem 1. October 1865 zu laufen begonnen habe und da dieselbe nach der Declaration vom 1. Februar 1790 von der Aufforderung durch die

Alle Ansprüche auf das Recht des Mitbaues zur Hälfte, bezüglich deren die Bergbehörde zu laufen beginnt, so ergibt die einfache Wortinterpretation des §. 225, Al. 1, daß das Mitbaurecht nach dem 1. October 1865 nur insoweit ausgeübt werden kann, als vor diesem Tage bereits die Aufforderung zur Ausübung gemäß der Declaration vom 1. Februar 1790 an den Berechtigten entlassen ist.

Gegen diese Auslegung scheint das Alinea 2 desselben §. 225 zu sprechen, welches ausdrücklich die Verfolgung des Mitbaurechts im Wege der gerichtlichen Klage in solchen Fällen zuläßt, in welchen die Aufforderung zur Geltendmachung unterblieben ist. Man könnte bei oberflächlicher Betrachtung beide Sätze des § 225 zusammenziehen und folgende drei Fälle, in denen das Mitbaurecht noch nach dem 1. October 1865 in Anspruch genommen werden kann, unterscheiden:

1) wenn die Erklärung mitbauen zu wollen schon vor diesem Tage abgegeben ist;
2) wenn die Aufforderung vor diesem Tage erlassen, die dreimonatliche Frist zur Abgabe dieser Erklärung aber noch nicht verstrichen ist (Al. 1);
3) wenn die Aufforderung aber noch nicht erlassen ist (Al. 2).

Bei dieser Auslegung würde das Mitbaurecht in allen Fällen ausgeübt werden können, in welchen dasselbe vor dem 1. October 1865 nach den früheren Gesetzen erworben ist.

Allein, so angemessen eine solche Bestimmung erscheinen würde, so stimmt doch diese Auslegung mit dem Wortlaute des §. 225, Al. 2 keineswegs überein. Die gerichtliche Klage auf das Recht des Mitbaues zur Hälfte soll nicht etwa zugelassen werden, sofern die Aufforderung noch nicht erfolgt ist, sondern sofern die Aufforderung unterblieben ist. Es wird also vorausgesetzt, daß der Zeitpunkt, in welchem die Aufforderung ergehen konnte, bereits vor dem 1. October 1865 verstrichen ist, d. h. also, da die Aufforderung bis zur Verleihung ergehen konnte, daß das Bergwerk schon vor dem 1. October 1855 verliehen ist. Das Alinea 2 des §. 225 bezieht sich also ausschließlich auf bereits unter der früheren Gesetzgebung verliehene Bergwerke, bei denen die vorgeschriebene Aufforderung zur Ausübung des Mitbaurechtes unterblieben ist. Wäre die Rede von bloß gemutheten Bergwerken, hinsichtlich deren die Aufforderung am 1. October 1865 noch nicht erlassen war, so würde der Gesetzgeber offenbar den nachträglichen Erlaß dieser Aufforderung angeordnet, nicht aber eine Frist zur Anstellung der Klage bestimmt haben.

Die Wortinterpretation des §. 225 ergibt daher, daß das Mitbaurecht nach dem 1. October 1865 nur ausgeübt werden kann

1) bei den gemutheten Bergwerken, wenn die Aufforderung vor dem 1. October 1865 erlassen war,
2) bei den vor diesem Tage verliehenen Bergwerken, wenn die Aufforderung vor der Verleihung unterblieben ist.

In den übrigen Fällen findet das Mitbaurecht nicht mehr statt. Wenn also ein solches Recht nach der früheren Gesetzgebung erworben war, die Aufforderung zur Ausübung derselben aber nicht vor dem 1. October 1865 erlassen ist, so ist das Recht nach §. 225 erloschen und die Ausübung desselben findet nach dem 1. October 1865 nicht mehr statt.

Dieses unzweifelhafte Resultat der Wortinterpretation wird noch durch folgende Erwägungen unterstützt:

Das Alinea 1 des §. 225 ist wörtlich dem §. 245 des Berggesetzentwurfes von 1850 entlehnt. Die Verfasser dieses Entwurfes theilten offenbar die damals noch unbestrittene Auffassung, daß das Mitbaurecht erst mit dem Erlasse der Aufforderung an den Berechtigten als ein selbstständiges Recht erworben werde (Präjudiz des Obertribunals 2322 vom 22. November 1851, Entscheidungen Bd. 21, S. 385). Diese Ansicht ist seitdem mit Recht bekämpft und auch von dem Obertribunale nicht aufrecht erhalten worden. (Vergl. die Erkenntnisse vom 23. Juni 1854 Entsch. Bd. 28, S. 147, und vom 2. Mai 1859; Striethorst, Archiv Bd 33, S. 170; M. Uebersicht S. 229) Allein es ist nicht ganz zu bestreiten, daß von dieser Auffassung ausgehend im §. 245 cit. und folglich im Alinea 1 des §. 225 nur diejenigen Fälle des Mitbaurechtes Erwähnung gefunden haben, in denen die Erklärungsfrist beim Eintritt des neuen Gesetzes lief, also die Aufforderung bereits früher erlassen war.

vorgeschriebene Aufforderung zur Geltendmachung unterblieben ist, müssen bei Vermeidung der Präclusion innerhalb Eines Jahres von dem vorbezeichneten Zeitpunkte an durch gerichtliche Klage geltend gemacht werden[598].

§. 226.

Die Rechtsverhältnisse der bei dem Eintritt der Gesetzeskraft des gegenwärtigen Gesetzes in den rechtsrheinischen Landestheilen bestehenden Gewerkschaften sind, soweit es an vertragsmäßigen Verabredungen fehlt und nicht in den nachfolgenden §§. 227 bis 239 etwas Anderes bestimmt ist, nach den Vorschriften des vierten Titels zu beurtheilen[599].

§. 227.

Die §§. 94 bis 98, 101, 103, 105, 106, 108, 109 und 110 finden auf die bestehenden[600] Bergwerke[601] keine Anwendung[602].

Der Gesetzgeber hat auch im §. 224 die Fortdauer der Freikuxberechtigung nicht davon abhängig gemacht, ob dieselbe vor dem 1. October 1865 erworben war, sondern von dem Tage der Verleihung, obgleich ohne Zweifel wenigstens der Grundkux bereits mit der Einlegung der Muthung erworben wurde.

Die hier vorgetragene Auslegung des §. 225 wird auch von den Herausgebern der Zeitschrift für Bergrecht Bd. 6, S 627 und in der Schlesischen Zeitung 1866, Nr. 130, 1. Beilage vertheidigt, während die entgegengesetzte Meinung von Wachler (Commentar S. 296 ff.) behauptet wird.

598) Die Vorschrift des Alinea 2, deren Tragweite in der vorigen Anmerkung erläutert ist, hat folgende Veranlassung. Bis zum Jahre 1834 wurde von den schlesischen Gerichten und Bergbehörden der Gutsherr als berechtigt zur Ausübung des Mitbaurechtes an den auf den Rusticalstellen entdeckten Bergwerken angesehen. Durch das Präjudiz 45 vom 14. Februar 1834 stellte jedoch das Obertribunal den Grundsatz fest, daß unter dem Ausdrucke Dominium nicht die Gutsherrschaft, sondern der Eigenthümer der Rusticalstelle zu verstehen sei, diesem also das Mitbaurecht zustehe. (M. Uebersicht S. 221.) Dieser Praxis schlossen sich später die Bergbehörden an. Inzwischen waren zahlreiche Verleihungen erfolgt, bei denen nicht der Grundeigenthümer, sondern der Gutsherr zur Ausübung des Mitbaurechts aufgefordert worden war. Da bei unterbliebener Aufforderung der Grundeigenthümer seines Mitbaurechtes nicht verlustig gehen konnte, sondern auch nach der Verleihung berechtigt blieb, dasselbe auszuüben, so entstanden nun zahlreiche Ansprüche solcher Rusticalstellenbesitzer auf den Mitbau an früher verliehenen Bergwerken und die Präclusion dieser Ansprüche bildet den Gegenstand des Al. 2, §. 225.

599) Die Vorschriften der §§. 226 bis 239 finden auch in den rechtsrheinischen Landestheilen Anwendung, welche nach dem Erlaß des Allgem. Berggesetzes erworben sind, mit Ausnahme der Provinz Hannover, für welche nach der Ausführung zu §. 94 Anm. 208, die Vorschriften der §§. 94—98, 101, 103, 105, 106, 108, 109 und 110 auch für die bereits bestehenden Gewerkschaften Geltung haben, mit Ausnahme der Aemter Zellerfeld und Elbingerode, für welche die besondere Uebergangsbestimmung des Art. XV §. 6 der Verordnung vom 8. Mai 1867 Zusatz zu §. 240 ergangen ist.

600) Der §. 227 enthält einen Redactionsfehler. Statt „bestehenden Bergwerke" muß es heißen: „im Besitze einer Gewerkschaft befindlichen Bergwerke", wie die Verbindung mit §. 226 unzweifelhaft ergibt. Die vor dem 1. October 1865 im Besitze eines Alleineigenthümers befindlichen Bergwerke fallen unter die Vorschriften der §§. 94—98 u. s. w., sobald sie nach dem 1. October 1865 in den Besitz mehrerer Personen übergehen.

Das Bayerische Berggesetz bestimmt im Art. 227 correcter:

„Die Art. 85 bis 88, 91, 95, 96, 98 und 99 finden auf diejenigen Bergwerke keine

§. 228.

Die seitherige Kuxeintheilung bleibt bestehen[603]). Jedoch kann von jetzt an

---

Anwendung, welche in dem Zeitpunkte, in welchem gegenwärtiges Gesetz in Wirksamkeit tritt, sich bereits im Besitze einer Gewerkschaft befinden."

Das Braunschweigische Berggesetz enthält statt der §§. 226 bis 239 die folgenden Bestimmungen:

§. 216. Die §§. 98 bis 102, 107, 109, 110, 112, 113 und 114 finden auf die bestehenden Bergwerke keine Anwendung.

§. 217. Die Mitbetheiligten der bei dem Eintritte der Gesetzeskraft des gegenwärtigen Gesetzes bestehenden Bergwerke haben ihre Rechtsverhältnisse, soweit dies nicht schon geschehen ist, notariell oder gerichtlich zu regeln, die Urkunden darüber sind an die Bergbehörde einzusenden.

In den Berggesetzen für Würtemberg, Sachsen-Gotha und Sachsen-Meiningen fehlen diese Uebergangsbestimmungen. Die Gewerkschaften des alten Rechtes werden also kraft des Gesetzes in solche des neuen Rechtes umgewandelt. In Sachsen-Meiningen (Art. 176) ist hierfür eine einjährige Frist bestimmt, binnen deren die Antheilshypothekengläubiger die Eintragung ihrer Forderungen in das Gewerkenbuch und in den Kurschein bei dem Grundbuchrichter nachsuchen können. Das Berggesetz für Elsaß-Lothringen enthält eine dem §. 240 entsprechende Vorschrift für die daselbst nach französischem Rechte begründeten Bergwerksgesellschaften.

[601]) Daß die Vorschriften über die rechtliche Natur der Gewerkschaft und des gewerkschaftlichen Antheilrechtes auf die bestehende Gewerkschaft keine Anwendung finden sollen, erscheint unzweckmäßig. Es liegt kein hinreichender Grund vor, die bestehenden Gewerkschaften von der Personificirung, sowie von der Mobilisirung der Kuxe dauernd auszuschließen. Es wird dadurch ein und derselbe Verkehrsgegenstand, je nach dem Alter seiner Entstehung ganz entgegengesetzten Rechtsregeln unterworfen. Die daraus entstehende Verwirrung (vergl. Anm. 208) wird in eine unabsehbare Ferne verlängert. Denn so wie gegenwärtig zahlreiche Bergwerke vorhanden sind, deren Verleihung bis zu zweihundert Jahren zurück datirt, so darf erwartet werden, daß die bis jetzt ertheilten Bergwerksverleihungen, durch welche für das Bedürfniß des Bergbaues mehrerer Jahrhunderte vorgesorgt ist, zum größeren Theile ein eben so hohes Alter erreichen werden. Die Mobilisirung der Kuxe wird daher für die nächsten Generationen nur für eine geringfügige Zahl von Bergwerken Anwendung finden und der bedeutendste und werthvollste Theil des gewerkschaftlichen Besitzes wird noch auf lange Zeit hinaus unter den Uebelständen der gegenwärtigen Einrichtungen zu leiden haben, daher wird sich ohne Zweifel bald die Nothwendigkeit herausstellen, dem Gesetze rückwirkende Kraft beizulegen und in die bestehenden Privatrechte umgestaltend einzugreifen. Und dieser Eingriff ist nicht nur unvermeidlich, sondern auch unbedenklich. Jedes Gesetz, welches die Umgestaltung eines ganzen Rechtsinstituts zum Gegenstande hat, muß diesen zwingenden Einfluß auch auf die bestehenden Privatrechte haben. So hat die frühere Agrargesetzgebung, so noch das Gesetz vom 2. März 1850, welches das Obereigenthum des Grundherrn, des Erbzinsherrn und des Erbverpächters aufhob, in die bestehenden Rechtsverhältnisse eingegriffen. Es bedarf nur schützender Uebergangsbestimmungen, welche die Interessen der Kuxbesitzer und der Hypothekengläubiger wahren und die Erschütterung des Realcredits durch eine zu plötzliche Umwandlung der Pfandrechte verhindern.

[602]) Die Vorschriften der §§. 94—98 u. s. w. sind nur insoweit für ausgeschlossen zu erachten, als dieselben neues Recht enthalten. Wo dagegen in diesen Paragraphen die Grundsätze des früheren gewerkschaftlichen Rechtes unverändert wiederholt werden, müssen dieselben trotz der Vorschrift des §. 227 auch auf die Gewerkschaften des alten Rechts zur Anwendung kommen, da §. 227 nicht bezweckt, anerkannte Regeln des älteren Rechtes aufzuheben, sondern nur die Anwendung neuer Rechtsregeln auszuschließen. Dies gilt z. B. von der Bestimmung des §. 95: „Die Gewerkschaft kann unter ihrem Namen Rechte erwerben und Verbindlichkeiten eingehen —

ein Kux nur noch in Zehntheile[604]) getheilt werden[605]).

vor Gericht klagen und verklagt werden. Ihr ordentlicher Gerichtsstand ist bei dem Gerichte, in dessen Bezirk das Bergwerk liegt." Die Sätze entsprechen dem früher geltenden Rechte, während der übrige Inhalt des §. 96, welcher den Gewerkschaften das Recht beilegt, Grundstücke und Bergwerke auf ihren Namen zu erwerben, auf die Gewerkschaften des alten Rechtes keine Anwendung findet. Wollte man in irrthümlicher Auslegung des §. 227 den Gewerkschaften des alten Rechtes die Befugniß absprechen, Verbindlichkeiten auf ihren Namen einzugehen, so würde der §. 99 auch nicht auf sie Anwendung finden können. Ebenso kann die Gewerkschaft auch des alten Rechtes nur auf ihren Namen in der Person ihres Repräsentanten verklagt werden (§. 119), da der Repräsentant nur die Gewerkschaft, nicht die einzelnen Gewerken vertritt.

Ebenso gilt der im §. 106 ausgesprochene materielle Grundsatz auch in seiner Anwendung auf das über die Gewerkschaften des alten Rechtes geführte Hypothekenbuch, weil er mit den §§. 226, 227 Allg. Landrecht Th. II, Tit. 16 übereinstimmt. Ueberhaupt muß bei der Beurtheilung des Rechtsverhältnisses der Gewerkschaften des alten Rechts auf die Vorschriften des Allg. Landr. a. a. O. §§. 264 ff. zurückgegangen werden, weil das Allg. Berggesetz sie zwar von den Vorschriften über die rechtliche Natur der neuen Gewerkschaft ausnimmt, aber keine positiven Grundsätze über den Inhalt jenes Rechtsverhältnisses aufstellt. Es ist also bei den Principien der früheren Gesetzgebung verblieben, soweit dieselben nicht durch §§. 226—234 abgeändert worden sind.

603) Vergl. §. 133 A. L.R. II, 16 (Zusatz zu §. 224) und Anm. 587.

604) Diese Regel gilt auch für die bereits vorhandenen Bruchtheile von Kuxen bei ihrer weiteren Zerlegung. Ein Antheil von $1/2$ Kux kann hiernach künftig nur noch in fünf Zehntheile zerlegt werden. Ein Antheil von $2/3$ Kux ist dagegen absolut untheilbar geworden.

605) Schon vor dem Erlaß des Allgemeinen Landrechts hatte sich mit dem steigenden Werthe der Bergwerke das Bedürfniß einer weiter gehenden Theilung, als in 128 Kuxe geltend gemacht. Das Allgemeine Landrecht gab diesem Bedürfnisse nach; anstatt indeß eine neue kleinere Maßeinheit festzusetzen, behielt es im §. 133 a. a. O. die alte Eintheilung in 128 Kuxe bei und gestattete im §. 135, Th. II, Tit. 16 die Theilbarkeit der Kuxe mit der Beschränkung, daß die Unterabtheilungen nicht unter einem Achtel betragen dürfen.

Diese Bestimmung, welche keinen bestimmten Theilungsmaßstab festsetzte, gab einer sehr weitgehenden Zersplitterung der Bergwerksantheile Raum, und veranlaßte die Entstehung so vieler ungleichnamiger und exorbitanter Bruchtheile, daß dadurch der Verkehr, insbesondere in den älteren Bergwerksdistricten der Provinz Westfalen in außerordentlichem Maße erschwert wird. Ueber den Umfang, welchen die Zersplitterung in Westfalen bereits angenommen hat, wird in der von dem Herausgeber im Jahre 1857 verfaßten Denkschrift über die Reform des Berghypothekenwesens Folgendes bemerkt:

„Welche Schwierigkeiten bei den verwickelteren Operationen, z. B. bei der Vereinigung mehrerer älteren Bergwerke zu einem Ganzen durch Consolidation aus der verschiedenen Belastung und Zersplitterung der Antheile entstehen, mag annähernd dadurch angedeutet werden, daß z. B. bei dem consolidirten Werke Altendorf die Betheiligung der meisten Gewerken wegen der verschiedenen Belastung ihrer Antheile an den Einzelbergwerken in zwei bis sieben Antheile zerlegt werden mußte, so daß z. B. der Gewerke N. unter:

Nr. 82 mit 7. $\frac{6.339.877.831.375 \text{ tel Kux.}}{6.701.394.124.800}$

" 83 " $\frac{40.924 \text{ tel Kux}}{2.073.600.}$

" 84 " $\frac{17.880 \text{ tel Kux}}{2.073.600.}$

" 85 " $\frac{64.368 \text{ tel Kux}}{2.073.600.}$

Die Kuxe behalten die Eigenschaft der unbeweglichen Sachen.

Nr. 86 mit 7. $\frac{53,640\text{tel Kux}}{2.073.600.}$

" 87 " $\frac{40.230\text{tel Kux}}{2.073.600.}$

" 88 " $\frac{10.560\text{tel Kux}}{2,073.600.}$

" 89 " $\frac{18.909\text{tel Kux}}{2.073.600.}$

eingetragen ist.

Dieses Beispiel gibt zugleich eine Andeutung von der exorbitanten Ziffergröße der Bruchtheile, in welchen die Kuxe bei den älteren Bergwerken getheilt sind. Doch ist das Beispiel weder ein vereinzeltes, noch ein besonders auffallendes. Während nämlich bei dem Bergwerke Altendorf die größere Zahl der Antheile, wie die oben angeführten, mit Brüchen von 7 bis 13 Stellen im Nenner abschließt, gehen die Betheiligungen sämmtlicher Gewerken bei dem Bergwerke Ver. Kirschbaum und Neumark auf Bruchtheile von sechs bis neun und zwanzig aus, so daß z. B. der Antheil der Wittwe N. 1. $\frac{1.686.230.973.967.050.457.242.461}{1.754.921.632.718.409.858.743.040}$ Kuxe beträgt. Auch dieses Beispiel wird noch überboten bei den Bergwerken Ver. Brüderschaft, Einigkeit; Ruhrmannsbank; Louisenglück und Oberste Kuh, wo der größte Bruch 30 bis 37 Stellen, und bei dem Bergwerke Ver. Glückauf (Nr. 285 des Verzeichnisses B.), wo derselbe gar Neun und Vierzig Stellen im Nenner zählt. Ueberhaupt beläuft sich die Zahl der Bergwerke, bei welchen die Zahl der Stellen des größten Bruchs mehr als 20 beträgt, also weit über die Grenzen des Vorstellbaren hinausgeht, nach dem beiliegenden Verzeichnisse B. beinahe zwanzig; die Zahl derjenigen, welche mit Brüchen von mehreren Millionen bis zu mehreren Trillionen im Nenner abschließen, auf mehr als fünfzig; während Brüche von 2 bis 6 Stellen in allen denkbaren Größen und Abstufuugen sich bei den Antheilen an fast sämmtlichen älteren Bergwerken vorfinden.

Wenn hiernach der Hypothekenrichter genöthigt ist, mit Zahlen zu operiren, welche der Astronom bei seinen verwickeltsten Berechnungen nicht gebraucht, und fortwährend der Hülfe eines Calculators bedarf, so erwächst ein noch viel größerer Nachtheil aus dieser subtilen Vertheilung für die gewerkschaftliche Verwaltung und für den Verkehr. Dieser Uebelstand ist deshalb derjenige, welcher die ersten und die lautesten Beschwerden des Bergbau treibenden Publikums hervorgerufen hat, die um so dringender erscheinen, als auch dieses Uebel in immer steigender Progression selbst seine gegenwärtigen Grenzen noch weit zu überschreiten droht. Während nämlich im Jahre 1792 der von dem Bergrichter Sack namhaft gemachte Bruchtheil von $\frac{88\text{tel}}{189}$ Kuxe der Sieper und Mühler Gruben anscheinend die äußerste Grenze der Zersplitterung bildete, finden sich im Jahre 1830 nach dem angeführten Commissionsbericht des Geh. Ober-Finanzraths Dr. Skalley bereits Bruchtheile mit 16 Stellen im Nenner bei einem Bergwerke vor. Gegenwärtig finden sich schon bei mehr als 20 Bergwerken noch größere Bruchnenner, und wenn ein Nenner von 49 Stellen, wie bemerkt, jetzt die äußerste Grenze bildet, so ist eine weitere Steigerung für die nächste Zukunft mit Gewißheit vorherzusagen, wenn nicht die Ursuche dieser schrankenlosen Bruchvertheilung gehoben und der Willkür in der Eintheilung der Kuxe Einhalt gethan wird.

Die Ursachen dieser maßlosen Zersplitterung der Kuxtheile liegen einerseits in der fortwährenden Zerschlagung der Antheile durch Erbtheilung, Theilverkäufe, Caducirungen und Consolidationen, andererseits in dem Einflusse, welchen die bestehende Berghypothekeneinrichtung auf das Resultat dieser Theilungen ausübt. — Der Zweck der altherkömmlichen Kuxeintheilung war ursprünglich der, für alle Betheiligungsverhältnisse eine gleichförmige Maßeinheit, einen gemeinschaftlichen Nenner zu gewinnen, vermittelst dessen das Verhältniß der verschiedenen Betheiligungen zu einander und zum Ganzen in einfachen Zahlen ausgedrückt werden konnte. Die Kuxeinheit

§. 229.

Die einzelnen Gewerken werden, soweit die Einrichtung des Hypotheken-

---

bezeichnete daher ursprünglich die Grenze der Theilbarkeit des Bergeigenthums. Als später mit dem steigenden Werthe der Bergwerke sich das Bedürfniß einer weiter gehenden Theilung praktisch geltend machte und jene Schranke durchbrach, versäumte die Gesetzgebung eine neue kleinere Maßeinheit an die Stelle der Kuxe zu setzen und sanctionirte im §. 135, Tit. 16, Theil II Allg. Landrechts die Theilbarkeit der Kuxe. Die beigefügte Beschränkung: „daß die Unterabtheilungen nicht unter einem Achtel betragen dürfen", setzte keinen bestimmten Theilungsmaßstab fest, sondern ließ nach ihrer Wortfassung die Theilung in beliebige Quoten (z. B. $^{3}/_{17}$, $^{9}/_{64}$ u. s. w) zu, sofern nur der numerische Werth dieser Quoten ein Achtel überstieg. Berücksichtigt man nun, daß beispielsweise im Jahre 1820 der Antheil des Gewerken D. E. an der Grube Himmelskrone durch Intestaterbfolge auf 42 Enkel und Urenkel überging, von denen Einzelne zu $^{8}/_{227}$ an der Erbschaftsmasse betheiligt waren, daß der mit einem Familien-Näherrechte belastete Antheil des im vorigen Jahrhundert verstorbenen Peter Abraham Scherenberg an den Stock- und Scherenberger Gruben, im Jahre 1827 durch Intestaterbfolge bereits in 74 einzelne Antheile zersplittert war, so leuchtete ein, daß schon durch bloße Erbtheilungen eine große Anzahl ungleichnamiger Brüche entstehen konnte.

Die fruchtbarste Quelle für die Entstehung neuer und vielstelliger Bruchtheile aber bestand in der Vertheilung der wegen nicht entrichteter Zubuße caducirten Antheile unter den übrigen Gewerken nach Verhältniß ihrer Betheiligung, welche durch die Provinzialbergordnungen (Schlesische Cap. XXXVIII, §§. 2, 3; Magdeburgische ibid.; Cleve-Mark. Cap. XXXVII, §§. 2, 3) als Regel vorgeschrieben war. Wenn also z. B. bei einer Gewerkschaft, die nur in ganze Kuxe getheilt war, drei Kuxe caducirt und unter den Besitzern der übrigen Antheile vertheilt wurden, so wurde jeder der Kuxe um $^{3}/_{125}$ vermehrt und jeder Antheil erhielt als Zuwachs einen Bruchantheil mit dreizifferigem Nenner.

Wiederholte sich demnächst diese Operation bei demselben Bergwerke, so wuchs die Größe der Nenner in geometrischer Progression. Aehnliche Resultate entstehen bei der Consolidation mehrerer Bergwerke, bei welcher die Antheile der verschiedenen Gewerkschaften an dem consolidirten Bergwerke nach dem Werthe der einzelnen Bergwerke ermittelt und verhältnißmäßig bestimmt werden. So trat bei der Consolidation des vereinigten Bergwerks Hasenwinkel die Gewerkschaft Fortuna mit $13^{27}/_{75}$ Kuxen, die Gewerkschaft Ver. Kirschbaum und Neumark mit $16^{63}/_{75}$ Kuxen, die Gewerkschaften Johann Christoph und Hasenwinkel Himmelskrone Erbstolln zusammen mit $98^{4}/_{5}$ Kuxen ein. Die Ausführung einer solchen Consolidation veranlaßt mehr und weitläufigere Berechnungen als die Ermittelung der Bahn eines Kometen. Wenn das Ergebniß derselben Bruchtheile mit der enormen Zahl von 30 bis 40 Ziffern im Nenner sind, so muß die Behörde dies nach dem Wortlaute des Gesetzes geschehen lassen, so lange die Betheiligung der einzelnen Gewerken nicht unter $^{1}/_{8}$ Kux sinkt. Sie ist auch nicht in der Lage, in solchen Fällen das Resultat der Berechnung zu vereinfachen, z. B. die Bruchtheile nur annähernd in Decimalbrüchen etwa bis zu 5 Stellen zu berechnen und den überschießenden, allerdings für die Praxis verschwindend kleinen Bruchtheil zu vernachlässigen, weil ein solches Verfahren bei öfterer Wiederholung dennoch erheblichere Abweichungen nach sich ziehen und die Summe der Kuxe im Laufe der Zeit bei der einen Gewerkschaft vielleicht auf circa 129 erhöhen, bei der anderen auf 127 vermindern würde. Wenn demnach die Consequenz der Hypothekeneinrichtung die Behörde zwingt, die entstandene, ungeheuerliche Brucheintheilung auf das Genaueste inne zu halten, so ist andererseits klar, daß die Durchführung dieser Consequenz ihre Grenze in der praktischen Möglichkeit findet. Wenn nach 20 bis 30 Jahren sich die Stellenzahl der größten Bruchnenner vielleicht auf 60 gehoben haben wird; wenn die Trillionen in den Hypothekenbüchern ebenso häufig sein werden, als jetzt die Millionen, so wird die Fortführung dieser Rechnung trotz aller Vermehrung der Arbeitskräfte zuletzt unmöglich werden. Und dieser Erfolg ist mit Gewißheit vorauszusehen, wenn die bedingenden Ursachen nicht beseitigt werden."

wesens dies gestattet, als Eigenthümer ihrer Kuxe in das Hypothekenbuch eingetragen[606]).

§. 230.

Die einzelnen Gewerken können ihre Kuxe zur Hypothek stellen.

Eine Verpfändung des ganzen Bergwerks durch Mehrheitsbeschluß (§. 114) ist nur dann zulässig, wenn die einzelnen Kuxen nicht mit Hypotheken belastet sind. Anderenfalls ist Einstimmigkeit erforderlich[607]).

§. 231.

Bei der Veräußerung und Verpfändung von Kuxen kommen die für Grundstücke gegebenen Bestimmungen zur Anwendung[608]).

§. 232.

Der §. 107 findet mit der Maßgabe Anwendung, daß die Erhebung der Beiträge beschlossen sein muß, bevor der seitherige Eigenthümer der Kuxe dieselben veräußert hat[609]).

Um die weitere Steigerung dieses Uebelstandes zu verhüten, welchem bei den Gewerkschaften des neuen Rechtes durch die Untheilbarkeit der Kuxe vorgebeugt ist (§. 101), ist die Theilbarkeit der alten Kuxe durch §. 228 beschränkt worden.

606) Dies ist der Fall im Rechtsgebiete der Allg. Hypothekenordnung vom 20. December 1783 jetzt der Grundbuchordnung vom 5. Mai 1872 und im früheren Herzogthum Nassau.

607) Diese Bestimmung soll die Besitzer der unbelasteten Kuxe gegen eine ihnen nachtheilige Verpfändung durch Gewerkschaftsbeschluß schützen. Vergl. Strohn, Bemerkungen S. 30, von Rynsch in der Zeitschr. f. Bergr. Bd. 3, S. 202.

608) Diese Vorschrift ist aus dem Plenarbeschlusse des Obertribunals vom 7. Juli 1851 (Entscheid. Bd. 21, S. 10) entnommen, durch welchen das folgende Präjudiz 2299 aufgestellt wurde:

„Der Uebergang des Eigenthums bei Bergwerksantheilen ist bei deren mittelbarer Erwerbung von der Zuschreibung im Berggegenbuche nicht abhängig, vielmehr sind dabei die allgemeinen Bestimmungen von der mittelbaren Erwerbung des Grundeigenthums überhaupt anwendbar."

In den Gründen dieses Beschlusses wird über das Requisit der Besitzübergabe Folgendes bemerkt

„Was die behauptete Unmöglichkeit einer Naturaltradition beim Bergwerkseigenthum anbetrifft, so kann dieselbe nicht anerkannt werden. Selbst wenn das Bergwerkseigenthum eine rein unkörperliche Sache wäre, so würde dennoch eine Uebergabe, möchte dieselbe auch nur durch eine dem §. 59, Tit. 7, Th. I des Allg. Landrechts entsprechende Willenserklärung möglich sein, juristisch gedacht werden können."

„Bei einzelnen Bergwerksantheilen mag es zweifelhaft sein, in welcher Art die Naturaltradition zu bewirken sei; allein es kann nicht angenommen werden, daß für diese besondere abweichende Grundsätze über den Uebergang des Eigenthums bei ihrer mittelbaren Erwerbung stattfinden.

Seitdem ist durch das Gesetz vom 5. Mai 1872 §. 1 (oben S. 140) für den Fall einer freiwilligen Veräußerung die Erwerbung des Eigenthums statt an die Besitzübertragung an die auf Grund der Auflassung erfolgte Eintragung im Grundbuche geknüpft worden. Dadurch ist für die Bergwerksantheile die Regel der älteren Bergordnungen wieder hergestellt, von welcher der angeführte Plenarbeschluß für das preußische Recht abgewichen war. Vergl. Anm. 117. Auch für die Verpfändung der alten Kuxe finden zur Zeit die §§. 12—15 des Gesetzes vom 5. Mai 1872 Anwendung.

609) „Nach §. 323, Th. II, Tit. 16 A. L.R. bleibt zwar der Verkäufer von Kuxen für die

Verordnung, betreffend die Einführung des Allgemeinen Berggesetzes vom 24. Juni 1865 in das Gebiet des vormaligen Herzogthums Nassau vom 22. Februar 1867. (G.S. S. 237).

Artikel XI.

Der im §. 232 des Berggesetzes angenommene Zeitpunkt ist eingetreten, sobald die Ab= und Zuschreibung im Berggegenbuche gesetzlich beantragt ist.

§. 233.

Soweit die bereits bestellten Repräsentanten und Grubenvorstände mit besonderen Vollmachten versehen sind, behält es bei denselben sein Bewenden[610]).

Im Uebrigen ist von der Anwendung der §§. 118 bis 126 und 128 auf diese Repräsentanten und Grubenvorstände nur die Bestimmung des §. 121 über die Führung des Gewerkenbuchs und die Ausfertigung der Kurscheine ausgeschlossen.

§. 234.

In den Fällen der §§. 130 bis 132 erfolgt der Verkauf des Antheils im Wege der nothwendigen Subhastation[610a]) und die Zuschreibung des unverkäuflichen Antheils im Hypothekenbuche, letzteres, soweit die Einrichtung des Hypothekenwesens dies gestattet[611]).

§. 235.

Durch einen von einer Mehrheit von wenigstens drei Viertheilen aller Kuxe Kuxe gefaßten Beschluß kann, soweit nicht vertragsmäßige Verabredungen entgegenstehen, jede bereits bestehende Gewerkschaft sich denjenigen Bestimmungen des vierten Titels, welche nach §. 227 auf die bestehenden Bergwerke keine Anwendung finden, unterwerfen und insbesondere die Kuxe auf die nach §. 101 zulässige Eintheilung mit der Wirkung zurückführen, daß die neuen Kuxe die Eigenschaft der beweglichen Sachen haben[612]).

Ist bei dem Eintritt der Gesetzeskraft dieses Gesetzes der Besitz der Kuxe einer Gewerkschaft dergestalt getheilt, daß der Zurückführung derselben auf die vorbezeichnete Eintheilung außergewöhnliche Schwierigkeiten entgegenstehen, so kann mit Genehmigung des Oberbergamts die Zahl der Kuxe auf zehntausend bestimmt werden.

---

vor der „Zuschreibung" geschlossene Zubuße verhaftet; allein im §. 232 mußte der Zeitpunkt der Veräußerung als der entscheidende angesehen werden, weil eine „Zuschreibung" außerhalb des Bereiches der Preußischen Hypothekenverfassung nicht vorkommt." (Motive S. 127.)

[610]) Soweit dies nicht der Fall ist, soweit also der Repräsentant lediglich mit der im §. 18 des Gesetzes vom 12. Mai 1851 (G.S. S. 265) bestimmten Vollmacht bestellt ist, ist nunmehr der Geschäftskreis des Repräsentanten nach den Bestimmungen des neuen Gesetzes (§§. 119—128) zu beurtheilen, welche seine frühere Competenz zum Theil erweitern (§. 119, Al. 2 gegenüber §. 19 Gesetz vom 12. Mai 1851), theils einschränken (§. 120, Nr. 2 gegenüber §. 18, Nr. 5 Gesetz vom 12. Mai 1851).

[610a]) Ueber das Vorrecht der rückständigen Beiträge vergl. Anm. 276.

[611]) Die frühere Caducirung (Allg. Landr. Th. II, Tit. 16, §§. 280 ff.) findet nach dem 1. October 1885 auch wegen der früher ausgeschriebenen Zubuße nicht mehr statt.

[612]) Durch das folgende Gesetz vom 9. April 1873 ist §. 235 aufgehoben und durch eine Reihe anderer Bestimmungen ersetzt. Diese Abänderungen betreffen theils das Verhältniß der Hypothekengläubiger zu der Umwandlung der Gewerkschaft, theils die Zurückführung der Kuxe

Das Protokoll über die Gewerkenversammlung, in welcher der Beschluß gefaßt wird, ist notariell oder gerichtlich aufzunehmen.

Wenn auf gewerkschaftlichen Antheilen Hypotheken haften oder Privilegien des rheinischen Rechts, so darf ein solcher Beschluß nur dann ausgeführt werden, wenn diese Gläubiger entweder vorher abgefunden sind oder in die Ausführung ausdrücklich eingewilligt haben.

Gesetz, betreffend die Abänderung des §. 235 des Allgemeinen Berggesetzes vom 24. Juni 1865. Vom 9. April 1873. (G.S. S. 181.)

Wir Wilhelm, von Gottes Gnaden König von Preußen ꝛc. verordnen, unter Zustimmung beider Häuser des Landtages, für den ganzen Umfang Unserer Monarchie, was folgt:

Artikel I.

In dem Allgemeinen Berggesetze vom 24. Juni 1865 wird der §. 235, wie nachstehend angegeben, abgeändert.

§. 235a. Durch einen von einer Mehrheit von wenigstens drei Viertheilen aller Kuxe gefaßten Beschluß kann, soweit nicht vertragsmäßige Verabredungen entgegenstehen, jede bereits bestehende Gewerkschaft sich denjenigen Bestimmungen des vierten Titels, welche nach §. 227 auf die bestehenden Bergwerke keine Anwendung finden, unterwerfen und insbesondere die Zahl der Kuxe auf Einhundert oder Eintausend mit der Wirkung bestimmen, daß die neuen Kuxe die Eigenschaft der beweglichen Sachen haben.

Stehen der vorbezeichneten Eintheilung außergewöhnliche Schwierigkeiten entgegen, so kann mit Genehmigung des Ministers für Handel, Gewerbe und öffentliche Arbeiten ausnahmsweise eine andere Zahl der Kuxe bestimmt werden[613]).

---

auf die neue Eintheilung. Während der Gesetzentwurf, die Mobilisirung der Kuxe betreffend (Anmerk. 208) die Umwandlung der alten Gewerkschaften mit einem gewissen Zeitpunkte kraft des Gesetzes eintreten ließ und den Hypothekengläubigern nur das Recht gab, ihre Befriedigung vor der Verfallzeit zu verlangen, falls sie mit der Umwandlung ihrer Hypothek in ein Pfandrecht an dem mobilisirten Kuxe nicht einverstanden waren, hatte §. 235 des Berggesetzes die Mobilisirung nicht blos von dem Beschlusse einer Dreiviertelmehrheit der Gewerkschaft, sondern auch von der Zustimmung oder der vorherigen Abfindung der eingetragenen Antheilshypothekengläubiger abhängig gemacht. Diese Bestimmung verhinderte in vielen Fällen die Umwandlung. In einem von dem Handelsministerium veröffentlichten Gesetzentwurfe vom Jahre 1870 (Zeitschrift für Bergrecht Bd. XI, S. 137 f.) wurde daher der Vorschlag gemacht, von der Zustimmung der Hypothekengläubiger abzusehen, und diesen, falls die Mobilisirung beschlossen werde, nur den Anspruch auf Befriedigung vor der Verfallzeit zu geben. Da gegen diesen Vorschlag vielfach Bedenken erhoben wurden, so gab die Regierung demselben keine Folge. Dagegen ging im Jahre 1872 aus der Initiative des Hauses der Abgeordneten ein Gesetzentwurf hervor, welcher die Umwandlung der Gewerkschaft von einer Bestätigung des gefaßten Beschlusses durch das Oberbergamt abhängig machte, welche erst ertheilt wird, wenn den Antheilshypothekengläubigern Gelegenheit gegeben ist, ihre Befriedigung durch den Verkauf des verpfändeten immobilen Kuxes im Wege der Subhastation zu erlangen. Dieser Gesetzentwurf, welcher in der Zeitschrift für Bergrecht Bd. XIII, S. 192 f. mitgetheilt ist, erhielt zwar die Zustimmung der Regierung, kam jedoch im Herrenhause vor dem Schlusse der Session nicht mehr zur Berathung. Er wurde jedoch in der folgenden Session 1872/73 von der Staatsregierung dem Landtage wieder vorgelegt und mit einigen von der Justiz-Commission des Herrenhauses herrührenden Fassungsänderungen angenommen. Vergl. Zeitschrift für Bergrecht Bd. XIV, S. 147 f.

[613]) Die frühere Bestimmung, wonach bei außergewöhnlichen Schwierigkeiten der Reduction die Zahl der Kuxe auf 10,000 festgestellt werden könne, hatte sich nicht als praktisch bewährt,

§. 235b. Der Beschluß der Gewerkschaft unterliegt der Bestätigung des Oberbergamtes.

Das Protokoll über die Gewerkenversammlung, in welcher der Beschluß gefaßt wird, ist notariell oder gerichtlich aufzunehmen und in Ausfertigung dem Oberbergamte einzureichen. Wo die Einrichtung des Hypothekenwesens es gestattet, hat die Hypothekenbehörde den Beschluß auf Grund einer Ausfertigung des Protokolls im Hypothekenbuche zu vermerken und dem Oberbergamte eine beglaubigte Abschrift des Vermerks mitzutheilen. Die Löschung des Vermerks erfolgt auf Antrag des Oberbergamts[613a]).

§. 235c. Wenn auf gewerkschaftlichen Antheilen Privilegien des rheinischen Rechts oder Hypotheken haften, so wird der wesentliche Inhalt des Beschlusses, insbesondere die Zahl der neuen Kuxe durch das Oberbergamt den aus dem Hypothekenbuche oder aus den rheinischen Hypothekenregistern ersichtlichen Berechtigten, insofern deren ausdrückliches Einverständniß mit dem Beschlusse nicht beigebracht ist, unter Verweisung auf diesen und die beiden nachstehenden Paragraphen bekannt gemacht.

In jedem Falle erfolgt diese Bekanntmachung durch das Amtsblatt der Regierung, in deren Bezirk das Bergwerk liegt.

§. 235d. Die privilegirten Gläubiger des rheinischen Rechts, sowie die Hypothekengläubiger können ihre Befriedigung vor der Verfallzeit verlangen, soweit dies die Natur ihres Anspruchs gestattet[613b]).

Dieses Recht muß binnen drei Monaten nach Ablauf des Tages, an welchem die Bekanntmachung zugestellt, beziehungsweise das die Bekanntmachnng enthaltende Amtsblatt ausgegeben worden ist, durch gerichtliche Klage geltend gemacht und binnen derselben drei Monate muß dem Oberbergamte die erfolgte Klageanstellung nachgewiesen werden. Der eingeklagte Anspruch muß unausgesetzt gerichtlich weiter verfolgt werden. Die Nichtbeobachtung dieser Vorschriften zieht den Verlust des Rechtes nach sich.

§. 235e. Sind privilegirte Gläubiger des rheinischen Rechts oder Hypothekengläubiger nicht vorhanden, oder haben dieselben von dem ihnen beigelegten Recht, ihre Befriedigung vor der Verfallzeit zu verlangen, keinen Gebrauch gemacht, oder sind deren Rechte nach den vorstehenden Bestimmungen oder im Wege der gütlichen Einigung erledigt, so hat das Oberbergamt den Beschluß zu bestätigen und die erfolgte Bestätigung

weil einerseits die Annahme eines so kleinen Theilungsmaßstabs ($^1/_{10000}$) dem Verkehrsbedürfnisse nicht entsprach, andererseits auch bei diesem Maßstabe die Reduction der vielfach in Bruchtheile zersplitterten alten Kuxe kaum mindere Schwierigkeiten bot, als die Zurückführung auf 100 oder 1000 Kuxe, so daß überschießende Bruchtheile unvermeidlich blieben. Als Beispiel erwähnen die Motive die in der Umbildung begriffene westphälische Zeche Altendorf, bei welcher ein Bruchtheil: $\frac{15,492,304,040,688,724,846,477,050,345,258,337,431,427,461,939}{420,854,322,553,304,101,278,422,820,874,770,436,510,310,048,000}$ betrug. In der Regel soll allerdings die Zurückführung dieser complicirten Brüche auf die Eintheilung in 100 oder 1000 untheilbare Kuxe nach §. 235g dadurch vermittelt werden, daß die überschießenden Bruchtheile zu ganzen Kuxen zusammen gelegt werden. Für ganz besondere Verhältnisse hat man jedoch die Möglichkeit einer andern Kuxeintheilung offen halten wollen. Als ein Beispiel eines solchen Ausnahmefalles ist in den Motiven die Mansfelder Kupferschiefer bauende Gewerkschaft namhaft gemacht, bei welcher im Jahre 1870 bei 484 Gewerken 69,120 Antheile vorhanden waren.

613a) Diese Eintragung hat nach §. 235 f. die Wirkung, daß die nachher eingetragenen Hypothekengläubiger sich ohne Weiteres den Wirkungen des Beschlusses unterwerfen müssen. Im Gebiete des rheinischen Rechtes, in welchem das Hypothekenbuch nach Personalfolien geführt wird, kann ein solcher Vermerk nicht eingetragen werden. Die Wirkung des Beschlusses gegenüber den später eingetragenen Antheilshypotheken tritt daher nach §. 235 f. erst mit der Ausgabe des die Bekanntmachung des Beschlusses enthaltenden Amtsblattes ein.

613b) Anderen Realberechtigten steht weder dieser Anspruch noch ein Einspruch gegen die beschlossene Umwandlung zu.

durch das Amtsblatt der Regierung, iu deren Bezirk das Bergwerk liegt, bekannt zu machen.

§. 235f. Privilegirte Gläubiger des rheinischen Rechts, sowie Hypothekengläubiger, deren Privilegium oder Realrecht erst nach dem Tage der Ausgabe des die Bekanntmachung des Beschlusses enthaltenden Amtsblattes, beziehungsweise nach der Eintragung des Vermerkes über den Beschluß im Hypothekenbuche entstanden ist, sind den rechtlichen Folgen des Beschlusses ohne Weiteres unterworfen.

§. 235g. Bleiben bei der neuen Eintheilung überschießende Kuxtheile zurück, so erfolgt nach geschehener Zusammenlegung zu ganzen Kuxen auf Grund des bestätigten Beschlusses die nothwendige Subhastation derselben auf Antrag des Repräsentanten oder Grubenvorstandes durch den zuständigen Richter, insofern nicht die an den überschießenden Kuxtheilen betheiligten Gewerken über die anderweitige Zusammenlegung dieser Kuxtheile ein Uebereinkommen getroffen und der Gewerkschaft vorgelegt haben. Mit der Subhastation erlöschen alle Privilegien des rheinischen Rechtes, Realrechte und Hypotheken, welche auf den überschießenden Kuxtheil haften.

Die Kosten der Subhastation fallen der Gewerkschaft zur Last[613c]).

Artikel II.

Die in den bisherigen Gesetzen geschehene Hinweisung auf den §. 235 des Allgemeinen Berggesetzes bezieht sich fortan auf den Paragraphen in seiner vorstehend abgeänderten Gestalt.

§. 236.

Soweit nicht etwas Anderes vereinbart ist, haften den seitherigen Hypothekengläubigern die neuen Kuxe, welche an die Stelle der verpfändeten Antheile treten, in der unter denselben durch ihre Hypothekenrechte begründeten Rangordnung als Pfand.

Wo nach der Einrichtung des Hypothekenwesens die auf den gewerkschaftlichen Antheilen haftenden Hypotheken und andere Realansprüche in der zweiten und dritten Rubrik des Hypothekenfoliums eingetragen sind, werden dieselben von diesem Folium wörtlich in die Kuxscheine übertragen.

Die Löschung dieser Vermerke erfolgt nach den für die Löschung im Hypothekenbuche maßgebenden Vorschriften[614]).

§. 237.

Ist ein Antheil nach §. 236 mit Pfandrechten, welche an die Stelle seitheriger Hypotheken getreten sind, belastet, so wird der darüber ausgefertigte Kuxschein, soweit nur Ein seitheriger Hypothekengläubiger vorhanden ist, diesem aus-

[613c]) Bis zum Erlasse des Gesetzes vom 9. April 1873 war es zweifelhaft, ob die Eigenthümer der überschießenden Bruchtheile von der Gewerkschaft zum Verkaufe derselben gezwungen werden könnten, und auf welchem Wege der Zwangsverkauf herbeizuführen sei. Vergl. Zeitschrift für Bergrecht Bd. VI, S. 630, Bd. VII, S. 49. Dieser Zweifel ist durch §. 235g aufgehoben. Die für den Zwangsverkauf gewählte Form der nothwendigen Subhastation entspricht nicht der beweglichen Natur des zu verkaufenden Antheils und der correspondirenden Bestimmung des §. 238. Man hat sich nach dem Berichte der Commission des Hauses der Abgeordneten für die Subhastation entschieden, weil dieselbe den Betheiligten größere Garantien für die Wahrung ihrer Interessen biete als die Mobiliarversteigerung.

[614]) Was von der Löschung gilt, muß auch von der Cession und von der Verpfändung solcher umgewandelten Hypothekenrechte gelten, da das Gesetz offenbar nicht beabsichtigt hat, dem Gläubiger diese Verfügungen über sein Pfandrecht zu entziehen.

gehändigt; sofern aber zwei oder mehrere solcher Gläubiger vorhanden sind, für diese von der Hypothekenbehörde (§. 239) in Gewahrsam genommen und aufbewahrt[615].

§. 238.

Der Verkauf von Kurscheinen behufs Befriedigung seitheriger Hypothekengläubiger erfolgt im Wege der Mobiliarversteigerung (§. 109)[616].

Der Versteigerungstermin ist sämmtlichen aus dem Kurscheine ersichtlichen Realberechtigten bekannt zu machen.

Durch den Verkauf erlöschen alle Realansprüche auf den verkauften Antheil.

Der gelöste Kaufpreis wird unter die Gläubiger nach der Rangordnung ihrer Forderungen vertheilt[617].

§. 239.

Wenn und so lange in Folge der Ausführung eines unter den §. 235 fallenden Beschlusses Antheile einzelner Gewerken mit Pfandrechten, welche an die Stelle seitheriger Hypotheken getreten, belastet sind, erfolgt die Führung des Gewerkenbuches und die Ausfertigung der Kurscheine (§§. 103 und 121 durch die Hypothekenbehörde, welche das Hypothekenbuch über das Bergwerk selbst zu führen hat[618] [618a]).

---

[615]) Die Aushändigung eines belasteten Kurscheines an den Gewerken ist nicht zulässig, weil sonst dem Gläubiger die Realisirung seines Pfandrechts erschwert werden würde. Wenn nämlich der ausgegebene Kurschein verkauft oder weiter verpfändet würde, so würde der Gläubiger zum Zweck der Verfolgung seines dinglichen Anspruchs den neuen Erwerber oder Pfandinhaber des Kurscheins ermitteln müssen, um gegen ihn die dingliche Klage anzustellen, oder den Verkauf des Kurscheins im Wege der Execution zu ermöglichen. Auf diese Weise wird allerdings dem Gewerken die weitere Verpfändung seines Bergwerksantheiles bis zur Tilgung der Hypothekenschulden entzogen. Allein dies läßt sich nicht vermeiden, ohne eine Kränkung der Rechte des Hypothekengläubigers herbeizuführen. Die Cession und Umschreibung der so belasteten Antheile erfolgt dagegen einstweilen ohne die Uebergabe und Production des Kurscheins. Der Gläubiger aber ist befugt, die Pfandklage gegen den im Gewerkenbuche eingetragenen Gewerken zu richten.

[616]) Für Kurhessen sind durch Art. XIV, §. 1 der Verordnung vom 1. Juli 1867 (oben S. 362) einige besondere Vorschriften über das Verfahren gegeben, durch welche eine der Bedeutung des Falles und dem Werthe des Gegenstandes entsprechende Art und Weise des Verkaufs gesichert werden soll.

[617]) Auch hier kommt das Vorzugsrecht zur Geltung, welches nach Anm. 234 und 276 den rückständigen Beiträgen vor den eingetragenen Pfandrechten zusteht.

[618]) Im Bezirke des rheinischen Rechtes können nach der daselbst bestehenden Hypotheken verfassung die Vorschriften der §§. 237 und 239 keine Anwendung finden. Hier hat also der Repräsentant das Gewerkenbuch zu führen und die Kurscheine auszufertigen. Die Aushändigung der letzteren ist jedoch nach §. 237 nicht zulässig, wenn mehrere seitherige Hypothekengläubiger vorhanden sind. In dem bayerischen Berggesetze ist die Vorschrift des §. 239 nicht enthalten und die Aufbewahrung der Kurscheine, welche mehreren seitherigen Hypothekengläubigern verpfändet sind, durch einen von ihnen zu bestimmenden Notar verordnet.

[618a]) Die von dem Justizminister und dem Handelsminister erlassene Instruction vom 19. November 1866 (Zeitschrift für Bergrecht Bd. VII, S. 437 ff.) ertheilt über das bei der Führung der Gewerkenbücher und Ausfertigung und Aufbewahrung der Kurscheine Seitens der Königlichen Berg-Hypotheken-Commissionen zu beachtende Verfahren folgende Vorschriften, welche auch für die an Stelle der aufgehobenen Berg-Hypotheken-Commissionen getretenen Grundbuchämter gelten:

§. 240.

In den Rechtsverhältnissen der Mitbetheiligten der bei dem Eintritt der Ge-

---

§. 1. In Bezug auf die Führung des Gewerkenbuches und die damit zusammenhängenden Geschäfte haben die Berg-Hypotheken-Commissionen im Allgemeinen die bestehenden Bestimmungen über die Erledigung der ihnen obliegenden Dienstgeschäfte zu beachten, soweit diese Bestimmungen sich nicht speciell auf die Führung des Berggegen- und Hypothekenbuches beziehen und soweit nicht nachfolgend besondere Vorschriften ertheilt sind.

Die Aufsicht über die Geschäftsführung der Berg-Hypotheken-Commissionen und die Erledigung von Berschwerden erfolgt auch in diesen Angelegenheiteu nach Maßgabe des §. 4 des Gesetzes vom 18. April 1855 (Ges.-Samml. S. 221) und des §. 2 des Gesetzes vom 10. Juni 1861 (Ges.-Samml. S. 425) gemeinschaftlich durch die zuständigen Appellationsgerichte und Oberbergämter, sowie in letzter Instanz durch den Justizminister und den Handelsminister, beziehlich, wenn die Beschwerde den sachlichen Inhalt einer ergangenen Verfügung betrifft, durch das zuständige Appellationsgericht.

§. 2. Sobald in Ausführung der nach §. 235 des Berggesetzes gefaßten Gewerkenbeschlüsse das seitherige Folium eines Bergwerks im Berggegen- und Hypothekenbuche geschlossen und das Bergwerk nach § 97 a. a. O. anderweitig auf den Namen der Gewerkschaft in das Hypothekenbuch eingetragen ist, muß im Falle des §. 236 a. a. O. unverzüglich das Gewerkenbuch durch die Berg-Hypotheken-Commission angelegt werden.

§. 3. Für jedes Bergwerk ist ein besonderes Gewerkenbuch anzulegen, dessen Titelblatt den Namen und die Lage des Bergwerks, die Kuxeintheilung desselben und die Bemerkung, in welchem Bande des Hypothekenbuchs dasselbe eingetragen ist, erhält.

Die Gewerkenbücher sind im Aktenformat anzulegen und aus einer nach Bedürfniß zu bestimmenden Anzahl Folien zusammenzuheften.

Die Folien desselben sind durchlaufend zu paginiren und erhalten die in der Anlage A beschriebene Einrichtung.

Für jeden Gewerken ist eine bestimmte Seite des Gewerkenbuches bestimmt, welche als Ueberschrift den Namen, Stand und Wohnort des Gewerken enthält und auf welcher die ganze Betheiligung desselben bei der ersten Anlegung des Gewerkenbuches, sowie jede spätere Zu- und Abschreibung unter Benutzung der ersten drei Kolonnen des Formulars zu verzeichnen ist.

In die folgenden Kolonnen sind die Vermerke über Ausfertigung der Kuxscheine einzutragen und die Kolonne „Bemerkungen" dient zur Aufnahme etwa erforderlicher kurzer Erläuterungen, sowie zu Notizen über Belastung der Antheile, Asservirung, Cassation und Erneuerung der Kuxscheine.

§. 4. Die Beendigung der ersten Anlegung des Gewerkenbuches ist dem Repräsentanten oder Grubenvorstande der Gewerkschaft von Amtswegen anzuzeigen und demselben zugleich eine Abschrift der ersten drei Kolonnen des Gewerkenbuches mitzutheilen.

Ebenso ist bei jeder Umschreibung von Amtswegen dem Repräsentanten oder Grubenvorstande von den in den ersten drei Kolonnen vorgenommenen Eintragungen Mittheilung zu machen.

Die Einsicht des Gewerkenbuches in der Registratur ist dem Repräsentanten oder Grubenvorstande jederzeit gestattet.

§. 5. Der Kuxschein wird entweder über die ganze Betheiligung des Gewerken oder über einzelne Kuxe desselben ausgefertigt.

Im ersten Falle erfolgt die Ausfertigung nach dem Formulare Anlage B, im zweiten Falle nach dem Formulare Anlage C und zwar in beiden Fällen, je nachdem die Antheile belastet sind oder nicht, mit oder ohne den Schlußvermerk des Formulars B.

In Betreff der nicht belasteten Kuxe bleibt der Antrag der Gewerken auf Ertheilung der Kuxscheine abzuwarten.

Ueber diejenigen Kuxe dagegen, welche mit Pfandrechten gemäß §§. 236 und 237 des Berggesetzes belastet sind, werden die Kuxscheine von Amtswegen ausgefertigt und entweder dem

setzeskraft des gegenwärtigen Gesetzes in den linksrheinischen Landestheilen im

Gläubiger ausgehändigt oder, wenn mehrere Gläubiger vorhanden sind, für diese in Gewahrsam genommen und aufbewahrt.

Die Kurscheine der verschiedenen Gewerken erhalten ebensowenig als die einzelnen Kuxe selbst bestimmte, fortlaufende und bleibende Nummern.

Zur Bezeichnung und Unterscheidung derselben dient vielmehr lediglich der über den Kuxschein zu setzende Namen des Eigenthümers des Antheils und die im Kuxscheine in Bezug genommene Pagina des Gewerkenbuches.

Werden aber über die Betheiligung desselben Gewerken mehrere Kuxscheine ausgefertigt, so sind diese in der Ueberschrift zur Unterscheidung von einander mit ebenso viel fortlaufenden Nummern zu versehen.

Wird ein Kuxschein kassirt, so erfolgt die Ausfertigung des neuen unter derselben Nummer. Der Vermerk über den kassirten Kuxschein wird im Gewerkenbuche gelöscht und die erfolgte Kassation in der Kolonne „Bemerkungen" unter Hinweis auf die Gewerkenbuchsakten notirt.

§. 6. Die Gewerkenbücher sowohl als auch die Kuxscheine, welche nach §. 237 des Berggesetzes von der Hypothekenbehörde in Gewahrsam genommen werden müssen, sind im Amtslokale der Berg-Hypotheken-Commission unter Verschluß des Büreau-Vorstehers (Ingrossators) aufzubewahren.

Ueber die asservirten Kuxscheine hat derselbe ein besonderes Verzeichniß nach Anleitung des Formulars D zu führen.

§. 7. Zu jedem Gewerkenbuche sind für die dasselbe betreffenden Verhandlungen, Anträge und Verfügungen besondere Gewerkenbuchs-Akten anzulegen.

§. 8. Das Gesetz über den Ansatz und Erhebung der Gerichtskosten vom 10. Mai 1851 (Ges.-Samml. S. 622) und die dasselbe abändernden und ergänzenden Bestimmungen finden auf die Führung des Gewerkenbuches und die damit im Zusammenhang stehenden Geschäfte (§§. 3 bis 7) keine Anwendung.

Es sind für alle von den Interessenten beantragten Ausfertigungen der Kuxscheine (§. 5) und Mittheilungen von Gewerkenlisten (§. 4), sowie überhaupt in allen Fällen, in welchen einem Gewerken oder sonstigen Interessenten auf seinen Antrag aus den Gewerkenbüchern oder Akten Abschriften oder Ausfertigungen, deren Mittheilungen nicht mehr durch den gewöhnlichen Geschäftsgang bedingt ist und auch ohne Antrag erfolgen mußte, mitgetheilt werden, Schreibgebühren zum Ansatz zu bringen und zwar für jeden auch nur angefangenen Bogen $2^1/_2$ Sgr. bei einfachen Abschriften und der doppelte Betrag bei beglaubigten Abschriften und Ausfertigungen.

Zur Ausfertigung des Kuxscheines, insofern nicht der nach Gelde zu schätzende Werth des Antheils weniger als fünfzig Thaler beträgt, ist ein Stempel von fünfzehn Silbergroschen zu verwenden.

Die Stempelpflichtigkeit sonstiger Verhandlungen und Verfügungen ist nach den allgemeinen Stempelgesetzen zu bestimmen. Die Verwendung der tarifmäßigen Stempel erfolgt in natura.

Alle in Angelegenheiten des Gewerkenbuches abgehenden Sachen und veranlaßten Insinuationen werden portopflichtig behandelt.

Die entstehenden Kosten und baaren Auslagen können von dem jedesmaligen Extrahenten nach §. 194 des Allgemeinen Berggesetzes vom 18. Juni 1865 im Wege der Verwaltungs-Execution eingezogen werden.

Formular A.

Pag. 1

Gewerkenbuch

über

das in der Gemeinde .... im Kreise .... Regierungsbezirk .... und Oberbergamtsbezirk .... belegene, in .... Kuxe eingetheilte und im Hypothekenbuche Abth. .... Band .... Seite .... eingetragene .... Bergwerk N. N.

Besitze mehrerer Personen befindlichen Bergwerke wird durch dieses Gesetz nichts

Pag. 2.

Gewerke A .... (Namen, Stand, Wohnort)

Datum der Eintragung.	Besitztitel, Abschreibungs-Vermerke u. s. w.	Anzahl der Kuxe.	Kuxscheine sind ausgefertigt				Bemerkungen.
			am (Datum.)	wie viele	unter der Nummer	über Kuxe	
1865. 1. December.	Aus dem Berggegen- u. Hypothekenbuche hierher übernommen		1865. 1. December.	3	Nr. 1—3	je 15	Kuxschein Nr. 1 belastet. Nr. 3 asservirt. Nr. 4 cassirt.
		50	„ „	1	Nr. 4	5	cfr. G. A. fol.
			1866. 15. Januar.	1	Nr. 4	5	Als Erneuerung des cassirten Nr. 4.
1866. 2. Februar.	Durch Vertrag vom ..... 10 Kuxe vom Gewerken B. gekauft, daher pag. 3 ab- und hier zugeschrieben ..	10	2. Februar.	1	Nr. 5	10	

Pag. 3.

Gewerke B. .... (Namen, Stand, Wohnort)

Datum der Eintragung.	Besitztitel, Abschreibungs-Vermerke u. s. w.	Anzahl der Kuxe.	Kuxscheine sind ausgefertigt				Bemerkungen.
			am (Datum.)	wie viele	unter der Nummer	über Kuxe	
1865. 1. December.	Aus dem Berggegen- u. Hypothekenbuche hierher übernommen	30	1865. 1. December.	1	Nr. 1	20	Kuxschein Nr. 1 asservirt. Nr. 2 cassirt. cfr. G. A. fol.
			„ „	1	Nr. 2	10	
1866. 2. Februar.	Durch Vertrag vom ..... 10 Kuxe an Gewerken A verkauft, daher hier ab- und pag. 2 zugeschrieben	10					
	Bleibt Rest	20					

geändert[619]). Jedoch finden die Bestimmungen des §. 134 auch auf diese Bergwerke Anwendung.

Pag. 4.

Gewerke C . . . . (Namen, Stand, Wohnort)

Datum der Eintragung.	Besitztitel, Abschreibungs-Vermerke u. s. w.	Anzahl der Kuxe.	Kuxscheine sind ausgefertigt				Bemerkungen.
			am (Datum.)	wie viele	unter der Nummer	über Kuxe	
1865. 1. December.	Aus dem Berggegen- u. Hypothekenbuche hierher übernommen	20					

Formular B.

Kuxschein

des Gewerken .... (Namen und Stand) zu .... über .... (folgt die ganze für den Gewerken unter der betreffenden Pagina des Gewerkenbuchs eingetragene Betheiligung) Kuxe des in ... Kuxe eingetheilten .... Bergwerks .... in der Gemeinde . . im Kreise . . . Regierungsbezirk ... und Oberbergamtsbezirk .

Im Gewerkenbuche des ... Bergwerks .... ist Pagina .... der .... (Namen, Stand und Wohnort des Gewerken) als Eigenthümer von .... (mit Zahlen und Buchstaben) Kuxen verzeichnet.
Ueber diese ganze Betheiligung ist demselben gegenwärtiger einzige Kuxschein ausgefertigt.

Auf diesem Antheile haften folgende, bisher im Berggegen- und Hypothekenbuche auf dem Folium des Bergwerks, Abtheilung . Band .... Pag. .... in der (zweiten) und (dritten) Rubrik eingetragen gewesene (Realansprüche) (und Hypotheken):

a. Rubrica II.

(Hier folgen wörtlich die Vermerke.)

b. Rubrica III.

(Wörtlich.)

Urkundlich unter Siegel und Unterschrift.

.... den .... ten .. 18 ..

(L. S.)

Königliche Berg-Hypotheken-Commission.

Durch einen von einer Mehrheit von wenigstens drei Viertheilen aller Antheile gefaßten Beschluß können die Mitbetheiligten eines solchen Bergwerks die im vierten Titel des gegenwärtigen Gesetzes (§§. 94 bis 132) enthaltene ge-

---

Formular C.

Kuxschein Nr. ....

des Gewerken .... (Namen und Stand) zu .... über .... (folgt der Theil der Betheiligung, über welchen der Kuxschein verlangt ist) Kuxe des in .... Kuxe eingetheilten .... Bergwerks .... in der Gemeinde .... im Kreise .... Regierungsbezirk und Oberbergamtsbezirk ....

Im Gewerkenbuche des .... Bergwerks .... ist auf Pag. .... der .... (Namen, Stand und Wohnort des Gewerken) als Eigenthümer von .... (folgt die ganze unter dieser Pagina vorkommende Betheiligung) Kuxen verzeichnet.

Ueber .... (folgt die Eingangs angeführte Anzahl) Kuxe von dieser Betheiligung ist demselben gegenwärtiger Kuxschein unter der Nummer .... (folgt die am Kopfende stehende Nr.) ausgefertigt.

(Haften frühere Hypotheken oder Realansprüche auf dem Antheile, so folgt hier der weitere Vermerk, wie im Formular B.

Urkundlich unter Siegel und Unterschrift.

.... den ....ten .... 18......

(L. S.)

Königliche Berg-Hypotheken-Commission.

Formular D.

Verzeichniß

der

asservirten Kuxscheine.

Laufende Nummer.	Namen des Bergwerks.	Bezeichnung des aufbewahrten Kuxscheines.	Tag	
			der Einlieferung.	der Auslieferung und Folium der Acten.

[619]) Die Rechtsverhältnisse der Mitbetheiligten eines Bergwerks sind in dem Berggesetze vom 21. April 1810 ganz unberücksichtigt geblieben. Es gelten ausschließlich die Regeln des Civilrechts.

werkschaftliche Verfassung annehmen, soweit nicht vertragsmäßige Verabredungen entgegenstehen.

Der Beschluß ist notariell aufzunehmen.

Verordnung, betreffend die Einführung des Allgemeinen Berggesetzes vom 24. Juni 1865 in das Gebiet des vormaligen Königreichs Hannover. Vom 8. Mai 1867. (G.S. S. 601.)

Artikel XV.

Für den Eisensteinbergbau in den im Artikel XIV nicht ausgenommenen Theilen des Bezirks des Berg- und Forstamtes zu Clausthal, einschließlich des Amtes Elbingerode, wird das Folgende bestimmt:

§. 6. In den Rechtsverhältnissen der Mitbetheiligten der am 1. Juli dieses Jahres im Besitze mehrerer Personen befindlichen Bergwerke wird durch dieses Gesetz nichts geändert. Jedoch finden die Bestimmungen des §. 134 des Allgemeinen Berggesetzes auch auf diese Bergwerke mit der Maßgabe Anwendung, daß der bisherige Lehnträger die daselbst bezeichneten Geschäfte ohne Neuwahl eines Repräsentanten wahrzunehmen hat.

Durch einen von einer Mehrheit von wenigstens drei Viertheilen aller Antheile gefaßten Beschluß können die Mitbetheiligten eines solchen Bergwerks die im vierten Titel des Allgemeinen Berggesetzes (§§. 94 bis 132) enthaltene gewerkschaftliche Verfassung annehmen, soweit nicht vertragsmäßige Verabredungen entgegenstehen.

Der Beschluß ist gerichtlich oder notariell aufzunehmen.

§. 241.

Auf Fälle, in welchen vor Eintritt der Gesetzeskraft des gegenwärtigen Gesetzes für den Betrieb des Bergbaues Grund und Boden eigenthümlich oder zur Benutzung abgetreten ist, kommen nicht die §§. 137 bis 141, sondern die bisherigen Gesetze zur Anwendung[620]).

---

620) Diese Vorschrift ist auf den Vorschlag der Commission des Herrenhauses eingeschaltet Der Grundeigenthümer bleibt daher in Bezug auf den vor dem 1. October 1865 zur zeitweisen Benutzung abgetretenen Grund und Boden auf den Fortbezug der gemäß §. 113 Allg. Landrecht festgesetzten jährlichen Entschädigung für die entzogene Bodennutzung beschränkt, ohne daß er die eigenthümliche Erwerbung seitens des Bergwerksbesitzers in den Fällen der §§. 137—139 fordern könnte. Ebensowenig steht ihm an dem eigenthümlich abgetretenen Grund und Boden ein Vor- oder Wiederkaufsrecht zu, sofern nicht etwa ein Vorkaufsrecht aus §. 4 des Gesetzes, betreffend die Ablösung der Reallasten vom 2. März 1850 (G.S. S. 77), begründet werden kann.

Was den Zeitpunkt der Rückgewähr des zeitweise abgetretenen Areals angeht, so kann derselbe in dem Beschlusse über die Zwangsabtretung bestimmt sein und dann findet mit dem Eintritt dieses Termines die gerichtliche Klage auf Rückgabe statt. Dieser Zeitpunkt läßt sich indeß in den meisten Fällen nicht zum Voraus bestimmen, da die Dauer der Benutzung von dem ungewissen Fortgange des Bergwerksunternehmens abhängig ist. Die Dauer der Abtretung kann also, wie dies in den meisten Grundabtretungsbescheiden geschieht, in der Regel nur dahin bestimmt werden: so lange die zu errichtende Anlage zum Betriebe des Bergwerks nothwendig ist. Will also der Grundeigenthümer sein Rückforderungsrecht geltend machen, so kann dies nur dadurch geschehen, daß er die Entbehrlichkeit des abgetretenen Grundstückes für den Bergwerksbetrieb behauptet. Die Entscheidung über diese Bedürfnißfrage ist jedoch nach §. 4 der Declaration vom 27. October 1804 ebenso wie nach §. 145 des Allg. Berggesetzes der Cognition der Gerichte entzogen und den Verwaltungsbehörden übertragen. Der Gesetzgeber hätte also, um dem Grundeigenthümer einen wirksamen Rechtsschutz zu gewähren, auch dem Grundbesitzer die Provocation auf Rückgewähr des entbehrlich gewordenen Grundstückes in denselben Formen gestatten müssen, welche für die Provocation auf die Grundabtretung vorgeschrieben sind. Der Mangel einer

Zwölfter Titel.
Schlußbestimmungen.

§. 242.

Wo in diesem Gesetze eine Frist nach Monaten bestimmt ist, fällt der Ablauf der Frist auf denjenigen Tag des letzten Monats, welcher durch seine Zahl dem Tage des Anfangs der Frist entspricht. Fehlt dieser Tag in dem letzten Monate, so läuft die Frist mit dem letzten Tage dieses Monats ab.

§. 243.

Das gegenwärtige Berggesetz tritt im ganzen Umfange der Monarchie mit dem 1. October 1865 in Kraft[621].

§. 244.

Mit diesem Zeitpunkte treten außer Kraft: die Provinzial-Bergordnungen, die §§. 6 und 69 bis 480 des sechszehnten Titels im zweiten Theile des Allgemeinen Preußischen Landrechts, das Gemeine Deutsche Bergrecht, die Declaration vom 27. October 1804, das Gesetz über die Verleihung des Bergeigenthums auf Flötzen vom 1. Juli 1821, das Gesetz über die Verhältnisse der Miteigenthümer eines Bergwerks vom 12. Mai 1851, das Knappschaftsgesetz vom 10. April 1854, das Gesetz über die Beaufsichtigung des Bergbaues und das Verhältniß der Berg- und Hüttenarbeiter vom 21. Mai 1860, mit Ausschluß der §§. 16, 17 und 18 und des §. 19, soweit derselbe sich auf §. 18 bezieht[622], das Gesetz über die Competenz der Oberbergämter vom 10. Juni 1861, das linksrheinische Bergwerksgesetz vom 21. April 1810, das Decret über die Organisation des Bergwerkscorps vom 18. November 1810, das Bergwerks-Polizeidecret vom 3. Januar 1813 und alle übrigen allgemeinen und besonderen Gesetze, Verordnungen und Gewohnheiten über Gegenstände, auf welche das gegenwärtige Gesetz sich bezieht.

§. 245.

Für die Verwaltung der Bergbauhülfskassen bleibt das Gesetz vom 5. Juni 1863 — Gesetz-Sammlung Seite 365 — maßgebend.

---

solchen Vorschrift ist in eclatanter Weise hervorgetreten in dem in meiner Uebersicht S. 204 mitgetheilten Rechtsfalle.

[621]) In den neuen Landestheilen ist der Zeitpunkt, mit welchem das Allg. Berggesetz in Kraft tritt, durch die oben S. 304 ff. abgedruckten Einführungsverordnungen bestimmt und zwar:
- für Nassau laut Verordnung vom 22. Februar 1867. Art. I.: 1. April 1867;
- für die vormals Hessen-Darmstädtischen und -Homburgischen Gebiete laut Verordnung vom 22. Februar 1867. Art. I.: 1. April 1867;
- für Hannover laut Verordnung vom 8. Mai 1867 Art. I.: 1. Juli 1867;
- für die früher Bayerischen Gebiete, Kurhessen und Frankfurt laut Verordbuung v. 1. Juni 1867. Art. I.: 1. Juli 1867;
- für Schleswig-Holstein laut Gesetz vom 12. März 1869 Art. I.: 1. April 1869.

[622]) Die §§. 16—19 des Gesetzes vom 21. Mai 1860 sind durch §§. 152—154 der Gewerbeordnung vom 11. Juni 1869 aufgehoben. Vergl. oben S. 175.

Desgleichen wird an den Vorschriften über die Entrichtung, Ermittelung und Einziehung der Bergwerksabgaben durch das gegenwärtige Gesetz nichts geändert[622a].

Die bisher von den Bergbehörden erlassenen Bergpolizeiverordnungen bleiben, soweit sie nicht mit dem gegenwärtigen Gesetze in Widerspruch stehen, in Kraft[623].

Gesetz wegen Verwaltung der Bergbauhülfskassen. Vom 5. Juni 1863. (G.S. S. 365).

Wir Wilhelm ꝛc. ꝛc. verordnen, mit Zustimmung beider Häuser des Landtages der Monarchie, was folgt:

§. 1. Die aus Beiträgen oder Gefällen der Bergwerksbesitzer gebildeten Bergbauhülfskassen[624], nämlich:

[622a]) Die Gesetze über die Besteuerung der Bergwerke, welche unten S. 367 ff. zusammengestellt sind, bedürfen sowohl der materiellen Reform als der formellen Verbesserung. Die für die alten Provinzen geltenden Gesetze bestehen aus einer Reihe von Novellen zu den §§. 98—102, Tit. 16, Th. II. des Allg. Landrechts und den entsprechenden Bestimmungen der Provinzialbergordnungen, welche ebenfalls für die Berechnung des ermäßigten Zehnten und der Aufbereitungskosten noch jetzt maßgebend sind.

Für die neuen Provinzen sind ganz unzureichende Bestimmungen zum Theil mit allgemeiner Bezugnahme auf die in den älteren Provinzen bestehenden Normen erlassen, welche dann durch reglementarische Vorschriften ergänzt sind.

Materiell beruht die preußische Gesetzgebung noch auf dem Grundsatze der Bruttobesteuerung des Bergbaues, welche in den meisten übrigen Staaten durch eine Einkommen- oder Gewerbesteuer ersetzt worden ist. Ganz singulair ist die Steuerfreiheit des Eisenerzbergbaues.

Auch in den übrigen deutschen Staaten sind über die Besteuerung der Bergwerke meist besondere Gesetze neben dem Berggesetze erlassen. Vergl. oben S. 64 f.

[623]) Eine Revision der bestehenden Polizeiverordnungen, um dieselbe mit den Bestimmungen des Allg. Berggesetzes in Einklang zu setzen, hat in dem Oberbergamtsbezirk Bonn stattgefunden, für welchen durch die Allgem. Bergpolizeiverordnung vom 8. November 1867 (Zeitschrift f. Bergrecht Bd. VIII, S. 433) die früheren zahlreichen und zum Theil obsoleten Einzelverordnungen ersetzt worden sind. Gleiche Verordnungen sind für den Bezirk des Oberbergamtes zu Clausthal am 5. Juni 1869 (a. a. O. Bd. X, S. 474) und für den Bezirk des Oberbergamtes zu Halle am 15. Juli 1873 (a. a. O. Bd. XIV, S. 417) ergangen.

[624]) Unter dem Namen der Bergbauhülfskassen (Berggewerkschaftskassen, Schürfgelderkassen) sind in den verschiedenen Bergwerksdistricten aus gewissen Abgaben von der Production der Bergwerke gemeinnützige Fonds begründet worden, welche theils die Unterstützung einzelner Bergwerksunternehmer durch Darlehne, theils die Unterhaltung gemeinnütziger Anlagen (Bergschulen, Bergwerksstraßen u. dgl.) bezwecken. Solcher aus Beiträgen und Gefällen der Bergwerksbesitzer begründeter Bergbauhülfskassen waren sechs vorhanden, nämlich:

1) die Oberschlesische Steinkohlenbergbauhülfskasse,
2) die Niederschlesische Steinkohlenbergbauhülfskasse,
3) die Märkische Berggewerkschaftskasse,
4) die Essen-Werdensche Berggewerkschaftskasse,
5) die gewerkschaftliche Bergbauhülfskasse für den Niedersächsisch-Thüringischen District,
6) die Kamsdorfer Schürfgelderkasse,

von denen die zu 3 und 4 genannten jetzt unter dem Namen der Westfälischen Berggewerkschaftskasse vereinigt sind.

Die Westfälische Bergbauhülfskasse, welche zu denselben gemeinnützigen Zwecken gegründet ist, ist nicht aus Beiträgen der Bergwerksbesitzer, sondern theils aus der Märkischen Berggewerkschaftskasse, theils aus der Staatskasse dotirt worden.

Die Entstehung und die Verfassung der sechs genannten Bergbauhülfskassen beruht auf ver-

1) die Oberschlesische Steinkohlenbergbauhülfskasse,

schiedenen für jede dieser Kassen besonders ergangenen Gesetzesvorschriften. Auch die weitere geschichtliche Entwickelung ist bei jedem dieser Fonds verschieden gestaltet:

1) Die Oberschlesische und die Niederschlesische Steinkohlenbergbauhülfskasse sind hervorgegangen aus der im Jahre 1779 für die ganze Provinz Schlesien errichteten Steinkohlenbergbauhülfskasse, welche durch die auf Allerhöchsten Specialbefehl erlassene und in den damaligen gesetzlichen Formen publicirte Verordnung vom 12. November 1779 die gesetzliche Sanction erhalten. Diese Verordnung bezeichnet als Zweck der Bergbauhülfskasse die allgemeine Beförderung des Steinkohlenbergbaues, mit dem Zusatze:

   daß nicht sowohl einer einzelnen Gewerkschaft oder Eigenlöhnern damit zu helfen, als vielmehr dergleichen Anstalten zu treffen, von denen alle und mehrere Gewerkschaften Nutzen haben.

   Ueber die Höhe der zu leistenden Beiträge ist in der Verordnung keine Bestimmung getroffen. Sie wurden im Verwaltungswege und zwar nach der Quantität der von jeder Grube abgesetzten Steinkohlen bestimmt. Seit dem 1. April 1861 ist aber die Erhebung von Beiträgen nach dem Antrage der von den Contribuenten gewählten Vertretung ganz eingestellt worden.

   Durch die Cabinetsordre vom 30. April 1841 wurde die schlesische Bergbauhülfskasse, in zwei besondere Kassen, für den oberschlesischen und den niederschlesischen Bergamtsbezirk getrennt.

2) Die Märkische Berggewerkschaftskasse ist für die Bergwerke der Grafschaft Mark gegründet. Ihre Einrichtung läßt sich auf die Kleve-Märkische Bergordnung von 1542 zurückführen, welche im Cap. 41 bestimmte, daß das von den Bergwerken zu entrichtende Quatembergeld zu einer besonderen Kasse fließen soll, welche zur Besoldung der Geschworenen und zu „anderer gemeines Bergwerks Nothdurft" verwendet werden soll.

   Auch die Kleve-Märkische Bergordnung vom 29. April 1766 bestimmte im Cap. 74, §. 1, daß an Quatembergeld soviel als zur Unterhallung des Bergamts und auch sonst zum Behufe der Bergwerke erfordert wird, erhoben werden soll und zwar nach einer deshalb alle Jahre zu machenden Repartition.

   Bei den Steinkohlenbergwerken sollte aber an die Stelle des Quatembergeldes ein Meßgeld von den verkauften Kohlen entrichtet werden.

   Der aus dem Ertrage der Quatember- und Meßgelder gebildete Fonds führt nach Cap. 75, §. 4 den Namen der Berggewerkschaftskasse.

3) Die Essen-Werdensche Berggewerkschaftskasse wurde für die Bergwerke der ehe maligen Stifter Essen und Werden auf Grund der durch Patent vom 12. April 1803 in diese Landestheile eingeführten Kleve-Märkischen Bergordnung errichtet. Die Einnahmen dieser Kassen und deren Zwecke waren demnach dieselben, wie bei der Märkischen Berggewerkschaftskasse.

4) Die gewerkschaftliche Bergbauhülfskasse für den Niedersächsisch-Thüringischen Bezirk umfaßt die Bergwerke der Provinz Sachsen mit Ausschluß des früheren Kamsdorfer Bergamtsbezirkes und der Werke der Mansfeldischen Kupferschiefer bauenden Gewerkschaft und der fiscalischen Bergwerke. Ihre Errichtung gründet sich auf das westfälische Decret vom 27. Januar 1809, welches in den Art. 8 und 77 den Bergwerken eine Abgabe von 1% beziehungsweise $^{20}/_{30}$ von dem Bruttowerthe ihrer Production und den Salinen eine solche von 10% der gegen den Voranschlag gemachten Ersparnisse in den Betriebsausgaben auferlegte.

   Der aus diesen Abgaben gebildete Reservefonds sollte durch den Bergwerksminister zu Verbesserungen im Betriebe, zu Aufschluß- und Versuchsarbeiten und zur Ausbildung von Bergtechnikern verwendet werden. Nach der Beendigung der Fremdherrschaft wurde dieser Fonds unter dem Namen der Magdeburg-Halberstädtischen, später der Niedersächsisch-Thüringischen Bergbauhülfskasse der Verwaltung des Oberbergamtes zu Halle unterstellt.

2) die Niederschlesische Steinkohlenbergbauhülfskasse,
3) die Märkische Berggewerkschaftskasse,
4) die Essen=Werdensche Berggewerkschaftskasse,
5) die gewerkschaftliche Bergbauhülfskasse für den Niedersächsisch=Thüringischen District,
6) die Kamsdorfer (Neustädter) Schürfgelderkasse,

gehen mit dem 1. Januar 1864 in die Verwaltung der Besitzer der betheiligten Bergwerke über[624a]).

§. 2. Die Bergbauhülfskassen haben die Rechte juristischer Personen.

Die Verwaltung wird durch ein von den Besitzern der betheiligten Bergwerke festzustellendes Statut geregelt, welches den Bestimmungen dieses Gesetzes nicht zuwiderlaufen darf und der Bestätigung des Handelsministers unterliegt[625]).

Die Verwendungen aus den Bergbauhülfskassen erfolgen, nach näherer Bestimmung des Statuts, zur Hebung und Beförderung des Bergbaues, sowie zur Unterstützung solcher Anlagen und Unternehmungen, welche allen oder mehreren Betheiligten zum Vortheil gereichen.

Die Werke des Kamsdorfes Bezirkes, für welche eine eigene Bergbauhülfskasse, die Kamsdorfes Schürfgelderkasse, bereits bestand, blieben ausgeschlossen, ebenso die Werke der Mansfeldischen Gewerkschaft, auf welche das Decret vom 27. Januar 1809 nach dem Rothenburger Vertrage keine Anwendung fand. Der Fiscus zog die von seinen Bergwerken und Salinen geleisteten Beiträge, soweit solche nicht verwendet waren, im Jahre 1839 zur Staatskasse ein und die seitdem nur aus den Beiträgen der Privatbergwerke dotirte Bergbauhilfskasse wurde seitdem als gewerkschaftliche Bergbauhülfskasse bezeichnet.

5) Die Kamsdorfer Schürfgelderkasse ist für den Bezirk des ehemaligen Bergamtes zu Kamsdorf, das früher sogenannte Neustädtische Bergrevier durch ein Rescript des Kurfürstlich Sächsischen Berggemachs vom 4. November 1767 begründet worden, welches den Kupfer=, Kobalt= und Eisenerzbergwerken bestimmte Abgaben vom Ctnr. resp. Fuder der Production zur Gründung einer Gewerkenkasse unter dem Namen der Neustädtischen Schürfgelderkasse auferlegte, deren Zweck in der Gewährung von Vorschüssen an Bergwerksunternehmer und in anderen, dem allgemeinen Bergbau zu Statten kommenden Veranstaltungen bestehen sollte.

Die rechtliche Verfassung der sechs verschiedenen Bergbauhülfskassen stimmte nach dem Vorstehenden darin überein, daß sämmtliche Kassen unter der Verwaltung der Bergbehörde stehende Institute waren, deren Vermögen durch gesetzlich geregelte Beiträge und Abgaben der Bergwerksbesitzer aufgebracht ist und deren Zweck theils in gemeinnützigen Anstalten zur Beförderung der Bergbaues, theils in der Unterstützung einzelner Bergwerksbesitzer durch Darlehne bestand. Die Beiträge und Gefälle, welche von den Bergwerksbesitzern zur Dotirung dieser Kassen entrichtet wurden, sind in den Jahren 1847—1861 theils im Wege der Gesetzgebung, theils durch Verwaltungsverordnungen sämmtlich aufgehoben worden. Nach dem Wegfall dieser Beiträge reducirt sich die Verwaltung der Bergbauhülfskassen auf die Verwaltung des vorhandenen Capitalvermögens und auf die Verwendung seiner Erträge zu den stiftungsmäßigen Zwecken. Diese Verwaltung ist durch das Gesetz vom 5. Juni 1863 auf die betheiligten Bergwerksbesitzer übertragen worden, welchen für diesen Zweck eine corporative Verfassung gegeben ist.

[624a]) Für die Clausthaler Bergbaukasse, über deren Ursprung die Anmerkung 488 zu vergleichen ist, trifft Art. XVIII der Verordnung vom 8. Mai 1867 (oben S. 358) die Anordnung, daß ihre künftige Verwaltung durch ein von dem Finanzminister und dem Handelsminister zu erlassendes Statut geregelt werden soll.

[625]) Die festgestellten Statuten sind durch die Zeitschr. f. d. Berg=, Hütten= und Salinenwesen Bd. XIII, A. S. 63—94 mitgetheilt. Das Statut der Oberschlesischen Bergbauhülfskasse datirt vom 20. Mai 1864, das Niederschlesische vom 10. December 1863, das Niedersächsisch=Thüringische vom 7. December 1863 und das Statut der Westfälischen Berggewerkschaftskasse — aus der Vereinigung der Märkischen und der Essen=Werdenschen Berggewerkschaftskasse entstanden — vom 16. Juni 1864.

Die Erhebung von Beiträgen kann durch das Statut mit Genehmigung des Handelsministers angeordnet werden[626].

Spätere Abänderungen des festgestellten Statuts, sowie die Beschlußfassung über Auflösung der Kasse, unterliegen der Genehmigung des Handelsministers.

§. 3. An den Bergbauhülfskassen sind alle Werke desjenigen Bezirks und derjenigen Kategorien betheiligt, für welche die Kasse gegründet ist[627]), ohne Rücksicht darauf, ob die Besitzer bereits einen Beitrag zu der Kasse geleistet haben oder nicht. Das jedesmalige Stimmverhältniß wird nach dem Umfange, beziehungsweise dem Werthe der Production (§. 9) des letzten Jahres bestimmt, so jedoch, daß der Alleinbesitzer oder Repräsentant jedes im Betrieb befindlichen Werks mindestens Eine Stimme ausübt. Das Statut kann ein Maximum der Stimmenzahl festsetzen, welche von den Besitzern eines Werkes geführt werden kann.

§. 4. Die Verwaltung der Bergbauhülfskassen erfolgt unter der Aufsicht des Oberbergamts durch einen Vorstand, welcher von den Alleinbesitzern und Repräsentanten der betheiligten Werke aus ihrer Mitte gewählt wird.

§. 5. Nach näherer Bestimmung des Statuts wird der Voranschlag der Einnahmen und Ausgaben jedes Jahres (Etat) von dem Vorstande aufgestellt und von der Generalversammlung der Betheiligten festgestellt.

Ebenso wird die Jahresrechnung vom Vorstande revidirt und von der Generalversammlung dem Vorstande und dem Kassenbeamten die Decharge ertheilt.

Ueber das Stimmrecht der Betheiligten nnd den Umfang desselben entscheidet endgültig die Generalversammlung.

Der festgestellte Etat wird dem Oberbergamte eingereicht. Dasselbe ist befugt, alle statutenwidrigen Ansätze zu streichen, wogegen dem Vorstande binnen drei Wochen der Recurs an den Handelsminister offen steht.

§. 6. Durch das Statut können die im §. 5 den Generalversammlungen überwiesenen Functionen ganz oder theilweise dem Vorstande übertragen werden.

§. 7. Das Oberbergamt ernennt zur Ausübung des Aufsichtsrechts einen Commissar, welcher befugt ist, allen Sitzungen des Vorstandes und der Generalversammlung der Betheiligten beizuwohnen.

Zeit und Ort der Sitzung, sowie der Gegenstand der Berathung muß dem Commissar bei Strafe der Ungültigkeit der gefaßten Beschlüsse mindestens drei Tage vorher angezeigt werden. Der Commissar ist befugt, jeden statutenwidrigen Beschluß vor der betreffenden Sitzung zu suspendiren. Ueber die Aufrechterhaltung der Suspension hat das Oberbergamt, welchem der Commissar sofort von derselben Anzeige zu machen hat, binnen zehn Tagen, unter Vorbehalt des Recurses an den Handelsminister, zu entscheiden.

§. 8. Der Vorstand ist jederzeit verpflichtet, dem Oberbergamte und dessen Commissar auf Verlangen die Einsicht der über seine Verhandlungen zu führenden Protokolle, der Kassenbücher und der gelegten Rechnungen, sowie Revision der Kasse zu gestatten.

§. 9. Das Verhältniß, in welchem die Betheiligten bei der Feststellung des Statuts (§. 2) mitzuwirken haben, wird dahin bestimmt, daß jedes Werk, welches im Jahre 1862 in Förderung gestanden hat, Eine Stimme; wenn aber die Förderung in dem Bezirke:

1) der im §. 1 unter Nr. 1 und 2 bezeichneten Schlesischen Bergbauhülfskassen 100,000 Tonnen Kohlen,

---

[626]) Von dieser Ermächtigung ist bisher bei keiner der Bergbauhülfskassen Gebrauch gemacht.

[627]) Die Bezirke und die Kategorien der betheiligten Werke sind im Anschluß an die ursprünglich bei ihrer Gründung getroffenen Bestimmungen durch die oben (Anm. 625) erwähnten Statuten von Neuem festgestellt worden.

2) der unter Nr. 3, 4 und 5 bezeichneten Kassen den steuerbaren Werth von 10,000 Thlr.

3) der unter Nr. 6 bezeichneten Kamsdorfer Schürfgelderkasse den Werth von 1000 Thlr. überstiegen hat, so viele Stimmen ausübt, als vorstehende Maßeinheit in der Förderung, oder in deren steuerbarem Werthe enthalten ist. Der überschießende Bruchtheil wird für voll gerechnet.

§. 10. Die Westfälische Bergbauhülfskasse wird mit dem 1. Januar 1864, vorbehaltlich der Rechte der Staatskasse und der Märkischen Gewerkschaftskasse auf das vorhandene Vermögen, aufgelöst.

§. 11. Die statutarischen und gesetzlichen Bestimmungen, welche in Bezug auf die im §. 1 aufgeführten Bergbauhülfskassen ergangen sind, insbesondere die Verordnung vom 12. November 1779 wegen Errichtung der Schlesischen Bergbauhülfskasse, Cap. LXXIV der revidirten Kleve-Märkischen Bergordnung vom 29. April 1766, das Kurfürstlich Sächsische Rescript vom 4. November 1767 und die Art. 8 und 77 des Westfälischen Decrets vom 27. Januar 1809, welche als statutarische Bestimmungen für die §. 1 Nr. 5 benannte Kasse noch in Geltung sind, werden, soweit sie gegenwärtigem Gesetze widersprechen, hierdurch aufgehoben.

§. 12. Der Minister für Handel, Gewerbe und öffentliche Arbeiten ist mit der Ausführung dieses Gesetzes beauftragt[628]).

Allg. Landrecht Theil II, Titel 16, §§. 98—101.

§. 98. Von allen zum Bergwerksregale gehörigen Metallen und Mineralien, welche die Beliehenen gewinnen, gebührt dem Staate der Zehent[629]).

---

[628]) Die Ausführungsinstruction des Handelsministers vom 19. Juni 1863 (Zeitschrift f. d. Berg-, Hütten- und Salinenwesen Bd. XI A. S. 67) regelt nur das Verfahren bei Feststellung der Statuten und ist also nur transitorischer Natur.

[629]) Die Besteuerung der Bergwerke ist gegenwärtig auf einfache Grundsätze zurückgeführt. Sie besteht in einer Abgabe von zwei Procent der Bruttoproduction, welche nach dem abgeschätzten Werthe und falls derselbe erweislich niedriger ist, nach dem Erlöse der Producte in vierteljährlichen Raten erhoben wird. Diese Steuer zerfällt für die rechtsrheinischen Landestheile in zwei Bestandtheile, nämlich in die Bergwerksabgabe von 1%, welche an die Stelle des früheren Zehnten getreten ist, und in die durch §. 8 des Gesetzes vom 12. Mai 1851 eingeführte Aufsichtssteuer von 1%. Beide Abgaben unterscheiden sich dadurch, daß die Aufsichtssteuer von allen Bergwerken entrichtet wird, während von der Bergwerksabgabe diejenigen Bergwerke befreit sind, welche den Zehnten an einen Privatregalbesitzer entrichten. Diese einfachen Normen beruhen jedoch auf einer sehr zerstückelten Novellengesetzgebung, indem für die rechtsrheinischen Landestheile die oben mitgetheilten §§. 98—102 Allg. Landr. Th. II, Tit. 16 oder die entsprechenden Bestimmungen der Provinzialbergordnungen und die Gesetze vom 12. Mai 1851, vom 22. Mai 1861, vom 20. October 1862 und vom 17. Juni 1863 zur Anwendung kommen, während auf der linken Rheinseite neben dem Decrete über die Bergwerkssteuer vom 9. Mai 1811 und der Cabinetsordre vom 30. August 1820, welche beide nicht formell aufgehoben sind und in einzelnen Punkten Geltung behalten haben, die Verordnung vom 21. Januar 1857 und der §. 6 des Gesetzes vom 20. October 1862 Anwendung finden. Auf der linken Rheinseite hat der Gesetzgeber durch den §. 6 cit. eine Bruttosteuer an die Stelle der früheren Nettobesteuerung gesetzt, ohne die Gesetze über die Veranlagung der Steuer einer Revision zu unterziehen. Es fehlt daher in beiden Rechtsgebieten für manche Punkte des praktisch geltenden Steuersystems an einer unzweifelhaften gesetzlichen Grundlage. Vieles ist nur im Wege der Instruction geregelt und eine Revision der Gesetzgebung über die Besteuerung der Bergwerke ist dringend nothwendig. Die jetzt zur Anwendung kommenden Instructionen für die rechte Rheinseite vom 29. Januar 1866 und für die linke Rheinseite vom 23. November 1864 sind unten in den Anm. 644 und 645 mitgetheilt.

§. 99. Zu den Berggewinnungskosten dieser Metalle und Mineralien trägt der Staat wegen seines Zehenten nicht bei.

§. 100. Es muß also von Bergproducten, welche so, wie sie aus der Erde gebracht worden, ohne weitere Zurichtung verkauft werden können, der Zehent in Natur, oder das dafür gelösete Geld, ohne Abzug sofort entrichtet werden.

§. 102. Bei metallischen und mineralischen Werken hingegen, deren Producte durch Feuer oder andere Zurichtung erst verkäuflich gemacht werden müssen, trägt der Staat zu den Poch-, Wasch-, Hütten- und sonstigen Zubereitungskosten, nach Verhältniß seines Zehenten, mit bei[630]).

Gesetz über die Besteuerung der Bergwerke für den ganzen Umfang der Monarchie, mit Ausnahme der auf dem linken Rheinufer belegenen Landestheilen. Vom 12. Mai 1851.

(G.S. S. 261.)

Wir Friedrich Wilhelm ꝛc. verordnen, mit Zustimmung der Kammern, für den ganzen Umfang der Monarchie, mit Ausnahme der auf dem linken Rheinufer belegenen Landestheile, was folgt:

§. 1. Der Zehnte von dem Ertrage der Bergwerke wird, soweit derselbe nach den bestehenden Gesetzen in Geld oder in natura an den Staat zu entrichten ist, vom Anfange des dritten Rechnungs-Quartals 1851 an, auf den Zwanzigsten ermäßigt[631]).

§. 2. Bei der Berechnung des Zwanzigsten kommen die nämlichen Grundsätze, wie bisher bei der Ermittelung des Zehnten, zur Anwendung.

Bei Erzbergwerken trägt der Staat zu den Poch-, Wasch-, Hütten- und sonstigen Zubereitungsanstalten nach Verhältniß des Zwanzigsten bei[632]).

§. 3. Wo gegenwärtig statt des Zehnten eine feste Abgabe entweder nach bestimmten Sätzen von der Maß- oder Gewichtseinheit der Production oder in einem festen Jahresbetrage entrichtet wird, soll auf den Antrag des Bergwerksbesitzers der nach den Bestimmungen dieses Gesetzes (§. 2) zu berechnende Zwanzigste an die Stelle einer solchen Abgabe treten[633]).

§. 4. Auf den Betrag des Neunten, welchen Bergwerke an Erbstollen entrichten, bleibt die Herabsetzung des Zehnten (§. 1) ohne Einfluß, bei diesen Bergwerken ist auch ferner von der Geldeinnahme für Producte der zehnte Theil in Abzug zu bringen und nur von dem Reste der Stollen-Neunte zu zahlen.

§. 5. Aufgehoben[634]).

§. 6. Von demselben Zeitpunkte an sind alle übrigen, an den Staat bisher von Bergwerken entrichteten Abgaben aufgehoben, insbesondere:

1) die landesherrlichen Freikuxgelder (Kleve-Märkische Bergordnung vom 29. Juni 1766, Cap. 30, §. 1),

---

[630]) Vergl. §. 2 Ges. vom 12. Mai 1851. Es war streitig ob unter den „sonstigen Zubereitungskosten" auch die Kosten für die Handscheidung begriffen seien, welche der Aufbereitung durch Maschinen vorhergeht und meist auf den Gruben selbst bewirkt wird. Nach dem Min.-Erlaß vom 15. November 1867 sollen die Kosten der Handscheidung künftig allgemein als Zubereitungskosten angerechnet werden.

[631]) Vergl. §. 1 Ges. v. 22. Mai 1861 und §. 4 Gesetz v. 20. October 1862.

[632]) Instruction vom 29. Januar 1866 §§. 8, 10 (Anm. 644).

[633]) Durch das Gesetz vom 17. Juni 1862 §. 1 ist die Ermäßigung der vertragsmäßigen Abgaben der im §. 3 bezeichneten Art in das Ermessen der Verwaltung gestellt.

[634]) Durch §. 2 des Gesetzes vom 20 October 1862 Ueber die Frage, ob nach dem Erlasse des Gesetzes vom 12. Mai 1851 noch eine Freierklärung von Bergwerken, wegen Nichtzahlung des Receßgeldes (A. L.R. II, 16, §. 105), stattfinden konnte, und unter welchen Voraussetzungen vergl. meine Uebersicht 1860—63 S. 60.

2) die Quatembergelder,
3) „ additionellen Quatembergelder,
4) „ Meßgelder,
5) „ Gedingestufengelder,
6) „ Fahrgebühren,
7) „ Rechnungs-Revisionsgebühren,
8) „ Aufsichts- und Directionsgebühren,
9) „ Gewerkschaftsgebühren,
10) „ Generalbefahrungs-Protokollgebühren,
11) „ Fristengebühren,
12) „ Aufstandsgebühren,
13) „ Zubuß-Anlagekosten,
14) „ Verpflichtungs- und Vereidigungsgelder,
15) „ Bergschreibergebühren,
16) „ Attestations- und Holzattestgebühren,
17) „ Probir- und Probenahmegebühren,
18) „ Erzbesichtigungsgebühren,
19) „ Erztaxirungs-, Erzmeß- oder Erzwiegegebühren, und Gebühren für die darüber aufzunehmenden Protokolle,
20) „ Eisenstein-Meßgebühren,
21) „ Kobalt-Waagegebühren,
22) „ Kupfer-Verkaufsgebühren,
23) „ Kupfer-Verkaufsgelder,
24) „ Kupfer-Zählgelder.

§. 7. Die im §. 6 nicht namentlich aufgeführten festen Abgaben der mit Berechtigungstiteln von der Bergbehörde versehenen Hüttenwerke und Aufbereitungsanstalten werden auch noch ferner erhoben; ebenso die unter verschiedenen Namen bestehenden Abgaben von Steinbrüchen, Thongruben, Kalköfen rc. oder anderen Gewinnungen von Mineralien, welche nicht Regalitätsgegenstände sind[635].

Auch wird in den Gebühren für die unmittelbare Erwerbung von Bergwerkseigenthum[636] und für die Berichtigung des Berghypothekenbuchs[637] durch das gegenwärtige Gesetz nichts geändert.

§. 8. Von allen Bergwerken wird, wenn sie im Betriebe stehen und so lange daselbst ein Absatz von Producten stattfindet, statt der nach §. 6 aufgehobenen Abgaben eine Aufsichtssteuer entrichtet.

Diese Steuer beträgt Ein Procent von dem Erlöse, beziehungsweise dem Werthe der Producte des Bergwerks zur Zeit des Absatzes des letzteren.

Bei Erzbergwerken werden die Poch-, Wasch-, Hütten- und sonstigen Zubereitungskosten von dem Erlöse, beziehungsweise dem Werthe der Producte in Abzug gebracht.

Bergwerksbesitzer, welche den Zwanzigsten in natura abführen[638], haben die Aufsichtssteuer auch von dem Werthe dieses Zwanzigsten, also von dem ganzen Werthe der Production und zwar in dem Maße, wie die letztere zur Abfuhr gelangt, zu entrichten.

---

[635]) Vergl. §. 3 Ges. v. 20. October 1862 und Art. XVII §. 4 Verordn. v. 1. Juni 1867 (oben S. 364).

[636]) Diese Gebühren sind aufgehoben durch das Gesetz wegen Aufhebung der in bergamtlichen Verwaltungsangelegenheiten zu entrichtenden Sporteln vom 21. Mai 1860 (G.S. S. 206).

[637]) Für diese Gebühren ist der Kostentarif der Grundbuchordnung vom 5. Mai 1872 maßgebend.

[638]) Die Erhebung der Bergwerksabgabe in Natur findet nur noch bei dem Oberschlesischen Galmeigruben statt — Instruction vom 29. Januar 1866 §. 21 (Anm. 644).

§. 9. Bergwerke, welche zur Entrichtung von Neunten an einen Erbstollen verpflichtet sind, haben zwar die Aufsichtssteuer von ihrer ganzen Geldeinnahme für Producte zu zahlen, sind jedoch berechtigt, den auf den Stollen-Neunten fallenden Betrag dieser Steuer dem Erbstollenbesitzer in Anrechnung zu bringen.

§. 10. Kommt bei einem vom Staate verliehenen Erbstollen eine Gewinnung von Mineralien vor, welche Gegenstände des Bergregals sind, so ist von dem Werthe dieser Mineralien die Aufsichtssteuer ebenso zu entrichten, wie bei anderen Bergwerken.

§. 11. Sowohl für den Zwanzigsten, als für die Aufsichtssteuer, oder für beide zugleich, kann von dem Handelsminister ein Abonnement bewilligt werden, und zwar entweder in festen Vierteljahrsbeträgen oder nach Sätzen, welche für die Maß- oder Gewichtseinheit der Producte festzustellen und nach dem wirklichen Absatze vierteljährlich zu entrichten sind. Solche Abonnements sind jedoch nur auf höchstens drei Jahre einzugehen[639]).

§. 12. Hinsichtlich der Termine zur Abführung des Zwanzigsten und der Aufsichtssteuer, so wie hinsichtlich der Beitreibung von Rückständen finden überall die in Betreff des Zehnten gegebenen Vorschriften Anwendung.

§. 13. Alle von dem Staate abgeschlossenen Verträge über Bergwerksabgaben, so wie alle sonst auf gesetzliche Weise hinsichtlich der Bergwerksabgaben erworbenen Privatrechte und bestehenden Befreiungen von solchen Abgaben werden durch das gegenwärtige Gesetz nicht berührt[640]).

Es bleiben demnach namentlich die zwischen dem Staate und den Mansfeld'schen Gewerkschaften abgeschlossenen Uebereinkünfte, so wie die bestehenden Abgaben-Freiheiten der Gruben des Grundes Seel- und Burbach in dem Bergamtsbezirke Siegen in unveränderter Geltung[641]).

§. 14. Aufgehoben[642]).

§. 15. Mit der Ausführung des gegenwärtigen Gesetzes wird der Minister für Handel, Gewerbe und öffentliche Arbeiten beauftragt.

Gesetz, betreffend die Abänderung des §. 13 des Gesetzes über die Besteuerung der Bergwerke vom 12. Mai 1851. Vom 17. Juni 1863. (G.S. S. 462).

Wir Wilhelm ꝛc. verordnen, mit Zustimmung beider Häuser des Landtages der Monarchie, was folgt:

§. 1. Die auf Grund von Verträgen oder anderen speciellen Rechtstiteln an den Staat zu entrichtenden Bergwerksabgaben können auf den Antrag der Verpflichteten für die Folgezeit und bereits vom 1. Januar 1863 ab auf die im Gesetze vom 20. October 1862 festgesetzten Beträge ermäßigt werden.

§. 2. Bei denjenigen Bergwerken, von welchen der Staat in Gemeinschaft mit einem anderen Berechtigten den Zehnten, oder die an dessen Stelle getretene Bergwerksabgabe erhebt, soll der von Dritten an den Staat zu entrichtende Theil dieser Abgabe vom 1. Januar 1863 ab bis auf den der ursprünglichen Betheiligung des Staats an

---

639) Vergl. §§. 11—14 der Instruction v. 29. Januar 1866 (Anm. 644).

640) Vergl. das Ges. v. 17. Juni 1863.

641) Vergl. §. 5 Ges. v. 20. October 1862.

642) Nach §. 14 entrichteten Bleierz- und Eisensteinbergwerke den Zwanzigsten und die Aufsichtssteuer nur in dem Falle, wenn neun Zehntheile von dem rechnungsmäßigen Werthe der Production den Betrag der rechnungsmäßigen Ausgabe desselben Jahres überstiegen. Diese bedingte Steuerbefreiung ist durch §. 5 des Gesetzes vom 20. October 1862 gleichzeitig mit der vollständigen Aufhebung der Abgaben vom Eisenerzbergbau und der Herabsetzung des Zwanzigsten auf 1% beseitigt worden.

der Gesammtabgabe entsprechenden aliquoten Theil des durch das Gesetz vom 21. October 1862 bestimmten Procentsatzes ermäßigt werden.

§. 3. Die zur Zeit bestehenden Bestimmungen, insbesondere der §. 13 des Gesetzes vom 12. Mai 1851 (Ges.-Samml. S. 261) werden, soweit sie den Vorschriften des gegenwärtigen Gesetzes zuwiderlaufen, hierdurch aufgehoben.

§. 4. Mit der Ausführung dieses Gesetzes wird der Finanzminister und der Minister für Handel, Gewerbe und öffentliche Arbeiten beauftragt.

Gesetz, betreffend die Ermäßigung der Bergwerksabgaben. Vom 22. Mai 1861.
(G.S. S. 226).

Wir Wilhelm ꝛc. verordnen mit Zustimmung beider Häuser des Landtages, für den ganzen Umfang der Monarchie, mit Ausschluß der auf der linken Rheinseite belegenen Landestheile, was folgt:

§. 1. Der Zwanzigste vom Ertrage der Bergwerke soll, soweit er nach den bestehenden Gesetzen in Geld oder in natura zu den Staatskassen fließt, mit dem 1. Januar 1862 um ein Fünftel und sodann vom 1. Januar jedes Jahres ab, in dessen Vorjahr diese Abgabe mit Hinzurechnung der Aufsichtssteuer (§. 8 des Gesetzes vom 12. Mai 1851) die Summe von Einer Million Thalern erreicht hat, um ein ferneres Fünftheil ermäßigt werden, bis er auf zwei Fünftheile des gegenwärtigen Betrages oder zwei von Hundert des Ertrages herabgesetzt ist.

Die nach dem 1. Januar 1862 eintretenden Ermäßigungen werden durch Königliche Verordnung verkündet[643]).

§. 2. Bei Feststellung und Erhebung der im §. 1 bezeichneten Abgabe findet das nämliche Verfahren statt, wie bei der Ermittelung des Zwanzigsten, nach Maßgabe des Gesetzes vom 12. Mai 1851.

§. 3. Mit der Ausführung des gegenwärtigen Gesetzes wird der Minister für Handel, Gewerbe und öffentliche Arbeiten beauftragt.

Gesetz, die Bergwerksabgaben betreffend. Vom 20. October 1862. (G.S. 351)[644]).

Wir Wilhelm ꝛc. verordnen, mit Zustimmung beider Häuser des Landtages der Monarchie, was folgt:

---

[643]) Das Gesetz vom 22. Mai 1861 ist durch §. 4 des Gesetzes vom 20. October 1862 aufgehoben. Das letztere Gesetz regelt jedoch nur den Procentsatz der Bergwerksabgabe und verweist im Uebrigen nicht direct das auf in Kraft verbliebene Gesetz vom 12. Mai 1851, sondern auf das aufgehobene Gesetz vom 22. Mai 1861, in dessen §. 2 dann die Hinweisung auf das Gesetz vom 12. Mai 1851 zu finden ist.

[644]) Zur Ausführung dieses Gesetzes ist von dem Handelsminister am 29. Januar 1866 die folgende Instruction, betreffend die Veranlagung und Erhebung der Bergwerksabgaben in den rechtsrheinischen Landestheilen, erlassen worden:

„Auf Grund des §. 15 des Gesetzes über die Besteuerung der Bergwerke vom 12. Mai 1851 und des §. 7 des Gesetzes, betreffend die Bergwerksabgaben vom 20. October 1862, wird hierdurch, unter Aufhebung der seitherigen entgegenstehenden Vorschriften über die Veranlagung und Erhebung der Bergwerksabgaben für die in den rechtsrheinischen Landestheilen belegenen Bergwerke, verordnet, was folgt:

§. 1. Die nach §. 8 des Gesetzes vom 12. Mai 1851 zu erhebende einprocentige Aufsichtssteuer und die nach §. 4 des Gesetzes vom 20. October 1862 zu erhebende einprocentige Bergwerksabgabe werden mit zusammen zwei Procent vom Werthe der abgesetzten Bergwerksproducte zur Zeit des Absatzes der letzteren berechnet und vierteljährlich erhoben.

§. 2. Als abgesetzt werden behandelt die verkauften, sowie die zum eigenen Gebrauche der Werke oder der Werksbesitzer abgegebenen und ebenso die in Verkaufsmagazine abgefahrenen

§. 1. Die bisher von den Eisenerz-Bergwerken an den Staat entrichteten Abgaben sind vom 1. Januar 1863 an in der ganzen Monarchie aufgehoben.

Bergwerksproducte. Werden bei Erzbergwerken die Producte für eigene Rechnung des Bergwerks aufbereitet, so ist der Absatz der aufbereiteten Bergwerksproducte maßgebend.

Die auf Stein- und Braunkohlenbergwerken zum eigenen Verbrauche für die Betriebseinrichtungen des Bergwerks abgegebenen Kohlen unterliegen der Versteuerung nicht. Hierzu werden jedoch diejenigen Kohlen, welche als Theil des Lohnes an Bergarbeiter oder Grubenbeamte, oder im Bezirk des Oberbergamts zu Dortmund an die zur Tradde berechtigten Grundeigenthümer als Traddekohlen abgegeben werden, nicht gerechnet.

§. 3. Die Feststellung der steuerbaren Producten-Quantitäten erfolgt nach Maß, Gewicht oder Stückzahl auf Grund von Absatzregistern, welche durch hierzu bestellte und vereidigte Productenaufseher zu führen und dem Revierbeamten zu jeder Zeit auf Erfordern zur Einsicht vorzulegen sind.

Die Bergwerksbesitzer und deren Repräsentanten sind verpflichtet, diejenigen Personen, welche sie mit dem Vermessen, Verwiegen oder Abzählen der Producte und mit der Führung der Absatzregister beauftragten, dem Revierbeamten namhaft zu machen. Diese Personen werden, wenn gegen deren Zuverlässigkeit begründete Ausstellungen nicht zu machen sind, in der Regel durch den Revierbeamten dahin vereidigt:

daß sie alle ihnen vermöge ihres Amtes als Productenaufseher auferlegten Pflichten nach ihrem bestem Wissen und Gewissen genau erfüllen wollen.

Die Vereidigungsprotokolle sind von dem Revierbeamten dem Oberbergamte einzureichen. Von den auf Grund der seitherigen Vorschriften bereits bestellten und vereidigten Personen können die Geschäfte der Productenaufseher fortgeführt werden, ohne daß es einer wiederholten Vereidigung bedarf.

§. 4. Den Productenaufsehern ist ein Abdruck der für dieselben vom Oberbergamte zu erlassenden Anweisung über die Führung der Absatzregister zur pünktlichen Befolgung unentgeltlich auszuhändigen. Für das Absatzregister hat das Oberbergamt ein Formular vorzuschreiben, kann aber statt desselben auch die Benutzung eines anderen Formulars gestatten.

§. 5. Das Vermessen, Verwiegen und Abzählen der Producte der Bergwerke, beziehungsweise der Aufbereitungsanstalten, mögen dieselben zum Verkaufe oder zum eigenen Gebrauche der Werke oder der Werksbesitzer bestimmt sein, darf nur durch die zu diesen Geschäften bestellten und vereidigten Productenaufseher geschehen. Es ist untersagt, Producte von den Bergwerken, beziehungsweise von den Aufbereitungsanstalten abzufahren, bevor dieselben von den vorbezeichneten Personen, vermessen, verwogen oder abgezählt sind.

§. 6. Bergwerksbesitzer oder deren Repräsentanten, welche die Absatzregister entweder gar nicht oder durch andere, als die dazu bestellten oder vereidigten Personen führen lassen,

desgleichen Bergwerksbesitzer, Repräsentanten und Productenaufseher, welche die Vorlegung der Absatzregister auf Erfordern des Revierbeamten (§. 3) verweigern, oder Producte von den Bergwerken oder Aufbereitungsanstalten abfahren lassen, ohne daß dieselben von den hiezu bestellten Personen vermessen, verwogen oder abgezählt und in die Absatzregister eingetragen sind,

ferner Productenaufseher, welche das ihnen obliegende Vermessen, Verwiegen oder Abzählen der Producte oder die Eintragung in die Absatzregister unterlassen oder unrichtig vornehmen,

können durch executivische Strafbefehle von dem Oberbergamte zur Erfüllung ihrer Verpflichtungen angehalten werden. Die unrichtige Führung oder die Fälschung der Absatzregister in betrügerischer Absicht unterliegt den in den allgemeinen Strafgesetzen angedrohten Strafen (§§. 247 u. f. des Strafgesetzbuches vom 14. April 1851, Gesetzsammlung S. 151).

§. 7. Die Feststellung des der Besteuerung zu Grunde zu legenden Werthes der Producte erfolgt — insofern kein Abonnementsvertrag abgeschlossen ist, §. 11 ff. — auf Grund amtlicher Ermittelung.

Finden öffentliche Verkäufe der Producte statt, so sind die bei diesen Verkäufen erzielten

§. 2. Desgleichen ist vom 1. Januar 1865 an das Receßgeld (§. 5 des Gesetzes vom 12. Mai 1851) von allen übrigen Bergwerken aufgehoben.

Preise, abzüglich der von den Bergwerksbesitzern aufgewendeten Verkaufskosten, der Besteuerung zu Grunde zu legen.

In den übrigen Fällen wird der Werth der Producte der Regel nach durch ein Taxregulirungsverfahren (§§. 9 und 10) festgestellt. Hierbei sind die durchschnittlich am Haldenplatze zu erzielenden Preise zum Anhalte zu nehmen und bei Erzen der Gehalt derselben und die marktgängigen Metallpreise zu berücksichtigen.

Hält das Oberbergamt das Probiren der Erze zur Ermittelung des Werthes derselben für erforderlich, so sind die Proben von dem Revierbeamten auf dem Bergwerke im Beisein der Productenaufseher oder der Bergwerksbesitzer oder deren Repräsentanten zu nehmen und an das Oberbergamt einzusenden, welches den Gehalt der Erze feststellen läßt.

§. 8. Bei Feststellung des Werthes der Bergwerksproducte sind in Anrechnung zu bringen:

1) bei Bergwerken, deren Producte zur Erlangung höherer Preise oder größeren Absatzes nach einem zum Verkauf geeigneten Punkte gebracht werden, die Transportkosten;
2) bei Bergwerken, deren Producte für Rechnung des Bergwerks erst durch Aufbereitung oder oder durch Verhüttung verkäuflich gemacht werden müssen, die hierfür nach wirthschaftlichen Grundsätzen in Ansatz zu bringenden Kosten (Poch-, Wasch-, Hütten- und sonstigen Zubereitungskosten).

§. 9. Das Taxregulirungsverfahren findet jährlich im Laufe des ersten Quartals nach Anordnung des Oberbergamtes revierweise oder gemeinschaftlich für mehrere Reviere statt und wird durch den Revierbeamten als ständigen Commissar oder durch einen besonders abgeordneten Commissar des Oberbergamtes geleitet.

Unter Zugrundelegung eines ihm von dem Oberbergamte mitzutheilenden Taxentwurfs hat der Commissar in dem zu diesem Zwecke abzuhaltenden Termine die Bergwerksbesitzer oder deren Repräsentanten über die der Besteuerung für das betreffende Jahr anzusetzenden Productenwerthe zu vernehmen.

Wird ein Einverständniß hierüber zwischen den Betheiligten und dem Commissar erreicht, so sind die vereinbarten Taxpreise in dem Taxentwurf zu notiren und durch beigesetzte Unterschrift der Betheiligten und des Commissars anzuerkennen, oder durch besondere protokollarische Verhandlung festzustellen. Kommt ein solches Einverständniß nicht zu Stande, so sind die Gegenvorschläge der Bergwerksbesitzer oder deren Repräsentanten unter kurzer Angabe der Gründe zu Protokoll zu nehmen.

Nach Einreichung der Terminsverhandlungen durch den Commissar hat das Oberbergamt die Taxen festzusetzen und auszufertigen. Die Ausfertigung geht an den Revierbeamten, welcher dieselbe den Bergwerksbesitzern oder deren Repräsentanten, sie mögen in dem Termin anwesend gewesen sein oder nicht, bekannt zu machen hat.

Nimmt das Oberbergamt eine Abänderung der in Uebereinstimmung mit den Betheiligten von dem Commissar vorgeschlagenen Taxen vor, oder ist ein Einverständniß über die Taxen zwischen den Betheiligten und dem Commissar nicht erreicht, so sind die betreffenden Bergwerksbesitzer oder deren Repräsentanten bei Zustellung der festgesetzten Taxen mit motivirtem Bescheide zu versehen.

In beiden Fällen bleibt alsdann den Bergwerksbesitzern oder deren Repräsentanten überlassen, bei Einreichung der Gefällenachweisung (§. 15) an den Revierbeamten in glaubwürdiger Weise, nämlich durch Vorlegung der Absatzregister und Verkaufsbücher, der abgeschlossenen Lieferungsverträge oder ähnlicher Beweismittel, den wirklichen Erlös aus dem Verkaufe der Bergwerksprodukte nachzuweisen, damit dieser, statt der festgesetzten Taxen, der Besteuerung zu Grunde gelegt werde. Wird ein solcher Nachweis nicht erbracht, so findet die Besteuerung lediglich nach den festgesetzten Taxen statt.

§. 3. Vom 1. Januar 1863 an sind ferner die bisher nach Alinea 1 im §. 7 des Gesetzes vom 13. Mai 1851, sowie die von Kunstgezeugen, Wasserrädern, Wasser-

---

Wenn erst im Laufe des Jahres eine Feststellung des Productenwerthes zum Zweck der Besteuerung erforderlich wird, z. B. bei neu in Betrieb gesetzten Bergwerken, so erfolgt dieselbe ebenfalls nach den vorstehenden Grundsätzen.

§. 10. Die nach §. 8 bei Feststellung des Werthes der Bergwerksproducte in Anrechnung zu bringenden Kosten sind bei dem Taxregulirungsverfahren zu normiren und entweder bei Festsetzung der Taxen gleich zu berücksichtigen oder für die Maß-, Gewicht- und Stückeinheit der steuerbaren Producte besonders festzusetzen.

Den Bergwerksbesitzern oder deren Repräsentanten, welche mit der durch das Oberbergamt erfolgten Festsetzung der vorbezeichneten Kosten nicht zufrieden sind, bleibt überlassen, diese Kosten in glaubwürdiger Weise (§. 9) am Schlusse eines jeden Quartals bei Einreichung der Gefällenachweisung (§. 15) nachzuweisen.

Wird der vorangegebene Nachweis nicht erbracht, so sind die im §. 8 bezeichneten Kosten lediglich nach der Festsetzung des Oberbergamtes in Anrechnung zu bringen.

Ueber die Transport- und Zubereitungsanstalten (§. 8) können auch unabhängig von den Abonnements für die gesammte Steuer (§. 11) Abonnementsverträge nach der Maß- oder Gewichtseinheit der Producte auf mindestens ein Jahr und auf höchstens drei Jahre abgeschlossen werden. Für die Abschließung solcher Abonnementsverträge gelten die Bestimmungen im §. 14.

§. 11. Sowohl für die Bergwerksabgabe als für die Aufsichtssteuer oder für beide zugleich kann nach §. 11 des Gesetzes vom 12. Mai 1851 (G.S. S. 261) von dem Handelsminister ein Abonnement bewilligt werden und zwar entweder in festen Vierteljahrsbeträgen, oder nach Sätzen, welche für die Maß-, Gewicht- und Stückeinheit der Producte festzustellen und nach dem wirklichen Absatze vierteljährlich zu entrichten sind.

Solche Abonnements sind jedoch nur auf mindestens ein Jahr und und auf höchstens drei Jahre einzugehen.

§. 12. Die Abonnements der ersteren Art sind nur bei solchen Bergwerken anzunehmen, bei denen die Production überhaupt gering und eine erhebliche Vermehrung derselben, sowie eine erhebliche Steigerung des Werthes der Producte während der Abonnementszeit nicht wahrscheinlich ist.

Die Abonnements der zweiten Art können bei allen denjenigen Bergwerken eintreten, wo zwar eine stärkere Förderung, aber keine rasche Steigerung des Werthes der Producte zu erwarten ist, namentlich bei Stein- und Braunkohlenbergwerken.

Sind bei einem nach der Maß-, Gewichts- oder Stückeinheit zu normirenden Abonnementssatze Pfennigbruchtheile nicht zu vermeiden, so dürfen keine anderen als Zehntheile angenommen werden. Bei Berechnung des Satzes nach dem durchschnittlichen Werthe wird ein halbes Zehntel und mehr als ein volles hinzugerechnet, dagegen ein kleinerer Theil fallen gelassen, wonach der Satz nur aus einer ganzen Zahl mit nicht mehr als einer Decimalbruchstelle bestehen kann.

Abonnements jeder Art können, wenn die Bedingungen, unter denen sie geschlossen sind, noch fortbestehen, erneuert werden.

Bei Abschließung, beziehungsweise Erneuerung von Abonnements, ist darauf zu sehen, daß die dem Abonnement zu Grunde liegenden Preissätze dem wirklichen Werthe entsprechen.

Die nach §. 8 in Anrechnung kommenden Transport- und Zubereitungskosten sind bei den Abonnements mit zu berücksichtigen.

§. 13. Ein Abonnement nach der Maß- oder Gewichtseinheit kann auch in der Weise stattfinden, daß der Satz nicht nach der Production des Bergwerks selbst oder einer dazu gehörigen Aufbereitungsanstalt, sondern nach einem für Rechnung des Bergwerks daraus hergestellten Hüttenproducte festgestellt wird. In diesem Falle sind auch die Verhüttungskosten (§. 8) zu berücksichtigen.

gefällen, Wassersäulen-Maschinen, Stollenwassern und Bergschmieden unter verschiedenen Namen an die Königlichen Bergbehörden entrichteten festen Abgaben aufgehoben.

---

§. 14. Anträge auf Abschließung oder Erneuerung von Abonnements sind von den Bergwerksbesitzern oder deren Repräsentanten vor dem Beginn des Steuerquartals, mit welchem das Abonnement eintreten soll, durchlaufend bei dem Revierbeamten an das Oberbergamt zu richten. Der Revierbeamte hat dem Antrage sein Gutachten beizufügen.

Findet das Oberbergamt einen Antrag auf Abonnement nicht annehmbar, so weist es denselben mit motivirtem Bescheide zurück. Gegen diesen Bescheid steht dem Steuerpflichtigen der Weg der Beschwerde an den Handelsminister offen. Auf Besteuerung nach dem Abonnement hat indeß der Steuerpflichtige im Beschwerdefalle, wenn der Anfangstermin des beantragten Abonnements inzwischen eingetreten ist, keinen Anspruch.

Glaubt das Oberbergamt, auf ein beantragtes Abonnement eingehen zu können, so tritt dasselbe mit dem Antragsteller in Unterhandlung und stellt die Punkte des Abonnements in einem schriftlichen Vertrage fest, welcher dem Handelsminister zur Genehmigung einzureichen ist.

Die betreffenden Verhandlungen zwischen dem Oberbergamte und dem Antragsteller werden in der Regel durch den Revierbeamten geführt.

Die Abonnementsverträge unterliegen der Stempelsteuer nach Maßgabe des Gesetzes vom 7. März 1822 (G.S. S. 57).

§. 15. Das Oberbergamt hat für die Nachweisungen der Bergwerksabgaben Formulare vorzuschreiben, welche, außer Kolonnen für die abgesetzten, für die von der Besteuerung befreiten und die hiernach sich ergebenden steuerbaren Productenquantitäten, entsprechende Kolonnen für den der Besteuerung zu Grunde zu legenden Werth der Maß- oder Gewichtseinheit (oder einer gewissen Stückzahl), für den sich hieraus ergebenden Gesammtwerth der steuerbaren Producte, für die hiervon abzuziehenden Transport- und Zubereitungskosten und für den resultirenden Betrag der Steuer enthalten.

Nach den vom Oberbergamte vorgeschriebenen Formularen sind auf Grund der Absatzregister §. 3) für jedes verflossene Quartal binnen vierzehn Tagen nach Quartalschluß die Nachweisungen der Bergwerksabgaben in zwei Exemplaren, vollständig ausgefüllt und berechnet, von den Bergwerksbesitzern oder deren Repräsentanten, sowie von den vereideten Productenaufsehern unterschrieben und in Bezug auf die abgesetzten Quantitäten als richtig bescheinigt, durch die Bergwerksbesitzer oder deren Repräsentanten mit den Absatzregistern bei dem Revierbeamten einzureichen. Geschieht die Einreichung nicht rechtzeitig, so kann der Revierbeamte dieselben auf Kosten der Säumigen abholen lassen und das Oberbergamt nöthigenfalls mit weiteren Zwangsmitteln im Wege executivischer Strafbefehle vorgehen.

§. 16. Die Controle über die Richtigkeit der eingereichten Nachweisungen liegt zunächst dem Revierbeamten ob, welcher sich bei seiner Anwesenheit auf den Bergwerken und den dazu gehörigen Aufbereitungsanstalten Ueberzeugung von der genauen und richtigen Führung der Absatzregister (§. 3) zu verschaffen hat.

Liegt gegründeter Verdacht vor, daß die Absatzregister in betrügerischer Absicht unrichtig geführt werden, so ist hiervon der Staatsanwaltschaft Anzeige zu machen und die gerichtliche Untersuchung und Bestrafung der Schuldigen zu veranlassen.

§. 17. Der Revierbeamte hat die Prüfung der Nachweisungen auf die Richtigkeit der in Ansatz gebrachten Quantitäten und der Sätze für die Werthe der Producte und für die Transport-, beziehungsweise Zubereitungskosten zu richten; nach vollendeter Prüfung und nöthigenfalls nach erfolgter Berichtigung hat der Revierbeamte beide Exemplare der Nachweisungen seines Reviers an das Oberbergamt einzureichen, während er die Absatzregister den Bergwerksbesitzern oder deren Repräsentanten zurückgiebt.

Das Oberbergamt prüft die Nachweisuugen calculatorisch und hinsichtlich der Richtigkeit der der Besteuerung zu Grunde gelegten Sätze für den Werth der Producte, sowie für die Transport- und Zubereitungskosten.

§. 4. Die in den rechtsrheinischen Landestheilen nach dem Gesetze vom 22. Mai 1861 (Ges.-Sammlung S. 225) außer der Aufsichtssteuer von dem Bruttoertrage der Bergwerke an den Staat zu entrichtende Bergwerksabgabe von vier Procent wird mit

---

Zu diesem Zwecke müssen in denjenigen Fällen, wo die Bergwerksbesitzer oder deren Repräsentanten die Beläge über den wirklichen Erlös aus dem Verkaufe der Bergwerksproducte (§. 9) oder über die wirklich aufgewandten Transport- und Zubereitungskosten (§. 10) dem Revierbeamten mit den Angabennachweisungen eingereicht haben, diese Beläge dem Oberbergamte mit vorgelegt werden. Diesem bleibt es überlassen, unter Umständen die betreffenden Bücher und Papiere durch einen Commissar auf den Werken selbst zu prüfen.

Nach vorgenommener Prüfung und erforderlichen Falls nach Berichtigung übersendet das Oberbergamt die Duplicate der Nachweisungen unter Zurückgabe der etwa beigebrachten Beläge dem Revierbeamten. Der Letztere hat die Duplicate — event. unter Beifügung der Beläge — den betreffenden Bergwerksbesitzern oder deren Repräsentanten mit der Aufforderung zu insinuiren, den in der Nachweisung festgestellten Steuerbetrag binnen vierzehn Tagen an die bezeichnete Empfangskasse abzuführen.

Gleichzeitig hat das Oberbergamt für jedes Vierteljahr eine Gesammtabgabennachweisung über alle steuerpflichtigen Bergwerke aufzustellen, darauf das Attest zu setzen, daß die Beträge dieser Nachweisung genau mit der calculatorisch und hinsichtlich der der Besteuerung zu Grunde zu legenden Werthe, der abzuziehenden Transport- uud Zubereitungskosten und den steuerbaren Productenquantitäten geprüften Specialnachweisungen der einzelnen Bergwerke und für diejenigen Bergwerke, für welche Abonnements nach festen Vierteljahrsbeträgen abgeschlossen sind, mit den in den betreffenden Abonnementsverträgen vereinbarten festen Beträgen übereinstimmen, dieselbe für executorisch zu erklären und der Kasse zur Vereinnahmung der Abgaben zuzustellen.

Das ganze Verfahren ist so zu regeln, daß der Abführungstermin vor das Ende des auf das betreffende Steuerquartal folgenden Quartals fällt.

§. 18. Reclamationen gegen die von dem Oberbergamte festgesetzte Berwerkssteuer müssen gemäß §. 1 des Gesetzes vom 18. Juni 1840 über die Verjährungsfristen bei öffentlichen Abgaben (G.S. S. 140) binnen drei Monaten, vom Tage der Zurückstellung des einen Exemplars der Abgabennachweisung an die Bergwerksbesitzer oder deren Repräsentanten (§. 17) an gerechnet, bei dem Handelsminister angebracht werden, widrigenfalls der Anspruch auf Rückerstattung erlischt.

§. 19. Die Zahlung des von dem Oberbergamte festgestellten Steuerbetrages darf durch die Reclamation (§. 18) nicht aufgehalten werden.

§. 20. Gehen die Steuern nicht zu der bestimmten Zeit (§. 17) ein, so erfolgt die Mahnung und executivische Beitreibung nach den maßgebenden Executionsvorschriften, und zwar für die Bezirke der Oberbergämter Breslau und Halle [nach der Verordnung vom 30. Juli 1853 (G.S. S. 903), für die Provinz Westfalen nach der Verordnung vom 30. Juni 1845 (G.S. S. 444) und für die Rheinprovinz nach der Verordnung vom 24. November 1843 (G.S. S. 351).

§. 21. Für die Ermittelung und Erhebung der an die Stelle der Naturalzehntabgabe getretenen Naturalbergwerksabgabe von 1 Procent des Bruttoertrages der Galmeibergwerke im Bezirke des Oberbergamtes zu Breslau bleiben bis auf Weiteres die bisherigen Bestimmungen bestehen.

§. 22. In den Fällen, wo die Bergwerksabgabe (der Zehnte) von einem Privatregalbesitzer entweder allein oder in Gemeinschaft mit dem Staate erhoben wird, verbleibt es bei den bestehenden Einrichtungen.

§. 23. Die Feststellung und Erhebung der Steuern von den Bergwerken der Mansfeldischen Kupferschiefer bauenden Gewerkschaft erfolgt nach der besonderen hierüber erlassenen Instruction.

Berlin, den 29. Januar 1866.

Der Minister für Handel, Gewerbe und öffentliche Arbeiten.

Graf von Itzenplitz.

dem 1. Januar 1863 auf drei Procent, mit dem 1. Januar 1864 auf zwei Procent und mit dem 1. Januar 1865 auf Ein Procent herabgesetzt.

§. 5. Vom 1. Januar 1865 an hören alle seitherigen Befreiungen von der Aufsichtssteuer und der Bergwerksabgabe (§. 4) auf, soweit dieselben nicht auf privatrechtlichen Titeln beruhen. Von demselben Zeitpunkte an unterliegt der Betrieb der Hüttenwerke ohne Unterschied der Steuer vom Handel nach dem Gesetze wegen Entrichtung der Gewerbesteuer vom 30. Mai 1820 und dem Gesetze vom 19. Juli 1861.

§. 6. In den linksrheinischen Landestheilen wird vom 1. Januar 1865 ab an Stelle der nach dem Bergwerksgesetze vom 21. April 1810 und dem Kaiserlichen Decrete über die Bergwerkssteuern vom 6. Mai 1811 an den Staat zu entrichtenden proportionellen und festen Bergwerkssteuer nebst Zuschlagszehntel und Hebegebühr eine Bergwerkssteuer von zwei Procent von dem Werthe der Producte des Bergwerks zur Zeit des Absatzes der letzteren, ausschließlich der Eisenerz-Bergwerke, erhoben[645].

§. 7. Mit der Ausführung des gegenwärtigen Gesetzes wird der Finanzminister und der Minister für Handel, Gewerbe und öffentliche Arbeiten beauftragt.

---

[645]) Zur Ausführung des §. 6 ist von dem Handelsminister eine Instruction, betreffend die Veranlagung und Erhebung der Bergwerkssteuer in den linksrheinischen Landestheilen, vom 23. November 1864 (Zeitschr. f. d. Berg-, Hütten- und Salinenwesen Bd. XII, S. 210) erlassen, welche mit den §§. 1—20 der rechtsrheinischen Instruction vom 29. Januar 1866 im Wesentlichen übereinstimmt. Materiell abweichende Bestimmungen sind nur in den §§. 1, 10, 15 und 17 enthalten, welche statt der entsprechenden Paragraphen der rechtsrheinischen Instruction folgende Vorschriften enthalten:

§. 1. Die nach §. 6 des Gesetzes vom 20. October 1862 vom 1. Januar 1865 ab in den linksrheinischen Landestheilen zu erhebende Bergwerkssteuer wird mit zwei Procent vom Werthe der abgesetzten Bergwerksproducte zur Zeit des Absatzes der letzteren berechnet und vierteljährlich erhoben.

§. 10. Die nach §. 8 bei Feststellung des Werthes der Bergwerksproducte in Anrechnung zu bringenden Kosten sind bei dem Taxregulirungsverfahren zu normiren und entweder bei Festsetzung der Taxen gleich mit zu berücksichtigen oder für die Maß- und Gewichtseinheit der steuerbaren Producte besonders festzusetzen.

Den Bergwerksbesitzern oder deren Repräsentanten, welche mit der durch das Oberbergamt erfolgten Festsetzung der vorbezeichneten Kosten nicht zufrieden sind, bleibt überlassen, diese Kosten in glaubwürdiger Weise am Schlusse eines jeden Quartals oder spätestens am Schlusse eines jeden Jahres bei Einreichung der Declarationen (§. 15) nachzuweisen.

Erfolgt dieser Nachweis erst am Jahresschlusse, so ist die Bergwerkssteuer für die drei ersten Quartale von dem Werthe der Producte ohne jeden Abzug zu berechnen, für das letzte Quartal aber der Betrag der nachgewiesenen Kosten des ganzen Jahres von dem Productenwerthe in Abzug zu bringen und die Bergwerkssteuer nur von dem Reste zu berechnen.

Wird der vorangegebene Nachweis nicht erbracht, so sind die im §. 8 bezeichneten Kosten lediglich nach der Festsetzung des Oberbergamts in Anrechnung zu bringen.

Ueber die Transport- und Zubereitungskosten (§. 8) können auch Abonnementsverträge nach der Maß- oder Gewichtseinheit der Producte auf ein und höchstens auf drei Jahre abgeschlossen werden. Für die Abschließung solcher Abonnementsverträge gelten die Bestimmungen des §. 14.

§. 15. Auf Grund der Absatzregister §. 3 haben die Bergwerksbesitzer oder deren Repräsentanten über die Quantität der abgesetzten Producte*) für jedes verflossene Quartal binnen vierzehn Tagen nach Quartalschluß eine von dem Productenaufseher als richtig zu bescheinigende Declaration in zwei Exemplaren bei dem Revierbeamten einzureichen.

---

*) Nach der rechtsrheinischen Instruction werden sämmtliche Kolonnen der Declaration von den Bergwerksbesitzern vollständig ausgefüllt und berechnet, auch die Werthsätze und die sich ergebenden Steuerbeiträge, so daß dem Revierbeamten nur die Prüfung der Declarationen obliegt.

Kaiserlich Französisches Decret v. 6. Mai 1811[646]).

Artikel 31.

Die Grubenbetreiber, beliehene und nicht beliehene, welche die Begünstigung des Abonnements zu genießen wünschen, sollen innerhalb Monatsfrist, von der Veröffentlichung des gegenwärtigen Decrets an, für die Jahre 1811 und 1812, und für die späteren Jahre vor dem 15. April, ihr Anerbieten, welches durch ausführliche Begründungen unterstützt sein muß, auf dem Secretariat der Präfectur ihres Departements niederlegen[647]); es soll ihnen eine Empfangsbescheinigung darüber eingehändigt werden[648]).

Verordnung, betreffend die Besteuerung der Bergwerke im Gebiete des vormaligen Herzogthums Nassau, der vormals Großherzoglich Hessischen Landestheile und der vormaligen Landgrafschaft Hessen-Homburg, einschließlich des Oberamtsbezirks Meisenheim. Vom 1. Juni 1867. (G.S. S. 802)[649]).

Wir Wilhelm, von Gottes Gnaden König von Preußen 2c. verordnen, auf den Antrag Unseres Staatsministeriums, was folgt:

Geschieht die Einreichung der Declaration nicht rechtzeitig, so kann der Revierbeamte dieselben auf Kosten des Säumigen abholen lassen und das Oberbergamt nöthigenfalls mit weiteren Zwangsmitteln im Wege executivischer Strafbefehle vorgehen.

Das Oberbergamt hat für die Declarationen Formulare vorzuschreiben, welche außer Kolonnen für die abgesetzten, für die von der Besteuerung befreiten und die hiernach sich ergebenden steuerbaren Productenquantitäten, entsprechende Kolonnen für den der Besteuerung zu Grunde zu legenden Werth der Maß- und Gewichtseinheit (oder einer gewissen Stückzahl), für den sich hieraus ergebenden Gesammtwerth, für die hiervon abzuziehenden Transport- und Zubereitungskosten und für den resultirenden Betrag der Steuer enthalten.

§. 17. Sobald dem Revierbeamten die Declarationen für das betreffende Quartal vorliegen §. 15), hat derselbe die betreffenden, noch offen stehenden Kolonnen des einen Exemplars der Declaration, insbesondere hinsichtlich der festgestellten Werthsätze oder der vertragsmäßigen Abonnementssätze auszufüllen und hierauf die Berechnung des Steuerbetrages in der dafür bestimmten Kolonne zu gründen.

Die so ausgefüllten Declarationen sind nebst den unausgefüllten Exemplaren von dem Revierbeamten dem Oberbergamte einzureichen.

646) Die übrigen Bestimmungen des Decrets vom 6. Mai 1811 haben die frühere Nettobesteuerung zum Gegenstande, sind also durch §. 6 des Gesetzes vom 20. October 1862 aufgehoben. Der Art. 31 bildet dagegen noch jetzt die gesetzliche Grundlage für die Bewilligung von Bergwerkssteuer-Abonnements.

647) Der Antrag ist jetzt durch Vermittelung des Revierbeamten an das Oberbergamt zu richten. Instruction vom 23. November 1864 §. 14.

648) Die Cabinetsordre vom 30. August 1820 (G.S. S. 167) führte an Stelle des durch das Decret von 1811 angeordneten Einschätzungsverfahrens die Rechnungslegung über den steuerbaren Reinertrag ein. Ihre Bestimmungen bilden die Grundlage für die Verordnung vom 21. Januar 1867 (G.S. S. 85), welche Vorschriften über das Vermessen der Producte und über die Buchführung zum Zwecke der Steuerermittelung gibt. Diese Vorschriften sind durch §. 6 Gesetz vom 20. October 1862 insofern aufgehoben, als sie die Besteuerung des Reinertrages zum Gegenstande haben, also namentlich soweit sie die Buchführung über die Ermittelung des steuerbaren Reinertrages in Betracht kommenden Ausgaben (Arbeitslöhne, Materialien) betreffen. Soweit sie dagegen die Ermittelung des Productionsquantums und des Erlöses betreffen, sind die Bestimmungen der Verordnung vom 21. Januar 1857 der richtigen Meinung nach in Kraft geblieben. Sie werden jedoch von den rheinischen Bergbehörden für aufgehoben erachtet und nicht mehr angewendet und sind deshalb in dieser Auflage nicht wieder abgedruckt.

Art. I. In dem mit Unserer Monarchie vereinigten Gebiete des vormaligen Herzogthums Nassau, der vormals Großherzoglich Hessischen Landestheile und der vormaligen Landgrafschaft Hessen-Homburg, einschließlich des Oberamtsbezirks Meisenheim, treten rücksichtlich der Bergwerks-Abgaben, soweit dieselben an die Staatskassen zu entrichten sind, die nachfolgenden Bestimmungen in Kraft:

§. 1. Die von den Eisenerz-Bergwerken bisher erhobenen Abgaben sind ohne Unterschied aufgehoben.

§. 2. Der Bergwerkszehnte oder Zwanzigste, die Receß- und Quatembergelder, die Grubenfeld-Abgaben, die von den Bergwerken zu entrichtenden Gewerbesteuern, fixen und proportionellen Steuern, die Sporteln und Gebühren in Verwaltungs-Angelegenheiten der Bergbehörden, mit Ausnahme der baaren Auslagen und Stempel, sowie alle sonstigen Bergwerks-Abgaben sind aufgehoben.

An deren Stelle tritt für sämmtliche Bergwerke, ausschließlich der Eisenerz-Bergwerke, eine Bergwerkssteuer von zwei Procent von dem Werthe der Producte des Bergwerkes zur Zeit des Absatzes der letzteren.

Hinsichtlich der Erstattung eines verhältnißmäßigen Antheils der Poch-, Wasch-, Hütten- und sonstigen Zubereitungskosten bei Erzbergwerken durch den Staat, sowie der Ermittelung, Feststellung und Einziehung der Bergwerkssteuer kommen die in den älteren Provinzen des Staates bestehenden Vorschriften zur Anwendung.

§. 3. Die auf privatrechtlichen Titeln beruhenden Befreiungen von den Bergwerks-Abgaben werden aufrecht erhalten. Ebenso werden die von dem Staate über Bergwerks-Abgaben abgeschlossenen Verträge durch die Vorschriften der §§. 1 und 2 nicht verändert.

Hinsichtlich der Aufhebung oder Ermäßigung dieser Bergwerks-Abgaben kommt das Gesetz vom 17. Juni 1863, betreffend die Abänderung des §. 13 des Gesetzes über die Besteuerung der Bergwerke vom 12. Mai 1851 (G.S. f. 1863. S. 462) zur Anwendung[650].

Art. II. Die vorstehenden Bestimmungen treten mit dem 1. Juli d. J. in Kraft. Rücksichtlich der im vormaligen Herzogthume Nassau gelegenen Braunkohlengruben wird jedoch eine besondere Verordnung den Zeitpunkt bestimmen, von welchem an dieselben die Bergwerkssteuer zu entrichten haben[651].

Art. III. Alle bisherigen, für die im Art. I bezeichneten Landestheile ergangenen Gesetze und Verordnungen, die Bergwerks-Abgaben betreffend, sind aufgehoben.

Art. IV. Mit der Ausführung der gegenwärtigen Verordnung ist der Finanzminister und der Minister für Handel, Gewerbe und öffentliche Arbeiten beauftragt.

§. 246.

Die bisher von besonderen Berghypothekencommissionen geführten Berghypothekenbücher sollen an die ordentlichen Gerichte abgegeben werden.

---

[649]) Für die übrigen neu erworbenen Landestheile sind entsprechende Bestimmungen ergangen und zwar:

1) für Hannover durch Art. XXI der Verordnung vom 8. Mai 1867 (oben S. 313);
2) für Kurhessen, Frankfurt und die Bayerischen Landestheile durch Art. XVII der Verordnung vom 1. Juni 1867 (oben S 317);
3) für Schleswig-Holstein durch Art. IX des Gesetzes vom 12. März 1869 (oben S. 320).

[650]) Vergl. oben S. 370.

[651]) Die vorläufige Befreiung des nassauischen Braunkohlenbergbaus von der Bergwerkssteuer dauert noch fort. Sie wird durch die geringe Ergiebigkeit dieses Bergbaus und durch den Mangel an Transportwegen motivirt. Vergl. Zeitschrift für Bergrecht Bd. VIII, S. 234.

Der Zeitpunkt dieser Abgebung und die Auflösung der Berghypothekencommissionen wird durch Königliche Verordnung bestimmt[652]).

Die besonderen Bestimmungen über die Einrichtung und Führung der Berghypothekenbücher bleiben in Kraft, soweit nicht eine Abänderung durch den §. 97 herbeigeführt wird[653]).

Gesetz, die Competenz der Oberbergämter betreffend, vom 10. Juni 1861. (G.S. S. 425.)

§. 2. In denjenigen Landestheilen, in welchen die Allgemeine Hypothekenordnung vom 20. December 1783 gilt, soll die Führung des Berggegenbuchs für den Bezirk eines Oberbergamts durch besondere Berghypothekencommissionen erfolgen[654]).

Die den Bergämtern durch das Gesetz vom 18. April 1855 (G.S. S. 221) übertragene Befugniß zur Aufnahme von Handlungen der freiwilligen Gerichtsbarkeit geht auf die Berghypothekencommissionen über.

Die Mitglieder der Berghypothekencommissionen müssen die Befähigung zum Richteramte besitzen.

An die Stelle des im §. 4 des Gesetzes vom 18. April 1855 bezeichneten Appellationsgerichts tritt für die Aufsichts- und Beschwerdeinstanz dasjenige Appellationsgericht, in dessen Bezirk die Berghypothekencommission ihren Sitz hat.

---

[652]) Durch die Königlichen Verordnungen vom 9. August 1867, 22. Juli 1868 und 24. März 1869 sind die Berghypothekencommissionen zu Siegen, Halle und Breslau aufgehoben und die Berghypothekenbücher an die Grundbuchämter übergegangen. Die Berghypothekencommission zu Dortmund ist bestehen geblieben; doch ist ihre Aufhebung ebenfalls in Aussicht genommen.

[653]) Das Edict vom 21. Februar 1816 (G.S. S. 104) bestimmte in den §§. 15 und 18 für den Bereich der Allg. Hypothekenordnung von 1783, daß das Berghypothekenbuch bei den Bergämtern geführt werden solle Dieselbe Bestimmung wurde durch das Gesetz vom 28. Februar 1845 (G.S. S. 100) für das Herzogthum Westfalen und das Fürstenthum Siegen bei gleichzeitiger Einführung der Hypothekenordnung von 1783 getroffen. Nach Aufhebung der mit den Bergämtern verbundenen Berggerichte erging das Gesetz vom 18. April 1655 (G.S. S. 221 f.), welches den Bergämtern die Befugniß zur Führung des Berghypothekenbuchs und zu Handlungen der freiwilligen Gerichtsbarkeit über Gegenstände des Bergwerkseigenthums und des Bergbaus beilegte. Nach Aufhebung der Bergämter endlich wurde durch das Gesetz vom 10. Juni 1861 (G.S. S. 425) für den Bezirk jedes Oberbergamtes eine Berghypothekencommission gebildet, und derselben die den Bergämtern durch das Gesetz vom 18. April 1855 beigelegte Competenz übertragen.

Alle diese gesetzlichen Vorschriften, welche durch §. 246 vorübergehend in Kraft erhalten waren, sind durch die Gesetze vom 5. Mai (1872 oben S. 130 f.) aufgehoben, mit Ausnahme der auf die Berghypothekencommissionen bezüglichen. Rücksichtlich des Fortbestandes der letztern und ihrer Ressortverhältnisse bewendet es nach §. 28 der Grundbuchordnung bei den angeführten Gesetzen vom 18. April 1855 und vom 10. Juni 1861. Die Berghypothekencommissionen sind jedoch gegenwärtig von den Grundbuchämtern nur dadurch unterschieden, daß die Ersteren nach §. 4 des Gesetzes vom 18. April 1855 in Bezug auf Disciplin und Geschäftsbetrieb unter der gemeinsamen Aufsicht des Oberbergamtes und des Appellationsgerichtes, in dessen Bezirk sie ihren Sitz haben, stehen und schließlich ebenso von dem Handelsminister und dem Justizminister gemeinschaftlich ressortiren. Für materielle Beschwerden ist das Appellationsgericht die alleinige Beschwerdeinstanz. Die freiwillige Gerichtsbarkeit steht den Berghypothekencommissionen nach §. 2 desselben Gesetzes für alle Gegenstände zu, welche Gegenstände des Bergwerkseigenthums und des Bergbaubetriebes im Bezirke des Oberbergamtes betreffen.

[654]) Durch Art. IV des Allerhöchsten Erlasses vom 29. Juni 1861 (G.S. S. 429) wurden vier Hypothekencommissionen für die damals bestehenden vier Oberbergamtsbezirke errichtet, von denen drei durch die in der Anm. 652 angeführten Königl. Verordnungen wieder aufgehoben sind.

§ 247.

An die Stelle des §. 410 des Anhangs zur Allgemeinen Preußischen Gerichtsordnung und der Cabinetsordre vom 14. September 1834 (G.S. S. 169) treten bei der Subhastation von Bergwerken und Bergwerksantheilen folgende Bestimmungen:

1) Statt der Taxe wird von dem Revierbeamten eine genaue Beschreibung des Bergwerks angefertigt.
2) Bei Anberaumung des Bietungstermins und Bekanntmachung des Subhastationspatents finden die bei der Subhastation von Gegenständen von mehr als fünfhundert Thalern bis zu fünftausend Thalern an Werth vorgeschriebenen Förmlichkeiten Anwendung[655]).

Subhastationsordnung vom 15. März 1869. (G.S. S. 421). §§. 107—111.

§. 107. Dem Antrage auf Subhastation eines verliehenen Bergwerks oder unbeweglichen Bergwerksantheils ist eine oberbergamtlich, gerichtlich oder notariell beglaubigte Abschrift der Verleihungs-Urkunde des Bergwerks beizufügen. Mit dem Antrage auf Subhastation einer Kohlen-Abbaugerechtigkeit in den vormals Königlich Sächsischen Landestheilen ist eine in gleicher Art beglaubigte Abschrift des Actes einzureichen, durch welchen die Gerechtigkeit vom Eigenthum an der Grundoberfläche getrennt worden ist.

§. 108. Das Subhastationspatent muß den Namen des Bergwerks, die Feldesgröße, das Mineral oder die Mineralien, auf welche das Bergwerks-Eigenthum verliehen ist, den Kreis, in welchem das Feld liegt, die demselben zunächst belegene Stadt benennen.

Bei der Subhastation von unbeweglichen Bergwerksantheilen ist die Zahl der Kuxe, in welche das Bergwerk getheilt ist, im Patente anzugeben.

Bei Kohlen-Abbaugerechtigkeiten (§. 107) genügt eine nähere Bezeichnung derselben nach Lage und Umfang.

§. 109. Der Betrag der von dem Bieter zu leistenden Sicherheit ist bei der Subhastation der im §. 108 genannten Gegenstände von dem Subhastationsrichter, erforderlichen Falls nach Anhörung des zuständigen Revierbeamten[656]) über ihren Werth festzusetzen und in das Subhastationspatent aufzunehmen.

§. 110. Die Subhastationsfrist beträgt längstens drei Monate.

§. 111. Bei der Subhastation von Bergwerken und Bergwerksantheilen gehört der Repräsentant oder Grubenvorstand zu den Subhastations-Interessenten.

§. 248.

Die Rheinische Subhastationsordnung vom 1. August 1822 (G.S. S. 195) erleidet bei der Subhastation von Bergwerken und Bergwerksantheilen folgende Abänderungen:

1) Nr. 2 und 3 des §. 4 und die entsprechenden Bestimmungen unter Nr. 2 und 3 des §. 12 bleiben außer Anwendung.

   Es genügt eine von dem Revierbeamten angefertigte genaue Beschreibung des Bergwerks.

---

[655]) An die Stelle des §. 247 treten die §§. 107—111 der Subhastationsordnung vom 15. März 1869.

[656]) Nach dem Ministerialerlasse vom 24. März 1869, I, 1920 sollen die Revierbeamten den Werth des Bergwerks nur ungefähr ohne Aufnahme einer Taxe angeben.

2) In allen Fällen ist der Bietungstermin (§. 13) auf drei Monate hinauszurücken und das Subhastationspatent unter den im §. 14, Nr. II vorgeschriebenen Förmlichkeiten bekannt zu machen.

Bei den auf Grund des sechsten Titels des gegenwärtigen Gesetzes einzuleitenden Subhastationen finden die §§. 2 und 3 jener Subhastationsordnung keine Anwendung[657]).

§. 249.

Die besonderen Vorschriften über die Theilnahmerechte der Berggläubiger bei der Vertheilung der Kaufgelder und Revenüen von Bergwerken im Concurse und in der nothwendigen Subhastation[658]) sind aufgehoben[659]).

---

[657]) „Die Rheinische Substationsordnung vom 1. August 1822 nimmt auf das Bergwerkseigenthum nicht besonders Rücksicht und paßt nicht in allen Punkten auf dasselbe. Zur Vermeidung von Inconvenienzien sind deshalb die modificirenden Vorschriften des §. 247 erforderlich.

Durch die Bestimmung unter 1. wird in Bezug auf die der Subhastation zu Grunde zu legende Beschreibung eine Uebereinstimmung mit der desfallsigen Vorschrift im §. 247 herbeigeführt

Unter 2. werden die vom Jahresbetrage der Grundsteuer abhängigen, auf das Bergwerkseigenthum aber nicht anwendbaren Unterscheidungen in den §§. 13 und 14 der Subhastationsordnung beseitigt.

Die Schlußbestimmung dieses Paragraphen rechtfertigt sich dadurch, daß in den Fällen, wo eine Subhastation behufs Entziehung des Bergwerkseigenthums nach dem sechsten Titel eingeleitet wird, von dem Zahlungsbefehle der §§. 2 und 3 der Subhastationsordnung nicht die Rede sein kann." (Motive S. 130.)

[658]) In den neuerworbenen Landestheilen gelten selbstverständlich die dort bestehenden Subhastations- und Concursordnungen auch für die Bergwerke an Stelle der entsprechenden preußischen Gesetze. Für Nassau ist dies im Art. XIII der Verordnung vom 22. Februar 1867 (oben S. 307) noch besonders bestimmt.

Für Kurhessen sind im Art. XIV der Verordnung vom 1. Juni 1867 (oben S. 313) einige besondere Vorschriften über die Subhastation von Bergwerken gegeben.

[659]) „Nach den §§. 63 und 402 der Concursordnung vom 8. Mai 1855 sollen die Theilnahmerechte der Berggläubiger bei der Vertheilung der Kaufgelder und Revenüen von „verliehenem" Bergwerkseigenthume im Concurse und in der nothwendigen Subhastation nach den bestehenden „besonderen" Vorschriften beurtheilt werden. Diese besonderen Vorschriften beschränken sich auf die in einigen älteren Bergordnungen, in den drei revidirten Bergordnungen (Cap. 84 resp. 83, §. 10) und im §. 343, Th. II, Tit 16 Allg. Landrechts enthaltenen Bestimmungen über die Rangordnung der Berggläubiger. Zum Theil bestehen indeß die dort aufgeführten privilegirten Forderungen nicht mehr; soweit dieselben aber noch in Betracht kommen, reicht es zur Sicherung ihrer Gläubiger, namentlich auch des Fiscus bezüglich der Bergwerksabgaben aus, wenn bei Befriedigung derselben die allgemeinen Vorschriften über die Rangordnung der Gläubiger, insbesondere auch diejenigen der Concursordnung (§§. 46 ff. und 383 ff.) zur Anwendung kommen.

Letztere finden seit dem Gesetze vom 3. Februar 1864 (Ges.-Samml. S. 40) auch im Bezirke des Justizsenats zu Ehrenbreitstein Anwendung. Im Bereiche des Rheinischen Rechts haben seither schon die allgemeinen Grundsätze desselben ausgereicht.

Nur zur Sicherstellung der Bergarbeiter, deren zweijährige Löhnrückstände gegenwärtig nach §. 343, Th. II, Tit. 16 Allg. Landrechts an erster Stelle zur Hebung kommen, bedarf es, wenn auch nicht der Aufrechterhaltung dieser von den Grundsätzen der Concursordnung abweichenden Specialvorschrift, so doch einer Bestimmung, durch welche dasjenige Privilegium, welches den aus dem letzten Jahre rückständigen Löhnen der ländlichen Arbeiter durch §. 50 der Concursordnung gewährt ist, auch auf die Bergarbeiter ausgedehnt wird.

Dagegen wird den Bergarbeitern in Beziehung auf die Rückstände aus dem letzten Jahre an Lohn und anderen Emolumenten das Vorrecht des §. 50 der Concursordnung vom 8. Mai 1855, und im Gebiete des rheinischen Rechts das Privilegium des Artikels 2101, Nr. 4 des bürgerlichen Gesetzbuchs beigelegt[660]).

§. 250.

An den Rechten der früher reichsunmittelbaren Standesherren, sowie derjenigen, welchen auf Grund besonderer Rechtstitel das Bergregal in gewissen Bezirken allgemein oder für einzelne Mineralien zusteht, wird durch das gegenwärtige Gesetz nichts geändert.

Unbeschadet dieser Rechte unterliegt jedoch auch der Bergbau in jenen Bezirken den Bestimmungen des gegenwärtigen Gesetzes.

Die von den Berechtigten bestellten Bergbehörden bleiben in Wirksamkeit. Die Dienstinstructionen derselben sollen mit diesem Gesetze, soweit es nach dem Vorstehenden Anwendung findet, in Uebereinstimmung gebracht werden[661]).

Für den Bereich des Rheinischen Rechts ist dagegen im Anschlusse an dasselbe den Bergarbeitern ein ähnliches Privilegium, nämlich dasjenige des Artikels 2101 des bürgerlichen Gesetzbuches beizulegen, welches hiernach dem Lohne der Dienstboten für das verflossene und laufende Jahr zusteht." (Motive S. 131.)

[660]) Nach Art. IV der Verordnung vom 22. Februar 1867 (oben S. 308) findet der zweite Absatz des §. 249 in den Oberhessischen Landestheilen und in der vormaligen Landgrafschaft Hessen-Homburg keine Anwendung. In Hannover regelt sich das Vorzugsrecht der Bergarbeiter nach §. 59 Nr. 4 des Hypothekengesetzes vom 14. December 1864, welches nur für einen vierwöchentlichen Lohnrückstand die vorzugsweise Befriedigung gewährt. Art. XX der Verordnung vom 8. Mai 1867 (oben S. 313). In Kurhessen steht nach Art XI der Verordnung vom 1. Juni 1865 (oben S. 316) den Bergarbeitern für die Rückstände aus dem letzten Jahre das dem Gesinde und den beköstigten Dienern eingeräumte Vorzugsrecht zu. Ebenso in Schleswig-Holstein nach Art. V des Gesetzes vom 12. März 1869 (oben S. 319) und in Braunschweig nach §. 94 des Berggesetzes.

[661]) Nach §. 106 Allg. Landr. Th. II, Tit. 16 konnte das Bergregal auf einen bestimmten District, oder auf ein gewisses Object von Privatpersonen erworben und besessen werden. Die Rechtsverhältnisse, welche auf Grund dieser Vorschrift entstanden sind, gründen sich theils auf specielle staatliche Verleihung, theils auf gesetzliche Bestimmung. Kraft des Gesetzes steht das Bergregal den vormaligen unmittelbaren deutschen Reichsständen zu, wie §. 250 im Anschluß an die früheren Gesetze vom 21. Juni 1815 § 5 und vom 30. Mai 1820 §. 23 bestimmt; ferner den Gutsherrschaften in der Oberlausitz, jedoch nur hinsichtlich der niederen Metalle auf Grund der durch Observanz recipirten böhmischen Bergwerksvergleiche von 1534 und 1575. (Vergl. m. Uebersicht S 24.) Durch besondere Verleihung ist das Bergregal in Privatbesitz übergegangen

1) in der Herrschaft Myslowitz-Kattowitz in Oberschlesien,
2) in der Grafschaft Falkenstein in Sachsen,
3) in den Herrschaften Hardenberg und Oefte im früheren Herzogthum Berg (Regierungsbezirk Düsseldorf)

Bloße Zehntrechte bestehen in der Standesherrschaft Beuthen in Oberschlesien am Bleierzbergbau und in der Herrschaft Broich im Reg.-Bezirk Düsseldorf am Steinkohlenbergbau Von den früher reichsunmittelbaren Standesherren haben die Fürsten von Wied, Solms-Braunfels und Solms-Lich das Recht des Bergregals an den Staat abgetreten, ebenso der Besitzer der nicht reichsunmittelbaren Standesherrschaft Wildenburg. In den übrigen Bezirken ist die Ausübung des Privatregales durch besondere mit den Besitzern abgeschlossene Recesse geregelt.

Urkundlich unter Unserer Höchsteigenhändigen Unterschrift und beigedrucktem Königlichen Insiegel.

Gegeben Carlsbad, den 25. Juni 1865.

(L. S.) Wilhelm.

v. Bismarck-Schönhausen. v. Bodelschwingh. v. Roon. Gr. v. Itzenplitz. v. Mühler. Gr. zur Lippe. v. Selchow. Gr. zu Eulenburg.

Das Privatregal umfaßt das Recht der Verleihung, der Zehnterhebung und die Polizei. Das Recht der Bergwerksverleihuug muß nach den Bestimmungen des Allg. Berggesetzes geübt werden. Doch steht nach den mit einzelnen Regalbesitzern abgeschlossenen Regulativen diesen ein Vorbaurecht vor fremden Muthern zu. Das Zehentrecht wird nach den vor dem 12. Mai 1851 bestandenen Gesetzen geübt, da die Herabsetzung des Zehnten durch die Gesetze vom 12. Mai 1851, vom 22. Mai 1861 und vom 20. October 1862 sich nur auf die an den Staat zu entrichtenden Abgaben bezieht. Indeß enthalten die mit den Regalbesitzern in der Provinz Westfalen geschlossenen Recesse durchgehends die Clausel, daß der Regalbesitzer nicht befugt ist, höhere Abgaben vom Bergbau zu erheben, als nach der jeweiligen Gesetzgebung an den Staat entrichtet werden. Das Recht der Bergwerkspolizei wird unter der Aufsicht des Oberbergamtes durch dazu qualificirte Beamte geübt, welche die Competenz des Revierbeamten haben. In Ermangelung eines solchen Beamten tritt die Competenz der Staatsbehörden ein.

Die mit den Privatregalbesitzern abgeschlossenen Recesse und Regulative sind durch die betreffenden Regierungsamtsblätter veröffentlicht und zwar unter folgenden Daten:

1) für die Herrschaft Myslowitz-Kattowitz vom 31. October 1857,
2) für die Grafschaft Stolberg-Wernigerode vom 1. April 1822,
3) für die Grafschaften Stolberg-Stolberg und Stolberg-Roßla vom 28. März 1836,
4) für die Herrschaft Rheda und die Grafschaft Limburg vom 22. August 1838,
5) für die Grafschaft Recklinghausen vom 28. April 1837,
6) für die Grafschaft Horstmar vom 23. November 1839,
7) für die Grafschaft Steinfurt vom 27. Juni 1861,
8) für die Herrschaft Hardenberg vom 2. December 1831,
9) für die Herrschaft Dülmen vom 11. December 1839,
10) für die Grafschaft Rheina-Wolbeck vom 17. Mai 1859,
11) für die Herrlichkeit Oefte vom 1. Februar 1825,
12) für die Grafschaften Wittgenstein und Berleburg vom 25. März, 5. April und 8. Juni 1841.

In den neu erworbenen Landestheilen ist das Bergregal der früher reichsunmittelbaren Standesherren nicht allgemein anerkannt. In Hannover wird dasselbe von dem Herzog von Aremberg für das Amt Meppen beansprucht, in welchem indeß nur Raseneisenerze vorkommen. Ferner standen in der Grafschaft Hohnstein den Grafen zu Stolberg-Wernigerode und zu Stolberg-Roßla besondere Bergregalitätsrechte zu, welche jedoch seit 1870 an den Staat abgetreten sind. (Zeitschr. f. Bergrecht Bd. XII, S. 158).

In Kurhessen steht den Standesherren nach §. 24 des Edictes vom 29. Mai 1833 nicht das Bergregal, sondern nur ein Vorrecht zum Muthen zu. (Zeitschrift für Bergrecht Bd. VIII, S. 217 f.)

In Nassau endlich bestehen nur auf speciellen Rechtstiteln beruhende Vorzugsrechte zum Bergwerksbetriebe zu Gunsten des Domainenfiscus und der standesherrlichen Besitzer von den Grafschaften Schaumburg und Westerburg und der Herrschaft Schadeck. (Zeitschrift f. Bergrecht Bd. VII, S. 504 f.)

Zusammenstellung
der entsprechenden Bestimmungen
der Berggesetze für

1.	2.	3.	4.	5.	6.	7.
Preußen.	Bayern.	Würtemberg.	Elsaß-Lothringen.	Braunschweig.	Sachsen-Gotha.	Sachsen-Meiningen.
§.	Art.	Art.	§.	§.	§.	Art.
1	1	1	1	1	1	1
2	2	2	2	2	2	2
3	3	3	3	3	3	3
4	4	4	4	4	4	4
5	5	5	5	5	5	5
6	6	6	6	6	6	6
7	7	7	7	7	7	7
8	8	8	8	8	8	8
9	9	9	9	9	9	9
10	10	10	10	10	10	10
11	11	11	11	11	11	11
12	12	12	12	13	12	12
13	13	13	13	14	13	13
14	14	14	14	15	14	14
15	15	15	15	16	15	15
16	16	16	16	17	16	16
17	17	17	17	18	17	17
18	18	18	18	19	18	18
19	19	19	19	20	19	19
20	20	20	20	21	20	20
21	21	21	21	22	21	21
22	22	22	22	23	22	22
23	23	23	23	24	23	23
24	24	24	24	25	24	24
25	25	25	25	26	25	25
26	26	26	26	27	26	26
27	27	27	27	28	27	27
28	28	28	28	29	28	28
29	29	29	29	31	29	29
30	30	30	30	32	30	30
31	31	31	31	33	31	31
32	32	32	32	34	32	32
33	33	32	33	35	33	33
34	34	34	34	36	34	34
35	35	35	35	37	35	35
36	—	36	36	38	36	36
37	36	37	37	39	37	37
38	37	38	38	40	38	38
39	38	39	39	41	39	39

1.	2.	3.	4.	5.	6.	7.
Preußen.	Bayern.	Würtemberg.	Elsaß-Lothringen.	Braunschweig.	Sachsen-Gotha.	Sachsen-Meiningen.
§.	Art.	Art.	§.	§.	§.	Art.
40	39	40	40	42	40	40
41	53	55	54	43	41	41
42	54	56	55	44	42	42
43	55	57	56	45	43	43
44	56	58	—	46	—	44
45	57	59	—	47	—	45
46	58	60	—	48	—	46
47	59	61	—	49	—	47
48	60	62	—	50	—	48
49	61	63	57	51	44	49
50	40	41	41	52	45	50
51	62	64	58	53	46	51
52	41	42	42	54	47	52
53	—	43	43	55	48	53
54	42	44	44	56	49	54
55	43	45	45	57	50	55
56	44	46	46	58	51	56
57	45	47	47	59	52	57
58	46	48	48	60	53	58
59	47	49	—	61	54	59
60	48	50	49	62	55	60
61	49	51	50	63	56	61
62	50	52	51	64	57	62
63	51	53	52	65	58	63
64	52	54	53	66	59	64
65	63	65	59	67	60	65
66	64	66	60	68	61	66
67	65	67	61	69	62	67
68	66	68	62	70	63	68
69	67	69	63	71	64	69
70	68	70	64	72	65	70
71	69	71	65	73	66	71
72	70	72	66	74	67	72
73	71	73	67	75	68	73
74	72	74	68	7[illegible]	69	74
75	73	75	69	77	70	75
76	74	76	70	78	71	76
77	75	77	71	79	72	77
78	76	78	72	80	73	78
79	77	79	73	81	74	79
80	78	80	74	82	75	80
81	79	81	—	83	78	82
82	80	82	—	84	79	83
83	81	83	—	85	80	—

1.	2.	3.	4.	5.	6.	7.
Preußen.	Bayern.	Würtem-berg.	Elsaß-Lothringen.	Braun-schweig.	Sachsen-Gotha.	Sachsen-Meiningen.
§.	Art.	Art.	§.	§.	§.	Art.
84	82	84	—	86	—	—
85	83	—	—	87	—	—
86	—	—	—	88	82	—
87	—	—	—	89	82	—
88	—	—	—	90	82	—
89	—	—	—	91	83	—
90	—	—	—	92	—	—
91	—	—	—	93	—	—
92	—	—	—	94	—	—
93	84	85	—	96	84	84
94	85	86	75	97	—	85
95	86	87	76	98	—	86
96	87	88	77	99	—	87
97	—	—	—	100	—	88
98	88	89	78	101	—	89
99	89	90	79	102	—	90
100	90	91	80	103	—	91
101	91	92	81	104	—	92
102	92	93	82	105	—	93
103	93	94	83	106	—	94
104	94	95	84	107	—	95
105	95	96	85	108	—	96
106	96	97	86	109	—	97
107	97	98	87	110	—	98
108	98	99	88	111	—	99
109	99	100	89	112	—	100
110	—	101	90	113	—	101
111	100	102	91	114	—	102
112	101	103	92	115	—	103
113	102	104	93	116	—	104
114	103	105	94	117	—	105
115	104	106	95	118	—	—
116	105	107	96	119	—	—
117	106	108	97	120	—	106
118	107	109	98	121	—	107
119	108	110	99	122	—	108
120	109	111	100	123	—	109
121	110	112	101	124	—	110
122	111	113	102	125	—	111
123	112	114	103	126	—	112
124	113	115	104	127	—	113
125	114	116	105	128	—	114
126	115	117	106	129	—	115
127	116	118	107	130	—	116

1.	2.	3.	4.	5.	6.	7.
Preußen.	Bayern.	Würtemberg.	Elsaß-Lothringen.	Braunschweig.	Sachsen-Gotha.	Sachsen-Meiningen.
§.	Art.	Art.	§.	§.	§.	Art.
128	117	119	108	131	—	117
129	118	120	109	132	—	118
130	119	121	110	133	—	118
131	120	122	111	134	—	119
132	121	123	112	135	—	120
133	122	124	113	136	85/86	121
134	123	125	114	137	87	122
135	124	126	115	138	93	123
136	125	127	116	139	94	124
137	126	128	117	140	95	125
138	127	129	118	141	96	126
139	128	130	119	142	98	127
140	130	131	120	143	97	—
141	—	—	—	144	99	—
142	136/139	133	121	145	100	—
143	140/143	—	122	146	101	—
144	144	—	123	147	103	—
145	145	—	124	148	104	—
146	146	—	125	149/150	104	—
147	147	135	126	151	105	—
148	151	136	127	152	106	128
149	152	137	128	153	107	129
150	153	138	129	154	108	130
151	154	139	130	155	109	131
152	155	140	131	156	110	132
153	156	141	132	157	111	133
154	157	142	133	158	112	134
155	—	—	—	—	—	—
156	159	143	134	159	113	135
157	—	144	135	160	114	136
158	160	145	136	161	115	137
159	161	146	137	162	116	138
160	162	147	138	163	117	139
161	163	148	139	164	118	140
162	164	—	—	165	119	141
163	165	149	140	166	120	142
164	166	150	141	167	121	143
165	167	151	142	168	169	80
166	168	152	—	169	—	—
167	169	153	—	170	—	—
168	170	154	143	171	—	—
169	171	155	145	172	—	—
170	172	156	146	173	—	—
171	173	157	147	174	—	—

1.	2.	3.	4.	5.	6.	7.
Preußen.	Bayern.	Würtemberg.	Elsaß-Lothringen.	Braunschweig	Sachsen-Gotha.	Sachsen-Meiningen
§.	Art.	Art.	§.	§.	§.	Art.
172	174	158	148	175	—	—
173	175	159	149	176	—	—
174	176	160	150	177	—	—
175	177	161	151	178	—	—
176	178	162	152	179	—	—
177	179	163	153	180	—	—
178	181	164	154	181	—	—
179	182	165	155	182	—	—
180	183	166	166	183	—	—
181	184	167	157	184	—	—
182	185	168	158	185	—	—
183	186	169	159	186	—	—
184	187	170	160	187	—	—
185	188	171	161	188	—	—
186	189	172	162	189	—	—
187	—	173	164	190	131	—
188	—	—	—	—	132	—
189	—	174	189	—	133	144—146
190	—	175	166/167	192	135	149
191	192—193	176	168	193	137	144
192	194	—	169	194	138	145
193	195	—	169	185	139	145
194	—	—	170	196	141	—
195	196	177	171	197	140	151
196	197	178	172	198	142	152
197	198	179	173	—	143	—
198	200	180	174	199	144	153
199	200	181	175	200	145	154
200	201	182	176	201	146	155
201	205	183	177	202	147	156
202	—	184	178	203	148	157
203	202	185	179	204	150	158
204	203	186	180	205	151	159
205	203	187	181	206	152	160
206	204	188	182	207	153	161
207	206/214	190	183	208	154	162
208	206	191	184	—	155	162
209	—	194	185	209	156	—
210—214	—	—	—	—	—	—
215	215	—	—	211	158	163
216	216	—	—	—	159	165
217	217	—	—	212	—	166
218	218	—	—	—	160/161	167
219	219	—	—	—	162	168

1.	2.	3.	4.	5.	6.	6.
Preußen.	Bayern.	Würtemberg.	Elsaß-Lothringen.	Braunschweig.	Sachsen-Gotha.	Sachsen-Meiningen.
§.	Art.	Art.	§.	§.	§.	Art.
220	—	—	—	—	—	—
221	220	—	—	—	363	169
222	221/222	195/196	—	—	164	170
223	223	—	—	—	—	171
224	224	—	—	—	—	172
225	225	—	—	—	—	—
226	226	—	—	—	165	173
227	227	—	—	216—217	—	—
228	228	—	—	—	—	174
229	—	—	—	—	—	—
230	229	—	—	—	—	—
231	229	—	—	—	—	—
232	230	—	—	—	—	—
233	231	—	—	—	165	175
234	232	—	—	—	—	179
235	233	—	—	—	—	—
236	234	—	—	—	—	176
237	235	—	—	—	—	—
238	236	—	—	—	—	178
239	—	—	—	—	—	177
240	237	—	187	—	—	—
241	238	—	188	213	—	—
242	—	198	192	219	—	190
243	239	199	193	221	167	194
244	240	199	193	222	168	194
245	—	—	—	—	170	—
246	—	—	—	—	171	180
247	—	—	—	—	—	188
248	—	—	—	—	—	—
249	—	—	—	95	—	—
250	—	—	—	—	172—173	—

Sachregister.

Nachträge.

Zu Seite 60:

Das Allgemeine Berggesetz für die Preußischen Staaten unter steter Vergleichung seines Textes mit demjenigen des Braunschweigischen, Meiningenschen, Gothaischen und Bayerischen Berggesetzes erläutert durch Th. F. Oppenhoff, Berlin 1870.

Zu Seite 60, Anm. 2:

Vergl. Anm. 502a).

Zu Seite 66:

Auch für das Herzogthum Sachsen-Altenburg ist am 28. April 1872 ein neues dem preußischen nachgebildetes Berggesetz nebst einem Gesetze über die Rechtsverhältnisse des Kohlenbergbaues ergangen, welches letztere dem preußischen Gesetze vom 22. Februar 1869 (oben Seite 300 f.) nachgebildet ist. Nach der Darstellung des die bergbaulichen Angelegenheiten des Herzogthums leitenden Herrn Berginspectors Wohlfahrt in der Zeitschrift für Bergrecht Bd. XIII, S. 152 findet jedoch im Herzogthum Sachsen-Altenburg nur Bergbau auf Braunkohlen statt, auf welche das Berggesetz nicht Anwendung findet und es ist auch wenig Hoffnung vorhanden, daß jemals ein anderer Bergbau sich entwickeln wird. Man wird es hiernach gerechtfertigt finden, daß die Vergleichung, um nicht ohne Noth die Uebersichtlichkeit des Buches zu erschweren, auf das Altenburgische Gesetz nicht mit ausgedehnt ist.

In Hessen ist so eben (August 1874) den Kammern der Entwurf eines Berggesetzes von der Regierung vorgelegt, welcher sich dem preußischen Berggesetze ungefähr mit denselben Abweichungen wie das Berggesetz für Elsaß-Lothringen anschließt.

Zu Seite 232:

An die Stelle der §§. 16—19 des Gesetzes vom 3. November 1838 tritt für den ganzen Umfang der Monarchie die folgende, während des Druckes ergangene Gesetzesvorschrift:

Gesetz über die Enteignung von Grundeigenthum vom 11. Juni 1874 (G.S. S. 221).

§. 57. Alle den Vorschriften dieses Gesetzes entgegenstehenden Bestimmungen, sowie die Bestimmungen über das Wiederkaufsrecht bezüglich des enteigneten Grundstücks werden aufgehoben.

Ein gesetzliches Vorkaufsrecht findet wegen aller Theile von Grundstücken statt, welche in Folge des verliehenen Enteignungsrechts zwangsweise oder durch freien Vertrag an den Unternehmer abgetreten sind, wenn in der Folge das abgetretene Grundstück ganz oder theilweise zu dem bestimmten Zweck nicht weiter nothwendig ist und veräußert werden soll.

Das Vorkaufsrecht steht dem zeitigen Eigenthümer des durch den ursprünglichen Erwerb verkleinerten Grundstücks zu. Wer das Enteignungsrecht ausgeübt hat, muß die Absicht der Veräußerung und den angebotenen Kaufpreis dem berechtigten Eigenthümer anzeigen, welcher sein Vorkaufsrecht verliert, wenn er sich nicht binnen zwei Monaten darüber erklärt. Wird die Anzeige unterlassen, so kann der Berechtigte seinen Anspruch gegen jeden Besitzer geltend machen.

§. 58. Insoweit in anderen Gesetzen auf die Vorschriften der aufgehobenen Gesetze Bezug genommen ist, treten an die Stelle der letzteren die entsprechenden Vorschriften dieses Gesetzes.

Zu Seite 242:

Auch diese provinzialrechtlichen Bestimmungen sind jetzt durch das oben angeführte Gesetz vom 11. Juni 1874 aufgehoben.

Druck von Bär & Hermann in Leipzig.

Kolibri 360 GmbH
Ferdinand-Jühlke-Straße 7
99095 Erfurt, Deutschland
produktsicherheit@kolibri360.de